Gabriele Schuster-Haslinger

VERRATEN

VERKAUFT

VERLOREN?

Der Krieg gegen die eigene Bevölkerung

amadeus-verlag.com

Ein Titeldatensatz für diese Publikation ist bei der Deutschen Nationalbibliothek erhältlich.

zweite Auflage

Copyright © 2016 by
Amadeus Verlag GmbH & Co. KG
Birkenweg 4
74576 Fichtenau
Fax: 07962-710263
www.amadeus-verlag.com
E-Mail: amadeus@amadeus-verlag.com

Druck:
CPI – Ebner & Spiegel, Ulm
Satz und Layout:
Jan Udo Holey
Umschlaggestaltung:
Gabriele Schuster-Haslinger

ISBN 978-3-938656-32-7

INHALTSVERZEICHNIS

HINWEIS ZUM BUCH

Entgegen der heute schon fast verbindlichen Pflicht, Berufsbezeichnungen etc. in weiblicher und männlicher Form darzustellen, habe ich mir die Freiheit erlaubt, nur die männliche Bezeichnung zu wählen (z. B. Therapeut), aus dem einfachen Grund, weil der Text einfacher und leichter zu lesen ist.

Sie werden bemerken, dass in manchen Kapiteln sehr viele Quellenangaben genannt sind. Dies dient u. a. dazu, dass Sie meine Aussagen selbst nachprüfen können. Sie können selbst recherchieren und sich vom Wahrheitsgehalt meines Textes überzeugen. Ja, es ist sogar wünschenswert, denn dann befassen Sie sich mit der Thematik und werden noch erheblich mehr Informationen erhalten als ich sie hier in diesem Buch beschreiben kann.

Angaben über Firmen, Produkte und dergleichen geben meine persönliche Meinung wieder, die aus eigener Erfahrung bzw. aus anderen Quellen stammt. Ich bin von keiner Firma gesponsert und hatte auch keinen Kontakt mit ihnen.

EINFÜHRUNG

Wir leben in einer Welt, in der so viele Veränderungen stattfinden, dass wir kaum mit ihnen Schritt halten können. Die technischen Errungenschaften sind aus unserem Alltag nicht mehr wegzudenken, und täglich kommen neue Erfindungen hinzu. Zum Teil wird die Arbeit dadurch für die Menschen einfacher, das war vor allem im 19. und 20. Jahrhundert der Fall. So wurden nicht nur die Tätigkeiten im Handwerk, in der Industrie und auch im Alltag vereinfacht, sondern durch die Errungenschaften wurde die menschliche Arbeitskraft zunehmend durch maschinelle und elektronische Automatisierungen ersetzt. Diese Neuerungen erweisen sich jetzt – im Nachhinein gesehen – nicht nur zum Vorteil der Menschen, sondern im Gegenteil, die Produktion steigert sich ins Unermessliche, und der Müllberg wächst und wächst, während der Mitarbeiter um seinen Arbeitsplatz bangen muss. Der Mensch steht zunehmend unter wirtschaftlichem Druck und lässt sich heute in Arbeitsbedingungen pressen, die seinem Naturell nicht im Mindesten gerecht werden. Gab es vor vier Jahrzehnten noch eine Wertschätzung gegenüber den Mitarbeitern, werden Arbeitskräfte heute durch Maschinen oder unterbezahlte Leiharbeiter ausgetauscht. Es braucht nicht viel Phantasie für den Verdacht, dass durch diese Maßnahmen und Veränderungen ein Systemwandel verwirklicht werden soll.

Seit vielen Jahren gibt es den Begriff *Verschwörungstheorie*, mit dem man jede kritische Stimme zum Schweigen zu bringen versucht. Dabei handelt es sich nach landläufiger Meinung um unbegründete Theorien von pessimistischen Menschen, die unter der Wahnvorstellung leiden, dass uns bestimmte Personengruppen und Geheimbünde eine zentralistische Weltherrschaft aufzwingen möchten. Verschwörungstheorien werden in der Regel mit unbewiesenen und unbelegten Behauptungen assoziiert, und die Autoren von diesbezüglicher Literatur werden belächelt, weil sie angeblich realitätsferne, auf Zufällen basierende, subjektive und angstauslösende Thesen in Umlauf bringen.

Wer sich nicht näher mit dem Thema befasst, denkt bei dem Wort *Verschwörungstheorie* an Gerüchte, an gefälschte Dokumente und an Panikmache mit dem Hintergrund, die Menschen zu verunsichern – und an Leute, die sich wichtig machen wollen. Wer sich jedoch die Mühe macht und zu recherchieren beginnt, stößt allerdings auf Tatsachen, die nur den einen Schluss zulassen, dass hier in der Tat Drahtzieher dahinter stehen, die sich vollständig vom Licht abgewendet, ja sogar bewusst der dunklen Macht verschrieben haben, um ihre Macht und ihren finanziellen Vorteil exponentiell zu vergrößern. Wer sich tiefer in die Materie hineinwagt, wird erkennen, wie groß dieses Netzwerk ist und dass bereits sämtliche Alltagsbereiche infiltriert sind, ja dass es kaum noch einen Bereich gibt, in dem wir Menschen so leben können, wie es unserer natürlichen Freiheit entsprechen würde. Das beginnt in der Politik, die eine Marionette der Banken und der Wirtschaft ist. Doch es setzt sich fort in der Medizin, im Bildungswesen, in den Religionen, ja sogar in der Lebensmittelindustrie, in der Landwirtschaft und in der Manipulation der Luft und des Trinkwassers, und es macht auch nicht Halt vor so banalen Dingen wie Kosmetik oder Mode usw. Die Manipulation hat mittlerweile ein unvorstellbares Ausmaß erreicht und schreitet noch immer fort wie eine Spirale, die immer enger und immer schneller wird.

> *„Wenn Ihr Eure Augen nicht gebraucht, um zu sehen,*
> *werdet Ihr sie brauchen, um zu weinen.“*[1]

Jean Paul Sartre (1905-1980), französischer Philosoph

Viele Menschen vertreten den Standpunkt, dass sie diese „Verschwörungsgeschichten" gar nicht hören wollen, dass sie sich lieber auf die positiven Dinge im Leben konzentrieren möchten und nicht auf die negativen. Grundsätzlich bin ich auch der Meinung, dass uns positives Denken mehr hilft als Grübeln und Schwarzmalerei, doch gleichzeitig ist es für unser tägliches Überleben essentiell, dass wir darüber Bescheid wissen, welche Gefahren auf uns lauern. Ich kann die Straße nur überqueren, wenn ich auf die Autos achte. Dazu muss mir die Gefahr des Straßenverkehrs jedoch bewusst sein. Igel erkennen diese beispielsweise nicht und bezahlen ihre Unwissenheit oft genug mit ihrem Leben. Wenn wir Pilze sammeln, sollten wir wissen, welche Pilze giftig und welche essbar sind und wie mögliche Verwechslungen aussehen. Wenn wir es dem Zufall überlassen, positiv denken und hoffen, dass schon nichts passieren wird, könnte (und wird) es uns ebenfalls das Leben kosten.

Wir können uns nur vor etwas schützen, wenn wir auch wissen, was es ist! Wenn ich nicht weiß, dass eine Brennnessel brennt und warum sie brennt, werde ich mir Schmerzen zuziehen, wenn ich sie berühre. Wenn ich nicht weiß, dass Krokodile in einem Fluss sind, werden sie mich fressen, wenn ich darin bade. Genauso werde ich zum Sklaven, lasse meine Gesundheit ruinieren, mein Bewusstsein manipulieren und schlucke brav mit 75 die Todespille, wenn ich nicht weiß, dass im Hintergrund Menschen agieren, die systematisch daran arbeiten, die Weltherrschaft zu übernehmen. Ja, ich werde dieses System sogar noch *freiwillig* unterstützen, wenn ich die Zusammenhänge und Hintergründe nicht kenne. Wenn wir alles glauben, was die Mainstream-Medien und die manipulierten Informationen der Pharma- und anderer Industrien uns mitteilen, dann geben wir unsere

Verantwortung ab und entscheiden uns dafür, Marionetten zu sein. Wer diese Anzeichen ignoriert, sich nicht darüber informiert und seinen Kindern und Kindeskindern eine versklavte Welt hinterlässt, wird an seinem Lebensende vielleicht sagen: *„Ja, wenn ich das gewusst hätte, dann…!"*

Nachdem ich immer wieder festgestellt habe, dass die meisten Menschen diese Dinge noch nicht wahrnehmen, habe ich mich dazu entschlossen, dieses Buch zu schreiben. Mein vorrangiges Ziel ist nicht, Sie davon zu überzeugen, dass wir manipuliert werden, sondern mein Schwerpunkt liegt darin aufzuzeigen, in *welchen Lebensbereichen* wir manipuliert werden, Ihnen aufzuzeigen, was hinter den Kulissen abläuft und warum dies geschieht. Das Buch, das Sie hier in den Händen halten, vermittelt Ihnen einen Überblick über die Gesamtsituation, es beschreibt, in welchen Bereichen wir bereits *nicht* mehr Herr der Dinge sind. Daher werden alle relevanten Themen angesprochen, bei denen wir angelogen bzw. manipuliert werden. Und das sind nicht wenige!

Wenn Sie daraufhin Ihre Augen und Ihre Ohren öffnen, wenn Sie erwägen, dass das Unmögliche eventuell doch wahr sein könnte, dann werden Sie in Ihrem Leben vermutlich Zusammenhänge erkennen, die Ihnen zuvor nicht bewusst waren. Sie werden die Welt nach diesem Buch mit anderen Augen sehen.

In den nachfolgenden Kapiteln habe ich die wichtigsten Bereiche erläutert, in denen die größten Manipulationen und Täuschungen stattfinden, und manches mag unglaublich klingen. Vieles wird von den gängigen Medien bewusst ins Lächerliche gezogen, vor allem die Themen *außerirdische Lebensformen* und *Chemtrails*. Die herrschende Ebene möchte nicht, dass wir uns der offenen Fragen annehmen. Im Gegenteil: Wir sollen Angst haben, uns lächerlich zu machen, wenn wir uns auch nur in die Nähe dieser Tabus wagen. Wenn Sie jedoch mit wachen Sinnen und offenen Augen durch die Welt gehen, können Sie die hier geschilderten Sachverhalte im ganz normalen Alltagsleben selbst erkennen und nachvollziehen.

Interessant ist, dass die derzeitigen Herrscher der Welt ihre Machtbestrebungen offen zugeben, wenn sie darauf angesprochen werden, doch darüber wird in der normalen Presse nicht berichtet. Und aus diesem Grunde ist dies bei den meisten Menschen auch nicht bekannt.

> *„Unsichtbar wird der Wahnsinn,*
> *wenn er genügend große Ausmaße angenommen hat."[2]*

Bertolt Brecht (1898-1956), deutscher Lyriker

Die Wahrheit ist so unglaublich, dass sie von der Allgemeinheit als *Verschwörungstheorie* und Spinnerei abgetan wird. Doch in Wahrheit handelt es sich um einen gigantischen Plan, der uns alle betrifft, jeden Einzelnen, Sie und mich und unsere Kinder und Kindeskinder. Wir befinden uns mitten in einem Theaterstück. Jeder von uns ist mehr oder weniger Schauspieler oder Statist, und nur die wenigsten Menschen leben das, was sie von Herzen gerne möchten, geschweige denn ihre Berufung. Die besten Schauspieler in diesem Stück sind unsere karrierereichen Politiker, die nach Drehbuch zu handeln haben. Die Industrie steht etwas mehr im Hintergrund, obwohl sie das Weltgeschehen bereits deutlich mehr beeinflusst als unsere Politik, darüber stehen die Banken, die Zentralbanken der Staaten und die Weltbank(gruppe). Jedoch von denjenigen, die tatsächlich die Fäden in der Hand halten und unsere Gesellschaft lenken – die Regisseure sozusagen –, lesen und hören wir in der normalen Presse nichts, geschweige denn von den Drehbuchautoren, die weltweit nur einzelnen Menschen bekannt sind.

Allerdings haben wir sehr wohl Möglichkeiten, diesem Geschehen vorbereitet zu begegnen, endlich zu erkennen, wer wir wirklich sind und damit eine Veränderung des Geschichtsverlaufs zu bewirken. Was wir nicht tun sollten: Wir sollten nicht kapitulieren und uns in die Opferrolle zurückziehen. Wenn wir sagen: *„Ich als Einzelner kann daran ohnehin nichts ändern."*, dann finden wir uns damit ab, dass wir mehr und mehr unserer Rechte enthoben und diktatorisch regiert werden. Was wir ebenfalls nicht tun sollten ist, diese Manipulationen zu ignorieren. Ein giftiger Pilz bringt uns auch dann um, wenn wir ihn in Unkenntnis verspeisen. Was wir weiter nicht tun sollten ist, Manipulationen zu sehen, zu erkennen und nur darüber zu sprechen, jedoch keine Konsequenzen daraus zu ziehen, wie es zuletzt bei den Bankenkrisen der Fall war. Durch Beklagen eines Zustandes geben wir ihm Energie, und das wäre das Letzte, was wir in diesem Falle tun sollten.

Der mindestens genauso wichtige hintere Teil dieses Buches handelt davon, wie wir mit diesen Gegebenheiten umgehen können. Das ist überhaupt die Frage, was jeder Einzelne von uns Milliarden von Menschen denn tun (oder auch lassen) kann. Vielleicht fragen Sie sich: *„Sind wir nicht alle winzige Sandkörnchen, die einzeln absolut nichts ausrichten können? Sind wir der herrschenden Ebene nicht machtlos ausgeliefert?"* Nein, das sind wir ganz und gar nicht! Im zweiten Teil werden verschiedene Möglichkeiten beschrieben, die aufzeigen, dass wir sehr wohl machtvolle, bewusste und verantwortungsvolle Menschen sind und wie wir diese scheinbar verfahrene und aussichtslose Situation beeinflussen können.

Wir sind nicht die hilflosen Opferschäfchen, wie man uns glauben lassen möchte. Wir sind bewusste, schöpferische Wesen, die nur vergessen haben, wie sie in ihre Kraft kommen können – und die sich ihre Kraft sogar noch haben nehmen lassen. Es helfen uns weder die Religionen noch die Regierungen und Banken dabei, wieder in unsere wirkliche Kraft zu kommen. Nur wir selbst können uns dazu entscheiden, uns mit unserer Urquelle der Seele, der Urquelle der Liebe zu verbinden und uns in den Status der verantwortungsbewussten Erdbewohner zu erheben. Dadurch können wir auch wieder bewusst die Verantwortung für uns und unseren Planeten übernehmen. Wir sollten nicht Entscheidungen, die unsere eigene und die Gesundheit unserer Erde betreffen, irgendwelchen austauschbaren Konzernen überlassen, deren Motivation sich ausschließlich auf maximale Rendite begrenzt. Im Vergleich zum Lebensalter der Erde ist unsere menschliche Lebenszeit nur ein kleiner Moment, und doch nehmen sich finanzkräftige und scheinbar mächtige Menschen so wichtig, dass es einfach nur zum Lachen wäre, wäre das Thema nicht so *tod*ernst.

Es ist höchste Zeit, dass wir wieder selbst über unser Leben bestimmen und uns nicht wie die Lemminge in den Abgrund führen lassen. Wir leben in einer Zeit, die dies ermöglicht, die nicht nur im Außen gigantische Veränderungen bringt, sondern auch vor allem in uns selbst – wenn wir dies zulassen!

Das, was ich in diesem Buch schreibe, klingt für manchen Leser vielleicht provokativ, doch wenn Sie unser tägliches Leben um uns herum unvoreingenommen und kritisch betrachten, werden Sie selbst feststellen, dass meine Schlussfolgerungen nicht so abwegig sind, wie sie jemandem, der das erste Mal davon hört, vielleicht erscheinen mögen. Öffnen Sie Ihre Augen und sehen Sie selbst.

Ich sage Ihnen nicht, dass Sie das alles glauben sollen, was ich hier schreibe, oder dass Sie etwas Bestimmtes tun müssen. Ich schreibe hier nur über das Ergebnis meiner Recherchen und meine Rückschlüsse darauf und überlasse es Ihnen, ob und was Sie daraus machen.

Meine große Bitte an Sie ist: Öffnen Sie Ihre Augen, glauben Sie nicht alles, was man Ihnen erzählt oder in den Leitmedien mitteilt. Prüfen Sie Informationen selbst nach. Lesen Sie auch hin und wieder eine russische Zeitung, um die Sichtweise der angeblichen Gegenseite kennenzulernen, recherchieren Sie, lassen Sie Ihren gesunden Menschenverstand arbeiten, und lassen Sie sich vor allem nicht einreden, dass Sie keine Ahnung hätten. Wie oft ist es schon passiert, dass Ihr gesunder Menschenverstand treffender war als die Argumente der Politik oder der Banken? Das Ergebnis kennen wir alle, siehe Zypern, Spanien und Griechenland. Glauben Sie nichts mehr. Prüfen Sie alles nach, und hören Sie auf Ihre eigene innere Stimme, die Ihnen – wenn Sie darauf achten – oftmals schon ein Warnsignal gibt, wenn beispielsweise Ihr Bankangestellter Ihnen DIE Geldanlage erläutert. Sie werden erstaunt sein, was Sie alles erfahren, wenn Sie beginnen, die Dinge nachzuprüfen, zu hinterfragen und zu recherchieren.

Dieses Buch möchte Ihnen helfen, die Dinge so zu sehen, wie sie sind und nicht, wie sie scheinen.

„In Deutschland gilt derjenige,
der auf den Schmutz hinweist,
für viel gefährlicher als derjenige,
der den Schmutz macht.“[3]

Kurt Tucholsky (1890-1935), deutscher Schriftsteller

KAPITEL 1: VERSCHWÖRUNGSPRAXIS

„Der Einzelne steht wie gelähmt
vor einer Verschwörungstheorie,
die so monströs ist,
dass er sie einfach nicht fassen kann."[4]

J. Edgar Hoover (1895-1972), erster Direktor des FBI und Freimaurer

Der allgemein verwendete Begriff *Verschwörungstheorie* lässt nicht im Entferntesten er-ahnen, welch gewaltiger Plan und welch umwälzender Prozess tatsächlich dahinter ver-borgen ist. Im Allgemeinen wird darunter verstanden, dass einige fanatische und pessi-mistische Menschen glauben, eine Gruppe von Menschen beabsichtige, die Weltregie-rung zu übernehmen. Dass es sich nicht nur um die Meinung einiger Spinner handelt, dürfte mittlerweile jedem klar sein, der die Weltgeschehnisse kritisch verfolgt. Die poli-tischen Entscheidungen, leere (um nicht zu sagen verlogene) Versprechungen der Poli-tiker, diverse Bankenskandale und die zunehmende Verarmung der Menschen in Ameri-ka, dem *Land der unbegrenzten Möglichkeiten*, aber auch bei uns in Europa zeigen, dass hier tatsächlich ein globales Geschehen abläuft.

Es geht nicht nur um die sogenannte *Weltregierung*, es geht um viel mehr. Es geht um den unglaublichen Plan, die gesamte Menschheit, die Tiere, die Erde insgesamt zu ver-sklaven. Für den einen oder anderen mag das wie eine völlig übertriebene Phantasterei klingen, doch lassen Sie uns die verschiedenen Bereiche näher betrachten. Öffnen Sie Ih-re Augen, sehen Sie sich an, was weltweit geschieht, fragen Sie nach und schauen Sie hin-ter die Kulissen, und Sie werden vielleicht noch mehr Umstände erkennen, bei denen dieser Prozess bereits in vollem Gange ist. Es handelt sich demnach nicht mehr um eine Verschwörungstheorie, sondern um eine *Verschwörungspraxis*!

Diese geplanten Vorhaben werden nicht einfach mit Gewalt durchgesetzt, wie das bei Kriegen der Vorzeit der Fall war, denn die Menschen würden sich natürlich vehement dagegen wehren, ihre Freiheit aufzugeben, ihr gesamtes Mitspracherecht zu verlieren und überwacht zu werden. Also musste ein sehr schlauer Weg gefunden werden, wie sich sieben Milliarden Menschen freiwillig unterwerfen, sodass sie sich selbst versklaven und überwachen würden. Haben Sie sich schon einmal gefragt, wie es sein kann, dass ein rechtschaffener Mensch enteignet werden kann, weil er beispielweise umständehalber die Beiträge für die Krankenversicherung vorübergehend nicht bezahlen kann oder die an-teiligen Kosten für die neue Straße, die eigentlich keiner der Anlieger wollte? Der Rich-ter ist sich dabei manchmal darüber im Klaren, dass unsere Form der Rechtsprechung nicht human und vertretbar ist, doch auch ihm sind die Hände gebunden. Die Menschen sind in diese Organisation involviert, sie übernehmen die gesamte Verwaltung selbst, sie überwachen sich selbst, sie klagen sich selbst an, sie verurteilen und bestrafen sich selbst. So ist ein System entstanden, in welchem wir nicht bemerken, was wir mit uns selbst tun und mit uns geschehen lassen.

Damit die gewünschten Veränderungen eingeführt werden können, nutzen die Herrschenden, die später in diesem Buch noch genau beschrieben werden, ein ganz einfaches System, das sich vier Hauptaspekten bedient:

1. Neuerungen einführen
2. Zeit
3. Seitenwechsel
4. Vielfalt

1. NEUERUNGEN EINFÜHREN

Um ein langfristiges Ziel zu erreichen, führten und führen diejenigen, die an der Machtspitze sind – die teilweise auch als *Illuminati* (lat.; *die Erleuchteten*) bezeichnet werden –, verschiedene Neuerungen ein, die den Menschen zuerst als Segen und Erleichterung vorgestellt werden. Der normale Bürger sieht die Veränderungen als (meist technischen) Fortschritt und freut sich, dass es für ihn leichter wird oder einfach nur Spaß bringt. Rückblickend kann man in fast jeder flächendeckenden Veränderung einen großen Nachteil erkennen, der sich jedoch erst nach Jahrzehnten bemerkbar macht. Zunächst sehen wir allerdings nur die schöne Seite der Erneuerung, denn nur diese wird uns dargestellt – und wir glauben es.

Hat sich eine Veränderung erst ihren Platz in der Gesellschaft erobert, wird sie allgemein anerkannt. Wenn die Veränderungen in das praktische Leben integriert und alle Systeme angepasst worden sind, dann sind sie nicht mehr wegzudenken. Ein deutliches Beispiel ist das Bankensystem, heute ein aktuelles und heikles Thema, das anhand der Skandale in der Vergangenheit unseren Blutdruck steigen lässt: Früher brachte man Geld auf ein Sparkonto, ein Girokonto war für den normalen Arbeitnehmer nicht üblich. Ich kann mich noch daran erinnern, dass meine Eltern ihren Arbeitslohn per „Lohntüte" erhalten haben. Das war in den 1960er-Jahren. In diesen Lohntüten war das Geld genau abgezählt enthalten, das sie in der Zeit davor verdient hatten. Die Menschen brachten das Geld mit nach Hause und lebten davon.

Es war eines der Ziele der Herrschenden, das Bankensystem flächendeckend in den Alltag zu integrieren, also lockten die Banken die Menschen damit, dass sie bei der Bank ein Girokonto eröffnen sollten, da das viel sicherer und einfacher sei und obendrein noch einen Zinsertrag brächte. Aus der damaligen Sicht gab es also keinen einzigen Grund, warum man dieses Kontosystem nicht annehmen sollte. Die Banken verwahrten unser Geld in fast diebstahlsicheren Tresoren, und die Sparer bekamen Sparzinsen. Wenn man etwas von seinem eigenen Geld brauchte, ging man zur Bank und hob Geld von seinem Konto ab. Es war eine Win-Win-Situation für den Sparer und für die Bank. Die Bank erhielt Geld, bezahlte Zinsen und vergab Kredite, für die sie mehr Zinsen verlangte als sie den Sparern auszahlte. Von dem Gewinn aus diesem Geschäft lebten die Bankeninhaber und die Angestellten. So weit klingt das nachvollziehbar und entspricht einer beiderseits freiwilligen Geschäftsbeziehung.

2. Zeit

Auf diese Art und Weise gewöhnten sich die Menschen an das Girokonto und auch daran, dass der Zahlungsverkehr nicht mehr nur mit Scheinen und Münzen abgewickelt wurde, sondern später vermehrt mittels Überweisung, zuerst über einen auf Papier geschriebenen Auftrag an die Bank, heute oft papierlos via Internet. Irgendwann gingen die Arbeitgeber dazu über, das Gehalt nur noch auf ein Girokonto zu überweisen, und jeder, der eine Arbeitsstelle annehmen wollte, musste über ein Girokonto verfügen. Eine Gehaltsauszahlung in bar war nicht mehr möglich. Begründet wurde dies damit, dass die Diebstahlgefahr durch die Überweisung wesentlich geringer wäre.

Nachdem jede grundsätzliche Veränderung etwa eine Generation lang Zeit hat, sich zu etablieren und das bisherige System zu verdrängen, ist es für die heutige Bevölkerung nicht mehr vorstellbar, dass es anders funktionieren könnte. Fragen Sie beispielsweise Ihre Kinder, ob sie sich ein Leben ohne Smartphone vorstellen könnten... Ist eine solche Neuerung also erst Bestandteil des Alltags geworden, kann ohne große Reaktion der Bevölkerung der nächste Schritt eingeführt werden. Genauso verlief es auch bei dem TV-Gerät (ursprünglich Information und Unterhaltung), bei der Pharmaindustrie (ursprünglich nur Hilfe bei Erkrankungen) und allen weiteren Erfindungen.

Es gibt die Metapher von einem Frosch in kochendem Wasser: Wenn man einen Frosch in kochendes Wasser gibt, dann tut er alles, um dem Inferno zu entkommen. Setzt man ihn aber in lauwarmes Wasser und erhöht langsam die Temperatur, dann kocht er bei lebendigem Leibe, ohne dass er Anstrengungen macht, sein Wärmegefängnis zu verlassen. Angeblich ist das nur eine Geschichte[5], aber für den Menschen scheint es insofern zuzutreffen, dass er alles mit sich machen lässt, wenn es nur langsam genug stattfindet. Dann bemerkt er gar nicht, dass sich um ihn herum unglaubliche Veränderungen etablieren, weil sie nicht innerhalb weniger Jahre stattfinden, sondern im Verlauf von Jahrzehnten, Jahrhunderten und Jahrtausenden. Sind wir alle Frösche? Das glaubt zumindest *Jean-Claude Juncker*, der Folgendes von sich gab: *„Wir beschließen etwas, stellen das dann in den Raum und warten einige Zeit ab, ob was passiert. Wenn es dann kein großes Geschrei gibt und keine Aufstände, weil die meisten gar nicht begreifen, was da beschlossen wurde, dann machen wir weiter."* (*Der Spiegel* 52/1999)

Dies ist exakt die Vorgehensweise, die bei allen beabsichtigten Veränderungen eingesetzt wird. Zuerst wird uns etwas als großer Vorteil präsentiert und dann abgewartet, ob die Bevölkerung großen Widerstand leistet. Wenn nicht, wird die Veränderung flächendeckend eingeführt und verbreitet, möglichst weltweit, bis eine Abhängigkeit davon geschaffen worden ist. Die Veränderung wird so intensiv in den Alltag integriert, dass eine Umkehr undenkbar scheint. Anschließend wird zum nächsten Schritt übergegangen:

3. SEITENWECHSEL

Die zu Beginn hilfreiche Erneuerung entwickelt sich mehr und mehr genau zum Gegenteil. Im TV wird nicht mehr wirkliche Information bzw. Unterhaltung gesendet, sondern wir erhalten (mehr oder weniger absichtliche) Falschmeldungen und Propaganda und sehen unendlich viel Gewalt, Totschlag, Erpressung und Mord, die mit detailgetreuen Aufnahmen in „Unterhaltungssendungen" gezeigt werden, was unbewusste Ängste fördert. Davon abgesehen werden wir evtl. darauf vorbereitet, in Zukunft vermehrt *echte* tote oder verletzte Menschen zu sehen. Und die Jugend, die damit aufwächst, ist schneller zu Gewalttaten bereit, und die Hemmschwelle zur Gewalt sinkt. Darüber gibt es etliche Studien.

Die Pharmaindustrie hat durch hilfreiche Medikamente ebenfalls ihre Akzeptanz erhalten, und jeder weiß, wie heilsam ein pharmazeutisches Mittel sein kann. Mittlerweile kommen jedoch immer wieder Medikamente auf den Markt, die zu wenig geprüft oder nicht wirklich wirksam sind, dafür aber mehr Gewinn erwirtschaften. In einigen Fällen wurde bereits nachgewiesen, dass bei Tests Ergebnisse gefälscht wurden und teilweise tödliche Nebenwirkungen heruntergespielt werden. Darauf wird später noch näher eingegangen. Es regt sich daher der Verdacht, dass dahinter sogar Absicht stecken könnte.

Die Zeiten des kostenlosen Girokontos sind natürlich ebenfalls längst vorbei, geschweige denn, dass wir für unser Geld, das wir auf ein Spar-, Festgeld- oder sonstiges Konto einbezahlt haben, noch einen adäquaten Zins erhalten. Wir leihen unser Geld sozusagen der Bank, erhalten dafür jedoch nichts. Wir gewähren ihr demnach ein *zinsloses Darlehen*! Schlagen Sie Ihrer Bank doch einmal vor, dass sie im Gegenzug auch Ihnen ein zinsloses Darlehen gewähren soll. Im Gegenteil: Wenn Sie versehentlich Ihr Konto überziehen, werden Sie je nach Bank mit einem extrem hohen Überziehungszins belastet, der teilweise bei 17,5%(!) liegt. Sie haben für jede Leistung der Bank zu bezahlen – alternativlos. Die Bankenkonzerne sind natürlich nicht dumm, daher haben alle Banken ähnliche Regelungen, und so haben Sie selbst durch einen Wechsel des Bankinstituts keine Möglichkeit mehr, dem System zu entkommen. Egal, ob Sie ein Girokonto für Ihr Gehalt oder sonstigen Geldverkehr benötigen, ohne Bank geht es heute nicht mehr.

4. VIELFALT

Die meisten Menschen denken, dass sich die Manipulationen nur auf das Finanzwesen beschränken, dass die Menschen über das Geld- und Bankensystem geknebelt und ausgepresst werden, um einigen Wenigen ein überschwängliches und üppiges Leben in Luxus und Saus und Braus zu ermöglichen, doch das ist bei weitem nicht alles. Die Verschwörungspraxis zieht sich durch alle Bereiche unseres Daseins, angefangen bei unserem Bildungssystem über das Gesundheitswesen, die Ernährung, die Landwirtschaft, die Religionen, die Medien, die Politik und weitere Bereiche, die in den nachfolgenden Kapiteln beschrieben werden. Dadurch, dass wir umfangreich in allen Lebensbereichen manipuliert wurden und werden, durch diese Vielfalt entsteht ein Gesamtpaket, das uns Menschen in eine bestimmte Richtung drängt. Nicht umsonst haben alle Generationen von ihren Eltern gehört, dass es früher besser war. *„Die guten alten Zeiten…"* ist der Ausdruck, der dafür oft verwendet wird. Die jüngere Generation sieht das jeweils völlig anders, da sie mit den Gegebenheiten aufwächst und sich vor allem über die weiteren technischen Fortschritte freut. Doch auch ich selbst kann nun nach Jahrzehnten Lebenserfahrung diesen Satz bestätigen. Je älter, reifer und bewusster wir werden, desto mehr erkennen wir, dass dieser sogenannte „technische Fortschritt" nichts mit unserem wahren Gefühl des Glücks und der Freude zu tun hat. Wahre Zufriedenheit kann nur in uns selbst entstehen, unabhängig von äußeren Gegebenheiten.

Doch ein Großteil der Menschen identifiziert sich mit Technik und Wissenschaft, und daher ermöglicht es die Kombination dieser vier Bereiche *Einführung, Zeit, Seitenwechsel* und *Vielfalt* den Weltmachthungrigen, ihre Ziele langfristig durchzusetzen. Die Steuerung und Kontrolle der Medien unterstützt die Einführung all dieser Neuerungen. Doch wir dürfen nicht in Wut oder Resignation verfallen. Zum einen sind die Dinge, wie sie sind, und zum anderen haben sie durchaus auch ihren Sinn. Wenn wir alle daraus lernen und Erkenntnisse ziehen, können wir mit dieser Erfahrung eine Welt erschaffen, die für uns alle, die Natur und die gesamte Erde ein Paradies wird. Doch dazu mehr in einem späteren Kapitel.

> *„Die Wenigen, die das System verstehen,*
> *werden dermaßen an seinen Profiten interessiert*
> *oder so abhängig von seinen Vorzügen sein,*
> *dass aus ihren Reihen*
> *niemals eine Opposition hervorgehen wird.*
> *Die große Masse der Leute aber,*
> *geistig unfähig zu begreifen,*
> *wird ihre Last ohne Murren tragen,*
> *vielleicht sogar, ohne je Verdacht zu schöpfen,*
> *dass das System gegen sie arbeitet."*[6]

Gebrüder Rothschild, London 1863

WORLD TRADE CENTER

Die Zweifel an den Anschlägen auf die Zwillingstürme wurden von den Massenmedien zu 100% in die *Verschwörungsecke* gedrängt. Doch von Beginn an gab und gibt es wissenschaftliche Kritiker, die sagen, dass es unmöglich ist, dass diese beiden Hochhäuser durch Flugzeuge zum Einsturz gebracht wurden. Es gibt unzählige Beweise dafür, dass der Einsturz durch professionelle Sprengungen verursacht worden sein muss, und ich selbst habe mich auch von Anfang an gefragt, wie es sein kann, dass die beiden Türme genau in diesem Moment von verschiedenen Positionen aus gefilmt wurden *und* dass die Videos nur wenige Minuten später in alle Welt ausgestrahlt wurden. Wenn ich so ein unglaubliches Erlebnis zufällig filmen würde, wäre ich mindestens einen Tag lang so verwirrt, dass ich gar nicht auf die Idee käme, die Videos der Presse anzubieten. Auch ein pensionierter Flugkapitän, der 65 Jahre alte, ehemalige CIA-Pilot *John Lear*, ist der Meinung, dass es so nicht gewesen sein kann. *Lear*, der Sohn des Learjet-Erfinders *Bill Lear*, hat als Sachverständigenzeuge ausgesagt, *„dass es für Flugzeuge vom Typ Boeing 767 – wie die Flüge AA 11 und UA 175 – physikalisch unmöglich gewesen wäre, an 9/11 die Zwillingstürme getroffen zu haben, insbesondere, wenn sie von unerfahrenen Piloten geflogen wurden"*[7] *(pravdatvcom.wordpress)*. Lear führt in seiner Erklärung noch viele weitere Erläuterungen an, warum die offizielle Version so nicht stattgefunden haben kann.

Weiter ist zu lesen, dass *John Lear* ein glaubwürdiger Pilot ist, der laut seiner eidesstattlichen Erklärung vom 28.1.2014 in 40 Flugjahren über 100 verschiedene Flugzeugtypen geflogen hat und mehr Urkunden als Flieger der Luftaufsichtsbehörde *Federal Aviation Adminstration* (FAA) (*FAA airman certificates*) besitzt als jeder andere durch die FAA beurkundete Flieger. Er flog im Auftrag der CIA zwischen 1967 und 1983 geheime Missionen in Südostasien, Osteuropa, dem Mittleren Osten und Afrika und arbeitete dann 17 Jahre für mehrere Personen- und Frachtfluggesellschaften als Kapitän, Prüfer und Ausbilder.[8] Diese eidesstattliche Erklärung wird nun Teil der Klage von *Morgan Reynolds*, die am Bezirksgericht des südlichen Bezirks von New York verfolgt wird. Angeblich hat die offizielle 9/11-Kommission für die Beweisaufnahme keine Sachverständigen oder Piloten angehört, als sie von 2002 bis 2004 ihre Untersuchung zu den Anschlägen durchführte.

Die ganze Angelegenheit ist zwar nicht mehr topaktuell, doch ich bete dafür, dass gerade in diesem Fall die Wahrheit doch noch ans Tageslicht kommt, denn diese Aktion hat ein Feindbild geschaffen, das *George W. Bush* die „Achse des Bösen" nannte und für die USA die selbsternannte Legitimation für den weltweiten „Krieg gegen den Terror" begründete. Wir werden später noch sehen, wer tatsächlich dem Bösen huldigt. Dieser Krieg wird in Wahrheit gegen jede unbequeme Regierung geführt, vor allem, wenn es um Bodenschätze oder dollarmüde Handelsgrundlagen geht. Russland orientiert sich in Richtung China, und als Währung kommen sowohl der *Rubel* als auch der *Yuan* in Frage. Und es ist nicht ausgeschlossen, dass sich Amerika mit seinen Sanktionen gegenüber Russland selbst das Grab schaufelt, denn Russland scheint sich darum nicht zu kümmern und sucht sich neue Handelspartner. Das Duo Russland/China ist mindestens so mächtig wie die USA/EU. Doch ich gehe davon aus, dass auch dieses Machtspielchen bereits im Vorfeld abgekartet wurde und der Gewinner bereits feststeht. Das ist jedoch mit Sicherheit weder die USA/EU-Bevölkerung noch die Russland/China-Bevölkerung, sondern es werden die großen Bankenkonzerne sein, die über eine weiter verschärfte Finanzdiktatur die Versklavung vorantreiben werden.

Abb. 1:
Der ehemalige CIA-Pilot *John Lear* hat in einer beeidigten Aussage erklärt, dass keine Flugzeuge in die Zwillingstürme geflogen sind, da es physikalisch unmöglich gewesen wäre.

KAPITEL 2: KOGNITIVE DISSONANZ

Prüfen Sie die folgenden Kapitel selbst nach, öffnen Sie Ihre Augen, weiten Sie Ihren Blickwinkel. Die Zusammenhänge sind so unglaublich, dass wir sie einfach nicht wahrhaben wollen – und doch sind sie Realität. Ihr Verstand wird sagen: *„Nein, das kann alles nicht wahr sein!"* Für diese normale Reaktion gibt es sogar einen Namen, man nennt sie **Kognitive Dissonanz**, und sie tritt dann auf, wenn unser Verstand nicht aufnehmen kann, was eigentlich nicht sein darf. Genau mit dieser Reaktion arbeitet die Machtelite.

Denken Sie an die Tsunamiwelle am 26.12.2004. Auf Videoaufnahmen konnte man sehen, wie Menschen am Strand standen und die Welle auf sich zukommen sahen. Teilweise filmten sie selbst noch, wie sich die Welle auf sie zubewegte, doch ihr Verstand sagte Ihnen, dass das nicht sein kann. Das darf nicht sein. Das gibt es einfach nicht. Sie sahen die herannahende Welle und *trauten Ihren eigenen Augen nicht*! Vielleicht hätten sie das doch tun sollen, dann wären zehntausende Tote weniger zu beklagen gewesen. Diese Reaktion finden wir auch bei dem Thema *Verschwörungen*. Es ist zu unglaublich, deshalb sagt uns unser Verstand, dass das alles nicht wahr sein kann – bis zu dem Moment, wo wir uns näher mit dieser Verschwörungspraxis beschäftigen und erkennen müssen: Es ist leider doch wahr! Doch dann kann es leider zu spät sein.

Es geht um unser Leben, es geht um Sie, um Ihre Kinder, um Ihre Enkelkinder. Doch lesen Sie selbst und vor allem: Trauen Sie Ihren eigenen Augen und Wahrnehmungen!

Abb. 2:
Der Sozialpsychologe *Leon Festinger* (1919-1989) revolutionierte in den 1950er-Jahren mit seiner Theorie der *Kognitiven Dissonanz* die Psychologie. Die *Kognitive Dissonanz* ist ein als unangenehm empfundener Gefühlszustand, der dadurch entsteht, dass ein Mensch mehrere Wahrnehmungen hat, die nicht miteinander vereinbar sind.

KAPITEL 3: KLIMAWANDEL ODER NIE MEHR SONNE?

Das Thema *Klimawandel* hat einige neue Berufsgruppen, vor allem aber neue Wirtschaftszweige entstehen lassen. Die Überschuldung der Staaten hat eine Größenordnung angenommen, die unser Finanzsystem an den Rand des Zusammenbruchs gebracht hat. Das Zinssystem verlangt stetiges Wachstum, wohlgemerkt: nicht kontinuierliche Stabilität, ein *stetiges Wachstum* ist gefordert. Die Mentalität *„immer mehr, immer größer"* ist nicht nur in manchen Köpfen verankert, sondern ist Grundgedanke und Basis unseres westlichen Wirtschaftssystems. Um den unweigerlich kommenden, weil zum System gehörenden Kollaps ein klein wenig hinauszuzögern, müssen neue Wirtschaftszweige gebildet werden, um das Wachstum weiterhin zu gewährleisten.

In meinen Augen ist dies der Hauptgrund für die Erfindung der Theorie, dass CO_2 die Ursache eines Klimawandels sei. Hinzu kommt, dass die offiziellen Gegenmaßnahmen gegen die Klimaerwärmung manipulativen Eingriffen in unser Wetter Tür und Tor öffnen. Dies ist die Legitimation dafür, über sog. *Chemtrails* Chemikalien, Schwermetalle, Viren usw. flächendeckend auszubringen und schafft zusätzlich die Möglichkeit, das Wetter als Waffe einzusetzen.

Dass man Gebäude dämmen soll, um die fossilen Energieressourcen zu schonen, ist sicherlich eine sinnvolle Maßnahme, doch im selben Atemzug muss man sich fragen, warum die Automobilindustrie immer größere Autos produziert, die so viel Treibstoff verbrauchen wie vor der Ölkrise in den 1970er-Jahren. Warum dürfen Gebäude in Polystyrol eingepackt werden. Warum gibt es keine gesetzliche Verpflichtung, natürliche und umweltschonende Materialien zu verwenden? Was geschieht, wenn diese Unmengen an Dämmungen in absehbarer Zeit wieder entsorgt werden müssen? Natürlich kann man Styropor recyclen, doch hierfür ist nur sauberes und reines Material geeignet. Zurzeit ist es kostengünstiger, es auf die Deponie zu fahren, als es von Putz, Gewebe usw. zu trennen und der Wiederverwertung zuzuführen. Schadet diese Endlagerung dem Weltklima etwa nicht?

Wie immer sollte man sich fragen, wer von dieser *menschengemachten Klimaerwärmungs-Geschichte* profitiert. Zunächst gewinnen die Banken, denn viele Hausbesitzer finanzieren ihre Energieeinsparungsmaßnahmen über die Bank, und unsere Finanzpolitik belohnt kreditfinanzierte Renovierungen auch noch. Das Bruttosozialprodukt gewinnt durch die Dämmindustrie, und die Handwerker sind beschäftigt. Dadurch fließen auch die Mehrwertsteuer und die Einkommensteuer. Ferner sind diese aufgezwungenen Maßnahmen ein weiteres Trainingsmodell, die Menschen an ein Korsett aus Gesetzen, Vorgaben und Reglementierungen zu gewöhnen.

Ob sich das Erdklima tatsächlich durch die sogenannten CO_2-Einsparungen verändern bzw. auf dem jetzigen Stand halten lässt, wird von immer mehr Wissenschaftlern angezweifelt. So schreibt das *Europäische Institut für Klima und Energie* (EIKE): *„Viele wissenschaftliche Studien aus jüngster Zeit... kamen zu dem Ergebnis, dass Treibhausgase viel weniger Auswirkungen auf das Klima haben, als viele Klimamodelle projizieren. Und die Lücke zwischen den Klimamodellen (mit ihren projizierten Temperaturen) und der Wirklichkeit (tatsächlich gemessene Temperaturen) wird weiterhin immer größer. Folge? Politiker riskieren eine Überbewertung der schädlichen Auswirkungen von CO_2 und könn-*

ten als Folge unangebrachte Politikziele setzen... Der Stillstand der globalen Erwärmung ist real und zeigt Implikationen für die Politik, die noch nicht in Betracht gezogen worden sind. Sollten die wissenschaftlichen Beweise weiterhin nicht ernst genommen werden, könnte sich dies als sehr kostspielig... erweisen.“[9]

Auch die berühmte *Hockeystick-Kurve*, die einen enormen Temperaturanstieg bezeugen sollte, stellte sich im Nachhinein als unsachgemäßer Umgang mit wissenschaftlichen Daten heraus. Sie war schlichtweg falsch, so *Dr. Albrecht Glatzle*.[10] Klimaskeptiker haben bereits unzählige Male nachgewiesen, dass die Klimamodelle nicht der Realität entsprechen. Die heutigen Temperaturen werden stets mit der Zeit *nach* dem Mittelalter verglichen (1500-1900), die sogar als „kleine Eiszeit“ bezeichnet wird, weil die Durchschnittstemperatur so niedrig war. Wenn unsere heutigen Temperaturen mit einer kleinen Eiszeit verglichen werden, ist es kein Wunder, dass es heute wärmer ist als in diesem Vergleichszeitraum. Doch es wird stets verschwiegen, dass die mittlere Temperatur *im* Mittelalter höher war als heute. Verglichen mit diesem Zeitraum müssten wir heute Maßnahmen anstreben, die die Temperatur wieder steigen lassen, damit wir keine Eiszeit heraufbeschwören.

Dies alles wird von Klimaskeptikern angeführt, die meist emeritierte Wissenschaftler und demzufolge *wirklich* unabhängig sind. Jene Wissenschaftler, die für geförderte Institute tätig sind, sind nicht unabhängig, sondern sie haben die Meinung ihres Auftraggebers zu vertreten. Man sollte sich demnach die Frage stellen:

*„Was stellt für das gesamte Leben auf der Erde die größere Gefahr dar,
eine Erwärmung oder eine Eiszeit?“*

Wir sollten anstreben, dass die Temperatur nicht merklich sinkt, denn dann sähen wir uns einer tatsächlichen Bedrohung allen Lebens auf der Erde gegenüber. Wirklich schädlich für die Erde sind ganz andere Maßnahmen, wie beispielsweise Fracking, radioaktiver Müll, Abholzung der Regenwälder, Welt-, Meeres- und Weltraumverschmutzung, Überdüngung und Verseuchung der Böden durch Gifte, Schwermetalle usw.

Das Erdklima ist ständigen Schwankungen unterworfen, die u. a. von der Sonnenaktivität abhängig sind, und bevor wir uns ausschließlich an CO_2-Werten und der Reduzierung der Sonneneinstrahlung orientieren, gäbe es andere, reale und wesentliche Missstände zu beseitigen.

MODELLE, DIE ERDERWÄRMUNG AUFZUHALTEN

Heute ist der 24.3.2014, und wenn ich aus dem Fenster sehe, frage ich mich ernsthaft, was hier die letzten Monate geschehen ist. Der Himmel ist weißgrau, das Thermometer zeigt 0°C. Um die Mittagszeit war die Sonne für wenige Stunden hinter einer dicken, grauweißen Schicht zu erahnen, es war sogar ein schwacher Schlagschatten zu sehen, doch die Sonne und die ganze Natur blieb hinter einem milchigen Schleier. Es ist Sonntag, und mein Mann und ich waren nachmittags eine Stunde spazieren. Wir beobachteten die Spuren der Biber, die bei uns seit einigen Jahren wieder aktiv sind und zogen uns die Kragen hoch, da es für Ende März ungewöhnlich kalt war. Die Medien schreiben sogar, dass seit Beginn der Wetteraufzeichnungen kein Winter so grau und trübe war. Und sie schreiben sogar von den sonnenärmsten Wintermonaten seit Beginn der Wetteraufzeichnungen 1951.[11]

Diese letzten Monate stehen sehr im Gegensatz zur Theorie, dass die Erde aufgrund der „Klimaerwärmung" immer wärmer wird und wir alle etwas dagegen unternehmen müssen. Es gibt verschiedene Forschungsansätze, um eine weitere Erderwärmung zu verhindern. Zu diesem Zweck fand im November 2006 in *Asilomar* (Kalifornien) eine Konferenz statt, zu der die NASA namhafte Wissenschaftler des Bereiches *Geoengineering* eingeladen hatte. Diese stellten **fünf verschiedene Modelle** vor, um die Erderwärmung einzudämmen. Diese Modelle möchte ich nachfolgend kurz beschreiben, weil sie das Leben auf unserer Erde nachhaltig, dauerhaft und evtl. mit fatalen Folgen verändern könnten:

MODELL 1

Prof. Dr. Roger Angel[12] (Professor an der *University of Arizona*) ist Spezialist für Glasoptik und forscht daran, 16.000.000.000.000 (16 Billionen) Glasscheiben in großer Höhe über der Erde zu platzieren, um das Sonnenlicht durch Spiegelung umzulenken. *Spiegel.online* nannte dies am 6.11.2006 „*Kosmisches Konfetti*"[13] – wie treffend. Wie von verschiedenen Wissenschaftlern immer wieder erwähnt wird, ist der erdnahe Weltraum von technischem Schrott so extrem überfüllt, dass sogar Satelliten gefährdet sind. Da verwundert es sehr, wie man auf die Idee kommen kann, den Weltraum zusätzlich mit einer unvorstellbaren Menge an Glasspiegeln zu versehen. Vor allem sollte *Dr. Angel* nicht nur sein Klima in Arizona beachten, sondern auch andere Klimazonen, zum Beispiel das dicht besiedelte Mitteleuropa. Hier heizt man in der Regel von Oktober bis Mai, manchmal schon im September, oft noch im Juni. Die Menschen dieser Region sind 10 Monate im Jahr froh um jeden Sonnenstrahl. Stellen Sie sich vor, das Sonnenlicht wäre blockiert, umgelenkt oder verschattet, dann könnte man dort vermutlich von August bis Juli heizen. Ist das förderlich für die Erde? Was ist mit Themen wie Depression, Bildung von Vitamin D durch das Sonnenlicht, fossiler Rohstoffverbrauch für Heizzwecke, CO_2-Ausstoß (vorausgesetzt, diese Theorie wäre wahr), Verschmutzung der Atemluft, Feinstaub usw. – von der Lebensqualität ganz zu schweigen!

Bei jedem Vorhaben, das massive Veränderungen nach sich ziehen würde, bleibt die vorrangigste Frage: Ist das ganze Vorhaben reversibel, oder bleiben die Spiegel dauerhaft dort? Können die Spiegel wieder deaktiviert werden, wenn der gewünschte Effekt ausbleibt? Wer garantiert, dass diese Spiegel nicht eines Tages auf die Erde stürzen oder bei ihrer eventuellen Abwärtswanderung den Flugverkehr gefährden?

MODELL 2

Stephen Hugh Salter (*University of Edinburgh*) und *John Latham* haben den Plan entwickelt, 1.500 Schiffe bauen zu lassen, die Salzwasser in die Atmosphäre sprühen.[14] Die Schiffe sollen durch 20 m hohe Zylinder, sog. *Flettner-Rotoren*[15], durch den Wind angetrieben werden und über die so erzeugte Geschwindigkeit Meerwasser ansaugen, welches über die Rotortürme in feinste Tröpfchen verteilt und nach oben in die Wolkenebene geschleudert wird. Wenn die Tröpfchen verdunsten, sollen die übrig bleibenden, winzigen Salzkristalle Feuchtigkeit anziehen und binden. Die auf diese Weise entstandenen Wolken sollen die Lichteinstrahlung reduzieren. Laut einem Interview mit *Stephen Salter*, das am 29.3.2013 im TV-Sender *N24* ausgestrahlt wurde, sollen 50 Schiffe mit einer Versprühung von je 10 l Meerwasser/Sekunde ausreichen, um genügend Wolkenbildung zu erwirken, damit die Temperatur der Erde konstant gehalten wird. Und angeblich würde es genügen, dies zum Beispiel im Südpolarmeer auszuführen, damit bei uns niemand im Schatten leben müsste.

Das System erscheint aus drei Gründen wesentlich sympathischer als *Modell 1*:

1. Es kann sofort gestoppt werden, wenn andere Reaktionen auftreten als erwartet.
2. Es dürfte vermutlich wesentlich kostengünstiger sein als viele andere Modelle.
3. Es kann regional begrenzt eingesetzt werden.

Doch bleiben viele Fragen offen, beispielsweise wo das viele Wasser abregnet? Wie werden die teilweise ohnehin instabilen Ökosysteme der Erde beeinflusst? Wie ändern sich die Windrichtungen und -stärken, wenn die Südpolarbereiche mehr beschattet und dadurch kälter werden? Gerade im Südpolbereich ist in den letzten Jahren eine vermehrte Eisbildung nachgewiesen worden.[16] Darüber sprechen übrigens nur wenige, die öffentlichen Medien gar nicht. Bringt es das gewünschte Ergebnis, wenn das Eis an dieser Stelle noch mehr wächst? Wie verhalten sich die Salzkristalle in großen Höhen?

Ähnliche Versuche werden seit den 1940er/50er-Jahren durchgeführt. Man sprüht Silberjodid mit Hilfe von Flugzeugen in die Wolken, um die Wolken abregnen zu lassen.[17] Bis zu einem gewissen Grad funktioniert dies auch, allerdings warnen Gegenstimmen vor Wettermanipulation zum Zwecke der Kriegsführung[18], wie zum Beispiel auf *klimaforschung.net* zu lesen ist: 1952 wurde für die Südküste Englands Regen gemeldet, und in dem Ort Lynmouth regnete es 24 Stunden lang. Der kleine Küstenort wurde zum größten Teil überschwemmt und 34 Menschen ertranken. „*Die Sturzfluten stiegen auf das 250fache der normalen Regenmenge.*"[19] Das sind Größenordnungen, bei denen man sich berechtigterweise fragt, ob hier nicht ein Experiment stattgefunden hat. Und in der Tat haben Anwohner vorher mehrere Flugzeuge gesehen.
BBC sprach mit einem Piloten, der bestätigte, dass große Mengen Salz versprüht worden sind. Wie später bekannt wurde, handelte es sich dabei um das „*geheime Wetterexperiment ,Cumulus'. Das Ziel der Mission wurde sorgfältig protokolliert. Die Unterlagen wurden im Staatsarchiv unter Verschluss gehalten. Nach fast 50 Jahren wurden die geheimen Staatsakten des britischen Verteidigungsministeriums freigegeben.*"[20] Laut offiziellen Stellen gab es das Projekt zwar, doch dieser Zusammenhang wurde von beauftragten „Experten" als „absurd" abgetan. Damit werden Kritiker sofort lächerlich und mundtot gemacht. Die Versprühung von Silberjodid erzeugt nachweislich Regenfälle, diese Technik wird heute noch eingesetzt. Silberjodid gilt im Übrigen als „umweltgefährlich" und muss gekennzeichnet werden. Wie immer liegen auch hier Fluch und Segen sehr nahe beisammen. Mehr dazu im Kapitel *Chemtrails*.

MODELL 3

Der Meteorologe *Paul Crutzen* favorisiert das Modell, das Sonnenlicht durch Schwefeldioxid zu reduzieren, damit weniger Strahlung auf die Erde trifft. Er erläuterte in einem Interview, dass er von der Theorie über den Vulkanausbruch des Toba vor ca. 74.000 Jahren in Sumatra inspiriert wurde. Die Wissenschaft vermutet, dass es damals zu einer Eiszeit gekommen ist. Die Folgen solch eines gigantischen Vulkanausbruches möchte er künstlich inszenieren. Ein explosiver Vulkanausbruch schleudert große Mengen Asche und Gase in die Luft. Der Hauptbestandteil dieser Gase ist meist Wasserdampf, Kohlendioxid, Schwefeldioxid, Schwefelwasserstoff, Salzsäure, Fluorwasserstoff und noch einige andere Gase[21] in unterschiedlichen Anteilen.

Die Idee von *Paul Crutzen* besteht nun darin, Schwefeldioxid (SO_2) mittels Raketen in die Stratosphäre zu schicken[22], wie der *Spiegel* schreibt, sozusagen einen gigantischen Vulkanausbruch nachzuahmen, damit die Sonneneinstrahlung verringert wird und dadurch eine Abkühlung des Planeten erfolgt. Wenn die Beschattungsintensität einen Schwellenwert überschreitet und die Dauer ausreichend ist, besteht das Risiko einer künstlich herbeigeführten Eiszeit.

Weitere wichtige Fragen sind bei seinem Modell ungeklärt:

1. Wie kann das SO_2 wieder entfernt werden, wenn sich herausstellt, dass an der Theorie etwas nicht beachtet wurde und die Nachteile größer sind als die Vorteile?
2. Welche Auswirkungen hat es langfristig?
3. Bleibt das Gas in der Stratosphäre oder wohin geht es?
4. Welche chemischen Verbindungen geht SO_2 mit anderen Bestandteilen dieser Schicht ein?
5. Welchen Einfluss hat die Kälte in der Stratosphäre auf das SO_2 und eventuelle Verbindungen?

Viele Fragen, die zwar vermutlich theoretisch betrachtet werden können, aber das Leben zeigt, dass die Praxis oftmals ganz andere Ergebnisse und Folgen zeigt als in der Theorie ermittelt werden. Was geschieht dann?

SO_2 ist ein Gas, das die Schleimhaut reizt und stechend riecht. Es muss gemäß Gefahrstoffkennzeichnungspflicht als giftig und ätzend deklariert werden. Es ist wasserlöslich und bildet mit Wasser schweflige Säure. Wir würden demnach denselben sauren Regen erzeugen, der auch bei der Verbrennung von schwefelhaltigem Erdöl und Kohle freigesetzt wird. Und das möchte Herr *Crutzen* in die Stratosphäre einbringen, um die Erde zu retten? Ja, ist er denn selbst noch zu retten?

MODELL 4

Der Geophysiker *Klaus Stephan Lackner* von der *Columbia University* in New York entwickelte *künstliche Bäume*[23], die über ein spezielles Harz CO_2 binden sollen. Sie sehen aus wie stehende überdimensionierte Tennisschläger, die zu Millionen aufgestellt werden müssten. Ein großer Nachteil dieses Systems: Das Gas, das aus der Luft gebunden wird, müsste in abgeschlossene Kavernen verpresst und dauerhaft unterirdisch gelagert werden. Dauerhaft!

Jegliche Maßnahmen, die die Eigenschaft „dauerhaft" aufweisen, sollten tunlichst vermieden werden. Was ist mit den Generationen nach uns? Genügt nicht bereits die Belastung durch radioaktiven Müll aus den Kernkraftwerken mit Halbwertszeiten von zehntausenden von Jahren? Von dem unverrottbaren Plastikmüll ganz zu schweigen? Muss es auch noch ein gebundenes Gas sein, das *dauerhaft* konserviert werden müsste?

MODELL 5

Eine weitere Idee war, die Ozeane mit Eisen zu düngen, damit das Plankton- und Algenwachstum angeregt würde. Die zusätzlichen Algen würden wiederum CO_2 binden. Doch welche Konsequenzen hat es für das ökologische Gleichgewicht der Meere, wenn das Algenwachstum im Meer künstlich angeregt wird? Was sagt das Gesamt-Ökosystem unserer Erde dazu?

Es gibt noch viele weitere Theorien, die Erderwärmung zu stoppen, wie zum Beispiel

- reflektierende Landoberflächen, beispielsweise weiße Plastikfolien in der Wüste; weiße Gebäudeanstriche
- Aluminium in die Stratosphäre bringen (Reflexion der Sonneneinstrahlung)
- Aluminium, Aluminiumoxid und Bariumtitanat als Nanopartikel in die Stratosphäre ausbringen (Reflexion Sonnenlicht)
- Sonnensegel zwischen Erde und Sonne installieren (Beschattung der Erde)
- Aufwirbeln oberer Ozeanschichten (fördert Algenwachstum und somit Bindung von CO_2)
- Kalkung der Meere (gegen Übersäuerung)
- Sequestrierung von Kohlendioxid bei der Verbrennung von fossilen Kraftstoffen und anschließende Versenkung unter der Erdoberfläche
- zeitgesteuerte Beschattung der Erde durch horizontale terrestrische Spiegel (tagsüber) und Senkrechtstellung bei Nacht für Abkühlung

Diese Ideen stammen nicht von phantasiereichen Schülern, die das Thema Erderwärmung behandeln, sondern von namhaften Wissenschaftlern. Sie sehen, hier präsentiert sich eine große Spielwiese für das Ego mancher Forscher, und bei vielen Ideen stellen sich mir die Haare zu Berge. Man gewinnt den Eindruck, dass sich der eine oder andere dieser Herren ein Denkmal setzen möchte. Es gibt zur weiteren Info einige Studien, beauftragt vom BMI (*Bundesministerium für Bildung und Forschung*) zum Thema *Climate Engineering*, die Sie auf der Internetseite des *Kiel-Earth-Institutes*[24] nachlesen können.

Gott sei Dank werden von einigen Wissenschaftlern auch die Risiken diskutiert, denn einige Folgen der Vorschläge wären irreversibel. Einige Auswirkungen wären:

- unerwünschte regionale Temperaturveränderungen
- unkontrollierbare Abkühlung
- Veränderungen der Niederschlagsmengen und -muster
- mögliche Schädigung der Ozonschicht

- Übersäuerung der Meere
- Veränderungen der Fauna und Flora
- saurer Regen und seine Folgen für die Natur
- Verschmutzung der Erde mit Aluminium
- Veränderung der natürlichen Bewölkung
- „Weißer Himmel-Effekt" (siehe *Chemtrails*)
- Leistungseinbruch für Solaranlagen
- menschliches oder technisches Versagen
- gesundheitliche Risiken wie Vitamin-D-Mangel und Depressionen
- Missbrauch zu militärischen Zwecken und zur Manipulation
- Monopolisierung
- möglicherweise extrem hohe Kosten
- unterschiedliche Veränderungs- oder Temperaturwünsche einzelner Staaten
- erhebliches Konfliktpotential (Politik, Ethik, Moral)
- unbekannte, unvorhersehbare Auswirkungen

Die meisten Ideen sind an sich nicht neu. Bereits in den 1960er- und 1970er-Jahren wurden derartige Methoden diskutiert, die technische Durchführbarkeit war damals jedoch noch schwierig. Mittlerweile sind die Technologien weiterentwickelt, und die Kosten könnten über eine Klimasteuer finanziert werden. Die Umsetzung dieser Theorien wird damit zur realen Möglichkeit, doch gleichzeitig zum unkalkulierbaren Risiko.

Auf *T-Online.de* wurde am 27.2.2014 ein Artikel veröffentlicht, in dem Kieler Wissenschaftler *„eindringlich vor dem Versuch warnen, die Erderwärmung mit Hilfe von ‚Climate Engineering' zu bremsen. Das Potenzial dieser Technik sei relativ gering, die Nebenwirkungen aber könnten massiv sein."*[25], betonten sie. Die Forscher des *Geomar Helmholtz-Zentrums für Ozeanforschung Kiel* haben ihre Forschungen im Fachjournal *Nature Communications* präsentiert. Das Team um *David Keller* und *Andreas Oschlies* wies auf die Ineffektivität bzw. schwere Nebenwirkungen hin. *„Einmal ergriffene Maßnahmen könnten nicht gestoppt werden, ohne dass sich der Klimawandel danach beschleunige."*, schreiben sie.

Berichte dieser Art kann man immer häufiger lesen, und ich finde es sehr mutig, sich diesem festgefahrenen Weg entgegenzustellen und die Sinnhaftigkeit der Maßnahmen in Frage zu stellen. Meine Hochachtung! Ob die Verantwortlichen diese Warnungen allerdings beherzigen, wird sich noch herausstellen. Es ist hinlänglich bekannt, dass auf unserer Erde seit Urzeiten Klimaveränderungen stattfinden, die nichts mit der Anzahl oder dem Verhalten der Menschen zu tun haben. Es finden Eiszeiten, Polsprünge, riesige Beben, Sintfluten und Vulkanausbrüche statt, deren Ursachen nicht mit der Population der Menschen in Verbindung stehen. Wahrscheinlicher sind vielmehr die energetischen Verhältnisse im umgebenden Universum oder der Sonne und/oder auch zyklische Veränderungen, wie sie zum Beispiel in der vedischen Kosmologie oder bei den Mayas beschrieben werden und aufgrund derer bestimmte Naturveränderungen stattfinden (müssen).

Wenn tatsächlich zu viel CO_2 auf der Erde sein sollte, dann sollten wir in erster Linie darauf achten, dass wir möglichst viele Bäume pflanzen. Bäume regulieren den CO_2/O_2-

Haushalt, indem sie CO_2 binden und ganz nebenbei Sauerstoff produzieren. Wäre es nicht besser, Bäume zu pflanzen, als sie abzuholzen und unsere Gebäude mit Hackschnitzel zu heizen und rein rechnerisch im Energieausweis einen Top-Wert zu erhalten? Wäre es nicht besser, die Regenwälder aufzuforsten, anstatt sie für kurzzeitige Monokulturen hektarweise zu vernichten – und so nebenbei auch noch viele seltene Tierarten zu gefährden?

Es ist höchste Zeit, wirklich saubere Energie zu erlauben. Es gibt unzählige Patente über eine wirklich saubere Energiegewinnung. Wenn ich lese, dass Elektroautos die Fortbewegungstechnik der Zukunft darstellen, weil aus der Steckdose angeblich saubere Energie kommt, frage ich mich, ob es auch nur einen Menschen gibt, der diese Werbekampagne nicht durchschaut. Woher kommt die Energie aus der Steckdose? Bei uns in Deutschland kam die Bruttostromerzeugung im Jahr 2012 aus folgenden Quellen:

- 25,5% Braunkohlekraftwerke
- 22,8% erneuerbare Energien
- 18,5% Steinkohlekraftwerke
- 15,8% Kernenergie
- 12,1% Erdgas
- 4,1% andere Energieträger
- 1,2% Mineralölprodukte[26]

Die erneuerbaren Energien sind zwar auf Platz 2 gerückt, doch wirklich sauber sind auch sie nicht. Vergären von Biostoffen teils in Lebensmittelqualität, Abholzen von Wäldern, Windkraftanlagen und Solarmodule, von denen man noch nicht weiß, wie man diese Mengen jemals wieder entsorgen soll, sind keine wirklich ökologischen Alternativen. Es wurden jedoch schon längst wirklich „saubere" Energiequellen gefunden. Schon *Nikola Tesla* (1856-1943) hatte entdeckt, wie beispielsweise kabellos Strom übertragen werden kann. Würde man Wissenschaftler und Tüftler wie ihn fördern, würden wir heute ganz woanders stehen. Doch das konnten die großen Energiekonzerne bis jetzt wirksam verhindern – *bis jetzt* wohlgemerkt! Denn man spürt, wie die wirklich sauberen Energiegewinnungsmethoden immer wieder auf sich aufmerksam machen. Diesbezügliches Wissen lässt sich nicht auf Dauer zurückhalten. Die Zeit ist reif, und ich spreche nicht von ethisch äußerst fragwürdigen Biomasseanlagen, wo tonnenweise Nahrungsmittel vergoren werden, sondern von sogenannter „Freier Energie", Wasserstoffmotoren, Magnetmotoren, Fusionstechnik usw. Wenn wir dem schwer geschädigten Ökosystem unserer Erde wirklich helfen wollen, dann müssen wir mit *wirklich* sauberer Energiegewinnung anfangen. Experimente mit einer Reduzierung der Besonnung bzw. der Kühlung unserer Erde durchzuführen, ist in meinen Augen der falsche Weg. Das Risiko für eine irreversible Zerstörung unseres Klimas, unserer Umwelt- und Lebensbedingungen ist viel zu groß und in keinster Weise abschätzbar, als dass wir uns hier auf theoretische Berechnungen oder Vermutungen verlassen dürfen. Jeder kennt den Spruch, dass der Flügelschlag eines Schmetterlings auf der anderen Seite der Erde einen Orkan verursachen kann. Genauso kann ein kleiner Eingriff in die natürliche Sonneneinstrahlung eine unvorstellbare Wirkung auf die Erde verursachen. Bis hin zu einer möglichen Eiszeit sind alle Szenarien denkbar. Wollen Sie das?

VERHINDERN DER SONNENEINSTRAHLUNG

Die Sonne ist viel mehr als nur ein Stern, der uns Wärme und Licht spendet. Die Sonne wirkt wie ein Kachelofen, der seine wärmende Strahlung abgibt und uns Wohlbehagen schenkt. Im Gegensatz zur üblichen Konvektionsheizung wird eine Strahlungsheizung als wesentlich angenehmer empfunden als eine Heizung über erwärmte Luft. Es ist bekannt, dass bei einer Fußboden- oder Wandheizung der Wohlfühleffekt bei geringerer Raumtemperatur eintritt als bei einer herkömmlichen Konvektionsheizung. Schon ca. 2.000 v. Chr. wurde die *Hypokaustenheizung* von den Hellenen/Griechen angewendet und später von den Römern weiterentwickelt, bei der mittels heißer Luft Wände und Fußböden erwärmt wurden, die daraufhin eine angenehme Wärme abstrahlten. Vorbild war die Energiequelle Sonne, die ebenfalls Strahlungswärme liefert. Angestrahlte Dinge erwärmen sich und strahlen wiederum selbst die empfangene Wärme aus. Das gilt übrigens auch im übertragenen Sinne: Wenn wir die Sonne in uns integrieren, ihre Lebensfreude, ihren Spaß, ihre Aktivität und ihre Fülle integrieren, dann strahlen wir diese wiederum selbst aus.

Die Sonne ist unser größter Licht- und Lebensspender. Es ist nachgewiesen, dass jede Pflanze und jedes Lebewesen ein inneres, messbares Licht in sich trägt. Es verkörpert sozusagen die *Lebensenergie*. Wie viel Lebensenergie muss in dem System *Sonne* verankert sein, wenn sie dieses Licht in solch einer Fülle ausstrahlen kann? Diese Lebensenergie verpufft nicht einfach so im Universum, sondern wird von uns Menschen und anderen Lebensformen aufgenommen. Die Sonne ist eine Energiequelle unbegrenzten Ausmaßes, und nach meiner Überzeugung ist die Sonne ein gigantisch großes Bewusstsein, das alles in ihrem Strahlungsbereich nährt. Wer sich mit Bewusstsein befasst, weiß, dass wir dieses ausdehnen können. In der Regel geht diese Ausdehnung wieder zurück, wenn wir ins normale Alltagsbewusstsein zurückkehren. Wer diese Bewusstseinserweiterungen aus Meditationen kennt, weiß, wie es sich anfühlt. Wir sind in diesem Zustand körperlos, ewig und mit allem verbunden. Wir bewerten nicht, sind in Frieden und Akzeptanz. Wie muss es sich erst anfühlen, ein Bewusstsein in der Größe der Sonne zu sein? Und diese Quelle will man uns vorenthalten?

Auch die Lebensfreude steigt, wenn die Sonne scheint. Stellen Sie sich einen Spaziergang an einem Wasserfall vor. Die Sonne entlockt den feinen Wassertröpfchen alle Farben, wir fühlen uns beim Anblick des Regenbogens voller Dankbarkeit und sehen uns veranlasst, die Farben anzusehen und die Energie in uns aufzunehmen. Wie viele Menschen halten bei Autofahrten an, um einen Regenbogen anzusehen oder zu fotografieren, um dieses Naturphänomen festzuhalten und sich beim Betrachten des Fotos wieder an das Gefühl zu erinnern, dieselbe innere Freude zu spüren, wie beim tatsächlichen Ansehen des Regenbogens. Deshalb ist auch farbige Kleidung so wichtig, aber dazu mehr in einem anderen Kapitel.

Ein Ballspiel im Garten macht nur bei Sonnenschein richtig Spaß, bei Regen vergeht uns die Lust, wir werden missmutig und verziehen uns nach drinnen. Der graue Anblick eines Regentages verringert den Spaß, uns draußen zu bewegen. Die Menschen gehen bei den ersten wärmeren Sonnentagen im Frühling in Scharen nach draußen, warum wohl? Weil sie nach einem langen Winter Sehnsucht haben, an die Sonne zu gehen. Die

Sonne fördert in uns Spaß, Spiel und (Lebens-)Freude. Wenn die Sonne scheint, zieht es uns nach draußen. Wir spüren Aktivität und wollen etwas unternehmen. Die Sonne hat direkten Einfluss auf unsere Aktivität und unser Befinden.

Die Sonne verbindet uns mit der Energie der Fülle. Sie versorgt ihre Planeten mit Licht und Wärme. Diese beiden Attribute sind in einer solchen Fülle vorhanden, dass es unser Vorstellungsvermögen bei weitem übersteigt. Solch eine Helligkeit und solch eine Wärme bei der Entfernung, die wir von unserem Stern haben, sind unvorstellbar groß. Wie heiß müsste ein Kachelofen sein, damit er über eine so weite Entfernung seine Wärme abstrahlt? Wie hell und groß müsste eine Leuchte sein, damit sie so weit sichtbar ist, geschweige denn ganze Planeten beleuchtet? Es geht eine solch unglaubliche Fülle von unserer Sonne aus, wie es sie auf Erden kein zweites Mal gibt. Diese Energie der Fülle können wir in unser Leben integrieren. Viele Krankheiten oder besser Symptome werden heute auf einen Mangel an Vitamin D zurückgeführt. Unser Körper bildet das Vitamin unter dem Einfluss der Sonne. Erhält der Körper zu wenig Sonnenlicht, kann er nur wenig Vitamin D bilden, und es sollte in Form von Kapseln zugefügt werden. Die Sonne hat also eine wichtige Funktion in Bezug auf unsere Gesundheit.

Es ist Fakt: Die Sonne beeinflusst direkt unsere Gesundheit. Die Menschen in den skandinavischen Ländern sind laut verschiedenen Studien mehr von Depressionen und Sucht betroffen als die Menschen in südlicheren Ländern. Es liegt deshalb nahe, dass der Grund in den geringeren Sonneneinstrahlzeiten zu finden ist. Die Sonne ist ein Vermittler von Lebensfreude. Und nun stellen Sie sich vor, die Sonne würde durch gigantische, teils unumkehrbare Maßnahmen künstlich und flächendeckend von uns ferngehalten werden. Wollen Sie das?

Seit wenigen Jahrzehnten versuchen uns die Werbung und die Medizin, die Sonne insgesamt madig zu machen. Warum, frage ich mich, sollen wir Sonnenschutzmittel und Sonnenbrillen verwenden, wo doch die Menschheit seit Äonen die Erde bevölkert und diese Mittel früher nicht hatte? Wer hätte etwas davon, wenn wir die Sonne von uns fern halten? Von wissenschaftlicher Seite wird uns erläutert, dass das Sonnenlicht aggressiver wird, dass das Ozonloch zu viele schädliche UV-Strahlen durchlassen würde usw. Wenn der normale, gesunde Mensch auf seine Körperwahrnehmung achtet, dann weiß er genau, wann er in den Schatten gehen oder sich etwas anziehen sollte. Wäre es nicht gesünder, dieses natürliche Empfinden wieder mehr zu fördern und zu entwickeln?

Was bewirken die Sonnenschutzmittel, die plötzlich so „notwendig" sind? Wenn ich mich den ganzen Tag in die pralle Sonne lege, ist das vermutlich genauso sinnvoll, wie wenn ich einen Kuchen stundenlang im geheizten Backofen lasse – er verbrennt einfach. Aber wenn ich höre, dass wir nicht mehr ohne Sonnenschutzmittel in die Sonne dürfen, dann werde ich einfach hellhörig und überlege, was man uns auf diese Weise vortäuschen will? Wer hat einen Nutzen davon, wenn sich die gesamte (vor allem westliche) Bevölkerung eine chemische Masse auf die Haut streicht? Ich selbst nehme seit Jahrzehnten keine Sonnenschutzmittel. Und wenn ich das Gefühl habe, dass mir die Sonne zu viel wird, gehe ich in den Schatten oder ziehe mir etwas über. Ich höre auf meine Körpersignale, bevor ich krebsrot werde.

Warum gibt es seit einigen Jahrzehnten Sonnenbrillen? Ich habe selbst auch eine, setze sie jedoch nur hin und wieder auf, wenn ich mich beim Autofahren geblendet fühle. Sie jedes Mal aufzusetzen, sobald die Sonne scheint, käme mir vor, als würde ich mir etwas vorenthalten. Und ich frage mich auch hier: Wer hat einen Nutzen davon, wenn wir alle die Sonne nicht mehr in unsere Augen lassen? Das Ziel ist deutlich erkennbar: Der Mensch soll von der Energiequelle, der Wärme, dem Licht, der Lebensfreude, dem Spaß, der Aktivität, der Fülle ferngehalten werden, denn all diese Attribute fördern, dass der Mensch in seine Kraft kommt, dass er spürt, was ihm gut tut, dass er glücklich lebt. Ein glücklicher Mensch ist der Horror für jeden Machthaber. Im Gegenteil: Wenn der Mensch in Angst lebt, Angst vor Arbeitslosigkeit, Angst vor dem Verlust des Hauses oder der Familie, Angst vor Krankheit, Angst vor Strafen usw., dann ist er leicht zu führen und zu dirigieren. Wer umfassend mit sich und seinen Ängsten beschäftigt ist, kann sich nicht darum kümmern, was um ihn herum geschieht, weil er seinen Kopf nicht frei hat. Von einem Menschen in Angst geht keine Gefahr aus, Gesetze und Bestimmungen, die das System ihm aufdrängt, zu hinterfragen. Und in dieser Situation ist er leicht zu manipulieren.

Wir dürfen uns nicht von den allgemeinen Ängsten anstecken lassen, wenn wir verantwortungsbewusste Individuen bleiben wollen. Das heißt in letzter Konsequenz auch: Wir dürfen uns die Aufnahme der Sonnenstrahlung nicht wegnehmen lassen, die uns stärkt, uns kräftigt und auch bewusster werden lässt. Die Urmenschen haben sich zum Schlafen oder zum Schutz vor Unwettern vermutlich in Höhlen zurückgezogen oder bauten sich evtl. Schutzdächer. Ansonsten verbrachten sie ihre Zeit im Freien. Heute wird dieses Verhalten als „unterentwickelt" bezeichnet. Nach allem, was ich gelesen und recherchiert habe, gehe ich jedoch viel mehr davon aus, dass diese früheren Menschen hoch spirituell entwickelt und mit der geistigen Welt eng verbunden waren. Sie wussten über Heilmittel der Natur Bescheid, sie waren empathische, herzliche Wesen mit viel *Menschlichkeit*. Die sozialen Bindungen, das Miteinander, das Mitgefühl und die Hilfsbereitschaft waren wichtig. Ganz im Gegensatz zu vielen heutigen Menschen, die in *größer, schöner, besser* und *meins, meins, meins* denken. Dieses Denken hat meines Erachtens erst mit Beginn der Baukunst begonnen. Die ältesten noch erhaltenen Gebäude, die uns bekannt sind (Pyramiden, Tempel, etc.) zeugen bereits von Macht und Stärke. Das sind Attribute, die den Urmenschen fremd waren. Dieses Bestreben von *größer, schöner, besser* ist noch heute – ja sogar heute mehr denn je – in den welthöchsten Gebäuden zu finden. Jedes Jahr hat ein anderes Land die Nase vorn. Es hat den Anschein, dass tatsächlich ab einem bestimmten Zeitpunkt ein Knick in der Entwicklungsgeschichte des Menschen stattgefunden hat, ab dem er besser sein wollte als der Nachbar – ab dem das Ego (im Sinne von egoistisch) auf den Plan trat.

Mit der Errichtung von Gebäuden begann auch die Trennung vom Sonnenlicht. Die Menschen verbrachten immer mehr Zeit in geschlossenen Räumen, und viele gehen heute nur noch nach draußen, um sich von A nach B zu bewegen. Die meisten Menschen arbeiten in Gebäuden und haben den größten Teil des Tages ein Dach über dem Kopf. Sogar unsere Nahrungsmittel (Gemüse, Salate) werden zu einem nicht unerheblichen Teil unter Dach herangezogen. Dabei nehmen wir über unsere Nahrung gespeichertes

Licht zu uns. Doch gerade dieses Licht wird den Pflanzen vorenthalten, und es werden annähernd energetisch *tote* Gemüse und Salate gezogen. Ich gehe davon aus, dass es tatsächlich ein sehr langfristig geplantes Ziel gibt, die Menschen von ihrem inneren Licht zu trennen, und dazu dient auch der Aufenthalt des Menschen in Gebäuden. Wer so weitreichend über eine unglaubliche technische und wirtschaftliche Intelligenz verfügen könnte, so viele Puzzleteile über so lange Zeit zu einem großen Ganzen zu planen, dazu später mehr. Was dort jedoch vollständig fehlt, ist die emotionale Kompetenz, wie uns so langsam klar wird und wie wir alle zunehmend am eigenen Leibe erfahren können.

Zurück zur Sonne: Einige nachfolgende Redewendungen zeigen uns, dass die Sonne immens wichtig war und sogar unsere deutsche Sprache prägte. Die deutsche Sprache ist bekanntlich eine sehr psychologische Sprache, und wir kennen folgende überlieferte Ausdrücke heute noch:

- *Besonnen zu handeln* bedeutet, alle Risiken abzuwägen, den Überblick zu behalten, nicht spontan und vorschnell, sondern wohlüberlegt zu handeln, alle Für und Wider abzuwägen, also im Sinne der Sonne zu agieren.
- Ein *sonniges Gemüt* zu haben bedeutet, ein fröhlicher und meist gut gelaunter Mensch zu sein.
- *Licht in eine Sache zu bringen* und *Licht ins Dunkel zu bringen* bedeutet, eine ungeklärte Situation aufzuklären, eine Lösung herbeizuführen.
- Einen Fall etc. *aufzuklären* bedeutet, Klarheit (= Helligkeit) in die Trübheit (= Dunkelheit) zu bringen, zum Beispiel herauszufinden, wer etwas angestellt oder etwas Unrechtes getan hat.
- *Von der richtigen Seite zu beleuchten* bedeutet, eine Situation von einem anderen Standpunkt zu betrachten und eine eventuell falsche Meinung zu berichtigen bzw. *aufzuklären*.
- *Erleuchtet zu sein* beschreibt man einen Zustand, in dem jemand u. a. nicht mehr aus seiner Ruhe, sprich seiner Kraft zu bringen ist. Er ist sozusagen voller Licht.
- *Beschatten zu lassen* bedeutet, jemanden überwachen zu lassen.
- *Schattenregierung* kann man also auch mit *Überwachungsregierung* gleichsetzen. Passt das nicht sehr gut zu unserer jetzigen Situation hier in Deutschland bzw. im Westen?

Bei meinen Sonnenmeditationen nach Anleitung von *Hira Ratan Manek*[27] sehe ich immer wieder das Bild, dass wir den so lange gesuchten **Heiligen Gral** unter unserem Herzen in uns tragen. So viele Menschen suchen nach dem Heiligen Gral und können ihn nicht finden, weil sie ihn im Außen suchen. Er befindet sich im besten Versteck, das man sich nur vorstellen kann. In uns selbst hat jeder seinen eigenen Heiligen Gral als Bestandteil seines eigenen Seins. Wenn uns dann noch Selbstzweifel, mangelndes Selbstwertgefühl und geringe Selbstachtung beigebracht werden, wie es zum Beispiel in meiner Generation noch der Fall war, dann kommen wir nie und nimmer auf die Idee, in uns selbst nach dem Heiligen Gral zu suchen. Erst wenn der Heilige Gral in unserer Mitte aufgefüllt ist mit Licht und Liebe, und wenn wir gelernt haben, uns selbst zu lieben und zu achten, uns selbst wertzuschätzen, dann können wir diese Liebe und dieses Licht aus uns selbst strahlen lassen. Dann sind wir unabhängig von äußerer Bestätigung, Anerkennung und von unechter Zuwendung. Dann kommt von selbst, was wir uns so sehr gewünscht haben. Dann kommt von selbst beispielsweise der richtige Partner, nämlich ab dem Moment, ab dem ich kein *Bedürfnis* mehr danach habe, den richtigen Partner zu finden. Wenn ich mit mir selbst zufrieden bin, wenn ich mir selbst genug bin, dann ist eine erfüllende Partnerschaft eine wunderbare und schöne Bereicherung, aber nicht mehr die Erfüllung eines Bedürfnisses, sprich einer Erwartungshaltung. Wenn der Heilige Gral gefüllt ist, finde ich meinen Lebensplan, meine Berufung. Wenn der Heilige Gral gefüllt ist, habe ich den Frieden in mir. Wenn der Heilige Gral gefüllt ist, kann ich das Leben nehmen, wie es ist. Und dann kommt das Leben zu mir, wie ich es nicht zu träumen gewagt hätte.

Wenn ich mir vorstelle, dass die Sonne nur noch als trübe helle Scheibe zu sehen ist, weil die Sonneneinstrahlung durch eine oder mehrere Methoden von der Erde abgehalten wird, ist eines für mich klar: Der einzige *wirkliche Sinn* dieser Sonnen- und Klimaschutzaktionen besteht nur darin, diese enorme Quelle an Licht, Wärme, Energie, Fülle, Heilung, Wohlbefinden, Bewusstseinswachstum und *Erleuchtung* von uns fernzuhalten. Es wäre unendlich schwieriger, uns mehr und mehr zu be-*herr*-schen, wenn wir in unserer Kraft wären. Eines ist jedoch für uns interessierte, spirituelle Menschen grandios: Unsere Macht ist unglaublich riesig, nicht aufzuhalten, wenn sie aktiviert ist, und wir können Berge versetzen. Wenn die Mächtigen solch gewaltige Geschütze wie das Abhalten des Sonnenlichtes gegen unser Erwachen, gegen unser Freiwerden und gegen unsere innere Kraft auffahren müssen, dann haben sie eine unendliche Angst davor, dass wir nicht mehr beherrschbar sein und unsere Energie gemeinsam als menschliche Familie zu nutzen beginnen könnten. Diesen Gedanken finde ich sehr schön! Die Sonne hilft uns dabei!

Auf der Internetseite des *Bundesministeriums für Bildung und Forschung* (BMBF) wird darüber aufgeklärt, wie die einzelnen Möglichkeiten aussehen, mit denen man die Sonneneinstrahlung auf der Erde verringern möchte.[28] In dieser Grafik sind folgende Techniken erwähnt (teilweise zuvor bereits beschrieben):

- Aerosole in die Stratosphäre bringen… (= **Chemtrails**; A. d. A.)
- Wolkenbildung über Ozeanen verstärken – Zerstäuben von Salzwasser…
- Rückstrahlkraft der Erdoberfläche erhöhen – Spiegel…
- künstliche Bäume aufstellen – CO_2 aus der Luft binden…
- Ozeane düngen – Algenbildung fördern…
- Aufforsten bzw. Biokohle herstellen…

Damit wird von der Bundesregierung offiziell bestätigt, dass verschiedene Maßnahmen gegen den „Klimawandel" durchgeführt werden. Dies betrifft auch den von manchen Menschen immer noch angezweifelten Einsatz von Chemtrails, diese Zweifel dürften damit endgültig ausgeräumt sein. Es geht heute also nicht mehr um die Frage, **ob Chemtrails versprüht** werden, sondern nur noch darum: **Was wird versprüht?**

KAPITEL 4: CHEMTRAILS

Dass das Versprühen von Aerosolen eine der Möglichkeiten darstellt, den Klimawandel aufzuhalten, kann man also auf der Internetseite der Bundesregierung nachlesen. Wir müssen uns daher nicht mehr mit der Frage nach der Existenz von Chemtrails beschäftigen, sondern wir können uns auf die Details konzentrieren. Außer der Aufgabe, die Klimaerwärmung aufzuhalten, gibt es jede Menge Hinweise, wie zum Beispiel Aussagen von Piloten oder Augenzeugen, dass diese Aerosole noch eine zusätzliche, ganz andere Bewandtnis haben. Daher widme ich diesen ein eigenes Kapitel, vor allem, wenn man bedenkt, dass diese Chemtrails uns alle betreffen, denn jeder Mensch atmet. Wenn unsere Luft nun mit Krankheitserregern, chemischen Giften, Fasern und Sonstigem angereichert ist, weil jemand eine bestimmte Absicht verfolgt oder einen flächendeckenden Massenversuch startet, dann geht das jeden Einzelnen von uns an – ausnahmslos! Wir dürfen daher nicht unsere Augen davor verschließen und das Thema als absurd oder lächerlich verwerfen.

Es ist Ihnen vielleicht schon aufgefallen, dass es *Kondensstreifen* gibt, die sich nicht auflösen, sondern die – im Gegenteil – immer breiter und dichter werden, sich mit weiteren Kondensstreifen vermischen und schließlich eine dichte, weiße Schicht bilden, durch die die Sonne kaum noch sichtbar ist, bis sich schließlich eine dichte Dunstdecke gebildet hat. Hierbei handelt es sich um sog. *Chemtrails*. Der Begriff **Chemtrail** ist eine Wortkreation aus **Chemie/Chemikalien** und **Trail** (engl. *Pfad*), was man etwa als *Chemiepfad* oder *Chemiestreifen* übersetzen könnte, im Gegensatz zu *Contrail* = *Kondensstreifen*. Wie das Wort bereits aussagt, handelt es sich bei Chemtrails um **künstliche, chemische, kondensstreifenähnliche Gebilde**.

Die Entstehung von normalen Kondensstreifen, die von Flugzeugabgasen gebildet werden, ist abhängig von der Luftfeuchtigkeit und der Temperatur, die wiederum u. a. mit der Flughöhe zusammenhängen. Kondensstreifen bilden sich erst bei einer Temperatur unter -40 °C und einer Luftfeuchtigkeit über ca. 70%, laut manchen Quellen ab 60%. Die Flughöhe von Passagierflugzeugen beträgt meistens zwischen 10.000 und 12.000 m, wo wir in der Regel eine Temperatur von ca. -40 °C vorfinden. Ist die Luft trockener als 60-70%, entstehen keine sichtbaren Kondensstreifen, wie auf den Internetseiten *ausbildung-pilot.de* und *rainforest-newsletter.de* beschrieben wird.[29, 30]

In der Praxis kann man den Unterschied zwischen *normalen Kondensstreifen* und *Chemtrails* an zwei Hauptmerkmalen unverwechselbar erkennen:

1. Normale Kondensstreifen lösen sich nach wenigen Minuten von selbst auf. Chemtrails bleiben lange am Himmel sichtbar, oft stundenlang oder den ganzen Tag. Oft ist der Himmel am nächsten Tag bedeckt.
2. Normale Kondensstreifen werden nur ein wenig breiter, dabei aber auch durchsichtiger, bis sie sich auflösen. Chemtrails bilden Füßchen, werden erheblich breiter und meistens gleichzeitig immer dichter bzw. trüben den Himmel nach und nach mit einer weißen Schicht, die sich zu einer geschlossenen „Hochnebeldecke" entwickeln kann. Siehe hierzu auch den Bildteil (S. 53-62, Abb. 3-21).

Eindeutiger Unterschied zwischen *normalen Kondensstreifen* und *Chemtrails*, siehe die Internetseite *zeitenschrift.com*[31]:

Normale Kondensstreifen	Chemtrails
einige bis viele Flugzeuglängen lang	*meist von Horizont zu Horizont*
lösen sich rasch auf	*lösen sich nicht auf, verteilen sich nur*
wirken wie Wasserdampf, verwirbeln sehr	*wirken zäh, dicht und schmierig*
bilden keine bildhaft beschreibbaren Strukturen	*bilden oft knollenartige Ausbuchtungen*

Bei Chemtrails kann man beobachten, dass sich aus dem Streifen oft weiße Schleier herausbewegen, ein sogenannter *Fallout*. Diese Erscheinung hat eine Ähnlichkeit mit einer normalen Wolke, die abzuregnen beginnt, was man hin und wieder gut beobachten kann. Doch sowohl Chemtrails als auch der Fallout sind weiß, während sichtbarer Regen aus einer Wolke in der Regel grau ist.

WAS TRÜBT UNSEREN HIMMEL AUSSER WOLKEN?

Diese oben beschriebenen Chemtrails sind nach der Versprühung zuerst entweder parallel, in Gitterstruktur oder auch ungeordnet zu sehen. Ihre unterschiedliche Breite, die ich auch *Verwaschung* nenne, ist davon abhängig, wie viel Zeit seit der Ausbringung vergangen ist und wie die Luftfeuchte und die Windbedingungen sind. Sind mehrere oder sogar viele Streifen am Himmel, verbinden und vermischen sie sich. Irgendwann ist dann eine einheitliche Wolkendecke am Himmel zu sehen, die die Sonne zuerst konturlos erscheinen lässt, bevor sie dann ganz hinter dem weißen Schleier verschwindet. Gut sichtbar ist dies auf Bildern: Wenn Sie ein Landschaftsfoto mit Gegenlicht aufnehmen, auf dem die Sonne sichtbar ist, können Sie gut sehen, ob die Sonne schöne zentrische Strahlen auf dem Foto mit blauem Himmel zeigt oder ob sie als konturloser, heller Fleck zu sehen ist, der wie ein Licht hinter einer Milchglasscheibe aussieht. Wenn der Himmel flächendeckend von den Spuren der Chemtrails überzogen ist, nennt man dieses Phänomen im Allgemeinen *weißer Himmel*. Der Meteorologe *Alan Robock*, der bis vor kurzem ein Verfechter des Geo-Engineering war, beschreibt es bei *www.zeit.de* so: „*Man würde also Vulkane imitieren, aber die Wolkenschicht kontinuierlich aufrechterhalten. Der Himmel wäre dann nicht mehr blau, sondern milchig.*"[32] Diese Erscheinungen sind bei uns fast täglich zu beobachten. Sie brauchen nur vor die Tür zu treten und nach oben zu sehen.

An dieser Stelle möchte ich bemerken, dass ich es höchst bedauerlich finde, dass junge Menschen bereits mit diesen Erscheinungen aufwachsen und eine natürliche Bewölkung kaum kennen. Sie halten Chemtrails für „normal", doch das sind sie keineswegs.

INHALT UND SINN DER CHEMTRAILS

Die Chemtrails haben nicht nur die Eigenschaft, den Himmel zu trüben und dadurch das Sonnenlicht zu reduzieren (siehe Kapitel *Klimawandel – Sonne*), sondern sie enthalten verschiedene Stoffe, auf die ich später noch näher eingehe. Diese sinken nach und nach auf die Erde, und mittlerweile sind sie bereits im Trinkwasser messbar.

Untersuchungen des *UPI-Instituts* haben gezeigt: Je höher der Aluminiumgehalt im Quellwasser, desto saurer ist der Boden.[33] Die Wissenschaft spricht von Lösung des Aluminiums aus dem Boden durch die Säure.

Der Amerikaner *Ken Caldeira* ist einer der einflussreichsten Klimaforscher, der auch an einem Bericht des *UNO-Klimarats IPCC* als leitender Autor mitarbeitete. Dieser sagte in einem Interview: *„Wir wissen aber auch, dass sich durch Geo-Engineering die* **Niederschlagsverteilung ändern** *könnte, zum Beispiel der Monsun. Das hätte auch Auswirkungen auf die Landwirtschaft,* **wenn auch nicht nur schlechte**... *auch* **Aluminium** *und Titandioxid sind in der Diskussion.*"[34] (H. d. d. A.)

Das sind gleich mehrere Hiobsbotschaften:

1. *Geo-Engineering* könnte die Niederschlagsverteilung und den Monsun ändern. Das hätte allerdings gravierende Auswirkungen. Das könnte auch die Erklärung für die ungewöhnlichen Regenfälle und Dürren sein, die in den letzten Jahren in unterschiedlichen Erdteilen aufgetreten sind. Schließlich befinden wir uns in der Testphase.
2. Wenn ein Wissenschaftler sagt, die Änderung der Niederschläge hätte Auswirkungen auf die Landwirtschaft, *„wenn auch nicht nur schlechte"*, dann möchte ich behaupten, dass dieser Klima-Wissenschaftler nicht die geringste Ahnung hat, was gut oder schlecht für die Landwirtschaft wäre. Eine Zu- bzw. Abnahme der Niederschläge könnte für viele Landwirte das Aus bedeuten.
3. *„Auch Aluminium und Titandioxid sind in der Diskussion."* Was Aluminium in der Atmosphäre und anschließend im Boden anrichtet, könnte am besten eine Pflegerin beschreiben, die sich um demenzkranke Menschen kümmert, denn *„Aluminium ist... auch für den Menschen giftig. Bei Autopsien von verstorbenen Alzheimer-Patienten zeigte sich, dass die bei der Alzheimer-Erkrankung typischen Plaques im Gehirn hohe Aluminiumkonzentrationen aufweisen. In den letzten Jahren wurden deshalb mehrere große epidemiologische Studien über den Zusammenhang von Aluminium im Trinkwasser und dem Auftreten der Alzheimer-Erkrankung durchgeführt. Dabei erhärtete sich der Verdacht, dass eine erhöhte Aufnahme von Aluminium mit dem Trinkwasser zu vermehrtem Auftreten von Alzheimer-Erkrankungen führt. In einer im Jahr 2000 abgeschlossenen prospektiven Kohorten-Studie, die mit insgesamt 3.777 Teilnehmern über einen Zeitraum von 8 Jahren in Südwestfrankreich durchgeführt wurde, ergab sich, dass Alters-Demenz-Erkrankungen um 100% und Alzheimer-Erkrankungen um 114% häufiger sind, wenn die Aluminiumkonzentration im Trinkwasser über 100 µg/Liter liegt."*[35]

Mehr zu diesem Thema später, doch eines ist klar: Gelöstes Aluminium hat in unserem Trinkwasser und in unseren Böden absolut nichts zu suchen und ist für die gesamte Natur inklusive uns Menschen hochgefährlich. Aluminium in die Luft zu versprühen, ist nach meiner Auffassung Körperverletzung. Möglicherweise sind die vielen Demenzkranken, deren Zahl stetig steigt, eine Folgeerscheinung von Chemtrails, Nahrungsmittelzusätzen und evtl. der Impfzusatzstoffe. Auch hierzu später mehr.

Höchst interessant ist übrigens auch, dass *Ken Caldeira* in dem oben genannten Interview erwähnt, dass *Bill Gates* das meiste Geld spendet.[36] *Bill Gates* macht immer wieder mit zwei Themen Schlagzeilen:

1. Weltweite flächendeckende Impfungen und
2. die Reduktion der Weltbevölkerung.

Wenn derselbe *Bill Gates* nun der größte Förderer des Geo-Engineerings ist, dann erlaube ich mir den Rückschluss, dass es mit Punkt 1 oder Punkt 2 zu tun haben könnte, wobei die beiden Punkte ohnehin verknüpft sein müssen, wie wir später noch sehen werden. Und in der Tat, über eine flächendeckende Berieselung mit Stoffen erreiche ich die meisten Menschen, ohne sie zuvor fragen oder mit ihnen diskutieren zu müssen. Nicht umsonst distanzieren sich immer wieder Wissenschaftler von dem Projekt *Climate Engineering*, wie zum Beispiel der Meteorologe *Alan Robock*, der inzwischen sogar vor dieser Form der Klimamanipulation warnt.[37] Es gibt eine Veröffentlichung von ihm, in der er 20 Gründe aufführt, die gegen diese Arten der Wettermanipulation sprechen.[38] Er selbst hatte zuvor noch die Idee vorgeschlagen, reflektierende Partikel in die obere Atmosphäre einzubringen, doch mittlerweile sieht er diese Maßnahme als höchst riskant an. Auch er befürchtet u. a. eine Veränderung des Monsunregens und sieht die Folgen der Maßnahmen als noch unerforscht an.[39]

Schon seit 1940/50 wurden in den USA Chemtrails mit Silberjodid eingesetzt, um Hurrikane durch vorzeitig provozierten Regen abzuschwächen. Das hat nichts mit Verschwörung oder Panikmache zu tun, sondern ist eine bekannte Tatsache. Der Erfolg war anfangs wohl nicht überzeugend, aber mittlerweile sind diese Flüge Routine. Angesichts der Zeitspanne, die inzwischen verstrichen ist, können Sie sich also vorstellen, wie weit die Forschung bei den Chemtrails bzw. bei der Wettermanipulation heute ist. Die Dokumentation der Fortschritte wird der Allgemeinheit vorenthalten, sodass wir hier leider auf Ergebnisse aus Recherchen angewiesen sind. Im Landkreis Rosenheim wurde 1958 eine organisierte Hagelabwehr gegründet, die bei drohenden Unwettern Silberjodid in die Atmosphäre schoss, um ein Abregnen zu fördern und damit eine Hagelbildung und folglich Hagelschäden zu verhindern. Seit 1975 wird dies von Anti-Hagel-Flugzeugen übernommen, und 1994 wurde dort sogar ein Verein gegründet, der *Verein zur Erforschung der Wirksamkeit der Hagelbekämpfung im Raum Rosenheim e.V.*[40] Das Ziel des Vereins besteht darin, wirtschaftlichen Schaden durch Hagel abzuwenden. Das ist eine Maßnahme, die aus der Sicht der Menschen und vor allem aus landwirtschaftlichem Interesse heraus verständlich und nachvollziehbar ist. Und doch sollte uns bewusst sein, dass Silberjodid laut EU-Gefahrstoffkennzeichnung als „umweltgefährlich" gilt und kennzeichnungspflichtig ist.[41] Doch im Vergleich zu den heute fast täglich ausgebrachten Chemtrails kann man die Hagelflüge als harmlos einstufen.

Seit den 1980er-Jahren ist man im Mittleren Westen der USA, in Russland und in Bayern bestrebt, gezielt Regen an bestimmten Orten zu erzeugen, um andere Orte regenfrei zu halten. Russland beispielsweise sorgt auf diese Weise dafür, dass an den wichtigen russischen Feiertagen – dem 9. Mai (Tag des Sieges) und dem 12. Juni (Tag Russlands) – die Sonne scheint. Auch bei den Olympischen Sommerspielen in Peking 2008 wurden die Eröffnungsfeierlichkeiten durch gezieltes Versprühen von Silberjodid regenfrei gehalten.[42] Diese Methode wird also nicht nur verantwortungsvoll und wohlüberlegt dazu verwendet, Schäden durch übermäßigen Regen oder Trockenheit zu vermeiden, sondern auch für ganz triviale Themen wie sonnige Feiertage. Wir können uns vorstellen, dass diese Methode noch für ganz andere Zwecke verwendet wird, über die sich die Regierungen nicht so gerne äußern. Nachdem diese Technik, Silberjodid zu versprühen, nun bereits seit Jahrzehnten eingesetzt und als harmlos eingestuft wird, haben sich die Menschen daran gewöhnt, zumindest diejenigen, die davon wissen und sich mit der Thematik befassen.

Und nun kommt der nächste Schritt, wie im Kapitel *Verschwörungspraxis* bereits erläutert. Die Methode, Hagel abzuwenden, ist etabliert, gilt als sicher und vorteilhaft und ist in unseren Gehirnen als „unschädlich" und „normal" abgespeichert. Nun wendet sich das Blatt, und diese Technik wird durch kleine Veränderungen stillschweigend zu unserem Nachteil eingesetzt. Doch zu diesem Zeitpunkt fragen wir nicht mehr, ob uns etwas schadet, denn es wurde ja von unserem Verstand und unserem Zweifel bereits hinterfragt und als „ungefährlich" eingestuft. Diejenigen, die um die Silberjodid-Versprühungen wissen und damit zu tun haben, fragen nicht mehr nach der Zusammensetzung, daher konnte eine Veränderung der Zutaten ohne großen Widerstand erfolgen. In den Jahren 2005/2006 wurden laut *chemtrails-forum.de*[43] mehrere Labor-Untersuchungen von Regenwasser durchgeführt (Massenspektroskopiegerät IOP-OES), meist aus dem Raum München-Staffelsee und es wurden in unterschiedlichen Mischungen gefunden:

1. Barium
2. Titan
3. Aluminium
4. Blei
5. Cadmium
6. Cobalt
7. Lithium
8. Nickel
9. Strontium
10. Polymerfasern
11. teilweise erhöhte Bakterienwerte (mit der Empfehlung von Desinfektionsmaßnahmen)

Auch andere Untersuchungen ergaben Ähnliches. Eine chemische Analyse von Schnee- und Regenwasser hat laut *energiekegel.de*[44] folgende Zusammensetzung von Chemtrails ergeben:

1. Bariumsalze
2. Aluminiumoxid
3. Titanium
4. Wolfram mit Quecksilberoxid beschichtet

5. Mineralien und metallische Salze
6. Polymer-Fiber-Fasern
7. verschiedene giftige Schwermetalle, z. B. Cobalt und Strontium
8. Malathion
9. hochgiftige Dioxine!

Ein US-Pilot hat folgende Zusammensetzung der Chemtrails in den USA mitgeteilt (2011):

1. Aluminiumoxid
2. Bariumoxid
3. Bakterien wie Anthrax und Pneumokokken
4. 9 Chemikalien, einschließlich Acetylcholinchlorid
5. 26 Metalle wie Arsen, Gold, Blei, Quecksilber, Silber, Uran, Zink usw.
6. 4 Schimmelpilze
7. 7 Viren
8. 2 Krebsarten
9. 2 Impfstoffe
10. 2 Beruhigungsmittel
11. E. Coli Salmonella
12. Thorium[45]

Andere Untersuchungen haben folgende Krankheitserreger nachgewiesen:

1. *Mycoplasma Fermetens Incognitus* (teilweise auch bei der *Golfkriegskrankheit* nachgewiesen)
2. *Pseudomonas Fluoresans* (in US-Patenten zur biologischen Kriegsführung enthalten, Atemwegserkrankungen, sehr resistent)
3. *Pseudomonas Aeruginosa* (Lungenerkrankung und Immunsystem-Schwächung)
4. *Streptomyces* (Pilzinfektion)[46]

An dieser Stelle möchte ich mich bei den Menschen bedanken, die diese Untersuchungen beauftragt und die Ergebnisse veröffentlicht haben!

Es treten lt. Quelle folgende Symptome und Krankheitsbilder verstärkt auf:
1. Anschwellen der Nasenschleimhäute, verstopfte oder rinnende Nase
2. spontanes Nasenbluten bei langer Exposition (Aussetzung)
3. Entzündung und Brennen in der Kehle
4. Atemnot
5. Erkrankungen der oberen Atemwege
6. Asthma
7. Lungenentzündungen mit untypischen Kennzeichen
8. vermehrte grippeähnliche Epidemien ohne Grippe-Erreger
9. Schwindelgefühl
10. kranker Magen
11. Kribbel-Gefühl am ganzen Körper

12. Bindehautentzündungen
13. häufige Kopfschmerzen
14. Ohreninfektionen
15. Gleichgewichtsstörungen
16. vermehrte oder chronische Müdigkeit, Schläfrigkeit
17. Zunahme arthritischer Symptome
18. Rheuma
19. Kurzzeitgedächtnisverlust
20. Wortfindungsstörungen[47]

Nachfolgend möchte ich nur einige dieser Stoffe näher erläutern:

- Die Wirkung von *Barium*: Höhere Dosen führen zu Muskelschwäche bis hin zu Muskellähmung, Herzrhythmusstörungen (Extrasystole und Kammerflimmern), Tremor, allgemeinem Schwächegefühl, Schwindel, Angst und Atemproblemen. Bei akuten wie subakuten Vergiftungen können Störungen des Magen-Darm-Trakts wie Leibschmerzen, Erbrechen und Durchfall auftreten.[48]

- Die Wirkung von *Aluminiumoxid* laut dem *Institut für Arbeitsschutz der Deutschen Gesetzlichen Unfallversicherung* (IFA): *„Für Aluminiumfasern gilt: Aus Kanzerogenitätsstudien mit intrapleuraler Applikation von mehreren Aluminium-Faserproben ergaben sich bei kritischen Faserabmessungen erhöhte Inzidenzen von malignen Gewebsveränderungen (Pleurasarkome) und somit eindeutige Hinweise auf ein kanzerogenes Potential.“*[49] (A. d. A.: *Krebsstudien zeigen: Bei Einbringung von Aluminiumfasern in den Brustkorb zeigte sich bei kritischer Fasergröße eine erhöhte Rate von bösartigen Geweberänderungen und somit eindeutige Hinweise auf krebserzeugendes Potential.*)

- Die Wirkung von *Malathion* laut IFA: gesundheitsschädlich und umweltgefährlich sowie sehr giftig für Wasserorganismen mit langfristiger Wirkung. Sehverschlechterung, Engegefühl in der Brust, Kopfschmerz, Übelkeit, Durchfall, Muskelzuckungen, Schwäche, Angstgefühl, Ruhelosigkeit, Koma usw.[50]

Die schwedische Politikerin *Pernilla Hagberg*, Mitglied der grünen Partei *Miljöpartier de Gröna*, sagte im Oktober 2012, dass sie sich, wenn man sie wählt, der Chemtrail-Thematik annehmen würde. Sie erwähnte vor den schwedischen Medien, dass die Streifen am Himmel mit Chemikalien, Krankheitserregern und Schwermetallen belastet seien. Nach ihren Informationen soll es einen Regierungsbeschluss geben, der die Ausbringung von Chemtrails über Schweden erlaube, schreibt *Jonathan Benson* bei *info.kopp-verlag.de*[51]. Gegenüber schwedischen Medien sagte *Pernilla Hagberg*, dass die CIA, NSA und andere Geheimdienste für die Versprühung von Chemtrails verantwortlich seien.[52]

Ich persönlich habe größte Hochachtung vor der mutigen Politikerin und wünsche ihr alles Gute und natürlich Wählerstimmen, wobei ich bezweifle, dass sie die politische Karriereleiter erklimmen *darf*! Viel Glück bei ihrem Tun, vor allem aber wünsche ich ihr, dass sie die nächsten Jahre heil überleben wird, wenn sie so aktiv bleibt!

Auch der ehemalige FBI-Chef von Los Angeles, *Ted Gunderson*, nahm am 12.1.2011 Stellung zu den Chemtrails und sagte unter anderem: *„Die Todesladungen, auch bekannt* *unter den Namen ‚Chemtrails', werden über die gesamte USA und England, Schottland, Irland und Nordeuropa versprüht. Ich selbst habe sie nicht nur in den Vereinigten Staaten, sondern auch in Mexiko und Kanada gesehen. Vögel sterben rund um die Welt. Fische sterben zu Hunderttausenden rund um die Welt. Das ist ein Genozid. Das ist Gift. Das ist Mord, ausgeführt durch die UN. Dieses Element innerhalb unserer Gesellschaft muss gestoppt werden. Ich weiß zufällig von zwei Orten, wo die Flugzeuge stationiert sind, die den Mist über uns abladen... Vier der Flugzeuge sind von der Nationalgarde in Lincoln, Nebraska. Die anderen stammen von Fort Still, Oklahoma. Ich selbst habe die Flugzeuge beobachtet, die immer noch in Nebraska stehen – in Lincoln, Nebraska – in der Luftwaffenbasis der Nationalgarde. Sie haben keine Markierung. Es sind riesige Flugzeuge, wie Bomber; und sie haben keine Markierung. Das ist ein Verbrechen: Ein Verbrechen gegen die Menschheit, ein Verbrechen gegen Amerika und ein Verbrechen gegen die Menschen in diesem großartigen Land. Sie müssen gestoppt werden.*"[53] Demnach handelt es sich um große Flugzeuge ohne Markierungen, die diese Chemtrails versprühen, und es ist schwer nachzuvollziehen, ob es Privat-, Militär- oder sonstige Maschinen sind. Den (nicht radarunterdrückten) Flugverkehr können Sie übrigens im Internet unter *radarvirtuel.com* in Echtzeit ansehen.[54] Wenn Sie auf eines der Flugzeugsymbole auf der Karte klicken, erhalten Sie nähere Informationen über den Flug.

In der o. g. Quelle steht weiter: *„Die bereits oben zitierte alternative Nobelpreisträgerin Dr. Rosalie Bertell sagte zu den Chemtrails am 3.5.2005: ‚Ich denke, dass Chemtrails auch ein Träger für alle Arten von biologischer und chemischer Kriegführung sind'."*

Immer mehr Menschen wissen um die Gefährlichkeit, und dennoch werden die Chemtrails wie ein großes Geheimnis behandelt. Doch eine Geheimhaltung ist nur dann erforderlich, wenn tatsächlich eine Gefahr von ihnen ausgeht, andernfalls könnte man diese Themen öffentlich diskutieren. Interessant in diesem Zusammenhang ist die Tatsache, dass das US-Gesundheitsministerium Inhaber des Patents für das Ebola-Virus ist.[55,56] Wussten Sie das? Es ist offensichtlich, dass hier ein falsches Spiel gespielt wird, und es sieht danach aus, dass dieses Virus dazu eingesetzt wird, die Weltbevölkerung zu reduzieren (siehe hierzu auch die Kapitel *Neue Weltordnung* und *Prognosen*). Wenn nicht nur Silberjodid, Aluminium und chemische Bestandteile, sondern zum Beispiel auch Ebolaviren versprüht würden, dann erledigt sich das Thema *Überbevölkerung* von selbst. Wenn Chemtrails am Himmel zu sehen sind, aber vor allem, wenn das Wetter sehr trübe ist, tun wir theoretisch gut daran, im Gebäude zu bleiben. Es ist eine Gratwanderung zwischen einem gesunden Aufenthalt im Freien und dem Schutz vor Chemikalien aus Chemtrails. Wir können uns stärken, indem wir unser Immunsystem möglichst umfassend stabilisieren. Gute Möglichkeiten sind die Vermeidung von säurebildenden Nahrungsmitteln wie Weißmehl, Zucker und Kaffee. Aber auch Alkohol, Tabak und zu viel Kochsalz belasten den Körper. Trinken Sie reines Wasser. Bei Bedarf mag die Gabe von Ergänzungsmitteln wie Vitaminen und Mineralien sinnvoll sein, ein guter Heilpraktiker sollte Sie hierbei jedoch beraten. Schlafen Sie genügend, genießen Sie unsere schöne Natur, und versuchen Sie, Termindruck zu vermeiden oder zu reduzieren.

DÜRREN

Zu dem Kommentar von *Alan Robock*, dass die Niederschlagsmenge verändert werden könnte, möchte ich noch etwas hinzufügen. Über einem Gebiet herrscht in der Luft eine bestimmte Luftfeuchtigkeit. Wenn nun diese Luftfeuchtigkeit durch Einsprühen von Silberjodid vorzeitig zum Abregnen gebracht wird, sinkt die relative und absolute Luftfeuchte. Wenn nun Winde diese trockenere Luft dorthin weitertransportieren, wo normalerweise Regen fallen würde, dann bleibt es dort trocken, weil die Feuchtigkeit schon zuvor abgeregnet ist. Der Regen fehlt dort, wo er natürlicherweise abregnen würde. Sollte sich dies wiederholen, kann dieser Effekt durchaus zu Dürreperioden führen, weil die Wolken bereits entleert wurden. Gravierende Auswirkungen für die Natur, die Landwirtschaft und auch die Wasserversorgung wären die Folge.

WARUM GIBT ES CHEMTRAILS?

Es gibt einige Erklärungen für den Einsatz von Chemtrails. Neben der offiziellen Begründung, die Erderwärmung zu verlangsamen, führen sie – wenn sie mit giftigen Stoffen und Erregern angereichert sind – dazu, uns Menschen kränker und schwächer werden zu lassen, wodurch wir leichter zu beherrschen sind bzw. die von der Machtelite gewünschte Bevölkerungsreduktion schreitet schneller voran. Aber es gibt aus der Sicht der Machthaber noch weitere Gründe für den Einsatz von Chemtrails. Auf der Internetseite *chemtrails-info.de* kann man lesen: *„Ionisiertes Bariumsalz und Aluminiumpulver können zusammen ein diffuses elektrisches Feld in den künstlichen Wolken erzeugen… In Zusammenhang mit der Erzeugung von Skalarwellen sollen künstlich **Erdbeben und Tsunamis** erzeugt werden können (HAARP?). Es gibt einige Hinweise, dass mittels Frequenzen und ihrer zielgenauen Ausrichtung durch die künstlichen Wolken in großem Maße **Mind-Control-Maßnahmen** durchgeführt werden können. Da die extrem niedrigen ELF-Frequenzen in jenem Bereich wirken, in dem das Gehirn besonders reagiert und in dem Gefühle, Emotionen und Denkvorgänge ablaufen, kann menschliches Denken, Fühlen, Wollen und Handeln besonders leicht und unbemerkt manipuliert und gestört werden.“*[57] (H. d. d. A.)

Wenn durch die Kombination von Chemtrails und Skalarwellen Erdbeben und Tsunamis erzeugt werden könnten, würde das bedeuten, dass man Chemtrails auch zur Kriegsführung einsetzen kann. Wenn die Bevölkerung gleichzeitig in ihren Emotionen und Denkvorgängen manipuliert würde, wäre das ein gefährliches Gesamtpaket. Mehr hierzu im Kapitel *Moderne Kriegsführung – HAARP*.

Eine Idee, die in eine völlig andere Richtung geht, sollte uns auch zum Nachdenken bringen: Es könnte sein, dass uns eine grundlegende und eventuell dauerhafte Veränderung der Erdatmosphäre aufgezwungen werden soll. Soll eventuell ein Klima und allgemein ein Zustand erschaffen werden, der es anderen Wesen ermöglichen soll, auf der Erde zu leben? Alles nur Spekulation?

MORGELLONS

Morgellons nennt man die Symptome einer neuen Krankheit, bei der aus der Haut anorganische, teils bunte Fasern „wachsen", vermischt mit verschiedenen Organismen, was einen unerträglichen Juckreiz verursacht. Die Stellen sind oft entzündet, und die Erkrankten klagen über die verschiedensten Beschwerden. Die betroffenen Menschen kratzen sich blutig und werden von den Schulmedizinern im Allgemeinen des *Parasiten-* oder *Dermatozoen-Wahns* (eine Einbildung, man wäre von Parasiten besiedelt) bezichtigt. Auch die 55-jährige Monika B. aus München litt zwei Jahre lang unter unerträglichen Gelenkschmerzen, und 2010 wuchs ihr eine Faser zwischen Ring- und Mittelfinger aus der Haut. Sie wurde jedoch von der Schulmedizin nicht wirklich ernst genommen, da es sich nicht um eine anerkannte Krankheit handelte. Im August 2010 nahm sie sich aus Verzweiflung das Leben, sie sprang in 500 m Höhe aus einem Heißluftballon. Mehrere Zeitungen berichteten über den Fall, bei dem sogar das amerikanische FBI die Zusammensetzung der Morgellons-Fasern untersuchte und zu keinem Ergebnis kam. Die Verstorbene hat einen Abschiedsbrief hinterlassen, in dem sie schrieb, ihr Tod soll nicht umsonst gewesen sein. Sie möchte, dass diese Krankheit mehr bekannt wird und andere Erkrankte ernst genommen werden. Ein guter Freund von ihr, Claus R., bemüht sich nun, ihren Wunsch durch Aufklärungsarbeit umzusetzen.[58, 59]

Auf der Internetseite *morgellons-research.org* schreibt *Marc Neumann* (ein großer Dank an ihn für seine Recherchen!), dass bei den betroffenen Menschen Organismen nachgewiesen werden konnten, die dieselben sind, wie sie von der Pestizidindustrie als biologische Insektizide eingesetzt werden! In der Landwirtschaft werden Organismen (bestimmte Viren, Bakterien, Nematoden, Pilze etc.) gespritzt, die wiederum von den Pflanzenschädlingen aufgenommen werden, die daran sterben – die sog. biologische Schädlingsbekämpfung. Doch es gibt ein Problem bei dem Einsatz dieser Methode: Die Krankheitserreger wurden bisher auf Träger aus speziellen Baumwollfasern aufgebracht, und diese präparierten Fasern wurden über den Pflanzen versprüht. Von dort haben sich die Erreger über die Pflanzen verteilt und die Schädlinge infiziert, sodass diese abgestorben sind. Die Pflanzen selbst konnten gesund weiterwachsen. Die Ausbringung der Erreger musste zeitnah mit dem Auftreten der Schädlinge geschehen, sonst starben die Erreger auf den Baumwollfasern ab, bevor sie wirken konnten. Findige Wissenschaftler haben sich nun daran gemacht, nach einer Lösung zu suchen, wie die biologische Abwehr länger einsatzfähig bleiben kann. Anstelle des Trägermittels Baumwollfasern werden heute beispielsweise Polymerfasern eingesetzt, die eine wesentlich längere Lebensdauer der Organismen ermöglichen als früher.

„Diese Polymere sind also Schutz und Trägermaterialien für Bioinsektizide und können sogar verschiedene Farben aufweisen. Man kann sie auf den Wiesen, Wäldern und Anbaufeldern versprühen oder auch in Verbindung mit Pheromonfallen einsetzen, um Insekten vorher anzulocken. Seit neuestem werden sie auch in größerem Umfang gegen Zecken, Stechmücken und Flöhe eingesetzt, die ja bekanntermaßen die Vektoren schlechthin sind von gefährlichen Krankheitserregern."[60], schreibt *Marc Neumann*. Am einfachsten geschieht dies als Zusatz zu Chemtrails. Es scheint so zu sein, dass eben diese Erreger samt Fasern

beispielsweise über Gemüse oder einfach beim Spaziergang von Menschen aufgenommen werden, weil sich diese Dinge in der Luft befinden. Bei der Fortbewegung dieser Erreger, teilweise mit den Polymerfasern im Gepäck, entstehen der unerträgliche Juckreiz und das *Herauswachsen* von Polymerfasern aus der Haut. Möglicherweise wird diese Technik auch bei den Chemtrails angewendet, um die enthaltenen biologischen Pflanzenschutz-Erreger länger lebensfähig zu halten. In diesem Falle wäre die Schädigung der Bevölkerung lediglich eine Nebenwirkung.

Marc Neumann hält es für möglich, dass zwischen diesen Polymerfasern und der Morgellons-Krankheit Zusammenhänge bestehen. Da die Landwirtschaft und die Medizin zwei völlig verschiedene Wissenschafts- und Wirtschaftszweige sind, weiß der eine nichts von dem anderen, und der Zusammenhang wird leider nicht hergestellt und untersucht. Die Leidtragenden sind die Betroffenen, die belächelt und als „Psychos" abgestempelt werden.

Diese seltsame Erkrankung ist nicht so selten, wie man vermuten könnte. Auf *Rosenheim24.de* steht: „*In den USA wurden in den vergangenen Jahren 16.000 bis 18.000 Morgellons-Kranke registriert. Hauptsächlich an der Küste (Texas, Florida) treten die Beschwerden auf. ‚Ähnlich ist es auch in Deutschland', so Dr. Nicolaus. Er habe schon einige Patienten aus Schleswig-Holstein, Mecklenburg-Vorpommern oder Holland gehabt. Problem für den Mediziner: Viele Ärzte haben noch nie von ‚Morgellons' gehört. Lediglich in den USA werde momentan an mehreren Universitäten wie in Oklahoma geforscht. Erster positiver Schritt: Centers of Diseases Control and Prevention (vergleichbar mit dem Robert-Koch-Institut in Deutschland) haben die Faserkrankheit anerkannt.*"[61] Es besteht also Hoffnung, dass dieses Leiden bekannt und auch bei uns als Krankheit anerkannt wird.

Für die Betroffenen sind die Auswirkungen schlimm genug, und es wäre bereits ein kleiner Gewinn, wenn sie nicht in die Psycho-Schublade gesteckt, sondern ernst genommen werden, denn es sind immer mehr Menschen betroffen. Auf *morgellonsfaserkrankheit.de* wird erklärt: „*Hybridmaterial ist anorganisch (Polymere) und wird an biologisch aktive Moleküle gebunden. Die Polymere, die in den Körper gelangt sind, werden in dieser These beschrieben... Polymere sind an Proteine gebunden (Konjugation) und transportieren das Morgellons-Material in Ihren Körper. Was kann an Polymere gebunden werden? Alles, einschließlich INITIATOREN, das Molekül, das durch Wärme, Licht (Strahlung) oder Ph stimuliert wird. Es setzt das Wachstum und die Reproduktion der verschiedenen Substanzen in Gang. Diese (an die Polymere gebundenen Dinge) können Viren sein, Bakterien, Pilze, Tiere (Insekten) in ‚getrocknetem' Zustand. Es gibt viele Farben bei fluoreszenten oder biolumineszenten Materialien, die man mit den Polymeren verbinden kann. Drogen (oder Medikamente) werden in Form von Kristallen an die Polymere gebunden.*"[62] Ich bin keine Molekularbiologin, doch mit dieser Erklärung klingt es für mich nachvollziehbar, wenn die Betroffenen darüber klagen, dass ihnen Fasern aus der Haut *herauswachsen*. Ebenso könnte es tatsächlich der Fall sein, dass durch die biologische Schädlingsbekämpfung Polymerfasern samt ihrer Viren, Bakterien etc. nicht nur von den Schädlingen, sondern auch direkt vom Menschen aufgenommen werden und er daraufhin erkrankt. Es könnte natürlich auch der Fall sein, dass diese Art der Schädlingsbekämpfung absichtlich missbraucht wird, um Leiden wie Morgellons hervorzurufen.

Wie die detaillierte Zusammensetzung von Erregern und Fasern aussieht, die über Chemtrails verbreitet werden, können nur kritische Chemiker versuchen zu entschlüsseln, da offizielle Untersuchungsstellen hierüber nicht berichten dürfen, wie immer wieder von Mitarbeitern erklärt wird. Es bedarf hier mutiger Menschen, die sich des Themas annehmen und in Eigenregie Tests durchführen und die Ergebnisse an die Öffentlichkeit bringen. Es besteht jedoch die Gefahr – wie bei allen Menschen, die sich mit diesem Thema auseinandersetzen –, dass sie lächerlich gemacht oder unter Druck gesetzt werden. Wenn jemand in einer wichtigen Position oder sogar politisch tätig ist, ist dies eine übliche Methode, einen „Verräter" aus dem Weg zu räumen. Das kann ein tödliches Ereignis sein, wie zum Beispiel ein Autounfall, ein Flugzeugabsturz, ein Unfall, ein Attentat oder ein angeblicher Suizid. Ebenso kann es auch sein, dass jemand, der gegen die Weltführung agiert, der Vergewaltigung oder Pädophilie beschuldigt wird, um ihn aus dem Weg zu räumen. Dieses Spiel ist beliebt, um nicht weltregierungskonforme Persönlichkeiten aus dem öffentlichen Leben, wie zum Beispiel Politiker, zu denunzieren. Wenn Sie künftig in der normalen Presse einen solchen Vorwurf lesen, sind Sie gut beraten, nicht sofort zu urteilen, sondern zu hinterfragen, ob der Beschuldigte vielleicht durch eine angekündigte Nachforschung oder dergleichen eine Gefahr für die herrschende Ebene sein könnte und daher den *gesellschaftlichen Tod* erleiden sollte. Das soll nicht heißen, dass alle diese Vorwürfe aus der Luft gegriffen sind, beileibe nicht, doch seien Sie kritisch. Besonders die aufgebauschten Prozesse, bei denen die Presse von vornherein Stellung nimmt, sollten uns Anlass geben, nicht sofort alles zu glauben und sämtliche Behauptungen zunächst in Frage zu stellen.

Passend zu diesem Thema hat das Verbrauchermagazin *Markt* festgestellt, dass Bier und Mineralwasser durch winzige Plastikfasern verunreinigt sind. Wo kommen diese her? *„Mikroskopisch kleine Plastikfasern verunreinigen viele Bier- und Mineralwassersorten. Das haben Untersuchungen im Auftrag des NDR-Verbrauchermagazins ‚Markt' ergeben. Die Experten vermuten, dass die Substanzen aus Fleecestoffen von Textilien stammen und beim Waschen ins Abwasser und in die Umwelt gelangen. Dort verteilen sie sich und können vermutlich während der Produktion in die Getränke gelangen... Bei den analysierten Mineralwassern und Bieren handelt es sich um die in Deutschland meistverkauften Marken. Alle Biere waren in Glasflaschen abgefüllt."* (feelgreen.de)[63]

Dass die Fasern aus Fleecestoffen stammen, ist eine Vermutung. Es bedarf hier noch einiger Aufklärungsarbeit, doch die Tendenz ist bereits deutlich: Es geht um die Schwächung der Menschen, die Reduzierung ihres Widerstandes und nebenbei um den Gewinn der Pharmaindustrie.

MAMMATUS CLOUDS

Eine interessante Wolkenerscheinung möchte ich zum Thema *Chemtrails* noch erwähnen: Im Sommer 2013 sah ich ein seltsames Wolkengebilde, das meinen Mann und mich erstaunte und das ich an diesem Tag nach 51 Lebensjahren zum ersten Mal sah. Die Veränderung vom „normalen" Wolkenbild zu diesem ging sehr schnell. Innerhalb von ca. 30 Minuten kam und ging diese Erscheinung. Im nachfolgenden Bildteil habe ich ein Foto von diesen *Mammatus Clouds* platziert. (Abb. 21)

Es handelt sich bei diesem Wolkenbild um sog. *Mammatus Clouds*, sackartige Wolkengebilde, die aus einer geschlossenen Wolkendecke nach unten hängen. Die wissenschaftliche Erklärung laut *wikipedia* lautet, dass sich die Luft nach oben bewegt und Teile der Wolken aus unbekannten Gründen unten bleiben – wodurch die Form dieser Bobbel entstehen soll.[64] Wirklich glaubwürdig erscheint mir diese Erläuterung nicht. Man hat eher den Eindruck, dass die tiefer hängenden Wolken-„Bobbel" absinken.

Es handelt sich um sehr ungewöhnliche Wolkengebilde, und ein Zusammenhang mit den Chemtrails liegt nahe. Auch diese sind u. a. für die Wolkenbildungen verantwortlich, daher erwähne ich *Mammatus Clouds* in diesem Kapitel.

Ich kann Sie nur ermuntern, Ihren Blick immer wieder nach oben zu richten. Sehen Sie selbst, was über uns geschieht. Überzeugen Sie sich selbst, und beobachten Sie das Wetter. Tun Sie das unvoreingenommen, und lassen Sie Ihren wachen Menschenverstand sprechen.

Auf den nachfolgenden Seiten zeige ich Ihnen einige Bilder von Chemtrails zur Erläuterung:

Abb. 3: Chemtrails auf Mallorca in verschiedenen Breiten

53

Abb. 4: Man sieht deutlich die Chemtrails: links ein älteres Exemplar, das sich bereits sehr verbreitert hat, fast schon „verwaschen" aussieht. Der Himmel am Horizont ist bereits weißlich.

Abb. 5: Chemtrails in verschiedenen Stadien Nr. 1

Abb. 6: Chemtrails in verschiedenen Stadien Nr. 2

Abb. 7: Chemtrails in verschiedenen Stadien Nr. 3

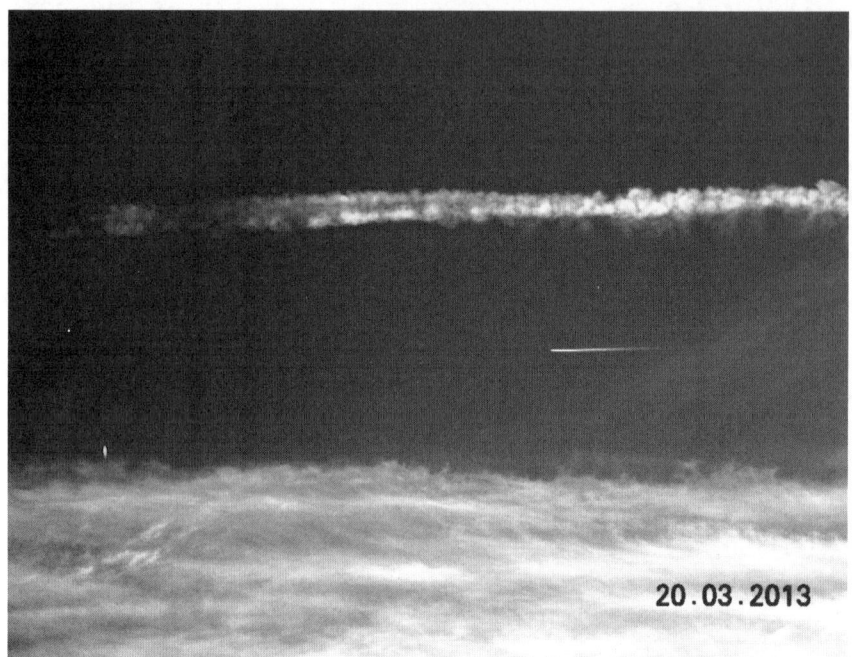

Abb. 8: Chemtrail und darunter ein normaler Kondensstreifen, der sich rasch auflöst.

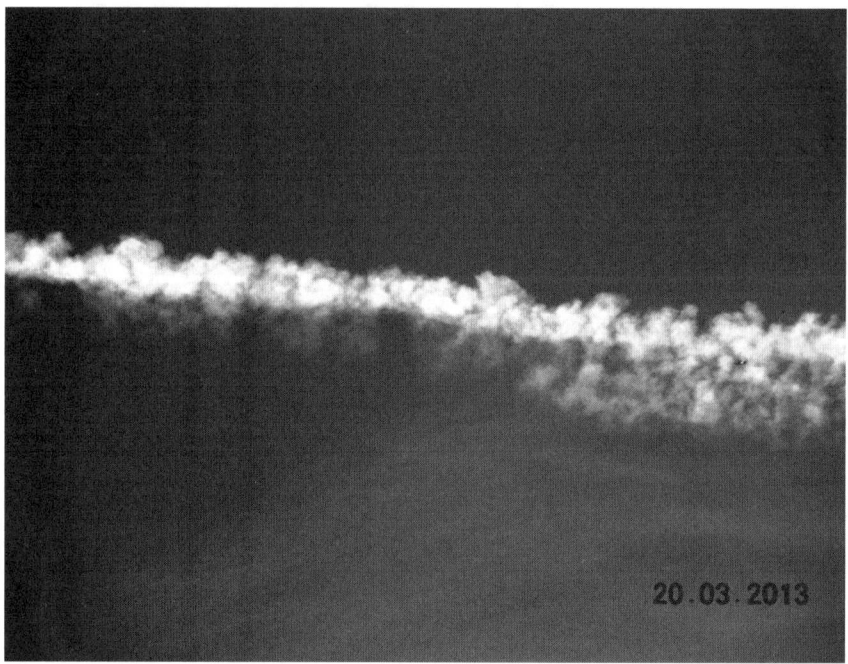

Abb. 9: Derselbe Chemtrail (leicht vergrößert) kurze Zeit später. Es bilden sich „Füßchen", während er breiter und dichter wird.

Abb. 10: September 2014 am Weißensee, Füssen

Abb. 11: „Verwaschene" Chemtrails: Vorstufe zum „weißen Himmel"

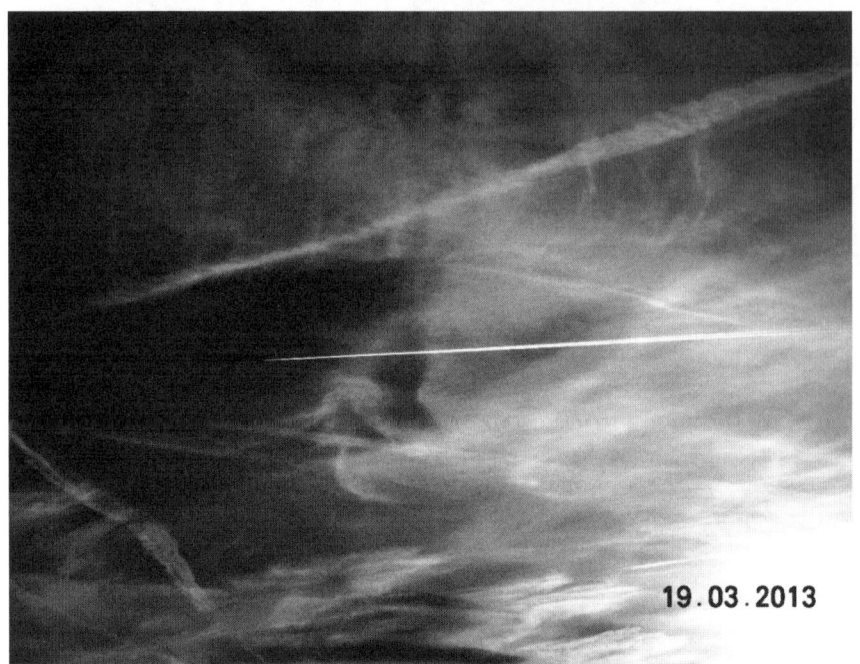

Abb. 12: Chemtrails in verschiedenen Stadien und ein beginnender „weißer Himmel"

Abb. 13: Chemtrails und ein beginnender „weißer Himmel"

Abb. 14: Gitterförmige Chemtrails – an der konturlosen Sonne ist zu erkennen, dass sich bereits ein „weißer Himmel" bildet.

Abb. 15: Mehrere Chemtrails und ein fortgeschrittener „weißer Himmel", der an Patchwork erinnert.

Abb. 16: „Fallout"

Abb. 17: „Fallout"

Abb. 18: Es sind so viele Chemtrails am Himmel, dass man die Morgensonne nur konturlos erkennen kann.

Abb. 19: Übungsflug mit „Nebeneffekt"

Abb. 20: Knapp unterhalb der Chemtrail-Ebene

Abb. 21: Eine besondere Erscheinung sind diese *Mammatus Clouds*, sie sind ein seltenes Schauspiel.

Kapitel 5: Moderne Kriegsführung

Die Zeiten, in denen sich Soldaten mit Gewehren oder Panzern gegenüber stehen, sollten für die wirkliche Klärung der Machtverhältnisse im Grunde längst vorbei sein. Der Einsatz von Soldaten und Kampfgeräten, kombiniert mit jahrelanger Besetzung eines Gebietes, hat heutzutage vielmehr das Ziel, Kulturen zu zerstören. Wenn ein Volk jahrelang mit systematischen Vergewaltigungen und Folterungen konfrontiert wird, wenn Kinder zusehen müssen, wie ihre Familienmitglieder gequält und erschossen oder sie selbst zum Opfer werden, hat das zur Folge, dass die traumatisierten Menschen irgendwann frustriert resignieren. Die Alternative ist, dass sie selbst radikal werden oder sich einer extremistischen Gruppe anschließen. Es ist eine geplante und organisierte systematische Zermürbung, die bei einem Kriegsgeschehen stattfindet.

Nach Jahren dieser Behandlung ist die Bevölkerung froh und erleichtert, wenn irgendjemand irgendeine Form von Frieden bringt, auch wenn der Preis für diesen Frieden ist, dass ein neues Regime, eine neue Religion oder ein neues Finanzsystem eingeführt wird. Diese Vorgehensweise ermöglicht es den Mächtigen, eine einheitliche Weltherrschaft nach ihren Vorstellungen einzuführen. Hinzu kommt, dass den Menschen in den anderen Ländern immer wieder falsche Berichte und Bilder präsentiert werden. Wenn wir Aufnahmen von Soldaten in Afghanistan oder anderen Ländern sehen, dann sind das nicht selten Archivbilder und keine aktuellen Fotos, wie festgestellt wurde. Wird so ein „Versehen" von einem aufmerksamen Leser/Zuschauer bemängelt, folgt eine Entschuldigungs- oder Berichtigungsmeldung der Presse, die jedoch so klein ist, dass sie kaum wahrgenommen wird. Die zuvor gezeigten Bilder haben sich bis dahin bereits im Gedächtnis eingeprägt – Meinungsbildung nennt man das. Es gibt nicht umsonst die Aussage bezüglich eines Krieges: *„Die Wahrheit stirbt zuerst."* Hierzu jedoch mehr im Kapitel *Medien*.

Die moderne Kriegsführung findet zunehmend im Verborgenen, aus dem Hinterhalt statt, beispielsweise bei der Manipulation des Wetters, in der Beeinflussung des Bewusstseins, durch eine Art des finanziellen Aushungerns und nicht zu vergessen durch den Cyberwar, das Außerkraftsetzen oder Manipulieren der Steuerung von Energieversorgungsanlagen, von großen Betrieben, durch Eingriffe in militärische Anlagen usw. Eine besonders verwerfliche Art der Kriegsführung ist die Verschleppung und Folterung der Zivilbevölkerung und die gezielte Bombardierung von Krankenhäusern und Schulen. Wie wir jedoch immer wieder sehen, ist dies leider oft der Fall. Offen bleibt hier allerdings die Frage, ob es tatsächlich der Gegner war oder ob es sich um ein Attentat unter *falscher Flagge* handelt. Nicht nur einmal wurde eine *false-flag-operation* als Rechtfertigung benutzt, um ein Land als unmenschlich zu bezeichnen und dort mit Gewalt einzugreifen. Es geschieht auch nicht selten, dass eine Regierung ihr eigenes Volk verrät und opfert – um ihre langfristigen Ziele durchzusetzen.

Auch die Privatisierung von Staatseigentum – und damit Eigentum von uns allen(!) – kann in Kriegsführung münden, denn wenn Wasserwerke usw. an ausländische Investoren verkauft werden, dann ist unsere Wasserversorgung abhängig vom Gutdünken eines Fremden. Können wir ahnen, wie dessen Gesinnung ist? Wissen wir, was dieser finanzkräftige Mensch, außer hohen Kapitalerträgen, an weiteren Interessen hegt? Und was bedeutet der Begriff *Investor*? Das ist in erster Linie nicht jemand, der nur sein Geld anlegen möchte, sondern an erster Stelle steht für jeden Investor die Rendite! Ist eine Investition nicht mehr rentabel, wird sie fallengelassen wie eine heiße Kartoffel – auch ein Wasserwerk!

KRIEG GEGEN DIE EIGENE BEVÖLKERUNG

Moderne Kriegsführung richtet sich heute nicht nur gegen „Feinde", sondern zunehmend auch gegen die eigene Bevölkerung. Auf den *Georgia Guide Stones* (Abb. 31), einem großen Monument aus Granitstein in Georgia, stehen in Stein gemeißelt verschiedene Ziele, die Menschheit betreffend. Unter anderem ist dort zu lesen: *„Halte die Menschheit unter 500 Millionen in fortwährendem Gleichgewicht mit der Natur"*. Wenn das Ziel der Weltmacht, eine maximale Weltbevölkerung von 500.000.000 Menschen erreicht werden soll, dann sind zurzeit 6.500.000.000 Menschen zu viel auf der Welt. Auf irgendeine Weise muss dieses Ziel erreicht werden! (Details dazu folgen im Kapitel *Neue Weltordnung*.) Bezüglich der Bevölkerungsreduktion sind bereits einige findige Menschen auf verschiedene Gedanken gekommen, siehe Kapitel *Impfungen*. *Bill Gates* zum Beispiel ist dahingehend bereits sehr erfinderisch, wie auf der Internetseite *gesundheitlicheaufklaerung.de*[65] erläutert wird.

Am einfachsten und ohne große Gegenwehr und Auseinandersetzungen mit der Bevölkerung geschieht dies unter dem Deckmantel von scheinbar sinnvollen Maßnahmen. Hierfür bieten sich verschiedene Methoden an. Nachfolgend einige Beispiele, wie moderne Kriegsführung heute aussehen kann.

SUBVENTIONEN ALS MODERNE KRIEGSFÜHRUNG

EU-Exportsubventionen im Agrarsektor sind in meinen Augen eine Methode der modernen Kriegsführung, da dadurch Millionen von Menschen arbeitslos werden bzw. geworden sind. Landwirtschaftliche Produkte aus Europa werden auf diese Weise so preisgünstig, dass zum Beispiel afrikanische Großhändler ihre Waren lieber aus Europa beziehen als von den einheimischen Bauern. Diese bleiben auf ihren Erzeugnissen sitzen und verlieren ihre Existenzgrundlage. Es mussten bereits viele Betriebe geschlossen werden. Als Folge entstehen Massenarbeitslosigkeit und Unruhen, was ein Land ebenfalls in den Ruin treiben kann und vor allem: Es entsteht eine Abhängigkeit von den westlichen Weltmächten! Diese vergeben daraufhin Kredite an die Länder, die in Nöte geraten sind. Diese Kredite sind an Bedingungen geknüpft, die das Land jedoch noch weiter in die wirtschaftliche Abhängigkeit treiben. Gleichzeitig sind diese Länder gezwungen, die Bedingungen der Geldgeber zu erfüllen, wenn sie nicht das Risiko eingehen wollen, ihren Finanzhaushalt an die Wand zu fahren.

Im Senegal beispielsweise ist die Importmenge von tiefgefrorenen Hühnerteilen aus der EU zwischen 1999 und 2003 um das Fünffache angestiegen, was zur Folge hatte, dass 70 Prozent der einheimischen Betriebe schließen mussten.[66] Ähnlich sieht es aus bei Milchpulver, Mais, Baumwolle, Reis, Fleisch und Weizen. Alles unter dem Deckmantel der „guten Tat". Das ist moderne Kriegsführung!

In derselben Quelle ist auch zu lesen: *„Die EU ist gegenwärtig der größte Exporteur von Agrarprodukten, v. a. von Weizen und Gerste. 43% des EU-Haushaltes wird für die Agrarpolitik verwendet. Die Ausgaben belaufen sich jährlich auf etwa 55 Milliarden Euro."* Die Kommissionen der EU wissen um die Konsequenzen dieser Subventionierung der EU-Landwirtschaft, und trotzdem werden solche Entscheidungen getroffen. Auf der anderen Seite werden wir zu Spenden aufgerufen, um diese in Not geratenen Staaten zu unterstützen. Diese Doppelzüngigkeit zeigt, dass es andere Interessen geben muss, als den Menschen dort tatsächlich zu helfen. Die Bevölkerung ist lediglich Mittel zum Zweck. *„EU-Abkommen gefährden Kleinbauern in den AKP-Staaten… Staaten, die sich weigern, die Abkommen bis Oktober 2014 zu unterzeichnen, wird der bevorzugte Zugang zu den EU-Märkten entzogen."*, konnte man im Januar 2014 auf der Internetseite von *Entwicklungspolitik online* lesen. Zölle, Steuern und Importbegrenzungen sollen verboten werden, doch *„südlich der Sahara machen Zolleinnahmen zwischen 7 und 10 Prozent der gesamten Staatseinnahmen aus – Gelder, die für Investitionen in Bildung und Infrastruktur fehlen werden."*[67] Die EU möchte also Steuern und Zölle einsparen, dieses Geld wird in den afrikanischen Staaten jedoch dringend benötigt. Wer diese Verträge nicht unterzeichnet, wird sozusagen aus dem Welthandel ausgeschlossen. Auch Knebelverträge sind moderne Kriegsführung!

Die EU sucht zwanghaft nach neuen Märkten und subventioniert die eigene Produktion, damit EU-Waren und -Lebensmittel günstig nach Afrika und Asien exportiert werden können. Die Subventionen kommen aus Steuergeldern. Allein dieses Konstrukt ist ein künstliches Schaffen von Absatzmärkten. Auch diese Länder werden irgendwann gesättigt sein, dann ist es mit dem EU-Wirtschaftswachstum erneut vorbei. Die betreffenden Länder werden wirtschaftlich jedoch immer mehr zerstört, weil sie ihre Produkte nicht mehr verkaufen können, denn sie sind im Vergleich zu den subventionierten EU-Produkten einfach teurer. Wir zerstören hier die Wirtschaftsstruktur ganzer Kontinente zum zweiten Mal. Das erste Mal war zu dem Zeitpunkt, als die Länder missioniert und kolonialisiert wurden und sie ihre gesamte Kultur und Gesellschaftsstruktur verloren haben. Und nun werden sie wirtschaftlich zugrunde gerichtet. Die Mächte, die hinter so einem System stecken, die Derartiges fördern, können nichts Gutes mit der Menschheit im Sinn haben, ihnen fehlt jeder Funke an Menschlichkeit und Achtung vor dem Leben. Dieser Meinung ist auch *reset.org*: *„Als ‚Geben mit der Rechten und nehmen mit der Linken' bezeichnete Gariko Korotoumou vom Milcherzeugerverband Burkina Faso in Westafrika die Politik der Agrarindustrie. Sie fordern keine Milliarden Euro für die Armutsbekämpfung, sondern lediglich, von der eigenen Produktion leben zu können und für sich selbst sorgen zu dürfen. ‚Ich komme aus einem kleinen Fischerdorf in Ghana. Meine Familie hat ihren Lebensunterhalt mit der Fischerei verdient, aber die Fischerei ist unmöglich geworden, seitdem größere europäische Fischereiflotten gekommen sind und unsere Meere leer gefischt haben. Ähnliches ist bei Geflügel passiert. Importe von tiefgekühlten Hähnchenflügeln aus der EU haben den lokalen Markt zerstört. EPAs sind Freihandelsabkommen, und als solche bringen sie Afrika Armut.'* (Tetteh Hormeku, Third World Network, Accra, Ghana) (Zitat aus dem Oxfam-Bericht: ‚Ungleiche Partner. Wie Wirtschaftspartnerschaftsabkommen (EPAs) zwischen der EU und den AKP-Ländern die Entwicklung vieler der ärmsten Länder der Welt schädigen könnten.'). Nach Meinung der NRO FIAN hat die Libera-

lisierung der Reismärkte nicht nur in Ghana, Honduras und Indonesien zu Verletzungen des Rechts auf Nahrung der Kleinbäuerinnen und -bauern beigetragen."[68]

Hier werden Entscheidungen getroffen, deren Tragweite nicht in der Mainstream-Presse erläutert wird. Dadurch ist sich der Verbraucher nicht über die Konsequenzen klar, die zum Beispiel die EU oder die USA hier verursachen. Wir hinterfragen solche Entscheidungen nicht und machen uns keine Gedanken darüber. Der Großteil der Bevölkerung interessiert sich noch nicht einmal dafür, ob und welche Verträge zwischen Staaten geschlossen werden. Somit dulden wir Entscheidungen, die viele Menschen und ganze Staaten in den Ruin treiben. Wenn man den Prognosen vertraut, sind es jedoch bald wir selbst, über die so entschieden wird. Wollen wir ebenso behandelt werden? Heute sind es afrikanische Staaten, die auf moderne Art und Weise ausgehungert werden, morgen betrifft es vielleicht die westliche Welt! Die Wirtschaft von China und Asien hat uns in Kürze überholt, daher ist der Gedanke, dass es uns genauso ergehen könnte, durchaus im Bereich des Möglichen. Mit solchen Methoden kann sich eine Weltmacht einen normalen Krieg, die Atombombe, Giftgas oder sonstige inhumane Taten sparen, die betroffenen Staaten sind durch die Bedingungen der Welthandelsabkommen bereits besiegt und von nun an abhängig! Damit bleibt ihnen nichts anderes, als alles zu akzeptieren, was von ihnen verlangt wird, *„kapituliert und Krieg verloren"* sozusagen.

HAARP

HAARP (engl.: *High Frequency Active Auroral Research Program*) ist ein ziviles und militärisches Forschungsprogramm der USA nordöstlich von Gakona in Alaska in Form einer gigantischen Antennenanlage. Offiziell werden dort Radiowellen zur Untersuchung der *Ionosphäre* eingesetzt. Das zweite offizielle Ziel ist die Erforschung der Funkwellenausbreitung, der Kommunikation und Navigation. Betreiber sind die *US Air Force*, die *US Navy* und die *University of Alaska*.[69]

Für alle, die es etwas genauer wissen wollen:

1. Troposphäre bis ca. 12 km Höhe über der Erde
2. Stratosphäre ca. 12 bis 50 km Höhe
3. Mesosphäre ca. 45 bis 80 km Höhe
4. **Thermosphäre** ca. 80 bis 500 km Höhe
5. **Exosphäre** ca. 500 bis 10.000 km Höhe

Die Thermosphäre und die Exosphäre zusammen bilden die Ionosphäre. Die Ionosphäre reflektiert Kurzwellen und ist daher wichtig für den weltweiten Funkverkehr.

Machen wir uns nichts vor: Wenn das Militär der Hauptbetreiber dieser Anlage ist, dürfte sie nicht für friedliche und menschen- sowie umweltfreundliche Zwecke errichtet worden sein, sondern eben in erster Linie für militärische. Seit vielen Jahren gibt es kritische Stimmen, die bezweifeln, dass mit *HAARP* nur Untersuchungen durchgeführt werden. Es wird vielmehr vermutet, dass mit der Anlage die Ionosphäre aufgeheizt wird, um mittels VLF- und ELF-Wellen das menschliche Bewusstsein sowie das Wetter zu beeinflussen oder Erdbeben auszulösen.

Zur weiteren Info:

1. **VLF-Wellen** = very low frequency: 3 bis 30 kHz
2. **ELF-Wellen** = extrem low frequency: < 3 kHz, Wellenlänge > 100 km

Die menschlichen Hirnströme befinden sich ebenfalls in diesem Frequenzbereich (0 bis 50 Hz). Eine Beeinflussung kann eine Dämpfung bzw. Aktivitätssteigerung verursachen.[70] Im *Spiegel*[71] war zu lesen, dass es Forschern der US-Luftwaffe gelungen sei, künstliche Polarlichter zu erzeugen. Sie haben energiereiche Radiowellen in den Himmel Alaskas gesendet, sodass die Luft sichtbar grün aufleuchtete. Nach Abschalten ihrer Anlage verschwand die Grünfärbung, nach Wiedereinschalten war sie wieder sichtbar.

Wenn auf künstlichem Wege Polarlichter erzeugt werden können, was können sonst noch alles für Phänomene erzeugt werden, die uns bis dahin als natürlich erschienen sind? Welchen Weg schlägt das Militär da ein? Es sind immerhin Forschungen des Militärs und nicht des Wetterdienstes. Was bezweckt das Militär, wenn es sich mit Wettererscheinungen befasst und in dieses Geschehen eingreifen kann? Auch mit Dürreperioden, Überschwemmungen, Kältewellen, Schneechaos, Erdbeben und Tsunamis kann man einen Gegner ruhigstellen, sozusagen Krieg mit „weißer Weste" führen, ganz aus dem Hinterhalt. Wenn in der Presse anschließend von Unwettern berichtet wird, kommt man normalerweise nicht auf die Idee, nach einer besonderen Ursache zu fragen. Ein von Kritikern oft angesprochenes weiteres Ziel von *HAARP* könnte eine Bewusstseinskontrolle und Bewusstseinsspaltung der Menschen sein. In der öffentlichen Literatur wird diese Möglichkeit nicht erwähnt. Es gibt Stimmen, die davon ausgehen, dass mittels *HAARP* Worte, Verhaltensweisen und Bilder direkt in das Bewusstsein von Menschen projiziert werden können. *Nick Begich* und *Jeane Manning* haben 1995 ein Buch herausgebracht *Angels Don't Play this HAARP*[72], in dem sie die geplante gefährliche Verwendung der HAARP-Anlage als High-Tech-Waffe genau darlegen.

In der Ausgabe Nr. 83 der Zeitschrift *Raum & Zeit, Ein Wahnsinnsprojekt aus USA bedroht uns alle*, wurde ausführlich darüber berichtet, wie *HAARP* wirkt: Mit gigantischen Energieschleudern wird die Ionosphäre erhitzt und in einen elektromagnetischen Spiegel umgewandelt. Danach können die ganze Erdoberfläche, alle lebenden Systeme sowie das menschliche Bewusstsein mit ELF-Wellen beeinflusst werden. Auf diesem Wege könnte man Krankheitsmuster elektromagnetisch übertragen, das Wetter beeinflussen, Erdbeben auslösen und sogar die Erdpole verschieben.[73]

Zum Thema Wetter brauche ich nichts weiter zu schreiben, die gehäuften ungewöhnlichen Phänomene (Hochwasser, Stürme, Hagel, Dürre usw.) sind uns allen bekannt. Dies alles ist natürlich hervorragend geeignet zur Kriegsführung gegen „unfolgsame" Staatsregierungen oder auch gegen eine rebellische Bevölkerung. Außerdem bewirkt es einen Aufschwung für die Wirtschaft, wenn die zerstörten Gebäude samt Mobiliar und die Infrastruktur wieder aufgebaut werden müssen.

Es gibt immer wieder Verlautbarungen, die vermuten, dass das Erdbeben 2004 in Asien mit hunderttausenden Toten sowie die schweren Erdbeben in Haiti 2010 und Fukushima 2011 mittels der Technik von HAARP verursacht worden sind. Interessant hierzu ist die Aussage von *Norbert Röttgen* in einem TV-Gespräch der Sendung *Was nun?* bezüglich der Tsunami-Katastrophe in Japan, in der er sich versehentlich(?) versprochen hat. Eigentlich wollte er im Zusammenhang seiner Rede vermutlich sagen „*...eine weitere Welle...*", tatsächlich jedoch sagte er „*...ein weiterer Angriff*"[74]! Er hat kurz gestockt, dann jedoch weitergesprochen, als sei nichts gewesen. War es eventuell das Unbewusste, das ihn die Wahrheit aussprechen ließ?

Möglicherweise war dieses Erdbeben eine Reaktion der USA auf die nachdrückliche Forderung des japanischen Politikers *Yukihisa Fujita*, der eine wirkliche Aufklärung des Anschlages vom 11.9.2001, bei der 24 Japaner ums Leben kamen, gefordert hatte und die Erklärungen des FBI anzweifelte. Er sagte in seiner Rede am 22.10.2008: „*Sollte die japanische Regierung von der US-Regierung keine Antworten auf diese grundsätzlichen Fragen verlangen?... Falls es nicht möglich ist, diese Fakten zu verifizieren, dann wird klar, dass es keine Basis für eine Kooperation mit der US-Marine geben kann, um die es in dieser Debatte geht... Sollten wir dann nicht sofort jegliche Unterstützung einstellen?*"[75] Dieses Youtube-Video ist wegen angeblicher „Urheberrechtsverletzungen" vom Netz genommen worden.

Am 11.3.2011 erfolgte dann das verheerende Erdbeben mit dem nachfolgenden Tsunami in Japan, das die Zerstörung des Atomkraftwerks Fukushima zur Folge hatte. Damit hörten die Japaner schlagartig auf, die Aufklärung von 9/11 zu fordern, denn sie hatten ein noch viel größeres Problem zu lösen. Alles Zufall?

Die HAARP-Technik scheint laut vielen kritischen Autoren in der Lage zu sein, Erdbebenkatastrophen auszulösen, bei denen tausende von Menschen sterben können. Wenn dem so ist, kann das meines Erachtens nur als Kriegsführung bezeichnet werden.

Mittlerweile sind HAARP- und ähnliche Anlagen über den ganzen Erdball verstreut, hier nur einige:

- Deutschland: Marlow
- Deutschland: Kühlungsborn
- Südschweden: Växjö *LOIS* (größtes HAARP-System der Welt)
- Alaska: Fairbanks *HIPAS*
- Puerto Rico: Arecibo
- Russland: Nischni Nowgorod *SURA*
- Peru: Jicamarca
- Norwegen: Tromsö *Icecat*
- Australien: *Exmouth* (weltgrößte VLF-/ELF-Sendeanlage)[76, 77]

Noch etwas zu den ELF-Wellen: Auch der Mensch hat verschiedene Gehirnwellenbänder im ELF-Bereich, die laut *wikipedia* wie folgt eingeteilt werden können:

- Delta (0,1-4 Hz) -> Tiefschlaf, Koma
- Theta (4-8 Hz) -> Hypnose, Trance, Traum, tiefer Schlaf
- Alpha (8-13 Hz) -> Meditation, Entspannung
- Beta (13-30 Hz) -> Wachzustand
- Gamma (> 30 Hz) -> starke Konzentration[78]

Das bedeutet, die ELF- bzw. VLF-Wellen befinden sich im selben Frequenzbereich wie unsere Gehirnaktivität. Diese Tatsache ermöglicht eine direkte Beeinflussung unserer Vorgänge im Gehirn durch Resonanz mit den ELF-/VFL-Wellen, wie nachgewiesen wurde: *„Das Frequenzspektrum menschlicher Gehirnströme, sichtbar gemacht im EEG, liegt ebenfalls im Bereich von 0 bis 50 Hz.* **Prinzipiell sind Wechselwirkungen zwischen starken elektromagnetischen Feldern und EEG-Mustern bei einigen an der Justus-Liebig-Universität Gießen durchgeführten Experimenten nachgewiesen worden**. *Dabei trat Dämpfung, Aktivitätssteigerung auf…"*[79] (H. d. d. A.)

Von allen Frequenzbereichen können wir nur einen kleinen Teil visuell wahrnehmen, das ist der Bereich des Lichts. Die Spektralfarben können wir gut erkennen, wenn das Licht zum Beispiel durch ein Prisma gebrochen wird und auf eine helle Fläche trifft. Auch der Regenbogen zeigt sehr schön die Aufteilung in die verschiedenen Frequenzen (= Farben). Einen bestimmten Frequenzbereich können wir hören, wieder einen anderen können wir fühlen, weil sich der Einflussbereich erwärmt (Infrarot). Alle anderen – und das ist bei weitem der größere Teil – können wir normalerweise nicht mit unseren bekannten Sinnen wahrnehmen. Das bedeutet jedoch noch lange nicht, dass es diese nicht gibt. Denken Sie nur an den Mikrowellenherd (ca. 2,45 GHz), dessen Frequenzen wir weder hören noch sehen können, und trotzdem lassen sie zum Beispiel Nahrung warm bzw. gar werden. Sie wirken bei entsprechender Dosis tödlich.

Sie werden mir sicherlich zustimmen, wenn ich sage, dass es vermessen wäre, zu behaupten, dass die Wellen bzw. Frequenzen, die wir nicht wahrnehmen können, ohne Wirkung auf uns sind. Sie wirken sehr wohl auf uns, nur bemerken wir sie nicht unmittelbar.

Weitere Anlagen sind **LOFAR**-Anlagen (*Low Frequency Array*). *LOFAR* ist ein neuartiges Radioteleskop. Eine Station besteht aus zwei Feldern von ca. 60 x 60 m, auf denen Antennen für niedrige und hohe Frequenzen verteilt sind. Die Antennen sind einfache Dipolantennen, sie gehen jedoch laut des *Leibniz Institute for Astrophysics Potsdam* (AIP) *„sowohl in Auflösung als auch Empfindlichkeit deutlich über bestehende Radioteleskope hinaus"*.[80] Die offizielle Aufgabe dieser Stationen ist die Untersuchung von:

- Sonnenaktivität
- Weltraumwetter
- fernen Galaxien
- Radioquellen im Weltraum
- kosmischen Magnetfeldern im Weltraum
- Quellen kosmischer Strahlung

Bisher sind laut *Max-Planck-Institut* folgende LOFAR-Anlagen geplant bzw. in Betrieb:

1. Niederlande: Exloo *LOFAR*
2. Deutschland: Effelsberg *LOFAR* 2009
3. Deutschland: Tautenburg *LOFAR* 2009
4. Deutschland: Garching *LOFAR* 2010
5. Deutschland: Bornim *LOFAR* 2011

6. Deutschland: Jülich *LOFAR* 2011
7. England: Chilbolton *LOFAR*
8. Frankreich: Nancy *LOFAR*
9. Südwestschweden: Onsala *LOFAR*

Geplant sind laut *mpifr-bonn.mpg.de* die *LOFAR*-Standorte:

1. Polen
2. Irland
3. Finnland[81]

Es wird vermutet, dass das *LOFAR*-System denselben Hintergrund wie die *HAARP*-Anlagen hat, und man nimmt an, dass es sich um ein gigantisches Überwachungs- und Manipulationsprojekt handelt. Die riesige Anlage *LOIS*, die sich über einen großen Teil von Südschweden zieht, steht mit dem über ganz Mitteleuropa verbreiteten *LOFAR*-System und dem norwegischen *Icecat* in Verbindung. Nachdem als Zweck für diese Anlagen „Forschungszwecke" angegeben wird, fragen Kritiker jedoch zu Recht, warum für reine Forschungsarbeiten flächendeckende Anlagen dieser Größenordnung benötigt werden. Vor dem Hintergrund der Überschuldung sämtlicher Staaten weltweit ist diese Begründung absolut unglaubwürdig, denn diese Anlagen sind sehr kostspielig.

Manchmal dringt der wahre Hintergrund der militärischen Technik an die Öffentlichkeit, wenn die Zensur zu langsam ist. So kann man auf der Internetseite *gesundheitlicheaufklaerung.de* lesen: *„Am 20. Mai veröffentlichte die Nachrichtenagentur Associated Press eine Meldung... die UdSSR habe ab ca. 1960 über ein Gerät namens LIDA verfügt, mit dem man das menschliche Verhalten via ELF-Wellen beeinflussen konnte. In der UdSSR sei das Gerät dazu benutzt worden, die Menschen träge zu machen und sie in einen tranceähnlichen, gleichgültigen Zustand zu versetzen. Man kann damit auch psychische Probleme, Neurosen und Bluthochdruck behandeln, aber ebenso einen Zustand der Aggression oder Depression hervorrufen... Es seien große LIDA-Ausrüstungen benutzt worden, um Einzelpersonen, aber auch Städte und ganze Regionen der UdSSR und der USA mit ELF-Wellen zu bestrahlen, mit dem Ziel, ein bestimmtes Verhalten hervorzurufen. Laut Angaben der US Defence Intelligence Agency ist es möglich, Geräusche und ganze Worte im Gehirn eines Menschen auftauchen zu lassen, ebenso wie Gehirnschläge, Herzversagen und andere Krankheiten durch Fernsteuerung auszulösen... Die rosenkreuzerische Schrift ‚Fernsehen als Instrument der verborgenen Mächte' schreibt, das Neueste in der Welt der Spionage und Gegenspionage sind, abgesehen von Laserstrahlen, die Mikrowellen und ELF-Strahlen. Die Weltmächte suchen nach einem Mittel, um die Verbindung zwischen den Gehirnzellen und dem übrigen Körper zu zerstören, was natürlich nur beim ‚Feind' angewendet werden soll, um ihn leichter manipulieren zu können. Das ist so viel sauberer, als all der Schmutz, den eine Atombombe verursacht. Mikrowellen und ELF-Strahlen könnten hier die Lösung bringen... Eine Bestätigung dieser nicht gerade angenehmen Tatsachen gab* **Boris Yelzin** *selbst. In der 1989er Ausgabe der ‚Microwave News' sagte er einem Reporter, der KGB besitze ein ELF-Gerät, welches das* **menschliche Herz zum Stillstand** *bringen könne. In einem Interview mit Radio Liberty, einer US-Kurzwellenstation im ehemaligen Westdeutschland, sagte Yelzin, dass KGB-Agenten ihm anvertraut hätten, sie verfügten über ein Gerät, welches ein* *machtvolles 7 bis 11-Hz-Signal aussendet, welches das Herz ‚stoppen' kann. Laut Yelzin sagte der KGB-Mann: ‚Wenn keine erste Hilfe' in der Nähe ist, dann ist alles vorbei. '*

Hier mag interessant sein, dass eine große Zahl jener Menschen, die Augenzeugen der Ermordung John F. Kennedys waren (siehe auch ZS Nr. 4, Interview mit Virgil Armstrong), an Herzattacken starben. Die US-Regierung ist selbstredend im Besitz ähnlicher Geräte. Ihr Codename ist Jim Keith zufolge ‚Project Black Beauty'"[82] (H. d. d. A.)

Die damalige UdSSR hatte das Gerät seit 1960. Das ist über 50 Jahre her, und wenn man bedenkt, dass das Militär mit seinen Forschungen noch zusätzlich geschätzte 20 Jahre voraus ist, können wir uns vage vorstellen, wo der Stand der Technik heute ist. Der oben erwähnte *Jim Keith* lebte übrigens nicht lange. Bald nach der Veröffentlichung seines Buches *Alternative 3 – Die Beweise* wachte er aus der Narkose einer ungefährlichen Knieoperation nicht mehr auf.

Es handelt sich bei den Befürchtungen derjenigen, die sich mit dem Thema *HAARP* befassen, wohl nicht nur um Schwarzmalerei oder Verschwörungstheorien, denn es gibt eine zu große Geheimniskrämerei um diese Anlagen. Warum erfahren wir nicht über die normale Presse, dass flächendeckend Sendeanlagen gebaut werden, wenn diese nur Forschungszwecken dienen? Warum werden Einwände und unerklärliche Beobachtungen der Bevölkerung ignoriert oder ins Lächerliche gezogen? Warum gibt es keine nachvollziehbare Erklärung für die blaue Spirale am 9.12.2009 über Norwegen oder für die seltsamen Lichterscheinungen direkt vor dem Erdbeben bei Fukushima? Viele offene Fragen. Das nährt natürlich die Überzeugung, dass uns hier ein grandioser Plan verheimlicht wird.

Auf der Internetseite *science-explorer.de* steht über *HAARP* zu lesen:
„Technisch mögliche, zum Teil vorbereitete Anwendungen:

- *Tiefgreifende Bewusstseinsmanipulation großer Teile der Erdbevölkerung über Aussendung spezifischer EEG- und anderer physiologischer Signale... Elektromagnetische Induktion von Krankheitsmustern in biologische Systeme*
- *globale Wettermanipulation*
- *weitläufige, massive Manipulationen von geophysikalischen- und Ökosystemen*
- *hocheffektive Abschirmung großer Gebiete vor Interkontinentalraketen und anderen ballistischen Flugkörpern*
- *Zerstörung von Kommunikations- und Spionagesatelliten*
- *Radaranwendungen – Differenzierung zwischen eigenen und feindlichen Flugkörpern*
- *gelenkte Kommunikation*
- *Störung bzw. Unterbindung drahtloser Nachrichtentechnik (Funk, Radar, TV, Radio, Telefon etc.) über weite Gebiete des Planeten*
- *Beeinflussung elektronischer Bauteile (Halbleiter) / elektromagnetischer Datenträger ... bis zur thermischen Zerstörung*
- *Neben den selbsterklärenden Folgen der o. a. Anwendungsgebiete resultiert die Technologie in einer weiteren langen Reihe möglicher sekundärer Auswirkungen sowohl auf lebende wie auch auf technische Systeme...*

- *die Möglichkeit eines vorzeitigen Polsprungs...*
- *globale Zunahme von Erdbeben und Überschwemmungen*
- *Änderung globaler Wetterstrukturen*
- *Störungen der gesamten drahtlosen Kommunikation, auch der in dieser Gegend über-lebenswichtigen Flug-, Busch- und Notfunksysteme...* "[83]

Meines Erachtens ist es höchste Zeit, unsere Augen und Ohren zu öffnen, aufzuwachen und ALLES zu hinterfragen, was uns die regionale, die überregionale, die staatliche und ganz besonders die europäische Regierung aufzwingen möchte. Wir sind das Volk, das diese Dinge finanziert, denn wir sind die Steuerzahler. Und wir müssen mit all den Konsequenzen leben. Allein diese Umstände geben uns das Recht mitzuentscheiden, was über uns entschieden wird!

CYBERKRIEG

Der Krieg über die Steuerung von Großcomputeranlagen des Militärs, der Regierung oder großer Industrien ist sicherlich DER Alptraum, da heute nichts mehr ohne das Netz funktioniert. Selbst bei einem einfachen Stromausfall kann noch nicht einmal mehr eingekauft werden, wenn die Waage, die Kasse und die elektrische Türe nicht mehr funktionieren. Wie viel mehr hängt in großen vernetzten Bereichen jegliche Aktivität von der Stromversorgung, aber auch vom Funktionieren der Kommunikation und der Steuerung ab. Wenn sich ein Hacker in die Steuerungsanlage eines Kernkraftwerks einhackt, kann er die Regierung erpressen oder einen Katastrophenfall herbeiführen. Eine Manipulation der Wasserversorgung kann die betreffende Bevölkerung innerhalb von wenigen Tagen extrem schwächen oder sogar auslöschen. Eine manipulierte Nachricht einer Großmacht an eine andere kann einen Weltkrieg heraufbeschwören. Die Möglichkeiten der Spionage und der feindlichen Eingriffe über den Weg des Internets sind unendlich vielfältig:

- *„Spionage: Das Eindringen in fremde Computersysteme zum Zwecke der Informationsgewinnung*
- *Defacement: Veränderungen am Inhalt einer Website, um u. a. Propaganda zu schalten*
- *diverse Formen von Social Engineering*
- *Einbau von kompromittierter Hardware, die bewusst fehlerhaft arbeitet oder Fremdsteuerung erlaubt*
- *Denial-of-Service-Attacken, um fremde Dienste zu stören oder vollständig zu unterdrücken/blockieren*
- *materielle Angriffe (Zerstören, Sabotage, Ausschalten) von Hardware (z. B. Kabel-, Antennen- und Satellitenverbindungen)* "[84]

Besonders fatal wären derartige Angriffe in den Bereichen Wasser- und Stromversorgung, Militär, Wirtschaft, Bankwesen und Politik.

DROHNEN UND ROBOTER

Das Militär hat zum Beispiel großes Interesse an einem Roboter, der die „unschönen Aufträge" erledigt, sprich Menschen umbringt, ohne danach mit einem *Posttraumatischen Belastungssyndrom* (PTBS) beim Psychiater zu landen. Wenn Soldaten im Krieg Menschen töten müssen oder noch schlimmer, wenn sie den Befehl erhalten, auch die Zivilbevölkerung, also Kinder, Frauen und wehrlose Menschen zu erschießen oder zu foltern, dann haben sehr viele dieser Soldaten später Schwierigkeiten damit, diese Taten und Erlebnisse zu verarbeiten. Das lässt sich leicht nachvollziehen. Wenn diese Soldaten evtl. mit einer Art Gehirnwäsche oder drogenähnlichen Mitteln zu solchen Verbrechen gebracht werden, dann sind die Scham und das Schuldbewusstsein bezüglich der eigenen Taten mitunter noch größer. Die Folge: Ein *Posttraumatisches Belastungssyndrom* entsteht. Es ist schwierig und langwierig, solche Erlebnisse zu verarbeiten, falls es überhaupt gelingt. Meines Erachtens wäre hier aktive (Selbst-)Verzeihensarbeit dringend erforderlich und die einzige Chance, hier wirklich etwas zu heilen.

Die Größenordnung dieser Thematik zeigt ein Artikel bei *spiegel.de*. Demnach ist die Ausfallquote des amerikanischen Militärs nach Kriegseinsätzen, wie zum Beispiel Afghanistan, dermaßen hoch, dass die Zahlungen an kranke bzw. arbeitsunfähige Soldaten immense Größen annehmen. Laut diesem Bericht leiden 9-20% der US-Soldaten am PTBS. Das ist jeder Fünfte! Deutsche Soldaten sind laut Statistik weniger betroffen, der Autor geht jedoch von einer hohen Dunkelziffer aus.[85] So verwundert es nicht, dass das amerikanische Verteidigungsministerium dem Roboter-Unternehmen *Boston Dynamics* den Auftrag erteilte, einen menschenähnlichen Roboter zu entwickeln, der so „intelligent" ist, dass er *„eigenständig und ohne ständige Kontrolle und Steuerung agieren soll"*.[86] Angeblich soll dieser bei humanitären und katastrophenähnlichen Zuständen zum Einsatz kommen. Wie üblich, wird uns der Vorteil dieser Roboter so präsentiert, dass er bei Katastrophen unserem Schutz dienen soll. Kaum ist er jedoch Normalität geworden und die Menschen haben sich daran gewöhnt, wird er zum gegenteiligen Zweck eingesetzt werden.

Es ist bekannt, dass die Machtebene plant, die Weltbevölkerung erheblich zu reduzieren. Wer weiß, ob uns nicht noch droht, dass beispielsweise unbequeme Bürger unter fadenscheinigen Begründungen, die später ohnehin nicht mehr notwendig sein dürften, mit Hilfe von Drohnen herausgepickt und inhaftiert oder umgebracht werden. Die Organe könnte man bei gesunden Menschen noch verkaufen und den Rest per Biogasanlage nutzen oder zur Herstellung von Hundefutter oder Düngemittel verwenden. Entschuldigen Sie diese etwas provokante Idee, doch wenn Sie am Ende des Buches angelangt sind, werden Ihnen diese Möglichkeiten nicht mehr so abwegig erscheinen, wie das jetzt vielleicht noch der Fall ist.

Um den sprachlichen Hintergrund des Begriffs *Drohne* näher zu beleuchten, unternehmen wir einen gedanklichen Sprung zum Programm der deutschen Finanzämter, mit dem Selbstständige ihre Abgaben berechnen und an das Finanzamt übermitteln. Es heißt *Elster*. Die Elster ist als diebischer Vogel bekannt, und die Bezeichnung des Programmes für die Steuerübermittlung ist nicht zufällig, sondern wohlüberlegt. Symbolik ist den

Weltmächten sehr wichtig, sehen Sie sich nur die symbolträchtigen Wappen, Flaggen usw. an, sogar der Dollarschein ist diesbezüglich sehr durchdacht, aber dazu später mehr.

Die Bezeichnung *Drohne* ist ebenfalls nicht zufällig gewählt worden, sondern auch hier steht eine Symbolik dahinter. In der Natur wird die männliche Honigbiene als Drohne bezeichnet. Schauen wir uns die Bienen-Drohnen näher an: Die Drohnen haben bessere Augen als die Arbeiterbienen, das deutet auf die Überwachungsfunktion der technischen Drohnen hin. Die Drohen der Bienen beteiligen sich nicht an irgendwelchen Arbeiten, sie sammeln noch nicht einmal ihr eigenes Futter, sondern partizipieren am Sozialverhalten innerhalb des Bienenstocks. Äquivalent hierzu kann man die technischen Drohnen betrachten, die ausschließlich zu unserer Überwachung, Kontrolle sowie für Bedrohung, Angriff und Tötung erschaffen wurden. Finanziert werden sie von Steuergeldern aus dem sozialen Allgemeinvermögen. Bienen-Drohnen sterben nach der Begattung. Genauso werden Drohnen geopfert, wenn ihr Einsatz dies erfordert.

Tröstlich bei dem Gedanken an technische Drohnen ist jedoch, dass die echten Bienen-Drohnen nach der Sommersonnenwende kein Futter mehr aus dem Bienenstock erhalten, ja sogar von den fleißigen Arbeiterbienen vom Flugloch abgedrängt werden und nicht mehr in den Stock gelangen. Analog dazu kann man davon ausgehen, dass auch die technischen Drohnen ausgedient haben werden, wenn das Licht in uns selbst (gemäß der Sommersonnenwende) die volle Leuchtkraft erhält!

Drohnen können unterteilt werden in

1. unbemannte Landfahrzeuge,
2. unbemannte Luftfahrzeuge,
3. unbemannte U-Boote,
4. unbemannte Wasserfahrzeuge,

die entweder gezielt ferngesteuert werden oder aber so programmiert worden sind, dass sie selbstständig entscheiden können, was sie tun.

Nachdem der Einsatz von Drohnen in vielen Ländern zur Genüge getestet worden ist und noch immer wird, können wir davon ausgehen, dass diese in absehbarer Zukunft dafür eingesetzt werden, Menschenansammlungen, wie zum Beispiel Demonstrationen oder Streiks, vielleicht auch Sportveranstaltungen, zu überwachen und zu kontrollieren. Drohnen gibt es in verschiedenen Größen, von der Größe eines Flugzeugs bis zur Größe einer Hummel. Es sind bezüglich der Form und Art keine Grenzen gesetzt. Die Technik in der Roboterproduktion entwickelt sich fortwährend weiter, mittlerweile hat die Forschung bereits vierbeinige Land-Prototypen vorgestellt, die mit sehr schnellem Tempo unterwegs sein können.

Eine Kriegsführung mit dem Einsatz von Drohnen ist eine unfaire und hinterhältige, absolut einseitige Kampfmethode, bei der immer die Zivilbevölkerung mitbeteiligt ist und sich nicht wehren kann. Aus diesem Grunde liegt der Vergleich mit einem Schlachthaus nahe: Rinder und Schweine etc. können sich ebenso wenig wehren wie ein Mensch, der von einer Drohne angegriffen wird.

Noel Sharkey, Professor für künstliche Intelligenz an der *Universität Sheffield*, setzt sich als Leiter des *International Committee for Robot Arms Control (ICRAC)* [87] dafür ein, dass ein weltweites Verbot von Robotern, die selbstständig handeln und Menschen töten können, durchgesetzt wird. Er geht davon aus, dass die Regierungen planen, Roboter mit Elektroschockwaffen (Tasern) auszustatten und warnt davor, dass dieser Waffeneinsatz immer wieder tödlich verläuft. *Noel Sharkey*: „*Künstliche Intelligenz kann Kämpfer und Zivilisten noch nicht auseinanderhalten. Es wäre unmöglich, zwischen einem kleinen Mädchen, das ein Schleckeis in den Himmel reckt und jemandem mit einem Gewehr im Anschlag zu unterscheiden.*" [88] Wenn Maschinen selbstständig die Entscheidung treffen, ob sie jemanden am Leben lassen oder nicht, dann ist das Wort *Menschenwürde* aus unserem Vokabular gestrichen. Ich frage mich ernsthaft, was uns Menschen dann noch vom Schlachtvieh unterscheidet.

Technische Drohnen dürften jedoch trotz aller Bedenken in der modernen Kriegsführung in Zukunft eine bedeutende Rolle spielen. Dies wird umso klarer, wenn man weiß, dass die Forschungseinrichtung des amerikanischen Verteidigungsministeriums, die *Defense Advanced Research Projects Agency (DARPA)*, die Entwicklung einer menschenähnlichen Roboterdrohne bekannt gegeben hat. Das Unternehmen *Boston Dynamics* ist mit dem Projekt namens *PETMAN* beauftragt worden, einer Drohne, die auf zwei Beinen laufen kann. *Sharkey* bezeichnet den DARPA-Roboter als „*eine unglaubliche technische Errungenschaft, die aber leider dazu eingesetzt werden soll, Menschen zu töten*", schreibt *Paul Joseph Watson* im *Kopp-Verlag*. [89]

In derselben Quelle steht auch: „*In einem 50-seitigen Bericht warnte die Menschenrechtsorganisation ‚Human Rights Watch' im vergangenen Jahr, mit künstlicher Intelligenz versehene Roboter würden in einer Kampfsituation unvermeidlich Kriegsverbrechen begehen. Und der frühere Nachrichtendienstoffizier Oberst Douglas Pryler wies in einem Essay auf die Gefahren hin, die von erbarmungslosen ‚Killer-Robotern' ausgingen, die in naher Zukunft dazu eingesetzt werden sollen, ‚menschliche Ziele' aufzuspüren, sie zu verfolgen und abzuschlachten. Ebenfalls im vergangenen Jahr kündigten Experten der renommierten Universität Cambridge ein Forschungsvorhaben zur Untersuchung des ‚an Auslöschung heranreichenden Risikos' an, das der Menschheit durch Roboter mit künstlicher Intelligenz drohe. Gegenwärtig wird an der Entwicklung fliegender Drohnen gearbeitet, die miteinander kommunizieren können. Sie sollen zur ‚Verfolgung von Terroristen' und für andere Aufgaben des ‚Heimatschutzes' eingesetzt werden. Auch die Machbarkeit von Drohnen, die Menschen wie ein Riesenadler auf offener Straße ‚ergreifen' könnten, wird überprüft.*"

Es gibt Drohnen, die so klein sind wie eine Wespe oder eine Hornisse, und auf den ersten Blick ist nicht erkennbar, dass es sich um ein hochtechnisches Gerät handelt. Es wäre einfach, unbequeme Personen von so einem Insekt „stechen" zu lassen, und dieser Mensch stirbt binnen Minuten offiziell an Herzversagen. Auch Fischdrohnen sind bereits Realität, wie auf der Internetseite *Gegenfrage* zu lesen ist. [90]

Während ein Mensch mehr oder weniger über soziale und emotionale Kompetenz und Menschlichkeit verfügt, ist ein Roboter eben nicht in der Lage, menschlich zu sein oder Mitgefühl zu empfinden. Er ist im wahrsten Sinne des Wortes *herzlos* und führt ausschließlich seinen programmierten Befehl aus. Für einen Soldaten oder gar für die Zivilbevölkerung ist dies eine aussichtslose Lage mit tödlichem Ausgang. Genauso gut könnte man mit einem überdimensionierten Rasenmäher durch die Landschaft fahren und Menschen „mähen", in diesem Falle wäre es ein Menschenmäher. Sehen Sie anhand dieses Vergleiches, wie brutal, unmenschlich und ohne jegliche Würde vor dem Leben gegen Völker geforscht wird? Und noch dazu im Auftrag von Regierungen, finanziert durch Steuergelder! Sind wir alle wahnsinnig geworden?

Eigentlich müsste dieses Kapitel nicht *Moderne Kriegsführung* lauten, sondern *Moderne Sklavenhaltung*!

PHARMAINDUSTRIE ALS KRIEGSWAFFE

Die Pharmaindustrie an sich wird in einem eigenen Kapitel näher behandelt. Doch sie eignet sich durchaus auch als Kriegswaffe, da mit ihrer Hilfe tausende Menschen außer Kraft gesetzt werden können. Im Vertrauen auf Hilfe lassen sich viele Menschen zum Beispiel impfen bzw. pharmazeutisch behandeln. Wenn nun ein Interesse besteht, eine bestimmte Bevölkerungsgruppe zu dezimieren, ist das über diesen Weg sehr einfach, da fast alle Pharmazeutika Nebenwirkungen haben, und manche stehen im Verdacht, absichtlich schädliche Stoffe zu beinhalten. Es gab in der Vergangenheit verschiedene Fälle, in denen manche pharmazeutische Firmen Studien über die Wirksamkeit von Medikamenten gefälscht haben. Das würde bedeuten, dass die Heilung nicht an erster Stelle steht, und es drängt sich der Verdacht auf, dass so etwas nicht zufällig geschieht und hier unter Umständen eine systematische Täuschung mit dem Ziel, den Menschen zu schaden, vorliegt. Ferner kann die Pharmaindustrie nicht nur hilfreiche Medikamente herstellen, sondern auch Gift, zum Beispiel für den Vollzug einer Todesstrafe etc., wie es bei manchen Hinrichtungen heute noch der Fall ist.

Wie bereits erwähnt, besitzt die *„… US-Gesundheitsbehörde CDC 2010 ein Patent für einen besonderen Ebola-Stamm, der als ‚EboBun' bekannt ist. Die Nummer des Patents ist CA2741523A1."*[91], schrieb *F. William Engdahl* am 19.10.2014. Nun kann man sich fragen, wie man denn einen Virus patentieren lassen kann, ein Krankheitserreger ist doch nach normalem Verständnis eine natürliche Erscheinung. Der kanadische Patentanwalt *David Schwartz* kommentiert die Patentierung eines Virus laut der genannten Internetseite wie folgt: *„Man kann eine Krankheit als solche, wie beispielsweise Krebs oder Influenza, nicht patentieren. Aber wenn Sie über eine Lebensform wie ein Bakterium oder ein Virus, das **vom Menschen verändert** wurde, reden, dann ist die Antwort, ja."* (H. d. d. A.)

Es muss sich demnach um ein Virus handeln, das durch menschliche Eingriffe die patentierte Form erhalten hat. Was hat man bei dem Virus verändert? Ist es gefährlicher als die Naturform? Besteht durch die Veränderung die Möglichkeit der Impfung gegen das Ebola-Virus? Wer erhält diese Impfung? Wer bekommt ein wirksames Impfserum, wer eventuell nur eine Scheinimpfung? Wird das patentierte Virus unter Umständen sogar gezielt produziert? Möglicherweise als Zusatz für Impfungen? Handelt es sich hier um eine weitere moderne Eugenik-Maßnahme? Krieg gegen die eigene Bevölkerung? Sie sehen, bei diesem Thema sind zum jetzigen Zeitpunkt viele Fragen offen, über die nur spekuliert werden kann.

CHEMTRAILS ZUR KRIEGSFÜHRUNG

Auch Chemtrails gehören zum Thema *moderne Kriegsführung*, denn auch sie schaden dem Menschen und der gesamten Natur nachhaltig und vermutlich irreversibel. Wenn auch nur ein Bruchteil dessen stimmt, was die offiziell nicht anerkannten Nachweise von Privatpersonen über die Inhalte der Chemtrails aussagen, und davon gehe ich aus, dann sind es schädliche Mischungen, die flächendeckend über uns versprüht werden, mit dem Ziel, uns Menschen zu schwächen, zu infizieren und zu dezimieren. Wenn in solchen Ausmaßen regional (oder global?) gegen Menschen vorgegangen wird, dann ist dieses Verhalten in meinen Augen ebenfalls unter moderner Kriegsführung einzuordnen und zusätzlich Hochverrat an der gesamten Menschheit, an der Natur, an Mutter Erde.

TRINKWASSERZUSÄTZE

Unser Trinkwasser in Deutschland ist noch eines der besten in der Welt. Doch es sind bei weitem nicht alle Menschen in dieser glücklichen Lage. In den USA beispielsweise erhalten 67% der Bevölkerung fluoridiertes Wasser. In Irland haben 74% der Gemeinden Fluoride im Trinkwasser, in Neuseeland und Australien wird das Trinkwasser generell mit *Fluorid* versetzt.[92] Unabhängig davon, ob der Einsatz von *Fluorid* wirklich sinnvoll ist, bleibt bei Menschen, die sehr viel Wasser zu sich nehmen, das Risiko der Überdosierung. Mehr zu diesem Thema im Kapitel *Ernährung – Landwirtschaft*.

Doch nicht nur in anderen Ländern werden dem Trinkwasser Mittel zugesetzt, auch bei uns in Deutschland sind Zusatzstoffe erlaubt. Im Bundesanzeiger ist eine Liste veröffentlicht, in der die zugelassenen *Aufbereitungsstoffe und Desinfektionsverfahren gemäß § 11 Trinkwasserverordnung*[93] (Stand Nov. 2012) aufgelistet sind, die 94 Stoffe umfasst. Dazu gehören unter anderem:

- Aluminiumchlorid
- Aluminiumhydroxidchlorid
- Aluminiumhydroxidchloridsulfat
- Aluminiumsulfat
- Anionische und nichtionische Polyacrylamide
- Phosphorsäure
- Salzsäure
- Schwefelsäure usw.

Wie gefährlich zum Beispiel Aluminiumverbindungen sind, wird im Kapitel *Pharmaindustrie* näher erläutert.

RFID-CHIP

Es gibt diese Chips nicht nur in Kleidungsstücken für Marketingzwecke. Es gibt sie längst auch in Menschen, die sie sich implantieren ließen oder lassen mussten. Vorreiter waren die Tiere, bei denen es selbstverständlich nur positiv vermittelt wurde. Ein entlaufener Hund wird aufgegriffen und muss nicht lange im Tierheim fristen, sondern Herrchen oder Frauchen werden angerufen, und sie können ihr liebes Hundchen wieder abholen – ohne Trennungstrauma für beide Seiten. Das klingt idyllisch und obendrein praktisch und kostensparend. Auf diese Weise wird die anfängliche Scheu bei den Menschen gegenüber implantierten Chips rasch behoben. „*Ideal!*", denken sich manche Eltern und lassen ihr Kind chippen. Es könnte ja irgendwann einmal entführt werden oder sonst wie verloren gehen und würde auf diese Weise ganz schnell gefunden werden – unbestritten eine lebensrettende Technologie.

Leider hat das Verschwinden des malaysischen Flugzeuges gezeigt, dass dies in keinster Weise so ist. Wenn so viele Menschen samt einem Flugzeug verschwinden und angeblich kein Suchtrupp, kein Satellit, keine Flugüberwachung monatelang auch nur eine kleinste Spur davon findet, dann können wir diese Werbepropaganda der RFID-Chip-Hersteller vergessen. Wenn man Sie nicht finden will, wird man Sie auch nicht finden und wenn Sie 10 Chips implantiert hätten.

Und was wäre, wenn der Chip in Ihrem Kind von außen manipuliert wird? Eine solche Beeinflussung per Besendung über einen der flächendeckend vorhandenen Funkmasten wäre technisch möglich und durchaus denkbar. Was würden Sie tun, wenn Ihr Kind plötzlich von heute auf morgen anders reagiert als sonst, wenn es sich zurückziehen wollte oder aggressiv werden würde? Wenn es depressiv wirken und nur noch monotone Musik hören würde? Wenn es plötzlich keine Freunde mehr hätte und viel alleine wäre? Wenn es nicht mehr mit Ihnen reden wollte und patzige Antworten gäbe? Sie würden vermutlich an pubertäre Begleiterscheinungen denken oder vielleicht sogar einen Kinder- und Jugendpsychologen aufsuchen, der jedoch auch keine wirkliche Lösung wüsste. Ihr Kind hätte vermutlich selbst das Gefühl, nicht mehr es selbst zu sein und würde sich wie fremdgesteuert fühlen. Was würden Sie tun, wenn Ihr Kind plötzlich zum Amokläufer würde, obwohl es doch bis dahin ein ganz normales, vielleicht sogar ruhiges Kind gewesen wäre? Keiner könnte sich im Nachhinein erklären, warum es plötzlich zur Bestie geworden ist. Nehmen wir an, Ihr besendetes und somit ferngesteuertes Kind würde vom Sondereinsatzkommando erschossen oder sogar vom menschlichen Roboter abgeführt und nie mehr gesehen werden. Sie würden die Welt nicht mehr verstehen. Ihr Leben wäre zerstört! Ist dieses Szenario nur ein unvorstellbares Phantasiegebilde? Wenn Sie die Berichte von Amokläufen in den letzten Jahren lesen, keimt der Verdacht, dass dieses Vorgehen Wirklichkeit sein könnte!

Warum so etwas passieren sollte? Weil immer wieder solche Dinge geschehen müssen, denn diese Szenarien sind die Legitimation für eine vollständige Überwachung der Menschen. Wenn so ein fürchterliches Unglück geschieht, geben die entsetzten Menschen reihenweise freiwillig ihre Waffen ab, unabhängig davon, ob sie diese legal oder illegal besessen haben, wie die Fälle in den USA gezeigt haben. Das ist eine sehr effektive Kriegsführung gegen die eigene Bevölkerung, sie kapituliert praktisch ohne Aufforderung. Etwas Besseres kann einer Kontrollregierung gar nicht passieren.

Auch wenn die RFID-Chips zurzeit tatsächlich nur für friedliche und vorteilhafte Zwecke verwendet werden sollten, ist es doch Fakt, dass sie ebenso missbraucht werden können. Dass diese Absicht die eigentliche Antriebsfeder für die Forschungen sein dürfte, zeigt sich daran, dass das amerikanische Militär erheblich an der Finanzierung beteiligt ist. Die Forschungs- und Entwicklungseinrichtung der amerikanischen Streitkräfte, die *Defense Advanced Research Projects Agency* (DARPA) soll an der Entwicklung implantierbarer Chips arbeiten. Dabei gehe es darum, implantierbare Sonden zu entwickeln, die Erinnerungen auslösen können und mit Hilfe derer *„aufgabenorientierte motorische Fähigkeiten"* (Bedienen von Maschinen, Steuerung von Flugzeugen etc.) wiederhergestellt werden können. Praktisch gesehen: ein Chip, der verwundete Soldaten bis zum Ende funktionsfähig erhalten soll, auch wenn ihnen die Gedärme bereits aus dem Hemd quellen.

Aber nicht nur Soldaten könnten mit einem derartigen Chip beeinflusst werden, auch die Zivilbevölkerung könnte man kontrollieren und manipulieren, indem man die Gehirnaktivitäten aufzeichnet und beeinflusst. Sogar falsche Erinnerungen sollen eingepflanzt werden können![94] Auf diese Weise würden Sie dazu gebracht, Ihren besten Freund umzubringen oder anderen Menschen Ihr Haus zu überlassen. Im Klartext: Sie tun genau das, was irgendwelche anderen Menschen an den Schaltzentralen von Ihnen wollen! Und hinterher können Sie sich an nichts erinnern. Somit wären Sie zum perfekten Werkzeug geworden – ein Werkzeug, das nicht gewartet oder geölt werden muss, sondern das sich selbst erhält und auch noch produktiv für das Bruttosozialprodukt ist und Steuern zahlt, um seine eigene Manipulation zu finanzieren. Pervers? Absolut!

Implantierbare Chips können über kurz oder lang über die Bewusstseinsmanipulation zur modernen Kriegsführung eingesetzt werden, dann können sie bei einem feindlichen Soldaten nicht einmal mehr an das Mitgefühl appellieren, denn dazu ist er einfach nicht mehr fähig. Soldaten werden auf diese Weise zu *roboterisierten Menschen*, zu Cyborgs, zu Zombies.

Haben Sie noch Interesse daran, sich chippen zu lassen?

BEWUSSTSEIN MANIPULIEREN

Die heutige Technik soll es ermöglichen, das Bewusstsein von Menschen mit dem Einsatz von ELF-Wellen so zu manipulieren, dass sogar Soldaten zum Aufgeben gezwungen werden können. Der nachfolgend geschilderte Fall ereignete sich bereits 1993. Wenn das amerikanische Militär damals tatsächlich diese Technik eingesetzt haben sollte, dann ist zum wiederholten Male die Frage erlaubt: *„Was ist heute möglich?"* Und dazu stellt sich die Frage, warum wir weltweit flächendeckend ELF-Wellen-Sender benötigen, wenn nicht dazu, die Menschen zu manipulieren? Dazu fand ich folgenden Artikel bei *gesundheitlicheaufklaerung.de*: *„Das ‚Magazin 2000' berichtete in seiner Ausgabe Nr. 97 vom Dezember 1993: ‚Erinnern Sie sich an die Bilder vom Golfkrieg, als tausende irakischer Soldaten kapitulierend aus den Schützengräben stiegen, sich sogar Journalisten ergaben, die sie für Soldaten hielten (trotz weißer Fahnen) und zum willkommenen Kanonenfutter für die amerikanische Artillerie wurden? Jetzt sind immer mehr Militärexperten überzeugt, dass nicht etwa die schlechte Versorgung von Saddams Truppen diese plötzliche und lemminghafte Kapitulation bewirkte, sondern Psychotronik-‚Mind-Control'-Waffen der USA. Einige dieser High-Tech-Superwaffen bedienen sich der Wirkungen von* **Radiofrequenzwellen** *auf das menschliche Gehirn... Wie die Jan.-93-Ausgabe der Fachzeitschrift ‚Aviation Week and*

*Space Technology' berichtet, rüstet jetzt das US-Verteidigungsministerium Raketen mit Gerätschaften aus, die in der Lage sind, **elektromagnetische Pulse (EMPs)** zu erzeugen, um den **Feind lahmzulegen**, ohne sich dabei atomarer, biologischer oder chemischer Komponenten bedienen zu müssen. Dieser Waffentyp hat in erster Linie das Ziel, die elektronischen Systeme des Feindes auszuschalten. Andere Geräte erzeugen **Ultraschall, ELF (Extreme Niedrigfrequenz-) Schallwellen**, die Übelkeit und Erbrechen bewirken und das Orientierungsvermögen der betroffenen Personen extrem stören. Diese Waffen haben einen Wirkungsbereich von mindestens 2.500 Kilometern.*

Die Möglichkeiten der Geheimdienstabteilungen gehen heutzutage unendlich viel weiter. Man kann mit gutem Grund sagen, dass das Meiste, was uns heute in Science-Fiction-Filmen vorgesetzt wird, längst Realität geworden ist. Bloß dürfen wir davon nichts wissen. Es scheint, dass die viel gefürchtete Spaltung der Gesellschaft in eine Masse von Unwissenden, die man beliebig manipulieren kann, und eine kleine Elite von Wissenden, die sämtliche Hebel bedienen, viel weiter vorangeschritten ist, als uns dies bewusst ist. Wollen wir uns dieser Tatsache überhaupt bewusst werden?"[95] (H. d. d. A.)

Kein weiterer Kommentar!

UNTERWANDERUNG

Ein ganz spezielles Mittel der Kriegsführung ist die Unterwanderung eines Volkes durch fliehende Menschen. Die Verlierer sind in der Regel alle beteiligten Völker, da sie alle ihre Kultur, ihre Bräuche und meistens auch ihre Heimat verlieren, sowohl die Menschen, die in ein anderes Land auswandern, als auch die Menschen, die die Fremden aufnehmen. Die Hilfe und Unterstützung für notleidende Menschen sollte eine Selbstverständlichkeit sein, und in den allermeisten Fällen ist dies auch so. Diese natürliche Grundeinstellung des Menschen im christlich geprägten Abendland wird in diesem Fall jedoch bewusst zweckentfremdet, und damit können gleichzeitig mehrere Ziele der Hintermänner mit einem Streich erreicht werden: Es gibt Regionen, die sehr reich an Bodenschätzen sind, deren Regierungen jedoch noch nicht der Finanzelite unterliegen, sondern bemüht sind, autonom zu bleiben. Wenn nun alle Maßnahmen fruchtlos geblieben sind, diese Staaten durch Schulden bzw. durch die Einführung einer Zentralbank in die Abhängigkeit zu treiben, wird seit Jahrzehnten das Mittel eingesetzt, organisierte Rebellen in diesen Staat einzuschleusen, um dort für Zerstörung, Unfrieden und Hass zu sorgen. Die Völkerstämme werden gegeneinander aufgebracht und Bürgerkrieg entsteht. Wenn die Lage so sehr eskaliert, dass nur noch Mord und Totschlag herrschen, bleibt der gepeinigten Bevölkerung keine andere Lösung mehr, als das Weite zu suchen, wenn sie überleben möchte.

In den aktuellen Fällen propagieren die Medien in den fremden Ländern, auszuwandern und Deutschland aufzusuchen, weil dort (also bei uns) das Schlaraffenland zu finden sei. Die Presseagenturen befinden sich im Besitz bzw. im Einflussbereich von wenigen machtvollen Menschen. Unerkannte Hintermänner treiben hier ein gefährliches Spiel. Auf diese Weise angestachelt, lassen die bedrohten Menschen alles zurück: Familie, Freunde, Haus, Möbel, persönliche Gegenstände, alles.

Damit wäre **das erste Ziel** erreicht: Die Bevölkerung ist zu einem hohen Prozentsatz geflohen, der Heimatstaat ist wirtschaftlich, sozial und gesellschaftlich tot. Die Tür zur billigen Ausbeutung der Bodenschätze ist geöffnet, und die Regierungen sind gezwungen, einer US-gelenkten Zentralbank zuzustimmen.

Am Rande möchte ich erwähnen, dass die Schlepper bzw. deren Auftraggeber, die den Menschen zur Flucht verhelfen, damit einen unvorstellbaren Reichtum erlangen. Diese Schlepper treten in den betroffenen Staaten offensichtlich unverdeckt auf, sonst könnten nicht Millionen Menschen davon wissen und deren Dienste nutzen. Wer sind diese Schlepper? Von wem werden sie unterstützt? Von denselben Staaten, die an den Bodenschätzen interessiert sind? Von denselben Hintermännern, die die Medien in der Hand haben? Sie sehen, auch hier ist ein Netzwerk aktiv, das weder ganz durchschaut, noch entfilzt werden kann.

Die zweite Konsequenz ist dahingehend, dass andere Staaten aus Nächstenliebe die Millionen fliehenden Menschen aufnehmen. Sie bieten ihnen Möglichkeiten einer Unterkunft und stellen ihnen Nahrung und das Nötigste zum Leben zur Verfügung. Wie man aus der aktuellen Praxis sieht (Stand: Herbst 2015), gibt es sehr viele Staaten rings um uns, die nicht so handeln, sondern die den Schutz ihrer eigenen Kultur höher bewerten. Möglicherweise haben sie das „Spiel" durchschaut, doch es ist eine moralische Gratwanderung, hier seine Hilfe zu verweigern, denn viele der geflohenen Menschen haben traumatische Erlebnisse hinter sich, die bereits viele das Leben gekostet haben.

Fakt ist andererseits auch, dass ab einer gewissen Größenordnung das helfende Land ebenfalls zerstört wird, denn es ist für einen überschuldeten Staat wie Deutschland schlichtweg nicht möglich, innerhalb weniger Monate für Millionen Menschen Wohnungen zu bauen, sie zu ernähren, zu kleiden, Sprachkurse anzubieten und Arbeitsplätze zur Verfügung zu stellen, ohne selbst Schaden zu nehmen. Die ohnehin durch Investoren in die Höhe getriebenen Immobilien- und Mietpreise explodieren noch mehr. Beeinflusst werden mit Sicherheit auch unsere Kultur, unsere Gesellschaft, unser Wirtschaftsleben und nicht zu vergessen die religiöse Gesinnung. Diese Einwanderungswelle wird uns in einer Größenordnung verändern, wie es für unser Volk noch nie da gewesen ist.

Derzeit sind viele freiwillige Helfer tätig, wo sie nur können. Gleichzeitig wird vielen langjährigen einheimischen Mietern die Wohnung gekündigt, weil ihre Wohnräume für die Unterbringung der fremden Menschen benötigt werden (und damit mehr Gewinn bringen). Seltsamerweise wird der eigenen Bevölkerung nicht geholfen, wenn sie dadurch obdachlos geworden ist, was uns mehr als sonderbar erscheinen und zum Nachdenken bringen sollte. Es wird sozusagen mit zweierlei Maß gemessen: Flüchtlinge werden willkommen geheißen, und die eigene Bevölkerung wird benachteiligt. Genau diese Einstellung der Regierung ist es, die die Hilfsbereitschaft in unserem Land mittlerweile deutlich sinken lässt.

Diese Benachteiligung des eigenen steuerzahlenden Volkes ist der Grund dafür, an der ehrenwerten Einstellung unserer Regierung zu zweifeln. Wenn Politiker die eigene Bevölkerung mit Füßen treten und völlig fremde Kulturen willkommen heißen und bevorzugen, dann führen sie etwas im Schilde. Was könnte das sein?

Das **dritte und hauptsächliche Ziel** hinter dieser großangelegten Aktion ist die Schwächung der europäischen Kultur und – wie die letzten Wochen zeigen – vor allem der deutschen Kultur und des deutschen Volkes. Und dies hat nun nichts mit rot, schwarz, grün, Christ oder Muslim oder gar mit links oder rechts zu tun, sondern mit gesundem Menschenverstand. So, wie es zurzeit aussieht, soll mit dieser provozierten Völkerwanderung die *„richtige, allumfassende Krise"* erreicht werden, damit die Neue Weltordnung eingeführt werden kann, wie es David Rockefeller exakt benannt hat:

„Wir stehen am Rande
einer weltweiten Umbildung.
Alles, was wir brauchen, ist die richtige,
allumfassende Krise,
und die Nationen werden
in die Neue Weltordnung einwilligen!"[96]

David Rockefeller, amerikanischer Multi-Milliardär

Diese *Neue Weltordnung* wird uns die *Neue Weltwährung*, das *Neue Weltmilitär*, die *Neue Weltreligion* und vor allem die *Neue Weltregierung* bringen und möchte uns alle schlussendlich durch einen implantierten Chip in einen Zustand der modernen Sklaverei versetzen. Wir würden dann nicht mehr wissen, ob wir das, was wir tun, wirklich selbst wollen oder ob es uns per Funk befohlen wurde. Dies alles lässt sich wesentlich einfacher einführen, wenn man ein Volk, das den Plänen der Welt-Finanzelite im Wege stehen könnte, schwächt und mit einem riesigen Problem überhäuft. Hierzu eignen sich Millionen Flüchtlinge hervorragend, zumal durch die vor Jahren extra hierfür geöffneten Grenzen eine Einwanderung mehr als leicht gemacht worden ist.

Es dürfte uns auch klar sein, dass nicht nur wirklich bedrohte Menschen zu uns kommen, sondern auch *trojanische Pferde*, die noch ganz andere „Geschenke" mitbringen als nur ihre Kultur und ihre Religion. Völkerwanderungen im großen Stil erlauben nicht nur Gaunerbanden und dem organisierten Verbrechen in unser Land zu kommen, sondern auch – und das ist die größte Gefahr – top ausgebildeten Terroristen, die die Ziele ihrer Auftraggeber gewaltsam umsetzen.

Die von der Hochfinanz und deren Handlangern gezielt eingesetzten Terroristen haben eine Gehirnwäsche durchlaufen, die sie vom „normalen Menschen" zum „fremdbestimmten Kämpfer" umgewandelt haben. Mit größeren Anschlägen ist demzufolge in Zukunft zu rechnen. Dazu kommt, dass ein provozierter und geschürter Bürgerkrieg zwischen Einheimischen und Zuwanderern die Einführung des Kriegsrechtes mit einer absoluten Bevölkerungskontrolle wesentlich vereinfachen würde.

Als Lösungsmaßnahmen sollten wir Gemeinschaften bilden und möglichst autonom werden. Nur wenn wir uns gegenseitig unterstützen und helfen, und wenn wir alle ein „Wir-Gefühl" entwickeln, dann können wir Krisenzeiten gut überstehen. Plündererbanden können leichter in die Flucht geschlagen werden, wenn Nachbarn aufeinander achten und sich gegenseitig helfen. Seinen Unmut durch Gewalt zu äußern, wie es einige radikale Gruppierungen tun, ist jedoch der absolut falsche Weg. Wer nicht von der Politik als „Pack" bezeichnet werden möchte, sollte sachlich verhandeln und mit den wirklich hilfsbedürftigen Zuwanderern in mitmenschlichem Dialog bleiben. Es soll uns schließlich nicht so gehen wie den Ureinwohnern Amerikas, die nur noch geduldet in abgeschlossenen Reservaten leben dürfen, vorausgesetzt wir überleben diese ganze Völkerwanderung überhaupt. Ferner können wir erkennen: Nicht die Flüchtlinge sind die Übeltäter, sondern der Plan dahinter ist böse!

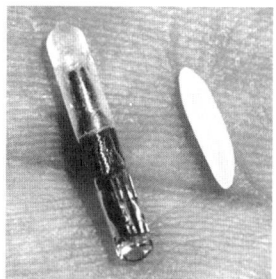
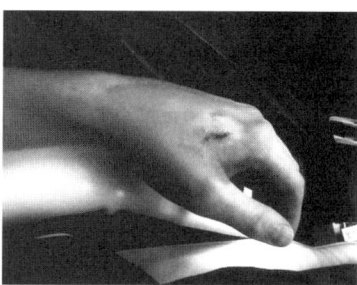

Abb. 22, 23 und 24:
RFID-Chips werden seit Jahren Haustieren und verschiedenen Patienten eingepflanzt, aber auch Mitarbeitern von Casinos, Fahrern von Geldtransportern, Politikern und den Kindern vieler reicher Eltern.

Der Mensch der Zukunft soll solch einen Chip schon im Kindesalter implantiert bekommen, um perfekt überwachbar zu sein.

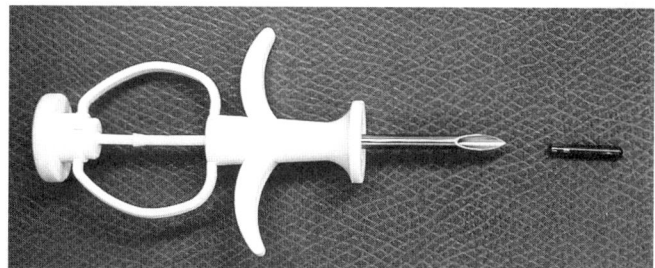

Laut *Nicholas Rockefeller* soll es zwei Arten von Chips geben: einen B-Chip für die Masse und einen A-Chip – der wie eine Art Diplomatenpass fungiert – für die Elite.

KAPITEL 6: ÜBERWACHUNG

„In Zeiten der universellen Täuschung
wird das Aussprechen der Wahrheit zur revolutionären Tat."[97]

George Orwell (1903-1950), britischer Schriftsteller

George Orwell, der den Zukunftsroman *1984* schrieb, wurde 1903 als Kind englischer Eltern in Indien geboren. Orwell war ein Freigeist, was schon daran zu erkennen ist, dass er es vorzog, seine Arbeit in der Redaktion der *Indian Section* des *BBC Eastern Service* im Jahre 1943 aufzugeben, statt sich der dortigen Zensur zu unterwerfen. Das Buch *1984* erschien im Juni 1949, leider verstarb Orwell bereits ein halbes Jahr später im Januar 1950. Orwell soll zeitweise beim *Britischen Geheimdienst*, im *Tavistock-Institute*, gearbeitet haben[98], was auch erklären würde, wo er die Informationen und Hintergründe für die Zukunftsvisionen erworben hat, die zum Inhalt seines Romanes geworden sind.

Orwell beschreibt in seinem Buch das Leben von *Winston Smith*, der in London lebt und im *Wahrheitsministerium* arbeitet. Die Geschichte findet in einem totalitären Überwachungsstaat statt, in dem alles und jeder überwacht wird. Die Kontrolle der Bevölkerung geht so weit, dass alle Räume einer privaten Wohnung über einen sog. *Televisor* überwacht werden. Dieser Bildschirm, der – vergleichbar mit unseren heutigen Notebooks – mit einer Kamera ausgestattet ist, filmt und belauscht die Bewohner und kommuniziert mit ihnen, auch weckt er die Menschen und fordert zum Beispiel zur Morgengymnastik auf. Regelmäßig und zwangsweise wird eine Art *Gehirnwäsche* in Form von Propaganda und einseitiger Information ausgestrahlt, eines dieser Infoprogramme nennt sich *Zwei-Minuten-Hass-Sendung*. Bei unerwünschtem Verhalten des Bewohners schaltet sich der Monitor von selbst ein, und eine Person weist die Menschen zurecht. Selbst die Gedanken der Bevölkerung werden in dem Roman überwacht, und Menschen, die sich dem System widersetzen, verschwinden einfach über Nacht. Sie werden weggebracht, und man hört nichts mehr von ihnen, ja es werden sogar nachträglich Zeitungen, Datenspeicher etc. verändert und die betreffenden Personen herausgelöscht, als hätten sie niemals existiert. In seinem Roman kommen bereits Begriffe wie *Big Brother*, *Neusprech* usw. vor, die heute im modernen Fernsehen ebenfalls gängig sind. Die heutige Überwachungsmanie, vor allem in Deutschland und den USA, ähnelt mittlerweile so sehr der Geschichte in seinem Roman *1984*, dass in Anlehnung daran die Bezeichnung *Orwellscher Überwachungsstaat* geschaffen wurde, die jedem ein Begriff sein dürfte.

Der *ADAC* hat im Heft *4/2014*[99] eine Illustration veröffentlicht, eine *Big-Brother-Musterstadt*, in der die verschiedenen Möglichkeiten der Überwachung von Autofahrern dargestellt sind:

1. Autos – speichern Daten in internen Steuereinheiten
2. Hersteller und Autowerkstätten – Auslesen der Datenspeicher
3. Tankstellen – Kameraüberwachung und Kreditkartenzahlung
4. *Section Control* – Tempomessung über eine längere Strecke (zurzeit in Österreich im Einsatz)
5. Politessen – Dokumentation von Falschparkern

6. Starenkästen – ca. 4.000 stationäre Geschwindigkeitsüberwachungsanlagen registrieren Temposünder
7. Handymasten – Bestimmung der Position jedes eingeschalteten Mobiltelefons
8. Lkw-Mautkontrollen – Mautbrücken erfassen Daten von allen Lkws und Pkws
9. Video-Mautkontrollen – Registrierung der Fahrzeuge, für die die Maut vorab bezahlt wurde (Österreich)
10. Videoscanner – alle Kennzeichen werden erfasst („Kriminalitätsbekämpfung"), sollten nach Kontrolle wieder gelöscht werden
11. Satelliten – alle Geräte mit GPS und Sendeeinheit können weltweit geortet werden

Mit dieser massiven Präsenz verschiedenster Formen von Überwachungsgeräten und Kameras, denen wir alle paar Kilometer begegnen, werden wir immer mehr daran gewöhnt, kontrolliert zu werden, zum Beispiel mit folgenden Geräten:

BLACKBOX

Die sog. *Blackbox* ist ein Gerät zur Datenspeicherung, das beispielsweise in Flugzeugen verwendet wird. Geschwindigkeit, Bewegungsrichtung, Beschleunigung, Licht- und Bremsstatus etc. werden darin gespeichert. Auf EU-Ebene wird immer wieder diskutiert, dass nicht nur in Flugzeugen, sondern auch in Neuwagen eine Blackbox eingebaut werden soll. Schmackhaft gemacht wird uns diese Vorstellung damit, dass die Datenaufzeichnungen helfen sollen, bei Streitigkeiten nach Unfällen die Wahrheit und damit den Schuldigen herauszufinden. Wieder einmal soll uns etwas aufgezwungen werden, was „nur zu unserem Besten" sein soll.

Selbst der *ADAC* hält diese Box, die die Kosten für einen Neuwagen erheblich in die Höhe treiben würde, übrigens für unnötig. *„Missachtet der Fahrer beispielsweise eine rote Ampel oder wechselt er im falschen Moment die Spur, so würde dies nicht aufgezeichnet werden. Gerade aber diese Fragen sind in den etwa drei Prozent der Unfälle mit unklarem Hergang offen.",* schreibt der *ADAC* in seinem Artikel *Blackbox ist unnötig.*[100] Was uns – wie üblich – als Vorteil verkauft werden soll, könnte schnell zu unserem Nachteil werden, dann nämlich, wenn die Polizei und andere Überwachungssysteme nach unseren Daten greifen möchten, um zum Beispiel nachträglich Bußgelder etc. einzutreiben.

Unsere Fahrweise könnte automatisch über die Ortung durch GPS-Daten mit Geschwindigkeitsbegrenzungen, Überholverboten etc. abgeglichen werden. Was meinen Sie, wie teuer dann eine Fahrt schnell werden kann, wenn automatisch bei jeder Übertretung sofort das entsprechende Bußgeld von unserem Konto abgebucht wird?!? Einspruch und Widerstand zwecklos, Sie sind dann in der Beweispflicht. Kleines Beispiel: In einer Straße ist auf der einen Straßenseite ein Parkverbot, auf der anderen Seite nicht. Wegen einer Kurzbaustelle dürfen Sie für wenige Tage auf der verbotenen Seite parken. Wie wollen Sie im Nachhinein beweisen, dass sie rechtmäßig dort geparkt haben? Sie müssten vermutlich viele Stellen kontaktieren, bis Sie eine schriftliche Bestätigung erhalten würden, dass von Tag X bis Tag Y dort parken erlaubt war, und vermutlich müssten Sie für diese Bestätigung auch noch eine Gebühr bezahlen. Das ist nur ein kleines und ganz banales Beispiel dafür, wie kompliziert, anfällig und vor allem wie aufwendig dieses System für Sie werden könnte.

Auch in diesem Bereich sollen wir in den Status des unmündigen und gehorsamen Bürgers gedrängt werden. Ist das nicht Verschwörungspraxis pur? Wollen Sie das?

ENERGYBOX

Teilweise bereits verbreitet, soll in Zukunft eine sogenannte *Energybox* in alle Stromversorgungszähler eingebaut werden, um angeblich die Abrechnung zu vereinfachen. Dieses System würde eigentlich ganz sinnvoll klingen, wenn dadurch nicht die Möglichkeit bestünde, dass wir in unseren eigenen vier Wänden zu 100% überwacht werden können. Über die Energybox können sämtliche Gespräche mitgehört und sogar auf die Bewohner zugeordnet werden. Im Klartext: Wenn Sie so eine Box in Ihrem Stromzähler installiert haben, kann man Ihre Gespräche, die Sie in Ihren eigenen vier Wänden führen, von außerhalb mithören und zwar so genau, dass man sogar weiß, von wem welche Äußerung ausgesprochen wurde. Das können Sie sich nicht vorstellen?

Kritiker raten dringend davon ab, sich dieses System einbauen zu lassen, denn die Bewohner würden „*nicht nur DIREKT durch den Sender mit 3G bestrahlt, sondern die radarähnlichen Mikrowellen sind auch in dem El-System, und somit wird das ganze Haus ein gepulstes Hochfrequenz-Elektromagnetisches Feld*". Gleichzeitig sollen die Informationen nicht nur an den Stromanbieter geleitet werden, sondern jeder Raum wäre über die Energybox an das Internet angeschlossen. Dies würde eine komplette Überwachung bedeuten, Gespräche könnten mitgehört und wir zu freilaufenden Sklaven mit *Fußfessel* werden. *Der Honigmann* schreibt dazu: „*Im Grunde ist jetzt jeder Computer, Database, Bank, Krankenhaus, Militär, Polizei, Server, absolut alles durch dieses Internet-El ans Internet angeschlossen und WEIT OFFEN für Attacken und Spionage. Es gibt keine Firewall, kein Antivirus, absolut nichts, was ein Eindringen verhindern kann, denn es kommt ja über das El-System. Welchen ‚Server' unser Haus jetzt hat, liegt auch im Dunkeln.*"[101]

Ein Insider ergänzte den o. g. Bericht: „*Als Ing.-Nachrichtentechnik und Experte für MIL-Technik kann ich nur diesen Trend bestätigen. Die EnBw wird in dem Projekt ME-REGIO mit IBM solche Zähler einbauen. Wenn in einem Zähler ein GSM* (A. d. A.: GSM = Global System for Mobile Communications; Mobilfunkstandard der 2. Generation; weltweit am meisten verbreiteter Mobilfunkstandard) *oder UMTS-Modul* (A. d. A.: UMTS-Modul = Universal Mobile Telecommunications System; Mobilfunkstandard der 3. Generation; es umfasst erweiterte multimediale Dienste, satelliten- und erdgestützte Sendeanlagen) *eingebaut ist, kann über das genaue Zeitsignal von GPS eine Time-Code-Korrelation erfolgen. Damit verhält sich ein Netzwerk wie ein 3D-Mikrofon. Die Anwesenheit von Menschen oder Tieren lassen sich über Testmuster kalibrieren. Ihr Sprachmuster kann so ebenfalls analysiert werden. Über eine Kreuzmodulation kann mit einer Wobbelfrequenz* (A. d. A.: Wobbelfrequenz = automatisches Hin- und Herbewegen der Abstimmung zwischen zwei Festfrequenzen[102]) *jedes gesuchte Muster erfasst werden. Den ORWELL-Staat oder den Weg in den Faschismus erleben wir jetzt. IBM arbeitet mit den Diensten an semantischen Datenbanken und der semantischen Musteranalyse. Da-*

mit können automatisch *von jedem Menschen Profile erstellt werden... Inkassobüros benutzen diese Software schon seit Jahren. Versandhändler legen von jedem Kunden MUSTER-Daten an. Sie stehen somit vollkommen nackt da. Dies verstößt massiv gegen das Grundgesetz. Das Grundgesetz wird durch den Vertrag von Lissabon langsam außer Kraft gesetzt, und dann haben wir den Faschismus pur."*

Harte Worte, die jedoch nachvollziehbar sind. Das würde bedeuten, dass von außen kontrolliert werden könnte, ob jemand zu Hause ist und wenn ja, wer zu Hause ist und zusätzlich noch, was gesprochen wird und wer was spricht. Da bliebe nicht mehr viel Privatsphäre übrig. Dagegen wären Ostblockzeiten paradiesische Zeiten gewesen. Wollen Sie das? Wollen wir alle das?

Geworben wird für den intelligenten Stromzähler damit, dass Sie nun zum *Energiemanager* Ihres Gebäudes werden. Ein modernes Wort soll die neue Technik für jeden schmackhaft machen, doch die Folgen könnten fatal sein. Die Einbauten werden ohne große Presseankündigung vorgenommen, und je schleichender die Veränderungen eingeführt werden, desto weniger werden sie bemerkt und umso weniger lehnt sich die Bevölkerung dagegen auf.

INDECT

INDECT (Intelligent information system supporting observation, searching and detection for security of citizens in urban environment) ist ein EU-Forschungsprojekt, das von 2009 an für 5 Jahre laufen sollte. In erster Linie sollte es dem Zweck dienen, eine zentrale Schnittstelle für alle Überwachungsdaten zu entwickeln, in der die Menschen auf mögliche *Gefahren* und *abnormes Verhalten* überwacht und geprüft werden sollen. Offiziell dient es der größeren Sicherheit, wie alle Überwachungssysteme. Aber wie *George Orwell* in *1984* schon schrieb, ist die wahre Bedeutung genau im Gegenteil zu finden:

> *„Krieg bedeutet Frieden,*
> *Freiheit ist Sklaverei,*
> *Unwissenheit ist Stärke."*[103]

George Orwell

So ist auch hier das Spiel der Umkehrung angewendet worden: *Sicherheit* bedeutet in diesem Zusammenhang das genaue Gegenteil, nämlich Kontrolle und Machtausübung. Zu dem Programm zählen sowohl die lückenlose Überwachung des öffentlichen Raumes sowie der Einsatz von Drohnen, die die Menschen auf „abnormales Verhalten" überprüfen und damit einen Beitrag zur Sicherheit leisten sollen. Da stellt sich mir sofort die Frage: Was bitte ist „normal"?

In dieses Programm sollen auch Daten aus sozialen Netzwerken (bei der Jugend besonders beliebt) und Ortungsdaten von Mobiltelefonen mit einbezogen werden. Eine systemkritische Äußerung und Sie werden eliminiert?

Am 13.11.2013 konnte man in den *Deutschen-Wirtschafts-Nachrichten* lesen, dass das EU-Forschungsprojekt INDECT Video- und Audiosignale überwacht. *„Fußgänger, die* *eine rote Ampel überqueren, gelten ebenfalls als sicherheitsgefährdend und können automatisch erfasst werden.*"[104] Stellen Sie sich vor, Sie sind eine Frau, sind nachts allein auf dem Heimweg, und Sie kommen an eine rote Fußgängerampel. Es ist niemand in der Nähe, es kommt kein Auto, aber die Ampel zeigt Rot. Vielleicht sind noch zwielichtige Gestalten in der Nähe. Wenn Sie sich jetzt erdreisten, trotzdem die Straße zu überqueren, könnten Sie bereits als *sicherheitsgefährdende Person* registriert werden. Wer garantiert Ihnen, dass Sie ab dem dritten Mal nicht zur potentiellen Terroristin abgestempelt werden?

Ach ja, das Bußgeld könnte Ihnen – wieder mal – auch hier gleich automatisch abgebucht werden. Das System soll auch Schüsse, Schreie, Explosionen etc. erkennen können. Somit wird natürlich auch Personal eingespart. Sie können, wenn Sie von einem Roboter festgenommen werden, also nicht kommunizieren, bzw. das können Sie schon tun, aber er wird nicht mit Ihnen sprechen. Sie werden in ein automatisiertes Gefängnis eingeschlossen, und wenn Sie Widerstand leisten, werden Sie automatisch entsprechend behandelt. Welch eine Vorstellung! Bleibt die Hoffnung, dass die Computersteuerung nicht defekt ist und Sie in der automatisierten Zelle nicht versehentlich vergessen werden. Übrigens: Sollten Sie in diesem Zuge von einer unbemannten Drohne „versehentlich" erschossen werden, so war das sicherlich ein „technischer Defekt", ein gewisser *Kollateralschaden* muss einfach hingenommen werden... Pech nur, wenn ausgerechnet Sie der Kollateralschaden sind!

IMPLANTIERTER CHIP

Die Folgen, die ein implantierter Chip nach sich ziehen kann, habe ich im Kapitel *Moderne Kriegsführung* bereits näher beschrieben. Der Vollständigkeit halber möchte ich ihn hier jedoch nochmals kurz erwähnen, denn über einen Chip können viele unserer Daten zentral gesammelt und evtl. auch gesteuert bzw. manipuliert werden. Wenn Sie zum Beispiel auf eine Demonstration gehen oder auch nur zufällig dort vorbeikommen, könnte es sein, dass Sie – über GPS geortet – als Gefährdung für das System eingestuft werden.

SATELLITEN

Satelliten sind für verschiedene Zwecke nutzbar:

1. Damit wir überall telefonieren können
2. damit das Navigationsgerät die richtige Position ermitteln kann
3. für Forschungszwecke usw.

Doch sie haben noch eine ganz andere Funktion, wie eine Nachricht in *Spiegel.online* vom 19.7.2004 zeigt. Demnach plante die britische Regierung unter der Federführung von *Tony Blair*, Verbrecher per Satellit genau zu überwachen: „*Per Satellit sollen die 5000 aktivsten Verbrecher des Landes auf Schritt und Tritt überwacht werden – und zusätzlich auch einfache Ruhestörer... Die Technologie, die bereits in mehreren Bundesstaaten der USA im Einsatz ist, greift auf das Global Positioning System (GPS) zurück, um die Bewegungen verurteilter Verbrecher zu überwachen – bis auf drei Meter genau, wie die britische*

Zeitung ‚The Guardian' berichtet. Die Fußfessel speichert außerdem detaillierte GPS-Informationen über die Wege des Verurteilten. Am Ende eines Tages kann der Bewährungshelfer minutengenau ablesen, wo sich die Person zu einem beliebigen Zeitpunkt aufgehalten hat... Auch kleinere Vergehen bis hinunter zur Ruhestörung könnten die Täter ins Visier der Himmelsspäher geraten lassen... Kritiker hielten der Regierung dagegen vor, durch die Kriminalisierung von Bagatellvergehen die Angst vor Verbrechen in der Bevölkerung zu schüren.“[105]

Wird hier schon geübt, wie die Bevölkerung etwas mehr in Angst versetzt werden kann, damit sie noch folgsamer wird? Und was passiert, wenn solch ein Verbrecher ein Verbrechen begeht? Dieses ist dann zwar registriert, doch was ist mit dem Opfer? Wer hilft ihm? Ist es nicht besser, den Täter zu inhaftieren, um die Menschen vor ihm zu schützen? Einziger Vorteil: Die Kosten für Unterkunft und Verpflegung werden eingespart.

Wenn die Überwachung per Satellit bereits 2004 so genau und einfach war, dann frage ich mich, was uns die Medien bezüglich des vermissten Flugzeuges MH 370, das am 8.3.2014 mit 239 Menschen an Bord vom Radar verschwand, verschweigen. Die ganze Welt fragt sich, wie sich ein ganzes Flugzeug im Zeitalter der Überwachung einfach so spurlos in Luft auflösen kann? Sollten Gerüchte wahr sein, dass in der Maschine Menschen saßen, die aus dem Weg geräumt werden sollten? Ich habe ein wenig recherchiert und bin auf folgende Informationen gestoßen. Laut der Internetseite der Firma *Freescale* saßen in der Maschine 20 Mitarbeiter des Chipherstellers *Freescale Seminconductor*, zwölf davon stammen aus Malaysia, acht aus China.[106]

Was hat es mit diesen Menschen auf sich, führt hier eine Spur zu der Ursache und dem Verbleib der Maschine? *Der Honigmann* berichtet: „*Vier dieser 20 Mitarbeiter besitzen die Rechte an einem US-amerikanischen Patent, nutzbar unter anderem für **implantierbare Microchips (Stichwort: Chip statt Personalausweis). Der fünfte Besitzer ist die Firma ‚Freescale Semiconductor' selbst, eine Tochtergesellschaft der Bankendynastie Rothschild... Im Falle des Todes einer dieser fünf Patentinhaber gehen alle Rechte am Patent an die übrigen Besitzer über. Unter der Annahme, dass die übrigen Besitzer den Flug MH370 nicht überlebt haben, würden die Rothschilds dann 100% an dem besagten Patent halten.*“[107] (H. d. d. A.)

Wenn die *Rothschilds* allein die Patentrechte hätte, könnten sie walten und schalten, wie sie wollten und in den Chip integrieren, was ihnen einfällt. Keiner der vier anderen Teilhaber, die immerhin über 80% verfügten, würde eventuelle ethische Bedenken gegen die Art von Nutzung mehr vorbringen können. Wir wissen nicht, ob vor dem Verschwinden des Flugzeugs diesbezüglich eventuell Diskussionen stattfanden. Ebenfalls bemerkenswert ist, dass das Patent am 21.12.2012 beantragt, jedoch angeblich erst am 11.3.2014 eingetragen worden ist. Die MH 370 ist bereits am 8.3.2014 verschwunden. Hierzu ist in derselben Quelle zu lesen: „*HINWEIS: Zwischen Beantragung eines Patents und Eintragung können mehrere Wochen bis Monate vergehen... Im Gegenteil: Es ist äußerst merkwürdig, dass das Patent nur 3 Tage nach dem Verschwinden des Flugzeuges sei-*

*ne endgültige **Rechtswirksamkeit** erhalten hat. Ein weiteres Indiz ist die Tatsache, dass die geplante Flugroute von Flug MH 370 direkt über den US-amerikanischen Luftwaffenstützpunkt Diego Garcia im Indischen Ozean verlief.“* (H. d. d. A.)

Ich bin gespannt, ob der implantierbare Mikrochip und seine angeblichen Vorteile nun vermehrt beworben werden. „Gechippte" Menschen lassen sich wesentlich einfacher per Satellit überwachen – oder eben auch aus dem Weg räumen, falls sie für die Weltelite unbequem werden sollten.

TOLL COLLECT

Die Einführung des deutschen LKW-Mautabrechnungssystems hat lange gebraucht, bis es funktionierte. Dieses System war meiner Meinung nach der Einstieg in die flächendeckende Video-Überwachung. Zuvor gab es selten Videokameras, die öffentliche Plätze überwacht haben. Erst mit der Einführung des *Toll-Collect*-Systems hat sich die Bevölkerung daran gewöhnt, dass überall Kameras installiert wurden. Nachdem der Gewöhnungseffekt eingetreten war und sich niemand mehr etwas dabei dachte, wurden nach und nach klammheimlich öffentliche Bereiche, Bahnhöfe, Flughäfen und andere Stellen mit Kameras ausgestattet, ohne großes Aufsehen zu erregen.

So schnell geht es, und schon wird jeder Schritt überwacht. Hätte die Bevölkerung gegen die Überwachung protestiert, wäre diese Entwicklung sicherlich nicht so einfach gewesen. Es braucht nur eine halbwegs nachvollziehbare Erklärung, die der Verstand der Menschen annehmen kann, dann duldet er selbst seine eigene flächendeckende Überwachung.

TERRORANSCHLÄGE

Unter normalen Umständen würde sich die Bevölkerung gegen eine umfassende Unterjochung wehren, daher benötigt die Weltelite immer wieder einen gewichtigen Grund, damit die Bevölkerung damit einverstanden ist, immer schärfere Kontrollen sowie eine lückenlose Überwachung, Entwaffnung und härtere Methoden der Polizei und des Militärs zu akzeptieren. Aus diesem Grunde „geschehen" immer wieder Terroranschläge, die eine Verschärfung der bestehenden Überwachungsmethoden begründen und nach sich ziehen.

Nicht nur bei dem Einsturz des World Trade Centers am 11.9.2001, sondern auch bei anderen Terroranschlägen wiesen mutige und vor allem *unabhängige* Journalisten nach, dass die Verantwortlichen ganz woanders zu suchen sind als dies in den allgemeinen Medien gemutmaßt wird. Bei manchen Terroranschlägen sagen Zeugen aus, dass von der Presse nicht erwähnte Personen mit Kampfausrüstung oder weitere Menschen beteiligt waren. Mitunter sind ganz zufällig genau an dem Ort zeitgleich Militärübungen abgehalten worden. So wäre es einfach, einen Anschlag auszuführen und ihn jemand anderem anzulasten. Ich bin nicht die einzige, die davon ausgeht, dass viele, wenn nicht gar die meisten der vergangenen Terroranschläge von unseren eigenen Geheimdiensten bzw. Militärs inszeniert wurden.

Es ist bekannt, dass Menschen durch Bewusstseinsmanipulation zu Taten gebracht werden können, die sie unter normalen Umständen niemals tun würden. Ein Terroranschlag mit vielen unbeteiligten Toten ist die wirkungsvollste Methode, um auf legitime Weise noch mehr Überwachung und Kontrolle auf die Menschen auszuüben. Dafür ist jedes Mittel recht – und wenn tausende Menschen dabei in den Tod geschickt werden.

Am einfachsten und wirkungsvollsten sind Anschläge, bei denen der oder die Attentäter erschossen werden. Ein Verhör ist somit ausgeschlossen. Auf diese Weise haben die „mutmaßlichen Täter" keine Möglichkeit mehr richtigzustellen und aufzudecken, wer tatsächlich die Täter waren. Für den anderen Fall, dass ein ermittelnder Polizeibeamter zu genau recherchiert und auf die richtige Spur kommen könnte, wird diesem der Fall entzogen oder er wird „erselbstmordet". Auch bei so manchem der vielen „Selbstmorde" in der Bankenwelt dürfte sich bei genauem Recherchieren herausstellen, dass es ein unfreiwilliger „Suizid" war, weil jemand nicht mehr mitspielen oder sogar die Wahrheit veröffentlichen wollte.

Jeder Terroranschlag bietet den Regierungen die Legitimation, das Maß an Überwachung und Kontrolle auszuweiten. Unbequeme Menschen können somit leicht unter einem Vorwand weggesperrt oder zwangspsychiatrisiert werden. Es liegt dann bei den Verdächtigten selbst oder ihrer Familie, ihre Unschuld bzw. ihre Zurechnungsfähigkeit zu beweisen. Wie schwierig dies ist, zeigt der Fall *Gustl Mollath*, der zwangspsychiatrisiert wurde. Die Beweislast wird zunehmend umgekehrt, jeder – auch Sie und ich – ist in den Augen der Geheimdienste zunächst schuldig. Im Bedarfsfalle muss der Verdächtige seine Unschuld erst beweisen.

KAPITEL 7: BEWUSSTSEINSMANIPULATION

„Niemand ist hoffnungsloser versklavt als der,
der fälschlich glaubt, frei zu sein.“[108]

Johann Wolfgang von Goethe (1749-1832), deutscher Dichter

Die größte Sorge der Weltelite besteht darin, dass wir Menschen rechtzeitig lernen, bewusst zu sein. Das bedeutet, unser Bewusstsein so weit erweitern und unsere Schwingung so weit erhöhen zu können, dass wir in der Lage sind, unsere wirkliche Kraft und Macht zu erkennen. Das würde uns in die Lage versetzen, den riesigen Schwindel zu erkennen und *„nein!“* zu sagen. Das würde auch bedeuten, dass sämtliche Kriege mit einem Schlag beendet wären, nämlich in dem Moment, in dem wir erkennen, dass wir alle verbunden und unsere Herzen durch die Kraft der Liebe miteinander vernetzt sind. Es braucht lediglich diese Erkenntnis von einem gewissen Anteil der Menschen, der sogenannten kritischen Masse. Die obersten Machthaber möchten diese Bewusstwerdung um jeden Preis verhindern und setzen verschiedenste Mittel dagegen ein. Damit könnten wir verhindern, dass die Neue Weltordnung mit allen Konsequenzen eingeführt wird.

Aus diesem Grunde wurden nach und nach Bedingungen geschaffen, um uns in diesem unbewussten und abhängigen Zustand zu halten. Hierzu gehören zum Beispiel:

1. Konkurrenzsystem (Schule, Karriere, privat, Sport...)
2. Normalisierung von Kriegsspielzeug
3. Zerstörung von Familien (leichte Scheidungen, kein Unterhalt für den erziehenden Elternteil...)
4. Berufstätigkeit beider Elternteile bzw. des einzigen Elternteiles, dadurch zu wenig Zeit, Liebe und Zuwendung für die Kinder
5. Institutionalisierung der Erziehung (KiTa, Kindergarten, Ganztagsschulen...)
6. Gender-Gleichschaltung[109] der Geschlechter
7. TV-„Unterhaltungs“-Serien auf niedrigstem intellektuellen Niveau
8. Binden der Aufmerksamkeit (z. B. auf Fußball, gemäß dem Zitat „Brot und Spiele“)
9. Alkohol, Nikotin, sonstige Drogen
10. Zwangsbeschäftigung der Menschen mit übertriebener Verwaltung, damit sie nicht zur Ruhe und damit nicht in ihre Mitte, in ihr Herz und in ihre Kraft kommen können
11. vergiftete Nahrungsmittel (Gentechnik, Spritzmittel, Zusatzstoffe...)
12. Mobilfunkbelastung
13. Schwächung der Menschen durch Impfungen, Medikamente und deren Nebenwirkungen
14. Unterdrückung WIRKLICH alternativer Energienutzung wie z. B. Freie Energie, Magnetmotoren usw.

Auch über Elektronik, Akustik, Chemie, Pharmaindustrie, Politik, Religion, Schulsystem, Werbung und Hypnose kann Bewusstseinsmanipulation geschehen. Gesellschaftliche Normen stecken uns ebenfalls in ein Denk- und Verhaltenskorsett.

Die Einführung und Anwendung dieser Maßnahmen erfolgt Schritt für Schritt, langsam eine nach der anderen und wird der Allgemeinheit dadurch nicht wirklich bewusst. Und irgendwann erreichen wir den Punkt, an dem wir bemerken, dass wir so weit versklavt sind, dass wir nichts mehr daran ändern können. Wir steuern direkt auf diesen Punkt zu, und es ist allerhöchste Zeit, 5 Sekunden vor 12 sozusagen, dass wir aufwachen.

Nachfolgend erläutere ich einige mögliche Methoden der Bewusstseinsmanipulation:

SILENT SUBLIMINAL TECHNOLOGY

Mit *Silent Subliminal Technology* wird ein Verfahren bezeichnet, bei dem nicht hörbare Texte gesendet werden, die wir nicht bewusst wahrnehmen können, da sie außerhalb des hörbaren Bereiches sind. Es handelt sich um eine Wahrnehmung *„unterhalb der Schwelle des Wachbewusstseins"*.[110] Die *Silent Subliminal Technology* ist die Weiterentwicklung der *Subliminal Technology* (kurze Einblendung von Bildern). Die *Silent*-Variante kann jedoch auch ohne Beiwerk wie Film oder Musik abgespielt werden, denn sie wird von den menschlichen Sinnen nicht wahrgenommen, egal wie intensiv sie auch ausgestrahlt wird.

Die Anbieter dieser Technik werben mit den positiven Möglichkeiten: *„Durch ständige Beeinflussung und damit **Umprogrammierung Ihres Unterbewusstseins** beginnt es (völlig stur und ohne zu bewerten), Ihre äußere Realität nach und nach so zu verändern, bis sie mit dem übereinstimmt, was es von Ihnen als die neue Realität vorgesetzt bekommt. Und was ist Ihre neue Realität? Ihre Affirmationen! Ihre neuen Werte, Ihre neuen Glaubenssätze, Ihre neuen Ziele – alles das, was Ihre neue Realität ausmachen soll..."*[111] (H. d. d. A.) Und wie bei allem, wirkt diese Methode natürlich nicht nur, um uns zu unterstützen, unser Potential zu erkennen und selbstsicherer, aktiver und erfolgreicher zu werden, sondern sie wirkt in derselben Intensität auch, um uns zu manipulieren und umzuprogrammieren, wie die Werbung selbst schreibt.

Wenn wir über längere Zeit beispielsweise hören würden, dass wir schwach, hilflos oder aber egoistisch und gewalttätig sind, verletzen oder gar töten sollen, dann können wir uns nicht einmal gegen die Beeinflussung wehren, da unser Wachbewusstsein davon nicht das Geringste mitbekommt. Wenn Sie jetzt glauben, dass etwas, das Sie nicht hören können, auch nicht wirken kann, haben Sie sich gewaltig getäuscht. Unsere Sinne sind nämlich nur scheinbar gut ausgeprägt. Schallwellen zum Beispiel, können wir zwar hören, aber nicht sehen. Lichtwellen können wir zwar sehen – und auch nur dann, wenn sie auf Materie auftreffen –, aber nicht hören. Röntgenstrahlen können wir weder hören noch sehen oder fühlen. Sehr hohe oder tiefe Töne können wir ebenfalls nicht hören und nicht sehen. Denken Sie daran, was eine Katze oder ein Hund alles hört, was wir Menschen nicht imstande sind wahrzunehmen. Und genau so wirkt die *Silent Subliminal Technology*. Die Schwingung der gesendeten Information kommt unbemerkt, aber dennoch wirksam im Unterbewusstsein an.

Und glauben Sie mir, um Milliarden von Menschen still, gefügig und folgsam zu halten, ist den Weltmächten jedes Mittel recht. Auch das US-Militär dürfte diese Methode mittlerweile einsetzen. So stand am 11.9.2010 im *Handelsblatt* zu lesen: *„US-Militär will Gedanken von Soldaten manipulieren. US-Soldaten könnten künftig ferngesteuert werden: Ein US-Wissenschaftler hat ein System entwickelt, mit dem er per Ultraschall das Gehirn* *von Menschen manipulieren will. Der Ultraschallgeber soll in den Helm der Soldaten integriert werden... William Tyler, Neuro-Wissenschaftler an der Universität des US-Bundesstaates Arizona in Tempe bei Phoenix, hat eine Technik entwickelt, um die Gedanken von Menschen zu beeinflussen: Per Ultraschall sollen Hirnfunktionen manipuliert werden... Mit den Ultraschallsignalen sollen die Gedanken von US-Soldaten manipuliert werden. Das soll mittels eines Ultraschallsignalgebers passieren, der in den Helm integriert wird. Möglich wäre beispielsweise, ihre Aufmerksamkeit in heiklen Situationen oder während lang andauernder Einsätze zu stärken, um Stress abzubauen. Eine andere Einsatzmöglichkeit wäre in der Schmerztherapie. Mit der Unterstützung der Defense Advanced Research Projects Agency (DARPA), der Forschungsagentur des US-Verteidigungsministeriums, will Tyler den Einfluss von Ultraschall auf das Gehirn weiter erforschen."[112]*

Im Klartext heißt das aber auch, dass das Gewissen der Soldaten ausgeschaltet werden kann, vor allem in sehr brutalen Situationen, wenn normalerweise die Menschlichkeit Einhalt gebieten würde. Auch kann das Schmerzempfinden ausgeschaltet werden, das bedeutet, der Soldat kämpft auch dann noch weiter, wenn ihn der Schmerz von erlittenen Verletzungen unter normalen Umständen zu Boden zwingen würde. Das bedeutet auch, dass der Soldat im Einsatz ist, bis er tot umfällt. Stellen Sie sich vor, Ihnen begegnet im Kriegszustand ein Soldat, der schwerverletzt ist, dem evtl. Körperteile fehlen oder bei dem die Gedärme sichtbar sind und der trotzdem weiterkämpft. Aus menschlichen Soldaten werden befehlsempfangende Roboter gemacht, deren Empfindungen ausgeschaltet werden. Makaber gesprochen spart sich das Militär unzählige Roboter ein, denn Soldaten dürften erheblich „billiger" zu „beschaffen" sein! Können Sie nachvollziehen, was dabei für traumatisierende Situationen auf uns zukommen? Und zwar sowohl auf der Seite der Soldaten als auch auf der Seite der Zivilisten!

LOBOTOMIE

Die *Lobotomie* ist ein chirurgischer Eingriff, bei dem bestimmte Nervenbahnen im Gehirn durchtrennt werden. Sie wird als sicherer bezüglich des „Erfolges" beurteilt als die *Subliminal Technology*, doch die Persönlichkeit der Menschen wird zerstört. „*Walter Freeman schrieb ohne Beschönigung: ,Die Psychochirurgie erlangt ihre Erfolge dadurch, dass sie die Phantasie zerschmettert, Gefühle abstumpft, abstraktes Denken vernichtet und ein roboterähnliches, kontrollierbares Individuum schafft.*"[113]

Das ist jedoch genau das, was sich die Weltelite zum Beispiel für Soldaten wünscht. Zur Erläuterung: Bei der Lobotomie werden seitlich über den Ohren Löcher in den Schädel gebohrt, über die Instrumente in die Tiefe des Gehirns eingeführt werden, wo dann über Bewegungen der Instrumente bestimmte Nervenbereiche zerstört werden. Alternativ kann man mit einem sog. „Eispickel" (einem eispickelähnlichen Instrument) über die Augenhöhle in das Gehirn stechen und von dort in die betreffenden Bereiche vordringen. Diese Methode wurde teilweise in Lokalanästhesie vorgenommen, dabei konnten die Patienten während der Prozedur befragt werden, und erst bei entsprechenden Ausfallerscheinungen war der Operateur zufrieden. Anderenfalls konnte er umgehend „nacharbeiten"![114] In Dänemark wurden Lobotomien übrigens bis 1983 durchgeführt. Wohlgemerkt: nicht bis 1938, sondern bis 1983!

Psychoneurochirurgie

Bereits vor einem halben Jahrhundert führte *Dr. Jose Delgado* vor, wie perfekte Manipulation durch *Psychoneurochirurgie* funktioniert. Gemäß einer Ausgabe des *Spiegels* von 1965[115] begab er sich in eine südspanische Stierkampfarena und reizte einen Stier, der daraufhin auf ihn zu raste. Etwa zwei Meter vor dem Zusammenstoß drückte *Dr. Delgado* auf den Knopf einer Fernsteuerung, und der Stier blieb mitten im Lauf stehen, wandte den Kopf zur Seite und trollte davon. Ihm wurden zuvor winzige Stahl-Elektroden in sein Gehirn eingepflanzt, wodurch der Stier steuerbar wurde. Das ist 50 Jahre her! Können Sie sich vorstellen, wie weit die Forschung seit damals fortgeschritten ist? Dazu kommt, dass uns die Mainstreampresse nur einen Bruchteil solcher News vermitteln darf. Die wirklich interessanten Dinge bleiben in den Akten der Verteidigungsministerien oder Geheimdienste.

Implantierte Chips / implantierte Geräte

Es gibt Menschen, die sich bereits einen Chip implantieren ließen, zum Teil aus nachvollziehbaren Gründen, etwa als Herzschrittmacher oder weil sie blind sind und über einen Chip wieder sehen können. Doch beinhaltet eine implantierte Technik auch das Risiko, über Hacker manipuliert zu werden.

Die *Deutschen-Wirtschafts-Nachrichten* schreiben: *„Dass die Verschmelzung von Mensch und Maschine auch erhebliche Gefahren birgt, zeigte der Hacker Barnaby Jack auf. Ihm gelang es, transplantierte Herzschrittmacher und Insulin-Pumpen ohne einen direkten physischen Eingriff von außen zu manipulieren... Herzschrittmacher konnte Barnaby Jack in einem Radius von 10 Metern durch eine spezielle Software aufspüren und durch einen elektrischen Schock lahmlegen. Eine weitere Software erlaubte es ihm, jede Insulin-Pumpe im Umkreis von 100 Metern ausfindig zu machen und über eine drahtlose Verbindung zu kapern. Anschließend wäre er in der Lage gewesen, mehr oder weniger Insulin freizugeben, was für den Patienten tödlich gewesen wäre. ,Ich war verblüfft von der Tatsache, dass lebenswichtige medizinische Geräte drahtlos kommunizierten. Ich entschied mich, einen genaueren Blick auf Herzschrittmacher und Insulin-Pumpen zu werfen, um zu sehen, ob sie sicher kommunizieren und ob es für einen Angreifer möglich wäre, sie fernzusteuern.', sagte Barnaby Jack."*[116]

Bevor *Barnaby Jack* auf einer Hacker-Konferenz in Las Vegas auf diese Sicherheitslücken aufmerksam machen konnte, starb er jedoch *„aus ungeklärten Gründen"* in San Francisco. Welche Industrie hatte da wohl Angst, dass er zu viele Details hätte herausfinden und preisgeben können?

Wenn sich ein Hacker in Herzschrittmacher und Insulin-Pumpen einklinken konnte, was glauben Sie, kann der Hersteller dieser implantierten Geräte bzw. Steuerungen alles manipulieren und per Fernsteuerung einstellen? Vielleicht sind dort noch viel mehr Funktionen möglich, die dem Verbraucher und vermutlich auch den Medizinern verschwiegen werden! Vor allem junge Menschen sind fasziniert davon, was per Chip möglich ist. Sie setzen dabei natürlich mehr auf technische Effekte wie Licht unter der Haut, automatisches Öffnen der Haustüre oder Blinkeffekte, wenn die Hand in eine bestimmte Himmelsrichtung weist. *Max Hoppenstedt* schreibt bei *motherboard.vice.com*, dass sich *Tim Cannon* im Oktober 2013 einen selbst gebauten Chip implantieren ließ, der ihn zum weltweit ersten *DIY-Cyborg* machte. „*Du hast ganz neue Steuerungsmöglichkeiten, und Dein Körper wird zu einem Teil des Internets der Dinge.*"[117] Das Gerät musste zwar wenige Monate später wieder entfernt werden, weil der Verdacht bestand, dass die Batterie defekt geworden war, doch er arbeitet weiter an einem neuen Chip. Eines hat er jedoch leider nicht bedacht: So wie er per Funk seine Haustüre entriegeln kann, so kann ein guter Hacker von außen sein implantiertes Gerät manipulieren, wie *Barnaby Jack* zeigte. Die möglichen Folgen könnten tödlich sein. Die Wissenschaft ist seit Jahrzehnten dabei, an der Verschmelzung von Mensch und Maschine, genannt *Transhumanismus* oder *Singularity*[118], zu forschen. Immer mehr High-Tech-Implantate, die feine Steuerungen übernehmen, die DNS verändern usw., werden dem Menschen eingepflanzt. Unter dem Deckmantel der Medizin werden Geräte entwickelt, die einem Blinden ermöglichen zu sehen oder einem Menschen mit amputierten Gliedmaßen erlauben, künstliche Prothesen mit Gedankenkraft zu bewegen. Doch diese Errungenschaften eignen sich auch hervorragend dazu, Menschen für Kriegszwecke oder als „Dienstleister" für die „Nationale Sicherheit" zu benutzen und Schmerzen sowie Emotionen auszuschalten.

„*Über das ganze Ausmaß des Einflusses der Transhumanisten und den aktuellen Stand dieser Entwicklung sind die wenigsten Menschen im Bilde.*", ist in der o. g. Quelle zu lesen. Die Technik ist bald so weit, dass der Mensch mit der Technik verschmolzen wird, und unter Einsatz von Gentechnik, Nanotechnologie und Neurologie könnte eine neue Über-Spezies entstehen. „*Die Singularität ist eine Zukunft, in der das Tempo des technologischen Wandels so schnell und weitreichend voranschreitet, dass die menschliche Existenz auf diesem Planeten irreversibel verändert wird. Wir werden die Macht unserer Gehirne, all die Kenntnisse, Fähigkeiten und persönlichen Macken, die uns zu Menschen machen mit unserer Computer-Macht kombinieren, um auf eine Art zu denken, zu kommunizieren und zu erschaffen, wie wir uns heute noch nicht vorstellen können...', erklärt Ray Kurzweil, einer der Vordenker der Transhumanisten.*"[119] Nur: Der „Mensch" mit seiner Qualität der Menschlichkeit bleibt auf der Strecke. Wir werden durch diese Technologien möglicherweise perfekt und nahezu unfehlbar, doch es könnte geschehen, dass unsere Emotionen bei diesen Veränderungen eliminiert werden. Dann werden wir wirklich zu menschlichen Zombies. Mitgefühl? Freude? Spaß am Leben? Das dürfte dann alles Vergangenheit sein! Wir dürfen es nicht so weit kommen lassen.

Es gibt viele Autoren (z. B. *Bob Frissell*), die schreiben, dass dies bereits anderen universellen Völkern geschehen ist und sie daher an menschlichem Erbgut interessiert sind, um Emotionen wieder in die eigene Rasse zu integrieren. Durch diese Theorie wird auch das Verschwinden von so vielen Menschen nachvollziehbar, die nie wieder auftauchen. Und zu dieser Theorie passen auch die Aussagen von vielen mutigen Menschen, die öffentlich dazu stehen, von extraterrestrischen Wesen entführt worden zu sein – so unglaublich das auch klingen mag. Doch zu diesem Thema später mehr.

MK-Ultra

In der Öffentlichkeit teilweise bekanntgeworden ist das geheime Forschungsprogramm der CIA, *MK-Ultra*, das sich mit Bewusstseinskontrolle befasste. Offiziell fand es in den 1950er bis in die 1970er-Jahren statt. Hierbei wurde tausenden von unwissenden Patienten und Gefangenen *LSD* und *Mescalin* verabreicht, wobei auch Todesfälle zu beklagen waren. Nachforschungen waren jedoch schwierig, da teilweise Unterlagen vernichtet worden seien. *„Oberstes Ziel war die ‚Vorhersage, Steuerung und Kontrolle des menschlichen Verhaltens‘."* Für dieses Projekt wurden u. a. ehemalige KZ-Ärzte eingesetzt, die ihre Arbeit auch in Deutschland fortsetzen durften. Der Bakteriologe *Frank Olson*, der für *MK-Ultra* tätig war, war oft in Europa und wurde dadurch Zeuge von Menschenversuchen durch ehemalige NS-Wissenschaftler. *„Olson war an der Entwicklung von biologischen Waffen wie Anthrax beteiligt und besaß umfangreiche Kenntnisse über die Menschenversuche im Rahmen von MK-ULTRA. Laut dem ARD-Dokumentarfilm ‚Deckname Artischocke‘ sah Olson auf seiner letzten Europareise im August 1953 in Berlin, wie Menschen bei Experimenten so lange gefoltert wurden, bis sie starben. Gegenüber Kollegen hatte er sich tief erschüttert über die Praktiken im Rahmen von MK-ULTRA gezeigt. Private Aufzeichnungen deuten darauf hin, dass er einen Ausstieg aus dem Projekt erwog."*[120]

Diese Erwägung überlebte er nicht, es stand wohl zu viel auf dem Spiel, falls er plaudern würde. Offiziell stürzte er sich aus dem Fenster eines Hochhauses. Nachdem später aus CIA-Akten hervorgegangen war, dass *Olson* unter Einfluss von LSD stand, plante seine Familie, die CIA zu verklagen, was die Regierung unter *Gerald Ford* durch eine Zahlung von 750.000 US-Dollar verhindern konnte. Doch die Geschichte hatte damit noch kein Ende. *Olsons* Sohn Eric ließ die Leiche seines Vaters 1993 exhumieren, die Obduktion ergab deutliche Hinweise auf Mord. Es wurde erneut ein Ermittlungsverfahren gegen die CIA eingeleitet, die Ermittlungen wurden jedoch von der CIA und dem US-Justizministerium blockiert. Nach langwierigen Verhandlungen sollte der damals amtierende CIA-Direktor *William Colby* vorgeladen werden. Leider, leider verstarb dieser jedoch, als bekannt wurde, dass er vorgeladen werden sollte. Er soll bei einem Kanuunfall ertrunken sein. Seltsamerweise hatte er seiner Frau nichts von einem geplanten Kanuausflug erzählt, und seine Schwimmweste, die er sonst immer trug, hatte er auch nicht angezogen. Offizielle Stellen gingen von einem Selbstmord aus, und die Klage wurde später eingestellt, doch einige seiner ehemaligen Kollegen haben sich laut o. g. Quelle *„ausdrücklich gegen die Selbstmordthese ausgesprochen"*.[121] Es ist vermutlich nur einer von vielen Fällen, doch dieser ist einer der wenigen, die gut dokumentiert sind.

Wer weiß, ob die Amokläufe von Jugendlichen, aber auch Erwachsenen, die in den letzten Jahren durch die Presse gingen, nicht auch dadurch „gemacht" worden sind, dass in das Fühlen und Denken dieser Menschen eingegriffen wurde? Sind diese Täter zuvor geimpft worden? Nahmen sie Medikamente, wie zum Beispiel *Ritalin* oder andere? Befanden sie sich in irgendeiner Art der medizinischen Behandlung? Diese Zusammenhänge wären es meines Erachtens wert, überprüft zu werden.

Was ist beispielsweise mit dem „Kannibalen von Miami" geschehen, der am 26.5.2012 über einen Obdachlosen hergefallen ist und ihm das Gesicht zerbissen hat. Er war nicht zu stoppen und musste trotz Vorwarnungen von der Polizei erschossen werden, weil er nicht aufhörte, seinem Gegenüber Teile aus dem Gesicht zu beißen. Das Opfer ist seitdem schwer entstellt und hat das Augenlicht verloren. Der erschossene Angreifer wurde obduziert, und die ursprüngliche Vermutung, dass er die Droge *Mephedron* genommen hatte, bestätigte sich nicht. Vielmehr wurden nicht näher spezifizierte Pillen in seinem Magen gefunden. Laut *Kopp-Verlag* wurde nie ein offizieller Autopsiebericht vorgelegt. „*Major Al Lamberti, Sheriff von Broward County, Florida, vermutet eine noch nicht getestete Droge als eigentlichen Verursacher.*"[122] Woher hatte er diese Droge? War er selbst nur ein Opfer, an dem Wirkungen getestet wurden? Sollten hier tatsächlich bewusstseinsverändernde Drogen an unwissenden Menschen getestet werden, dann wüssten wir jetzt, dass man einen Menschen zur Bestie umwandeln kann.

Bewusstseinsmanipulation durch Chemtrails

Um unser Bewusstsein zu manipulieren und unser Denken und Fühlen zu verändern, scheinen auch die *Chemtrails* genutzt zu werden. So steht in *chemtrails-info.de*: „*Nicht wenige Hinweise gibt es, dass mittels Frequenzen und deren zielgenaue Ausrichtung durch die künstlichen Wolken in großem Maße Mind-Control-Maßnahmen (Gedankenkontrolle, Subliminals- und Organmanipulationen) durchgeführt werden können. Da die extrem niedrigen ELF-Frequenzen in jenem Bereich wirken, in dem das Gehirn besonders reagiert und in dem Gefühle, Emotionen und Denkvorgänge ablaufen, kann menschliches Denken, Fühlen, Wollen und Handeln besonders leicht und unbemerkt manipuliert und gestört werden.*"[123] So zu lesen auf einer sehr umfangreichen Internetseite. Vielleicht sollten wir doch einmal den alten Trick versuchen, uns eine Alufolie mit der Glanzseite nach außen über den Kopf zu stülpen, wenn wir uns besonders unwohl fühlen und nicht wirklich erklären können, warum das so ist. Möglicherweise befinden wir uns in einem manipulierten Versuchsfeld.

Musik

Auch aggressive Musikrichtungen beeinflussen uns – vor allem junge Menschen, die noch auf der Suche nach ihrer Identität sind, nach ihrem Weg und ihren Zugehörigkeiten. In Kombination mit gewaltverherrlichenden Videos erzeugt aggressive Musik ein Gewaltpotential, welches seit Jahren beängstigend zunimmt. Wenn Jugendliche sich gegenseitig oder auch wehrlose Mitmenschen prügeln, kann das Opfer froh sein, wenn es mit dem Leben davonkommt. Ein Hochgradfreimaurer, der von *Jan van Helsing* interviewt wurde, sagte hierzu: „*Hard Rock und Heavy Metal wurden gesponsert und weltweit verbreitet, um die Jugendlichen bekloppt und aggressiv zu machen… auch bei anderen Formen… zum Beispiel Hip-Hop. Schau Dir die Jugendlichen an und ihr Verhalten, dann sieht man, was diese Musik bewirkt.*"[124] Und: „*Man muss immer zunächst ein Chaos schaffen, bevor man eine neue Struktur aufbauen kann, um die Menschen zu versklaven.*" ORDO AB CHAO! Ordnung aus dem Chaos – *Neue Weltordnung* aus dem Chaos.

Eine gezielte Beeinflussung, die der Zuhörer nicht bemerkt, kann zum Beispiel durch rückwärts eingespielte Texte erreicht werden oder durch Einspielen der bereits erwähnten *Silent Subliminals*, die im unhörbaren Bereich Informationen vermitteln. Auf diese Weise können ganze Generationen manipuliert werden – in welche Richtung auch immer. Wer mit unlauteren Tricks arbeitet, wer die Jugend in ihrem Alter des Suchens mit solch üblen Tricks missbraucht, kann keiner lichtvollen Gesinnung sein.

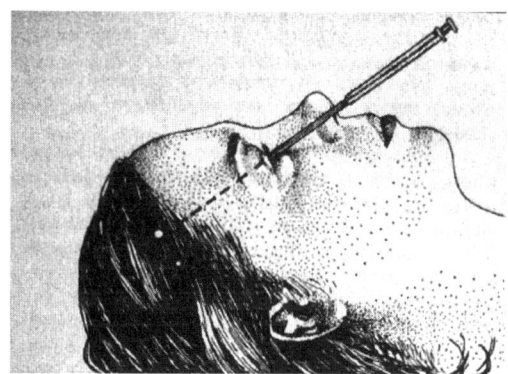

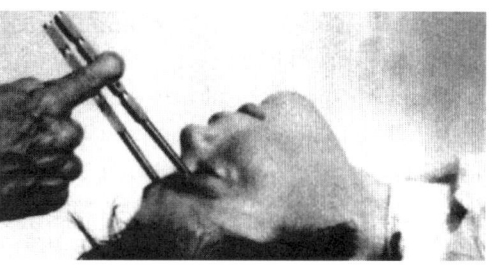

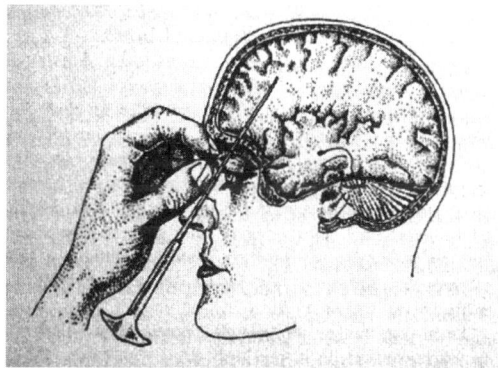

Abb. 25, 26 und 27:
Bei der Lobotomie wird mit einem sog. „Eispickel" über die Augenhöhle in das Gehirn gestochen, um von dort in die betreffenden Bereiche vorzudringen. Das wurde teilweise in Lokalanästhesie vorgenommen, damit die Patienten während der Prozedur befragt werden konnten.

KAPITEL 8: MEDIZIN, PHARMAINDUSTRIE

Der Begriff *Medizin* bedeutet *ärztliche Kunst* bzw. *Heilkunde* und dient der Vorbeugung, Erkennung und Behandlung von Krankheiten und Verletzungen bei Menschen und Tieren – so weit die Theorie.

Gleich zu Beginn möchte ich betonen, dass ich die Arbeit der Ärzte und aller Menschen, die mit der Heilung von Menschen beschäftigt sind, für sehr wichtig halte, und ich möchte ihnen meine Hochachtung dafür aussprechen, dass sie sich um kranke und pflegebedürftige Menschen kümmern. An dieser Stelle danke ich ihnen für ihren Einsatz. Ebenso danke ich den medizinischen Forschern für die Entwicklung vieler segensreicher Medikamente, die so manchem das Leben erleichtern und oftmals Heilung bringen. Was ich allerdings kritisiere, ist der Wandel der Interessen. Damit meine ich, dass teilweise Medikamente zugelassen werden, die mehr schaden als nützen, und andererseits werden wirklich heilende Mittel vom Markt genommen. Man hat den Eindruck, dass Patienten missbraucht werden, um dauerhafte Gewinne zu garantieren, und auch den behandelnden Ärzten scheint es nicht besser zu gehen. Ich gehe davon aus, dass der Großteil aller angestellten und niedergelassenen Ärzte aus Berufung Mediziner geworden ist, doch stellt sich zunehmend die Frage, ob sie zu Handlangern der Pharmaindustrie geworden sind. Die Hersteller versprechen, dass neue Medikamente noch besser helfen, deshalb werden sie von den Ärzten in gutem Glauben verschrieben. Dass damit die Testphase am Menschen erst richtig beginnen könnte, ist ihnen meist nicht bewusst.

Wenn wir uns krank fühlen, gehen wir in der Regel zu einem Arzt, in der Hoffnung, dass er während einer Untersuchung die Ursache für unsere Befindlichkeitsstörung feststellt und uns dann sagt, was wir zu unserer Genesung tun oder lassen sollten und uns entsprechend behandelt. Damit dies für jeden Menschen möglich ist, wurde die *Krankenversicherung* (KV) eingeführt, in die man einzahlt und die im Bedarfsfalle die Kosten übernimmt. Der ursprüngliche Gedanke war sinnvoll und zur Erhaltung der Gesundheit der Bevölkerung gedacht. Und so hatten die Menschen auch nichts dagegen einzuwenden, sondern fanden die Lösung gut, da auch die Kosten für eventuell erforderliche teure Operationen von dieser Versicherung übernommen wurden.

Aber wie in allen anderen Bereichen, scheint es auch hier so zu sein, dass der anfängliche Vorteil nur so lange aufrechterhalten wurde, bis sich das System so etabliert hatte, dass man sich nicht mehr vorstellen konnte, *nicht* krankenversichert zu sein. Seit 1.1.2009 besteht in Deutschland sogar die *Allgemeine Krankenversicherungspflicht*.

Mit der Verpflichtung, versichert zu sein, wird jedoch den Krankenversicherungen bzw. den Eliten Tür und Tor geöffnet, uns unser Geld aus der Tasche zu ziehen. Ist eine Versicherung freiwillig, kann ich sie kündigen, wenn sie meinen Vorstellungen nicht entspricht. Wenn jedoch eine „Pflicht" besteht und alle gesetzlichen Krankenversicherungen bis auf wenige Kleinigkeiten gleiche, gesetzlich vorgegebene Leistungen erbringen, habe ich keine Wahl mehr. Wird dann noch der Beitrag gesetzlich festgesetzt, sind wir vollends ausgeliefert. Und wie wir in den letzten Jahren gesehen haben, ist es tatsächlich so, dass die Beiträge gestiegen sind und die Leistungen immer mehr gekürzt werden bzw. zusätzliche Zahlungen vom Versicherten verlangt werden, sei es in Form von Rezeptgebühr, Krankenhausgebühr, Zuzahlung, Eigenanteil usw. Wer sich nicht privat versichern kann oder will, sei es aus finanziellen, gesundheitlichen oder sonstigen Gründen, der sieht sich gesetzlich legitimierten Eintreibern gegenüber. Doch auch bei den privaten Krankenversicherungen sieht es nicht viel besser aus. Ab einem gewissen Alter steigen die Beiträge unkalkulierbar, und ein Wechsel in die gesetzliche KV ist nur schwierig bis gar nicht möglich.

Den ursprünglichen Nutzen der Medizin, die Gesundheit von Menschen und Tieren zu erhalten bzw. wiederherzustellen, sucht man heute oft vergeblich. Das hat mehrere Ursachen. Nach meinen Recherchen liegt es hauptsächlich an folgenden Punkten:

1. Pharmaindustrien sind „Wirtschafts"-Unternehmen mit gewinnbringender Absicht und Börsengang.
2. Krankenhäuser sind „Wirtschafts"-Unternehmen mit gewinnbringender Absicht.
3. Universitäten werden in der Regel von großen Konzernen gefördert, damit sind sie nicht mehr unabhängig.
4. Einseitige Studieninhalte bei der Ausbildung der Mediziner (Pharmakologie).
5. Ignoranz vieler (nicht aller!) Ärzte, da sie durch die Pharmaindustrie geprägt und fortgebildet (manipuliert) werden.
6. Einschränkung der Untersuchungen und Behandlungen durch Krankenkassen (gesetzliche Vorgaben!).
7. Beschneidung der ärztlichen Einnahmen und Verrechnungsmöglichkeiten durch die Krankenkassen.
8. Innere Einstellung der Patienten selbst.

Dass sich die Medizin zu einem gigantischen Wirtschaftszweig entwickelt hat, wird deutlich, wenn wir auf der Internetseite des *Statistischen Bundesamts* lesen, dass im Jahre 2012 allein in Deutschland 300.437.000.000 € für medizinische Zwecke ausgegeben wurden[125] (Prävention, ärztliche und pflegerische Leistungen usw.), das sind 11,3% des BIP (Bruttoinlandsproduktes). Im Gesundheits- und Pflegedienst sowie in den dazugehörigen Berufen wie Pharmakologie, Geräteindustrie, Apotheken, Reinigung, Fahrzeuge, Bau usw. arbeiten unglaublich viele Menschen. Stellen Sie sich vor, was es für eine wirtschaftliche Katastrophe nach sich ziehen würde, wenn nur 50% aller Patienten genesen würden. Das würde bedeuten, 50% weniger Medikamente, 50% weniger Krankenhausbelegung, 50% weniger Krankentransporte, Reinigung, Apotheken, Krankenhausgebäude usw. Eine unvorstellbar große Anzahl an Menschen würde dadurch ihre Arbeit verlieren, weil für weniger Patienten auch weniger Personal benötigt würde. Nicht auszudenken, welche Auswirkungen das auf die Arbeitslosenzahlen hätte, von den Einnahmen von Aktionären, Vorstandsvorsitzenden usw. mal ganz abgesehen. Auch der Gewinn der Banken würde einbrechen, da der Bau von Pflegeheimen, Kliniken, Notfallambulanzen usw. in aller Regel durch gut verzinste Darlehen finanziert wird.

Auch aus diesem Grunde ist es – aus Sicht der Eliten – nicht erwünscht, dass unser medizinischer Apparat den Menschen zur wirklichen Genesung verhilft. Den motivierten Abiturienten, die sich für ein Medizinstudium entscheiden und sich voller Engagement um ihre Ausbildung bemühen, ist dieser Umstand jedoch nicht bewusst – woher auch, diese Dinge werden in der normalen Presse nicht erwähnt, und im Studium erfahren sie auch nicht, dass sie später zu Handlangern der Pharmaindustrie werden sollen. In der Pharmakologie lernen die Studenten die Wirksamkeit von Medikamenten auf die verschiedenen Funktionen des Körpers. Dabei müssen sie sich auf die Angaben der Hersteller bzw. auf Testergebnisse verlassen und davon ausgehen, dass die Angaben richtig sind.

Damit sind wir bereits beim ersten riesengroßen Problem, denn es gelangen immer wieder Berichte an die Öffentlichkeit, dass Pharmaunternehmen Daten zurückhalten, beschönigen, Schmiergelder bezahlen usw. mit dem Ziel, ihre Produkte zu vermarkten. So ist im *Kopp-Verlag* und bei *naturalnews.com* zu lesen: *„GlaxoSmithKline ist soeben zu einer Zahlung von sage und schreibe drei Milliarden Dollar verurteilt worden. Der Vorwurf: Schmiergeldzahlungen an Ärzte, falsche Angaben gegenüber der US-Arzneimittelbehörde FDA, Zurückhalten von Zahlen aus klinischen Studien und irreführende Werbung.*"[126, 127]

Ich finde das ungeheuerlich. Meine Hemmschwelle gegenüber der Einnahme von Medikamenten steigt immer mehr, und das ist vielleicht auch ganz gut so, denn die Summe der verordneten bzw. eingenommenen Medikamente ist so immens groß, dass laut dem *Umweltbundesamt* die Gewässer fast weltweit durch menschliche und tierische Ausscheidungen massiv mit Arzneimittelrückständen kontaminiert sind.[128] Es würde mich nicht wundern, wenn Friedhöfe irgendwann überdacht werden müssen, weil das Niederschlagswasser zu viele Giftstoffe in das Grundwasser spült – oder wenn die Feuerbestattung zur Pflicht werden sollte.

Dass eine gewisse Vorsicht gegenüber Medikamenten durchaus angebracht ist, zeigt der folgende Bericht, der die Todesfälle durch Verkehrsunfälle, Einnahme von Medikamenten und Vitaminen vergleicht. Die Einnahme von Vitaminen wird von der Presse immer wieder als „gefährlich" bezeichnet und behauptet, es gäbe Nebenwirkungen, die uns schaden. Doch es scheint völlig anders zu sein. Vermutlich wird durch den Verkauf von Vitaminen einfach zu wenig verdient und die Menschen würden gesünder werden: *„In einer statistischen Auswertung fanden US-amerikanische Analytiker heraus, dass tödliche Verkehrsunfälle im Jahre 2009 seltener waren als Todesfälle, die von Arzneimitteln verursacht wurden. Innerhalb der letzten 27 Jahre starben allein in den USA drei Millionen Menschen infolge einer Medikamenteneinnahme. An Vitaminpillen starb im selben Zeitraum kein einziger Mensch. Und das, wo doch immer wieder von Seiten offizieller Gesundheitsexperten verkündet wird, Vitaminpräparate könnten der Gesundheit schaden und Medikamente seien die einzige wissenschaftlich abgesicherte Möglichkeit, um die Gesundheit zu verbessern."* (*Zentrum der Gesundheit*)[129]

Spätestens jetzt kann man nachvollziehen, warum es den Ausdruck *iatrogen* gibt. Er bedeutet: *durch den Arzt verursacht*[130]! Ich bin mir sicher, dass die meisten Ärzte nicht im Entferntesten ahnen, dass sie selbst das ausführende Organ einer gigantischen Geldlobby und Sklaven der Pharmaunternehmen sein könnten. Dass eine derart aggressive Vorgehensweise der Pharmaunternehmen kein Einzelfall ist, zeigt der folgende Bericht, wonach fast alle Pharmakonzerne der Welt in den letzten drei Jahren verurteilt worden sind. Es geht den großen Konzernen offensichtlich nicht um Ihre und meine Gesundheit, sondern schlicht und einfach nur um das große Geld. Was machen produzierende Firmen, um den Umsatz zu fördern? *Kundenbindung* ist das Zauberwort. Wie könnte ich eine Kundenbindung bei einem Patienten erreichen? Indem ich dafür sorge, dass er durch die Medikamente nicht gesund wird. Eine sehr einfache wirtschaftliche Rechnung.

So schrieb *Ethan A. Huff* am 1.10.2012 bei *Kopp-Online*: „*Fast alle Pharmakonzerne in den letzten drei Jahren wegen krimineller Machenschaften überführt – Gesamtstrafe: elf Milliarden Dollar... In den letzten drei Jahren sind fast alle Pharmakonzerne der Welt wegen krimineller Machenschaften verurteilt worden; sei es wegen Fälschung von Angaben über die Sicherheit von Medikamenten, Werbung für zulassungsüberschreitende Anwendung von Arzneimitteln, Schmiergeldzahlungen an Ärzte oder fehlerhafte Durchführung von klinischen Studien. Insgesamt wurden die Unternehmen zu Strafen in Höhe von rund elf Milliarden Dollar verurteilt. Solche Zahlungen scheinen inzwischen zum normalen Geschäftsbetrieb zu gehören. ‚Insgesamt wurden 26 Unternehmen, darunter acht der zehn Top-Player weltweit des unlauteren Verhaltens überführt.', schreibt Jeremy Laurance von der britischen Zeitung The Independent über die Kultur der Korruption bei Big Pharma... Der Pharmariese GlaxoSmithKline (GSK) beispielsweise wurde kürzlich wegen der Bestechung von Ärzten, falscher Angaben gegenüber der US-Nahrungs- und Arzneimittelbehörde FDA, illegaler Vermarktung von und Werbung für Medikamente und Fälschung von Zahlen bei klinischen Studien zu einer Strafe von drei Milliarden Dollar verurteilt*[131]*. Merck, Pfizer, Novartis und viele andere Konzerne erhielten in den letzten Jahren ebenfalls wegen ähnlicher Verstöße ähnlich hohe Strafen... Wirklich schockierend bei alledem ist jedoch, dass kein einziger Direktor irgendeines dieser berüchtigten Unternehmen jemals persönlich für die Verbrechen seiner Firma zur Rechenschaft gezogen worden ist. Obwohl Millionen durch das kriminelle Vorgehen der Pharmaunternehmen geschädigt wurden oder gar ums Leben kamen, konnten sich die Firmen bislang mit mäßig hohen Strafen, die ihnen insgesamt gesehen wohl kaum wehgetan haben dürften, aus der Affäre ziehen.*

Laut Kevin Outterson, einem Juristen von der Universität Boston, stellen diese Strafen, so hoch sie dem Durchschnittsbürger auch erscheinen mögen, nur einen Bruchteil der Gesamteinnahmen und Gewinne dieser Unternehmen dar. Wie bereits angedeutet, gelten solche Strafen bei vielen Pharmafirmen mittlerweile als besondere Form von ‚Betriebskosten'... ‚Unternehmen betrachten solche Strafen wahrscheinlich als geringen Prozentsatz ihres globalen Umsatzes', wird Outterson im Independent zitiert. ‚Wenn das zutrifft, wird wenig getan, das System zu verändern. Der Staat holt sich nur einen Teil der finanziellen Erträge, die die Firmen durch ihre früheren Verstöße erwirtschaftet haben.'

Die ‚Fat Cats', jene überbezahlten Top-Manager, die sich noch erst persönlich wegen kriminellen Verhaltens vor Gericht verantworten sollten: Die folgenden Links identifizieren Direktoren von Pharmakonzernen, die nie persönlich für Verbrechen ihrer Firmen zur Rechenschaft gezogen wurden:

• *GlaxoSmith*	• *Kline Roche*
• *Merck & Co.*	• *Sanofi*
• *Pfizer*	• *Abbott Laboratories*
• *Johnson & Johnson*	• *Bayer*

- *Novartis*
- *AstraZeneca*

- *Eli Lilly*
- *Bristol-Myers Squibb.*"[132]

Es scheint Schule zu machen, dass sich Pharmaunternehmen – wenn sie eine gewisse Größenordnung erreicht haben – nach Verurteilungen „freikaufen" können. Das ist eine etwas andere Art und Weise, die Staatseinnahmen zu erhöhen – allerdings auf Kosten unserer Gesundheit!

Das Unverständlichste ist aber die Tatsache, dass die Verantwortlichen, die ein x-faches eines Bundeskanzlers verdienen, durch gesetzliche Lücken schlüpfen und nicht zur Rechenschaft gezogen werden, sondern ungestraft weitermachen können wie zuvor. Im Gegenteil: Sollte tatsächlich einer von diesen Top-Managern seinen Posten räumen müssen, geht er zum nächsten Konzern und verdient noch mehr – wieder ohne Übernahme der Verantwortung. Was geht in den Köpfen dieser Menschen vor? Ist das Wort *Gewissen* ein Fremdwort geworden? Früher hieß es, jemand „*verkauft für Geld seine Großmutter*", heute müsste man sagen: „*Er verkauft für Geld die Menschheit.*"

Haben Sie eine führende Stelle in einem mittelständischen Handwerksbetrieb? Was glauben Sie wohl, was mit ihnen passieren würde, wenn jemand durch Ihr Handeln oder Nichthandeln zu Schaden käme oder sogar sterben würde? Könnten Sie in Ihrer Branche jemals wieder Fuß fassen, vor allem, wenn Sie ganz bewusst den potentiellen Tod von Menschen in Kauf nehmen würden? Ein normal denkender Mensch kann die Vorgänge, die hier ablaufen, nicht nachvollziehen. Die Folge ist, dass nicht nur unser Vertrauen in die Pharmakonzerne schwindet, sondern auch unser Vertrauen in die Regierungen, die dieses Verhalten über die Rechtsprechung ermöglichen. Da es sich um *Big Business* handelt, können Sie sicher sein, dass nichts zufällig passiert, sondern dass hier genau das abläuft, was gemeinhin als „Verschwörungstheorie" abgetan wird. Allerdings ist es auch hier nicht Theorie, sondern Verschwörungspraxis! Und das geht uns alle etwas an, es geht uns sogar sehr viel an!

Noch ein Thema, das Sie interessieren dürfte: Sicherlich haben Sie schon mal den Namen *Diclofenac* gehört, vielleicht haben Sie es sogar in ihrer Hausapotheke. Es ist eines der am meisten verschriebenen Schmerz- und Entzündungsmittel. Vor diesem Mittel wurde sogar von offizieller Stelle gewarnt, weil es das Risiko für Herzinfarkte und Schlaganfälle erhöhen kann. So schreibt der *Spiegel: „Die EU-Arzneimittelbehörde (EMA) warnt vor den Herz-Kreislauf-Nebenwirkungen des Schmerzmittels Diclofenac... Das Arzneimittelsicherheitskomitee der EMA begründet seine Warnung damit, Diclofenac sei hinsichtlich der Risiken für Herz und Kreislauf... anders als Aspirin und Ibuprofen – das Risiko von Thrombosen in den Schlagadern und damit auch für Herzinfarkte oder Schlaganfälle erhöhen können. Die EMA beschäftigt sich seit Oktober 2012 gezielt mit Diclofenac, weil... aufgefallen war, dass Diclofenac im Vergleich zu anderen Wirkstoffen die Herz-Kreislauf-Risiken stärker erhöht... 2011 wurden mehr als 423 Millionen Tagesdosen Diclofenac in unterschiedlichen Formen verordnet.*"[133]

Also Vorsicht mit diesem Mittel. Im Zweifelsfalle sprechen Sie Ihren Arzt oder Apotheker darauf an, ob es eine Alternative gibt, die für Sie sinnvoll ist. Und Achtung, diese Herren (oder auch Damen) müssen Ihre Bedenken ernst nehmen. Sie werden schließlich von Ihnen durch Ihre Krankenversicherungsbeiträge bezahlt. *Diclofenac* ist übrigens das Mittel, das *„bisher in Gewässern von insgesamt 50 verschiedenen Ländern gemessen"* wurde, so das *Umweltbundesamt* am 9.4.2014.[134] Spätestens wenn Medikamente so schlecht abgebaut werden bzw. in solchen Mengen verbreitet sind, dass die Umwelt Schaden nimmt, sollte man sich eine alternative Lösung einfallen lassen. Auch die Fische nehmen dieses Mittel auf und landen dann auf unserem Teller.

Möglicherweise wären viele Menschen noch am Leben, hätte laut *Michael von Dexheim* nicht der Anästhesist *Dr. Scott Reuben*, dessen Forschungen von dem Pharmariesen *Pfizer* gefördert wurden, jahrelang wissenschaftliche Studien zur postoperativen Schmerztherapie gefälscht. Erst 2009 ist der Schwindel aufgeflogen. *„Jedoch schon im Jahre 2005 berichtete in diesem Zusammenhang das British Medical Journal über eine erhöhte Gefahr (um 55%!) von Herzinfarkten durch die Einnahme solcher Mittel wie Diclofenac oder auch Dr. Reubens Celebrex."*[135], schreibt *Michael von Dexheim*.

Auch die Fachzeitschrift *Naturarzt* schreibt über das *„drastisch erhöhte"* Risiko für Herzinfarkt und Schlaganfall bei der Einnahme von *Diclofenac*.[136] Dort steht weiter: *„Diclofenac und Ibuprofen standen zuvor immer wieder mal am Pranger wegen Nierenschädigung."* In dem Artikel wird empfohlen, diese Mittel bei einer bekannten Nierenschwäche nicht auf eigene Faust zu dosieren und einzunehmen, sondern sich mit einem Arzt des Vertrauens zu besprechen. Was der Patient aktiv selbst tun kann, ist, die Packungsbeilage zu lesen, denn er kennt seinen Körper besser als sein Arzt. Ein aufmerksamer Mensch spürt, wo sich seine Schwachstellen befinden, und er sollte – wenn er Medikamente benötigt – darauf achten, dass diese Organe nicht zusätzlich belastet werden. Ein guter Arzt wird sich freuen, wenn Sie ihn bitten, Ihnen ein schonenderes Mittel zu verschreiben.

Angesichts solcher Sachverhalte frage ich mich nach dem Sinn von Medikamenten: Sollen sie uns langsam vergiften, oder sollen sie den Menschen helfen? Einerseits dürfen bei homöopathischen Mitteln keine Wirkungen auf der Verpackung angegeben werden, und der Verkauf von Heilpflanzen wird eingeschränkt. Andererseits werden Medikamente mit erheblichen, teils tödlichen Nebenwirkungen zugelassen und von den gesetzlichen Krankenversicherungen bezahlt. Entscheiden Sie selbst, ob dieses System unserem Wohle dient und was Sie Ihrem Körper zuführen möchten. Fragen Sie explizit nach Neben- und Wechselwirkungen, wenn Sie Medikamente verschrieben bekommen, und informieren Sie sich!

Wir dürfen eines nicht vergessen: Jeder einzelne Verbraucher kann mit seiner Entscheidung viel bewirken. Wenn Sie ein bestimmtes Mittel oder einen bestimmten Hersteller nicht wünschen, dann sollten Sie das Ihrem Arzt sagen, auch auf die Gefahr hin, dümmlich angeredet zu werden. Auch Ihr Arzt ist nur ein Mensch, und er weiß in erster Linie nur das, was er gelernt hat. Nur wenn er es selbst möchte, kann er über seinen Tellerrand hinaussehen, genauso wie Sie und ich auch. Ein informierter Mensch hat die

Möglichkeit der Wahl. Wenn jeder Verbraucher verantwortungsbewusst denkt und handelt, können wir die Welt bewegen!

Ein weiteres Beispiel: Laut *berliner-zeitung.de* musste eine *BASF*-Tochter einen Milliardenbetrag Schadenersatz bezahlen, weil sie jahrelang damit geworben hatte, dass ihr Schilddrüsenmedikament *Synthroid* besser sei als deutlich preisgünstigere Produkte, obwohl nachgewiesen war, dass es weder besser noch schlechter war. Die Studie wurde zurückgehalten, doch der Schwindel wurde bekannt, und BASF musste zahlen.[137]

Auf der Internetseite *Heilpflanzen-Welt* können wir lesen: „*In der nüchternen Sprache der Medizin erleiden 10-15% aller Patienten ‚unerwünschte medizinische Ereignisse', die die medizinische Behandlung negativ beeinflussen oder sogar zum Tod führen können. Zwischen 50-75% dieser Ereignisse sind vermeidbar [1]. Lebenspraktisch bedeutet dies: Allein in US-Krankenhäusern sterben jährlich bis zu 100.000 Menschen an überwiegend vermeidbaren Medikamentenfehlern [2]. Für junge Männer ist ein Krankenhausbesuch dort – nach den Gefahren durch Schusswaffen – die häufigste vermeidbare Todesursache.*

Das Signal des oben zitierten Reportes ‚Irren ist menschlich', den die Clinton-Regierung 1999 veröffentlichte, ist in Deutschland bislang weitgehend ungehört verhallt. Außer Chirurgen-Berufsverbänden, einigen besorgten Ärztegruppen und einer Handvoll Kritikern an deutschen Universitäten ist die Bedeutung des US-Reportes in Deutschland nicht angekommen. Entsprechend dieses Berichtes kommt es in bundesdeutschen Krankenhäusern hochgerechnet zu mehr als 30.000 vermeidbaren Todesfällen pro Jahr. Dass diese Zahlen mehr als realistisch sind, zeigen auch Untersuchungen von Prof. Dr. Jürgen C. Fröhlich vom Institut für Klinische Pharmakologie an der Medizinischen Universität Hannover [3]. Seine Forschergruppe hat berechnet, dass alleine in internistischen Krankenhaus-Abteilungen – in Deutschland – bis zu 58.000 Todesfälle durch unerwünschte Arzneimittel-Zwischenfälle eintreten, von denen jeder zweite ein vermeidbarer Medikationsfehler ist. Vermeidbare Medikamentenfehler töten also weitaus mehr Menschen als die typischen gefürchteten Bedrohungen wie Verkehrsunfälle, Brustkrebs oder AIDS.“[138]

Den letzten Satz sollten Sie sich nochmals durchlesen: „**Vermeidbare Medikamentenfehler töten also weitaus mehr Menschen als die typischen gefürchteten Bedrohungen wie Verkehrsunfälle, Brustkrebs oder AIDS!**“ Doch wer kümmert sich um diese Fälle? Folgen daraus irgendwelche Konsequenzen? Erhalten die Hinterbliebenen, die Ehepartner und Kinder eine Entschädigung? Könnte man das als „Totschlag" oder in manchen Fällen sogar als „Mord" bezeichnen, wenn Pharmaunternehmen um Risiken wissen und nicht darauf hinweisen?

Die Zahl der Todesfälle wegen „*unerwünschter Arzneimittel-Zwischenfälle*" entspricht allein in Deutschland – jedes Jahr(!) – der Größenordnung einer mittelgroßen deutschen Stadt oder umgerechnet etwa 345 vollbesetzten Flugzeugen vom Typ Airbus A320. Stellen Sie sich vor, von einer Fluggesellschaft würden pro Jahr so viele Flugzeuge abstürzen, dass 58.000 Todesfälle zustande kämen, das entspräche fast jeden Tag einem Flugzeugabsturz. Ich gehe davon aus, dass man umgehend das Fliegen aus Sicherheitsgründen verbieten würde.

Sollen wir daraus schließen, dass medizinische Behandlungen bzw. Medikamente gefährlich sind? Wenn man *Michael von Dexheim* liest, könnte man das durchaus annehmen. Er schreibt zum Beispiel bezüglich *Alzheimer*: *„Auch Selbsthilfeorganisationen nehmen es also mit ihrer Unabhängigkeit nicht sehr genau, und die dementsprechenden Ratschläge, zum Beispiel zur medikamentösen Behandlung, entsprechen oftmals nicht dem Wohl des Patienten… Glauben Sie mir, die meisten Ärzte wissen selbst nicht, was hier vor sich geht, sie schenken einfach der pharmazeutischen Industrie blind ihren Glauben… Ärzte, die sich dem Einfluss der Pharmaindustrie widersetzen, müssen um Ihre Zulassung bangen – das sind keine Einzelfälle!"*[139]

Ein Beispiel in Bezug auf offene Fragen zur Zulassung eines Medikamentes beschreibt *von Dexheim*. Laut seines o. g. Buches wurde das Diabetesmedikament *Avanida* mit Worten wie *„geringeres Risiko für Herzinfarkt"* beworben. *Dr. Steve Nissen (Cleveland-Klinik)* habe jedoch nachgewiesen, dass die Herzinfarktinzidenz um fast 50% erhöht gewesen sei. *Michael von Dexheim* schreibt, dass zum Zeitpunkt der Zulassung des Diabetesmedikamentes *Avanida* dem Kontrollgremium in Deutschland, dem *Bundesinstitut für Arzneimittel und Medizinprodukte*, die erhöhte Herzinfarktinzidenz schon bekannt gewesen sei. Und *„trotz allem, man kann eigentlich von einem Skandal sprechen, wurde es genehmigt… Avanida wurde 2011 wegen Todesfällen verboten"*. Könnte man ein derartiges Verhalten nicht als irreführende Werbung bezeichnen? Ach ja, wir haben ja erfahren, dass man dafür eine gewisse Strafzahlung in den Verkaufspreis einkalkulieren kann.

Müssen wir damit rechnen, dass in puncto Zulassung eines Medikamentes gemauschelt wird? Oder ist eine Studie über die Wirksamkeit Auslegungssache? Oder wird am Ende nur die Wirksamkeit und nicht das Risiko untersucht? Welche Risiken werden untersucht? Wie werden die Risiken untersucht? Über welchen Zeitraum werden Risiken untersucht? Das sind viele offene Fragen, die wohl noch offen bleiben werden. Doch dadurch, dass diese Fälle mehr und mehr bekannt werden, wird die Bevölkerung aufgeweckt, und der Druck auf die Pharmaindustrie steigt mit jedem kritischen Patienten. Es bleibt zu hoffen, dass sich dadurch langfristig etwas an der Moral dieser Konzerne verändert. Im Zuge des globalen Bewusstseinswandels könnte es sogar passieren, dass die größten von Big Pharma plötzlich ganz vom Markt verschwinden, weil ihre Schwingung einfach nicht mehr in Resonanz mit dem Bewusstsein der Menschen ist. Dasselbe könnte übrigens auch mit so manchem Bankkonzern geschehen.

Aus den verschiedenen beschriebenen Fällen könnte man schließen, dass es im Gerangel um Marktanteile anscheinend üblich ist, die Bedingungen von Studien so zu gestalten, dass das Ergebnis im Sinne der Pharmaindustrie ausfällt. Sollten Todesfälle eintreten, wird das als Risiko hingenommen oder evtl. eine erneute Studie in Auftrag gegeben. Teilweise seien die Ergebnisse richtiggehend gefälscht, wie im bereits erwähnten Fall von *Dr. Reuben*, wobei er das Pech hatte aufzufliegen. Die Dunkelziffer können wir nur erahnen. Der bekannte Anästhesist *Dr. Scott Reuben* hatte laut *Ärzteblatt* mindestens *„21 seiner 72 publizierten Studien… rundum ersponnen und erlogen"*.[140]

Die oben beschriebene, meines Erachtens verbrecherische Mentalität der Pharmaunternehmen in Kombination mit der Unterwanderung der Zulassungsbehörden – siehe letztes Kapitel – ergeben eine hochexplosive Mischung, die umso gefährlicher ist, weil wir der Pharmaindustrie ziemlich ausgeliefert sind, und ich kann nur appellieren, bei Beschwerden darauf zu drängen, nicht die Symptome wegzutherapieren, sondern nach den Ursachen zu forschen.

Meiner Erfahrung nach werden Sie mit Ihrem Arzt so manches Mal diskutieren müssen, bevor er bereit ist, nach Ursachen zu forschen – und wenn es sich nur um einen Abstrich handelt, bevor er ein Antibiotikum verschreibt. Aber glauben Sie mir: Es lohnt sich. Erst wenn Sie wissen, was Ihnen fehlt, ist eine Behandlung sinnvoll, auch wenn der Arzt Sie mit Worten wie zum Beispiel *„Das zu entscheiden, müssen Sie schon mir überlassen!"* ruhigstellen möchte, denn schließlich werden Sie somit ein unbequemer Patient. Denken Sie daran, es ist Ihr Körper: Sie haben die eventuellen Nebenwirkungen auszuhalten, und Sie tragen die Verantwortung für Ihr Leben.

Hier noch eine Info zum Thema *Neutralität eines Arztes*. Am 17.12.2013 schrieb die *Süddeutsche Zeitung*, dass der Pharmakonzern *GlaxoSmithKline* nach einem Korruptionsskandal in China seine bisherige Praxis ändern möchte. *„Der britische Medikamentenhersteller GlaxoSmithKline (GSK) verkündet, er werde in Zukunft Ärzte nicht mehr dafür bezahlen, für seine Produkte zu werben... Die Änderungen sollen allerdings nicht sofort, sondern erst bis 2016 umgesetzt werden."*[141]

War es etwa bisher üblich, Ärzte für die Werbung eines bestimmten Produktes zu bezahlen? Lautet das übliche Wort dafür nicht „Bestechung"? In welchem System leben wir denn, dass solche Methoden erlaubt sind? Hier darf man die Gesundheit von Millionen von Menschen nehmen und damit spielen. Gerade bei wirtschaftskräftigen Konzernen – und das sind die Pharmaunternehmen – sollte Bestechung nicht hingenommen werden. Jeder kleine Handwerker, der einen öffentlichen Auftraggeber zu bestechen versuchen würde, stünde mit einem Bein im Gefängnis, aber bei unserer Gesundheit soll das legal sein? Wo bleibt da die Unabhängigkeit? Was steht bei dem Arzt Ihres Vertrauens im Vordergrund – der Profit oder Ihre Gesundheit? Versuchen Sie herauszufinden, auf welcher Seite Ihr Arzt steht.

Trotz dieser Meldung möchte ich hier ganz bestimmt nicht alle Mediziner in einen Topf werfen, es gibt in dieser Branche eben einige schwarze Schafe, wie überall. Jedoch möchte ich darauf hinweisen, dass hier teilweise Dinge geschehen, von denen wir denken, sie seien nicht möglich. Ich möchte in Ihnen eine gesunde Vorsicht wecken, die an die Stelle von blindem Vertrauen oder sogar Gehorsam treten soll. Wer einen zuverlässigen Arzt hat, soll sich glücklich schätzen, genauso wie wir auch glücklich sind, wenn wir einen guten Friseur, einen guten Sanitärinstallateur oder einen guten Automechaniker kennen. Außerdem gibt es nicht nur *weiße* und *schwarze* Schafe, sondern es gibt auch *graue* Schafe in allen Schattierungen! Wir sind eben alle einfach nur Menschen.

KREBS

Krebs ist eine Erkrankung, die wie eine Seuche immer mehr Menschen für lange Zeit zum Patienten macht bzw. viele Menschen das Leben kostet. Manche Krebspatienten „erfahren" durch Mediziner sogar, wie lange sie noch zu leben haben. Gott sei Dank kenne ich einige Menschen, die ihren eigenen vermeintlichen Todeszeitpunkt über viele Jahre überlebt haben. Die meisten Krebspatienten geraten in eine gigantische Pharmamaschinerie, in der nur noch die ausgewerteten Ergebnisse zählen. Sie selbst als Mensch mit Ihren Ängsten und Gefühlen werden von vielen Ärzten nicht wahrgenommen. Dabei ist die Gesundheit, besonders bei so einer komplexen Erkrankung wie Krebs, von vielen verschiedenen Dingen abhängig, und der Mensch sollte ganzheitlich behandelt werden.

Dieser Meinung ist auch *Dr. med. György Irmey*, seit 25 Jahren ärztlicher Direktor der *Gesellschaft für Biologische Krebsabwehr*.[142] Er betont in einem Interview mit *Der Naturarzt*: *„Die Krebserkrankung ist immer eine Erkrankung des ganzen Menschen und nie nur eines Teiles von ihm… Suchen Sie von Beginn eines Krankheitsprozesses an den Kontakt zu Ihrer inneren Stimme, dem Bauchgefühl oder Ihrem ‚Inneren Arzt'… es gibt heute für mich keine unheilbaren Erkrankungen mehr."*[143]

Ein von der Schulmedizin belächeltes, von alternativen Medizinern und Heilpraktikern jedoch hoch bewertetes Thema ist beispielsweise der Säure-Basen-Haushalt. An dieser Stelle möchte ich den längst verstorbenen Wissenschaftler und Nobelpreisträger *Dr. Otto Warburg* erwähnen, der bereits 1931 herausgefunden hat, dass eine Zelle, wenn sie nicht genug Sauerstoff für den Abbau von Glucose aufnehmen kann, eine Veränderung erfährt. Die Folge ist, dass sie auf anaeroben Stoffwechsel umstellt und der pH-Wert im Gewebe dadurch sinkt, also sauer wird (Störung des Säure-Basen-Gleichgewichts). Die Fähigkeit von DNS und RNS, die Zellteilung zu steuern, wird zerstört, und Krebszellen können sich ungehindert vermehren. Seiner Theorie nach ist eine Übersäuerung krebsverursachend.[144, 145] *„Selbst schwer kranke Personen können manchmal geheilt werden, indem ihr Säure-Basen-Gleichgewicht wieder hergestellt wird."*[146], schreibt auch das *Zentrum für Gesundheit*.

Schon *Paracelsus* wusste zu sagen: *„Die Übersäuerung des Körpers ist das Grundübel aller Krankheiten."* Übersäuert werden wir insbesondere, wenn wir Weißmehl, Zucker, Kaffee, Fastfood-Produkte, Fleisch usw. zu uns nehmen. Auch Stress ist nicht zu unterschätzen, er übersäuert uns ebenso. Mittlerweile gibt es ein großes Angebot an Informationen über säure-/basenbildende Lebensmittel und Lebensweisen.[147] Es gibt den Spruch: *„Du bist, was Du isst!"* In Bezug auf die Übersäuerung können Sie tatsächlich selbst großen Einfluss darauf nehmen, wie es Ihnen geht. Auch wenn es unbequem scheint, ist es sinnvoll, sich über unsere Ernährung zu informieren und diese konsequent gesund auszuwählen, wenn Sie Ihre Heilung unterstützen möchten. Ist der Leidensdruck groß genug und der Patient bereit, die Verantwortung für seine Gesundheit zu übernehmen, kommt er unweigerlich zum Thema *Ernährung*.

Doch warum prüft die Schulmedizin neben Blutdruck und Cholesterin nicht auch den pH-Wert des Urins? Den pH-Wert des Blutes braucht man für diesen Zweck nicht zu testen, denn wenn dieser auch nur ein klein wenig entgleist, sind Sie ein Notfallpatient. Doch der Urin zeigt, über den Tag verteilt, ein gut nachvollziehbares Profil unseres gesamten Säure-Basen-Haushalts, das sich leicht über Teststreifen prüfen lässt. Die Pharmaindustrie bewirbt die Kontrolle des pH-Wertes nicht, denn ein gesunder Mensch ist für sie uninteressant. Die Pharmaindustrie lebt davon, dass es Patienten *gibt*, daher hat sie kein großes Interesse daran, Krebspatienten tatsächlich zu heilen. Gäbe es keine Patienten mehr, gäbe es auch keine Pharmaindustrie mehr. Daher sollten Sie sich im Bedarfsfalle selbst informieren und gut überlegen, welche Therapie Sie wünschen. Womit sind Sie einverstanden? Was fühlt sich für Sie persönlich gut an? Sie kennen sich selbst besser als Ihr Arzt, und er sollte Ihre Bedenken und Wünsche ernst nehmen.

Fragen Sie Ihren Arzt nach Details, wenn er Ihnen eine Behandlung vorschlägt, und informieren Sie sich selbst über Ihre Erkrankung, vielleicht holen Sie eine zweite Meinung ein. Was gibt es an Alternativen? Es ist Ihr Körper, Ihr Leben und Ihre Entscheidung. Ich kenne Menschen, die sind von den Ärzten nach Hause geschickt worden mit den Worten: *„Wir können nichts mehr für Sie tun."* Denen geht es heute – Jahre später – erstaunlich gut. Dieser Satz *„Wir können nichts mehr für Sie tun."* heißt lediglich, dass die Schulmedizin am Ende ist, aber doch nicht Ihr Leben! Dieser Satz zeigt einzig die Hilflosigkeit des behandelnden Arztes. Es gibt noch viele Möglichkeiten, hören Sie sich um, und probieren Sie das aus, was Ihrem Innersten entspricht. Wichtig ist in erster Linie, dass Sie zu Kräften kommen, wenn Sie geschwächt sind, und dass Ihre Abwehr aktiviert wird. Gifte müssen aus Ihrem Körper ausgeleitet und wichtige Stoffe zugeführt werden. Es gibt auch sehr gute Heilpraktiker, wenn Sie dazu keinen geeigneten Mediziner finden sollten. Glauben Sie an sich! Sie sind es sich wert!

Vor allem sollten Sie in sich selbst nachforschen und sich darüber Gedanken machen, ob Sie in Ihrem Leben glücklich sind. Was schwächt Sie, was raubt Ihnen Kraft? Können Sie zu sich stehen? Sagen Sie öfters *„ja!"*, obwohl Sie *„nein!"* meinen? Leben Sie in Teilbereichen das Leben anderer? Versuchen Sie oft, die Erwartungen anderer zu erfüllen? Wie gesund ist Ihre Ernährung? Wie gesund wohnen Sie? Wie viel bewegen Sie sich? Was „nagt" an Ihnen? Was tun Sie noch immer, obwohl Sie es schon lange nicht mehr wollen? Übernehmen Sie die Verantwortung für Ihr Leben! Bereinigen Sie unausgesprochene Konflikte. Beginnen Sie damit, Situationen, die Sie schon lange belasten, zu ändern, auch wenn Sie Angst davor haben. Gehen Sie Schritt für Schritt in die Richtung, die Sie sich schon immer wünschen.

Einen interessanten Ansatz stellt auch *Dr. Ryke Geerd Hamer*[148] vor, der davon ausgeht, dass die Ursache eines Krebsgeschehens in einem schockierenden psychischen Erlebnis zu finden ist. Er sagt, dass sich dieses Psycho-Trauma im Gehirn festsetzt, wo es anhand einer CT-Aufnahme sichtbar ist, und dass dieses Trauma aufgelöst werden muss. Er ist der Meinung, dass die Krebserkrankung zurückgeht, wenn das verursachende Trauma gelöst worden ist. Von der Schulmedizin wird *Hamer* in der Luft zerrissen, er wurde rechtlich angegangen, und dennoch bin ich davon überzeugt, dass sein Denkansatz bei einem großen Teil der Krebspatienten zutreffend sein dürfte. Allerdings würde ich es nicht dogmatisch sehen, sondern ein Krebsgeschehen immer ganzheitlich und von verschiedenen Seiten betrachten und behandeln.

Unsere Psyche ist bei der Entstehung einer Krankheit mit verursachend, daher sollte man eine chronische oder lebensbedrohliche Erkrankung immer auch von diesem Gesichtspunkt aus betrachten und sich folgende Fragen stellen:

- Was in meinem Denken fördert die Erkrankung?
- Was in meinem Fühlen fördert die Erkrankung?
- Was in meiner Ernährung fördert die Erkrankung?
- Was in meinen Lebensgewohnheiten fördert die Erkrankung?
- Was in meinem Wohnumfeld fördert die Erkrankung?
- Was in meiner Haupttätigkeit (Beruf) fördert die Erkrankung?
- Welchen positiven Krankheitseffekt bringt die Erkrankung – welchen Vorteil bringt sie mir? Was brauche ich stattdessen?
- Was gibt es sonst noch, was mich in irgendeiner Weise belastet?
- Was bin ich bereit zu ändern?

In der Alternativmedizin gibt es verschiedene Behandlungsansätze bei Krebs, wie zum Beispiel hochdosiertes, intravenös injiziertes Vitamin C (siehe Kapitel *Alternative Heilungsmethoden*). Doch damit kann die Pharmaindustrie nicht viel Geld verdienen, und daher wird diese Behandlungsmethode, genau wie viele andere, als „unwirksam", teilweise sogar als „gefährlich" denunziert.

Ich finde es immer wieder erstaunlich, dass Menschen einen oft jahrelangen Leidensweg gehen müssen, obwohl es einfachste Mittel gibt, ihren Weg zur Genesung zu erleichtern. Entsprechende umfassende Studien scheitern nur daran, dass die großen Konzerne keinen Gewinn wittern und deshalb nicht das geringste Interesse zeigen. Im Gegenteil: Es wird versucht, alternative Heilweisen sogar als schädlich darzustellen. Ist das nicht reinste Verschwörungspraxis, wenn nur aus mangelnder Profitmöglichkeit einfache aber wirkungsvolle Therapien nicht erforscht werden?

AMALGAM

Ein weiteres interessantes Thema ist *Amalgam*. Als mein langjähriger Zahnarzt in seinen wohlverdienten Ruhestand ging, musste ich mir eine neue Praxis suchen und war doch sehr erstaunt, als ich erfuhr, dass dort noch *Amalgam* für Zahnfüllungen verwendet wird, obwohl die Praxis modern eingerichtet ist und die beiden Zahnärzte vertrauenerweckend zu sein schienen. Bei meinem bisherigen Zahnarzt war *Amalgam* kein Thema mehr. Amalgamlegierungen für Zahnfüllungen sind kostengünstig, einfach zu bearbeiten und langlebig. Das sind Punkte, die für den Einsatz dieses Materials sprechen, doch es gibt immer mehr Studien, und vor allem Erfahrungen, bei denen *Amalgam* so schlecht abschneidet, dass man auf diese Zahnfüllungsmischung verzichten sollte. Doch was ist *Amalgam* überhaupt? *„Amalgam besteht etwa zur Hälfte aus reinem Quecksilber. Die andere Hälfte besteht aus Kupfer, Silber, Zinn, Zink und anderen Schwermetallen wie etwa Palladium."*, schreibt das *Zentrum der Gesundheit*.[149] Reines Quecksilber ist ein Metall, das bei Raumtemperatur flüssig ist, und vor allem die Dämpfe sind giftig. Der Landkreis

Tübingen hat ein Dokument veröffentlicht, in dem etliche Sicherheitshinweise stehen, zum Beispiel für den Fall, dass ein Quecksilber-Thermometer zerbricht. Unter anderem steht dort:

„Falls es Körperkontakt mit Quecksilber gab:

- *Bei Verdacht einer Quecksilbervergiftung grundsätzlich einen Arzt konsultieren.*
- *Nach Einatmen von Quecksilberdampf sofort an die frische Luft gehen und einen Arzt konsultieren.*
- *Nach Hautkontakt die betroffenen Stellen intensiv waschen.*
- *Bei Augenkontakt mit Quecksilber gründlich mit Wasser ausspülen und einen Augenarzt konsultieren.*
- *Nach Verschlucken von Quecksilber 1-2 Gläser Wasser trinken, aber kein Erbrechen auslösen (so das Institut für Arbeitsschutz der Deutschen Gesetzlichen Unfallversicherung) und einen Arzt konsultieren.*
- *Kleidung, die mit Quecksilber getränkt ist, sofort auszuziehen."*[150]

Dies sind Warnhinweise für den Fall, dass ein Fieberthermometer mit Quecksilbersäule zerbricht. *Amalgam* für Zahnfüllungen enthält zur Hälfte Quecksilber, wobei vor allem der Quecksilberdampf giftig ist, da dieser eingeatmet wird und in die Blutbahn gerät. Da *Amalgam* über den Verdauungstrakt schlecht aufgenommen wird, besteht die größte Gefahr beim Einatmen. Man kann davon ausgehen, dass Quecksilber auch aus den Zahnfüllungen ausdampft, und zwar 24 Stunden täglich. Die Luft streift beim Einatmen direkt bzw. indirekt über die Nase und den Rachen an den Zahnfüllungen vorbei und transportiert bei jedem Atemzug winzige Mengen Quecksilber in unseren Körper. Und das soll ungefährlich sein? Das Quecksilber aus den Zahnfüllungen wird in den Knochen und im Gehirn eingelagert. Die möglichen Erkrankungen sind: chronisches Erschöpfungssyndrom, Fibromyalgie, chronische Entzündungen, Manipulierung des Immunsystems, Diabetes Typ 1, Schädigung der DNS, Depressionen, MS, Alzheimer, Parkinson, ALS usw.[151]

Auch *Dr. med. B. Disselhoff* aus Gießen beschreibt die Beschwerden in Folge einer Amalgambelastung, wie zum Beispiel:

- *„Müdigkeit*
- *Reizbarkeit*
- *Konzentrations- und Gedächtnisschwäche*
- *Schlafstörungen*
- *Depressionen etc.*
- *metallischer Geschmack im Mund*
- *Schmerzen im Bereich der Wirbelsäule und der Gelenke*
- *Kopfschmerzen und Migräne*
- *Schwindel, Zittern der Hände, Sprachstörungen*
- *Infektanfälligkeit*
- *Hauterkrankungen, Allergien*
- *Veränderungen im Bereich der Schleimhäute*

- *Magenschleimhautentzündungen*
- *Darmerkrankungen*
- *allgemeine Muskelschwäche*
- *Nierenerkrankungen." (gapinfo.de)*[152]

Sie sehen, dem *Amalgam* wird eine ganze Reihe von Beschwerden zugeordnet, doch der Nachweis ist schwierig. Wenn Sie sich entscheiden sollten, das *Amalgam* aus Ihren Zähnen entfernen zu lassen, müssen besondere Vorsichtsmaßnahmen beachtet werden, wie zum Beispiel die Verwendung von Absaugeinrichtungen, die die Dämpfe ableiten und ein sog. Kofferdam. Ferner empfiehlt das *zentrum-der-gesundheit.de* die Einnahme von Chlorella-Algen, Bentonit etc. zur Ausleitung der Giftstoffe.[153] Für die Schulmedizin besteht kein Zusammenhang zwischen diversen Symptomen und *Amalgam*, und sie sieht daher in der Regel keine Notwendigkeit, das Quecksilber auszuleiten. Doch wenn Sie o. g. Beschwerden haben, sollten Sie auch an eine Quecksilberbelastung denken und sich dahingehend informieren. Ich selbst habe vor vielen Jahren meine uralten Quecksilberfüllungen entfernen lassen, die ich teilweise noch aus der Kindheit hatte, weil ich unter unerklärbaren Beschwerden wie Gelenkschmerzen, Mattigkeit usw. litt. Nach der Entfernung und einer homöopathischen Ausleitung ließen diese Symptome nach.

Es stellt sich die Frage: Warum sind diese Zahnfüllungen bei uns noch zugelassen, wo doch die negativen Begleiterscheinungen längst bekannt sind? In Schweden beispielsweise ist *Amalgam* seit dem 1.7.2009 verboten[154], in Russland schon seit 1975, und in Japan wird seit 1982 kein *Amalgam* mehr verwendet.[155] Das ist wieder ein Zeichen dafür, dass unsere Regierung nicht an der Gesundheit der eigenen Bevölkerung interessiert ist, sonst würde man Amalgamfüllungen auch bei uns längst nicht mehr verwenden. Ist das etwa eine Verschwörung gegen die Gesundheit der Menschen?

Man kann es kaum besser formulieren als bei *amalgam-informationen.de*: „*Hier hilft nicht weitere Forschung, sondern nur ein Ende der schulmedizinischen Ignoranz.*"[156]

IMPFUNGEN

Über das Thema *Impfungen* könnte man zehn Bände füllen, ich möchte mich hier aber nur auf einige Beispiele beschränken, um den Rahmen des Buches nicht zu sprengen. Es gibt mittlerweile sehr umfangreiche Recherchen zum Thema *Impfen*, und wer sich dafür interessiert, findet hierzu gute Literatur in Fachzeitschriften, Fachbüchern und im Internet. Impfungen sollen bestimmte Krankheiten vermeiden, und bei kaum einem medizinischen Thema scheiden sich die Geister so sehr, wie bei diesem. Es ist auch nicht verwunderlich, dass es so viele Impfgegner gibt, wenn man sich die manchmal haarsträubenden Berichte über Impfschäden ansieht, von denen ich nun einige wiedergebe.

Bei Impfstoffen wird eine Vielzahl an Zusatzstoffen verwendet, die im Verdacht stehen, teils massive Schäden anzurichten. Erwähnenswert sind zum Beispiel Aluminiumhydroxid, Formaldehyd, Thiomersal, der Wirksamkeitsverstärker Squalen usw.[157, 158] *Thiomersal* zum Beispiel ist eine quecksilberorganische Verbindung und zählt zu den umweltgefährlichen Stoffen.[159] „*Neben den Bakterien, Viren (abgeschwächt oder abgetötet) oder Toxinen enthalten die Impfstoffe heute eine ganze Reihe anderer Zusatzstoffe. Für die Züchtung der Erreger verwendet man heute zum Beispiel Kulturen embryonaler Hüh-*

nerzellen, früher auch Organe von Tieren (Affen, Mäuse, Meerschweinchen, Pferde...) und menschliche Krebszellen! Diese Zellen, auch HeLa Zellen genannt, sind ganz besonders problematisch, da es hier u. U. zur Übertragung von Informationen der Krebszellen auf einen gesunden menschlichen Organismus kommen kann. So konnte man beobachten, dass es bei Einstichstellen von Impfungen manchmal zu Entartungen kommt. Ein ursächlicher Zusammenhang kann hier nicht ausgeschlossen werden."[160], heißt es auf der Internetseite *impfschaden.info.*

Das bedeutet, dass bestimmte Impfungen möglicherweise krebsfördernd, wenn nicht sogar krebsauslösend sein könnten. *„In Impfstoffen können immer Eiweißbestandteile (z. B. aus den Hühnereiern) zurückbleiben, die ein allergisches Potential in sich bergen. Normalerweise sind Eiweiße völlig harmlos, wenn sie über den Verdauungstrakt aufgenommen werden. Werden sie aber in die Haut oder den Muskel gespritzt, kann es zu einer allergischen Abwehrreaktion kommen. In schweren Fällen kann es zu anaphylaktischen Reaktionen bis hin zum Schock kommen."*, steht auf der o. g. Internetseite.

Wer ein paar medizinische Grundkenntnisse besitzt, weiß, dass ein medizinischer Schock eine lebensbedrohliche Angelegenheit ist. Offensichtlich nehmen die Hersteller dies in Kauf. Genau diese Reaktion wurde in Indien beobachtet. Deshalb hat *V. S. Achuthanandan*, der Oppositionsführer im indischen Kerala, kürzlich öffentlich erklärt, *„pentavalente Impfstoffe (= Fünffachimpfstoffe; A. d. A.) sollten nicht mehr zum staatlichen Impfprogramm gehören... Achuthanandan sprach über die vielen Säuglinge, die nach der Impfung gestorben sind."*, konnte man am 25.2.2014 bei *Kopp-Online* lesen. Der Gesundheitsminister *Ghulam Nabi Azad* räumt ein, dass es einen deutlichen Anstieg unerwünschter Wirkungen nach der Verabreichung des Impfstoffs gäbe, behauptet aber gleichzeitig, diese seien nicht auf den Impfstoff zurückzuführen. *Dr. Jacob Puliyel*, Kinderarzt und Mitglied des indischen Impfkomitees, ist jedoch anderer Ansicht und betont, es gäbe bei vielen der Todesfälle nach der Verabreichung pentavalenter Impfstoffe klare Hinweise auf einen kausalen Zusammenhang. *„Die Todesfälle im Zusammenhang mit diesem Impfstoff sind sporadisch... und folgen dem Muster anaphylaktischer Reaktionen."*, erklärte *Dr. Puliyel*, *„...all diese Todesfälle als zufällig abzutun, bedeutet, das reale Bild zu verschleiern."*[161] Es ist schon erstaunlich, wie immer noch versucht wird zu vertuschen und wie der Verbraucher bzw. der gutgläubige Mensch angelogen und regelrecht für dumm verkauft wird.

Ein anderes hochbrisantes Thema ist die Impfung junger Frauen gegen das humane *Papillomavirus* (Gebärmutterhalskrebs) mit *Gardasil*. *Jonathan Benson* schrieb am 10.8.2013 für den *Kopp-Verlag*: *„Die Eierstöcke junger Frauen durch ‚Gardasil' zerstört: Merck ‚hat vergessen', die Wirkung des Impfstoffs auf die weibliche Reproduktion zu untersuchen."* Dem Bericht zufolge soll *Merck & Co* vergessen haben, die Wirkung von *Gardasil* auf die weiblichen Reproduktionsorgane zu untersuchen. Bei einem 16-jährigen Mädchen aus Australien sei festgestellt worden, dass ihre Eierstöcke infolge der Impfung völlig zerstört worden seien. *Jonathan Benson* zitiert aus einem Bericht des *British Medical Journal*. Die junge Frau sei vor der Impfung untersucht worden, wobei die Eierstöcke gesund waren. Auch sonst habe es keine weiteren Faktoren gegeben, die für ihr

Unglück eine Rolle hätten spielen können. Laut späteren Informationen, die von der australischen *Therapeutic Goods Administration* erteilt worden seien, habe *Merck* das Medikament lediglich auf die Wirkung auf männliche Hoden geprüft, nicht aber auf die weiblichen Eierstöcke.[162]

Die investigative Journalistin *Heidi Stevenson* berichtet laut demselben Artikel, dass es in *Gardasil* mindestens zwei Zusatzstoffe gibt, die für die Schädigung der weiblichen Eierstöcke verantwortlich seien. Wie so oft, scheint die Gefahr auch hier in den Zusatzstoffen zu liegen.

Fahrlässig ist noch gelinde ausgedrückt, um ein solches Verhalten zu beschreiben – das ist eher skandalös. Ich frage mich, wie ein Mittel, dessen Zielgruppe junge Frauen sind, zugelassen werden kann, wenn die Wirkungen bzw. die Nebenwirkungen nur so unzulänglich geprüft worden sind. Doch was ist schon zu erwarten, wenn die Nachweise für Wirksamkeit und Ungefährlichkeit vom Hersteller selbst erbracht werden?

Auf der Internetseite *Spiegel.online Wissenschaft* wurde im Juli 2009 ein Artikel veröffentlicht, in dem die heftige Meinungsverschiedenheit zwischen dem Berliner Ärztekammerpräsidenten *Günther Jonitz* und dem Nobelpreisträger *Prof. Harald zur Hausen* geschildert wurde. Während *zur Hausen* eine HPV-Impfung für absolut sinnvoll hielt, war *Jonitz* eher skeptisch. *Jonitz* soll laut diesem Artikel an *Prof. zur Hausen* geschrieben haben: „*Sie sollten keine Erwartungen schüren, die nicht eingehalten werden können. Heilsversprechen ohne Heilung, gegebenenfalls mit schwerwiegenden Nebenwirkungen, untergraben die Glaubwürdigkeit der Ärzteschaft und schaden Menschen.*"[163], woraufhin *Prof. zur Hausen* eine Entschuldigung von *Jonitz* forderte. Sie sehen, auch in diesem Fall ist sich die Fachwelt uneinig. Wäre der zu erwartende Erfolg dieser Impfung größer, wäre der Ärztekammerpräsident vermutlich ein Befürworter. Kein Wunder, dass in der Bevölkerung Unsicherheit herrscht, vor allem, wenn man von Hiobsbotschaften wie der oben geschilderten gravierenden Nebenwirkung liest.

Und noch eine Hiobsbotschaft, dieses Mal ist die *Polio-Impfung* betroffen. Ebenfalls im *Kopp-Verlag* schrieb *Ethan A. Huff* am 28.7.2013 den Artikel: „*US-Gesundheitsbehörde gibt zu: 98 Millionen Amerikaner erhielten Polioimpfstoff, der mit krebsauslösendem Virus kontaminiert war.*"[164] Auf der Internetseite der US-Gesundheitsbehörde *Centers for Desease Control and Prevention* sei laut *Huff* zu lesen gewesen, dass das *Simianvirus 40 (SV40)* 1960 erstmals bei Affen entdeckt worden sei. Aus ungeklärten Gründen sei es kurz danach in Polioimpfstoffen aufgetaucht. Es werde mit verschiedenen Krebsformen bei Menschen in Verbindung gebracht, darunter Leukämie im Kindesalter, Lungenkrebs, Knochenkrebs und das Non-Hodgkin-Lymphom. Das Virus sei 1963 aus allen Impfstoffen entfernt worden. Mehr als 98 Millionen Menschen seien in dem betroffenen Zeitraum ein- oder mehrfach geimpft worden. In dem Bericht wird *RealFarmacy.com* zitiert: „*…so ist auch SV40 ein DNS-Virus, das erwiesenermaßen Tumore und Krebs auslöst.*" Was wird uns hier von offizieller Seite bewusst verschwiegen?

In einem anderen Bericht wird auf diese SC40-Verunreinigungen eingegangen, die offensichtlich bekannt waren. Wieder auf der Internetseite des *Kopp-Verlags* war am

12.9.2013 ein Bericht von *Mike Adams* zu lesen: „*Entwickler von Merck-Impfstoff gibt zu, dass Impfstoffe regelmäßig verborgene Krebsviren kranker Affen enthalten.*"[165] Der Autor schreibt: „*Es gibt eine bereits mehrere Jahrzehnte alte Tonaufnahme mit einem der bekanntesten Impfstoffwissenschaftler in der Impfstoffindustrie – genauer gesagt bei der Firma Merck –, auf der er offen zugibt, dass die damals in Amerika angewendeten Impfstoffe mit Leukämie- und Krebsviren verseucht waren.*" Auf die Frage, warum er mit seinem Wissen nicht an die Öffentlichkeit ginge, habe er geantwortet: „*Natürlich gehst Du damit nicht an die Öffentlichkeit, es ist eine wissenschaftliche Angelegenheit unter Wissenschaftlern.*" *Maurice Hillemann* berichtet in dem Interview (Tonbandaufnahme) laut *Kopp-Verlag*, dass für die Erforschung und Entwicklung verschiedener Impfstoffe grüne Meerkatzen aus Westafrika importiert worden seien. Sie hätten damals tatsächlich neue Viren entdeckt, und es gäbe in diesen Impfstoffen 40 verschiedene inaktivierte Viren, doch eines hätten sie nicht deaktiviert. Dieser Virus habe einige Wochen später bei Hamstern Tumore verursacht. Auf dem Tonband seien verschiedene Stimmen zu hören: „*Sie haben das AIDS-Virus ins Land geholt. Jetzt wissen wir's… Was Merck nicht alles tut, um einen Impfstoff zu entwickeln.*" Das in diesem Bericht gezogene Fazit lautet: „*Es gibt eine dunkle, tödliche Wahrheit über die Impfstoffindustrie, die Gesundheitsbehörde CDC und Impfstoffwissenschaftler. Diese Wahrheit lautet, Impfstoffe sind der Überträger, durch den Krebs und andere Krankheiten in der menschlichen Bevölkerung verbreitet werden. Die Zunahme vieler Krankheiten – wie beispielsweise Krebs – entspricht ziemlich genau der um sich greifenden Impfpflicht auf der Welt.*"[166]

Das sind massive Vorwürfe, die hier gegenüber der Pharmaindustrie, einigen Wissenschaftlern und vor allem der amerikanischen Gesundheitsbehörde erhoben werden. Ich gehe jedoch davon aus, dass die Autoren des *Kopp-Verlags* nicht so töricht sind, derartige Geschichten frei erfunden zu haben. Die Pharmaindustrie würde mit Sicherheit schnell per Rechtsweg reagieren. Wäre mein Glaube an die Schulmedizin nicht bereits sehr schwach, spätestens jetzt wäre er zutiefst erschüttert. Es scheint so zu sein, dass man uns von der Sinnhaftigkeit von Impfungen überzeugen will, ja viele Impfungen werden per Druck erzwungen, und stattdessen scheinen gerade diese Impfungen für viele Menschen einen langen Leidensweg, wenn nicht gar das Todesurteil zu bedeuten.

Verschwörung? Riesige Gewinne? Beteiligung von Regierungen und Pharmaunternehmen an einer Euthanasie im 21. Jahrhundert? Das sind erneut viele offene Fragen.

Es scheint so zu sein, dass wir Menschen zum Spielball der Pharma-Riesen geworden sind und dazu getrimmt werden, gute und dauerhafte Medikamente-Konsumenten zu sein. Und die Ärzte scheinen in diesem Spiel ebenso nur benutzt zu werden. Sind die Menschen heute gesünder als noch vor zwei Generationen? Anscheinend nicht, sie werden vielleicht etwas älter, aber nicht gesünder. Fast jeder ältere Mensch ist Dauerpatient und nach jahrelanger Medikamenteneinnahme eigentlich ein Gift-Depot. Sogar unser Trinkwasser ist bereits medikamentenbelastet, wie an anderer Stelle bereits geschildert wurde. „*Arzneimittelrückstände im Trinkwasser sind nach Ansicht von Umweltexperten ein wachsendes Problem. Zehn Wirkstoffe seien mehrfach nachgewiesen worden, darunter diverse Schmerzmittel und Röntgenkontrastmittel, sagt der Toxikologe Dr. Hermann Dieter vom*

Umweltbundesamt... Zehn Wirkstoffe – darunter Bezafibrat (zur Senkung der Blutfettwerte), Diclofenac (Schmerzmittel und Entzündungshemmer), Ibuprofen (Schmerzmittel), Antibiotika und Röntgenkontrastmittel... Trinkt ein Mensch sein Leben lang durchschnittlich zwei Liter Wasser täglich, verbraucht er in 80 Jahren über 50.000 Liter Wasser. Wie viele Medikamentenrückstände er dabei aufnimmt, lässt sich kaum berechnen."[167], schreibt man bei *gesundheit.de*. Natürliche Heilmittel hingegen werden von der Natur aufgenommen und durch natürliche Umwandlungsprozesse wieder in den ökologischen Kreislauf integriert. Pharmazeutische Produkte aus chemischer Herstellung jedoch sind zunächst Fremdstoffe, die nachweislich lange Zeit im Wasser und im Boden verbleiben, bis sie (wenn überhaupt) wieder in den Naturkreislauf eingereiht werden können. So kann aus Segen schnell ein Fluch werden. Wie die Menschheit langfristig auf diesen unfreiwilligen, dauerhaft konsumierten Medikamentencocktail reagiert, wird sich erst noch herausstellen. *„Rein gar nichts weiß man über mögliche Reaktionen, treffen alle Rückstände der rund 3.000 in Europa zugelassenen Medikamente aufeinander. Allerdings weiß man aus der Tierwelt, dass bei Fischen etwa, die an Kläranlagen-Ausgängen leben, nach Östrogen-Aufnahme (Ethinylestradiol aus der Antibabypille) Geschlechts-Umwandlungen beobachtet wurden.*", steht im obigen Artikel. Sollte der Mensch ähnlich reagieren, dürfte sich das Problem mit der Überbevölkerung der Erde von selbst lösen.

Interessant zu diesem Thema ist, dass sich *Bill Gates*, der Gründer von *Microsoft*, mit Impfungen befasst. Die *Bill- und Melinda Gates-Stiftung* war bei dem Bilderbergertreffen 2010 vertreten.[168] Das sog. *Bilderbergertreffen* findet seit 1954 jährlich an verschiedenen Orten statt, und hierzu werden die Spitzen des Bankwesens, der Wirtschaft und der Politik geladen, um die globalen Strategien zu besprechen. Dort werden bekanntlich die Geschicke der Welt mindestens für das folgende Jahr entschieden, und die Elite möchte nun wohl ernsthaft das Thema *Bevölkerungsreduktion* angehen. *Bill Gates* befürwortet Impfungen leidenschaftlich, wobei er sich ganz offensichtlich widerspricht. Auf der einen Seite möchte er die Menschen lückenlos impfen, damit es *„ihnen besser geht"*, im gleichen Atemzug erwähnt er jedoch die Notwendigkeit der Bevölkerungsreduktion. So wird er in die *gesundheitlicheaufklaerung.de* zitiert: *„Wenn wir richtig gute Arbeit leisten mit neuen Impfstoffen, Gesundheitsversorgung und Fortpflanzungsmedizin, dann könnten wir dies (die Bevölkerung) um vielleicht 10 oder 15 Prozent verringern.*"[169] Das, was er „Fortpflanzungsmedizin" nennt, klingt ganz nach „Sterilität durch Impfung". Ob er sich wohl selbst (mit Massenimpfstoffen) impfen lässt?

Wenn dem so ist, dass wir Menschen durch Impfungen dezimiert und auf dem Weg dorthin gleichzeitig zu Pharmakunden gemacht werden sollen – und es sieht genau danach aus –, dann ist das nach meiner Wertvorstellung großangelegter Verrat an der gesamten Menschheit. Ich würde es Hochverrat nennen!

Sollte Ihr Kind nach einer Impfung Reaktionen zeigen, die Sie beunruhigen, könnten Sie zum Beispiel auf der Internetseite *www.impfschaden.info* Berichte von anderen betroffenen Eltern nachlesen und vergleichen, ob Ihre Erfahrungen auch schon von anderen Eltern erlebt wurden. Eventuell können Sie die eine oder andere Erfahrung, wie andere Eltern damit umgegangen sind, für sich nutzen. Achtung, das ist nichts für schwache Nerven, es werden Reaktionen teilweise bis zur Todesfolge geschildert.

Sollte Ihnen das zu radikal sein, könnten Sie zumindest einen Kompromiss erwägen und verlangen, dass keine Mehrfachimpfungen vorgenommen werden, sondern Einzelimpfungen, und einen Zeitpunkt wählen, wenn Ihr Kind bereits größer ist. Bedenken Sie, **die Verantwortung liegt immer bei Ihnen**, und die wenigsten Impfschäden werden als solche anerkannt. Der Arzt wird immer sagen (müssen), dass eine sofort oder später auftretende Nebenwirkung eine Erkrankung ist, die „zufällig" zu demselben Zeitpunkt auftrat wie die Impfung. Ich habe das selbst erlebt!

Im *Nexus-Magazin* wurde ein Interview mit einem Mitarbeiter eines Pharmaunternehmens veröffentlicht, in dem dieser sowohl die Unwirksamkeit als auch die Gefährlichkeit der Bestandteile des Impfserums erläutert. Die Wirksamkeit und Sicherheit eines Impfstoffes würde einfach angenommen, aber nicht wirklich bewiesen werden. Gleichzeitig spricht er über den Druck, der in der Branche herrsche, und aus Angst, den Arbeitsplatz zu verlieren, spräche kaum jemand über die wahren Hintergründe. Er berichtete, dass es keine Langzeitstudien gäbe, dass die Nachweispflicht eines Impfschadens bei dem Geschädigten liege und dass die Statistiken zeigen würden, dass die Erkrankungen in früheren Epidemien noch vor dem Beginn der Impfungen zurückgegangen waren, weil sich die Hygienestandards und die Ernährung verbessert hatten.[170]

Es gibt im Internet die impfkritische Internetseite *Aktives Eigenes Gesundes Immunsystem* (AEGIS)[171], auf der ein interessantes Formular geladen werden kann, das Sie dem Kinderarzt vor der Impfung vorlegen sollten, wenn er eine Impfung für Ihr Kind (oder für Sie) empfiehlt. Es handelt sich um eine besondere **Impfbescheinigung**[172], in der der Arzt bestätigen soll, dass er den zu Impfenden untersucht und für gesund befunden hat. Er soll ferner angeben, wovor genau die Impfung schützt, dass die Impfung völlig ungefährlich ist, welche Nebenwirkungen auftreten können, dass keine Schäden wie Lähmungen, Gehirnschäden, Blindheit, Tuberkulose, Nierenschäden, Leberentzündungen, Diabetes usw. mit oder ohne Todesfolge auftreten, dass er Ihnen den Beipackzettel zeigt und dass er sich verpflichtet, bei eventuellen Schäden vollumfänglich zu haften. Sollte er sich weigern, können Sie ihn fragen, warum Sie dann der Impfung zustimmen sollen. Ich bin mir sicher, es wird ein interessantes Gespräch. (Das Formular ist auf S. 425 dieses Buches abgedruckt.)

Nachdem auch einer meiner Söhne nach einer Impfung zuerst körperlich krank und anschließend verhaltensauffällig war und wir im Nachhinein, soweit möglich, auf alternative Art seine Impfschäden auflösen konnten, ist mir das Thema *Impfen* wichtig. Deshalb mein Appell an alle Eltern, sich umfassend zu informieren und sich mit anderen Eltern auszutauschen. Glauben Sie nicht alles bedingungslos! Ich möchte Sie hier nicht dazu überreden, Ihr Kind nicht impfen zu lassen, aber ich bitte Sie, sich vorher zu informieren! Vermeiden Sie gleichzeitige Mehrfachimpfungen. Lassen Sie sich nicht einschüchtern, wenn Sie Fragen an den Arzt haben, die er nicht beantworten möchte und die er vielleicht als zeitraubend erachtet. Er verdient sein Geld (unter anderem) damit, dass Sie Ihr Kind impfen lassen, und er muss Ihnen Rede und Antwort stehen, **es geht um die Gesundheit und das Leben Ihres Kindes**!

FLUORID-TABLETTEN FÜR KINDER

Wenn wir gerade bei der Prophylaxe sind, die Gabe von *Fluorid* ist auch eine schulmedizinische Maßnahme, die vorbeugend wirksam sein und dafür sorgen soll, dass Kinder harte Zähne bekommen. Der Entstehung von Karies soll dadurch vorgebeugt werden. Doch es mehren sich die Gegner der Fluoridierung, und zwar nicht nur von Geschädigten, denen es schwerfällt, den Zusammenhang zu *Fluorid* nachzuweisen, sondern auch von Seiten kritischer Wissenschaftler. Auf der Seite *gesundheitlicheaufklaerung.de* kann man lesen: *„Fluoride spalten das Calciumphosphat des Knochens. Es entsteht eine neue giftige chemische Verbindung: Calciumfluorid CaF$_2$, das nicht nur den Zahnschmelz härtet, sondern auch über die Schleimhäute, die Lymphbahnen, das Blut in die Gelenke und die Wirbelsäule wandert, diese härten und einsteifen."*[173] Versteifte Wirbelsäule durch *Fluorid*?

Auch im *Osteoporosezentrum München* sieht man den Einsatz von *Fluorid* und *Fluorverbindungen* wegen der Nebenwirkungen kritisch: *„Fluor wird nämlich in die Kristallstruktur des Knochens mit eingebaut und führt hier zu sog. Mineralisationsdefekten, was den Knochen zwar dichter, dafür aber weniger beanspruchbar und damit brüchiger werden lässt. Fluor tritt bei der Mineralisation quasi in Konkurrenz zum Calcium... Besonders wichtig ist es, darauf zu achten, dass während der Fluoridbehandlung ausreichend Calcium und Vitamin D zugeführt werden."* und weiter: *„...gehören Fluoride heute nicht mehr zu den Medikamenten der ersten Wahl."*[174]

Das würde bedeuten, dass zu viel *Fluorid* genau zum Gegenteil dessen führt, wofür es beworben wird, nämlich zur Herauslösung von Calcium aus den Zähnen und den Knochen. Dieser Zusammenhang ist nachvollziehbar, vor allem, da bei akuter Fluoridvergiftung so schnell wie möglich eine Calciumgluconatlösung gegeben werden sollte, wie im entsprechenden Merkblatt der *Berufsgenossenschaft* (M 005, BGI 576, Fluorwasserstoff, Flusssäure und anorganische Fluoride, Stand März 2012)[175] zu lesen ist.

Auch an der Entstehung von Krebs soll *Fluorid* mit beteiligt sein. So erwähnte *Dr. Dean Burk*, Mitbegründer des *US National Cancer Institute* den Zusammenhang zwischen *Fluorid* und Krebserkrankungen: *„Fluorid verursacht häufiger und schneller Krebs beim Menschen als jede andere chemische Substanz."*[176] Sollen wir tatsächlich ein höheres Risiko für eine Krebserkrankung eingehen, nur damit unsere Zähne eventuell etwas härter werden? Wäre es nicht einfacher, weniger zuckerhaltige Speisen zu uns zu nehmen?

Sogar die Entstehung von Diabetes könne durch *Fluorid* gefördert werden: *„Laut dem National Research Council (2006) spiele ‚eine Fluoridbelastung möglicherweise eine signifikante Rolle bei der Störung des Glukosestoffwechsels sowie bei der Entstehung von Diabetes'."* (zentrum-der-gesundheit.de)[177]

Eine weitere ungeheuerliche Wirkung scheint *Fluorid* auf die Intelligenz zu haben. Eine chinesische Studie hat bereits 2010 nachgewiesen, dass *„Fluorid einen niedrigeren IQ bei Kindern verursacht."*[178], schreibt *naturalnews.com*. Das passt zu der Aussage bei *derhonigmannsagt*, dass *Fluorid* bei den Nationalsozialisten in den Konzentrationslagern verabreicht worden sei und *„langsam aber sukzessive den freien Willen des Menschen ausschalte".*[179] Dies sei auch der Grund dafür, dass weltweit etwa 60% der Psychopharmaka *Fluorid* enthalten.

Auch der Autor *Ian E. Stephen* schrieb: *„Fluor schaltet langsam, aber kontinuierlich den freien Willen des Menschen aus. Diese Taktik wurde in deutschen und russischen Lagern für Kriegsgefangene eingesetzt, um die Besatzung ‚dumm und arbeitswillig‘ (Stephen 1995) zu machen. Die I.G. Farben hatte während des Krieges bereits Pläne entwickelt, die besetzten Gebiete zu fluoridieren… Dies macht es den betroffenen Personen schwer, den eigenen Willen zu behalten, um ihn beispielsweise zur Verteidigung der Freiheit einzusetzen. Darüber hinaus wuchs die Bereitschaft, ernannte Autoritäten und deren Befehle zu akzeptieren. Dem Rockefeller-Bericht zufolge, einer Dokumentation der Präsidentschaft zu den Aktivitäten der CIA, war das Medikamenten-Programm nur ein Teil eines viel größeren CIA Vorhabens, mögliche Mittel zur vollständigen Kontrolle des Menschen zu erforschen.“*[180]

Das Wort *Manipulation* wäre hierfür in höchstem Maße untertrieben. Ich würde es eher Hochverrat nennen, was hier an der Menschheit exerziert wird.

„Fluoridierung ist der schwerste Fall von wissenschaftlichem Betrug in diesem Jahrhundert.“[181]

Robert Carlton, Ph.D., früherer Wissenschaftler der EPA (*Environmental Protection Agency*)

Allein die Möglichkeit, dass auch nur einer der genannten Punkte zutreffen könnte, sollte Grund genug sein, auf die bewusste Gabe von *Fluoriden* in sämtlichen Formen zu verzichten. Doch alle kritischen Stimmen werden von den Schulmedizinern als unbewiesen vom Tisch gewischt. Sie sollten sich jedoch auch über Studien informieren, die sehr wohl Gefahren bei der Fluoridierung sehen. Nur so können sie sich eine eigene Meinung bilden und das Thema neutral beurteilen. Bei der hohen Anzahl an kritischen Stimmen gegenüber *Fluorid* sollte man sich diesen Stoff nochmals genau ansehen, es gibt zu viele Beweise für die Schädlichkeit, als dass man die Kritiker einfach ignorieren könnte.

Wer auf normale Weise einer Kariesbildung entgegensteuern möchte, sollte auf Zucker soweit wie möglich verzichten. Das gilt natürlich auch für alle „versteckten" Zucker, die in fast allen Fertigprodukten enthalten sind, sogar salzige Chips führen Zucker in der Inhaltsstoffliste. Besonders Softgetränke, die teilweise extrem zuckerhaltig sind, sind für die Zahngesundheit nicht förderlich. Zucker zu meiden ist meines Erachtens der bessere Weg zu gesunden Zähnen als sich *Fluorid* zuzuführen.

Ein Grund, warum Zahnärzte die Fluoridierung so sehr befürworten (müssen), könnte im sogenannten Zuckerabkommen liegen, wie im Kapitel *Ernährung – Landwirtschaft* näher erläutert wird. Schon *Dr. M. O. Bruker* schrieb: *„Bereits 1967 schließt der Bundesverband Deutscher Zahnärzte mit der Vereinigung Zucker ein Abkommen auf gegenseitige Unterstützung ab (ZM 20, 974 (1967) ‚Süßes Gespräch‘). In Veröffentlichungen der Tarnorganisationen (JWT, Edu-Med-Pressedienst, Wissenschaftlicher Informationsdienst) der im Auftrag der Zuckerindustrie arbeitenden Werbeagentur Thompson arbeiten zahnärztliche Hochschullehrer mit. Die ‚Prophylaxe-Trias‘ wird geboren und 1983 von BDZ und Freiem Verband akzeptiert. Die Folgen dieser wirtschaftlich so erfolgreichen Taktik im Gesundheitswesen sind verheerend. Für die Zahnärzte ab den 60er Studienjahrgängen ist die Fluoridierung zum Dogma geworden, das nicht mehr auf den Wahrheitsgehalt überprüft* *wird, obwohl sich die Grundlagen der Fluoridierung – mathematisch überprüfbare Statistiken – als gefälscht herausgestellt haben. Die ärztliche Seite der Zahnmedizin stagniert auf dem Stand von vor hundert Jahren – der Millerschen Plaquestheorie von 1883, die Miller selbst in späteren Jahren abgelehnt hat – ungeachtet der wissenschaftlichen Ergebnisse betreffs des endogenen Faktors der Karies der 20er-50er Jahre."*[182]

Wenn die Basis für die Fluoridierungsabsicht tatsächlich gefälscht sein sollte und sich diese Behauptungen über so lange Zeit nicht mehr korrigieren lassen, dann liegt der Verdacht auf der Hand, dass hier mächtige Interessen dahinter stehen.

Ich gehe davon aus, dass ein Zahn- oder Kinderarzt das, was er im Studium lernt, nicht anzweifelt. Das habe ich in meinem Studium auch nicht getan. Die kritische Betrachtung verschiedener Dinge kommt in der Regel erst im Laufe des Lebens, wenn eigene Erfahrungen zeigen, dass es so, wie es gelernt wurde, nicht sein kann. Wenn also die Kinder- und Zahnärzteverbände eine Fluoridierung empfehlen, wird diese Empfehlung von nachfolgenden Verbandsvorständen und den Ärzten selbst kaum mehr auf den Wahrheitsgehalt überprüft. Informieren Sie sich daher selbst durch die unzähligen Bücher und Internetseiten, die sich speziell mit dem Thema *Fluoridierung* befassen. Nur so können Sie selbst entscheiden, ob Sie Ihrem Kind oder sich selbst Fluor geben möchten.

Übrigens schreibt auch das *BfR (Bundesinstitut für Risikobewertung)*, dass *Fluorid* ein Spurenelement ist, das überall in der Umwelt vorkommt, so auch im Trinkwasser. Aber vor allem: Es sei für den Menschen nicht lebensnotwendig. *„Fluorid ist für den Menschen nicht lebensnotwendig. Dagegen kann ein Zuviel an Fluorid zu einem Gesundheitsrisiko werden."*[183] Das ist ja interessant! Wenn sogar von staatlicher Stelle mittlerweile mitgeteilt wird, dass zu viel *Fluorid* ein Gesundheitsrisiko darstellen kann, sollte man achtsam damit umgehen. Ein Grund mehr für mich, alle zusätzlichen Fluoridgaben zu meiden.

Wenn Sie der Zwangsfluoridierung entgehen möchten, sollten Sie auch auf das Kochsalz achten, denn auch dieses gibt es fluoridiert. Auch die meisten Zahnpasten sind mit *Fluorid* angereichert. Selbst im Reformhaus und im Bioladen kann Ihnen *Fluorid* in der Zahnpasta begegnen, lesen Sie die Inhaltsstoffe deshalb genau durch, wenn Sie kein *Fluorid* möchten, es gibt noch einige wenige Produkte ohne *Fluorid*.

Es gibt ein einfaches Mittel, die Schäden von *Fluorid* zu minimieren, das ist die Einnahme von *Kurkuma*. *„Curcumin fängt… eindeutig die schädlichen freien Fluorid-Radikale ab, die normalerweise zur zerstörerischen Lipidperoxidation führen würden."*[184] Seit ich dies weiß, würze ich meine Speisen mehr mit Kurkuma, fertige sogar mit einem Kapselfüllgerät selbst Kurkumakapseln an, die ich hin und wieder einnehme.

RITALIN

ADS bzw. *ADHS* (ADS bedeutet *Aufmerksamkeitsdefizitsyndrom*; *ADHS* dasselbe mit *Hyperaktivität*) ist eine Diagnose, die oft die Medikation *Ritalin* (oder ein gleichwertiges pharmazeutisches Produkt) nach sich zieht. Sowohl die Kinder selbst, die Eltern wie auch Kindergärtnerinnen und Lehrer haben einen langen Leidensweg hinter sich, bis ein Arzt die (richtige?) Diagnose *ADS/ADHS* stellt:

Das Kind leidet,

- weil seine Welt nicht so ist, wie es sie sich wünscht,
- weil es ständig und überall kritisiert wird,
- weil es nicht sein darf, wie es ist,
- weil es das Gefühl bekommt, nicht in Ordnung zu sein – so, wie es ist,
- weil es sich überfordert fühlt, wenn mehrere Eindrücke auf es einströmen,
- weil es keine Freunde hat,
- weil es von Schulkameraden nicht eingeladen wird,
- weil es abgelehnt wird,
- weil es sich schließlich ungeliebt fühlt.

Die Eltern leiden,

- weil sie an sich selbst zweifeln,
- weil sie sich fragen, was sie falsch machen,
- weil sie 100 Tipps bekommen, wie sie mit ihrem Kind umgehen sollen – die bei ihrem Kind jedoch alle nicht funktionieren,
- weil sie mit Vorwürfen konfrontiert werden, ihr Kind nicht richtig zu erziehen,
- weil sie das Gefühl haben, ihrem Kind nicht gewachsen zu sein,
- weil sie selbst am Ende ihrer Kräfte sind,
- weil sie das Gefühl haben, als Eltern zu versagen,
- weil sie sich doch einfach nur ein „normales, funktionierendes" Kind wünschen.

Die Kindergärtnerinnen und Lehrer leiden,

- weil dieses Kind das Spiel bzw. den Unterricht stört und ständig unterbricht,
- weil es nicht das tut, was es tun soll,
- weil es den Klassenclown spielt,
- weil es nicht stillsitzen kann,
- weil es dauernd dazwischenplappert,
- weil es nicht bei einer Aufgabe bleiben kann,
- weil es durch jede Kleinigkeit abgelenkt wird,
- weil Konsequenzen bei diesem Kind erfolglos sind,
- weil es so intelligent ist, dass es Fragen stellt, die noch nicht anstehen oder noch nie gefragt worden sind,
- weil es alles andere für wichtiger hält, als dem Lehrer zuzuhören.

Das ist ein umfangreiches – mit Sicherheit nicht vollständiges – Repertoire. Alle haben Probleme mit dem Verhalten des Kindes. Das ist scheinbar ein guter Grund, ein Medikament zu verschreiben, damit die Kinder wieder am „normalen" Tagesablauf teilnehmen können und das relativ starre, vorgegebene Programm der Schulen ungestört durchgezogen werden kann. Doch leider – oder besser: Gott sei Dank! – funktioniert das so nicht. Das Kind, das *Ritalin* nehmen muss, ist dann vielleicht ruhiger, vielleicht aufmerksamer, vielleicht strukturierter, vielleicht funktioniert es wünschenswerter, aber es ist nicht mehr es selbst! Es scheint wie ferngesteuert, die Emotionen sind reduziert, es lacht nicht mehr, ist depressiv und nicht mehr glücklich.

So habe ich ein Kind persönlich erlebt. Es hat teilweise besser „funktioniert" und in das alte System gepasst, aber die kindliche Lebensfreude war wie ausgelöscht. Es war Ende der 1990er-Jahre, als eine Mutter bei der Ärztin nach Alternativen zu *Ritalin* gefragt hat. Und ich habe auch erlebt, wie diese Ärztin gedroht hat, dass sie versuchen würde, der Mutter das Erziehungsrecht zu entziehen, wenn sie sich weigern würde, dem Kind das verschriebene Ritalin zu geben. **Dieses Kind wirkte mitunter wie ein ferngesteuerter Zombie!**

Von diesem Mittel werden *„in Deutschland jährlich (2011) deutlich mehr als 1.700 Kilogramm Methylphenidat abgegeben, das entspricht rund 55 Millionen Tagesdosen. Tendenz weiter steigend".* (*lehrerfreund.de*)[185] Wenn eine Generation herangezogen wird, die durch Medikamente wie ferngesteuert ist, jedoch funktioniert, dann kann das System so, wie es ist, noch beibehalten werden. Die Kinder, die bereits viel, viel mehr an Bewusstsein mitbringen als ihre Eltern, können von ihrem wahren Potential und ihrer Aufgabe, die Weltsysteme zu verändern, noch eine gewisse Zeit lang abgehalten werden. Die Kinder, die heute junge Erwachsene sind, sind oftmals alte und reife Seelen, die genau wussten, was sie tun, als sie sich entschlossen haben, hier und jetzt zu inkarnieren. Sie wussten und wissen, dass jetzt die Zeit ist, in der sich viel verändert und die entscheidend sein würde. Die Weltelite weiß das auch. So ist *Ritalin/Methylphenidat* eines der möglichen Mittel, die gebündelten Kraftpakete der jungen Menschen zu blockieren. Was *Impfungen* und *Fluorid* noch nicht allein schaffen, das erledigt *Ritalin*. Aber die Rechnung wird nicht aufgehen, denn es findet eine Bewusstseinsveränderung statt, ob die Elite das erlauben will oder nicht. Wir sind mitten im energetischen Umbruch, und der materielle Umbruch wird folgen. Die Materie folgt der Energie! Das ist ein universelles Gesetz. Und nachdem immer mehr Menschen aufwachen und ihr Schäfchen-Dasein ablegen, ist es nicht mehr aufzuhalten, dass sich die Menschheit als Ganzes verändert. Dies wird gravierende Veränderungen im Umgang miteinander, im Arbeitsleben, im Gesundheits- und Finanzsystem usw. nach sich ziehen.

Die Kinder sind nur der Anfang. Sie funktionieren nicht mehr so, wie sie sollen, **weil unser System krank ist**. Wir haben uns weiterentwickelt, der Planet Erde ebenfalls, aber das System nicht. Die heutigen Kinder brauchen individuelle Möglichkeiten und eine individuelle und lockere Art zu lernen. Sie brauchen ein Lernsystem, das kein „System" mehr ist, sondern sie möchten einfach aus Freude heraus lernen, weil Kinder von Haus aus neugierig sind – wie das Wort schon sagt: *gierig* nach *Neuem*. Sie sind die Vorreiter bei den Systemveränderungen.

Und die Erwachsenen werden folgen. Ich kenne Menschen, die nach Jahrzehnten Erfahrung in ihrem Beruf sagen: *„Ich kann das einfach nicht mehr machen. Ich habe so ein großes Bedürfnis, etwas anderes zu tun, dass ich mich nicht mehr konzentrieren kann.", „Ich habe einen Burnout, fühle mich handlungsunfähig."* oder *„Ich bin krank geworden und sehe mich gezwungen, meinen bisherigen Beruf aufzugeben."* Die Erwachsenen werden es den Kindern nachtun und aussteigen aus einer Berufswelt, die sie zu sehr unter Druck setzt oder in der sie sich einfach nicht mehr wohl fühlen. Der Drang auszusteigen wird größer sein als die Angst, wie es finanziell weitergeht. Diese Veränderung wird kommen!

Bei dem mir bekannten Kind mit der Diagnose *ADHS* war es übrigens so, dass die Mutter sich fragte: *„Was ist mein Anteil daran, dass die Situation so ist, wie sie ist?"* Bei diesen inneren Nachforschungen fiel ihr auf, dass sie ihr eigenes Kind, so wie es war, im tiefsten Inneren fast ablehnte und sich fragte: *„Warum ist mein Kind anders?"*, was das Kind mit Sicherheit gespürt hat. Als sie dies erkannte, war sie selbst entsetzt darüber und konnte ab dem Moment hinter ihrem Kind stehen – bis dahin stand sie ihm, energetisch gesehen, gegenüber. Sie stellte sich gegen die Kinder- und Jugendpsychiaterin, die das *Ritalin* verschrieben hatte, woraufhin diese mehr als unangenehm wurde, und fing an, parallel zu den Therapien ihres Sohnes, ihre eigenen Themen aufzuarbeiten, die da waren:

- wenig Selbstwertgefühl
- Selbstzweifel
- mangelnde Selbstliebe
- nicht *„nein"* sagen können
- Angst vor Ablehnung
- Angst vor Strafe
- es allen Recht machen wollen usw.

Sie konnte ihre eigenen „Mängel" besser erkennen und durch kinesiologische Behandlungen, energetisches Familienstellen, Homöopathie, Nahrungsumstellung usw. sehr verbessern. Auch ihr Sohn lernte, seine individuelle Art anzunehmen und einen Mittelweg im Umgang mit anderen Menschen und Lehrern zu finden. Verschiedene alternative begleitende Therapien haben ihm dabei sehr geholfen.

Im Nachhinein und mit Abstand betrachtet war die Mutter ihrem Sohn dankbar, weil er ihr ihre eigenen Defizite so deutlich aufzeigte, dass sie etwas dagegen tun *musste*, sie konnte es nicht mehr übersehen und ignorieren. Der Junge hat mittlerweile den *Qualifizierenden Schulabschluss* und eine Ausbildung im IT-Bereich – seinem Traumberuf – gut abgeschlossen (und hat dadurch den Abschluss der Mittleren Reife erhalten) und wurde von seinem Ausbildungsbetrieb übernommen. Er zeigt heute noch unübliche Verhaltensweisen und hat seine eigene, von der Norm abweichende Denkweise, die ihm auch bewusst ist, doch ich denke, es ist nicht das Ziel unseres Lebens, uns irgendeiner Norm entsprechend zu verhalten, sondern unsere individuelle Lebensart zu finden und damit glücklich zu sein.

Ritalin hat eine ganze Palette an möglichen Nebenwirkungen, im Beipackzettel von *Novartis-Pharma*[186] stehen unter anderem:

- Nervosität
- Schlaflosigkeit
- Kopfschmerzen
- starke Veränderungen der Stimmung oder der Persönlichkeit
- Manie
- psychotische Störungen, einschließlich Halluzinationen oder Wahnvorstellungen
- Herzklopfen, unerklärbare Ohnmacht, Schmerzen im Brustkorb, Kurzatmigkeit

- Lähmung oder Beeinträchtigung von Bewegungen oder des Sehens, Sprachschwierigkeiten
- Wachstumsverzögerung
- Infektionen und parasitäre Erkrankungen
- Erkrankungen des Blutes und des Lymphsystems
- Erkrankungen des Immunsystems
- Stoffwechsel- und Ernährungsstörungen
- psychiatrische Erkrankungen
- Erkrankungen des Nervensystems (sehr häufig Kopfschmerzen)
- Augenerkrankungen
- Herzerkrankungen
- Gefäßerkrankungen
- Erkrankungen der Atemwege, des Brustraums und des Mediastinums
- Erkrankungen des Verdauungstrakts
- Erkrankungen der Leber und Galle
- Erkrankungen der Haut und des Unterhautzellgewebes
- Erkrankungen des Bewegungsapparats, des Bindegewebes und der Knochen
- Erkrankungen der Nieren und Harnwege
- Erkrankungen der Geschlechtsorgane und der Brustdrüse
- Veränderungen von Blutdruck und Herzfrequenz usw.

Finden Sie in der Liste noch einen Körperteil, der *nicht* von teils schweren Nebenwirkungen betroffen sein kann? Ich möchte bemerken, dass die meisten der o. g. Nebenwirkungen nur Oberbegriffe sind, die im Beipackzettel noch genauer definiert und unterteilt werden.

Noch ein Nachtrag zum Thema *ADHS*: Der US-Psychiater *Leon Eisenberg* hat in den Jahren 1967/68 mit seinem Kollegen *Mike Rutter* erfolgreich dafür gekämpft, dass die angebliche Hirnstörung als eigenständige Krankheit in den Katalog der psychiatrischen Leiden aufgenommen wird. Er *„probierte Psychopharmaka an ihnen aus... temperamentvolle Kinder wurden gefügig."* Doch er *„hat die Explosion der Verschreibungen mit wachsendem Entsetzen verfolgt... In seinem letzten Interview... distanzierte er sich von seiner Jugendsünde... ‚ADHS ist ein Paradebeispiel für eine fabrizierte Erkrankung',* sagte Eisenberg."* (spiegel.de)[187] *„Ritalin ist eine Pille gegen eine erfundene Krankheit, gegen die Krankheit, ein schwieriger Junge zu sein."*[188], wie es *Christiane Hoffmann* und *Antje Schmelcher* am 16.2.2012 in der *FAZ* so schön geschrieben haben. Was tun wir nicht alles und was lassen wir nicht alles mit uns tun, damit das „System" weiter so funktioniert, obwohl die Menschen schon längst nicht mehr in das bisherige System passen?! Oder besser gesagt: obwohl das bisherige System längst nicht mehr zu den Menschen passt! Doch Big Pharma freut sich! Wenn das keine Verschwörungspraxis ist!

Die Pharmaindustrie wird sich komplett wandeln müssen, wenn sie in der neuen Energie bestehen möchte. Ein System, in dem manche der großen Konzerne den Patienten krank erhalten, damit er Kunde bleibt, wird nicht überleben können. Ich bin mir sicher, dass noch mehr Wahrheiten aufgedeckt werden, die die Glaubwürdigkeit der großen Pharmaunternehmen auf eine harte Probe stellen dürften. Das Vertrauen der Patienten – wie auch der Ärzte – muss neu erworben werden, und das wird nicht leicht sein. Es wird jedoch langfristig in der neuen Energie für diese Firmen die einzige Möglichkeit sein zu überleben.

ORGANSPENDER – HIRNTOD

Der sogenannte *Hirntod* ist erst in den 1960er-Jahren definiert worden, weil damals die Transplantationsmedizin immer öfter angewendet wurde und ein rechtlicher Raum geschaffen werden musste. Es wurde festgelegt, dass einem Menschen, der für „hirntot" erklärt wurde, die Organe entnommen werden können. Der Hirntod wird durch verschiedene Tests „nachgewiesen", und man geht davon aus, dass die Hirnfunktion beendet ist, weil ein großer Teil der Hirnzellen irreversibel geschädigt ist. Alle anderen Funktionen müssen bei einer Organentnahme noch intakt sein, das heißt, nur bestimmte Reaktionen sind nicht vorhanden. Ein Organ eines wirklich Toten kann nicht transplantiert werden, da es – wie der Tote – ebenfalls tot ist. Nur ein Organ eines „lebenden" Menschen kann transplantiert werden. Dieser Meinung ist auch *Professor Franco Rest*: „*Den Hirntod gibt es überhaupt nicht; er ist eine Erfindung der Transplantationsmedizin.*" (*zeitenschrift.com*)[189] Gemäß den Anforderungen des Transplantationsgesetzes wird der Hirntod jedoch als sicheres Todeszeichen angesehen.

Die Hirntodthematik ist heftig umstritten. Der Kardiologe *Paolo Bavastro* ist der Meinung, „*dass der Begriff des ‚hirntoten Menschen' eine ‚arglistige Täuschung' sei, da ein Mensch mit Hirnversagen zwar ‚ein Mensch' sei, dessen ‚Gehirn einen erheblichen Schaden' habe und ‚ein schwerstkranker, sterbender Mensch' sei, aber eben ‚noch kein Toter'. Ärzte könnten bei hirntoten Menschen trotzdem einen Herzschlag wahrnehmen, sie würden ihre Körpertemperatur selbst regulieren, Urin und Stuhl ausscheiden, sie könnten schwitzen, auf Schmerzreize reagieren und sogar Antikörper bilden. Männer könnten Erektionen bekommen und Frauen schwanger werden und gesunde Kinder gebären. Die Vorstellung, dass ‚nur die Hirnaktivität den Menschen zum Menschen' mache und ‚der Tod des Hirns auch den Tod des Menschen bedeute', sei überholt.*"(*deutschlandradiokultur.de*)[190]

Ich stimme hierin vollkommen mit dem Facharzt überein: Die Definition des Hirntodes ist eine Erfindung, damit man noch lebenden Menschen ihre lebenden Organe entnehmen darf. Genauso willkürlich könnte man sagen: „*Wenn der Magen nicht mehr funktioniert, ist der Mensch tot.*", oder ganz provokant formuliert: „*Wenn jemand sein linkes Bein verliert, ist der Mensch tot.*", denn wer weiß schon, wo der Sitz der Seele ist? Wohnt die Seele im Gehirn, im Magen oder im linken Bein? Sitzt die Seele in jeder Zelle? Ist die Seele in der DNS? In den spirituellen Lehren wird es meist so definiert, dass der Mensch tot ist, wenn sich die Seele vom Körper getrennt hat. Dann verlässt ihn die Lebensenergie, der Atem des Lebens. Doch wann verlässt sie den Körper? Ist die Seele noch an den Körper gebunden, wenn ein Mensch durch die Gerätemedizin am Leben erhalten wird? Es muss fast so sein, denn wenn ein Mensch dann tatsächlich stirbt, kann auch die Gerätemedizin nicht mehr helfen. Er wird sozusagen *am Leben erhalten*, wie man so schön sagt, einschließlich Seelenverbindung. Es stellt sich sogar die Frage, ob bei einer Transplantation eventuell ein Teil der Seele mit in den Empfängerkörper geht. Nimmt das Spenderorgan gar gewisse Eigenschaften mit? Hierzu später noch einige Anmerkungen.

Es gibt durchaus Hinweise darauf, dass die vermeintlich toten Spender eine Organentnahme als extremsten Stress empfinden, was man ihnen danach auch ansehen kann. Das klingt höchst makaber, doch lesen Sie die nachfolgenden Erfahrungsberichte von Angehörigen *und Betroffenen*(!) aus dem *Nexus-Magazin*: *„Blonde Haare junger Menschen sind ergraut oder weiß geworden. Die Haut des entbluteten Körpers zeigt sich in einem unnatürlichen grauweißen Farbton."* und *„...äußerte sich Frau Gisela Meyer, Mutter des verunglückten Sohns Lorenz wie folgt: ‚Beim Anblick meines Sohns glaubte ich zunächst an einen Irrtum. Ich erkannte ihn nicht, weil sein zuvor unverletztes Gesicht so entstellt war. Bis dahin hatte ich schon als Krankenschwester und in der eigenen Familie Sterbende begleitet und in das Gesicht von Verstorbenen geschaut. Ich hatte keine Berührungsängste und kannte den friedlichen und entspannten Gesichtsausdruck, der sich oft bei Verstorbenen einstellt. Das Gesicht meines Kindes war hingegen ganz klein geworden, die Lippen, seine schönen, vollen Lippen, waren zusammengepresst, der Gesichtsausdruck sah nach Schmerzen aus. Seine Haare waren nass, die Augen mit Mulllagen bedeckt und kreuzweise verklebt. Entgegen den Behauptungen der Transplantationsmediziner bin ich überzeugt, dass mein Kind bei der Organentnahme Schmerzen erlitten hat. In seinem Sterben war ihm noch Schlimmes widerfahren. Nach der Krankenakte, die wir später lasen, bekam er eine Lokalanästhesie – warum? Hatte er sich bei der Operation bewegt? Hatte der Arzt gemerkt, dass er mit Schmerzen reagierte?...'"*[191]

Stellen Sie sich vor, es wäre Ihr Kind, das Sie nach einer Organspende noch einmal sehen möchten. Wollen Sie so Abschied nehmen von ihm, von Ihrem Angehörigen, wollen Sie selbst so sterben? Nicht umsonst soll in der Schweiz und verschiedenen anderen Staaten vor der Organentnahme eine Narkose verabreicht werden.

Immer wieder liest man von „lebenden Hirntoten", die plötzlich erwacht sind, kurz bevor man ihnen die Organe entnehmen wollte, wie zum Beispiel die 43-jährige *Colleen Burns*, die in einer Klinik im US-Bundesstaat New York für hirntot erklärt wurde und auf dem OP-Tisch direkt vor der Organentnahme plötzlich die Augen aufschlug.[192]

Ein weiterer Fall ist die Straßburgerin *Angéle Lieby*, die 2009 wegen unerträglicher Kopfschmerzen von ihrem Mann in die Notaufnahme des Straßburger Klinikums gebracht wurde. Sie verlor ihr Bewusstsein und lag zehn Tage, für hirntot erklärt, auf der Intensivstation. Eine Organentnahme war bereits angesprochen worden, da gleitete eine Träne aus ihrem Auge. Nun kamen den Pflegern und Ärzten Zweifel. *Angéle* bekam Zeit, aus dem Koma aufzutauchen und wurde wieder gesund. Sie hatte das sog. *Bickerstaff-Syndrom*, eine seltene Form der Gehirnentzündung. Das Fatale an diesem Fall: Sie konnte hören, wenn jemand kam, schrieb die *Badische Zeitung*: *„Sie fühlte die Berührungen der Schwestern, wie sie sie drehten, wie sie eine Nadel in sie hineinstachen und eine Kanüle in den Hals bohrten... Arme und Beine konnte sie dennoch nicht bewegen... sie* *hörte die anderen über sie sprechen… die Ärzte, die überzeugt schienen, dass sie hirntot sei und ihrem Mann nahelegten, sich um ihre Beerdigung zu kümmern. Um IHRE! Sie war doch noch da!*"[193] Frau *Lieby* hat ein Buch über ihre Erlebnisse geschrieben, das 300.000 Mal verkauft wurde.

Es ist ein Unding, den Menschen auf sein Gehirn zu reduzieren, denn die angewendeten Tests schließen offensichtlich nicht aus, dass der Spender sehr wohl leben kann.

„Wenn wir die Gesellschaft über die Organspende aufklären, bekommen wir keine Organe mehr."[194]

Rudolf Pichlmayr, Transplantations-Medizin-Professor

Das Thema *Organspende* ist ein sehr, sehr sensibles Thema, geht es hier doch um Leben und Tod – und um sehr viel Geld. Wegen eines Organskandals, in dem bekannt wurde, dass das Gehalt eines Arztes am *Universitätsklinikum Göttingen* mit der Zahl seiner Operationen kräftig gestiegen war, haben die Linken eine „Kleine Anfrage" gestellt, schreibt *spiegel.de*. *„Das Gesundheitsministerium informierte… darüber, dass es zwischen 1998 und 2009 insgesamt elf Verurteilungen im Bereich des Transplantationsgesetzes gegeben habe. Zweimal seien Freiheits-, neunmal Geldstrafen verhängt worden. Offen blieb, um welche Delikte es dabei ging."*, war in der Antwort zu lesen.[195]

Wie wir sehen, werden wir selbst in einem hochsensiblen Bereich wie einer Organentnahme bisweilen belogen und betrogen. Die Interessen liegen auch bei der Transplantation leider nicht beim Wohl des Patienten, sondern beim Wohl der Organindustrie – zu Lasten der betroffenen Menschen und Hinterbliebenen, die, wenn es sich beispielsweise um Eltern handelt, die über ihre Kinder entscheiden, oft erst im Nachhinein erkennen, auf was sie sich da eingelassen haben, zu was sie sich haben überreden lassen. Doch dann ist es zu spät. Ich habe von Eltern gelesen, deren Kinder jahrelang im Traum erscheinen und ihnen darin zurufen: *„Warum hast Du mich verlassen?"*

Was die meisten Menschen nicht bedenken, ist die Tatsache, dass sie nach Erhalt eines Spenderorgans lebenslang Medikamente gegen die Abstoßungsreaktion nehmen müssen, denn das implantierte Organ wird vom Immunsystem als Fremdkörper erkannt, wie beispielsweise Bakterien, Viren oder andere Krankheitserreger. Das hat natürlich zur Folge, dass unsere natürliche Abwehr das Spenderorgan abzustoßen versucht. Damit das nicht gelingt, muss das Immunsystem unterdrückt werden. *„Einzige Ausnahme: Spender und Empfänger sind eineiige Zwillinge und besitzen deshalb übereinstimmende Gewebemerkmale. In allen anderen Fällen führt die durch das Fremdgewebe ausgelöste Immunreaktion unweigerlich dazu, dass das transplantierte Organ abgestoßen wird. Aus diesem Grund müssen Transplantat-Empfänger grundsätzlich mit Medikamenten behandelt werden, die das Immunsystem schwächen – den sogenannten Immunsuppressiva oder immunsupprimierenden Medikamenten."* [196], schreibt *netdoktor.at*. Der Nachteil dieser Medikamente liegt in einer *„Schwächung der Abwehr gegen Infektionskrankheiten und erhöhter Gefahr des Auftretens bösartiger Erkrankungen."*[197], steht im medizinischen Wörterbuch *Pschyrembel*. Dieses Thema ist in der Öffentlichkeit relativ wenig bekannt.

Wenn Sie sich trotz reiflicher Überlegung als Organspender zur Verfügung stellen möchten, dann informieren Sie sich ausführlich. Sprechen Sie mit Betroffenen, sowohl mit Menschen, die einen Angehörigen hatten, der Organspender war, wie auch mit Menschen, die ein Organ erhalten haben.

Wenn Sie selbst eine Organspende ablehnen, hat das natürlich die Konsequenz, dass Sie auch auf den eventuellen Erhalt eines Organs verzichten sollten. Es gibt übrigens immer wieder Berichte, dass Menschen, die ein Organ erhalten, auch Eigenschaften des Spenders übernehmen, denn Zellen haben ein Erinnerungsvermögen. Jeder, der krank war und zu seiner eigenen Genesung beigetragen hat, indem er mit seinen Zellen kommunizierte, weiß das! Das kann bedeuten, dass Sie plötzlich Lust am Malen oder Singen bekommen, es kann aber auch etwas ganz anderes sein. Sie erhalten ein Organ eines lebenden Menschen, das viele Jahre Teil seines Körpers war, das sein Denken, seine Ernährungsweise und sein Leben im wahrsten Sinne des Wortes *verkörpert*. Auch dies sollte dem Organempfänger bewusst sein.

Was den meisten Menschen ebenfalls nicht bewusst ist, ist die Tatsache, dass Sie zum Beispiel in Österreich, Frankreich, Italien, Spanien oder Schweden generell als Spender gelten, wenn Sie nicht schriftlich widersprechen. Wenn Sie dorthin fahren und sich im Fall der Fälle nicht als Spender zur Verfügung stellen möchten, dann müssen Sie das schriftlich bei sich führen, ansonsten könnten Sie, wenn man zum Beispiel nach einem Unfall Ihren Hirntod feststellt, *„von der Kehle bis zum Schambein ausgeweidet"*[198] werden, wie es die *ZeitenSchrift* formuliert.

ALUMINIUM IN MEDIKAMENTEN

In verschiedenen Medikamenten gegen Sodbrennen ist Aluminium enthalten. Im Film *Die Akte Aluminium* von *Bert Ehgartner* wird die Erkrankung eines Mannes geschildert, der an Alzheimer erkrankt ist. Er hatte über 28 Jahre lang Medikamente gegen Sodbrennen genommen. Als er auf den möglichen Zusammenhang mit Aluminium hingewiesen worden war, hat er zusammen mit seiner Frau den Beipackzettel des Mittels, das er einnahm, näher angesehen. Dort stand tatsächlich ein Hinweis, dass bei hohen Dosen der Aluminiumspiegel kontrolliert werden müsse und Demenz entstehen könne. In dem Film sagen er und seine Frau, dass sie nie von einem Arzt oder Apotheker darauf hingewiesen worden seien, seinen Aluminiumspiegel messen zu lassen.

Es empfiehlt sich generell, die Warnungen auf einem Beipackzettel durchaus ernst zu nehmen und den Arzt oder Apotheker daraufhin anzusprechen, wenn dieser es nicht von sich aus tut.

In Mitteln gegen Sodbrennen binden Aluminium bzw. Magnesium überschüssige Magensäure, wobei Aluminium nicht so schnell, dafür jedoch anhaltender wirkt als Magnesium, daher werden beide Stoffe gerne kombiniert. *„Sind Aluminium und Magnesium gitterartig miteinander vernetzt, ist die Verbindung besonders stabil, Aluminium wird kaum freigesetzt."*, heißt es beim *Test*-Bericht über Magenmittel vom 18.12.2008.[199]

„*Kaum freigesetzt*" bedeutet, dass in jedem Fall etwas freigesetzt wird, aber angeblich wenig. Da sich Aluminium im Körper summiert, kann auch das „kaum" zu viel sein, und bei längerer Anwendung kann die Schwelle schnell erreicht sein, ab der die gefürchteten Nebenwirkungen in Erscheinung treten.

Die Gefährlichkeit von Aluminium wird sehr kontrovers diskutiert. Während der Toxikologe *Nicholas Priest* sagt: „*Es gibt keinen eindeutigen Beleg für die Giftigkeit bei den verwendeten Dosierungen.*"[200], sieht das sein Berufskollege *Christopher Exley*, Umwelt-Toxikologe an der englischen *Keele University*, ganz anders und erklärt: „*Forschungen über Aluminium wurden mit Absicht gestoppt. Deswegen wissen wir viel zu wenig über die Auswirkungen von Aluminium auf die menschliche Gesundheit.*"

Warum werden Forschungen mit Absicht gestoppt? Wer hat Interesse daran, dass Aluminium bezüglich Harmlosigkeit oder Gefährlichkeit nicht untersucht wird? Wer hat Angst davor, es könnte festgestellt werden, dass es doch gefährlich ist?

Christoph Baumgärtel, Sprecher der *Europäischen Arzneimittelbehörde*, sieht keinen Handlungsbedarf, dass vor Aluminiumverbindungen gewarnt oder dass sie gar verboten werden sollten. „*Dieses Präparat soll nicht längere Zeit eingenommen werden, und wenn es länger eingenommen wird, ist unbedingt ein Arzt aufzusuchen.*", obwohl sehr häufig verwendete Arzneimittel gegen Sodbrennen Aluminium enthalten und im Beipackzettel bei langfristiger Einnahme eine Überprüfung empfohlen wird. Diese Mittel sind teilweise ohne Rezept erhältlich.

Die Onkologin *Philippa Darbre*, die sich seit Jahren mit der Wirkung von Aluminium auf Krebs, besonders auf Brustkrebs befasst, kommt zu dem Ergebnis, dass Aluminium am Krebsgeschehen beteiligt ist. Es scheint, als könne Aluminium eine normale Zelle in eine Krebszelle verwandeln. Außerdem erhöhe die Zugabe von Aluminium auch die Wahrscheinlichkeit, dass Krebszellen wandern und gefährliche Metastasen bilden.[201, 202]

Von den Aluminium-Befürwortern wird immer wieder das Argument gebracht, dass Aluminium die Blut-Hirn-Schranke nicht überwinden könne, doch in Verbindung mit *Fluorid* scheint dies durchaus möglich zu sein. „*Wird fluorhaltiges Wasser in Aluminium-Töpfen gekocht, so löst sich zehnmal so viel Leichtmetall heraus wie bei Wasser ohne Fluorid-Zusatz. Damit nicht genug. Es bildet sich Aluminiumtrifluorid, ein Stoff, der leicht durch die Darmwand und durch die Blut-Hirn-Schranke schlüpft.*"[203] Laut diesem Bericht bei *wasserklinik.com* wirken Glutamat, Maltol (Aromastoff) und Zitronensäure in ähnlicher Weise wie *Fluorid*, indem sie Aluminium binden und transportieren. In dieser Form gelangt es auch durch die Blut-Hirn-Schranke. Glutamat und Zitronensäure finden sich in sehr vielen Lebensmitteln. Das bedeutet, *Fluorid* und die anderen drei Stoffe könnten sozusagen als eine Art „Katalysator" für Aluminium angesehen werden, wodurch Aluminium noch gefährlicher wird. Bei der Häufigkeit der genannten Stoffe scheint es nur eine logische Folge zu sein, dass Demenz bei älteren Menschen immer häufiger auftritt.

Es scheint so zu sein, dass aluminiumreiches Trinkwasser wenig Silizium enthält und umgekehrt. Trinkwasser mit wenig Aluminium enthält viel Silizium, dieses hemmt noch zusätzlich die Aufnahme von Aluminium.[204] Es ist festgestellt worden, dass eingenommenes Silizium sogar dabei helfen kann, im Körper eingelagertes Aluminium wieder auszuleiten.[205]

Das alles sind gute Gründe, *Aluminium*, *Fluor*, *Glutamat*, *Maltol* und *Zitronensäure* möglichst zu meiden:

- Kochsalz ohne Fluoride
- Kochsalz ohne (Aluminium-)Rieselhilfe
- Zahnpasta ohne Fluoride
- Magensäureblocker ohne Aluminium
- nicht in Alufolie kochen
- Deodorants ohne Aluminiumsalze
- Kosmetik ohne Aluminiumverbindungen
- kein Kochgeschirr aus Aluminium (ältere beschichtete Alugusspfannen, bei denen sich die Beschichtung löst!)
- möglichst wenig Fertiglebensmittel verzehren (sie enthalten oft fluoridiertes Salz, Glutamat, Maltol und Zitronensäure)
- auf genügend Siliziumzufuhr achten (*Zeolith* etc.)

Die beste Ernährung ist laut *Dr. Schnitzer* immer noch eine Mischung aus Gemüse, Früchten, Salaten, Wurzeln, Nüssen, dazu Wasser oder verschiedene Kräutertees, alles aus ökologischem Anbau.[206] Damit beugt man einer Übersäuerung vor und fördert normale Werte bei Cholesterin, Blutfett, Zucker usw. und hat in der Regel keine Figurprobleme. Es handelt sich um Pflanzen aus der Natur, die mit Sonnenlicht genährt sind und uns beim Verzehr diese Lichtenergie zur Verfügung stellen.

Im Kapitel *Alternative Heilungsmethoden* sind einige alternative, einfache und fast nebenwirkungsfreie Methoden beschrieben, unseren Körper in seiner Heilarbeit zu unterstützen.

KAPITEL 9: ENERGIE

Energie in Form von Strom, Wärme und Fortbewegung lässt sich aus unserem Leben nicht mehr wegdenken. Die Frage hierbei ist, woher kommt die Energie bzw. wie wird sie erzeugt, und schadet diese Art der Energiegewinnung bzw. -nutzung uns oder der Umwelt? In erster Linie muss an die langfristigen Folgen für die Erde gedacht werden. Unabhängig davon, ob es die menschenverursachte Erderwärmung nun tatsächlich gibt oder nicht, ist die Art und Weise, wie wir Energie in eine für uns nutzbare Form bringen, überwiegend schädlich oder zumindest ungünstig für die Umwelt. Außer den am meisten verbreiteten Energiequellen wie Mineralöl, Erdgas, Braunkohle, Steinkohle und Atomkraft, gibt es auch die gängigen erneuerbaren Energien wie Wasserkraft, Holzenergie, Windkraft, Gezeitenkraft, Biomasse und Solarenergie. Obwohl die erneuerbaren Energien bereits eine Verbesserung bezüglich des Ressourcenverbrauchs und des Risikos darstellen, sind die heutigen erneuerbaren Energien sicherlich noch nicht das Ende der Entwicklung. Einen Ersatz für die **fossilen Energien** zu suchen, ist längst überfällig, da es nicht sinnvoll sein kann, irdische Ressourcen so verschwenderisch innerhalb von wenigen Generationen zu plündern.

Auch ist die **Atomenergie** zu gefährlich, wie die Katastrophen in Tschernobyl und in Fukushima gezeigt haben, doch vor allem ist das Endlagerthema eine Zeitbombe, die den nächsten Generationen vermutlich große Probleme bereiten dürfte. Wenn man radioaktiven „Müll" in Metallfässern in Salzbergwerke einlagert, weiß jedes Kind, dass die Fässer, sobald Wasser eindringt, in absehbarer Zeit wegrosten und das radioaktive Material austritt. Durch geologische Verschiebungen könnten Risse entstehen und radioaktiv verseuchtes Wasser an der Erdoberfläche austreten. „*Dieses Problem zeigt sich schon heute im Versuchslager Asse II, einem ehemaligen Salzbergwerk. Dort sickert jeden Tag mehr Wasser ein, das schließlich als radioaktive Brühe an die Erdoberfläche gedrückt werden könnte.*", schreibt *Silvio Wenzel* bei *planet-wissen.de*.[207]

Die heutigen **erneuerbaren Energien** zeigen ebenso noch nicht das Ende der Entwicklungen an. Das Verhältnis von Aufwand zu Nutzen ist alles andere als wirtschaftlich, und die Natur ist ebenfalls betroffen. Wenn man bedenkt, dass für die Nutzung der Wasserkraft ganze Täler in Stauseen umgewandelt werden und dort Lebensraum für viele Tiere verloren geht, dann kann die Nutzung der Wasserkraft nicht als optimal angesehen werden.

So viele Bäume und Büsche zu fällen, wie es riesige **Hackschnitzelanlagen** erfordern, halte ich auch nicht für des Rätsels Lösung, denn es fehlt die Vorlaufzeit für die Neuanpflanzung. Selbst wenn für jeden gefällten Baum ein neuer gepflanzt wird, dauert es Jahrzehnte, bis dieser so viel Sauerstoff erzeugen und CO_2 binden kann, wie es sein gefällter Kollege getan hat. Durch diese Entscheidungen sinkt der Sauerstoff- und steigt der CO_2-Gehalt für Jahrzehnte an. Sinnvollerweise hätte man nach der politischen Entscheidung, Holzheizungsanlagen über KfW bzw. BAFA zu fördern, im Vorlauf mindestens zwei Jahrzehnte lang die Wälder aufforsten müssen, damit die CO_2-Berechnungen richtig sind.

Auch die **Windkraft** ist sehr umstritten, da die Investitionen im Verhältnis zur Ausbeute viel zu hoch sind. Ohne Subventionen gäbe es vermutlich keine Windanlagen in den heutigen Größenordnungen. 2012 wurden laut *welt.de* Subventionen in Höhe von 14.000.000.000 € auf Stromkunden umgelegt.[208] Selbst der ehemalige Präsident des *Bundesverbandes Erneuerbare Energien* (BEE) *Johannes Lackmann* kündigte erzürnt seine Mitgliedschaft im Lobbyverband seiner Branche, dem *Bundesverband Windenergie*, weil die *„Ökostromer lieber auf den eigenen Profit schielten, als öffentlich für eine effizientere und damit nachhaltige Energiewende einzutreten"*. Obwohl *Lackmann* Geschäftsführer mehrerer Windparks in Nordrhein-Westfalen ist, ist er mit der Subventionspolitik nicht mehr einverstanden. Die übliche Mentalität in der Branche, dieses Geld gerne mitzunehmen, brachte bei ihm das Fass zum Überlaufen.

Auch die **Gezeitenkraftwerke** sind nicht die ideale Lösung, sie sind zu teuer, die Effizienz ist nicht beachtenswert, und es verenden viele Fische in den Anlagen.

Die Stromgewinnung aus **Biomasseanlagen** ist ethisch sehr umstritten, da in diesen oft essbare Pflanzen eingesetzt werden, was die Nahrungsmittelpreise beeinflusst und in Anbetracht hungernder Bevölkerungen in anderen Erdteilen nicht vertretbar ist. Doch es gibt auch hier Pioniere, wie zum Beispiel *Claus Sauter*, Vorstandschef des großen deutschen Bioenergie-Konzerns *Verbio AG*. Er ging einen anderen Weg, wandte sich ab von der Förderungspolitik und produziert nicht mehr aus Lebensmittelpflanzen Elektrizität, sondern *„aus Pflanzenresten in Großanlagen Kraftstoff"*.[209]

Wir müssen also nach Energiequellen suchen, die zum einen erneuerbar und zum anderen auch ethisch vertretbar sind. Und das bedeutet quer zu denken. Jetzt ist es nicht so, dass das niemand tun würde, doch hier kommt wieder die Verschwörung ins Spiel. Es gibt unzählige Patente, die es ermöglichen würden, mittels *Magnetkraft*, *kalter Fusionstechnik* oder auch durch Nutzung der *Freien Energie* für uns nutzbaren Strom zu erzeugen. Doch was geschieht mit diesen Patenten? Sobald der Erfinder damit an die Öffentlichkeit geht, werden ihm die Rechte genommen – sei es durch eine genügend hohe Zahlung oder auch durch Druck und Erpressung, oder er stirbt ganz „zufällig".

Bereits 1931 hat *Nikola Tesla* einen Konverter konstruiert, der „freie" Energie aus der Umgebung bezog und über Antennen ein Auto fortbewegte. Er erreichte damit 1.800 Umdrehungen und die Leistung war mit benzinbetriebenen Wagen vergleichbar.[210] Auch Tesla wurden die finanziellen Förderungen entzogen und seine Erfindungen zerstört bzw. beschlagnahmt. Das ist jetzt über 80 Jahre her! Diese Wissenschaft könnte heute längst ausgereift zur Verfügung stehen. Dass dies nicht so ist, haben wir einer machtgierigen, unterdrückenden Finanzherrschaft zu verdanken.

Der einzige zurzeit mögliche Weg, eine bahnbrechende Erfindung tatsächlich für die Menschen zugänglich zu machen, scheint mir der zu sein, dass ein Erfinder seine Entdeckung zu einem bestimmten Zeitpunkt flächendeckend verbreitet (z. B. über das Internet). So könnte jeder, der von dieser Technik erfährt, sofort mit der Produktion beginnen. Auf diese Weise wäre gesichert, dass sich diese Erfindung nicht mehr aufhalten lässt. So könnten viele Hersteller dieses neue Gerät – sei es eine Heizung auf der Basis der freien Energie, ein Wasser-Auto oder eine sonstige Energiequelle – gleichzeitig produzieren und die Erfindung auf den Markt bringen, ohne dass dieses Patent wieder in der Versenkung verschwindet. Nur durch Verzicht auf den teuren Verkauf eines genialen Patents lässt sich eine wirklich revolutionäre Änderung flächendeckend einführen, ohne dass sie sofort verhindert werden kann. Wenn eine neue Technologie erst einen gewissen Bekanntheitsgrad und eine entsprechende Verbreitung erreicht hat, kann sie nicht mehr aufgehalten werden. Erst wenn ein Erfinder sein Ego überwindet und nicht den großen, schnellen Profit anstrebt, sondern der Wunsch zur Rettung der Erde im Vordergrund steht, dann lässt sich eine umfassende Lösung der gesamten Energiefragen nicht mehr aufhalten.

Daher mein Aufruf an alle Erfinder, Tüftler und Bastler: Wenn Ihr eine Idee oder sogar schon ein Patent habt für eine saubere Energiequelle, dann denkt nicht in erster Linie an den Reichtum durch diese Erfindung, sondern an das Wohl unserer Mutter Erde und daran, wie viel Ihr verändern könnt. Ihr werdet in die Geschichte eingehen. Startet selbst die Produktion und die Vermarktung bzw. sprecht mit kleinen Herstellerfirmen, damit diese Eure Idee produzieren und verkaufen. Handelt einen gewissen Betrag pro Stück aus, und bringt Eure Idee unter die Menschen! Eine größere Revolution könnt Ihr gar nicht beginnen, als mit der Verbreitung einer wirklich sauberen Energiegewinnung. Wichtig ist die schnelle Streuung der Informationen über dieses Wissen. Nur dann kann es nicht mehr aufgehalten werden, und es beginnt ein neues Zeitalter der sauberen Energie!

Abb. 28:
Nikola Tesla ist nicht nur der Erfinder des Wechselstrommotors und der Tesla-Spule, sondern war auch an etlichen geheimen Projekten beteiligt, z. B. dem *Philadelphia-Experiment.*

Kapitel 10: Finanzen, Wirtschaftswelt

„Gebt mir die Kontrolle über
die Währung einer Nation,
dann ist es für mich gleichgültig,
wer die Gesetze macht.“[211]

Großbankier Mayer Amschel Rothschild (1744-1812)

In den Bereich *Finanzen* versuche ich nicht zu tief einzusteigen, weil sich genügend Finanzexperten mit diesem Thema befasst haben, dies noch immer tun und dies in unzähligen Büchern veröffentlicht haben. Doch einige grundlegende Erläuterungen scheinen mir dringend erforderlich.

Geld ist ein allgemein anerkanntes Tauschmittel, das den Austausch von Waren und Leistungen erleichtert. Problematisch wird es jedoch, wenn dieser Handel nicht mehr gerecht ist, sondern wenn es bei jedem Geschäft Verlierer und Gewinner gibt. Das heutige Zins-Geldsystem ist ein Instrument zur Enteignung geworden, und wenn man sich das Zinssystem näher ansieht, dann erkennt man auch schnell, warum das so ist.

Zum besseren Verständnis nachfolgend ein kleiner Überblick über die Geschichte des Geldes: Die ersten Münzen waren aus Gold, und anhand des Gewichtes wusste jeder, welchen Wert sie besaßen. Früher war Geld in staatlicher Hand, und nur der Staat durfte Goldmünzen herausgeben. Das physische Metall *Gold*, das auch *Realgeld* genannt wurde, war jedoch in seiner Menge begrenzt, und mit dem Wirtschaftswachstum wurde eine andere Zahlungsmöglichkeit eingeführt, das *Nominalgeld*. Banknoten wurden gedruckt, Ersatzmünzen geprägt und anstelle der Goldmünzen in Umlauf gebracht. Nach wie vor war der Gegenwert der Scheine und Münzen in Gold vorhanden, es gab nur so viel Geld, wie der Staat in Gold besaß – es war demnach gedeckt. Wer wollte, konnte mit seinen Scheinen zur Bank gehen und sich das Geld in Gold geben lassen. Da nicht jeder sein Geld in Gold umtauschen wollte, gingen die Banken später dazu über, mehr Geld an die Kunden auszugeben als Gold vorhanden war. Für das verliehene Geld verlangte die Bank Zinsen, was der Anfang vom Ende war – vom Ende des ehrlichen Tauschgeschäftes.

Eine weitere große Veränderung in unserem Geldsystem begann, als 1913 in den USA erlaubt wurde, eine private Notenbank zu gründen. Damit wurde das Geldsystem vom Staat abgekoppelt. Ein Kartell aus Privatbanken hat eine private Zentralbank geschaffen mit dem Recht, eigenes Geld zu drucken. Die *Federal Reserve* war geboren. Obwohl in den USA gigantische Mengen Gold lagerten, nachdem es nach dem Ersten Weltkrieg überall zusammengekauft worden war, und auch das deutsche Gold nach dem Zweiten Weltkrieg dorthin geschafft wurde, hat US-Präsident *Nixon* 1971 die Golddeckung und die staatliche Haftung aufgehoben. Damit war der Dollar nur noch eine freie private Währung der *Federal Reserve Bank* (FED). Bis heute wissen das nicht alle Amerikaner – doch auch bei uns sieht es ähnlich aus. In der Praxis bedeutet das, dass eine Zentralbank (die sich nicht in staatlichem, sondern in privatem Besitz befindet) Geld druckt und – gegen Gebühr, versteht sich – der jeweiligen Regierung zur Verfügung stellt. Doch damit nicht genug, denn sie gibt das Geld nicht einfach nur so der Regierung, die es unter dem Volk verteilt, sondern sie bringt das Geld auch in Umlauf. Doch das tut die Bank nicht aus Nächstenliebe, sondern sie verlangt Sicherheiten dafür. Das bedeutet, sehr vereinfacht ausgedrückt, dass Sie Ihre Sicherheiten (z. B. Ihre Immobilie) der Bank verschreiben, wenn Sie ein Darlehen benötigen. Ihr Haus geht in den Besitz der Bank über, wenn Sie das Darlehen samt Zinsen nicht zurückzahlen können. Aus heutiger Sicht ein normales Prozedere. Doch der Clou an der Sache ist der, dass die Bank das meiste Geld, das sie Ihnen geliehen hat, zuvor gar nicht besaß. So vermehrt die Bank ihr Vermögen um ca. 90% plus Zinsen. Das ist doch ein gutes Geschäft, nicht wahr?

> *„Bankraub ist eine Initiative von Dilettanten.*
> *Wahre Profis gründen eine Bank.“*[212]
>
> Bertolt Brecht

John F. Kennedy wollte die Knechtschaft der *FED* über die USA beenden und hatte bereits das Gesetz dazu unterzeichnet (*Executive Order No. 11110*)[213], doch das hat er bekanntlich nicht überlebt. Dieser dramatische Mord schreckte vermutlich nachfolgende Politiker und Präsidenten davon ab, weiter in dieser Wunde zu bohren. Wer nicht spurt, kommt weg! Fertig! Die mildere, aber genauso wirkungsvolle Variante ist, jemanden zu denunzieren oder mittels gekaufter „Damen“ als Vergewaltiger zu „überführen“ und in den Medien gesellschaftlich zu vernichten oder Ähnliches. Einen Politiker in die rechte oder linke Ecke zu treiben oder als „antisemitisch“ zu bezeichnen, ist auch ein beliebtes Spiel, wenn sich kein schwarzer Fleck auf der weißen Weste finden lässt. Daher mein dringender Rat: Glauben Sie nicht alles, was Ihnen die Presse präsentiert.

Da die Geldmenge in den USA im Laufe der Zeit stark angestiegen ist, wurde die D-Mark zur Konkurrenz, da diese noch immer durch die Bundesbank stabil gehalten wurde. Das war einer der Hauptgründe, warum die D-Mark 2002 abgeschafft werden „musste“ und der Euro eingeführt wurde. Der Euro war der politische Preis, den die Briten und Franzosen verlangten, um Deutschland bei der Wiedervereinigung zu unterstützen. Das bestätigt auch der ehemalige Finanzminister *Peer Steinbrück*, der in seinem Buch *Unterm Strich* schreibt: *„Die Preisgabe der D-Mark gegen den (gleichermaßen) stabilen Euro war eine der Konzessionen, die dazu beitrugen, den Weg zur deutschen Vereinigung zu ebnen.“* Vor allem *François Mitterand* bestand auf der Abschaffung der D-Mark.

Da die Rohstoffmärkte (noch) in Dollar gehandelt werden, sind sämtliche Länder der Welt abhängig vom Dollar, und die Währungen werden von der *FED* gesteuert. Somit beeinflusst die *FED* die Finanzsysteme in der ganzen Welt. Die USA bemerken natürlich, dass ihre Schuldenkurve eine exponentielle Form annimmt und versuchen, so lange wie nur möglich jede Menge Sach- und Immobilienwerte aus dem Ausland zu kaufen, wie zum Beispiel Industrien, Wasserwerke, Rohstofflager usw. und bezahlen in mittlerweile fast wertlosen US-Dollars. Wenn dann eines Tages der schon lange erwartete Finanz- bzw. Wirtschaftszusammenbruch kommt, sind alle Währungen wertlos, da der US-Dollar die Währungssicherheit für alle Währungen darstellte. Der Besitz der bedeutenden Sachwerte dürfte bis dahin bereits bei den Großfinanziers der *FED* liegen, die dies von langer Hand geplant hatten. Bis zum Zusammenbruch sollen noch so viele Abhängigkeiten wie möglich geschaffen werden bzw. erhalten bleiben.

Für diese These spricht auch, dass alle Länder, die auch nur ansatzweise darüber nachdenken, aus der US-Dollar-Leitwährung auszusteigen, in erhebliche Schwierigkeiten geraten. Zum Beispiel wurden die weltweiten Ölgeschäfte bislang in US-Dollar abgewickelt. Seit Jahren versuchen jedoch immer wieder einige Staaten, aus dem Dollar-Geschäft auszusteigen. *„Im September 2000 erklärte Hussein, sein Land empfange für das Erdöl keine Dollar mehr, und ließ die zehn Milliarden Dollar auf dem von der UNO verwalteten Konto in Euro konvertieren... Das war das letzte Argument für den Einfall in den Irak. Seit die US-Marines in Bagdad einmarschierten, wird irakisches Erdöl wieder gegen US-Dollar verkauft.“*[214], sagt *William Clark*, Sicherheitsexperte und Verfasser des Buches *Petrodollar Warfare: Oil, Iraq and the Future of the Dollar.*

Auch der **Iran** möchte aus dem schwächelnden Dollar aussteigen: *„...könnte es für die Beziehungen Irans zu den USA mindestens so brisant werden wie der Streit über die iranische Atomindustrie: Teheran will eine Erdölbörse eröffnen, auf der Petroleum, Gas und Derivate nicht mehr gegen Dollar, sondern in Euro gehandelt werden.“*[215], schrieb die *Süddeutsche Zeitung* bereits 2010. Wer Pressemeldungen verfolgt, wird erkennen, dass immer wieder versucht wird, dem Iran Verbrechen in die Schuhe zu schieben. Zuletzt sogar in Bezug auf das Verschwinden der MH 370, als ein israelischer Sicherheitsspezialist die Theorie aufstellte, dass der Flieger mit professioneller Hilfe entführt wurde. Dies soll laut *bild.de* in der israelischen Zeitung *The Times of Israel* veröffentlicht worden sein.[216]

Auch **Libyen** wollte aus der Abhängigkeit von den USA aussteigen. *Gaddafi* wollte einen großen unterirdischen Trinkwassersee erschließen und ganz Nordafrika zu einer blühenden Oase umgestalten (*Great-Man-Made-River-Project*), wird in einem Video auf *klarsicht-tv.de* erläutert.[217] Durch den damit gewonnenen Reichtum hätte dies dem *IWF*, der *Weltbank* und anderen Großbanken den Zugriff auf das Öl und die Bodenschätze erschwert, und vor allem wären diese Länder finanziell unabhängig geworden. Das wollten die USA unbedingt verhindern, was der Hauptgrund dafür gewesen sein dürfte, dass dieser Krieg geführt wurde. Nachdem *Gaddafi* in der westlichen Presse verunglimpft und damit eine einseitige Meinung gebildet wurde, waren Kriegsgründe schnell gefunden. Ein weiterer Grund für die Intervention in Libyen könnte auch in dem Plan Libyens zu sehen sein, den *Gold-Dinar* als einheitliche afrikanische Goldwährung einzuführen. *„Die Ablehnung des US-Dollars als globales Zahlungsmittel in jeglicher Form bedeutet immer Krieg mit der Machtelite! Die Mächtigen der Erde verleihen den US-Dollar gegen Zinsen an die Weltbevölkerung. Ein überaus einträgliches Geschäft, das keinerlei Konkurrenz duldet!“*

Zu dem Konflikt um die **Ukraine** ist es vielleicht interessant zu erfahren, dass auch Russland bereits 2009 erwogen hatte, den Erdölhandel in Rubel abzurechnen sowie die eigene Währung als internationales Zahlungsmittel zu fördern.[218] Fünf Jahre später war bei *deutsche-wirtschafts-nachrichten.de* zu lesen, dass die Regierung in Moskau angekündigt habe, *„russisches Öl und Gas künftig nur gegen Rubel an ausländische Kunden zu verkaufen. Staatliche Firmen würden angewiesen, die Buchhaltung entsprechend umzustellen. So wolle man ‚den Würgegriff des Westens auf die russische Wirtschaft mildern‘“.*[219] Es ist durchaus möglich, dass aufgrund der westlichen Sanktionen die Ölpreise stark anziehen werden und diese sich somit als ein Schuss nach hinten herausstellen könnten. Es ist auch damit zu rechnen, dass wir in Europa wieder einmal einen Großteil der Kosten zu tragen haben, denn die Öl- und Spritpreise waren in den USA schon immer erheblich günstiger als bei uns. Wobei das noch das kleinste Übel wäre. Undenkbar, wenn die Ukraine-Krise in einen Krieg eskalieren würde. Schnell wären die arabischen Staaten und China darin verwickelt, und wir in Europa wären mittendrin. Doch ich will jetzt nicht zu weit vom Thema *Finanzen* abschweifen. Kommen wir zum nächsten Punkt.

PRIVATISIERUNGEN

Der Trend, Staatseigentum in Aktiengesellschaften umzuwandeln bzw. durch Privatisierung zu veräußern, begann vor einigen Jahren. Wasserwerke, Krankenhäuser, der Telekommunikationsbereich der Post usw. bekamen seitdem private Besitzer bzw. Aktionäre. Es handelt sich hier wohlgemerkt um Bereiche, die durch Steuergelder aufgebaut, finanziert und gepflegt wurden. Jeder von uns, der den Staat mit Steuergeldern bedient hat, ist – ethisch gesehen – Miteigentümer dieser Institutionen.

Auch wenn wir spüren und instinktiv wissen, dass diese Handlungen falsch sind, so hatten wir jedoch bislang nicht den Mut, uns zusammenzuschließen und zu sagen: *„NEIN! Das wollen wir nicht. Es geht um uns, um unser Trinkwasser, um unsere Patente, um unsere Industrie, um unser Leben, und deshalb sagen wir NEIN zu Privatisierungen!"* Der Sinn hinter dem Verkauf dieser großen, ehemals öffentlichen Betriebe und Versorgungsunternehmen war nicht, Geld in unsere Staatskassen zu bringen. Es gibt streng genommen keine Staatskasse, es gibt nur ein Aufrechnen von Ausgaben und Einnahmen und Schuldenrückzahlung, Neuverschuldung und Schuldzinsen! Das ist die Staatskasse.

Der Sinn dieser Verkäufe liegt darin, dass einige Großfinanziers und Investoren beabsichtigten, die Wasser- und weitere Versorgungsunternehmen, Teile der Infrastruktur sowie Industrien zu übernehmen und in ihren Besitz zu bekommen.

Dass diese Absicht von langer Hand geplant wurde, ist daran erkennbar, dass zum Beispiel in Deutschland schon vor Jahrzehnten jeder an das öffentliche Wassernetz angeschlossen werden musste, auch wenn man zuvor gut und gesund vom eigenen Brunnen gelebt hat. Jetzt, da dieser Zwang flächendeckend umgesetzt worden ist, kommt der nächste Schritt, nämlich der Verkauf der Wasserwerke an Großfinanziers. Die alten Brunnen sind mittlerweile längst eingefallen und nicht mehr nutzbar. Das ist ja das weitere paradoxe an diesen Plänen: Zwischen Schritt 1 und Schritt 2 wird so viel Zeit gelassen, in diesem Fall *Brunnen – öffentliche Wasserversorgung* ca. 40 bis 50 Jahre, dass den Menschen der Zusammenhang nicht mehr bewusst ist. An den erzwungenen Anschluss an eine zentrale Wasserversorgung hat man sich mittlerweile gewöhnt. Diesen konnte man nachvollziehen, da man glaubte, es wäre für unsere Gesundheit erforderlich gewesen. Eine Generation später – das Leitungswasser ist mittlerweile zum etablierten Begriff und zur Selbstverständlichkeit geworden – kommt dann der Trick mit der Privatisierung.

Glauben Sie wirklich, dass das eine nichts mit dem anderen zu tun hat? Der erste Schritt war die Vorbereitung für den zweiten Schritt: die Umsetzung. Nach dem alten Schema:

Schritt 1:

1. Schaffung eines Problems: „*Es könnten Keime im Brunnenwasser sein.*", vermutlich wurden ein paar Erkrankungen „produziert", die Presse berichtete meinungsbildend.
2. Reaktion: Das muss unbedingt geändert werden, um die Gesundheit der Bevölkerung zu schützen.
3. Lösung: Die Wasserversorgung muss über öffentliche Leitungen erfolgen, die aus zentralen Wasserreserven gespeist werden.

Schritt 2 wieder nach demselben Schema:

1. Problem: Die Verschuldung wird zu groß.
2. Reaktion: „*Wir müssen etwas tun, um die Wirtschaftskraft zu erhalten. Wir wollen Ihre Arbeitsplätze erhalten.*"
3. Lösung: Es werden bestimmte Dinge privatisiert, die bislang dem „Staat" (also eigentlich doch uns allen, oder nicht?) gehörten.

Nun wird der Sinn hinter dem Verkauf dieser Wasserrechte etc. sichtbar. Wer das Trinkwasser beherrscht, der beherrscht die Menschen, der hat die Macht über die Menschen, dem ist auch wirtschaftlicher Gewinn sicher. Und in Dürreperioden, seien sie nun natürlich oder herbeigeführt, kann Wasser – dann Mangelware – teuer verkauft werden. Wer jetzt denkt, dann gehe ich eben zum nächsten Bach und hole mir Wasser, der hat nicht einkalkuliert, dass durch Fracking, Chemtrails, Hormon- und Antibiotikabehandlung der Nutztiere etc. das Bachwasser vermutlich nicht mehr bekömmlich, wenn nicht gar bereits giftig sein dürfte. Gegen diese Verunreinigungen hilft auch kein Abkochen des Wassers.

Und so ganz nebenbei machen diese Eliten durch die Privatisierungen auch noch ein unglaublich schlaues Geschäft, denn das Geld, das der Staat dafür erhält, kommt ja nicht uns allen zugute, sondern fließt aufgrund der Staatsverschuldung und der deshalb fälligen Darlehensrückzahlung und Zinsen wieder zurück an die Banken, also wieder zurück zur Hochfinanz. Es ist ein Kreislauf ohne Ende, und unser Hamsterrad dreht sich immer noch schneller. Somit haben die Käufer den Kaufpreis für die Wasserrechte beispielsweise über den Umweg der Schuldzinsen **an sich selbst bezahlt!** Verstehen Sie das Paradoxon dahinter? Die Großinvestoren sind die Eigentümer, und sie erhalten durch diesen Kauf (Privatisierung) sowohl das Wasserwerk als auch den Kaufpreis dafür. Es ist eine moderne Form der Enteignung.

Beim Thema *Wasserversorgung* kommt noch ein weiterer Aspekt dazu, den ich noch nicht erwähnt habe, der jedoch von elementarer Bedeutung ist: Der, dem die Wasserwerke gehören, kann auch veranlassen, dass das Wasser mit Fluor, Aluminium, Chlor oder anderen Stoffen angereichert wird. Was diese zugesetzten Stoffe in unserem Körper verursachen können, habe ich an anderer Stelle näher erläutert. Hier nur kurz: Durch diese Stoffe findet eine Manipulation statt, über die in den großen Medien nicht berichtet werden darf. Wer hier mehr Information erhalten möchte, muss kritisch sein, selbst recherchieren, auch abseits der Mainstream-Medien suchen und entsprechende Literatur lesen.

Und wir, die Verbraucher, lassen das alles mit uns machen, nicken brav und sagen: *„Ja, das ist schlimm, aber es muss sein, haben Sie es nicht in den Nachrichten gehört?"*

Warum werden wir zu solch elementaren Themen nicht gefragt? Sollte man uns, die Verbraucher, das Volk, nicht informieren und evtl. sogar in solch gravierende Entscheidungen mit einbeziehen? Sind wir nicht alle zusammen „der Staat"? Die Antworten auf diese Fragen werden im Kapitel *Politik* erläutert.

Privatisierungen sind kein Mittel, um unsere Schulden zu senken. Wir können nie mehr entschuldet werden. Das Zins- und Zinseszinssystem erlaubt diese Möglichkeit bei einer derartigen Größenordnung nicht mehr. Das muss uns klar werden. Das gesamte System ist nur noch eine begrenzte Zeitlang haltbar und muss dann zwangsläufig eskalieren und schließlich kollabieren.

> *„Eigentlich ist es gut, dass die Menschen*
> *unser Banken- und Währungssystem nicht verstehen.*
> *Würden sie es nämlich,*
> *so hätten wir eine Revolution noch vor morgen früh."*[220]

Henry Ford (1863-1947), amerikanischer Autobauer und Buchautor

Die Werbung zeigt uns täglich: Wer etwas sein möchte, braucht *„sein Haus, sein Auto, sein Pferd..."*, größer, schöner, besser! Alles Attribute, die sich heute als zerstörerisch für eine Gesellschaft erweisen, wie sich im Aktiensystem deutlich darstellt: noch mehr Gewinn, noch mehr Rendite, noch mehr Einsparung beim Volk!

Schauen wir uns den Vergleich mit der vorindustriellen Zeit an: Früher gab es in jedem größeren Ort einen Schmied, einen Bäcker, einen Schneider, einen Barbier, einen Töpfer, einen Schuster, einen Brauer, eine Käseküche usw. Durch die Industrialisierung, die in Deutschland um 1830 begann, konnten die Waren mit austauschbaren Arbeitern und Maschinen viel billiger hergestellt werden. Das war dann auch der Tod der restlichen kleinen Produktionsstätten, die oft nur aus Vater und Sohn bestanden. Dies wurde durch steuerliche Vergünstigungen schmackhaft gemacht, und so entstanden größere Betriebe, die aber immer noch einen Chef hatten, den die Belegschaft in aller Regel kannte, der meist selbst in seinem Betrieb mitarbeitete, zumindest jedoch anwesend war. Diese Chefs hatten größtes Interesse daran, dass es ihrer Firma gut ging. Sie verdienten gut und legten einen Teil des Gewinns als Betriebsvermögen an. Nach und nach gab es jedoch immer weniger der kleinen Handwerksbetriebe, da die großen Firmen preisgünstiger produzieren konnten. So gewöhnte sich das Volk daran, dass die meisten Menschen Angestellte oder Arbeiter waren. Der große Nachteil: damit waren sie abhängig. Die Grundlage für Lohndumping war gegeben. Dieses System wurde zur Normalität.

Doch damit noch nicht genug. Das Geld sollte ja nicht zu den Chefs der Familienbetriebe fließen, sondern zur Hochfinanz. Zu diesem Zweck wurde das Steuersystem immer wieder verändert, und Firmen wurden zu Investitionen gedrängt, wenn sie nicht Unmengen Steuern bezahlen wollten. Somit wurden die Betriebe dazu gebracht, ihren Gewinn zu investieren und sich dazu noch Geld von der Bank zu leihen. Auf diese Weise floss ein Teil des Gewinns als Darlehensrückzahlung und Zins wieder zur Hochfinanz.

Die Betriebe waren noch weiter im Visier der Finanziers. Was liegt näher, als das System, an das sich die Menschen nun gewöhnt hatten, umzustellen auf ein System, das sich *Börse* nannte? Die Firmen gingen „*an die Börse*", und nun konnten reiche Menschen Aktien dieses Betriebes erwerben. Die Hauptanteile der großen, gewinnbringenden Aktiengesellschaften waren fortan in der Hand der finanzstarken Geldgeber. Damit flossen jedoch auch die Gewinne dorthin. Wer sich tatsächlich hinter manchen Großaktionären verbirgt, ist weitgehend unbekannt. Die Aktionäre haben keinen Bezug zur Firma, geschweige denn zu den Angestellten. Die Identifikation der Mitarbeiter mit dem Betrieb ging verloren, da die Mitarbeiter „ihren Chef" bzw. die Aktionäre ja nicht kennen, es entstand ein unpersönliches Verhältnis. So können Entscheidungen getroffen werden, die ausschließlich der eigenen Gewinnoptimierung dienen, und die Löhne an die produzierenden Arbeiter werden nur als Ausgaben gesehen, die reduziert werden müssen. Ohne persönliche Beziehung zu den Mitarbeitern kann jeder leicht ausgetauscht, versetzt oder wegrationalisiert werden. Ich bin mir sicher, dass viele Aktionäre den Betrieb, dessen Miteigentümer sie sind, noch nicht einmal gesehen haben.

Der Plan ist aufgegangen, das erwirtschaftete Geld fließt weg vom Arbeiter, vom Angestellten und vom Geschäftsführer hin zum Vorstandsvorsitzenden und Aktionär. Der, der die Arbeit verrichtet, geht fast leer aus. Und an diesem Punkt frage ich mich: „*Wo ist hier der Unterschied zur bislang bekannten Sklaverei?*" Ich sehe keinen!

ZINS

Der *Zins* ist ein Ausgleich dafür, dass der Gläubiger dem Schuldner einen gewissen Betrag für eine bestimmte Zeit leiht, sozusagen eine *Leihgebühr*. So weit ist das gut nachvollziehbar. Doch das Widersinnige dabei ist, dass es nur funktioniert, wenn immer mehr Geld auf den Markt kommt, denn wenn nicht, dann bleibt einer auf der Strecke. Sehr anschaulich hat das *Max von Bock* in seiner Diplomarbeit, einem Kurzvideo mit dem Titel „*Wie funktioniert Geld?*", in drei Teilen dargestellt. Wäre das Thema nicht so ernst, wäre es witzig anzusehen. Dieses Video kann ich Ihnen sehr empfehlen, im Internet können Sie es auf Youtube ansehen.[221]

In ganz kurzen Worten funktioniert Zins so: Es gibt 100 Münzen. Von diesen 100 Stück bekommen 10 Personen je 10 Münzen. 10% davon, also je Person 1 Münze, müssen pro Jahr an Zins bezahlt werden. Am Ende des Jahres zahlen die 10 Personen ihren Zins, insgesamt 10 Münzen. Da es jedoch nur 100 Münzen gibt und bereits 10 Münzen an Zins bezahlt werden müssen, bleiben nur noch 90 Münzen für die 10 Personen übrig. Folglich müsste einer leer ausgehen, falls alle 10 wieder einen Kredit von je 10 Münzen aufnehmen wollen. 9 x 10 = 90; 90 + 10 (Zins) = 100. Siehe folgende Tabelle:

Person 1	Person 2	Person 3	Person 4	Person 5	Person 6	Person 7	Person 8	Person 9	Person 10
1 Münze (Zins)	1 Münze (Zins)	1 Münze (Zins)	1 Münze (Zins)	1 Münze (Zins)	1 Münze (Zins)	1 Münze (Zins)	1 Münze (Zins)	1 Münze (Zins)	1 Münze (Zins)
10 Münzen	10 Münzen	10 Münzen	10 Münzen	10 Münzen	10 Münzen	10 Münzen	10 Münzen	10 Münzen	**leer**

Jeder wird natürlich versuchen, nicht der eine zu sein, dem nichts bleibt, sondern die 10 Münzen zu behalten UND die eine Münze Zins bezahlen zu können. Dieses System garantiert den Geldgebern Zinseinnahmen sowie fleißige Schuldner, die bestrebt sind, bei den ersten neun zu sein und nicht der zehnte, bei dem nichts mehr übrig bleibt. Jeder versucht, so fleißig wie möglich zu sein bzw. so viel Gewinn wie möglich zu erwirtschaften, denn einer wird verlieren. Alle streben nach Gewinn: Das Beste, was einem Geldgeber passieren kann! Von dem einen, der übrig bleibt und nichts mehr hat, bekommt die Bank bzw. der Geldgeber seine verbürgten Sicherheiten, meistens in Form von Immobilien oder auch in Form von Rechten auf Bodenschätze, Erdöl oder Sonstigem, wenn es sich um Staaten handelt. Sie sehen, es ist ein von den Geldgebern sehr klug ausgedachtes System, sich sowohl am Zins als auch an den Sicherheiten zu bereichern. Will man verhindern, dass jeder 10. insolvent wird, muss die Geldmenge permanent vergrößert werden. Dieses Beispiel zeigt auch gut auf, dass das Zinssystem stetes Wachstum voraussetzt, damit möglichst auch der „10." solvent bleibt und weiter nach Gewinn strebt.

Wenn man nun den Zins ansieht, den Geldanleger erhalten, dann ist dieser mindestens ebenso unnatürlich wie der Zins, der für ein Darlehen bezahlt werden muss. Das zeigt die Geschichte des *Josefspfennigs*. Hätte Josef im Jahre 0 für seinen Sohn Jesus nur 1 Cent angelegt (vorausgesetzt, es hätte bereits Centmünzen gegeben), dann hätten die Nachkommen von Jesus heute durch Zins und Zinseszins ca. 295 Milliarden Weltkugeln aus reinem Gold, schreibt Börsenmakler *Dirk Müller* in seinem Buch *Crashkurs – Weltwirtschaftskrise oder Jahrhundertchance?*.[222]

Dass dieses System nicht gerecht sein kann, prangern verschiedene Politiker und Finanzexperten immer wieder an. Wie zum Beispiel *Hansjürg Weber*, Schweizer Nationalrat, 1990: *„Der Zins ist ein Tribut, den der Schaffende – vom Industriearbeiter bis zum Bauern und Unternehmer – dem Geldleiher entrichten muss, damit überhaupt gearbeitet werden kann. Der Zins wird in den Preis aller Waren eingerechnet und dadurch auf die Konsumenten abgewälzt. Er ist eine erdrückende Last für die große Mehrheit und eine mühelose Einnahmequelle für eine kleine Minderheit der Bevölkerung. Der Zins ist arbeitsfreies Einkommen und daher ethisch nicht zu verantworten."* (krisenfrei.de)[223]

Das Zinssystem gilt natürlich auch für die Sparer, die ihr Geld der Bank leihen. Doch die Banken sehen das inzwischen anders, denn ihr Gewinn aus den Darlehen, die sie vergeben, reicht ihnen wohl nicht mehr. Sie selbst zahlen daher leider wenig bis gar keinen Zins mehr. Und in Kürze können wir eventuell damit rechnen, dass es einen negativen Zins geben könnte, das bedeutet, wenn Sie Ihr Geld bei der Bank lagern, bezahlen Sie dafür einen Zins. Parallel dürfte dies allerdings damit einhergehen, dass das erlaubte Barvermögen limitiert wird, das heißt, sein Geld im Sparstrumpf unter dem Kopfkissen zu lagern, wird verboten.

Der Seher *Alois Irlmaier* (1894-1959) soll gesagt haben: *„Jetzt kommen die drei Raubritter!"*, worauf eine Gastwirtin gefragt haben soll: *„Ja wer is' denn des?"*. Da soll *Irlmaier* geantwortet haben: *„Das Finanzamt, die Banken und die Versicherungen!"*, schreibt *Stephan Berndt* in seinem Buch *Alois Irlmaier – ein Mann sagt, was er sieht*.[224] Wir scheinen in dieser Zeit angekommen zu sein.

SCHULD – SCHULDEN

Dieses Zinssystem verlangt ein stetiges Wirtschaftswachstum, wenn nicht jeder zehnte Insolvenz anmelden soll. Das geht lange gut und bietet in den ersten Jahrzehnten Wohlstand und Reichtum für alle, da das Wachstum größer ist als die Verschuldung. Doch selbst wenn von einem steten Wachstum ausgegangen wird, was nur einem theoretischen Idealfall entspricht, ist der Markt irgendwann gesättigt und kann nicht weiter wachsen. Wohlgemerkt, Wachstum bedeutet nicht, dass unser Umsatz so bleibt, also genauso viel Produktion, Handel und Umsatz wie im Vorjahr, sondern Wachstum bedeutet Steigerung, also noch mehr Produktion, Handel und Umsatz als im Vorjahr. Und das jedes Jahr! Unsere Politiker versuchen zurzeit verzweifelt, diese Steigerung durch noch mehr Konsumenten (Zuwanderung) zu erreichen, was ihnen nicht gelingen wird. Aber gehen wir trotzdem mal davon aus, dass ein stetes Wachstum möglich ist, dann ist das grafisch dargestellt eine lineare Kurve.

Dem gegenüber steht die Verschuldung, die zu Beginn noch gering ist, mit der Zeit jedoch durch den Zinseszins immer größer wird. Die Verschuldung wird nicht linear größer, sondern exponentiell, das bedeutet immer schneller immer größer. Ab dem Punkt, wo sich die beiden Kurven schneiden, ist die Verschuldung größer als das Wachstum. Wenn die Verschuldung dann eine kritische Größenordnung erreicht hat, ist ein Staat gezwungen, Staatseigentum zu verkaufen, was beschönigend harmlos „Privatisierung" genannt wird. Das ist der Moment, ab dem im Grunde genommen eine Enteignung beginnt. Staatseigentum ist Eigentum der Allgemeinheit, und wenn der Staat staatliche Institutionen und Versorgungsunternehmen etc. verkauft, versilbert er damit unser aller Gemeinschaftseigentum, das mit unseren Steuergeldern finanziert worden ist. Das Ende der Spirale ist die Zahlungsunfähigkeit, sprich Insolvenz. Dieser Zeitpunkt wird natürlich auf Biegen und Brechen hinausgezögert, denn gerade kurz davor sind die Einnahmen des Gläubigers am größten, wie die nachfolgende Grafik zeigt.

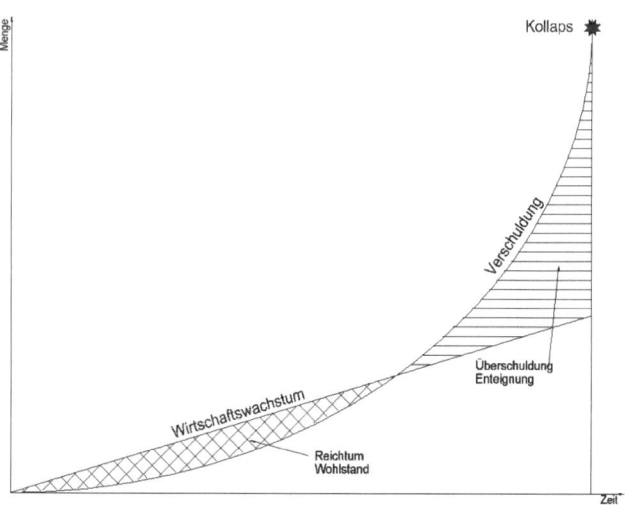

Abb. 29: Wachstum und Verschuldung

143

Dabei muss man wissen, dass der Staat die Verschuldung einer Firma fördert, da – einfach ausgedrückt – weniger Steuern bezahlt werden müssen, wenn Investitionen in der Firma getätigt werden. Je mehr Schulden, desto weniger Steuern. Eine Firma, die Guthaben ansammelt, wird sozusagen bestraft. Die Firmen werden dadurch dazu gebracht (= manipuliert), Schulden aufzunehmen mit dem Argument, dass der Betrieb somit expandiert und zum Wirtschaftswachstum beiträgt. Der wirkliche Grund ist jedoch darin zu sehen, dass die Hochfinanz immer noch höhere Gewinne erzielt, je mehr Geld von der Bank geliehen wird. Es liegt offensichtlich auf der Hand, dass derartige Steuerregelungen nur deshalb geschaffen wurden, um den Gewinn der Banken und der Männer dahinter zu maximieren, gleichzeitig den Mittelstand und dessen Mitarbeiter immer ärmer werden zu lassen und schlussendlich zu enteignen. Dieser enteignete Mensch kann gezwungen werden, für geringste Bezahlung jede Arbeit anzunehmen, seinen restlichen Besitz zu verkaufen und seine gesamten persönlichen Verhältnisse offenzulegen. In meinen Augen ist das moderne Sklaverei.

Sie meinen, ich übertreibe? Überlegen Sie sich Folgendes: Die Verschuldung vieler EU-Staaten „zwingt" diese Staaten, massiv einzusparen, die Löhne zu senken, massive Einschnitte im öffentlichen Verkehr, bei der Verwaltung, der Polizei, in der Bildung, im Gesundheitssektor und vielen, vielen anderen Bereichen vorzunehmen. Die Menschen haben plötzlich weniger Geld zur Verfügung, Unterricht fällt aus, weil an den Lehrern gespart wird, Menschen leiden unter Schmerzen oder sterben, weil die medizinische Versorgung eingeschränkt wird bzw. nicht mehr bezahlt werden kann und, und, und. Und jetzt sollten Sie sich fragen, warum nicht bei den Banken gespart wird, die ja mit verantwortlich sind für das ganze Dilemma. Die Vorstandsvorsitzenden erhöhen ihre Boni-Zahlungen, genauso wie die Politiker ihre Diäten. Lediglich die „normale" Bevölkerung muss Einsparungen erdulden, nicht die Vorstände im Big Business.

Die Tendenz dahinter ist unschwer zu erkennen: Durch die Überschuldung der Staaten bekommen die Gläubiger Zugriff auf die Sicherheiten und ergaunern sich somit die Vollmacht, sämtliche Ressourcen der Schuldnerländer auszubeuten, und die Bevölkerung bleibt im Regen stehen. Wenn kleinere Banken schließen müssen, ist Ihr Geld verloren, und in anderen Fällen mussten Sparer in der Vergangenheit 10% ihres Bankvermögens ersatzlos an den Staat abtreten. Was in Zypern geschehen ist, dürfte kein Einzelfall bleiben. Der *Internationale Währungsfond* (IWF) fordert *„eine allgemeine ‚Schulden-Steuer' in Höhe von **10 Prozent für jeden Haushalt in der Euro-Zone**, der auch nur über geringe Ersparnisse verfügt"*.[225] Diese Äußerung wurde im Oktober 2013 in *deutsche-wirtschafts-nachrichten.de* veröffentlicht. Der IWF sei *„der Motor für alle Veränderungen im Weltwirtschafts-System. Er hat Einfluss: Im neuen Fiscal Monitor fordert der IWF, dass der Spitzensteuersatz in Deutschland auf bis zu 70 Prozent angehoben wird."* Soll Deutschland wirtschaftlich abgeschossen werden? Fast drängt sich dieser Verdacht auf.

Die Menschen werden enteignet, ihrer Rechte auf Bildung und gesundheitliche Versorgung beraubt – die sie ja zuvor bereits durch ihre Steuern finanziert hatten(!) –, während die Verursacher immer noch reicher werden. Wir können in Zypern, Griechenland, Spanien usw. beobachten, dass die Gelder, die aus dem ESM-Topf in überschuldete Staaten fließen, nicht etwa den Schulen, Krankenhäusern oder den produzierenden Firmen zugutekommen, nein, die Gelder fließen zu den Banken, die die Schuldensituation in der jetzigen Größenordnung erst verursacht haben. Gerettet wird somit nicht die Existenz der Bevölkerung, um die geht es den Mächtigen nicht, sondern das Finanzsystem. Die Einnahmen der Hochfinanz haben oberste Priorität.

Wir sehen das in den USA, dort haben während der Bankenkrise, die 2007 begann, mehr als 5 Millionen Immobilienbesitzer ihr Zuhause verloren.[226] Und an wen haben sie ihre Immobilien verloren? An die Banken! Die Info stammt vom Dezember 2012, und die Autorin rechnet damit, dass es noch weiteren Millionen Hausbesitzern so ergehen wird. Die Banken werden mit Steuergeldern gerettet, und die Menschen leben auf der Straße. Eine Überschuldung mit all ihren Konsequenzen überzieht den Erdball.

Nun sollte man sich wieder die üblichen Fragen stellen: Wer könnte das Ziel verfolgen, die gesamte Erde einzunehmen? Wer könnte so skrupellos sein, einen Plan zu verfolgen, der fast die ganze Menschheit in Schulden stürzt? Dass es funktioniert, zeigt die Tatsache, dass so ziemlich alle Länder der Welt verschuldet sind. Doch es stellt sich die große Frage: **Verschuldet bei wem?** Verschuldet bei den Großfinanziers, bei den Investoren und bei denen, die durch Zinsen und Zinseszinsen einen so unvorstellbaren Reichtum gescheffelt haben, dass uns schwindelig werden könnte. Verschuldet bei denen, die dieses Zinssystem überhaupt erst eingeführt haben.

> *„99 Prozent der Menschen sehen das Geldproblem nicht.*
> *Die Wissenschaft sieht es nicht,*
> *die Ökonomie sieht es nicht,*
> *sie erklärt es sogar als ,nicht existent'.*
> *Solange wir aber die Geldwirtschaft nicht als Problem erkennen,*
> *ist keine wirkliche ökologische Wende möglich."*[227]

Prof. Hans-Christoph Binswanger, Schweizer Wirtschaftswissenschaftler

WALL STREET VON GEHEIMBUND GESTEUERT?

Der US-Reporter *Kevin Roose* vom *New York Magazine* hat sich in ein Geheimtreffen der Wall-Street-Bruderschaft *Kappa Beta Phi* eingeschlichen und berichtet in seinem Buch *Young Money* darüber, was er dort erlebt hat. Er schreibt, er habe dort Unglaubliches gesehen und gehört. Die Bruderschaft soll Witze über den Rest der Gesellschaft gerissen und sich über die „unteren" 99% der Gesellschaft mit Hohn und Spott geäußert haben. Kostümiert sollen sie jubelnd und grölend Cremetörtchen auf die Bühne geworfen haben. *„Ich glaube, dass Gott für uns alle einen Plan hat. Ich glaube, dass zu meinem Plan ein siebenstelliger Bonus gehört.",* soll dort zu hören gewesen sein, und die Bruderschaft habe sich verpflichtet, *„den Geist von 1928/29 wachzuhalten".* Am 24. Oktober 1929 begann die Weltwirtschaftskrise, die Amerika und Europa in ein unglaubliches Chaos und Elend stürzte. Die Wirtschaftskrise sei besungen worden, wie eine Heldentat.[228]

Folgende Gäste sollen dort unter anderem gewesen sein:

- *Bob Benmosche* (Chef des Versicherungsriesen *AIG Chart*, der mit 182 Milliarden Dollar vom Staat „gerettet" worden ist)[229]
- *Marc Lasry* (ein milliardenschwerer Hedgefond-Manager und Obama-Förderer)[230]
- *Wilbur Ross* (milliardenschwerer Großinvestor, der einen Teil der deutschen Handelsflotte und Schiffsfonds kaufen möchte)[231]
- *Michael Novogratz* (ebenfalls milliardenschwerer Anleger)

Die reichsten der Reichen machen sich über diejenigen lustig, die durch ihre Arbeit, ihren Einsatz, ihre Zeit und Leistung, oft auf Kosten ihrer Gesundheit, diese Gewinne überhaupt erst ermöglichen. Ich frage mich, wie es sein kann, dass sich 7 Milliarden Menschen von einer Hand voll reicher Investoren so versklaven lassen können. Durch verschleierte Geschäftspraktiken, Korruption, Bedrohung, geschickte Manipulation der Medien und vor allem durch ein unvorstellbar geschicktes System scheint es möglich zu sein, die Welt Jahrzehnte oder besser gesagt Jahrhunderte, vermutlich sogar Jahrtausende lang zu beherrschen.

WELTWÄHRUNG

Am einfachsten wäre für die Weltelite die Kontrolle und die Manipulation des gesamten Finanzsystems, wenn es nur eine Währung, eine *Weltwährung*, geben würde. Dann müsste nur eine Zentralbank überwacht werden. Das klingt utopisch? Sie fragen sich, wie das durchgeführt werden soll? Sie können sich sicher sein, dass derartige Planungen schon sehr weit fortgeschritten sind. Warum sonst sollten sich regelmäßig alle zwei Monate(!) in Basel 17 Männer treffen und in geheimer Runde über die finanziellen Geschicke der Weltfinanzen sprechen? Diese Männer sind die Präsidenten der wichtigsten Zentralbanken weltweit. Dazu zählen laut der *FAZ* zurzeit zum Beispiel *Mario Draghi* (*Europäische Zentralbank*), *Jens Weidmann* (*Bundesbank*) und *Janet Yellen* (*US-Federal-Reserve-Bank*).[232] Es handelt sich um die Treffen der *Bank für Internationalen Zahlungsausgleich (BIZ)*.

Janne Jörg Kipp hat über die mächtigste Bank der Welt, die *BIZ*, ein Buch geschrieben: *BIZ: Der Turmbau zu Basel: Geheimpläne für eine globale Weltwährung*. In einem Artikel zum Buch wird der Inhalt wie folgt zusammengefasst: „*Was nach einer Zusammenkunft gut gelaunter Herren klingt, ist tatsächlich eine konspirative Sitzung der mächtigsten Banker der Welt: der Vorsitzenden der ‚Bank für Internationalen Zahlungsausgleich' (BIZ)... Die BIZ will den Kollaps herbeiführen, um die vollständige Kontrolle über die Finanzen der Welt zu erlangen!... hinter den Vorsitzenden der BIZ verbergen sich die wichtigsten Notenbanker der Welt... Damit ist klar: Was die Gruppe hinter verschlossenen Türen vereinbart, wird über die Zentralbanken umgesetzt. Trotz ihrer enormen Macht werden die BIZ und ihr Führungszirkel von keiner Aufsichtsbehörde, von keinem Politiker kontrolliert. Die Bank kann tun, was immer sie will. Das macht sie auch!... Nach dem Krieg förderte die BIZ das Konzept eines vereinten Europas. Später den Euro. Das Ziel: Eine globale Weltwährung. Aus gutem Grund: Eine Einheitswährung ist leicht zu manipulieren! Schon seit der Euro-Einführung arbeitet die BIZ an seiner Entwertung... Mit diversen Maßnah-*

men sorgt sie dafür, dass Währungen weltweit ausgehöhlt werden und Vermögen zusammenschmelzen. Die BIZ profitiert davon: Je geringer das Kapital des Volkes, desto größer die Macht derer, die an den Hebeln des Finanzsystems sitzen. Jetzt treibt die BIZ den Kollaps des Finanzsystems voran. Der Zusammenbruch ermöglicht ihr, die globale Finanzarchitektur neu zu ordnen… Janne Jörg Kipp erläutert Ihnen… was Sie in nächster Zeit erwartet: Währungsreform, Zwangsabgaben, Enteignungen.“[233]

Es handelt sich hier wohl nicht nur um reißerische Buchwerbung, denn auch in *faz.net* können Sie lesen, dass in Basel die mächtigste unbekannte Bank der Welt sitzt, die *BIZ*. „*Hier wird beschlossen, wonach sich jede Bank richten muss.*“[234]

Und die Einschätzung der *BIZ* zu Europa war im Juni 2014 nicht gerade günstig: „*Europas Bankensektor nach Einschätzung der Bank für Internationalen Zahlungsausgleich (BIZ) weiter in einer kritischen Situation*“, schreibt *spiegel.de*.[235] Wird hier bereits der Boden für den wirtschaftlich-finanziellen Zusammenbruch Europas vorbereitet?

Dass dahinter viel mehr steckt, als wir alle ahnen, sagt ein Zitat von *Henry Kissinger*, der 1973 erklärt haben soll:

> „*Wer die Nahrung kontrolliert, kontrolliert die Menschen;*
> *Wer die Energien kontrolliert, kontrolliert ganze Kontinente;*
> *Wer das Geld kontrolliert, kontrolliert die Welt.*“[236]

Henry Kissinger, ehem. US-Außenminister und ehem. Direktor des CFR

Dem ist nichts hinzuzufügen!

Ist Ihnen schon einmal aufgefallen, dass es bei allen Diskussionen bezüglich der Wirtschaftskrise immer nur um die Finanzen geht? Was ist mit den Menschen? Bei sämtlichen Lageeinschätzungen und Rettungsaktionen wird immer nur von der Situation der Banken gesprochen, nie von der Situation der Menschen. Die Menschen sind es, denen es gut oder schlecht gehen kann, **einer Bank kann es nicht gut oder schlecht gehen**. Das ist nur das fadenscheinige Argument der Bankvorstände, die nach ihrer eigenen Einschätzung noch immer zu wenig Geld erhalten, wenn sie davon sprechen, dass es *den Banken schlecht geht*. Das muss uns klar sein! Eine Bank kann Verluste machen, aber es kann ihr nicht schlecht gehen – ganz einfach, weil sie kein lebendes Wesen ist und kein Schmerzempfinden hat, sondern ein Geldinstitut ist, das gewinnbringend oder mit Verlusten geführt werden kann. Richtig wäre es, wenn die Verantwortlichen dafür gerade stehen müssten.

Eine Teilenteignung konnten wir bereits bei der Einführung des Euro erleben. Die Zahl, hinter der bis 2002 das Zeichen *DM* stand, ist heute wieder genauso groß wie damals, nur dass heute *Euro* dahinter steht, obwohl für die Umrechnung 1 Euro = 1,95583 DM festgelegt worden war. Das bedeutet, die Zahlen hätten sich etwa halbieren müssen. Doch innerhalb weniger Jahre hat die Zahl wieder den alten Wert erreicht, obwohl nun in Euro angegeben. Das bedeutet eine Teuerungsrate von 100% in kurzer Zeit. Die Einkünfte der durchschnittlichen Bevölkerung sind jedoch bei Weitem nicht um 100% gestiegen. Wenn überhaupt, dann sind die Einnahmen um einstellige, maximal zweistellige Prozentzahlen gestiegen. Die Umstellung von DM auf Euro hat sich im Nachhinein als

Enteignung entpuppt, wie es von vielen Menschen auch befürchtet worden war. Was glauben Sie, was geschieht, wenn der Euro auf einen *Amero* (Einheitswährung für Amerika und Europa) oder auf einen *DEY* (abgeleitet von *Dollar, Euro* und *Yen*) umgerechnet wird? Überlegen Sie mal, ob die Währung dann stabiler sein würde als der Euro oder die DM. Wer würde am meisten bluten, um diese Währung stabil zu halten? Welcher Staat würde wohl mit der größten Summe haften? Wer hätte vermutlich die größte Steuerlast zu tragen? Richtig, das Volk, das immer noch als „fleißig" und „rechtschaffen" gilt, das einst als das „Land der Dichter und Denker" bezeichnet wurde. Es heißt noch immer, dass Deutschland ein reicher Staat sei, obwohl bereits 2012 etwa 600.000 bis 800.000 Menschen ihre Stromrechnung nicht mehr bezahlen konnten und ihnen der Strom abgeschaltet worden ist.[237] Wie wird sich wohl die finanzielle Lage von Geringverdienern, Rentnern oder der heutigen Mittelschicht bei uns entwickeln, wenn alle Staaten dieselbe Währung erhalten? Wäre das nicht die ideale Gelegenheit für die Großbanker, eine erneute – diesmal jedoch globale – Volksenteignung zu ihren eigenen Gunsten durchzuführen? Nichts ist unmöglich!

Noch vor zwanzig Jahren wäre es völlig undenkbar gewesen, mit Steuergeldern Banken zu „retten". Es hätte einen Sturm der Entrüstung gegeben. Aber man hatte die Daumenschrauben langsam genug immer fester gedreht, und so konnte sich die Bevölkerung nach und nach an die heutigen Zustände gewöhnen. Stellen Sie sich vor, es würde bei diesem System einfach keiner mehr mitmachen, gemäß dem Spruch: „*Stell' Dir vor, es ist Krieg, und keiner geht hin!*" Es ist richtig, dass das absolut utopisch und undurchführbar klingt. Doch stellen Sie sich einmal vor, alle Menschen würden gleichzeitig aus dem Finanzsystem aussteigen. Wie das gehen soll? Stellen Sie sich vor, alle Menschen machen weiter wie bisher, doch keiner bezahlt bzw. verlangt mehr etwas für seine Leistungen und Waren. Jeder **nimmt** aus dem System, was er braucht – Nahrungsmittel, Kleidung, Wohnraum usw., und gleichzeitig **gibt** jeder in das System, was er kann bzw. produziert: seine Arbeitsleistung, Lebensmittel, Kleidung, Wohnraum usw. Es ginge genauso weiter wie bisher, nur dass – ein entsprechend hoch entwickeltes Bewusstsein vorausgesetzt – keine einseitige Bereicherung mehr möglich wäre. Wenn dies zu einem bestimmten Zeitpunkt X eingeführt würde und jeder würde ab diesem Zeitpunkt in dieses System integriert sein, hätte jeder alles, was er braucht. Die Durchführung müsste zwar genau ausgetüftelt werden, aber ich bin mir sicher, es würde funktionieren. Nach anfänglichen Startschwierigkeiten, die mit unseren Ängsten zu tun haben, würde sich das System einspielen. Der Meinung ist übrigens auch *Christoph Fasching*, der dieses Thema in seinem Buch *Die Gesellschaft 2015*[238] ausgeführt hat. Es wäre ein unglaublich heftiger Einschnitt, aber glauben Sie mir, ein Dritter Weltkrieg würde einen härteren Schnitt bedeuten. Und ich bin mir sicher: Das Leben wäre für uns alle erheblich leichter!

Abb. 30:
Die Zentrale der BIZ in Basel.

SCHULDGEFÜHL

Nun möchte ich abschließend nochmals ergänzend zu dem bereits erwähnten Thema *Schuld* kommen, und zwar mit einer ganz anderen Betrachtungsweise, sozusagen einem Perspektivenwechsel. Vielleicht sollten wir uns einmal Gedanken über folgenden Zusammenhang machen: Wir werden von mehreren Seiten dazu gedrängt, ein schlechtes Gewissen zu haben. Das fängt bei den Christen schon damit an, dass ihnen eingeredet wird, dass sie mit einer sog. „Erbsünde" geboren werden und „schuldig" sind. Die Krönung dabei ist, dass man ihnen einredet, sie könnten daran noch nicht einmal etwas ändern, egal, was sie auch tun. Wer vor seinem Sterben nicht getauft worden ist, durfte lange Zeit nicht auf einem Friedhof beerdigt werden. Nur bei der Beichte könne man einen Teil seiner großen Schuld erlassen bekommen. Nicht umsonst betet man bei den Katholiken in der Messe: *„Ich habe gesündigt in Gedanken, Worten und Werken, durch meine Schuld, durch meine Schuld, durch meine große Schuld."* Und weil das noch nicht genug ist, klopft man sich dabei mit den Fingern auf die Brust. Damit dieses Schuldbekenntnis auch noch in den Zellen verankert wird. Da bleibt keine Zelle mehr unschuldig.

Weiter geht es mit der Schule. Auch hier wird immer noch bestraft und beschuldigt – „böses Kind". Von der kindlichen Neugier, dem Wissen um die eigene Liebenswürdigkeit bleibt da nichts mehr übrig. Und wenn wir zu den Deutschen gehören, haben wir uns prinzipiell und ohne weitere Argumente allein deshalb schuldig zu fühlen, weil wir in Deutschland geboren wurden. In der ersten Hälfte des 20. Jahrhunderts war ein österreichischer Diktator an der Macht, der Millionen Menschen auf dem Gewissen hat, der allerdings auch viele Gegner hatte. Und wegen seiner Taten soll sich das gesamte deutsche Volk schuldig fühlen, egal, wie lange das alles her ist. Das wird so erwartet.

Was hat das jetzt alles mit dem Finanzsystem zu tun, werden Sie sich fragen. Ganz einfach: Bei so viel *Schuld* können wir gar nicht anders, als ein Geldsystem zu benutzen, das auf *Schulden* beruht. Ich glaube, es ist an der Zeit, dass wir beginnen sollten, uns nicht mehr schuldig zu fühlen und in unsere Kraft, in unser Potential zu gehen. Damit meine ich, unsere Talente und Gaben zu entdecken und ebenso unseren göttlichen Funken, der in jedem von uns vorhanden ist – in jedem. Wir sollten uns mit dem beschäftigen, was uns am meisten interessiert, was wir am besten können und wenn es vorerst nur in unserer Freizeit ist. Vielleicht wird aus unserer Berufung ein Beruf.

Wenn wir unsere Individualität entdecken und uns gleichzeitig unserer Verbindung untereinander und mit der Seelenquelle bewusst sind, dann entwickelt sich eine neue Gesellschaft. Wenn wir in uns selbst die Schuld transformiert haben, dann brauchen wir – dem *Gesetz der Resonanz* entsprechend – auch im Außen keine Schulden mehr. Wenn wir uns wieder geborgen fühlen in der Welt, wenn wir unser reiches Sein und die Fülle des Lebens wieder spüren lernen, dann kann ein neues, ehrlicheres System wachsen, wie auch immer das aussehen wird.

Vielleicht geht es auch ohne Geld, wie es *Christoph Fasching* in seinem Buch *Die Gesellschaft 2015* beschrieben hat. In so einer Art des Zusammenlebens bringt jeder das in die Gemeinschaft ein, was er kann bzw. hat, wie zum Beispiel die Arbeit als Zimmermann, Bäcker, Friseurin, Altenpfleger, Ingenieur, Künstler, Zuhörerin, Kinderbetreuerin oder was auch immer. Im Gegenzug dazu entnimmt er der Gesellschaft nur das, was er wirklich braucht, wie zum Beispiel Essen, Wasser, Wohnung, medizinische Versorgung usw. Alles, was heute noch dem übermächtigen Ego entspricht, wie unverhältnismäßig große Autos, Jachten, Immobilienbesitz etc., gibt es nicht mehr. Das, was hier wie extremer Sozialismus klingt, funktioniert jedoch nur wirklich, wenn das Bewusstsein der Menschen bereits so weit entwickelt ist, dass es keinen Neid, keine Machtbestrebungen und auch keine Hierarchie mehr gibt. Es darf – unsere geistige Führung ausgenommen – niemanden mehr geben, der „über" der Allgemeinheit steht. Alles wird gemeinsam zum Wohle der Erde, der Natur und der Menschheit entschieden. Ein Leben dieser Art würde das Paradies auf Erden bedeuten. Das Wohnhaus wird den Ansprüchen entsprechend gewählt, und wenn es zu klein geworden ist, weil es von einer Familie mit Kindern bewohnt wird, wird es gegen ein größeres getauscht, das einer anderen Familie zu groß geworden ist. Ja, es könnte so einfach gehen. Die Naturvölker leb(t)en uns dieses System bereits vor, und auch unsere Urahnen lebten so, wir brauchen uns nur wieder daran zu erinnern. Diese Einstellung, kombiniert mit unserem heutigen Komfort, das stelle ich mir phänomenal vor.

Dann müssten wir nicht mehr einem Wirtschaftswachstum hinterherjagen, sondern hätten mit vielleicht 4 Stunden Arbeit am Tag ein gutes und bewusstes Leben. Dann wären wir auch in der Lage, uns um die Erde und die Umwelt und um uns selbst zu kümmern. Es gäbe keine Hinderungsgründe mehr für *Freie-Energie-Motoren*, für gesunde Baumaterialien, Kleidung und Nahrung aus natürlich angebauten Rohstoffen und Heilmittel, die wirklich heilen. Es gäbe keine „Wegwerfartikel" mehr, alle Geräte würden in höchster Qualität produziert und nach vielen Jahren vollkommen dem Recycling zugeführt. Das wäre der Beginn des *Neuen Goldenen Zeitalters*.

KAPITEL 11: POLITIK

„Diejenigen, die entscheiden, sind nicht gewählt,
und diejenigen, die gewählt werden, haben nichts zu entscheiden."[239]

Horst Seehofer, Vorsitzender der CSU

Politik kommt ursprünglich aus dem Griechischen und bedeutet: *die Kunst der Staatsverwaltung.* Interessant wird es, wenn wir das verwandte englische Wort *polite* ansehen, das *höflich* bedeutet, was wiederum einen Bezug zum adeligen *Hofe* hat. Damit wäre die Verbindung zur Aristokratie hergestellt. *Aristokratie* bedeutet im ursprünglichen Wortsinn *Herrschaft der Besten,* wobei mit den *Besten* die Oberschicht, also Könige, Fürsten und Adelige, gemeint sind. Diese verfügten in früheren Zeiten über Besitz, Macht und Reichtum und haben sich gegenseitig bekriegt, um an das Geld, die Ländereien und den Reichtum ihrer Widersacher zu kommen. Insofern hat sich gegenüber unserer heutigen, angeblich gewählten, Politik nicht viel geändert, außer dass diejenigen, die sich als die Besten fühlen, nicht mehr die offensichtlichen Herrscher sind, sondern aus dem Hintergrund den Politikern vorschreiben, was diese zu entscheiden haben.

Doch bleiben wir bei der Staatsverwaltung. Was, wenn wir hier in Deutschland gar kein „Staat" sind, wie viele Experten behaupten? Wer bestimmt dann unsere Politik? Was für eine Rolle spielen unsere Politiker? Wer beauftragt und bezahlt sie? Was haben sie wirklich für eine Funktion? Bezüglich der deutschen Politik scheint es viele offene Fragen zu geben!

Die Grundfrage Nr. 1 ist allen voran, warum wir in Deutschland keine *Verfassung* haben, sondern nur ein *Grundgesetz.* Dies werden wir nachfolgend näher betrachten. Dass die BRD kein Staat ist, scheint Fakt zu sein, denn das Kennzeichen eines souveränen Staates ist unter anderem eine *Verfassung.* Im Artikel 146 des *Grundgesetzes der Bundesrepublik Deutschland* mit letzter Änderung vom 29.9.1990 steht deshalb: *„Dieses Grundgesetz, das nach Vollendung der Einheit und Freiheit Deutschlands für das gesamte deutsche Volk gilt, verliert seine Gültigkeit an dem Tage, an dem eine* **Verfassung in Kraft tritt,** *die von dem deutschen Volke in freier Entscheidung beschlossen worden ist."*[240] (H. d. d. A.)

Fakt ist jedoch: Wir haben noch immer keine *Verfassung!* Die Wiedervereinigung fand 1990 statt. Warum wurden seit 1990 keine Bestrebungen gezeigt, eine *Verfassung* zu beschließen? Ich bin mir sicher, dass das deutsche Volk liebend gerne eine *Verfassung* beschlossen hätte und einen *Friedensvertrag* gleich mit dazu! Werden wir deshalb im Art. 25 Grundgesetz (GG) als „Bewohner" bezeichnet und nicht als „Staatsbürger"?[241]

Das vereinte deutsche Volk hätte bis 1992 eigentlich eine *Verfassung* beschließen sollen, so steht es im *Vertrag zwischen der Bundesrepublik Deutschland und der Deutschen Demokratischen Republik über die Herstellung der Einheit Deutschlands (Einigungsvertrag)* vom 31.8.1990. Im Art. 5 ist zu lesen, dass die Regierungen der beiden Vertragsparteien empfehlen, *„sich innerhalb von zwei Jahren mit den im Zusammenhang mit der deutschen Einigung aufgeworfenen Fragen zur Änderung oder Ergänzung des Grundgesetzes zu befassen, insbesondere… mit der Frage der Anwendung des Artikels 146 des Grundgesetzes und in deren Rahmen einer Volksabstimmung".*[242]

Die *Bundesregierung* möchte uns zwar vermitteln, dass das *Grundgesetz* die *Verfassung* ist, wie sie auch auf ihrer Internetseite schreibt: *„Das Grundgesetz (GG) ist die Verfassung für die Bundesrepublik Deutschland."*[243], doch das ist ganz einfach nicht wahr. Fakt ist, dass es eben ein *Grundgesetz* ist und keine *Verfassung*. **Das *Grundgesetz* kann nicht gleichzeitig die *Verfassung* sein!**

Überhaupt sieht das *Grundgesetz* vor, dass das Volk sein Schicksal selbst gestalten soll, denn dort steht im Art 20 unter (2): *„Alle Staatsgewalt geht vom Volke aus. Sie wird vom Volke in Wahlen **und Abstimmungen**... ausgeübt."*[244] Gibt es hier Bestrebungen, das Mitspracherecht der Bevölkerung zu untergraben? Es gibt zwar Wahlen, aber keine Abstimmungen. Wer hat so viel Einfluss, dass dieser Artikel des *Grundgesetzes* nicht zur Anwendung kommt? Wer sagt der *Bundesregierung*, dass keine Abstimmungen durchgeführt werden sollen und warum? Hat die Bundesregierung möglicherweise Angst davor, wie das Volk bzw. die sog. „Bewohner" abstimmen könnten?

Das Volk hätte vermutlich nicht für den Euro gestimmt, es hätte vermutlich nicht für eine EU in dieser Konsequenz gestimmt, und es hätte vermutlich nicht für den ESM samt seiner absehbaren Folgen gestimmt. Damit wäre das große Ziel der Weltelite, die *Neue Weltordnung* (NWO), in weite Ferne gerückt. Es ist für eine Weltelite viel einfacher, ihre Ziele durchzusetzen, wenn nur einige zusammengeschlossene Staaten kontrolliert werden müssen, anstelle vieler Einzelstaaten. Das Risiko, die eigenen Ziele zu gefährden, wird minimiert, wenn ich anderen das Mitspracherecht entziehe.

In Artikel 120 des Grundgesetzes steht noch etwas ganz Interessantes: *„Der Bund trägt die Aufwendungen für Besatzungskosten..."*[245] Besatzungskosten? Vermutlich denken Sie jetzt: *„Warum Besatzungskosten? Wir zahlen doch keine Besatzungskosten mehr, der Krieg ist längst vorbei. Könnte man diesen Satz nicht aus dem Grundgesetz streichen?"* Doch da haben Sie sich geirrt. Nachdem wir uns nach wie vor im Kriegszustand befinden, haben wir lediglich Waffenstillstand. Oder besser gesagt: Die deutsche Seite hält sich an Waffenstillstand, die amerikanische Seite erzeugt bei uns sehr hohe Verluste, die zwar zurzeit keine Menschenleben fordern, jedoch erhebliche finanzielle Verluste. *„Deutschland: Aktuelle ,Besatzungskosten' belaufen sich geschätzt auf über **30 Mrd. € jährlich**."*[246] (H. d. d. A.), war am 20.8.2014 auf *goldseiten.de* zu lesen. 30 Mrd. Euro, die unseren Schulen, Kindergärten, unseren Rentnern und unserem Straßenbau fehlen. Doch unsere Presse darf, will oder kann nicht darüber berichten, es wäre einfach *nicht politisch korrekt*. Es gibt bei uns streng geheime US-Militäreinrichtungen, von denen nicht bekannt ist, was dort eigentlich geschieht. Das ist ebenfalls noch eine Folge des letzten Weltkriegs, in dem wir uns de facto noch immer befinden, solange es keinen Friedensvertrag gibt. Und das mit den menschlichen Verlusten dürfte auch nur momentan so sein. Nachdem wir Mitglied der NATO geworden sind, sind wir praktisch gleichzeitig im „feindlichen" Lager gelandet, obwohl es die Feindstaatenklausel noch immer gibt, aber dazu später mehr. Und wenn die USA mit Russland einen Krieg anzetteln sollten – was leider immer wahrscheinlicher wird –, dann führt sie diesen auf europäischem Boden. Dann ist auf deutscher Seite und bei allen anderen mitteleuropäischen Staaten sehr wohl mit gigantischen Opferzahlen zu rechnen. Und denken Sie an die vielen Opfer in den Kriegen, die die NATO in den letzten Jahren geführt hat und noch immer führt.

Unsere Soldaten kämpfen, formal gesehen, gegen sich selbst, da die *BRD* zwar im NA-TO-Zusammenschluss integriert ist, gleichzeitig jedoch *Deutschland* von der NATO noch immer als Feind angesehen wird. Wie verrückt ist das denn?

SOUVERÄNITÄT DEUTSCHLANDS

Noch ein paar Zeilen zur Souveränität Deutschlands: Wenn man Politikern zuhört und ausnahmsweise Glauben schenken darf, dann sind wir keineswegs ein souveräner Staat. Kein souveräner Staat zu sein bedeutet, dass wir nicht in der Lage sind, unabhängig zu entscheiden. Das wiederum würde im Umkehrschluss bedeuten, dass wir nur abhängig entscheiden können, abhängig von den Interessen der Alliierten. Vor allem die USA geben uns vor, wie wir handeln müssen. *Wolfgang Schäuble* hat am 18.11.2011 in Frankfurt vor den versammelten Bankern des *Europäischen Bankenkongresses* gesagt: *„Wir in Deutschland sind seit dem 8.5.1945 zu keinem Zeitpunkt mehr voll souverän gewesen!"*[247] Wäre dieser Satz nicht auf Video aufgezeichnet worden, man würde es nicht glauben, dass er aus dem Munde des Bundesfinanzministers kam. Diese Aussage sollte uns zu denken geben. Was weiß *Wolfgang Schäuble*, was die Allgemeinheit nicht weiß und vor allem: Welchen Interessen dient *Wolfgang Schäuble*? Was weiß er außerdem noch, was er der Öffentlichkeit vorenthält? Wer ist es, der im Hintergrund die Fäden in der Hand hält?

Prof. Dr. Karl Albrecht Schachtschneider befasst sich in seinem Buch *Die Souveränität Deutschlands – Souverän ist, wer frei ist* mit diesem Thema und ist der Meinung, dass unsere Souveränität durch unsere Politik mehr und mehr verletzt wird und dass unser aller Freiheit auf dem Spiel steht. Die EU-politischen Entscheidungen, die uns alle betreffen, die Euro-Rettungspolitik usw. könnten uns unsere Freiheit kosten. Wie wahr diese Befürchtung ist, erkennen wir, wenn wir uns näher mit dem *ESM*, dem *Europäischen Stabilitätsmechanismus*, befassen.

ESM – EUROPÄISCHER STABILITÄTSMECHANISMUS

> *„Eine Währung, die gerettet werden muss, ist keine Währung."*[248]
>
> Prof. Dr. Wilhelm Hankel (1929-2014), deutscher Bankmanager

Der *ESM* wird uns als gemeinsamer Topf zur Unterstützung der einzelnen Mitgliedsstaaten vermittelt, bei näherer Betrachtung entpuppt er sich jedoch als eine ausgeklügelte europaweite Finanzdiktatur. Der Entwurf des *ESM* ist in der alternativen Presse genau analysiert worden, und auch die Schwachpunkte wurden offen diskutiert. Trotzdem ist er nur gering verändert worden, und der *ESM*-Vertrag wurde am 13. September 2012 von Bundespräsident *Joachim Gauck* unterzeichnet. *Focus-Money.online* hat darüber mit der Überschrift *„Deutschland sitzt nun endgültig in der ESM-Falle"* berichtet.[249] Im Grunde genügt die Überschrift, denn diese sagt alles aus.

Doch sehen wir uns die entsprechenden Textstellen des zitierten *ESM*-Vertrages[250], der auf der Internetseite des *Bundesfinanzministeriums* zu finden ist, näher an (alle Hervorhebungen im folgenden Text sind von der Autorin):

Art. 4 (1) *„Der ESM hat einen Gouverneursrat und ein Direktorium sowie einen geschäftsführenden Direktor und andere **für erforderlich erachtete eigene Bedienstete.**"* Soll das bedeuten, dass es ein Verwaltungsapparat ist, der unbegrenzt wachsen kann? *„...für erforderlich erachtete Bedienstete"* ermöglicht theoretisch einen ganzen Hofstaat.

Art. 7 (1) *„Der geschäftsführende **Direktor wird vom Gouverneursrat** aus einem Kreis von Kandidaten **ernannt,...**"* Keine Wahl, nein, eine Ernennung. Ein elitärer Kreis unter sich, der sich gegenseitig ernennt und unvorstellbare Summen verwaltet bzw. zuteilt mit Entscheidungskriterien nach Gutdünken. Das klingt für mich nach Diktatur – unbefristet!

Art. 8 (1) *„Das Grundkapital beträgt 700.000.000.000 € (siebenhundert Milliarden Euro)."*

Es ist – wie es sich bis jetzt darstellt – leider davon auszugehen, dass ein Großteil der Mitgliedstaaten in die Insolvenz läuft. Man könnte sogar spekulieren, dass einige Staaten nur deshalb Mitglied geworden sind, weil sie Geld aus dem *ESM*-Vertrag erhalten wollten. Das Stammkapital kann laut Art. 10 verändert werden, das bedeutet, die Summe könnte sich um einen Faktor X verändern. Diese Situation könnte zu einer Verschuldung so gigantischen Ausmaßes führen, dass Banken auch noch den kläglichen Rest des Staatsbesitzes bzw. den gesamten Staat übernehmen.

> *„Um die bürgerliche Gesellschaft zu zerstören,*
> *muss man ihr Geldwesen verwüsten."*[251]

Wladimir I. Lenin (1870-1924), ehem. Regierungschef der Sowjetunion

Wenn wir davon ausgehen, dass Deutschland zwar hochverschuldet, aber im Vergleich zu vielen anderen Staaten vielleicht noch relativ gut dastehen wird, ist es ziemlich wahrscheinlich, dass wir Deutschen irgendwann einen Großteil der Zeche zahlen müssen. Und was glauben Sie, besitzen wir noch, wenn es so weit kommt? Der Mittelstand dürfte überwiegend eliminiert sein, die finanziell gesehen sogenannte „untere Schicht" wird nichts mehr bezahlen können, und diejenigen, zu denen das ganze Geld geflossen sein wird, werden Wege finden, nichts zu bezahlen. Also wird man sich das restliche Eigentum in Form von Immobilien, Sparkonten etc. von denen holen, die noch irgendetwas ihr Eigen nennen. Das bedeutet, dass wir schlimmstenfalls mit einer kompletten Enteignung rechnen müssen, was von einigen Politikwissenschaftlern bereits angekündigt wird. Völlig utopisch? Unrealistisch? Öffnen Sie Ihre Augen und warten Sie ab. Im Grunde gehört uns bereits jetzt nichts mehr, wir sind besetztes Land und befinden uns offiziell im Kriegszustand. Es ist nie ein Friedensvertrag zustande gekommen.

Art. 8 (4) *„Die ESM-Mitglieder verpflichten sich **unwiderruflich** und **uneingeschränkt**, ihren Beitrag... zu leisten. Sie kommen sämtlichen Kapitalabrufen... fristgerecht nach."*

Unwiderruflich und uneingeschränkt! Der *ESM*-Vertrag bringt uns keine Diktatur, nein, er bringt uns die **Versklavung**. Wer einen Vertrag unterschreibt, auf dem das Wort *unwiderruflich* steht, weiß, dass dieser Vertrag gilt, so lange er lebt. Doch bei einem Vertrag, der Staaten betrifft, gibt es den physischen Tod nicht. Dieser Vertrag bleibt bestehen, auch wenn die Unterzeichner längst verstorben sind. Man könnte auch sagen, sie haben uns verraten und verkauft – ausgeliefert. Hochverrat! Kein Mensch mit normalem Menschenverstand und nur einem Funken Weitsicht und Ehre könnte so einen Vertrag unterschreiben. Und ich kann mir so ein Verhalten nur damit erklären, dass jemand entweder erpresst wird, enorme Vorteile für sich persönlich herausschlägt oder unendlich dumm sein muss. Eine andere Begründung könnte sein, dass der Unterzeichner so weit hinter die Kulissen schauen kann, dass er weiß, dass dieser Vertrag ohnehin nur eine Farce ist, weil wir Deutschen staatenlos sind, denn wir haben noch immer keine Verfassung und kein Staatsterritorium mehr! In Kürze sollen wir zu Leibeigenen der EU bzw. der Weltmacht werden. Personal der *Deutschland GmbH* sind wir ohnehin bereits, wenn wir dem nicht widersprechen.

(5) „Die **Haftung** eines jeden ESM-Mitglieds bleibt unter allen Umständen auf seinen Anteil am genehmigten **Stammkapital zum Ausgabekurs begrenzt**…"

Für Deutschland würde das eine Haftungsbegrenzung auf *190.024.800.000 €* bedeuten, das ist die Höhe des anteiligen Kapitals der Bundesrepublik Deutschland. Doch erfahrungsgemäß werden die Vorgaben dieses Vertrages nicht eingehalten, sonst hätten – grob geschätzt – die Hälfte aller Mitgliedsländer gar nicht Mitglied werden dürfen, weil sie die Voraussetzungen nicht erfüllt haben. So ist davon auszugehen, dass diejenigen, die übrig bleiben, die Schlussrechnung bezahlen müssen, und das bedeutet das gesamte Stammkapital. Wenn bei einem gemeinsamen Essen alle bis auf einen das Restaurant verlassen haben und keiner hat bezahlt, dann kommt der Kellner zum letzten Gast und will seine Rechnung beglichen haben. So einfach ist das.

Wer jetzt sagt: *„Aber die Bundesrepublik müsste das doch aus der Staatskasse bezahlen.",* dem sei erklärt: Wenn die *Bundesrepublik Deutschland Finanzagentur GmbH* mit 25.000 € haftet, bleiben von den *190.024.800.000 €* immer noch 190.024.775.000 € übrig, die von irgendjemandem bezahlt werden müssen. Wer haftet für diesen „Rest"-Betrag? Jeder deutsche *Bürger*! Denn wie schon der Name sagt, ein *Bürge(r) bürgt*. Er bürgt, ohne dass er Einfluss auf das Geschäftsgebaren haben darf, ohne dass er auch nur irgendetwas mit entscheiden darf!

Ein weiterer Risikofaktor versteckt sich hinter dem Hinweis „*…zum Ausgabekurs…".* Wer weiß, wie der Ausgabekurs in dem Moment sein wird, wenn die Zahlung fällig wird? Wissen Sie es? Die Finanzelite der Welt hat diesen Ausgabekurs in der Hand!

Das alles klingt nicht gerade beruhigend.

Art. 10 (1) *„Der Gouverneursrat … kann beschließen, das genehmigte **Stammkapital zu verändern** und Artikel 8 und Anhang II zu verändern."*

In Artikel 8 steht, dass die Haftung der Mitgliedsländer auf seinen Anteil am genehmigten Stammkapital begrenzt ist. Wenn aber das Stammkapital frei verändert werden kann, dann ist die Summe nach oben offen! Der ESM kann die bisherigen Summen verdoppeln, wenn er möchte, oder verzehnfachen. Im Anhang II sind das Stammkapital und die Anteile der einzelnen Mitgliedsstaaten verzeichnet. Das klingt schon wieder utopisch, doch wir hätten selbst in diesem Falle keine Möglichkeit, es irgendwie zu beeinflussen oder gar den Vertrag zu kündigen!

Wer noch daran gezweifelt hat, dass dieser Vertrag unserer Versklavung dient, dem müsste spätestens jetzt ein Licht aufgehen. Die Mitgliedsstaaten sind unwiderruflich an die Zahlungen gemäß ESM gebunden, und die Summe wird von einem nicht *gewählten*, sondern *ernannten* Gouverneursrat bestimmt. Das ist das Ende unserer Freiheit, mit Zeitpunkt der Unterzeichnung sind wir zu Finanzsklaven geworden! Fakt! Genauso wie es *Focus-Money.online* in seiner Überschrift beschrieben hatte: Deutschland sitzt nun endgültig in der ESM-Falle.

> Art. 29 *„Der Abschluss des ESM wird von unabhängigen, externen **Abschlussprüfern geprüft**, die mit **Zustimmung des Gouverneursrats** bestellt werden und für die Bestätigung des Jahresabschlusses verantwortlich sind."*

Der Gouverneursrat bestimmt sozusagen selbst, wer ihn prüft. Auf die Bevölkerung umgesetzt würde das bedeuten, Sie müssten – wenn Sie dieselben Rechte hätten – gefragt werden, wer zum Beispiel Ihre Steuererklärung prüft. Wir alle wissen, was das bedeutet: Wer jemals wieder einen Prüfungsauftrag erhalten möchte, wird zu Gunsten seines Auftraggebers prüfen.

> Artikel 30 (1) *„Der **Prüfungsausschuss** setzt sich aus fünf Mitgliedern zusammen, die **vom Gouverneursrat... ernannt werden**, und weist zwei... Mitglieder der obersten Rechnungskontrollbehörden... auf."*

Keine Wahl, nein! Auch der Prüfungsausschuss wird vom Gouverneursrat ernannt. Können Sie Ihren Finanzbeamten auch selbst ernennen? Kein weiterer Kommentar!

> Artikel 32 (2) *„Der ESM besitzt volle Rechtspersönlichkeit, er besitzt die uneingeschränkte Rechts- und Geschäftsfähigkeit,*
> > *a) bewegliches und unbewegliches Vermögen zu erwerben und zu veräußern*
> > *b) Verträge abzuschießen..."*

Der ESM kann also Güter aufkaufen – Geld genug hat er ja zur Verfügung – und kann sie wieder verkaufen. An wen er möchte? Kann er evtl. von verschuldeten Staaten oder Bürgern Immobilien günstig aufkaufen und an sog. Investoren weiterverkaufen? Sollen unsere europäischen Staaten und in letzter Konsequenz jeder Einzelne von uns besitzlos gemacht werden? Wir wissen, dass es „Investoren" immer um die Rendite geht.

> (4) *„Das Eigentum,... die Vermögenswerte des ESM genießen... **Immunität** von Durchsuchung,... Enteignung und **jeder sonstigen Form des Zugriffs** durch vollziehende, gerichtliche, administrative oder gesetzgeberische Maßnahmen."*

Die gekauften Güter, Immobilien, Ländereien oder was auch immer, gehören dem ESM dann auf immer und ewig! **Kein Gericht kann gegen den ESM vorgehen!** Was hier außerdem noch fehlt, ist die genaue Bezeichnung des Eigentums und der Vermögenswerte. Fällt hierunter etwa auch das Stammkapital? Dann dürfte die EU bald nach vollständiger Einzahlung aller Mitgliedsanteile zusammenbrechen, denn das ist der günstigste Moment, die gesamte EU vollkommen legal zu enteignen.

(5) *„Die Archive des ESM und sämtliche **Unterlagen**, die sich im Eigentum oder im Besitz des ESM befinden, sind **unverletzlich**."*

Es gibt Kritiker die daraus schließen, dass man mit keiner Handhabe Unterlagen anfordern könnte, wenn der ESM die Herausgabe ablehnt. Ich bin keine Juristin, daher kann ich über die Konsequenzen nur spekulieren.

(6) *„Die **Geschäftsräume** des ESM sind **unverletzlich**."*

Unverletzlich, egal, aus welchem Grunde man die Geschäftsräume betreten möchte? Auch bei begründetem Verdacht oder Vorwurf? Darf jeder Mensch kommentarlos verhaftet werden, der bei einem eventuellen Totalzusammenbruch der EU auch nur versucht, in die Räume zu gelangen? Keine gewählten Gouverneursräte, keine Kontrolle der Entscheidungen, keine Eingriffsmöglichkeit, kein Mitspracherecht über die Höhe der Zahlungen, nichts! Und das alles unwiderruflich und uneingeschränkt! Wer das unterschreibt, stimmt einer völligen Finanzdiktatur zu und liefert die gesamte Bevölkerung einer absoluten Willkür aus. Was hat sich Herr Gauck dabei nur gedacht? Was bringt einen Bundespräsidenten dazu, so etwas zu unterschreiben? Wurde er unter Druck gesetzt? Steht er tatsächlich hinter so einem Plan? Oder sollte er allen Ernstes ahnungslos gewesen sein? Ich gehe davon aus, dass es kein Zufall ist, uns finanziell auszuliefern. Wir haben vermutlich deshalb keine Verfassung und sollen auch keine erhalten, weil wir nahtlos in die *Verfassung der EU* übergehen sollen!

Wenn ich sehe, was in den Staaten geschieht, die „geschnürte Hilfspakete" aus dem ESM erhalten, dann frage ich mich, wem da geholfen wird? Wenn zum Beispiel Griechenland so ein Hilfspaket erhält, dann fahren trotzdem keine Busse, dann haben trotzdem nicht mehr Apotheken auf, dann verlieren trotzdem weitere Menschen ihre Arbeitsstelle und ihr Zuhause. Aber Banken und andere Spekulanten werden bezuschusst und somit von ihrer Verantwortung entbunden. Wem wird hier wirklich geholfen? Der Hochfinanz oder den Menschen? Von wem kommt denn das Geld? Von den Steuerzahlern, von jedem, der für sein Geld arbeitet und jeden Monat seine Steuern an das zuständige Finanzamt abführt. Von jedem Einkauf fließen 7 bzw. 19% an den Staat. Und von diesem Geld fließen Millionen und Milliarden an die Banken, die nichts Besseres zu tun haben, als dieses fleißig erarbeitete Geld zu verzocken! Ist das nicht Veruntreuung von Steuergeldern? Mit wem meinen es unsere Regierungen gut? Mit Ihnen? Mit mir? Mit dem Volk? Oder mit Banken, Investoren und Konzernen?

Übrigens hat das Bundesverfassungsgericht am 18.3.2014 festgestellt, *„dass die Unterstützung von Euro-Staaten in Schuldenkrisen nicht gegen das deutsche Grundgesetz ver-*

stößt… Verfassungsbeschwerden… gegen die Errichtung des Europäischen Stabilitätsmechanismus, den Fiskalpakt sowie die nationalen Zustimmungs- und Begleitgesetze… sind nach Auffassung des BVerfG teilweise unzulässig und im Übrigen unbegründet".[252]

Man könnte an dieser Stelle die Begründung näher beleuchten, doch das würde den Rahmen sprengen. Nur so viel: *„Der Bundestag hat durch seine Verfahrensbevollmächtigten erklärt, das Liquiditätsmanagement der **Finanzagentur GmbH** sei hinreichend umsichtig und leistungsfähig, um fristgerechte Einzahlungen zu gewährleisten; diese tatsächliche Einschätzung ist **vom Bundesverfassungsgericht hinzunehmen.**"* (H. d. d. A.) Es wäre nicht das erste Mal, dass sich das Liquiditätsmanagement einer Firma im Nachhinein als doch nicht genügend umsichtig und leistungsfähig erwiesen hat.

Es gibt vielleicht noch einen winzigen Lichtblick: Da wir nicht in einem Staat leben (zur Erinnerung: keine Verfassung!) und die Bundesregierung nicht regierungsfähig ist, wie es *Sigmar Gabriel* so schön formuliert hat (siehe folgender Absatz), dann hat sie – nach meinem Rechtsempfinden – auch nicht das Recht, so einen Vertrag zu unterschreiben, weil sie weder einen Staat vertritt noch im Namen des Volkes handelt. Das könnte eventuell irgendwann unsere Rettung sein, wobei ich mehr davon ausgehe, dass die Zustände auf andere Art eskalieren und wir nach einer großen Krise eine völlig andere Art des Zusammenlebens erfahren dürfen.

BUNDESREGIERUNG

Dass wir zum jetzigen Zeitpunkt kein regierungsfähiger Staat sind, hat *Sigmar Gabriel* am 27.2.2010 im Wahlkampffieber bestätigt: *„Ich sage euch: Wir haben gar keine Bundesregierung. Frau Merkel ist Geschäftsführerin einer neuen Nichtregierungsorganisation in Deutschland. Das ist das, was sie ist."* Heute zeigt er sich lächelnd an ihrer Seite und ist Mitglied im Team dieser Bundesregierung. *Sigmar Gabriel* ist seit 17.12.2013 *Bundesminister für Wirtschaft und Energie* sowie *Vizekanzler der Bundesrepublik Deutschland.* Wie kann das zusammenpassen? Wie kann er Minister sein in einer Bundesregierung, von der er gut drei Jahre zuvor behauptete, dass sie gar keine ist?

Für ein derartiges Verhalten kann es für mich nur eine Erklärung geben: Politiker sind „schlecht bezahlte Schauspieler". Heute spielen sie eine Rolle und sehen in jemandem den größten Feind, in der nächsten Rolle spielen sie genau dessen Vertrauten. Bemerken Sie, für wie dumm wir in diesem Spiel verkauft werden? Wie könnte es sonst sein, dass jemand, der heute Minister für Familie ist, morgen Verteidigungsminister wird? Was hat das mit der Realität zu tun? Ja, es ist bekannt, dass diese Minister ihre Berater haben. Doch wenn Minister nur einen vorgesetzten Text ablesen bzw. erzählen, dann können wir auf diese auch ganz verzichten und das Drehbuch selbst lesen. Oder aber der Berater stellt sich selbst an das Rednerpult und gibt seinen Text zum Besten. Und ja, es ist bekannt, dass das in jeder Demokratie so vor sich geht. Dann ist eben in jeder Demokratie so ein Schauspiel im Gange. Die Mächtigen brauchen nur die Berater, die ohnehin im Hintergrund agieren, zu manipulieren, und die rhetorisch geschickten, (vielleicht) gewählten Politiker verkaufen diese Dinge dann dem Volk. Ich frage mich: Warum gehen wir wählen, wenn die gewählten Politiker dann den Text eines Beraters zum Besten geben? Oder sind die Politiker nur Handlanger der Alliierten? Dass dies gar nicht so abwegig ist, wird später noch erläutert.

Ich frage mich, warum sich das Gewissen vieler Politiker nicht zu Wort meldet, warum es ihnen nicht gebietet, das Volk mit der Wahrheit zu konfrontieren. Vermutlich wissen manche Bundes- und Landespolitiker gar nicht um die Hintergründe, zumindest nicht die jungen Politiker. Bei den alten Hasen dürfte das anders sein, doch diese werden ihre langjährige Karriere nicht dadurch aufs Spiel setzen, dass sie plötzlich beginnen, das Volk aufzuklären. Ich bin mir hingegen sicher, dass ein *Wolfgang Schäuble* oder ein *Sigmar Gabriel* und andere weit mehr wissen, als sie uns erzählen.

BUNDESREPUBLIK DEUTSCHLAND – FINANZAGENTUR GMBH

Mit dem Gesellschaftsvertrag vom 29.8.1990 wurde die *Bundesrepublik Deutschland – Finanzagentur GmbH* gegründet, eingetragen im Amtsgericht Frankfurt (HRB 51411). Interessant ist, dass auf der Internetseite der *Bundesrepublik Deutschland – Finanzagentur GmbH* im Impressum steht: *„Die Bundesrepublik Deutschland – Finanzagentur GmbH ist ein Ende 2000 gegründetes Unternehmen des Bundes mit Sitz in Frankfurt/Main. Alleiniger Gesellschafter ist die Bundesrepublik Deutschland, vertreten durch das Bundesministerium der Finanzen.“*[253] Gegründet Ende 2000 steht dort, der Gesellschaftsvertrag ist jedoch vom 29.8.1990! Zu dieser GmbH gibt es unzählige Fragen, die die Allgemeinheit beschäftigen:

1. Warum vergehen 10 Jahre vom Gesellschaftsvertrag bis zur Gründung des Unternehmens?
2. Die große Verschuldung der BRD hat nach der Wiedervereinigung begonnen. Welche Zusammenhänge bestehen hier?
3. Warum kümmert sich eine GmbH um die Finanzen eines Staates?
4. Was sind die Konsequenzen?
5. Ist die *Bundesrepublik Deutschland* ein Zusammenschluss verschiedener GmbHs und die *Finanzagentur GmbH* ist nur eine davon?
6. Was ist die *Bundesrepublik Deutschland* überhaupt? Ist sie eine „Filiale" der USA?
7. Bedeutet unser „Personalausweis", dass wir Personal einer „Deutschland GmbH" sein sollen?
8. Warum werden zum Beispiel der *Bundestag*[254], das *Bundesverfassungsgericht*[255], die *Bayerische Staatskanzlei*[256] oder Städte wie *Kempten*[257] usw. unter *firmen.sofortauskunft.info* als Firma gelistet?

Auch andere ehemals staatliche oder öffentliche Bereiche wurden privatisiert, oder besser gesagt in Firmen umgewandelt. Aus dem *Arbeitsamt* wurde beispielsweise eine *Bundesagentur für Arbeit*. Die *Bundesagentur für Arbeit* hat eine Umsatzsteueridentifikationsnummer, genauso wie das *Bayerische Staatsministerium der Justiz*[258], das *Bayerische Staatsministerium für Bildung*[259] und auch das *Bayerische Staatsministerium für Arbeit und Soziales, Familie und Integration*[260] – siehe Impressum der entsprechenden Internetseiten. Wo liegen die Interessen, wenn ein „Staatsministerium" eine „umsatzsteuerpflichtige Firma" ist?

Nach und nach werden Bundes- und Landesinstitutionen offensichtlich in Unternehmen umgewandelt, und Unternehmen verfolgen in der Regel eine gewinnbringende Absicht. Bedeutet das für uns alle als Konsequenz, dass wir Mitglieder oder auch „Personal" von vielen „Unternehmen" sind, die früher staatliche Institutionen waren? Unser „Personalausweis" sagt genau dies aus, hierzu jedoch später noch ein paar Zeilen.

Staatseigentum ist im Grunde genommen unser aller Eigentum, denn wir sind der Staat, und man könnte es durchaus auch so sehen, dass bei einer Privatisierung, einer Umwandlung in eine GmbH oder in eine AG unser Gemeinschaftseigentum versilbert wird. *Schlussverkauf* könnte man dieses Vorgehen auch nennen, wie es auch die Post, die Bahn usw. erfahren haben. Das wiederum würde einer Enteignung gleichkommen, denn es handelt sich um eine Maßnahme ohne Zustimmung des Volkes.

Die Nachteile kennen wir alle. Nun sind Aktionäre dahinter, die natürlich eine möglichst hohe Rendite sehen wollen. Das bedeutet, alle Einsparungen kommen nicht Ihnen oder mir zugute, sondern den Hauptaktionären, Gesellschaftern usw. Und die kümmern sich um alles andere als um eine Senkung der Verschuldung. Es ist ein Ausverkauf. Zuerst ein Ausverkauf unseres deutschen bzw. westlichen Gemeingutes, dann des europäischen Volkes. Durch eine Privatisierung (Ausverkauf) von Versorgungsunternehmen, wie zum Beispiel Strom und Wasser, wird Spekulanten Tür und Tor geöffnet. Wasser beispielsweise ist ein lebensnotwendiger Stoff, und wer bei der Wasserversorgung ein Monopol besitzt, kann beliebig an der Preisschraube drehen – von möglichen Trinkwasserzusätzen mal ganz abgesehen. Warum beherrschen *Nestlé*[261], *Danone, Coca Cola, Pepsi*[262] usw. den Weltmarkt an Trinkwasser? *„Unbemerkt von der Öffentlichkeit haben 2012 weltweite, geheime Verhandlungen zur weitgehenden Deregulierung der Wasserversorgung, der Energieversorgung, des Finanz-, Gesundheits- und Bildungswesens begonnen. Sollten sie erfolgreich sein, wird es zu weitreichenden Privatisierungen kommen. Der Protest der Bürger, etwa gegen die Privatisierung von Wasser, würde ins Leere laufen."*, kann man bei *deutsche-wirtschafts-nachrichten.de* lesen.[263] Wir müssen aufwachen aus unserem Dornröschenschlaf und retten, was es noch zu retten gibt. Es ist völlig irrelevant, was für ein Mobiltelefon wir haben, welches Auto wir fahren oder wo wir in Urlaub waren, es geht um unsere Wasserversorgung, die Energieversorgung und um die Bereiche Finanz-, Gesundheits- und Bildungswesen, diese sollen weltweit dereguliert werden. Es geht letztendlich um unsere Freiheit und die Freiheit unserer Kinder!

BUNDESREPUBLIK DEUTSCHLAND – DEUTSCHES REICH – KAISERREICH

Wenn die BRD kein souveräner Staat ist, wie Schäuble bestätigte, und auch nicht über eine Verfassung verfügt, wann war Deutschland dann zuletzt ein souveräner Staat? Die letzte Verfassung war die Weimarer Verfassung vom 11.8.1919. Doch diese wurde auch nicht ganz frei vom deutschen Volk gewählt, sondern unter Druck des Versailler Vertrages vom 28.7.1919 und dürfte deshalb ebenfalls rechtlich nicht einwandfrei sein. Welche Verfassung wurde dann wirklich freiwillig vom Deutschen Volk gewählt? Wir müssen noch weiter zurück und landen im Kaiserreich, und so, wie es aussieht, ist die Verfassung vom 16.4.1871 die zuletzt gültige Verfassung, die frei vom Deutschen Volk gewählt wurde. Genau genommen müssten wir an diese Verfassung anknüpfen, wenn wir souverän werden wollen.

Nicht ganz so weit zurück, aber doch bis zum Deutschen Reich verweist das *Bundesverfassungsgericht*. Der Zweite Senat des *Bundesverfassungsgerichts* hat am 31.7.1973 in dem Urteil *BVerfGE 36, 1 – Grundlagenvertrag* den Status der Bundesrepublik wie folgt festgelegt: *„Das Grundgesetz – nicht nur eine These der Völkerrechtslehre und der Staatsrechtslehre! – geht davon aus, dass* **das Deutsche Reich den Zusammenbruch 1945 überdauert hat** *und weder mit der Kapitulation noch durch Ausübung fremder Staatsgewalt in Deutschland durch die alliierten Okkupationsmächte noch später untergegangen ist; das ergibt sich aus der Präambel, aus Art. 16, Art. 23, Art. 116 und Art. 146 GG.* **Das entspricht auch der ständigen Rechtsprechung des Bundesverfassungsgerichts,** *an der der Senat festhält.* **Das Deutsche Reich existiert fort** *(BVerfGE 2, 266 [277]; 3, 288 [319 f.]; 5, 85 [126]; 6, 309 [336, 363]), besitzt nach wie vor Rechtsfähigkeit, ist allerdings als Gesamtstaat mangels Organisation, insbesondere mangels institutionalisierter Organe selbst nicht handlungsfähig.“*[264] (H. d. d. A.)

Ich bin keine Juristin, doch der Text ist klar und unmissverständlich formuliert: Wir leben rechtlich noch immer im *Deutschen Reich*, auch wenn es aus organisatorischen Gründen angeblich nicht handlungsfähig sein soll. Im Gegensatz zu dieser Aussage fühlen wir uns sehr wohl durchorganisiert, wie Steuerregelungen, Rundfunkgebühren, Versicherungswesen usw. zeigen. Bei dem *Grundgesetz* handelt es sich allerdings um eine Übergangsregelung, was schon daran zu sehen ist, dass es heißt *Grundgesetz **für die** Bundesrepublik Deutschland* und nicht *Grundgesetz **der** Bundesrepublik Deutschland*.

Wer sind dann unsere Beamten wirklich, wenn sie nicht für unsere eigenen Organisationen angestellt sind? Sind sie etwa von den Alliierten eingesetzte Verwaltungskräfte, die uns staatenlose „Bewohner“ verwalten? **Wer ist es, der uns organisiert?** Welche Funktion haben die Politiker in diesem Spiel? Bemerken Sie, dass hier etwas nicht stimmt – sogar gravierend falsch läuft?

In dem o. g. Urteil steht noch mehr Unglaubliches: *„Mit der Errichtung der Bundesrepublik Deutschland wurde nicht ein neuer westdeutscher Staat gegründet, sondern ein Teil Deutschlands neu organisiert (vgl. Carlo Schmid in der 6. Sitzung des Parlamentarischen Rates – StenBer. S. 70). Die **Bundesrepublik Deutschland ist** also nicht ,Rechtsnachfolger' des Deutschen Reiches, sondern **als Staat identisch mit dem Staat ,Deutsches Reich'“**.*[265] Die BRD wäre demnach als Staat identisch mit dem Staat *Deutsches Reich*? Steht auf Ihrem Reisepass etwas wie: *stellvertretend für das Deutsche Reich* etc.? Warum ist das nicht der Fall?

Mit diesem Hintergrundwissen bekommt der Satz des ehemaligen CSU-Vorsitzenden und Bundesfinanzministers *Theo Waigel*, den er in einer Rede bei dem Deutschlandtreffen der Schlesier in Hannover am 1.7.1989 gesagt hat, einen ganz anderen Stellenwert: *„Mit der Kapitulation der Wehrmacht am 8. Mai 1945 ging das Deutsche Reich nicht unter.“*[266] Er bestätigt genau den genannten Sachverhalt.

Nun kann man sich fragen, warum manche Politiker einzelne Sätze in den Raum stellen, ohne genau aufzuklären, wie sich die Situation bzw. die Sachlage tatsächlich darstellt. Egal, ob es sich um einen Herrn Schäuble (Souveränität Deutschlands), einen Herrn Gabriel (Nichtregierungsorganisation) oder um den o. g. Satz von Herrn *Waigel* handelt. Es geht um uns alle, und jeder Einzelne von uns hat das Recht darauf,

1. in einem rechtsgültigen Staat mit entsprechender Verwaltung zu leben,
2. eine gültige Verfassung zu bestimmen,
3. einen Friedensvertrag zu verlangen,
4. in wirklicher Freiheit zu leben,
5. in einem Staat mit Staatsgebiet zu leben,
6. nicht nur eine juristische Person, sondern vor allem ein lebendiger, beseelter Mensch mit Anspruch auf Menschenrechte zu sein.

Das sind alles Dinge, über die wir hier in der BRD nicht verfügen! Es ist ganz anders gekommen. Am 31.8.1990 haben Herr *Schäuble* und Herr *Krause* den sog. *Einigungsvertrag* (zwischen BRD und DDR) unterzeichnet. In diesem *Einigungsvertrag* ist der Art. 23 des *Grundgesetzes* aufgehoben worden[267] (Art. 4, 2. Einigungsvertrag). Dieser wurde später in geänderter Form wieder hinzugefügt. Allerdings hat der neue Art. 23 mit dem bisherigen Art. 23 nichts mehr gemeinsam. In dem ursprünglichen Art. 23 stand, in welchen Regionen Deutschlands das GG gegolten hat, dort waren die betreffenden Bundesländer aufgezählt.[268] In dem neuen, geänderten Art. 23 stehen Regelungen in Bezug auf die EU, aber keine Territorien mehr. Wenn ein Gesetz keinen Gültigkeitsbereich mehr hat, kann es auch nirgendwo gelten. Wissen Sie, was das bedeutet? Es gibt genau genommen keinen Quadratmeter mehr, auf dem das *Grundgesetz* gelten könnte. Auf der Internetseite des *Bundesministerium des Inneren* steht zwar: *„Das Staatsgebiet der Bundesrepublik Deutschland setzt sich aus den Staatsgebieten der Länder zusammen und wird als ‚Bundesgebiet' bezeichnet."*[269], doch das Staatsgebiet eines Staates muss in der *Verfassung* definiert sein. Auf der offiziellen Internetseite des *Bundestags* steht noch heute (1.12.2015), dass das *Grundgesetz* die *Verfassung* Deutschlands sei[270], die territoriale Zuständigkeit ist im Grundgesetz jedoch längst ersatzlos gestrichen worden, demzufolge haben wir de facto kein Staatsgebiet mehr!

Staat bedeutet laut Duden: *„1. Gesamtheit der Institutionen, deren Zusammenwirken das dauerhafte und geordnete Zusammenleben der in einem bestimmten abgegrenzten Territorium lebenden Menschen gewährleisten soll; 2. Territorium, auf das sich die Gebietshoheit eines Staates erstreckt; Staatsgebiet."*[271]

Wenn ein Staat kein Staatsgebiet mehr hat, ist er kein Staat mehr! Wir haben also keine Verfassung und jetzt auch kein Staatsgebiet mehr. Es bleibt nur noch das Volk, jedoch ein Volk ohne Verfassung und ohne Staatsgebiet. Ein Volk ohne Staat ist ein **staatenloses Volk**! Ist der 29.9.1990, der Tag, an dem der *Einigungsvertrag* in Kraft trat (unterzeichnet am 31.8.1990), gleichzeitig der Tag, ab dem die BRD aufgehört hat zu existieren? Dieser Meinung sind nicht wenige Politikwissenschaftler. *„Das Grundgesetz hat keinen räumlichen Geltungsbereich und ist somit nichtig... Die BRD ist formjuristisch aufgelöst."*[272], ist zum Beispiel auf *equapio.com* zu lesen.

Interessant ist auch, dass der Gesellschaftsvertrag der *Finanzagentur Deutschland GmbH* bereits am 29.8.1990 geschlossen wurde[273], also genau zwei Tage *vor* der Unterzeichnung des *Einigungsvertrages*. Ich gehe davon aus, dass dies wohlweislich in dieser Reihenfolge geschah, da unser Staat mit der Unterzeichnung aufgehört hat zu existieren! Die Gründung der *Finanzagentur Deutschland GmbH* sollte zuvor noch rechtskräftig geschlossen werden, weil danach kein Staat mehr existierte. Das bedeutet, dass wir nun kein Staat mehr sind, sondern **nur noch eine GmbH!**

Was das für Konsequenzen hat, dass die BRD tatsächlich nicht mehr existiert, kann man sich kaum vorstellen:

- Alle Rechtsgeschäfte sind seitdem rechtswidrig.
- Alle Handlungen und Verwaltungsakte von Beamten und Politikern sind rechtswidrig.
- Reisepässe, Personalausweise, Führerscheine etc. wären unrechtmäßig ausgestellt worden.
- Alle danach erlassenen Gesetze und Verordnungen usw. sind ungültig, da die Bundesregierung ohne vom Volk gewählte Verfassung regiert.

Oder waren sämtliche Rechtsgeschäfte auch schon zuvor rechtlos? Das würde auch erklären, warum es völlig irrelevant war und ist, welche Partei wir vor oder nach der Wiedervereinigung gewählt haben. Es wurde nach der Wahl immer anders gehandelt, als vor der Wahl versprochen, weil alles nur eine Farce ist, eine Komödie oder auch ein Drama, ganz wie Sie wollen.

Gehen wir doch mal gedanklich in eine ganz andere Richtung: Es gibt ein *Bundesverfassungsgericht*, aber keinen selbst handlungsfähigen *Deutschen Staat*, wie wir nun wissen. Wir werden organisiert, weil das noch immer bestehende *Deutsche Reich* über keine eigenen *institutionalisierten Organe* verfügt, die uns verwalten könnten. Doch wem untersteht dann das *Bundesverfassungsgericht*? Wir erinnern uns: Es gibt keine *Deutsche Verfassung*! Könnte es sein, dass das *Bundesverfassungsgericht* nicht das höchste deutsche Gericht ist, sondern eventuell dem *Obersten Gerichtshof der Vereinigten Staaten* (oder einem anderen Staat) unterstellt ist?

Doch nochmals zurück zur *Verfassung*: Laut *Bundesverfassungsgericht* hat am 8.5.1945 nur die *Deutsche Wehrmacht* kapituliert, nicht das *Deutsche Reich*. Es besitzt nach wie vor ununterbrochene Rechtsfähigkeit, ist allerdings zurzeit handlungsunfähig, weil keine entsprechende institutionalisierte Organisation vorhanden ist. Das *Deutsche Reich* ist demnach niemals erloschen.

Es ist für uns Deutsche schwierig geworden, über unsere Vergangenheit zu sprechen, denn die Bezeichnung *Deutsches Reich* wird von vielen, besonders von der Mainstream-Presse, mit dem *Dritten Reich* gleichgesetzt, was jedoch absolut nicht der Fall ist. Jeder, der diese Thematik anspricht, wird mit erhobenem Zeigefinger daran erinnert, ein schlechtes Gewissen haben zu müssen. Es ist Tatsache, dass in diesem Krieg Millionen Menschen umgekommen sind. Dieser Krieg war schrecklich und mit unvorstellbarem Leid verbunden, und ich bete zu unserer höchsten liebenden Urquelle, dass die Kriege, die weltweit noch immer stattfinden, so schnell wie möglich beendet werden und die Menschen endlich in Frieden und Achtsamkeit zusammenleben dürfen. Doch trotz all dieser Grausamkeiten haben die Geschehnisse des Zweiten Weltkriegs nichts damit zu tun, dass das *Deutsche Reich* oder sogar das *Kaiserreich* (?) noch immer existent sind. Heute (Dezember 2015), also 70 Jahre nach Kriegsende, leben wir in einer Staatsform mit Übergangsregelung. Wir erhalten nicht die Möglichkeit, eine *Verfassung* zu wählen und wieder ein souveräner Staat zu werden.

Was hier vor sich geht, ist *Verschwörungspraxis* höchsten Grades, Verschwörungspraxis gegen uns Menschen! Wenn jemand einem Volk von ca. 80 Millionen Menschen seine Identität vorenthält, wenn eine rechtmäßige Staatsform mitsamt seiner Bezeichnung vertuscht und wenn einem Volk dann auch noch das Territorium entzogen wird, dann ist das in meinen Augen Hochverrat! Es gibt durchaus einige engagierte Menschen, die das erkennen und die Richtigkeit wiederherstellen möchten, doch diese werden ignoriert, ja sogar denunziert. Und mit diesem Wissen bekommt dieser Ausverkauf von Gemeingut nochmals eine ganz andere Qualität. Hier wird offensichtlich, dass unsere Politiker nichts anderes sind als Angestellte im Wirtschaftsunternehmen *Bundesrepublik Deutschland* (GmbH!), und sie scheinen den Auftrag zu haben, dieses Territorium zu verkaufen und zu zerschlagen. Was mit der Bevölkerung, also mit Ihnen und mit mir, in diesem Spiel geschieht, interessiert diese Menschen offensichtlich nicht. Umso mehr muss es uns interessieren, denn sonst wird über uns entschieden.

So ganz am Rande bemerkt: Wie wir wissen, hat das *Bundesverfassungsgericht* seinen Sitz in Karlsruhe. Karlsruhe ist jedoch nicht irgendeine Stadt, nein, Karlsruhe wurde nach den Freimaurersymbolen errichtet, wie auch zum Beispiel Washington D.C. oder auch der Petersplatz in Rom. Die zu Grunde liegenden Symbole sind universelle, kraftgebende Machtsymbole, und es würde diesen Rahmen hier sprengen, wenn man alle Symbole, Winkel, Maße usw. hier erläutern wollte. Sie würden erstaunt sein, wie genau und auf das Kleinste ausgeklügelt die Symbolkraft eingesetzt wurde. Und nicht nur bei Neubauten, sondern bei Jahrhunderte und Jahrtausende alten Gebäuden und Grundrissen sind diese Gesetzmäßigkeiten eingeplant. Und diese Dinge wirken! Das Zentrum ganzer Städte wurde darauf aufgebaut. Es ist kein Zufall, dass das *Bundesverfassungsgericht* in Karlsruhe zu finden ist.

PERSONALAUSWEIS

Noch ein paar Zeilen zum *Personalausweis* der deutschen Bevölkerung. Wie der Name schon eindeutig sagt, weist dieser Ausweis den Inhaber als „Personal" aus, denn wäre er zum Nachweis der Identität gedacht, würde er mit Identitätsausweis oder -karte bezeichnet werden, wie in den meisten anderen Staaten. Weiter fällt auf, dass der Name im Personalausweis in Großbuchstaben geschrieben steht. Bei der Frage, warum das so sei, erhalte ich stets die Antwort, dass der Computer dies besser lesen kann. Das ist völlig unglaubwürdig, denn wenn jemand anhand der Augen oder des Fingerabdrucks identifiziert werden kann, warum sollte es an Kleinbuchstaben scheitern? Es wäre hingegen noch leichter nachvollziehbar, wenn alles in Kleinbuchstaben geschrieben wäre. Außerdem ist der Name beispielsweise auf der Schweizer Identitätskarte in Groß- und Kleinbuchstaben geschrieben, wenn also die Computerlesbarkeit der Grund wäre, dann dürften die Schweizer nicht verreisen – wir sehen, das Argument der Lesbarkeit ist völliger Blödsinn und eine billige Ausrede von nicht gut informiertem Personal der ausstellenden „Behörden".

Vielmehr scheint hier ein ganz anderer Sinn dahinterzustecken. Die Rechtsprechung in den europäischen Staaten, und damit auch in Deutschland, hat sich aus dem römischen Recht entwickelt. Sehr vieles wurde aus der damaligen Rechtsprechung übernommen, wie zum Beispiel die Bezeichnungen, die den rechtlichen Status einer Person oder Personengruppe bezeichnen:

- **Capitis deminutio minima**, was bedeutet: Wechsel in der Familienzugehörigkeit entspricht der Namensschreibung in *Kleinbuchstaben*: z. B. michel deutscher.

- **Capitis deminutio media**, was bedeutet: Verlust des Bürgerrechts und der Familienzugehörigkeit entspricht der Namensschreibung in *Groß- und Kleinbuchstaben*: z. B. Michel DEUTSCHER oder Michel Deutscher.

- **Capitis deminutio maxima**, was bedeutet: Verlust der Freiheit (z. B. Kriegsgefangener), des Bürgerrechts und Familienzugehörigkeit entspricht der Namensschreibung in *Großbuchstaben* (*wikipedia*)[274]: z. B. MICHEL DEUTSCHER.

Der Name von *Sklaven* wurde mit Großbuchstaben geschrieben, so konnten Eingeweihte sie sofort von *Bürgern* unterscheiden. Wären sie durch ein deutlich sichtbares Zeichen erkennbar gewesen, hätten sie selbst bemerkt, wie viele sie sind und einen gemeinsamen Aufstand organisiert. Aber die Namensschreibung war nicht offensichtlich, und so verhielten sie sich ruhig. Und wie wird unser Name im *Personalausweis* und im *Reisepass* geschrieben? Richtig, in Großbuchstaben, entsprechend des früheren Status' *capitis diminutio maxima*. Auch wir erkennen nicht, wie viele Sklaven wir sind, wir erkennen noch nicht einmal, *dass* wir es sind. Doch über kurz oder lang wird dies sehr deutlich zu spüren sein, ob dann allerdings ein Weg zurück möglich ist, bleibt zu bezweifeln.

Diese Schreibweise soll laut etlichen Quellen auch heute noch bedeuten, dass der Person, deren Namen mit Großbuchstaben geschrieben wird, alle Bürger- und Familienrechte abgesprochen werden. Wenn wir unseren Personalausweis und unseren Reisepass bei der ausstellenden Behörde abholen, müssen wir unterschreiben, dass wir das Dokument erhalten haben. Nur mit unserer Unterschrift erhalten wir das Dokument. Und mit unserer Unterschrift haben wir uns auch mit dem Dokument einverstanden erklärt, denn wenn etwas nicht gestimmt hätte, zum Beispiel Fehler im Namen, im Geburtsdatum etc. hätten wir nicht unterschrieben, damit das geändert werden kann. Wir erklären uns demnach durch unsere Unterschrift mit dem Dokument einverstanden.

Wir erklären uns mit unserer Unterschrift, wenn wir das Dokument abholen, mit einer kompletten Entrechtung einverstanden. Wir sind sozusagen rechtlos, wir könnten unbefristet inhaftiert oder versklavt werden. Enteignet können wir ohnehin werden, das regelte bereits das SHAEF-Gesetz Nr. 52, nach dem das deutsche Staats- und Volksvermögen an die Alliierten fällt. Wir sind demnach keine freien Menschen mehr, sondern Leibeigene.[275] Dass dieser Zustand nach gesundem Rechtsempfinden durch arglistige Täuschung entstehen konnte, ist zweitrangig, denn die Beweislast liegt bei jedem Einzelnen.

Gebe Gott, dass sich die vielen Menschen, die das bereits vor mir recherchiert haben, einschließlich mir selbst, hier täuschen, denn ich weiß nicht, was passiert, wenn 80 Millionen Menschen aufwachen und das grausame Spiel, das mit ihnen getrieben wird, durchschauen. Es bliebe dann nur noch zu wünschen, dass die Bevölkerung kein wildes Gemetzel anfängt, sondern nachdrücklich, aber besonnen die Forderung nach der Wiederherstellung eines natürlichen Zustandes äußert – eines natürlichen Zustandes, welcher beinhaltet, dass alle Menschen ihr universelles Recht auf Leben, auf Unversehrtheit, freie Meinungsäußerung, eine Staatszugehörigkeit und freie Entfaltung erhalten, dass sie wieder *freie Menschen* werden. Das ist dann der richtige Moment, eine neue Gesellschaftsform zu gründen, in der die Menschen achtsam, bewusst und mitfühlend miteinander umgehen und ihre Individualität mitsamt ihren wunderbaren Gaben und Talenten leben dürfen.

Ich bin mir durchaus der Tatsache bewusst, dass diese Recherchen und meine Interpretation bei so manchem Zeitgenossen Kopfschütteln und ungläubiges Unverständnis, vielleicht sogar Hohn und Spott auslösen werden und doch bin ich der Meinung, dass die Versklavung und Überwachung in den letzten Jahrzehnten solch unglaubliche Ausmaße angenommen hat, dass auch eine totale Versklavung durchaus im Bereich des Möglichen ist. Oder hätten Sie vor zwei Jahrzehnten gedacht, dass es jemals erlaubt sein würde, dass Sie überall überwacht werden? Der Anschlag auf das World Trade Center hat die unausgesprochene Erlaubnis dazu bewirkt, ohne dass Sie oder ich gefragt worden sind. Wer weiß, was nach der nächsten inszenierten Katastrophe erlaubt sein wird?! Der Phantasie der Elite sind hier anscheinend keine Grenzen gesetzt.

> *„In einer Zeit des Universalbetrugs*
> *ist die Wahrheit zu sagen eine revolutionäre Tat.“*[276]

George Orwell

FEINDSTAATENKLAUSEL

Von vielen besorgten Menschen, wie zum Beispiel von *Dipl. Phil. Peter Feist* in einem Interview mit *Michael Vogt*, wird die sog. *Feindstaatenklausel* erwähnt, die Bestandteil der *Charta der Vereinten Nationen* ist, die am 26.6.1945 in San Francisco unterzeichnet wurde. Laut *wikipedia* ist die UN-Feindstaatenklausel *„ein Passus in den Artikeln 53 und 107 sowie ein Halbsatz in Artikel 77 der Charta der Vereinten Nationen, wonach gegen Feindstaaten des Zweiten Weltkrieges von den Unterzeichnerstaaten Zwangsmaßnahmen ohne besondere Ermächtigung durch den UN-Sicherheitsrat verhängt werden könnten, falls die Feindstaaten erneut eine aggressive Politik verfolgen sollten. Dies schließt auch militärische Interventionen mit ein. Als Feindstaaten werden in Artikel 53 jene Staaten definiert, die während des Zweiten Weltkrieges Feind eines aktuellen Unterzeichnerstaates der UN-Charta waren (also primär Deutschland – genau genommen das Deutsche Reich – und Ja-*

pan)…"[277] Demzufolge dürften die Unterzeichnerstaaten bei entsprechenden Bedingungen, ohne besondere Ermächtigung, nach Deutschland einmarschieren! Interessanterweise ist jedoch die *Bundesrepublik Deutschland* seit dem 18.9.1973 selbst Mitglied der UNO, nachzulesen auf der Internetseite *Regionales Informationszentrum der Vereinten Nationen für Westeuropa*.[278] Doch die *Bundesrepublik Deutschland* ist, wie wir gesehen haben, zum einen kein Staat und war zum anderen nicht am Zweiten Weltkrieg beteiligt. Der Feindstaat im Sinne der UNO ist das *Deutsche Reich*, das laut *Bundesverfassungsgericht* noch immer besteht.

Wenn man jedoch die deutsche Fassung der *Charta der Vereinten Nationen und Statut des Internationalen Gerichtshofs* liest, steht auf der ersten Seite, dass die Feindstaatenklauseln durch Resolution 49/58 der Generalversammlung vom 9.12.1994 für *„obsolet erklärt"* worden seien.[279] Nun bedeutet „obsolet" nicht etwa „ungültig", sondern laut Duden ist die Bedeutung: *„1. Nicht mehr gebräuchlich; nicht mehr üblich; veraltet; 2. Überflüssig"*.[280] Das heißt im Klartext, dass die *Bundesrepublik Deutschland* nach wie vor als Feind angesehen wird, obwohl das als *„nicht mehr gebräuchlich; nicht mehr üblich; veraltet; überflüssig"* erklärt wird, aber eben nur „erklärt wird". Es hat keine rechtskräftige Änderung oder Ergänzung der betreffenden Artikel stattgefunden.

> *„Deutschland ist ein besetztes Land*
> *und wird es auch bleiben."*[281]
>
> US-Präsident Barack Obama, 2009 in Ramstein

KANZLERAKTE – UNTERWERFUNGSBRIEFE

Peter Feist hat in dem zuvor genannten Interview mit *Michael Vogt* die *Unterwerfungsbriefe* erwähnt, die jeder Bundeskanzler zu unterzeichnen hätte. Tatsächlich hat *Egon Bahr*, von 1972 bis 1976 Minister in der Regierung *Willy Brandt*, in der *Zeit* berichtet, dass *Willi Brandt* vor seinem Amtsantritt als Bundeskanzler *Unterwerfungsbriefe* zugunsten der Vereinigten Staaten, Frankreichs und Großbritanniens vorgelegt worden seien, die er unterzeichnen sollte, was ihn erheblich aufgebracht hätte. Schließlich hätte er diese Briefe jedoch unterzeichnet, nachdem er erfahren habe, dass auch *Konrad Adenauer*, *Ludwig Erhard* und *Kurt Georg Kiesinger* diese Briefe unterschrieben hätten.[282] Wenn sich jeder Bundeskanzler schriftlich den Siegermächten unterwerfen muss, dann wissen wir nun sicher, dass wir alles andere als souverän sind. Unsere Politiker werden zu bezahlten Marionetten gemacht, die nach der Wahl das umzusetzen haben, was diese Siegermächte verlangen.

Unterwerfungsbriefe gegenüber den drei westlichen Siegermächten? Hat das alles vielleicht auch etwas damit zu tun, dass die deutschen Goldreserven nicht in Deutschland lagern, sondern in den Banken genau dieser drei Siegermächte? Das deutsche Gold lagert laut *focus.de* bei der US-Notenbank *FED* in New York, bei der *Bank of England* in London und bei der *Banque de France* in Paris.[283] Alles nur Zufall? Die Bundesregierung hat gefordert, dass die deutschen Goldbestände zurück nach Frankfurt transportiert werden sollen. Dieser Rücktransport fand in über eineinhalb Jahren jedoch nur zu einem Bruchteil des Vereinbarten statt. Warum kommt unser angefordertes Gold nur so zögerlich zurück nach Frankfurt? Bundesbank-Vorstand *Carl-Ludwig Thiele* betonte gegenüber

Focus: „*Unser Gold lagert nur bei Notenbanken mit höchster Reputation und zweifelsfreier Identität.*" „*Die Hoffnung stirbt zuletzt.*", heißt es, doch Sie können sicher sein, dass dieses Gold, sofern überhaupt noch vorhanden, nicht so schnell zurückkommt, wenn überhaupt jemals.

FRIEDENSVERTRAG

Deutschland hat trotz „Beendigung" des Zweiten Weltkrieges 1945 noch immer keinen *Friedensvertrag* mit den Siegermächten, und das könnte daran liegen, dass die *Bundesrepublik Deutschland* selbst nie Krieg geführt hat, sondern das *Deutsche Reich*, und die Vertreter der BRD daher keinen *Friedensvertrag* unterzeichnen können. Die BRD war nie Rechtsnachfolger des *Deutschen Reiches*, wie das *Bundesverfassungsgericht* eindeutig definiert hat.

Vermutlich können nur die einstigen Kriegsgegner, also auf der einen Seite zum Beispiel Amerika als Hauptsiegermacht des Zweiten Weltkriegs und auf der anderen Seite das *Deutsche Reich* bzw. ein gültiger Rechtsnachfolger einen *Friedensvertrag* schließen.

Der immer wieder zitierte *Zwei-plus-Vier-Vertrag* (BRD, DDR und die vier Siegermächte) ist kein *Friedensvertrag*, sondern regelt nur die Zusammenführung der beiden Besatzungszonen *Bundesrepublik Deutschland* und *Deutsche Demokratische Republik*. Der damalige Außenminister *Hans Dietrich Genscher* hat am 17.7.1990 in Paris bei dem dritten Treffen der Außenminister der *Zwei-plus-Vier-Gespräche* unter zeitweiliger Beteiligung Polens explizit gesagt, dass „*...ein Friedensvertrag oder eine Friedensregelung nicht beabsichtigt sind". (Anlage 2)7[7 Nr. 354B.]*"[284] Der *Zwei-plus-Vier-Vertrag* ist demnach nicht mit einem *Friedensvertrag* gleichzusetzen. Wir befinden uns nach wie vor im Kriegszustand!

Sie sehen, zu dem Thema *Deutschlandpolitik* gibt es sehr viele offene Fragen, mit denen sich sehr kluge und erfahrene Köpfe aus den Fachbereichen Rechts- und Politikwissenschaft sehr intensiv befassen. Hierzu gibt es viele Bücher auf dem Markt, und wenn sich jemand intensiver mit dieser unerschöpflichen Thematik befassen möchte, empfehle ich, dies in einschlägiger Literatur nachzulesen.

Ich finde es höchst erschütternd und bedauerlich, was hier vor uns verborgen wird, und wir scheinen uns in einer Diktatur höchsten Grades zu befinden, auch wenn sie sich noch nicht deutlich zeigt, doch wirkliche Freiheit haben wir nicht. Wir müssen uns an vorgegebene Rahmen halten, wenn wir nicht Schwierigkeiten bekommen möchten. Wir müssen Gebühren abgeben, ob wir wollen oder nicht, wir müssen zusammengerechnet unglaublich viele Steuern an den Staat abgeben. Für viele Menschen ist trotz einer 40-Stunden-Woche kein gutes Auskommen möglich, manche haben zusätzlich noch eine weitere Arbeitsstelle, nur um alle Verpflichtungen erfüllen zu können. Und wir dürfen schon gar nicht sagen, was wir denken.

Haben Sie sich nicht auch schon einmal nach einer Wahl geärgert, wenn die gewählten Politiker nicht mehr zu ihrem Wort standen, sondern ihre Entscheidungen konträr zu ihren Versprechen ausfielen? Wir gehen zur Wahl, um danach genau das Gegenteil von dem präsentiert zu bekommen, was zuvor versprochen wurde, weil es angeblich nicht anders geht. Was für ein Theater wird uns hier vorgespielt? Wir haben nicht wirklich eine Wahl. Es ist eine Pseudo-Wahl, denn hinter den Politikern stehen Menschen bzw. Wesen, die bestimmen, was geschieht, und – egal, wen wir wählen – es wird so entschieden, wie die Elite dies wünscht. Und das ist völlig unabhängig davon, ob Schwarz, Rot, Gelb, Grün oder Bunt an die Macht gewählt wird. Das ist Diktatur. Die Menschen gehen zum Wählen und haben in Wahrheit gar keine Wahl, da ihnen nach der Wahl ohnehin etwas anderes vorgesetzt wird. Diese verdeckte Form der Diktatur ist sogar die übelste aller Formen, weil der Mensch nicht bemerkt, dass er in einer Diktatur lebt.

> *„Man kann sich nicht darauf verlassen,*
> *dass das, was vor den Wahlen gesagt wird,*
> *auch wirklich nach den Wahlen gilt!"*[285]

Bundeskanzlerin Angela Merkel, 2008

Doch unser Unterbewusstsein lässt sich nicht täuschen, die Menschen spüren, dass in unserem System etwas verkehrt läuft und werden krank. Die psychischen Erkrankungen nehmen einen Spitzenplatz bei den Krankschreibungen ein, und *„2010 landeten über doppelt so viele Menschen wegen Depressionen im Krankenhaus wie zehn Jahre zuvor. Das zeigt ein neuer Report der größten Krankenkasse Barmer GEK".*[286] Diese in *spiegel.de* veröffentlichten Zahlen sprechen Bände. Da ist es völlig irrelevant, ob es uns *„doch eigentlich gut geht"*, denn unser Körper gibt uns eindeutige Signale, weil wir an unsere Grenzen gekommen sind. Noch mehr Leistung, noch mehr Abgaben, noch mehr Druck geht für viele Menschen einfach nicht mehr. Wir fühlen uns ausgebrannt, können uns nicht mehr konzentrieren, sind nicht mehr belastbar und schlucken zur Freude der Pharmaindustrie jede Menge Pillen, um dem Leistungsdruck noch so lange wie nur möglich standhalten zu können. Da auch ein Regierungswechsel nach einer Wahl nichts ändert, verfallen wir in Resignation, denn wir müssen im wahrsten Sinne des Wortes „machtlos" mit ansehen, wie Deutschland und Europa in den Abgrund steuern. Unser gesunder Menschenverstand sagt uns bei fast jeder Entscheidung der Regierung, dass sie nicht zu unserem Wohle ist. Dies wird uns besonders dann bewusst, wenn wir die Begründungen für angeblich richtige Entscheidungen recherchieren, denn dann stoßen wir auf ein Lügennetz, das seinesgleichen sucht.

> *„Man kann das ganze Volk eine Zeit lang täuschen,*
> *und man kann einen Teil des Volkes die ganze Zeit täuschen,*
> *aber man kann nicht das ganze Volk die ganze Zeit täuschen!"*[287]

Abraham Lincoln (1809-1865), ehem. US-Präsident

Kennen Sie den Film *Die Truman Show* von *Peter Weir*? In dem Film wird das Leben eines Mannes geschildert, der – ohne sein Wissen – in allen Lebenslagen gefilmt wird und dessen Leben eine Fernsehserie darstellt, die ihn seit seiner Geburt filmt und dokumentiert. Der Film wird mitunter als Kritik an der Verlogenheit und grenzwertigen Überschreitung der Privatsphäre durch Reality Shows herangezogen, doch die Wahrheit sieht noch viel weitreichender aus: Wir leben in einem Scheinstaat, der eigentlich eine

„Kolonie" der USA ist. Die Überwachung ist vergleichbar mit Truman, und genauso wie Truman im Film, haben auch wir nicht die geringste Ahnung, was hier mit uns vor sich geht. Dem Hauptdarsteller in dem Film ging es verhältnismäßig gut, während wir im Vergleich zu ihm weltweit einen immer größer werdenden finanziellen Dauerdruck verspüren (hohe Mieten, Zwangsabgaben...). Hinzu kommen Ängste um den Frieden, Krankheiten usw. Zwischen einem Film und unserem Leben besteht allerdings ein gravierender Unterschied: Im Film werden die Blutspuren nach den Dreharbeiten abgewischt, in unser aller Leben sind sie bleibende Realität.

Fühlen Sie sich nicht auch so manches Mal wie Truman, der nicht wirklich sein eigenes Leben führte, ja, der noch nicht einmal wusste, dass es ein Leben in wahrer Freiheit gibt und was er außerhalb seiner Bühne noch alles hätte erleben können? Übrigens: In dem Film hat sich Truman, als er herausbekommen hatte, dass er eine Spielfigur darstellte, gegen diese Form seines Daseins entschieden und ist durch eine zuvor nicht sichtbare Türe aus dem Film heraus in sein wahres Leben eingetreten.

Ich wünsche uns, dass auch wir bald unsere Türe finden, die uns aus dieser diktatorischen Finanzsklaverei herausführt – oder wir bleiben hier und stimmen endlich über eine Verfassung ab.

Folgendes Zitat kann man sowohl für Politiker als auch für die Prediger der Kirche anwenden:

> *„Hütet Euch vor den falschen Propheten,*
> *die in Schafskleidern zu Euch kommen;*
> *inwendig sind sie reißende Wölfe.*
> *An ihren Früchten werdet Ihr sie erkennen."*[288]

Matthäus 7, 15-16

Wenn Sie mehr zum Thema *Souveränität*, *Staatsangehörigkeitsausweis* und darüber erfahren möchten, wieso auf der gesamten Welt nach und nach staatliche Unternehmen privatisiert und „Menschenrechte" in „Handelsrechte" umgewandelt werden, empfehle ich das Buch *Wenn das die Deutschen wüssten...* von *Daniel Prinz*.

KAPITEL 12: RELIGION

Wenn man *Religion* gemäß dem lateinischen Wörterbuch von Gottwein mit *Rückverbindung* (*Religio* = verbinde, binde zurück)[289] übersetzt, dann wird der ursprüngliche Sinn der Religion deutlich, nämlich die Rückverbindung zu unserer Urquelle, zu unserem eigenen Ursprung, zu unserer Seele. Wer meditiert, kennt den Zustand, wenn unsere Aufmerksamkeit auf unser Innerstes gerichtet ist, wenn wir tief in unsere Mitte versunken sind. Im Gegensatz dazu gibt es den Zustand des ganz im Außen sein, im Extremfall ist jemand sogar *außer sich*. Dieser Ausdruck wird in unserem Sprachgebrauch verwendet, wenn jemand in Rage ist. Dann wirkt ein Mensch wie fremdgesteuert und scheint nicht Herr seiner Sinne und seiner Worte und Taten zu sein.

In diesem Zusammenhang ist es nicht verwunderlich, dass wir heutzutage von früh bis spät abgelenkt und beschäftigt werden, denn wenn wir nicht zur Ruhe kommen, kommen wir auch nicht in unsere Mitte, und gerade dort würden wir unserer inneren Instanz für Weisheit, Harmonie und Frieden begegnen. Der Alltag in der westlichen Welt überflutet uns mit ständigen Informationen und Nachrichten und verhindert dadurch, dass wir mit unserer inneren Kraft in Kontakt kommen. Wer sie indes einmal kennen gelernt hat, wird diesen Kontakt immer wieder suchen, denn es ist eine Kraftquelle, die uns nährt und mit unserem göttlichen Ursprung verbindet.

In den vergangenen Jahrtausenden haben sich verschiedene Mächte der Religion bedient, um nicht zu sagen, sie haben die Religion missbraucht, um die Menschen von ihrer Urquelle, ihrer Seele zu trennen, unter ihre Kontrolle zu bringen und gefügig zu machen. Viele Glaubensrichtungen setzen die Menschen unter Druck, in dem sie sagen: *„Du kommst nur in das Himmelreich, wenn…"* Das Seelenheil wird sozusagen von einem bestimmten Gehorsam abhängig gemacht. Man könnte dazu auch Erpressung sagen: *„Du bekommst das, was Du ersehnst, nur dann, wenn Du das tust, was ich Dir sage!"*

Von Natur aus sind wir göttliche Seelen, die in Menschenkörpern inkarnieren, um hier unsere Erfahrungen zu erleben. Wenn ein Menschenkind auf die Erde kommt, erfährt es gleich zwei Trennungen. Einmal wird ihm eingeredet, dass es nur durch die Religion bzw. über einen Priester zu Gott kommen kann. Dass es von Natur aus diese Verbindung bereits in sich trägt, ja dass es all das selbst *ist*, was ihm die Religionen vorenthalten, wird ihm in aller Regel nicht gesagt. Und zum zweiten erfährt es, dass es hier in unseren Systemen nicht als Mensch anerkannt wird, sondern wird zur funktionierenden Sache (Person), zum Inventar einer *Nichtregierungsorganisation*, eines Geschäftes erklärt. Dass dieses Wesen, genannt *Mensch*, keine Perspektiven mehr findet und viele Jugendliche auf ihre Weise versuchen auszubrechen, ist nachvollziehbar.

KATHOLISCHE KIRCHE

Im katholischen Glauben werden die Gläubigen über die Angst in die Kirchen und zur Beichte gelockt. Früher wurden sog. *Ablassbriefe*, mit denen man seine Sündenstrafen freikaufen konnte, regelrecht gehandelt. Die Kirche unterschied sehr wohl zwischen arm und reich und hat durch ihre unterschwelligen, teils offenen Drohgebärden sicherlich so manches Stück Land zugesprochen bekommen. Nicht umsonst verfügt die katholische

Kirche über unvorstellbar großen, weltweiten Immobilienbesitz sowie andere Reichtümer verschiedenster Art.

Dass die Kirchen nicht nur liebevolle Institutionen waren und sind, zeigen auch die vielen Kreuzzüge und andere Glaubenskriege, die meist nur als solche deklariert wurden. In dem Glauben, für ihren Gott zu kämpfen, zogen die Soldaten sehenden Auges in den Tod. Allein bei den Kreuzzügen zwischen 1096 und 1291 ins „Heilige Land" Palästina wurden im Auftrag von Päpsten geschätzte 22.000.000 Menschen niedergemetzelt.[290] Doch waren die Christen nicht die einzigen, auch die Muslime haben missionierende Kriegszüge hinter sich.[291] Manche Glaubensrichtungen sind mehr auf Frieden und Bewusstsein ausgerichtet und kommen ihrer offiziellen Aufgabe, der Verbindung zu Gott, ein klein wenig näher. Die gelebte Spiritualität des neuen Zeitalters dürfte sich in der Einkehr und der damit verbundenen tiefen Sinnfindung in uns selbst ausdrücken. Diese beinhaltet neben Mitgefühl und Herzenswärme auch die Akzeptanz jedes anderen Menschen und die Achtung voreinander. Wenn jeder Mensch in sich den Frieden findet, sind schlagartig alle Kriege beendet, und das Leben auf unserer Erde kann paradiesisch sein.

Die kriegerische Ausbreitung des Glaubens wurde nach und nach durch die helfende Missionierung abgelöst, dadurch wurden viele Ureinwohner anderer Kontinente zum katholischen Glauben gezwungen. Diese „Heiden" hatten ursprünglich einen engen Kontakt zur Natur sowie zu den Naturkräften, Naturgeistern und -wesen. Sie kommunizierten mit Tieren und Pflanzen und führten ein ursprüngliches Leben in Verbindung mit Mutter Erde. Sie hatten ein großes, überliefertes Wissen, was die Pflanzenheilkunde anbelangte, und sie befragten ihre Ahnen und die Geister. In Symbiose mit der Natur bildeten sie intakte Gemeinschaften.

Da diese gewachsenen und funktionierenden Strukturen mit solch einer Vehemenz zerstört worden sind, könnte man versucht sein zu denken, dass hier ein größeres System dahinterstand, als „nur" einen Glauben zu verbreiten. Diese Missionierungen bereiteten den Boden für die Einführung des Geldsystems und ein Leben, das sich nach westlichen Standards orientieren sollte. Die Gesellschaft der Naturvölker wurde dahingehend verändert und manipuliert, dass sie zu *Verbrauchern* und *Konsumenten* umerzogen wurden und sich verschuldeten. In der Folge wurden ihnen ihre Ländereien weggenommen, wenn sie die Zinsen nicht bezahlen konnten, damit die Boden- und andere Schätze in die Hände der Kirchen und Banken fielen. Anschließend konnte man dort roden und ausbeuten bis zur Zerstörung der Umwelt, und damit ihrer Lebensbedingungen. Dass die Familien und Gemeinschaften sich nicht mehr ernähren konnten, dass ihre gesamte soziale Struktur unwiederbringlich zerstört wurde, nahm man nur zu gerne in Kauf, denn dadurch wurde ihre Abhängigkeit weiter vergrößert. Die Absicht, ganze Völker bekehren zu wollen, ist bei der katholischen und bei anderen Kirchen offensichtlich wirtschaftlich-finanziell begründet.

Es gab und gibt jedoch sicherlich viele helfende Hände, die guten Willens und bester Absicht sind, vor allem in den Kirchengemeinden und in den Krankenstationen von Entwicklungsländern, wenn Ärzte und Krankenschwestern/Pfleger versuchen, Krankheiten wie Aids oder auch Unterernährung zu bekämpfen. Diesen Helfern gilt unsere Hochachtung und unser Dank, geben sie doch ihre ganze Kraft für einen guten Zweck. Die Menschen an der Basis sind in der Regel jedoch völlig ahnungslos, was die Intentionen im Hintergrund betrifft. Im Übrigen bin ich der Überzeugung, dass es Aids und Unterernährung in den sogenannten „Entwicklungsländern" gar nicht gäbe, wenn man diese Völker, ihre Lebensweise und ihre Länder nie angetastet hätte. Im Gegenteil: Wir hätten von ihnen viel lernen können, was Menschlichkeit, Zusammenhalt, Lebensfreude und vor allem Verständnis für die Natur betrifft, einschließlich ihrer heilkräftigen Pflanzen.

Den Religionen, egal welcher Konfession, muss man jedoch zugutehalten, dass sie den Gläubigen über Jahrhunderte einen Zufluchtsort gegeben haben. Sie hüteten die Wertschätze, die ohne die Kirchen vermutlich in noch größerem Umfang geraubt, zerstört und unwiederbringlich verloren gewesen wären. Viele Menschen fanden und finden Trost in der Gemeinschaft und innerhalb der kirchlichen Regeln. Und doch sollte man sich Gedanken machen über die wahren Hintergründe der Religionsgemeinschaften, die in den Anfängen zu suchen sind. Dazu betrachten wir nun einige Dinge näher:

Eva, die erste Frau, wird mitunter mit *Lilith* gleichgesetzt. In anderen Quellen wird *Lilith* anstelle von Eva als die erste Frau Adams dargestellt, in wieder anderen Quellen ist sie die Gegenspielerin von Eva und sie wird dem alten Babylon zugeordnet. Gleichzeitig ist *Lilith* eine der ältesten bekannten Göttinnen, und sie wird in vielen Quellen auch als die *Göttin der Eulen* bezeichnet. Sie wird u. a. auch mit Vogelkrallen und herabhängenden Flügeln dargestellt, weshalb sie der Unterwelt zugeordnet wird. Und ausgerechnet die Eule ist in winzigster Ausführung auch auf dem sehr symbolträchtigen Dollarschein zu finden. (Abb. 35) Um diese zu finden, brauchen Sie vermutlich eine Lupe. Sie sitzt auf der Umrahmung der rechten oberen Zahl 1 auf der Seite mit dem Kopf. Zufall? Bestimmt nicht, wenn man bedenkt, dass auch bei bestimmten Satanskulten die Eule dargestellt wird, wie zum Beispiel bei den jährlichen Treffen im *Bohemian Grove* in Kalifornien. *„Man bedenke, da treffen sich jährlich über 2.500 Mitglieder aus allen Bereichen der Gesellschaft, Politik, Wirtschaft, Wissenschaft und Militär, die dort gebündelt ihre Anweisungen bekommen, wie die Menschheit ausgebeutet und unterdrückt werden soll!"*[292]

Alex Jones, ein bekannter Rechercheur, hat sich im Jahr 2000 in eines dieser Treffen eingeschmuggelt und einige Rituale publik gemacht. Auch *Cathy O'Brien* hat in ihrem Buch *Die TranceFormation Amerikas* ihre Erfahrungen bei diesen Ritualen geschildert: *„Mein Daseinszweck war... auf den Blickpunkt einer Sex-Sklavin beschränkt... Sklaven... wurden als Menschenopfer wahllos auf dem waldbestandenen Gelände des Bohemian Grove ermordet."*[293] Dort treffen sich nicht ein paar Verrückte, die sich geistig verirrt haben und Satan huldigen wollen, sondern machtvolle Größen des politischen und wirtschaftlichen Lebens – Politiker, die über Völker regieren, also auch über Ihr und mein Schicksal entscheiden.

Übrigens sind dort als geladene Gäste nur Männer zugelassen. Bei diesen Treffen waren beispielsweise anwesend: *Ronald Reagen, Richard Nixon*[294]*, Helmut Schmidt, Henry Kissinger, Colin Powell, Alan Greenspan*[295] und viele, viele mehr. Bei diesen Treffen wird eine gut 10 m hohe Eule verbrannt, samt einem symbolischen Menschenopfer. Manche Autoren spekulieren, dass es sich auch um einen echten Menschen handeln könnte. So viel zur Eule. Das Thema ist zu umfangreich, als dass man es an dieser Stelle abschließend ausführen könnte.

Die römisch-katholische Kirche hat einige Parallelen zu ältesten Religionen, vor allem zum babylonischen Kult. So lässt sich die Darstellung einer Mutter mit Kind bis ins alte Babylon zurückführen: *Semiramis*, die Frau des ersten babylonischen Gottes *Nimrod*, wird mit Kind dargestellt. Auch in Ägypten verehrte man Mutter und Kind unter den Namen *Isis* und *Horus*. In Indien ist es *Isi* und *Iswara*, in Asien *Kybele* und *Deoius*, selbst in China wird *Shing Moo*, die Heilige Mutter, mit einem Heiligenschein und einem Kind in den Armen dargestellt, wie Mutter *Maria* mit *Jesus*. Aber auch andere katholische Bräuche sind auf Babylon zurückzuführen, wie zum Beispiel die *Ohrenbeichte*, das *Zölibat*, die *Messe*, das *Weihnachtsfest* und das *Osterfest*. Es ist offensichtlich, dass die römisch-katholische Kirche die Fortsetzung des alten Babylons ist. In der Offenbarung der Bibel steht, dass Babylon zur „Behausung für Dämonen" und zum „Schlupfwinkel für jeglichen unreinen Geist und für alles unreine und abscheuliche Gefieder" wurde und die „Könige der Erde mit ihr gebuhlt" haben. Doch die „Hure Babylon", die Stadt mit den 7 Hügeln, womit Rom gemeint sein dürfte, wird fallen und verbrennen.

Auch die *Mitra*, die traditionelle Kopfbedeckung der katholischen Bischöfe, gab es bereits wesentlich früher. Sie ist eine exakte Nachbildung des *Gottes Oannes*, der der Sage nach aus dem Wasser stieg und ein Mischwesen aus halb Fisch, halb Mensch gewesen sein soll. Er wird mit dem Fischumhang dargestellt, das offene Fischmaul nach oben, was der Vorläufer der heutigen Mitra war. Auch der babylonische Gott *Dagon* soll ein Fischmensch gewesen sein und die Nacht im Meer verbracht haben. Seine Haut soll die eines Fisches gewesen sein, und er sei in einem *leuchtenden Ei* auf der Erde gelandet. Die Priester von *Dagon* sollen eine Mitra als Kopfbedeckung getragen haben. Im Altertum, zu chaldäischen Zeiten, war der Vertreter von *Dagon* das Haupt der Kirche. Man dachte, er sei unfehlbar, und er wurde mit *„Ihre Heiligkeit"* angesprochen. *„Die durch Babylon unterworfenen Nationen mussten den Ring und den Schuh des babylonischen Gottes-Königs küssen."*[296] Deutliche Parallelen zum katholischen Papst, doch die babylonische Kultur begann im 4. Jahrtausend *vor* Christus[297]. Es sieht ganz danach aus, als hätte vor 2.000 Jahren eine Interessensgruppe gesagt: *„Wir nehmen die Lehren des Jesus, den die Menschen so verehren und der die Liebe in den Menschen erweckt hat, behalten die alten Rituale mit neuer Bezeichnung bei und bilden daraus eine Religion. Das ist der einfachste Weg, wie wir Millionen Menschen dazu bringen, freiwillig genau das zu befolgen, was wir gebieten!"* Und siehe da, sie behielten Recht. Doch langsam wachen die Schäfchen auf und fragen nach der Wahrheit. Das könnte für die Kirchen unbequem werden.

Gott *Dagon* wird auch im Alten Testament mehrere Male erwähnt, zum Beispiel in Richter 16,23: *„Die Fürsten der Philister versammelten sich, um ihrem Gott Dagon ein großes Opfer darzubringen und ein Freudenfest zu feiern..."*[298]

Der Fisch spielt auch im Christentum eine große Rolle. Der Fisch (*Ichthys*) wird als Symbol der Christen verwendet. Es wird berichtet, dass dieses Zeichen während der Zeit der Christenverfolgung als Erkennungsmerkmal entstanden ist. Mag sein, dass das so gewesen ist, doch der Ursprung ist mit Sicherheit nicht die gegenseitige Erkennung. Laut *wikipedia* spricht der *„Kirchenlehrer Tertullian (ca. 200 n. Chr.) in seiner Schrift über die Taufe (De baptismo 1,3) von Christus als dem **Ichthys**, den Christen aber als ‚Fischlein‘, die aus dem Ichthys geboren seien“*.[299] (H. d. d. A.)

Was könnte der Grund dafür sein, einen Menschen, noch dazu einen so besonderen Menschen wie Jesus, als *Ichthys* zu bezeichnen? Die Benennung eines Menschen erfolgte früher aufgrund seines Aussehens, seines Berufes, seines Wohnsitzes oder auch seiner Herkunft. Die gängigste Begründung, warum sich die verfolgten Christen das Fischsymbol ausgesucht haben, liegt darin, dass einer die eine Hälfte des Fisches in den Sand gezeichnet hat und der zweite, wenn er denn auch Christ war, den zweiten Bogen dazu zeichnete. Doch diese Begründung erscheint mir zu banal. Dann hätten sie auch Symbole wie die Sonne und den Mond verwenden können. Das Symbol ist Träger einer Information, da bin ich mir ganz sicher. Gehen wir diesem Fischphänomen nach.

Interessanterweise gibt es eine Erkrankung, die *Ichthyose* (Fischschuppenkrankheit) genannt wird. Bei dieser Erkrankung handelt es sich um eine genetische Erkrankung der Haut[300], bei der die Hautoberfläche teilweise in Schuppenform ausgebildet ist. Wohlgemerkt, die Erkrankung entsteht durch einen genetischen Defekt. Und an dieser Stelle kommt die Verbindung zu den früheren Göttern bzw. Wesen, die mannigfaltig die Erde heimgesucht haben und im Alten Testament auch als die „Götter“ und die „Söhne Gottes“ bezeichnet wurden. Das Aussehen dieser Götter scheint in verschiedener Form anders als das der Menschen gewesen zu sein, wie aus (Bibel-)Texten und historischen Wandmalereien etc. hervorgeht. Diese Wesen waren teilweise sehr viel größer als die Menschen, ja richtige Riesen, andere hatten einen sehr langen Hinterkopf, wieder andere traten als Mischwesen in Erscheinung. Es werden u. a. Schlangen, Drachen und Reptilien erwähnt, die halb Mensch, halb Tier waren und sich auch mit den Menschen paarten. Es sind demnach sehr wohl Gene von schuppigen Lebewesen in unseren Körpern vorhanden. Nicht umsonst nennt man auch einen Teil unseres Gehirns *Reptilienhirn*. Mit diesem Hintergrundwissen ist es nicht verwunderlich, dass die eine oder andere Eigenschaft, wie zum Beispiel die *Ichthyose*, immer wieder zum Vorschein kommt. Da die Schlangen-, Drachen-, Reptil- oder auch Riesenwesen den Menschen in Bezug auf Intelligenz, und manche auch in Bezug auf Bewusstsein, weit voraus waren, unterschieden sie sich vom Menschen. Deshalb wurden sie von den normalen Erdenbewohnern als „Götter“ bezeichnet. Diese Bezeichnung galt sowohl für die Wesen, die über die Menschen herrschen wollten und sich bewusst anbeten ließen als auch für die Wesen, die den Menschen wohlgesonnen waren und sie in ihrer Entwicklung unterstützen wollten.

Und nun schließt sich der Kreis wieder: Könnte es sein, dass die von *Tertullian* gewählte Bezeichnung *Ichthys* auf eine Abstammung *Jesu'* von extraterrestrischen Wesen zurückzuführen ist, die wegen ihrer Besonderheit als Götter verehrt wurden? Wohlgemerkt, es gab und gibt sowohl machtorientierte als auch liebevolle Wesen in unserer universellen Nachbarschaft. War *Jesus*, der stets die Liebe predigte, ein liebevolles extraterrestrisches Wesen, dessen Aufgabe es war, uns die Liebe, das Mitgefühl, die Barmherzigkeit und das Leben aus dem Herzen wieder näherzubringen? War *Jesus* ein Meister, dessen Aufgabe es war, die Menschheit an ihre eigene Menschlichkeit zu erinnern? Gab es vor 2.000 Jahren ein Volk auf einem anderen Planeten, das mit Sorge unsere Entwicklung beobachtete? Haben sie uns deshalb einen *Messias* gesandt, der uns zeigen sollte, dass unsere Herzen verhärtet waren und wir wieder liebevoller miteinander umgehen sollen? Für die Theorie der extraterrestrischen Wesen spricht zum Beispiel auch, dass in der Bibel an verschiedenen Stellen feurige Himmelswagen, Rauchsäulen und Himmelfahrten erwähnt werden. Wurde *Jesus* von *Tertullian* deshalb *Ichthys* genannt, weil zu der Zeit vielleicht alle extraterrestrischen Wesen, bzw. ihre direkten Nachkommen, so genannt wurden?

Zurück zu den Mischwesen: Sie sind heute noch Bestandteil der katholischen Kirche in Form von *Cherubim* und *Seraphim*, die auch in der Bibel oft erwähnt werden. Die *Cherubim* im Alten Orient und im Alten Testament waren „*geflügelte Mischwesen, zumeist mit Tierleib und Menschengesicht. Die Kombination von Merkmalen verschiedener menschlicher und tierischer Eigenschaften verleihen dem Wesen übernatürliche Kraft.*".[301] Ferner gibt es auch noch die *Seraphim*, sechsflügelige Engel mit Gesicht, Händen und Füßen. In den Lehren des Judentums, Christentums und Islams sind *Seraphim* von Gott erschaffene Engel und ihm untergeordnet. Interessant ist, dass laut *wikipedia* der Begriff *Seraph* im *Tanach* (Bibeltexte in hebräischer Schrift) für *Schlange* verwendet wird.

Diese Seraphim können in *neun Engelchöre des Christentums* unterteilt werden[302]:

1. Triade: (Engel, die als himmlische Berater dienen) –
Seraphim – Cherubim – Throne

2. Triade: (Engel, die als himmlische Verwalter dienen) –
Herrschaften – Kräfte oder Mächte – Gewalten

3. Triade: (Engel, die als himmlische Boten dienen) –
Fürstentümer – Erzengel – Schutzengel

Diese Engel werden demnach in *Triaden* (Sphären) unterteilt, und sie haben spezielle Aufgaben. Die höchsten Engel sind die Berater, hierarchisch eine Stufe tiefer sind die Verwalter und darunter die Boten, die alle im Dienste ihres Gottes stehen.

Wenn wir uns nun diese Engelchöre genauer ansehen, dann sind auffallend deutliche Parallelen zur irdischen Machtverteilung erkennbar. Die *Seraphim* und *Cherubim* finden sich ganz oben in der Hierarchie, sie haben eine beratende Funktion. Auch unsere Staatspräsidenten haben ihre *Berater*, die jedoch im Hintergrund agieren und für das Volk keine öffentlichen Aufgaben übernehmen. Sie werden in der Presse so gut wie nie erwähnt und bleiben im Verborgenen. Sie sind es, die die Geschicke eines Staates wirklich lenken. Woher sie ihre Anweisungen erhalten, ist der Öffentlichkeit nicht bekannt. Auf die Hintergründe, wer dahinter steckt, wird später in diesem Buch jedoch noch eingegangen.

Darunter kommen die *Herrscher*, die im irdischen Sinne den Staatsoberhäuptern entsprechen. Sie vermitteln ihren nächsten Untergebenen innerhalb der Hierarchie das, was die Berater ihnen vorgeben und sorgen dafür, dass entsprechende Gesetzesänderungen durchgesetzt werden. Eine interessante Wortkombination: Eine neue Regelung wird „durch-*gesetz*-t"! Ein Volk wird sozusagen von ihr durchdrungen.

Diese nächsttiefere Ebene besteht aus den *Fürstentümern*, die irdisch gesehen aus Aristokraten und Adeligen bestehen, die sich als besonders privilegiert betrachten. Die Adeligen haben dem Volk die Botschaften der Herrscher übermittelt und die Ländereien verwaltet. Sie wären heute noch an der ausführenden, regionalen Macht, wenn nicht die vielen Aufstände des Volkes dafür gesorgt hätten, dass sich der Adel in den Hintergrund zurückgezogen hat. Nur durch die Königshäuser ist in der Öffentlichkeit noch etwas vom alten Adel spürbar. Übrigens bedeutet das Wort Aristokratie *Herrschaft der Besten*[303], wobei diese Menschen laut derselben Quelle aufgrund ihrer Abstammung, ihres Besitzes oder einer bestimmten Funktion privilegiert sind. Damals wie heute gilt: Gene, Geld oder Stellung bestimmen darüber, wer über andere herrscht.

Die interessanteste Frage zu diesem Thema ist: Woher erhalten die Berater ihr Wissen, ihre Instruktionen? Die Engel, auch die höchsten Engel, die *Seraphim* und *Cherubim*, unterstehen *Gott*. Wem unterstehen die Berater der Staatsoberhäupter? Wer ist der *Gott* bzw. wer sind die *Götter*, die unseren Präsidentenberatern Anweisungen geben? Ist es die Weltfinanz-Elite, die an der Spitze steht? Steht über der Weltfinanz-Elite vielleicht nochmals eine Spitze? Besteht die Spitze der Spitze etwa aus extraterrestrischen Wesen, die die eigentliche Macht auf der Erde ausüben entsprechend der *Seraphim*? Gibt uns der Dollarschein mit seiner abgehobenen Pyramidenspitze (siehe Kapitel *Neue Weltordnung*) hierauf einen Hinweis? Wenn wir uns das Weltgeschehen ansehen, so drängt sich dieser Verdacht geradezu auf. Übertragen wir die alten Hierarchien auf die heutige Zeit, so könnte sich daraus ergeben:

1. Triade	2. Triade	3. Triade
Seraphim – Cherubim – Throne	Herrschaften – Kräfte/Mächte – Gewalten	Fürstentümer – Erzengel – Schutzengel
Himmlische Berater	Himmlische Verwalter	Himmlische Boten
Politische Berater	**Regierung**	**früher Adel, heute Geldadel/Konzerne**

Wie wir bereits wissen, sind die *Seraphim* und *Cherubim* aus der 1. Triade Mischwesen und besitzen neben menschlichen auch andere Anteile. Ich möchte an dieser Stelle erwähnen, dass auch die teuflische Figur *Baphomet* als Mischwesen mit einem Menschenkörper und einem Kopf und Füßen eines Ziegenbocks dargestellt wird. Er wird mit dem Bösen und dem Satanismus assoziiert. Es scheinen sich demnach verschiedene Wesen mit den Menschen vermischt zu haben. Mehr über dieses Thema im Kapitel *Wer steckt dahinter?*.

Wie wir gesehen haben, stehen sowohl im religiösen als auch im irdischen Bereich nur einige Wenige an der Spitze, die hierarchisch über alle anderen regieren. Die Engel der Religionen sind ebenso strengen Regeln unterworfen wie die irdischen Staatsoberhäupter und Politiker. Und genauso, wie man sich im irdischen Bereich fragen kann, wer hinter den Beratern steht, kann man sich auch im religiösen Bereich fragen, wer der *Gott* ist, der über den religiösen Wesen und den Menschen steht?

Wenn man die Parallelen zwischen der religiösen und irdischen Hierarchie vergleicht und dazu Puzzleteil für Puzzleteil zusammensetzt, kommt man unweigerlich zu dem Schluss, dass die Religionen gezielt erschaffen wurden, damit die Menschen auch in Bezug auf die geistige Welt manipuliert werden können. Wenn die Menschen, je nach Religion, einem Priester etc. unterstellt sind, dann verlieren sie ihre natürlicherweise vorhandene Verbindung zu ihrer Urquelle, zu ihrer Seelenheimat. Wenn sie sich einreden lassen, dass sie weder in der Lage noch würdig seien, direkt mit ihrer Quelle zu kommunizieren, dann trennen sie sich selbst von ihrer geistigen Heimat. Kein Außenstehender könnte diese Trennung durchführen, diese Abtrennung findet in den Menschen selbst statt. Doch wenn wir uns davon überzeugen lassen, dass wir einen Mittelsmann brauchen, zweifeln wir an uns selbst und schließen damit die Tür dieser naturgegebenen Kommunikation.

Nur so ist es möglich, dass Menschen gegeneinander kämpfen, dass sie sich in Kriegen gegenseitig erschießen und aufgehört haben, einander zu schätzen, zu achten und zu lieben. Wir töten uns gegenseitig, damit einige fremde Menschen sich noch mehr bereichern können. Dieses Verhalten ist nur möglich, wenn wir die Verbindung zu unserer Seelenheimat so weit reduziert haben, dass keine Kommunikation mehr möglich ist. Wären wir mit unserem Herzen verbunden, und wären wir uns bewusst, dass wir liebevolle, hochspirituelle Seelen sind und alle miteinander verbunden, würden wir kriegswütige Präsidenten auslachen, uns umdrehen und uns um wichtigere Dinge kümmern. Es gäbe keinen Krieg.

Für jede Religion wurde ein Gott kreiert. Das Christentum, der Islam und die anderen Religionen haben alle ihren eigenen *Gott*, der verehrt werden muss. Und jede Religion behauptet von sich, sie sei die einzig wahre Religion, der wahre Glaube, der zur Seligkeit führt. Bei den Religionen wird ebenso mit der Angst gearbeitet wie zum Beispiel im Versicherungsgewerbe: *„Wenn nicht, dann…!"* bzw. *„Wenn Du nicht unseren Gott anbetest, bist Du verloren!"*

Doch das ist noch nicht alles. Hinter der Schaffung von Religionen steckt ein durchdachtes System, es war ein äußerst kluger Schachzug. Dadurch, dass die Menschen Religions-*Götter* verehren und regelmäßig an *Gottesdiensten* teilnehmen, werden diese Götter regelmäßig mit Energie versorgt. Wir sind durch die Ausübung von kirchlichen Ritualen sozusagen zu ihren Tankstellen geworden, weil wir sie mit unserer Aufmerksamkeit und Anbetung versorgen. Nach wie vor ist die Frage offen, wer diese Götter in Wahrheit sind.

Die Rituale, die zum Beispiel in der katholischen Kirche ausgeübt werden, sind bei näherer Betrachtung wirklich etwas seltsam. Was ist das für eine Religion, in der Wein in das *Blut Christi* verwandelt und getrunken wird und eine Hostie in den *Leib Christi* transformiert und gegessen wird? Jedes Mal, wenn der katholische Priester die Hostie übergibt, spricht er: *„Der Leib Christi."* Sind wir Kannibalen? Es gibt meines Erachtens nur einen Kult, der Menschenfleisch isst und Menschenblut trinkt, sei es nun symbolisch oder real, und das ist der Satanismus. Dort geht man davon aus, die Kraft des Menschen zu übernehmen, wenn man dessen Fleisch (Herz) isst und sein Blut trinkt. Es ist bei diesen Menschen nicht der Hunger, der sie dazu veranlasst, sondern die Gier nach Macht – nach Macht der dunkelsten Kategorie, die Art von Macht, die heute unsere Welt umspannt! Jeder, der dieses Ritual durchführt, nimmt die dahinterstehende Macht und ihre Ziele an.

Wer sich hier das Kreuzzeichen gibt und mich beschuldigt, ich würde durch diese Gedanken und Fragen eine Todsünde begehen, der sollte sich einen Gottesdienst völlig neutral ansehen und sich vorstellen, er käme von einem anderen Stern und sähe das erste Mal in seinem Leben einen Gottesdienst. Wenn Sie unter diesen Voraussetzungen ihren Verstand arbeiten lassen, werden Ihnen vielleicht noch mehr seltsame Rituale auffallen. Warum hat Jesus nicht selbst eine Kirche gegründet, wenn er dies gewollt hätte? Er hat es nicht getan, sondern sich darum bemüht, in jedem Einzelnen das Herz zu öffnen und in ihm die Verbindung zu seiner Urquelle wieder herzustellen. Und bitte lesen Sie die Bibel: Im Alten Testament wimmelt es nur so von Grausamkeiten und geforderten Opfergaben. Jesus kann unmöglich der Sohn dieses rachsüchtigen und strafenden Gottes gewesen sein, der im Alten Testament beschrieben wird. Im Neuen Testament wird *Gott* plötzlich sanft, gütig, nachsichtig und liebevoll dargestellt. Welche wundersame Wandlung ging da vor sich? Ist der *Gott* des Alten Testamentes vielleicht ein anderer *Gott* als der des Neuen Testamentes? Oder hat man einfach die bestehende Geschichtsschreibung (AT) verwendet, das Leben und Wirken Jesu hinzugefügt (NT), ein wenig nachgebessert und diese Texte als Basis für eine Religionsgründung verwendet?

Warum wurden die Regeln der christlichen Kirchen immer wieder verändert? Die *Gnostiker*, die manchmal als die *Urchristen* bezeichnet werden, lehrten die *Reinkarnation* (Reinkarnation = Wiederfleischwerdung). Es wird vielfach behauptet, dass die Reinkarnation erst bei dem Konzil in Nicäa im Jahre 325 n.Chr. gestrichen wurde. Dies wird genauso oft bezweifelt, doch warum hält sich diese Behauptung so hartnäckig? Aus dieser Zeit sind die Schriften sehr unvollständig – warum? Lieferten sie Beweise, die man vernichten wollte? Warum dürfen solch grundlegende Dinge, an die die Christen glauben sollen, überhaupt geändert werden? Wer schreibt diese Veränderung vor? Gott? Jesus? Durch wen wird dieser Befehl oder Wunsch mitgeteilt? Durch den Papst? Der Papst wird von einigen Menschen gewählt. Ist er deshalb das Sprachrohr Gottes? Sind wir nicht alle mit der göttlichen Liebe verbunden? Können wir nicht alle über das Herz und durch unsere Intuition mit der göttlichen Liebe und den göttlichen Informationen verbunden sein? Vielleicht werden manche dieser Fragen von Ihrem Herzen beantwortet.

In der *Genesis* (AT) ist von vielen *Göttern* die Rede, deren *Söhne* sich mit den Menschenfrauen gepaart haben. Warum lehrt dann die christliche Kirche, dass es nur *einen Gott* und nur *einen Sohn Gottes* gibt, wenn doch die Bibel etwas anderes aussagt? Wer sind die „Götter" des Alten Testaments? Wer sagt hier die Wahrheit, das Alte Testament oder die katholische Kirche? Gibt es hierzu eine halbe Wahrheit? Gab es Jesus als Sohn Gottes in der Form, wie die Kirche es lehrt? Die Mutter-Kind-Verehrung zum Beispiel gibt es auch in anderen Kulturen, wie bereits geschildert. Die Darstellungen sind jeweils sehr ähnlich. Sind das alles nur Geschichten? Erzählen sie vielleicht alle dieselbe Geschichte? Übernahmen die Katholiken einfach die vorhandenen Sagen? Wurde die Religion vielleicht einfach nur benutzt, um die Menschen folgsam zu machen und zu unterwerfen? Haben die Religionsgründer die Weisheitslehrer *Jesus, Mohammed* oder *Buddha* missbraucht, um ihre Organisationen der Macht aufzubauen? Warum dürfen in der katholischen Kirche nur Männer Priester sein? Warum tragen sie Frauengewänder (lange Kleider)? Warum soll es nur dem Priester möglich sein, mit Gott in Kontakt zu treten? Warum wird in der katholischen Messe gebetet: *„Ich bin nicht würdig, dass Du eingehest unter mein Dach."*? Warum sagen wir nicht: *„Bitte komm unter mein Dach."* oder *„Bitte lass mich Dich finden unter meinem Dach.",* und warum wird gesagt: *„Durch meine Schuld, durch meine Schuld, durch meine große Schuld."*? Warum beten wir: *„Und führe uns nicht in Versuchung"*? Das Universum kennt kein *nicht,* daher bedeutet der Inhalt: *„Und führe uns in Versuchung."* Sollten wir nicht besser beten: *„Und führe uns in der Versuchung (damit wir ihr widerstehen)."*? Kann eine Schuld vererbt werden, ohne dass jemals die Chance besteht, schuldfrei zu werden? Wie kann es sein, dass ein Mensch schon Schuld auf sich geladen hat, noch bevor er den ersten Atemzug getan hat? Oder steckt hier Methode dahinter, die Menschen klein und ohnmächtig zu halten, damit sie besser regiert werden können? Das sind viele Fragen, teils provokante Fragen, aber auf jeden Fall offene Fragen, die Sie zum eigenen, objektiven Nachdenken anregen sollen.

Ist es nicht so, dass wir durch diese Lehren einiger großer Religionen und der Wissenschaft auf einen Holzweg geführt werden, damit wir nicht erkennen, wer wir in Wahrheit sind? Brave, sündige Schäfchen, die bemüht sind, ihr schlechtes Gewissen (Erbsünde!) abzubüßen, sind zweifellos leichter zu regieren. Selbstbewusste Menschen, die sich ihrer Verbindung zur Urquelle bewusst sind, die Fragen stellen und nicht alles glauben und die sich ihrer Kraft bewusst sind, könnten eine Weltherrschaft ins Wanken bringen.

Vor allem die katholische Kirche sollte sich mit den Ursachen für die Kirchenaustritte beschäftigen. Es ist sicher nicht nur die Thematik *Missbrauch,* sondern es hat auch zu tun mit dem Machtanspruch sowie der dogmatischen Einstellung der Kirche. Die Fragen der Gläubigen werden nicht beantwortet, und das System wird von immer mehr Menschen durchschaut. Wer heute auf der Suche nach Gott ist, sucht mehr als einen strafenden Richter, der die Menschen klein, sündig und unwürdig halten möchte. Wenn die Absicht der Kirchen wirklich das Wohl und Seelenheil der Menschen wäre, und wenn sie ehrlich helfen würden, die verlorengegangene Verbindung zwischen Mensch und höchster Quelle wiederherzustellen, dann wären die Kirchen voll. Die Menschen suchen mehr denn je nach Antworten, ihrem Seelenfrieden, nach ihrer Quelle und ihrer Kraft, und wenn die Kirchen es verstünden, würden die Menschen zu ihnen strömen. Stattdessen halten die Kirchenoberen an überholten Einstellungen fest, und eine spirituelle Entwicklung geht an ihnen vorbei. Sie horten Reichtümer unermesslichen Ausmaßes und haben kein schlechtes Gewissen dabei, zusätzlich zur Kirchensteuer auch noch Kirchengeld und Opfergaben zu verlangen. Die Bischöfe werden nicht von der Kirche selbst, sondern vom Staat bezahlt. Jeder Steuerzahler, egal, ob und welcher Religionsgemeinschaft er angehört, bezahlt diese Gehälter.

Es stellt sich die Frage nach der wahren Absicht der katholischen Kirche. Sehen wir uns zu diesem Thema zum Beispiel den Rücktritt von *Papst Benedikt* am 28.2.2013 genauer an. Der *Spiegel* zitierte den ehemaligen Papst: *„Nachdem ich wiederholt mein Gewissen vor Gott geprüft habe, bin ich zur Gewissheit gelangt, dass meine Kräfte infolge des vorgerückten Alters nicht mehr geeignet sind, um in angemessener Weise den Petrusdienst auszuüben.“*[304]

Während die gläubigen Katholiken mit ihrer Verwunderung beschäftigt sind, waren im Hintergrund andere Mühlen tätig. Nicht gerade das höchste göttliche Gericht, aber doch das *International Tribunal into Crimes of Church and State* (ITCCS, *Internationales Tribunal für Verbrechen von Kirche und Staat*) befasste sich ebenfalls mit *Papst Benedikt*. Es gab eine globale Medienverlautbarung und Stellungnahme ab: *„Das zentrale ITCCS-Büro in Brüssel sieht sich durch Papst Benedikts plötzliche Abdankung gezwungen, die folgenden Details offenzulegen: Basierend auf Beweisen, die vom uns angeschlossenen Bürgerrechtlichen Justizgericht (itccs.org) zur Verfügung gestellt wurden, beschloss unser Büro am Freitag, den 1. Februar 2013... einen **Haftbefehl gegen Joseph Ratzinger** alias Papst Benedikt für Verbrechen gegen die Menschheit und Organisation einer kriminellen Verschwörung auszustellen... Es ist die Entscheidung unseres Tribunals und der Regierung des besagten Landes, mit der Verhaftung Joseph Ratzingers bei Verlassen seines Amtes fortzufahren, auf Grundlage der Beschuldigung von Verbrechen gegen die Menschlichkeit und krimineller Verschwörung... Unsere weitere Entscheidung lautet, auch Joseph Ratzingers Nachfolger als Papst aufgrund derselben Beschuldigungen anzuklagen und zu verhaften.“*[305] (H. d. d. A.)

Was wurde Herrn Ratzinger vorgeworfen? Der ehemalige *Papst Benedikt* soll einen Ritualmord an einem Kind begangen haben. Pervers, was ich hier schreibe? Das ist es in der Tat. Allerdings nicht, was ich hier schreibe, sondern was dem ehemaligen Papst vorgeworfen wird: *„Ich sah, wie Joseph Ratzinger ein kleines Mädchen in einem französischen Chateau im Herbst des Jahres 1987 ermordete.“*, sagte eine weitere Zeugin in dem Verfahren aus und bestätigte damit die Zeugenaussage von *Toos Nijenhuis*, die bereits zuvor Ähnliches berichtet hatte.[306] Das ist eine schwere und unglaubliche Anschuldigung. Auch *Papst Franziskus* soll demnach angeklagt sein wegen *„Schutzgewährung an Ratzinger sowie seine eigene Komplizenschaft bei Kriegsverbrechen... Diese Mitteilung erfolgte am 28. Oktober 2013 durch den Vorstand der ITCCS-Zentrale in Brüssel/Belgien vom Internationalen Tribunal für Verbrechen durch Kirche und Staat.“*.

Sollten diese Augenzeugenberichte tatsächlich der Wahrheit entsprechen, wäre das ein Skandal sondergleichen. Sollten diese Aussagen über die schrecklichen Rituale der Hintergrund dafür sein, dass *Papst Benedikt* zurückgetreten ist, wie dies mehrere Autoren mutmaßen? Sind unsere Päpste in Wirklichkeit Satanisten, wie schon das Ritual mit dem Fleisch und Blut Jesu ahnen lässt? In Anbetracht dessen, dass die *Rothschilds* im

Jahre 1830 ein Darlehen an den Vatikan vergeben haben[307], liegt der Verdacht nahe, dass hier alles andere als „himmlische" Interessen vertreten werden.

War es deshalb ein Zeichen des Himmels, als der Petersdom an dem Tag, als *Papst Benedikt* seinen Rücktritt angekündigt hatte (11.2.2013), vom Blitz getroffen wurde? Hat der Theologe *Dieter Potzel* möglicherweise recht, wenn er auf seiner Internetseite schreibt: *„Ist also die Polarität zwischen Mann und Frau gestört, wie durch das Zölibat und die ‚Mutter Kirche', dann kann sich schon allein dadurch keine gottgemäße und gesunde Entwicklung vollziehen. Und die Unfruchtbarkeit der Mutter Kirche erkennt man auch an den Kirchenaustritten und an den Taten und Untaten unzähliger Priester in dieser Welt. So steht auch schon in der Bibel geschrieben: ‚Geht hinaus aus ihr, Mein Volk, dass ihr nicht teilhabt an ihren Sünden und nichts empfangt von ihren Plagen.' (Offenbarung 18, 4) Gemeint ist das Hinausgehen, der Austritt aus der ‚Hure Babylon', nach der Überzeugung vieler Bibelkenner ein Symbol für die endzeitliche Kirche."*[308]

Es ist eine Gewissensfrage, doch es gibt durchaus sehr charakteristische Ähnlichkeiten zwischen der Weltmachtelite und dem Vatikan: Beide sind unendlich reich, beide sind mächtig und herrschen über Milliarden Menschen.

Dieses Thema wurde auch von *Herrn Tiyavorabun* aufgegriffen, als er den Dokumentationsfilm *Vergelt's Gott*[309] drehte, der mittlerweile von einigen TV-Sendern ausgestrahlt wurde. Darin recherchiert er bezüglich des unvorstellbaren Reichtums der katholischen Kirche. Ohne näher auf die Details einzugehen, bestätigte in diesem Film *Hans-Peter Schwintowski*, unter anderem Professor für Handelsrecht in Berlin: *„Die Einnahmen der Kirche sind sehr komfortabel und sehr sicher, das sind die Kirchensteuern, die staatlichen Zuwendungen aus alter Zeit und die aktuellen staatlichen Zuwendungen für soziale Einrichtungen, z. B. Kitas… ein sehr, sehr gutes, ausfinanziertes Unternehmen ist diese Kirche."* Dagegen wäre auch prinzipiell nichts einzuwenden, wenn dieses Geld neben dem Erhalt der Vermögenswerte für soziale Zwecke eingesetzt würde.

Doch dass das Interesse der Kirche nicht beim Wohlergehen der Menschen liegen kann, zeigt folgender Fall: *„In Freising etwa halten die Verantwortlichen das Diözesanmuseum für so bedürftig, dass sein Erhalt mit 30 Millionen Euro gesichert ist – während für das katholische Obdachlosenheim der Stadt laut ARD-Recherchen schlappe 64.000 Euro fehlen. Das Heim wird geschlossen."*, berichtet *spiegel.de*.[310] Ist der exklusive Erhalt eines Museums wichtiger als die Instandhaltung eines Heimes für Obdachlose, die Ärmsten der Armen in einer Gesellschaft? Doch mit ihnen kann man leider nicht repräsentieren. Das ist auch eine Art, deutliche Zeichen zu setzen.

Wenn man bedenkt, dass die *Vatikanbank*, die der Enthüllungsjournalist *Gianluigi Nuzzi* als *Geheimbank* bezeichnet, zur *„Geldwäsche aus Korruptionsgeschäften genutzt"* wird, dann frage ich mich, was die katholische Kirche denn überhaupt mit Gott zu tun haben soll. Dieses Verhalten ist nicht nur vor Gott, sondern auch vor den Menschen und vor Gerichten als verbrecherisch anzusehen. Dazu kommt, dass viele Konten auf *„fiktive, nicht existierende karitative Einrichtungen liefen: ‚Stiftung der Madonna von Lourdes' oder die ‚Stiftung zur Rettung armer Kinder' gibt es nicht, ebenso wenig die ‚Stiftung zum Kampf gegen die Leukämie"*, wie der Journalist in dem o. g. Film berichtet. Es ging demnach nicht *nur* um **Korruption** und um **Geldwäsche**, sondern auch um eine ganz bewusste **Täuschung und Irreführung** jedes einzelnen gläubigen Kirchenmitglieds.

Es ist nicht die Tatsache, dass die Kirche über unschätzbaren Reichtum verfügt, sondern es ist die Art und Weise, wie sie sich selbst nach außen als die einzige Vermittlerin zu Gott darstellt, während hinter den vatikanischen Kulissen das Volk auf das Extremste belogen, hintergangen und für dumm verkauft wird.

Und diese Gruppe von Menschen möchte uns sagen, dass wir mit einer Erbsünde zur Welt kommen? Diese Menschen wollen uns bei der Beichte unsere Sünden vergeben, wollen uns sagen, was *gut* und was *böse* ist? Nun entscheiden Sie selbst, welche Mächte hier wirken und ob Sie diesen weiterhin Ihre Energie geben wollen oder ob Sie sich nicht künftig direkt der wahren Quelle, der Urschöpfung zuwenden, ohne zwischengeschaltetes „Bodenpersonal". Diese Quelle finden Sie ohne Institution, ohne Mitgliedschaft und ohne finanzielle Beiträge tief in Ihrem eigenen Herzen – jederzeit. Sie haben die Quelle stets bei sich, es bedarf nur der Erkenntnis und der inneren Entscheidung, diese Verbindung in sich selbst zu sehen.

Wie es in anderen Religionen aussieht, müsste näher untersucht werden, das würde jedoch den Rahmen dieses Buches sprengen. Mein Austritt aus der katholischen Kirche liegt nun viele Jahre zurück, und so kann ich die Themen jetzt neutral und mit Abstand betrachten. Ich war Jahrzehnte lang aktive Kirchgängerin, habe jedoch von immer mehr Ritualen und Gepflogenheiten der Kirche Abstand genommen, bis mir klar war, dass mein Glaube in der Kirche nicht gut aufgehoben ist und dass ich mir die „direkte Verbindung" ohne zwischengeschaltete Menschen wünsche. Je mehr ich recherchiere, desto mehr wird diese Entscheidung bestätigt.

Eventuell löst sich das katholische Thema von selbst, denn nach der *Malachias-Weissagung* könnte der jetzige *Papst Franziskus* der letzte Papst sein, wie es in den Texten unter Nr. 112 beschrieben wird. Darin heißt es: „...*der weiden wird seine Schafe in vielen Bedrängnissen; wenn diese vorüber sind, wird der siebenhügelige Staat zerstört werden, und der schreckliche (der, vor dem man zittern muss) Richter wird sein Volk richten. Ende.*"(info.kopp-verlag.de)[311] Danach soll es die katholische Kirche nicht mehr geben.

Vielleicht könnte nach dieser Zeit die Phase kommen, in der die Menschen ihren eigenen Kontakt und ihre Verbundenheit zur göttlichen Quelle, zu ihrem eigenen geistigen Sein, zu ihrer Seele wiederfinden und die Wahrheit über den Weg der Intuition und des inneren Wissens selbst erfahren dürfen. Wir sind alle verbunden – miteinander und mit unserer liebenden Quelle, unabhängig von einer Konfession. Sie ist universell. Wie *Jesus* sagte: „*Es geschehe Dir nach Deinem Glauben.*" Das bedeutet, es kommt so, wie wir es glauben und gemäß unserer Überzeugung. Vielleicht sollten wir uns der Überzeugung zuwenden, dass wir von Gott geliebt, mit ihm verbunden und beschützt sind.

KAPITEL 13: EUROPÄISCHE UNION

Wenn wir an die *Europäische Union* denken, ist die erste Assoziation der *Euro*, an den wir uns mittlerweile gewöhnt haben, auch wenn er uns so manche Verteuerung beschert hat. An den *ESM* wollen wir möglichst nicht erinnert werden, diese Zeitbombe tickt unaufhörlich weiter und könnte uns die größte wirtschaftliche Katastrophe bringen, die dieses Land und die gesamte westliche Welt jemals gesehen hat. Doch als brave, fleißige und ehrliche Bürger arbeiten wir weiter, wie die Bienchen, rennen immer schneller in unserem Hamsterrad und hoffen, dass wir die gesamte Staatsverschuldung irgendwann zurückzahlen können. Doch wie jede Zeitbombe wird auch diese zum programmierten Zeitpunkt X explodieren.

Doch die EU hat noch weitere äußerst umstrittene Gesetzesentwürfe in Bearbeitung. Sehen wir uns einige an:

TTIP

Bei dem *TTIP (Transatlantic Trade and Investment Partnership)*, dem transatlantischen Freihandelsabkommen, handelt es sich um einen Vertrag zwischen der Europäischen Union, den USA und weiteren Staaten. Millionen Menschen haben Listen unterschrieben, um diesen Vertrag zu verhindern. Das verwundert nicht, werden doch die Gespräche über die Details im Geheimen geführt, was das Misstrauen in der Bevölkerung schürt. Nachdem die Details des längst beschlossenen *ESM-Vertrages* viele Menschen wachgerüttelt haben, ist das Volk mittlerweile sensibilisiert und möchte Bescheid wissen über die geplanten Verträge, da es unmittelbar betroffen ist und die Folgen zu tragen hat. Kritiker befürchten, *„dass Unternehmen bei Verstößen gegen die Vertragsregeln ‚gigantische Entschädigungen' durchsetzen könnten".*[312] Das bedeutet, dass unser Staat zum Beispiel von amerikanischen Unternehmen verklagt werden kann, wenn die Regierung keine Erlaubnis zur Einfuhr gesundheitsschädlicher Lebensmittel erteilt. Die Folge können unvorstellbar hohe Zahlungen sein. Ich hoffe, dass die EU-Regierenden die Vertragsunterlagen genauer durchlesen als dies bei dem *ESM* der Fall war.

So soll u. a. die Kennzeichnungspflicht für gentechnisch veränderte Lebensmittel gekippt und Fleisch, das unter Einsatz von Hormonen erzeugt wurde, zugelassen werden. Das Wohl des Verbrauchers steht demnach sicher nicht an erster Stelle, sondern der Profit amerikanischer Firmen. Es geht laut den meisten Quellen um Entscheidungen, durch die die Konzerne begünstigt und der Verbraucher benachteiligt werden soll, ja die sogar seine Gesundheit gefährden könnten.

Bekannt sind allerdings nur die Bereiche, die von den geheimen Gesprächen nach außen gedrungen sind. Gerade diese Geheimhaltung ist es, die den Widerstand der Verbraucher weckt und die zur Vorsicht mahnt! Grund für eine Geheimhaltung gibt es bekanntlich nur, wenn es etwas zu verheimlichen gibt, d. h. wenn mit Widerspruch aus der Bevölkerung zu rechnen ist, sobald die Wahrheit ans Tageslicht kommt. Ansonsten könnten diese Verträge öffentlich und für jeden einsehbar verhandelt werden.

TISA

TISA bedeutet: *Trades in Services Agreement* (Vertrag zum Handel mit Dienstleistungen), und die Verhandlungen werden wieder, wie bei *TTIP*, im Geheimen geführt. Grundsätzlich ist alles verdächtig, was im Verborgenen verhandelt wird, und wir sollten uns nicht nur auf die Mainstream-Presse verlassen, sondern uns auch über alternative Medien informieren. Zu jammern, wenn das Kind in den Brunnen gefallen ist, hilft niemandem, wir müssen uns rechtzeitig informieren. Bei *TISA* geht es u. a. um Grundversorgungen wie Trinkwasser und Energieversorgung. Nach den jetzigen Entwürfen dürfte zum Beispiel ein einmal in die Hände eines privaten Investors gelangtes Versorgungsunternehmen nicht mehr in öffentliches Eigentum zurückgeführt werden. *TISA* würde eine Rekommunalisierung begrenzen und sogar ausschließen.[313] Das bedeutet, eine Stadt, die ein Wasserkraftwerk „privatisiert" hat, könnte es nie wieder zurückkaufen!

Hier wird über Themen verhandelt, die uns alle(!) angehen. Stellen Sie sich vor, ein kommunales Wasserwerk wird aus finanziellen Gründen „privatisiert", d. h. an einen Investor verkauft. Sinkt die Rendite oder fallen Renovierungen an, so könnte es sein, dass der Investor die Anlage verkommen lässt. In diesem Falle oder auch wenn die Gemeinde wieder zu Geld kommen würde, könnte sie das Wasserwerk normalerweise zurückkaufen und die Wasserversorgung wieder selbst übernehmen. Doch ein Verbot einer Rekommunalisierung würde dies ausschließen, d. h. man will von vornherein verhindern, dass Kommunen wieder autonom werden. Nur so ist sichergestellt, dass der Wasserpreis wahllos nach oben geschraubt werden kann. Wir dürfen vor solchen Szenarien nicht die Augen verschließen. Eventuelle Regulierungsmaßnahmen von Regierungen würden eingeschränkt oder sogar verboten werden, wodurch die Staatsregierungen der EU-Willkür machtlos ausgeliefert wären.

„*TISA beschäftigt sich aber auch mit dem grenzüberschreitenden Datenverkehr und der Privatsphäre... Insbesondere der europäische Datenschutz würde dann als Behinderung des Marktzugangs gewertet werden.*", was uns vermutlich sehr durchsichtige Datenschutzrichtlinien bescheren würde, einschließlich des „*uneingeschränkten Sammelns und Übertragens von persönlichen Daten*"! *(konjunktion.info)*[314] Mehr noch als bisher müssten wir zum Beispiel am Telefon überlegen, was wir sagen, wenn wir nicht riskieren wollen, dass plötzlich der Verfassungsschutz an der Tür klingelt.

Auch Schulen und Universitäten wären betroffen, Zulassungen wären eingeschränkt, Konzerne hätten dann die Möglichkeit, gegen neue oder kostspielige Vorschriften vorzugehen. Dasselbe betrifft Gesundheitseinrichtungen.

Wie schon bei dem *ESM-Vertrag* ist auch bei *TISA* auf die **Unumkehrbarkeit** hinzuweisen! Auf immer und ewig sollen hier Rechte auf Firmen übertragen werden. Der Mensch wird hierdurch zum rechtlosen Zahler ersten Ranges. Der Wille des Volkes zählt nicht mehr, sondern ausschließlich der Gewinn der Großkonzerne. Sollten die jetzigen Entwürfe verwirklicht werden, würden wir in einer Welt leben, in der wir in den Status von Mastschweinen versetzt werden. Wir hätten nur unsere Aufgabe zu erfüllen: arbeiten und konsumieren, d. h. die Wirtschaft florieren lassen und unser Geld abliefern. Im Gegenzug dazu hätten wir jedoch keine Rechte mehr – alternativlos und für immer!

CETA

CETA (Comprehensive Economic and Trade Agreement) ist ein geplantes europäisch-kanadisches Freihandelsabkommen, und es besteht eine Ähnlichkeit zum *TTIP*. Es beinhaltet eine gegenseitige Marktöffnung und eine Stärkung von Rechten an geistigem Eigentum, also an Patenten. Die Patentierwut dürfte vor allem im Bereich Lebensmittel noch wachsen, denn Lebensmittel werden von allen Nationen in aller Welt benötigt, und wer Patente auf Saatgut besitzt, beherrscht die Menschen. Auch die Abschaffung von Zöllen ist darin geregelt, wobei Zölle gerade für finanziell schwache Länder wichtig sind, da sie dadurch den Import von subventionierten Billigwaren und Billiglebensmitteln steuern können, um ihre eigene Wirtschaft zu fördern. Ferner sollen die Rechte von Konzernen gestärkt werden. *„Es enthält zudem einen umfassenden Investitionsschutz. Konzerne aus dem jeweils anderen Wirtschaftsraum, die sich durch politische Entscheidungen geschädigt fühlen, könnten vor außerstaatlichen Schiedsgerichten auf Entschädigung klagen – auch wenn diese Entscheidungen demokratisch legitimiert sind und zum Beispiel dem Schutz der Gesundheit der Bevölkerung dienen... Neben dem Investitionsschutz stehen vor allem die Marktöffnung in der Landwirtschaft, längere Laufzeiten für Patente im medizinischen Bereich und der Export kanadischen Öls aus Teersanden in der Kritik.“*[315], schreibt ein Umweltinstitut. So könnte ein kanadischer Konzern einen europäischen Staat auf Schadensersatz und Zulassung verklagen, wenn dieser beispielsweise die Einfuhr von gentechnisch veränderten Lebensmitteln verbietet. Unsere Landwirtschaft erfüllt derzeit noch höhere Anforderungen in den Bereichen Gentechnik, Zusatzstoffe, Grenzwerte usw. und könnte mit Billigprodukten, die diese Kriterien nicht erfüllen, nicht konkurrieren. Die unmittelbare Folge wäre, dass sich die Qualität unserer Lebensmittel erheblich verringern und gesundheitlich bedenklich würde, weil der bisherige, höhere Standard unserer eigenen Produkte viel zu teuer und damit nicht mehr konkurrenzfähig wäre.

EPAs

EPAs (Economic Partnership Agreements) werden die geplanten Vereinbarungen genannt, die die EU mit Staaten in Afrika, der Karibik und dem Pazifik führt. Das Ziel ist, neue Märkte für europäische Produkte zu öffnen. Bisher wurde den ehemaligen Kolonien ermöglicht, ihre Produkte in der EU zu vermarkten, nun könnte sich die Situation umkehren, und hoch subventionierte europäische Waren und Lebensmittel könnten die Märkte dieser Staaten fluten. *„Der kleinbäuerlichen Landwirtschaft und dem lokalen Handwerk werden die Entwicklungsmöglichkeiten genommen. So wird Armut verschärft, und es entsteht Abhängigkeit von Lebensmittelimporten.“*, steht in der o. g. Quelle. Genau diese Abhängigkeit ermöglicht es den Industriestaaten, die Bodenschätze dieser in kurzer Zeit hochverschuldeten Länder auszubeuten.

Das Öffnen neuer Märkte ist für die überschuldeten, westlichen Staaten ein letzter Rettungsanker, um ihr Wachstum zu steigern und ihr Finanzsystem ein wenig länger vor dem Kollaps zu bewahren.

Egal, welches Abkommen man näher betrachtet, es zeichnet sich ein deutlicher Trend ab, die Qualität unserer Produkte einzuschränken, die Rechte der EU-Staaten und ihrer

Bewohner zu beschneiden und vor allem den Konzernen und großen Unternehmen per Vertrag alle Türen zu öffnen. Entschädigungszahlungen in Milliardenhöhe könnten Staaten ruinieren und in noch größere Verschuldungen treiben, wenn sie in Einzelfällen für ihre Bürger und gegen einen Handelsvertrag entscheiden wollten. Eine noch größere Verschuldung würde eine noch größere Steuerlast bedeuten. Noch mehr Privatisierung heißt dann das Zauberwort der Regierungen, und Privatisierung bedeutet Enteignung, denn staatliches Eigentum ist von allen Steuerzahlern finanziert worden und darf, ethisch gesehen, gar nicht privatisiert, also veräußert werden. Davon abgesehen, stößt jeder Investor sein Produkt ab, wenn es nicht (mehr) rentabel ist, eine *Rekommunalisierung* wäre dann jedoch laut *TISA* nicht mehr zulässig. Wir können demnach davon ausgehen, dass zum Beispiel mit unserem Trinkwasser spekuliert wird, und wenn es durch Fracking ungenießbar geworden sein wird, werden wir uns selbst überlassen. Wir dürfen dann, wie die Menschen in Dürregebieten, mit unserem Wasserkrug losmarschieren und nach einem unverseuchten Bach suchen, um nicht zu verdursten. Utopie? Lassen wir uns überraschen.

Diese Abkommen, die sich teilweise noch in der Verhandlungsphase befinden, verfolgen das Ziel, die Kontrolle und Gesetzgebung zu zentralisieren, wie es in den USA bereits fortgeschritten ist. Die europäischen Staaten werden zunehmend von der EU regiert, denn es ist für die Weltherrschaft wesentlich einfacher, nur mit wenigen „Filialen" verhandeln zu müssen. Russland und China werden als „Feindbild" aufrechterhalten, damit die mächtige Rüstungsindustrie am Leben erhalten bleibt. Die Kriege, die seit Jahren die angebliche Achse des Bösen bekämpfen, sind eine Möglichkeit, die Weltbevölkerung zu reduzieren und gleichzeitig die militärischen Geräte, sprich Waffen, zu „entsorgen", damit sie neu produziert werden können. Würde tatsächlich Weltfrieden herrschen, würden die Menschen dafür demonstrieren, die Rüstungsindustrie aufzulösen. Und sollte unser Planet jemals erleben, dass auf ihm keine Kriege geführt werden, können Sie sicher sein, dass die Weltmächte versuchen, ein neues, möglicherweise extraterrestrisches (außerirdisches) Feindbild zu schaffen.

Kapitel 14: Ernährung – Landwirtschaft

„Eure Nahrungsmittel sollten Heilmittel –
und eure Heilmittel sollten Nahrungsmittel sein."[316]

Hippokrates von Kos (460 v. Chr.-370 v. Chr.), griechischer Arzt

Unsere Ernährung hat sich besonders im letzten Jahrhundert grundlegend geändert. Während es die letzten Jahrtausende zwar domestizierte (gezüchtete) Tiere gab, kamen das Fleisch und die Nutzpflanzen jedoch aus der nächsten Umgebung. Die Bauern versorgten die Handwerker, Kaufleute, Lehrer, Pfarrer usw. im Ort mit Lebensmitteln. Die Menschen wussten, wo die Tiere sowie das Getreide, Gemüse und Obst, das sie verzehrten, gewachsen sind. Auf diese Weise war den Bauern sehr wohl klar, dass man im Ort wusste, wie sie mit ihren Tieren und ihren Feldern umgingen.

Mit der beginnenden Industrialisierung und Mobilisierung hat sich dieses System jedoch vollkommen gewandelt. Ab dem Moment, ab dem es den Großhandel sowie Fertigprodukte bzw. vorgefertigte Produkte zu kaufen gab, begann auch die Anonymisierung, die jedem Betrug Tür und Tor öffnete. Wusste man beim Bäcker anfangs noch, wer die Brötchen buk, wurde zunehmend undurchsichtig, was worin enthalten war. Bis vor einigen Jahren stand noch nicht einmal auf einer Verpackung, was außer den Hauptbestandteilen alles darin enthalten war. Da die Zusatzstoffe der Nahrung zuvor nie ein Thema waren, weil in früheren Zeiten die Hausfrau selbst gekocht hatte, war der Verbraucher naiv gutgläubig. Er kam noch nicht einmal auf den Gedanken, dass in den ersten fertigen Produkten wie Brot, Käse, Gebäck, Konserven oder auch Süßigkeiten irgendetwas enthalten sein könnte, das für seine Gesundheit nicht förderlich war.

Erst nach und nach stellte sich heraus, dass findige Hersteller durchaus mit Tricks arbeiteten, um das Aussehen, den Geschmack oder die Herstellungskosten zu „optimieren". Dabei wurden auch Mittelchen verwendet, die in Lebensmitteln absolut nichts zu suchen hatten. Denken Sie nur an den Glykolwein-Skandal, als vor vielen Jahren findige Winzer auf die Idee kamen, Wein zu süßen, indem sie ihm das Kühlmittel Glykol beimischten. Irgendwann flog der Schwindel natürlich auf. Seit damals hat sich besonders der Stellenwert der Wirtschaftlichkeit potenziert, und aus diesem Grunde ist es mittlerweile so weit gekommen, dass sogar Gesetze zu unserem angeblichen Schutz erlassen werden, die jedoch bei näherer Betrachtung oft genau das Gegenteil im Sinn haben. Mittlerweile manifestiert sich der Eindruck, dass es im Bereich der industrialisierten Nahrung ausschließlich um maximierten Gewinn geht – um jeden gesundheitlichen Preis! So ganz nebenbei wird der Verbraucher durch die Nahrungsmittel gleich noch zum guten Kunden für die Pharmaindustrie, außerdem wird sein Bewusstsein manipuliert, Schadstoffe werden entsorgt und ganze Völker beherrscht.

Codex Alimentarius

Am 1.1.2010 trat der sog. *Codex Alimentarius* in Kraft. Viele Menschen haben zwar schon davon gehört, doch sich nicht näher darüber informiert. Es handelt sich laut *wikipedia* um eine *„Sammlung von Normen für die Lebensmittelsicherheit und Produktqualität, die von der Ernährungs- und Landwirtschaftsorganisation und der Weltgesundheitsorgani-*

sation der Vereinten Nationen erstmals 1963 herausgegeben wurde".[317] Was *wikipedia* nicht erwähnt, ist die Tatsache, dass viele Heilmittel, die schon seit Generationen eine bestimmte heilende Wirkung haben, nicht mehr als *Heilmittel* bezeichnet werden dürfen. Dabei liegt es nicht daran, dass diese Mittel nicht wirksam sind, nein, es liegt zum einen daran, dass man bei manchen Pflanzen noch nicht herausgefunden hat, warum sie wirken, und zum anderen ist ein Wirksamkeitsnachweis sehr teuer, was von vielen Naturheilmittelfirmen einfach nicht zu finanzieren ist. Doch seit 1.1.2010 darf nur noch das wirksam sein, was die Legitimation dazu hat, und hierzu ist nun ein wissenschaftlicher Nachweis erforderlich. Jahrhundertelang überlieferte, gute Erfahrungen reichen fortan nicht mehr aus. Die großen Pharmafirmen haben dagegen ein Interesse, dass die Heilpflanzen vom Markt verschwinden, denn natürliche Pflanzen lassen sich nicht patentieren, somit kann auch nicht viel Geld damit verdient werden. Ein Patient kann ja auch gesund werden, wenn er Heilkräuter nimmt. Mit dieser pharmakologisch-ökonomischen Sichtweise ist es nachvollziehbar, dass Naturheilmittel vom Markt gedrängt und ihr Ruf ruiniert werden. Patienten sollen gefälligst chemische Arzneimittel konsumieren und Kunden der Pharmaindustrie bleiben!

Die Inhalte dieses *Codex Alimentarius* können auf der Internetseite des *Bundesministeriums für Ernährung, Landwirtschaft und Verbraucherschutz* (Verbraucher-„Schutz" – welch ein Hohn!) nachgelesen werden.[318] Er beruht auf den Annahmen und Beschlüssen der sogenannten *Codex-Alimentarius-Kommission*, eines gemeinsamen Gremiums der *Ernährungs- und Landwirtschaftsorganisation* (FAO) und der *Weltgesundheitsorganisation* (WHO) der *Vereinten Nationen*.[319, 320] Wir sollten achtsam sein bei allen Organisationen, die ein „*Welt-...*" in ihrem Namen haben oder „*...der Vereinten Nationen*", denn dahinter steckt oft das Ziel der Weltherrschaft, also der Weltmacht.

Auf der Internetseite des *Bundesministeriums für Ernährung und Landwirtschaft* ist nachzulesen, dass es die Aufgabe der *Codex-Alimentarius-Kommission* ist, die Gesundheit der Verbraucherinnen und Verbraucher weltweit zu schützen, faire Handelspraktiken im internationalen Handel mit Lebensmitteln sicherzustellen und die Normungsarbeiten im Lebensmittelbereich auf internationaler Ebene zu koordinieren.[321] Wenn die Verbraucher tatsächlich geschützt werden sollten, müsste die Gentechnik unverzüglich weltweit verboten werden! Wird sie aber nicht! Welche Interessen stecken demnach dahinter und fallen unter „faire Handelspraktiken"? Etwa auch die Subventionen, die wirklich fairen Handel untergraben und den Preis so weit drücken, dass afrikanische Verbraucher lieber europäische Milch kaufen, statt ihre eigene, wie an anderer Stelle in diesem Buch beschrieben wurde? „*Ihre besondere Bedeutung haben sie durch ein internationales Abkommen im Rahmen der Welthandelsorganisation (WTO) erlangt, gemäß dem sie als Referenz im internationalen Handel gelten und seitdem sie in den im Rahmen der WTO völkerrechtlich verbindlich geschaffenen Streitbeilegungsverfahren bei Handelskonflikten eine maßgebliche Rolle spielen.*", steht dort auch. Sind das alles Grundlagen, die zum Beispiel den indischen Bauern helfen, damit sie sich nicht mehr das Leben nehmen müssen, weil sie Gensaatgut gekauft und sich dadurch ruiniert haben?

Ein weiteres Ziel scheint zu sein, alles zu vereinheitlichen, alles zu reglementieren, alles gleich zu machen und vor allem: Der Verbraucher soll nichts mehr selbst anbauen oder sammeln dürfen, sondern soll die Dinge, die er benötigt, kaufen! Die Industrie verdient nichts daran, wenn die Patienten bei Husten Tee trinken; sie sollen in die Apotheke gehen und ein Medikament kaufen. Denken Sie doch nur an die Arbeitsplätze: Der Arzt will leben, der Apotheker auch, die Transportfirma, die Verpackungsfirma und schließlich ja auch noch die Pharmaindustrie, die hätten wir doch fast vergessen.

Im Ernst, das Ziel ist offensichtlich, nämlich dass alles global vereinheitlicht werden soll. Die entscheidende Frage ist: Wer hat Interesse an einer Globalisierung? Wer hat einen Vorteil davon? Wollen Sie das, will ich das? Fühlen Sie sich wohl, wenn Sie in Asien oder Südamerika unterwegs sind und dort denselben Irgendwas-Burger essen können, wie bei Ihnen zu Hause um die Ecke? Dann hätten Sie sich die lange Reise sparen können und stattdessen zum nächsten Fastfood-Dienstleister gehen können. Wenn Sie die Bilder von Ihrem letzten Urlaub ansehen, während Sie Ihren „Burger" verspeisen, kommt fast Urlaubsfeeling auf. Wenn Sie mit verbundenen Augen in einer der Fastfood-Ketten sitzen, dürften Sie vermutlich kaum einen Unterschied bemerken, ob Sie sich in Europa, Asien oder in Südamerika aufhalten. Vielleicht ist sogar die Raumtemperatur auf denselben Wert eingestellt. Weltweit einheitliche Lebensmittelstandards sind das Ziel. Es genügt nicht, dass die Krümmung der Banane geregelt ist, nein, *alles* muss einheitlich geregelt sein, und schließlich soll es dazu kommen, dass jeder Mensch seine Nummer und seinen Chip hat und funktionieren muss – wehe einer tanzt dann noch aus der Reihe.

Der Mensch wird genauso wie das Tier zur Sache degradiert! Und nicht zu vergessen: Sobald ein Mensch durch eine patentierte Genveränderung „hergestellt" worden ist, wird auch er zum Eigentum des Patentinhabers. Man könnte das noch insofern weiter ausführen, dass dieser Mensch eine lebenslange Patentnutzungsgebühr bezahlen muss, damit er in diesem patentierten Körper leben darf. Sie halten das für übertriebene Spinnerei? *„Seit 1999 genehmigte das Europäische Patentamt über 900 Patente auf Tiere und weit über 1.800 Patente auf Pflanzen.",* schreibt die *ZeitenSchrift.*[322] Dabei handelt es sich nur um das *Europäische Patentamt.* Auch wenn Patente auf Menschen derzeit nicht erlaubt sind, bedeutet das nicht, dass dies so bleiben muss. Und ab wann beginnt ein Wesen, ein *Mensch* zu sein? Ist auch ein gentechnisch produzierter Mensch ein Mensch? Hat er ein Anrecht auf eine Staatsangehörigkeit? Gelten die Menschenrechte oder das Grundgesetz auch für ihn, obwohl er Besitztum des Patentinhabers ist? Hat er das Recht auf freie Meinungsäußerung und auf Unversehrtheit? Sie sehen, hier sind noch viele Fragen offen, doch man kann bereits ahnen, welches Drama in Zukunft auf die Menschen wartet.

EUROPÄISCHE SAATGUTVERORDNUNG

Ein weiterer Schritt zur totalen Weltherrschaft und Kontrolle, und somit der Versklavung der Menschen, wäre der im Mai 2013 eingereichte 156 Seiten lange Gesetzesentwurf zur *Europäischen Saatgutverordnung: „Verordnung des Europäischen Parlaments und des Rates über die Erzeugung von Pflanzenvermehrungsmaterial und dessen Bereitstellung auf dem Markt."*[323] Ziel sind *„schlaue Regeln für sichere Nahrung"*[324], schrieb die *Süddeut-*

sche am 6.5.2013. Das klingt auf den ersten Blick vielleicht gar nicht übel, doch sehen wir hinter die Kulissen: Die kommerziell genutzten Pflanzensorten sollen eine Zulassung nachweisen. Diese ist natürlich mit hohen Kosten und mit bürokratischen Hürden verbunden, die sich eigentlich nur noch Großkonzerne wie *Monsanto, DuPont, Syngenta* etc. leisten können. Die *Süddeutsche* erwähnt einen Betrag bis zu 12.000 € pro Zulassung. Die Kosten werden selbstverständlich auf den Verbraucher umgelegt. Kleine Firmen hätten aufgrund des geringeren Umsatzes im Verhältnis gesehen exorbitant höhere Preise als die großen Firmen, die ein Vielfaches an Jahresumsatz erreichen.

1996 haben sich die zehn größten Saatguthersteller 37% des Weltmarktes geteilt, 2008 waren es laut *agrarheute.com* bereits 60%[325] und 2013 waren es 74%. Die drei umsatzstärksten Hersteller kontrollieren bereits 53% des Weltmarktes, wobei *Monsanto* allein schon 27% beherrscht.[326] Gott sei Dank wurde der Gesetzentwurf (vorerst) gekippt, wie am 11.3.2014 in der *Frankfurter Rundschau* zu lesen war.[327] Das hätte vermutlich das „Aus" für viele alte Gemüse- und Obstsorten bedeutet. Ein Dank an dieser Stelle für die Weitsicht der Verantwortlichen. Doch aufgeschoben ist nicht aufgehoben. Ich bin mir sicher, dass diese Ziele über eine Hintertüre weiter verfolgt werden. Nebenbei bemerkt gibt es bereits eine Saatgutverordnung, die *Verordnung über den Verkehr mit Saatgut landwirtschaftlicher Arten und von Gemüsearten (Saatgutverordnung)*[328] vom 21.1.1986, die bis heute mehrfach ergänzt worden ist. Doch die neue Saatgutverordnung würde die Vermehrung oder den Verkauf von selbstgezüchtetem Saatgut oder alten Sorten erheblich erschweren und auch die Hobbygärtner – also Menschen wie Sie und mich – mit einschließen.[329]

Wenn wir auch die Saatgutherstellung und damit die Natur in die Hände von Konzernen geben, ist damit zu rechnen, dass immer wieder „Nebenwirkungen" auftreten, wie zum Beispiel das große Bienensterben am Oberrhein im Jahr 2008. Als Ursache wurde laut *BUND* u. a. *Clothianidin* der Firma *Bayer CropScience* identifiziert. Das clothianidinhaltige Mittel *Poncho* wird als Saatgutbehandlungsmittel auf Maiskörner aufgetragen und hätte bei der Maisaussaat direkt in den Boden gelangen sollen. „*Der für Bienen hochgiftige Wirkstoff wurde jedoch auf benachbarte Äcker geweht und dort von Bienen aufgenommen, die kurze Zeit später in Massen starben.*"[330] Laut *wikipedia* kündigte *Sandra Peterson*, die damalige Geschäftsführerin von *Bayer CropScience AG*, ein selbstständiger Teilkonzern der *Bayer AG*, im September 2011 an, „*bis 2015 die Ausgaben für die Grüne Gentechnik auf 400 Mio. Euro pro Jahr zu verdoppeln*".[331] „Grüne Gentechnik" bedeutet in diesem Falle nicht, dass es sich um besonders „ökologische" Gentechnik handeln würde, die gibt es nicht, es bedeutet lediglich, dass es sich um Gentechnik im Bereich der Pflanzenzüchtung handelt, im Gegensatz zum Beispiel zur Gentechnik bei Tieren. Wir sehen, es geht bei den Pflanzen„*schutz*"mitteln nicht wirklich um den Schutz der Pflanzen- oder Tierwelt, sondern es geht ausschließlich um die Bilanzen der Konzerne – ohne Rücksicht auf Verluste.

Bezüglich dieses Wahnsinns, Pflanzen genetisch zu verändern und patentieren zu lassen, sagt *Erwin Chargaff*, der *Vater der Genforschung*: „*Patente sind für Erfindungen, nicht für Entdeckungen. Heute hätte Newton ein Patent auf die Schwerkraft.*" Offensichtlich ein sehr kluger Mann! *Chargaff* entdeckte in den 1950er-Jahren als Erster die Basenpaarungsgesetze im menschlichen Erbgut, die die Genmanipulation erst möglich machten. Als er sah, was aus diesem Wissen gemacht wurde, distanzierte er sich von der Genforschung und wurde einer ihrer heftigsten Kritiker.[332]

Die Ziele in der Gentechnikforschung sind offensichtlich:

1. Resistenz einer Nutzpflanze gegen einige Schädlinge, vor allem jedoch gegen bestimmte Unkraut- und Schädlingsbekämpfungsmittel, die natürlich von demselben saatgutproduzierenden Konzern hergestellt werden.

2. Patentierung von Saatgut, was einen enormen wirtschaftlichen Gewinn für die Unternehmen und vollkommene Abhängigkeit der Verbraucher bzw. der Landwirte verspricht, denn patentiertes Saatgut ist geistiges Eigentum und darf nicht kopiert werden, ohne eine Entschädigung an den Konzern zu bezahlen. Den Preis bestimmt der Konzern.

3. Züchten eines Saatguts, das nur einmal keimfähig ist. Das hat zur Folge, dass der Bauer jedes Jahr bei dem Saatgutersteller einkaufen muss, da er aus seiner Ernte kein Saatgut mehr verwenden kann. Dieses ist in der nächsten Saatgut-Generation nicht mehr keimfähig – überlegen Sie sich, wie widernatürlich das ist! Wenn diese Geninformation der Nichtkeimfähigkeit über Bienen bzw. durch natürliche Verrottung auf andere Pflanzen übertragen wird, ist die Erde langfristig ein toter Wüstenplanet.

Diese Ziele werden angestrebt, um maximalen Gewinn und die totale Kontrolle über die Nahrungsmittel zu erreichen. Wer die Nahrungsmittel beherrscht, der setzt den Preis fest und schreibt auch vor, welche Nahrungsmittel auf den Markt kommen und welche (gentechnisch manipulierten) Wirkstoffe enthalten sind. Die hintergründigen Ziele sind demnach:

1. Monopolstellung
2. Gewinn
3. Kontrolle
4. Macht

Wenn die wenigen großen Konzerne alle kleinen Unternehmen übernommen haben und diese vier Punkte durchgesetzt sind, sind wir zu Leibeigenen (Sklaven) geworden. In alten Zeiten gab es Kolonien und Sklaven, heute erleben wir die moderne Form der Sklaverei, nämlich die Finanzsklaverei, künftig noch die Lebensmittelsklaverei, nebenbei auch noch die Pharmasklaverei. Der Vorteil des heutigen Systems für die Machtelite gegenüber früheren Zeiten liegt darin, dass die meisten Menschen nicht erkennen, dass sie versklavt und Schritt für Schritt enteignet werden. Die niedrigen Sparzinsen, die steigenden Mieten, die zunehmenden chronischen Krankheiten, die Arbeitslosenzahlen, die sinkenden Einnahmen und die zunehmende Besteuerung werden zwar kritisiert und diskutiert, doch es wehrt sich niemand wirklich dagegen, ja, man erhebt noch nicht einmal Einspruch. Warum? Weil das System uns so geschickt manipuliert und wir nur in scheinbarer Freiheit leben. Doch im Vergleich zu früheren Sklavenlagern ist heute der gesamte Planet unser Lager. Selbst die Erde ist versklavt und wird mit Umweltverschmutzung, Radioaktivität und Fracking an den Rand ihrer Existenz gebracht.

Doch zurück zu der oben beschriebenen, mafiösen Saatgutstrategie. Von ihr sind existentiell vor allem die Bauern in der Dritten Welt betroffen. Es gibt genügend Studien, die nachweisen, dass der Einsatz dieses Saatgutes den Ruin für viele Bauern in der Dritten Welt bedeutet. Ihnen wird versprochen, dass sie mit dem neuen Saatgut viel bessere Ernten einfahren und den Kredit, den sie für das teure Saatgut aufnehmen müssen, nach der Ernte leicht zurückzahlen können. Spielen das Wetter in diesem Jahr, das dortige Klima oder andere Umstände nicht mit, haben die Bauern nichts zu verkaufen, nichts zu essen und erst recht nichts zurückzuzahlen. Sie benötigen die teuren Spritzmittel und dann wieder Düngemittel, weil der Boden geschädigt worden ist, und so sind sie im Teufelskreis der Kosten gefangen. Im Jahr darauf müssen sie wieder Saatgut einkaufen, doch mit was sollen sie dies bezahlen? Diese Situation ist ursächlich dafür, dass die Suizidrate in Indien überdimensional in die Höhe geschossen ist. Jede Stunde nehmen sich laut *shortnews.de* 15 Inder das Leben[333], wobei der Hintergrund dieser Zahlen bei Männern meist in finanziellen Schwierigkeiten zu finden ist. Glauben Sie mir, diese Probleme bestehen nicht nur in Indien. Auch bei uns hört ein kleiner landwirtschaftlicher Betrieb nach dem anderen auf – zugunsten der Großbetriebe.

Nach dem Verbraucher ist der Landwirt, vor allem der kleine Landwirt, der Verlierer. Das wird deutlich, wenn wir uns das System ansehen. Erfolgt eine gute Ernte, haben wir ein großes Angebot, der Preis sinkt und der Bauer hat geringere Einnahmen. Erfolgt eine kleine Ernte, bekommt er ohnehin wenig, da er ja wenig ernten konnte. Die richtig guten Gewinne sind immer nur an der Börse zu finden. Warentermingeschäfte tun ihr Übriges. Wir dürfen es uns nicht nehmen lassen, selbst Samen aus unseren Pflanzen zu ziehen, auszusäen und mit dem Nachbarn zu tauschen! Es geht uns alle etwas an, wenn wir nur noch die Möglichkeit haben, genverändertes Saatgut zu kaufen!

GENTECHNISCH VERÄNDERTE ORGANISMEN (GVO)

Immer wieder kann man lesen, dass gentechnisch veränderte Pflanzen ungesund sind, was von der Gentechnikindustrie vehement abgestritten wird. Dass diese Berichte sogar noch untertrieben sind, zeigt die Studie von *Gilles-Éric Séralini*, der im Jahr 2012 Versuche mit Ratten und *Monsantos* Roundup-resistentem (*RoundupReady*) Mais durchführte. Die Tiere entwickelten Tumore und einige starben. Seine Ergebnisse wurden in der Zeitschrift *Food and Chemical Toxicology* veröffentlicht. Die Biotech-Industrie wollte diese Studie nicht akzeptieren und ist dagegen Sturm gelaufen. Sie hat dem Forscher vorgeworfen, die Studie sei grob unwissenschaftlich, er hätte zu wenige Ratten (zehn) und zudem eine Rasse verwendet, die zur Entwicklung von Tumoren neigen würde. *Monsanto* führte acht Jahre zuvor selbst eine GVO-Fütterungs-Studie durch, bei der die Ratten angeblich keine Probleme mit Tumoren zeigten. Das Interessante ist jedoch: „*Monsanto verwendete genau denselben Rattenstamm wie Séralini und auch genauso viele Ratten (zehn). Und niemand beschwerte sich darüber.*", schreibt der investigative Reporter *Jon Rappoport*.[334]

Wie kommt es dann, dass *Séralini* und *Monsanto* zu unterschiedlichen Ergebnissen kommen? Und warum kritisiert *Monsanto* diese Bedingungen, wenn sie doch zuvor dieselben Tests durchgeführt haben? *Michael Hansen*, leitender Wissenschaftler der

Verbraucherschutzorganisation *Consumer's Union*, erklärt in einem Interview (*loe.org*)[335], dass tatsächlich derselbe Rattenstamm und dieselbe Anzahl an Ratten verwendet worden seien, doch es gab einen kleinen, aber gravierenden Unterschied: *Séralini* fütterte seine Ratten *zwei Jahre* lang, *Monsanto* hingegen nur *90 Tage*. Weil *Séralinis* Studie ungünstig für *Monsanto* ausgefallen war, wurde sie als „unwissenschaftlich" und „unsachlich" denunziert, obwohl sie der Wahrheit um ein Vielfaches näher kommt.

So funktioniert das in diesen Kreisen. Ich möchte zum jetzigen Zeitpunkt nicht wissen, ob man versucht, mich selbst nach diesem Buch zu denunzieren. Vermutlich wird man behaupten, ich sei fachfremd und hätte keine Ahnung von den Themen, über die ich hier berichte. Doch dieses Risiko gehe ich ein, denn es ist zu wichtig, diese Informationen zu veröffentlichen. Anhand meiner ausführlichen Quellenangaben hat jeder Leser die Möglichkeit, die Sachverhalte nachzuprüfen. Und Sie werden sich wundern, was Sie dort alles erfahren werden. Im Übrigen sind auch unsere Minister nicht vom Fach. Wer heute Familienministerin ist, kann, ohne mit der Wimper zu zucken morgen Verteidigungsministerin sein. Unsere Spitzenpolitiker verlassen sich auf das, was ihre Berater ihnen vorlegen. Trotzdem entscheiden sie über unsere Rechte und Pflichten.

Übrigens: Möglicherweise ist der Name *Monsanto* gezielt ausgewählt worden, bedeutet er doch frei übersetzt: *mein Heiligtum*. Mit *mein Heiligtum* könnten die Gentechnik bzw. die gentechnisch veränderten Produkte gemeint sein, wobei am Ende dieser Entwicklung der gentechnisch veränderte Mensch stehen dürfte. Allerdings wäre der gentechnisch veränderte Mensch in diesem Falle nicht Heiligtum, sondern Eigentum (Eigentum des Patentinhabers) – klingt doch ganz ähnlich oder nicht? Deshalb auch *Monsanto*, also *mein* Heiligtum. Vielleicht nennt sich die Firma für menschliches Genmaterial dann *Moncoronamento*, frei übersetzt: *meine Krönung*.

ROUNDUP

Roundup ist ein sehr verbreitetes, glyphosathaltiges Herbizid der Firma *Monsanto*, das weltweit in der Landwirtschaft eingesetzt wird und mittlerweile sehr umstritten ist. *Glyphosat* bzw. *Roundup* scheint einige Gefahren für die Gesundheit zu beinhalten. Bei *epi-gen.de* kann man lesen: „*Nachdem Roundup lange Jahre als eher ungefährliches Pestizid erachtet wurde, werden seit einigen Jahren verstärkt wissenschaftliche Studien veröffentlicht, die auf erhebliche Risiken hindeuten:*

- *Benachour et al. (2009) und Gasnier et al. (2009) konnten schon bei minimalen Dosen von Roundup Schäden an menschlichen Zellen nachweisen;*
- *weitere Untersuchungen bringen Roundup in Zusammenhang mit Krebserkrankungen wie dem Non-Hodgkins-Lymphom (Eriksson et al. 2008).*"

Auch bei der Entstehung von Hauttumoren scheint *Roundup* laut derselben Quelle, eine Rolle zu spielen: „*So konnten George et al. (2010) in einem Versuch an Mäusen zeigen, dass Glyphosat die Entstehung von Hauttumoren zwar nicht direkt auslöst, aber fördert.*" Diese Ergebnisse bestätigen frühere Untersuchungen, „*die darauf hingedeutet hatten, dass Roundup unter anderem Störungen des Zellzyklus verursacht (Marc et al. 2002)*".[336]

Diese Untersuchungen sollten uns aufschrecken lassen, da *Roundup* auch in Deutschland sehr verbreitet ist. Das Wissenschafts- und Projektbüro *Epigen* schreibt: *„Basierend auf einer Umfrage unter Landwirten, gehen die Autoren davon aus, dass glyphosathaltige Herbizide auf rund 40 Prozent der deutschen Ackerfläche verwendet werden."*[337]

Am 3.3.2014 war in den *Deutschen Wirtschafts-Nachrichten*[338] zu lesen, dass *Roundup* für eine *„Serie tödlicher Nierenerkrankungen verantwortlich sein"* könnte, wobei eine besondere Gefahr von der Kombination mit „hartem" Wasser ausgehe. Eine Studie, die das *International Journal of Environmental Research and Public Health* veröffentlicht hat, kam zu dieser Vermutung. Ursache der Studie war ein Anstieg der Verbreitung chronischer Nierenerkrankungen in Sri Lanka um 227%, der Todesrate sogar um 354%. *„Hartes Wasser enthält Metalle wie Calcium, Magnesium, Strontium und Eisen. In Kombination mit den in Pestiziden verwendeten Glyphosaten kann die Aufnahme dieser dann hochgiftigen Mischung zum Nierenversagen führen."* Diese Theorie erkläre auch ein weltweites Ansteigen der tödlichen *Chronischen Nierenerkrankung unbekannten Ursprungs* (CKDu) in Gebieten mit hohem Pestizid- und Herbizid-Einsatz. In Sri Lanka werden Stoffe wie *Roundup* seit Jahren flächendeckend eingesetzt.

Die Ziele von *Monsanto* sind eindeutig, wie das Zitat des ehemaligen Mitarbeiters *Kirk Azevedo* zeigt: *„Wir wollen die weltweite Nahrungsversorgung kontrollieren."*[339] Wer die Nahrung der Bevölkerung kontrolliert, hat die Bevölkerung sozusagen in der Hand. Die heutige Strategie ist, den Verbraucher nicht bemerken zu lassen, dass er genau das tun muss, was die Elite von ihm verlangt. Verschwörungspraxis? Mehr als das – geplante Versklavung würde ich sagen, nur eben auf die moderne Art. Würde man beabsichtigen, eine Versklavung auf barbarische Weise einzuführen, wie in der Historie, wäre dies offensichtlich, und die Menschen würden sich wehren. Doch diese verdeckte Sklaverei durch die Hintertüre wird nicht erkannt. Welche Tragik das zur Folge haben könnte, werden wir evtl. noch schmerzlich erfahren! Doch langfristig wird jede Verschwörungspraxis scheitern! Das Licht siegt am Ende immer!

BIO-SIEGEL

Viele Menschen, die sich der Gefahren von Produkten aus herkömmlicher Landwirtschaft bewusst sind, weichen auf Produkte aus ökologischer Landwirtschaft aus, die sich durch verschiedene Bio-Siegel ausweisen. Die Siegel der Verbände des *Bund Ökologische Lebensmittelwirtschaft e.V.* (BÖLW) unterliegen strengeren Anforderungen als die staatlichen Biosiegel. *Yogan-om.de* schreibt, dass *„die als Bio deklarierten Lebensmittel zu mindestens 95% aus ökologischer Landwirtschaft stammen müssen… Daneben gibt es noch eine weitere 70%-Regel, welche nur 70% der enthaltenen Inhaltsstoffe aus ökologischem Landbau beinhalten muss. Diese gibt es jedoch NUR beim staatlichen Bio-Siegel."*[340]

Biologisch produzierte Lebensmittel erhalten Sie, wenn Sie auf nachfolgende Siegel achten. Die Landwirte, die sich diesen Verbänden angeschlossen haben, produzieren mindestens nach den Anforderungen der *BÖLW*[341]:

- Assoziation ökologischer Lebensmittelhersteller e.V.
- Biokreis e.V.
- Bioland e.V.
- Biopark e.V.
- Bundesverband Naturkost Naturwaren e.V.
- Demeter e.V.
- Ecoland e.V.
- Ecovin e.V.
- Gäa e.V.
- Naturland e.V.
- Verbund Ökohöfe e.V.

Auch wenn immer wieder Betrügereien bekannt werden, bei denen Pflanzen aus herkömmlicher Landwirtschaft in Bioprodukte umdeklariert werden, stammt doch vermutlich der Großteil der Biowaren tatsächlich aus ökologisch-biologischem Anbau. Aus Resignation deshalb ganz auf Bioprodukte zu verzichten, wäre allerdings schade, denn wir tun unserer Gesundheit etwas Gutes, wenn wir die Schadstoffe so weit wie möglich reduzieren. Dass diese Erzeugnisse etwas teurer sind, ist angesichts des geringeren Ertrages nachvollziehbar.

Eine weitere Gefahrenquelle lauert bei der Herstellung von Fertignahrungsmitteln. In diesem Prozess werden Zusatzstoffe verwendet, die nicht alle gesundheitsförderlich oder auch nur gesundheitsneutral sind. Auch die Verpackung birgt so manches Risiko für unser langfristiges Wohlbefinden. Sehen wir uns hierzu einige Stoffe an:

GLUTAMAT

Glutamat (Ammoniumglutamat – E 624, Kaliumglutamat – E 622, Kalziumglutamat – E 623, Magnesiumglutamat – E 625 und Natriumglutamat – E 621)[342] ist ein sehr häufig verwendeter, als harmlos angesehener Geschmacksverstärker. Es handelt sich hierbei nicht um ein Gewürz, sondern um einen Zusatzstoff, der einen vorhandenen Geschmack verstärken oder besser gesagt, die Lust darauf verstärken soll. Verwendet wird Glutamat vor allem in industriellen Fertigprodukten (Fertigsuppen, Kartoffelchips!). Im Gastronomiegroßhandel wird Glutamat in 25-kg-Säcken verkauft, was darauf schließen lässt, dass es großzügig verwendet wird. Sehen wir uns nun die Wirkungen laut *zentrum-der-gesundheit.de* an: *„Bei Glutamat handelt es sich, neurologisch betrachtet, um ein Rauschgift... Im Unterschied zu den bekannteren Rauschgiften macht Glutamat nicht vorwiegend ,high', sondern es erzeugt künstlich Appetit, indem es u. a. die Funktion unseres Stammhirns stört... Die Sinneswahrnehmung wird deutlich eingeschränkt, und die Lernfähigkeit und das allgemeine Konzentrationsvermögen nehmen nach Einnahme von Glutamat bis zu mehrere Stunden lang nachhaltig ab.“*[343]

Dies sind nur einige der gravierenden Wirkungen. Ferner werden auch Stresswirkungen wie Magenschmerzen, Bluthochdruck und Herzklopfen erwähnt. In Versuchen mit schwangeren Ratten wurde festgestellt, dass bei einer Dosierung, wie sie der Mensch über Chips oder Fertigsuppen durchaus zu sich nehmen kann, die Ratten-Embryos kein voll funktionsfähiges Nervensystem mehr entwickelten. „*Auch bei erwachsenen Tieren traten deutliche Gehirnveränderungen auf.*" In der o. g. Quelle wird ein Bericht der Fachzeitschrift *New Scientist* erwähnt, in dem erläutert wird, dass Mononatriumglutamat auch auf die Augen wirkt, das hätten Wissenschaftler um *Prof. Dr. Hiroshi Ohguro* von der japanischen *Universität Hirosaki* herausgefunden. Demnach entwickelten Ratten, die sechs Monate lang Futter mit hohem Glutamatanteil erhielten, eine deutlich dünnere Netzhaut und verloren sogar nach und nach ihre Sehkraft. Der Schweregrad der Gehirnschäden nach einem Schlaganfall wird dort auch mit Glutamat in Verbindung gebracht. Nur zur Info: *Glutamat* ist neuerdings auch unter der Bezeichnung *Umami* im Umlauf.

Meine ganz persönliche Erfahrung mit Glutamat: Die ersten Jahre nach meinem Studium arbeitete ich im Angestelltenverhältnis, und mittags gingen wir hin und wieder in ein chinesisches Restaurant. Die chinesische Küche verwendet bekanntlich viel Glutamat. Eines Tages hatte ich nach einer Suppe das Gefühl, ich könnte meine Arme nicht mehr anheben. Das Gefühl blieb etwa zehn Minuten, ich hatte das zuvor noch nie erlebt. Wenige Tage später erfuhr ich, dass ich schwanger war. Für mich war klar, dass mein Körper in diesem Zustand anders auf das chinesische Essen reagiert hatte, und heute noch spüre ich manchmal eine leichte Schwäche in den Armen, wenn ich glutamathaltige Speisen zu mir nehme.

Mein Rat: Meiden Sie Fertigprodukte bzw. lesen Sie genau, was auf der Verpackung steht. Am sichersten ist, selbst mit frischen Zutaten zu kochen und besonders bei Würzmischungen auf die Inhaltsstoffe zu achten. Besser sind reine Gewürze. Auch wenn bei Berufstätigen das Zeitproblem dagegen spricht, wird es Ihnen Ihre Gesundheit danken, wenn Sie eine Lösung finden, weniger oder keine Fertiggerichte zu verzehren. Es gibt immer mehr Imbissbuden mit Ökoprodukten. Auch das kann eine Alternative sein.

ASPARTAM

Aspartam, auch bekannt unter *Amino Sweet*, *Nutra-Sweet*, *Equal*, *Spoonful*, *Canderel*, *Sanecta* oder *E951*, wird als Süßungsmittel in vielen *Light*-Getränken, Kaugummis und anderen Diät-Lebensmitteln verwendet.[344] *Aspartam* kann eine unglaubliche Fülle von Beschwerden und Krankheiten, von Angstzuständen über Asthma, MS, Husten, Impotenz, Gelenkschmerzen bis Zyklusveränderungen verursachen. Sogar die *Federal Drug and Food Administration* (FDA), die amerikanische Zulassungsbehörde für Lebensmittel und Medikamente, veröffentlichte eine Liste mit Symptomen, mit denen beim Verzehr gerechnet werden kann.

Dr. Russell L. Blaylock von der *Medizinischen Universität von Mississippi* hat mit Bezug auf über 500 wissenschaftliche Referenzen die Gefährlichkeit von *Aspartam* ermittelt, das eine ganze Reihe an gesundheitlichen Störungen hervorrufen kann: „*Das beginnt langsam, die Neuronen zu beschädigen. Mehr als 75 Prozent der Hirnzellen werden geschädigt, bevor klinische Symptome folgender Krankheiten auftreten: MS, ALS, Gedächtnisverlust, hormonelle Probleme, Verlust des Hörvermögens, Epilepsie, Alzheimer, Parkinson, Hypoglykämie u. a.*" *Aspartam* sei so giftig, dass es als Waffe eingesetzt werden könnte: „*Aspartam stand bis Mitte der 1970er-Jahre auf einer CIA-Liste als potentielles Mittel zur Biochemischen Kriegsführung. GUTEN APPETIT!*" *Aspartam* wurde von der amerikanischen Zulassungsbehörde jahrelang wegen der kanzerogenen, also krebserzeugenden Wirkung auf Ratten nicht zugelassen.[345, 346]

Mittlerweile ist *Aspartam* sehr verbreitet, und ich kann nur appellieren, sich die Zutatenliste genau anzusehen und Alternativen zu kaufen. Besonders wenn ein Getränk oder Lebensmittel mit *Light*, *Wellness* oder *zuckerfrei* beworben wird, ist die Wahrscheinlichkeit groß, dass *Aspartam* darin enthalten ist.

Eine Alternative sind zum Beispiel Kaugummis, die nur mit *Xylitol/Xylit* gesüßt sind, und es wurden bislang keine Gefahren dazu veröffentlicht. Sogar das *ärzteblatt.de* schreibt, dass *Xylit* **zahnfreundlich** und **bakterienhemmend** ist[347], wenn auch – im Übermaß genossen – abführend. Bei *Xylitol* sollten Sie jedoch darauf achten, dass es nicht aus gentechnisch verändertem Mais hergestellt wurde. *Xylitol* kann auch zum Backen und für Süßspeisen verwendet werden, allerdings sollte man sich wegen der abführenden Wirkung langsam daran gewöhnen.

Eine andere Möglichkeit zum Süßen bietet *Stevia*, das nun auch in Deutschland als Süßungsmittel zugelassen ist. Es wird aus der Pflanze *Stevia rebaudiana* gewonnen und hat je nach Herstellungsverfahren einen gewissen Eigengeschmack, süßt jedoch sehr stark. Nun liest man hin und wieder, dass *Stevia* den Insulinspiegel erhöht, was für eine Unterzuckerung und nachfolgenden weiteren Hunger sorgen soll. In einer Meldung im Diabetes-Ratgeber war zu lesen, Stevioglykoside würden in der Öffentlichkeit immer wieder diskutiert, und es wurde behauptet, dass sie *„angeblich bewirken, dass der Körper mehr Insulin ausschüttet"*, doch *„Professor Hans-Georg Joost* vom *Deutschen Institut für Ernährungsforschung gibt allerdings Entwarnung: ‚Es gibt keinen Hinweis, dass Stevia die Insulinausschüttung anregt'"*.[348] *Stevia* kann zum Beispiel gut für Süßspeisen verwendet werden und soll keine unerwünschten Wirkungen haben.

Eine gesunde Alternative, die jedoch Zucker enthält, ist ***Ahorndicksaft***, der vitaminreich ist und mehr Mineralien enthält als weißer Haushaltszucker. Ähnliches gilt für ***Vollrohrzucker***, ein *dunkler, unraffinierter Rohrohrzucker*. Diese beiden Süßungsmittel erhöhen jedoch den Blutzuckerspiegel.

Wenn Sie ganz sicher gehen möchten, trinken Sie Wasser oder ungesüßten Kräutertee, und essen Sie keine gesüßten Lebensmittel, sondern frische Früchte und Gemüse.

ALUMINIUM

Damit Kochsalz nicht verklumpt und fest wird, wird ihm oftmals eine Rieselhilfe beigefügt. Diese kann aus *Aluminiumsilikaten* oder *Aluminiumhydroxid E551*[349] bestehen, die als gesundheitlich bedenklich gelten. Aluminium kann sich im Körper anreichern und gesundheitsgefährdende Wirkungen zeigen. Aluminium begegnet uns in puncto Ernährung jedoch auch bei Pfannen, Kochtöpfen, Backblechen und Konservendosen.

Auf das Thema Aluminium gehe ich im Kapitel *Kosmetik* näher ein, und ich möchte mich nicht gern wiederholen. An dieser Stelle nur so viel: Vor Aluminium sollten wir uns hüten, denn es mehren sich die Nachweise, dass es bei der Entstehung von massiven Erkrankungen wie Alzheimer und Brustkrebs (mit) verursachend ist. Daher wäre es sinnvoll, ein möglichst unraffiniertes Salz ohne Rieselhilfe zu verwenden.

FLUORID

Fluorid ist ein Stoff, der gerne dem Kochsalz zugefügt wird. Auch auf *Fluorid* gehe ich im Kapitel *Kosmetik* näher ein, doch möchte ich an dieser Stelle die Wirkung auf die Zirbeldrüse (Epiphyse) erläutern. Die Zirbeldrüse wird dem *Kronen-Chakra* zugeordnet und gilt als das *Tor zur Erleuchtung*. (*Chakren* sind die Energiezentren des Menschen. Das *Kronen-Chakra* ist das wichtigste der sieben Haupt-Chakren und befindet sich am Scheitelpunkt des Kopfes.) Von Wissenschaftlern wird diese Zuordnung gerne als esoterischer Hokuspokus abgetan, doch wenn wir nachstehend den Zusammenhang von Zirbeldrüse und Fluor betrachten, dämmert uns, dass hinter der Zirbeldrüse wesentlich mehr steckt. Dann wird nachvollziehbar, warum die Zirbeldrüse ganz bewusst so stiefmütterlich behandelt wird. Wir könnten sonst entdecken, dass in dieser kleinen Drüse ein Tor zum Bewusstsein vergraben ist. Medizinisch gesehen ist die Zirbeldrüse (offiziell) noch wenig erforscht, doch sie ist in Abhängigkeit vom Hell-Dunkel-Rhythmus für den Melatoninspiegel verantwortlich, steht im klinischen Wörterbuch *Pschyrembel*[350]. In derselben Quelle steht auch, dass *Melatonin* als sog. Jugendhormon bezeichnet wird, eine echte verjüngende Wirkung jedoch nicht nachgewiesen ist. Melatonin könnte uns demnach eventuell länger jung und gesund erhalten, speziell wenn es im Körper selbst gebildet wird, doch leider fällt die Sekretion nach dem dritten Lebensjahr rapide ab.

Ich schließe daraus, dass sich zwei wichtige Gründe für die Welt-Elite ergeben, die Zirbeldrüse durch *Fluor/id* bewusst zu schwächen:

1. Der normale Mensch soll nicht jugendlich und gesund bleiben, geschweige denn gesund ein hohes Alter erreichen!
2. Der normale Mensch soll an der natürlichen Erleuchtung und am Erreichen von Weisheit gehindert werden!

Bleibt die Frage, *wie* die Epiphyse wirkungsvoll geschwächt werden kann und wie wir dies umgehen können. Und nun wird es spannend: *Dr. Jennifer Luke*, von der *University of Surrey* in England, hat festgestellt, dass das weiche Gewebe der erwachsenen Zirbeldrüse mehr Fluorid enthält (300 ppm) als jedes andere weiche Gewebe im Körper. Auch das Hartgewebe in der Zirbeldrüse sammelt mehr Fluorid an (bis zu 21.000 ppm) als jedes andere harte Gewebe im Körper (einschließlich der Zähne!). Wenn wir nun davon ausgehen, dass unsere Machtelite unsere Bewusstwerdung verhindern möchte – und danach sieht es aus –, dann hätte die übermäßige Anreicherung von Zahnpasta, Salz usw. mit Fluorid eventuell den Zweck, in der Zirbeldrüse zu landen und diese zu schwächen! Die Ergebnisse von *Dr. Luke* zeigen, dass die menschliche Zirbeldrüse die höchste Konzentration von Fluorid im gesamten Körper aufweist, was die Funktion der Zirbeldrüse unterdrückt. Gleichzeitig hat es zur Folge, dass die Pubertät früher einsetzt.[351] Interessant ist in diesem Zusammenhang auch, dass die Zirbeldrüse auf Licht, Funkfrequenzen und ELF-Wellen(!) reagiert.

In Anbetracht der Ziele der Weltregierung lässt sich nun nachvollziehen, warum Sie (außer im Bio-Laden) kaum noch Salz und Zahnpasta ohne Fluorid erhalten und warum Zahnärzte auf Fluorid-Gaben gedrillt werden. Siehe hierzu auch einige Ausführungen zu Fluorid in anderen Kapiteln.

Doch es gibt Hoffnung für die Zirbeldrüse. In der genannten Quelle findet sich nämlich der Hinweis, dass die Aktivität der Zirbeldrüse mittels eine sauerstoffreiche Versorgung *durch rhythmisches Atmen* und *Chanten* (Singen von Vokalen, Mantras etc.) gefördert werden kann. Viele kennen es, bewusster zu atmen oder zu chanten, um in einen meditativen Zustand zu gelangen. Wer es nicht kennt: Auch normales Singen mit Bauchatmung erhöht den Sauerstoffgehalt im Blut. Möglicherweise wird durch die Aktivierung der Zirbeldrüse mittels Chanten und rhythmisches Atmen die Verbindung mit unserer Seele über das Kronen-Chakra intensiviert. Das zeigt wiederum, dass wir keine Opfer sind, sondern dass wir uns informieren und uns dafür entscheiden können, eine andere Richtung einzuschlagen. Wir können auf die Gabe von Fluor bewusst verzichten, und wir können durch Atemübungen und Chanten durchaus etwas für unsere Anbindung an unsere geistige Heimat und gegen die Beeinflussung von außen tun.

Das von der Zirbeldrüse gebildete Melatonin regelt bekanntlich den Tag-/Nacht-Rhythmus, und möglicherweise ist es ein von der Machtelite erwünschter Nebeneffekt, dass bei einer Schwächung der Zirbeldrüse auch der Melatoninspiegel durcheinandergerät. Und wenn dies geschieht, kommt auch der Schlafrhythmus durcheinander – Einschlaf- oder Durchschlafstörungen können die Folge sein. Meines Erachtens brauchen wir den Schlaf nicht in erster Linie, damit sich der Körper erholt, sondern die Seele ist es, die von den vielen Eindrücken und Erlebnissen Erholung braucht. Ich bin überzeugt davon, dass sich die Seele in den Zeiten, in denen der Körper schläft, zu einem großen Teil in ihre geistige Heimat und zu ihrer geistigen Familie zurückzieht und dort neue Kräfte für den menschlichen Alltag tankt und die erlebten Eindrücke verarbeitet. Sie regeneriert sich sozusagen. Schlaf wäre demnach nicht vorrangig für den Körper wichtig, sondern vor allem für die Seele!

Laut *fasten-heilt-karies.de* bemängeln Fluoridkritiker, dass die Studien bezüglich der Wirksamkeit von *Fluorid* hauptsächlich von zwei Arbeitsgemeinschaften unterstützt worden sein sollen, *„der im Auftrag der Zuckerindustrie gegründeten Informationsgemeinschaft für Mundhygiene und Ernährung (IME) und der Europäischen Arbeitsgemeinschaft für Fluorforschung und Kariesprophylaxe (ORCA), die ihr Geld unter anderem von Coca Cola, einem der drei größten Zuckerverbraucher der Welt, und von Zyma Blaes, einem Fluortablettenhersteller, erhält. 1985 fragten die Grünen im Bundestag bei der Bundesregierung nach, ob ihr von der Zuckerindustrie unabhängige Institutionen bekannt seien, die für Fluoridierung werben. Die Antwort war ein klares ‚Nein'.“*[352]

Fluoride haben laut der oben genannten Quelle einen negativen Einfluss auf das Immunsystem, das Blut und den Enzymstoffwechsel, und in Forschungen zeigte sich eine Häufung von genetischen Schäden und Krebs: *„Dr. Donald Austin von dem kalifornischen Tumor-Register untersuchte Krebstodesraten in Kalifornien und stellte fest, dass Menschen, die in fluoridierten Gebieten lebten, eine um 40% höhere Krebstodesrate hatten, als diejenigen, die in nicht fluoridierten Gebieten lebten.“*[352]

Selbst ein Pharma-Unternehmen distanziert sich von der Fluoridgabe und veröffentlichte auf seiner Internetseite *hannes-pharma.de*: *„Dr. Richard Schames, ein graduierter Akademiker von Harvard und der University of Pennsylvania, erklärte nach tiefgreifenden Forschungen zu den Wirkungen von Fluorid auf das menschliche Biosystem: ‚(...) die Na-*

zi-Konzentrationslager verwendeten fluoridiertes Wasser, um den Willen und die Lebenskraft der Gefangenen zu unterdrücken. Dies scheint während der 30er-Jahre der Fall gewesen zu sein und ist das erste bekannte Beispiel fluoridierter Wasserversorgung für eine bestimmte Bevölkerungsgruppe.'"[353] Allein diese Tatsache würde ein sofortiges Verbot aller Fluoridgaben jeglicher Verbindung rechtfertigen.

Was ist *Fluorid* eigentlich? Gemäß dem Merkblatt der *Berufsgenossenschaft M 005 BGI 576 – Gefahrstoffe – Fluorwasserstoff, Flusssäure und anorganische Fluoride* (Stand 2012), veröffentlicht von der *TU Braunschweig*, sind anorganische Fluoride die Salze der Flusssäure, und Flusssäuren sind die wässrigen Lösungen von Fluorwasserstoff. Zu den anorganischen Fluoriden gehört zum Beispiel *Natriumfluorid* (NaF), welches auch zur Kariesprophylaxe verwendet wird. Dort kann man lesen, dass Fluorwasserstoffe zum Beispiel zur Herstellung hochklopffester Motorentreibstoffe eingesetzt werden; Flusssäure wird bei der Oberflächenbehandlung von Gläsern und Metallen und in verschiedenen Reinigungsmitteln für die Industrie und das Handwerk verwendet. Über die Gefahren steht hier: *„Fluorwasserstoff, Flusssäure und saure Fluoride wirken lokal ätzend. Sie durchdringen rasch die Haut, zerstören tiefere Gewebeschichten und können auch resorptiv… zu akut bedrohlichen Stoffwechselstörungen oder Störungen der Leber- bzw. Nierenfunktion führen."*[354] Eine Überdosierung verursacht ernste gesundheitliche Gefahren: *„Die chronische Aufnahme stark überhöhter Fluormengen kann Schäden im Sinne einer Fluorose verursachen. Hierbei kommt es zu Knochenverdichtungen (Osteosklerose), vor allem im Bereich von Becken, Wirbelsäule und Rippen mit Schmerzen im unteren Wirbelsäulen- bzw. Kreuzbeinbereich… auch eine Aufnahme über den Magen-Darm-Trakt ist möglich… Orale Aufnahme von Flusssäure oder sauren Fluoriden führt zu Verätzungen in Mund, Rachen und Magen-Darm-Trakt sowie zu spezifischen Vergiftungserscheinungen durch Resorption."* Laut Berufsgenossenschaft handelt es sich bei Fluoriden also um giftige Stoffe, die ätzend wirken, und eine chronische Aufnahme hoher Fluormengen wirkt sich schädlich auf die Knochen, die Leber und die Nieren aus – ein Stoff also, mit dem man jeglichen Kontakt vermeiden sollte.

Im *EG-Sicherheitsdatenblatt Natriumfluorid* steht: *„Mögliche Gefahren: Giftig beim Verschlucken. Entwickelt bei Berührung mit Säure sehr giftige Gase… Nach Einatmen: Frischluft. Bei Atemstillstand sofort Gerätebeatmung, ggf. Sauerstoffzufuhr. Sofort Arzt hinzuziehen."*[355] *„Sofort Arzt hinzuziehen"*, steht da und *„entwickelt bei Berührung mit Säure sehr giftige Gase"*. Und wie reagiert eine Fluoridtablette im Magen mit der Magensäure? Ich glaube längst nicht mehr alles, was mir ein Arzt erzählt, denn er hat sein Wissen von gesponserten Universitäten und von der Pharmaindustrie. Eine staatlich finanzierte Universität darf neutral sein, nicht jedoch eine Uni, die Fördergelder von der Pharmaindustrie erhält. Sie wird sich hüten, ein Nestbeschmutzer zu sein, damit sie die dringend benötigten finanziellen Zuwendungen weiterhin erhält.

Ihr Zahnarzt wird Ihnen vermutlich erklären, dass die winzigen Mengen, die bei der Zahnprophylaxe (Zahnbehandlung, Zahncreme usw.) angewendet werden, keine Überdosierung bewirken, sondern Ihre Zähne härten und widerstandsfähig machen. Wenn er Recht hätte, gäbe es bei uns keine *Zahnfluorose* (auch *Dentalfluorose* genannt). *Zahnfluo-*

rose entsteht durch eine zu hohe Fluoridzufuhr während der Zahnentwicklung.[356] Anzeichen hierfür sind weiße Flecken in den Zähnen, die man immer wieder beobachten kann. Bei schweren Fällen werden die Zähne weiß-matt, eventuell noch mit braunen Verfärbungen. Wenn es Sie interessiert dann „googlen" Sie im Internet nach *Zahnfluorose* und klicken auf die Bilder. Sie werden sich wundern, wie viel und vor allem *was* Sie dort zu sehen bekommen.

Natriumfluorid (engl.: *sodium fluoride*) ist so giftig, dass es zur Herstellung des geächteten Nervengiftes *Sarin* verwendet werden kann, deshalb darf es laut *EG Dual Use Verordnung Nr. 428/2009* nur exportiert werden, wenn eine entsprechende Ausfuhrgenehmigung erteilt worden ist.[357, 358, 359] Der Autor und Lehrbeauftragte der *Pädagogischen Hochschule Heidelberg, Thomas Seilnacht,* empfiehlt sogar, Natriumfluorid wegen seiner Giftigkeit nicht in allgemeinbildenden Schulen (Chemieunterricht) zu lagern.[360] Natriumfluorid entwickelt bei Berührung mit Säure sehr giftige Gase, wie aus der Betriebsanweisung Natriumfluorid der *Uni Hamburg* hervorgeht.[361] Unsere Zähne kommen mit sehr vielen Säuren in Kontakt! Bei all den Informationen frage ich mich, was so ein Stoff in unseren Zahncremes und in manchen Staaten sogar im Trinkwasser(!) zu suchen hat! Nicht umsonst wurde die Fluoridierung des Trinkwassers in Basel 2003 wieder eingestellt.

In Bezug auf *Natriumfluorid* werden aus der Sicht der Finanz-/Machtelite zwei Fliegen mit einer Klappe geschlagen:

1. Zuckerkonsum: Den Menschen wird eingeredet, dass sie unbedenklich Zucker konsumieren können, wenn sie die Zähne anschließend putzen – am besten mit fluoridierter Zahnpasta. Auf diese Weise wird der großen Zuckerindustrie nicht geschadet.
2. Manipulation: Die Kariesprophylaxe mit *Fluorid* wird bewusst positiv propagiert, doch die wahre Absicht dahinter ist eine Schwächung der Menschen.

Und wir sollen bei dem Thema *Fluor* tatsächlich glauben, dass unser Wohlbefinden im Vordergrund steht? (Hier überschneidet sich das Thema *Zucker* mit dem Thema *Fluorid*, daher kann es sein, dass ich mich in den betreffenden Kapiteln wiederhole.)

ZUCKER

Es dürfte hinlänglich bekannt sein, dass raffinierter Zucker im Übermaß nicht nur Zahnschäden verursacht, sondern allgemein gesundheitsschädlich ist. Dem gegenüber stehen jedoch die Interessen der mächtigen Zuckerindustrie, die ihre Felle nicht davon schwimmen sehen möchte. Und tatsächlich gründeten die Zucker-, die Getränke- und die Fluorindustrie bereits im Jahre 1953 die *Arbeitsgemeinschaft für Fluorforschung und Kariesprophylaxe* (ORCA), und im Jahr 1967 schloss der *Bundesverband Deutscher Zahnärzte* mit der *Wirtschaftlichen Vereinigung Zucker* ein Abkommen auf gegenseitige Unterstützung, bekannt als „*Süßes Gespräch".*[362] Darin soll eine Übereinkunft getroffen worden sein, dass die Zahnärzte der Zuckerindustrie nicht schaden werden. Das muss man sich einmal vorstellen! Die Zahnärzte sollen nicht wirklich über den Zuckerkonsum aufklären, stattdessen sollen sie ihren Patienten erzählen, dass sie Fluor einnehmen sollen, dann seien ihre Zähne geschützt, was jedoch mittlerweile von immer mehr Menschen und auch Wissenschaftlern angezweifelt wird. Und es kam, wie es kommen musste: Es kamen Zahnpasten auf den Markt, die mit *Fluorid* angereichert sind, sogar fluoridiertes Salz wurde eingeführt und die Bevölkerung flächendeckend mit *Fluorid* zwangsmedikamentiert.

Ihr Zahnarzt weiß darüber nicht Bescheid, solche Kampagnen werden auf höchsten Ebenen entschieden und über Ärztekammern und Universitäten verbreitet. Studenten lernen diese Theorien und gehen davon aus, dass sie der Wahrheit entsprechen. Wird diese Lüge jahrzehntelang gelehrt, verselbständigt sich die Theorie, und der Wahrheitsgehalt wird leider nicht mehr hinterfragt.

JOD

Jod ist ebenfalls ein Stoff, der häufig dem normalen Kochsalz zugesetzt wird, da es angeblich unsere Schilddrüse davor schützt, einen Kropf zu bilden. Das *Bundesinstitut für Risikobewertung* (BfR) empfiehlt die Verwendung von jodiertem Speisesalz im Haushalt, in der Gastronomie, bei der Gemeinschaftsverpflegung und in der Lebensmittelherstellung.[363] Ferner ist dort zu lesen, dass *„kein Risiko für eine Überversorgung der Bevölkerung mit Jod"* besteht und weiter: *„Die in Deutschland auch für Menschen, die auf eine Jodbelastung empfindlich reagieren, als sicher erachtete maximale tägliche Aufnahme von 500 Mikrogramm Jod aus verschiedenen Quellen wird nicht überschritten."* Dieser Satz beinhaltet die Information, dass die Menschen – unabhängig von ihren Ernährungsgewohnheiten – diese Schwelle nicht erreichen *können*, was in meinen Augen schon fast anmaßend ist. Man kann nicht generell von einer durchschnittlichen Nahrungsaufnahme ausgehen, denn es gibt sehr extreme Essgewohnheiten, die hier ignoriert werden.

Hinzu kommt, dass die Jodierung des Speisesalzes und laut Bayerischer *Landesanstalt für Landwirtschaft* übrigens auch der Tierfuttermittel[364] von Spezialisten nicht immer als segensreich, sondern im Gegenteil als sehr gefährlich angesehen wird. Zum Beispiel ist *Professor Dr. med. Jürgen H. Hengstmann*, der viele Jahre die *Schilddrüsenambulanz des Krankenhauses Am Urban* in Berlin geleitet hat und als einer der erfahrensten Schilddrüsenspezialisten Deutschlands und des Auslands gilt, ein starker Gegner der generellen Jodgabe, ja, er bezeichnet eine Überjodierung gar als Auslöser der Schilddrüsenerkrankung *Hashimoto* bei genetischer Disposition: *„Die Menge macht es, weswegen im Schnitt über 170 Mikrogramm Jod/Tag nicht überschritten werden sollen!"*, sagt *Dr. Hengstmann* laut *jod-kritik.de.*[365] Das ist erheblich weniger als die vom BfR erwähnte Maximalmenge von 500 Mikrogramm. Er rät Hashimoto-Patienten dringend zur Jodkarenz, nämlich: Weglassen von zusätzlichem Jod, also genau das Gegenteil dessen, was das BfR empfiehlt.

Aber auch bei anderen Schilddrüsenerkrankungen ist er anderer Meinung als die öffentlichen Empfehlungen. Die Annahme, dass die Verwendung von jodiertem Salz bei Menschen, die an *Morbus Basedow* erkrankt sind, ungefährlich sei, kommentierte Hengstmann laut der o. g. Quelle in einem Interview am 24.9.2013 sehr kritisch: *„Hohe Jodmengen bei M. Basedow könnte man meiner Meinung nach auch als Mordversuch ansehen!"*

Sie sehen, die Jodierung hat nicht nur Befürworter, sondern auch starke Gegner, sowohl aus dem Kreise der Betroffenen als auch von wissenschaftlicher Seite. Für mich stellt sich hier sofort die Frage, warum eine offizielle Stelle (BfR) eine Empfehlung ausspricht und eine Unbedenklichkeit bestätigt, die bereits von manchen Wissenschaftlern ad absurdum geführt wurde! Wer hat etwas davon, wenn bei Schilddrüsenpatienten der Schaden größer ist als der Nutzen? Der Verdacht drängt sich auf, dass das Wohl des Menschen nicht an erster Stelle steht. Sollte die Zwangs-Jodierung etwa ein weiterer Weg sein, die Bevölkerung zu schwächen und zu reduzieren? Und möchten die Pharmariesen zuvor noch Gewinne durch die Behandlung der Schilddrüsenerkrankungen einstreichen? Wie neutral ist das *Bundesinstitut für Risikobewertung*? Auf der Internetseite *lobbypedia.de* können Sie bezüglich des BfR lesen: „...*Dadurch ergibt sich insgesamt das Bild einer organisierten und zumindest teilweise verdeckten Einflussnahme der Industrie in zentralen Einrichtungen des Bundes, die im Bereich der Agrogentechnik mit der Risikoabschätzung und der Forschungsförderung befasst sind.*"[366] Diesbezüglich gibt es sehr detaillierte Recherchen von *Testbiotech e.V.*[367] Die Expertenkommissionen des BfR scheinen demnach nicht unabhängig, sondern mit der Industrie eng verknüpft zu sein.

Jod wird laut den Recherchen von *Michael von Dexheim* aus Sondermüll gewonnen, genauer gesagt aus Druckerfarbe, Desinfektionsmitteln, Röntgenkontrastmitteln, Katalysatoren usw.[368] Handelt es sich hier etwa um eine aufgezwungene preiswerte Sondermüllentsorgung über den Verbraucher? Aufgeteilt auf Millionen von Menschen könnte die Belastung pro Kopf gerade so gering sein, dass kaum einer stirbt, aber doch so groß, dass die Pharmaindustrie gute Geschäfte mit der Behandlung der gesundheitlichen Folgen erzielen kann. Klingt das etwa nach „Verschwörungstheorie"? Nein, eher nach gängiger Praxis, nach „Verschwörungspraxis" – eine Verschwörung gegen den Verbraucher, sprich gegen den Menschen.

SALZ

Vom Thema *Jod* gehen wir zum Thema *Salz* allgemein. Salz ist ein Bestandteil unseres Körpers und daher lebensnotwendig, wobei der übliche Salzkonsum hierzulande sicherlich viel zu hoch ist. Im unraffinierten Salz aus der Natur sind laut zuvor genannter Quelle alle Mineralien und Spurenelemente enthalten, die unser Körper braucht[369], im natürlichen Meersalz sind das laut *salzkontor.de* über 80 verschiedene Mineralien/Spurenelemente.[370] Wenn wir jedoch normales „Speisesalz" aus dem Supermarkt kaufen, haben wir alles andere als das, was unser Körper braucht. In der Regel finden wir in den Packungen nur noch *Natriumchlorid* (NaCl), meist angereichert mit Fluor, Jod und vermutlich noch einer Rieselhilfe wie zum Beispiel einer Aluminiumverbindung. Das war's. Die über 79 anderen wertvollen Mineralien fehlen, sie wurden, da sie als „Verunreinigungen" bezeichnet werden, entfernt. Viele Menschen versuchen, das entsprechende Defizit mit Nahrungsergänzungsmitteln in Form von Mineralien auszugleichen. Unter den sog. „Verunreinigungen" findet sich übrigens unter anderem auch Gold, Germanium usw., also Stoffe, die sich sehr gut anderweitig verkaufen lassen. Das Salzgeschäft ist wohl auch in erster Linie ein Profitgeschäft und der Mensch befindet sich mittendrin. Man fragt sich schon, warum dieser Aufwand betrieben wird, sämtliche Mineralien und

Spurenelemente aus dem ursprünglichen Natursalz zu entfernen, sodass nur noch zwei Elemente (NaCl) übrig bleiben. Und wenn man bedenkt, dass sogar im Lecksalz für das Vieh und für Wildtiere noch mehr, manchmal sogar alle Mineralien enthalten sind, weil sie diese dringend brauchen (wir Menschen etwa nicht?), dann drängt sich der Verdacht auf, dass hier Absicht dahintersteckt – die Absicht, den Menschen zu schwächen, um ihn zum Patienten bzw. zum Kunden der Pharmaindustrie zu machen!

In verschiedenen Quellen kann man von folgendem Versuch lesen: Man nehme zwei Aquarien, eines gefüllt mit Meerwasser, eines mit Leitungswasser plus so viel Kochsalz, dass dieselbe Konzentration entsteht. Setzen Sie nun in beide Becken Meeresfische, dauert es keine fünf Minuten, bis die Fische in der Kochsalzlösung mit dem Bauch nach oben tot im Wasser liegen. Allerdings habe ich diesen Versuch aus Rücksicht auf die Fische nie selbst ausprobiert.

Ich persönlich verwende unterschiedliche Salze aus dem Bioladen, auf jeden Fall unraffiniert und ohne Anreicherung mit Fluor oder Jod. Meersalz vermeide ich auch, da die Meere heute leider stark verschmutzt bzw. radioaktiv belastet sind.

E-LISTE

Unsere verarbeiteten Lebensmittel werden mit den verschiedensten Zusatzstoffen versetzt, damit sie eine schönere Farbe erhalten, ein besseres Aroma bekommen, intensiver duften oder sonstige erwünschte Eigenschaften in das Nahrungsmittel bringen. Gemäß *§ 2 Abs. 3 des Lebensmittel-, Bedarfsgegenstände- und Futtermittelgesetzbuches* (LFGB) sind Lebensmittelzusatzstoffe Stoffe, die (man höre und staune!)

- üblicherweise nicht selbst als Lebensmittel verzehrt werden,
- nicht als charakteristische Zutat eines Lebensmittels verwendet werden,
- einem Lebensmittel aus anderen als technologischen Gründen beim Herstellen oder Behandeln zugesetzt werden,
- selbst (oder ihre Abbau- oder Reaktionsprodukte) zu einem Bestandteil des Lebensmittels werden,

und das alles unabhängig von ihrem Nährwert.[371]

Doch nicht alle diese Stoffe sind für unsere Gesundheit förderlich. Manche stehen laut *zusatzstoffe-online.de* im Verdacht, allergieauslösend zu sein bzw. die Entstehung von Krankheiten zu begünstigen, andere können für Menschen mit bestimmten Stoffwechselbesonderheiten oder Krankheiten problematisch sein[372], und von vielen sind die Langzeitwirkungen noch gar nicht erforscht. Zum Beispiel stehen die Stoffe *Natriumpolyphosphat* (E 452 i), *Kaliumpolyphosphat* (E 452 ii), *Natriumcalciumpolyphosphat* (E 452 iii) und *Calciumpolyphosphat* (E 452 iv) laut *code-knacker.de „im Verdacht, bei regelmäßigem Konsum (z. B. Colagetränke, Schmelzkäse) Osteoporose zu fördern, und daher wird von häufigem Verzehr abgeraten"*.[373]

Für Vegetarier und Veganer interessant: Manche Zusatzstoffe werden aus Tieren bzw. tierischen Produkten hergestellt, wie zum Beispiel *Echtes Karmin* (E 120), das aus den Weibchen der Scharlach-Schildlaus (*Coccus cacti*) gewonnen wird[374], schreibt *zusatz-*

stoffe-online.de, und zwar nicht aus irgendwelchen Absonderungen dieser Laus, sondern aus dem getrockneten, befruchteten Lausweibchen selbst.[375]

Doch für viel bedenklicher halte ich Zusatzstoffe, die aus gentechnisch veränderten Mikroorganismen gewonnen werden können, wie zum Beispiel *Glutamat* (E 621), *Riboflavin* (E 101) oder *Ascorbinsäure* (E 300)[376], da die langfristigen Auswirkungen der Gentechnik sehr umstritten sind und sicherlich noch manche Überraschung bereithalten.

VERPACKUNG MIT SCHUTZATMOSPHÄRE

Als eine echte Mogelpackung hat *foodwatch* sogenannte Schutzatmosphären-Verpackungen für Fleisch entlarvt. Bei diesen befindet sich oft ein hochgradig mit Sauerstoff angereichertes Gasgemisch in der Verpackung, welches das Fleisch tagelang rosig-frisch aussehen lässt. Das ist verkaufsfördernd, auch wenn die Ware nicht mehr ganz frisch ist. Laut *foodwatch* wird das Fleisch durch diese Behandlung innen zäh und ranzig, und *„die Sauerstoffbehandlung steht zudem im Verdacht, die Bildung gesundheitlich bedenklicher Cholesteroloxide zu fördern"*, daher fordert die Organisation ein Verbot dieses Verfahrens, zumal es *„mit einer Stickstoff-Kohlendioxid-Mischung zudem eine Alternative gibt, bei der die Keimbildung gehemmt, aber keine Frische-Illusion erzeugt wird"*.[377]

Man hat als Verbraucher den Eindruck, dass die gesundheitlichen Auswirkungen auf den Menschen vollkommen irrelevant sind, Hauptsache das Produkt lockt zum Kauf und die Kasse klingelt!

CONVENIENCE-PRODUKTE

So werden im Lebensmittelsektor die Fertigprodukte bezeichnet. Packung auf, dann sind es nur noch wenige Schritte und kaum Zeitaufwand, bis das „Essen" auf dem Tisch steht. Ich lese immer wieder von der Bequemlichkeit der Menschen, die nicht mehr kochen wollen. Meines Erachtens ist die Hauptursache für diese Tendenz nicht in der Bequemlichkeit, sondern in der steigenden Berufstätigkeit zu finden. In immer mehr Familien arbeiten beide Elternteile in Vollzeit, manche haben sogar noch einen Nebenjob, um der Familie einen gewissen Standard zu ermöglichen. Unter solchen Bedingungen ist es kein Wunder, dass in diesen Familien oft zu Fertiggerichten gegriffen wird. Doch wer sich näher mit den Inhaltsstoffen befasst, versucht in der Regel, selbst zu kochen.

Auch wenn Sie ins Restaurant gehen, wissen Sie nicht, was Ihnen vorgesetzt wird. Es muss schnell gehen, es soll gut schmecken und auch noch günstig sein. Drei Bedingungen, die schwer unter einen Hut zu bringen sind. Die Lebensmittelindustrie weiß das und bietet den Restaurants entsprechende Möglichkeiten. Wir als Gäste erkennen auf den ersten Blick nicht, ob wir etwas frisch Gekochtes serviert bekommen oder ob der Convenience-Lieferant für Sie tätig war, den Sie leider nicht nach den einzelnen Zutaten befragen können.

Für die meisten Fertiggerichte gilt: Je stärker verarbeitet ein Lebensmittel ist, desto mehr Zusatz- und Aromastoffe und desto weniger Vitamine und Vitalstoffe sind darin enthalten.

GENTECHNIK

Die großen (offiziellen) Versprechungen seit Beginn der Gentechnik in den 1970er-Jahren waren:

1. Reduktion des Welthungers
2. Resistenz der Pflanzen gegen bestimmte Krankheiten und Schädlinge

Das ist nun Jahrzehnte her, und keines der beiden Versprechen hat sich erfüllt. Noch immer verhungern täglich Menschen. Auch die **Pflanzen sind** (meistens) **nicht resistent gegen Krankheiten und Schädlinge geworden, sondern gegen bestimmte Gifte**, das ist ein großer Unterschied. *Roundup* zum Beispiel ist ein Mittel, das fast jede Pflanze abtötet. Es wäre das ideale Unkrautvernichtungsmittel, würde es nicht die Nutzpflanze selbst auch zerstören. Durch gentechnische Veränderungen wurde beispielsweise eine Maispflanze gezüchtet, die resistent gegen dieses Mittel ist. Seitdem wird diese Maissorte angepflanzt und *Roundup* zur Unkrautvernichtung eingesetzt. Das ist ein gutes Geschäft für den Konzern, da von ihm sowohl das Saatgut als auch das Gift bezogen werden muss, da es nur in der Kombination sinnvoll wirkt. Das in dem Mittel *Roundup* enthaltene Glyphosat steht jedoch im Verdacht, bei Mensch und Tier gravierende Schäden zu verursachen.[378, 379] Der wirkliche Gewinn durch die Gentechnik war laut dem *Umweltinstitut München e.V.* finanzieller Art, und zwar für die wenigen Konzerne, die die Agrar-, Chemie- und Pharmamärkte weltweit beherrschen.[380] Doch die Natur schlägt zurück, denn mittlerweile entstehen immer mehr Resistenzen gegen *Roundup*, was bedeutet, dass das Unkraut trotzdem wächst.

Die Gentechnik hat klammheimlich auch bei uns Einzug gehalten, auch wenn die Mehrheit der Verbraucher dies ablehnt. Auch die Gesetze, die den Anbau von Gentechnik betreffen, sind mehr als fragwürdig. Auf der Seite des *Bund für Umwelt und Naturschutz Deutschland e.V.* (BUND) können Sie lesen: *„Für ein ‚Nein' zur Gentechnik im eigenen Land muss ein Mitgliedstaat mit ‚Ja' für die Zulassung von Gentech-Pflanzen in der Europäischen Union stimmen. Und auch der Weg zum ‚Nein' ist problematisch: Für jede einzelne Gentech-Pflanze, die ein Land verbieten will, muss es zunächst bei Monsanto, Pioneer, Syngenta und Co. um Einverständnis für ein Verbot bitten. Lehnt der Gentech-Konzern ab, muss der EU-Staat etwa allgemeine umweltpolitische Ziele oder sozioökonomische Aspekte anführen, um ein Verbot zu rechtfertigen.“*[381] (H. d. d. A.)

Wie paradox ist das denn? Eine Regierung muss beim Hersteller um das *„Einverständnis eines Verbots bitten?“* Wenn ein Staat zu Gentechnik *nein* sagt, sagt er gleichzeitig *ja* zur Gentechnik in der EU? Wer sitzt hier in den Gremien, die diese Gesetze erlassen? Sind alle Mitglieder, die für derartige Bedingungen stimmen, vielleicht gekauft, oder sind sie eventuell schwachsinnig? Ich vermute Ersteres, weil ich (naiverweise) davon ausgehe, dass unsere Politiker, egal, ob auf Bundes- oder EU-Ebene, gebildete und informierte Menschen sind. Doch welcher normale Mensch erlässt solche Gesetze?

Sie denken, gentechnisch veränderte Lebensmittel sind auf ihre Sicherheit, Verträglichkeit und Unschädlichkeit geprüft, bevor sie auf den Markt kommen? Ja, natürlich! Doch wie sieht das Zulassungsverfahren aus, bevor die Pflanzen und Tiere von uns verspeist werden? In der Regel testen die Hersteller selbst die Sicherheit ihrer Produkte.[382] Das wäre damit vergleichbar, dass wir in Zukunft unsere Autos nicht mehr alle zwei Jahre zum TÜV bringen, sondern wir selbst prüfen unsere Fahrzeuge auf Sicherheit. Schließlich haben wir auch ein Interesse daran, dass unser Fahrzeug den Test besteht. Nein, das geht natürlich nicht! Das ist ja auch etwas ganz anderes. Hinter den Interessen der Gentechnik stehen große, einflussreiche Firmen mit Zielen, die in Zahlen, Prozentzeichen und Wirtschaftskraft ausgedrückt werden, und hier gelten andere Regeln als für den Rest der Bevölkerung.

Die Hersteller testen die Sicherheit ihrer Produkte über Fütterungsversuche selbst. Dabei wird ermittelt, welche Auswirkungen der Verzehr des von der gentechnisch veränderten Pflanze gebildeten Proteins auf Versuchstiere hat. Die Tests dauern laut *bund.net* in der Regel 30(!) Tage[383] und werden zumeist an Mäusen oder Ratten durchgeführt. Eine Testung über mehrere Monate oder gar Jahre bleibt normalerweise aus, wobei seit dem 3.4.2013 in der *„Durchführungsverordnung (EU) Nr. 503/2013 der Kommission vom 3. April 2013 über Anträge auf Zulassung genetisch veränderter Lebens- und Futtermittel gemäß der Verordnung (EG) Nr. 1829/2003 des Europäischen Parlaments und des Rates und zur Änderung der Verordnungen (EG) Nr. 641/2004 und (EG) Nr. 1981/2006 der Kommission"* unter (10) eine 90-tägige Fütterungsstudie mit ganzen Lebens- und Futtermitteln bei Nagetieren gefordert wird[384], wie *transgen.de* schreibt. Das sind immerhin schon drei Monate. Den Langzeittest führen wir Verbraucher dann an uns selbst durch, denn wir verspeisen diese Produkte in der Regel jahrelang. Ob das menschliche (pardon) Versuch*tier* genauso reagiert wie die Maus oder die Ratte, sei dahingestellt.

Die Rückmeldungen von den unfreiwilligen Testpersonen dürften noch früh genug kommen, und bis dahin haben sich die Menschen an die Gentechnik gewöhnt. Auch liegt dann die Beweislast beim Patienten, der nachweisen muss, dass er von gentechnisch veränderten Produkten krank geworden ist. Für ein solches Prozedere fehlt ihm dann vermutlich das Wissen um die Zusammenhänge, die Kraft, das Geld und mit Sicherheit auch der begleitende Arzt. Klug ausgedacht von den *Gen-Machern*, das muss man ihnen lassen.

Es ist unsere Entscheidung, ob wir diese Produkte konsumieren oder ob wir gentechnikfreie Produkte bevorzugen. Wir selbst haben es in der Hand, ob gentechnisch veränderte Nahrungsmittel Absatz finden. Die Nachfrage bestimmt das Angebot, unabhängig von politischen Entscheidungen. Noch haben wir die Wahl, ob gentechnisch verändert oder gentechnikfrei!

Man könnte sich fragen, wer denn eigentlich dafür sorgt, dass die Politik *richtig* über die Gentechnik informiert wird. Wenden sich die Firmen direkt an die Politik, oder gibt es hierfür eine zentrale Stelle? Wenn ja, wer sitzt dort? Welche Interessen haben diese Menschen?

Zu diesem Zweck gibt es Verbände und Agenturen, die die Kontaktstelle zwischen Industrie und Politik bilden. *Michael von Dexheim* hat in seinem Buch *Symbiose der Macht*[385] hierüber etwas recherchiert und deckt interessante Zusammenhänge auf. Es gibt mehrere Gruppen, wie zum Beispiel den *Wissenschaftlerkreis Grüne Gentechnik* (WGG), in dem sich sowohl Vertreter der Behörden als auch der Forschung treffen und in dem Informationen fließen dürften. Dies hat *von Dexheim* aus Mitgliederlisten von 1998 ermittelt. Auch der *Gesprächskreis Grüne Gentechnik* (GGG) scheint hier ähnlich zu wirken. Hinzu kommt die *Agentur Genius*, die laut *von Dexheim* ebenfalls als Kommunikationszentrum zwischen Agro-/Gentechnik-Industrie und Politik zu fungieren scheint. Zu den Kunden von *Genius* gehören zum Beispiel Bayer *CropScience*, BASF, *Syngenta*, *VitiGen AG*, aber gleichzeitig auch das *BMBF (Bundesministerium für Bildung und Forschung)*, *BMVEL (Bundesministerium für Verbraucherschutz, Ernährung und Landwirtschaft)* und die *Europäische Kommission (Generaldirektion Gesundheit und Verbraucherschutz)* und viele mehr.[386] Demnach treffen sich hier die ganz großen Firmen mit den Bundesministerien und der Europäischen Kommission.

Der *Gesprächskreis Grüne Gentechnik* wurde 1997 auf Initiative von *Novartis* gegründet. *„Es sind keine Angaben über Mitglieder erhältlich, aber aus einem Interview von 1998 sind folgende Mitglieder bekannt: …, Genius, BIO Mitteldeutschland, die großen Vermarktungsverbände der Lebensmittelindustrie (incl. Bundesverbände der Lebensmittelindustrie, der Futtermittelindustrie, der Bauern und der Ölmühlen), die [damaligen] Haupttechnologieanbieter AgrEvo, Monsanto, Novartis sowie Nestle, der Bundesverband des deutschen Groß- und Außenhandels (BGA), aber auch mehrere Behörden (RKI, BgVV)"*[387], steht auf der Infoseite von *gen-ethisches Netzwerk*. Übrigens: *RKI* ist das *Robert-Koch-Institut*, einer der Nachfolger des früheren *Bundesgesundheitsamtes*. Hinter *BgVV* verbirgt sich das *Bundesinstitut für gesundheitlichen Verbraucherschutz und Veterinärmedizin*. Auch interessant ist, dass es von *GGG* keine Internetseite gibt, aber von *Genius* gibt es eine. Zu ihren Themen zählen sie zum Beispiel Kommunikation, Marketing und *wissenschaftliche Beratung* in den Bereichen Pflanzenbiotechnologie, Agrarwirtschaft und Lebensmittelsicherheit.[388] Also ein Gesprächskreis für Verkaufsförderung und wissenschaftliche Beratung? Die technische Qualifikation von Vertriebspersonal kennen wir alle aus unserem Alltag. Bei der Kombination aus Marketing und Wissenschaft bleibt die Wissenschaft erfahrungsgemäß auf der Strecke. Wie zuverlässig und neutral sind unter diesen Bedingungen die Informationen, die die Politik von der Genindustrie erhält? Auch der *Wissenschaftlerkreis Grüne Gentechnik e.V.*[389] erscheint mir nicht neutral. Wenn ich deren Internetseite ansehe, so entsteht bei mir der Eindruck, dass nur Positives über die Gentechnik vermittelt wird und man auf kritische Stimmen oder Studien mit Gegenstudien reagiert. Es entsteht der Anschein einer reinen Vertriebsabsicht. Neutralität sieht anders aus!

Man bekommt fast den Eindruck, dass es sich bei diesen Gesellschaften um einen Sumpf aus Verstrickungen und Interessenkonflikten handeln könnte, oder wie es *von Dexheim* vorsichtig und doch deutlich formuliert: *„Es ist wahrscheinlich nicht völlig falsch, wenn man den WGG (ähnlich wie den GGG) als eine Art ‚Geheimloge' der Protagonisten der Agro-/Gentechnik-Industrie begreift."*[390]

In der Sendung *Kontrovers extra – Propagandaschlacht um die Gentechnik*[391] im *Bayerischen Rundfunk* am 7.8.2014 wurde auf verschiedene Missstände hingewiesen. In dem Bericht wurde gezeigt, dass die gentechnisch veränderten Mais- und Baumwollpflanzen von Raupen befallen worden sind, gegen die sie aufgrund ihrer gentechnischen Veränderung eigentlich hätten resistent sein sollen, und dass zwischen den Nutzpflanzen resistentes Unkraut wächst. Der Landwirt *Doug Doolittle* kommt dort zu Wort. Er pflanzt seit vielen Jahren Genmais und spritzt mit Glyphosat (z. B. *Roundup*), das jede Pflanze abtötet außer der GV-Pflanze. Doch mit den Jahren haben sich nun Resistenzen gebildet, das Unkraut sprießt trotzdem auf seiner gut 210 ha Landfläche. *Prof. Mike Owen* von der *Universität Iowa*: „*Wir kennen das Problem und schätzen, dass derzeit ca. 60% der Soja- und Maisfelder in Iowa genau dieses Problem mit den Glyphosat-Resistenzen haben.*"[391] In den USA sollen derzeit auf ca. 24.000.000 ha resistente Unkräuter wachsen. Fällt Ihnen auch gleich der Vergleich mit den Krankheitskeimen ein, die gegen Antibiotika resistent geworden sind? Ist dies der Fluch der chemischen Mittel oder steckt Absicht dahinter? Soll die Bevölkerung auf chemische Weise reduziert werden? Wie dem auch sei, es wird anscheinend ein enormer Druck auf den landwirtschaftlichen Sektor ausgeübt, diese Mittel trotzdem anzuwenden. Auf jeden Fall wird sich *Monsanto* bezüglich der Resistenzen etwas einfallen lassen, denn hier tut sich aus der Perspektive eines Konzerns ein neuer Markt auf!

Auch der brasilianische Landwirt *Octhávio Palmeira*, der 12.500 ha Land bewirtet und Baumwolle anpflanzt, hat laut oben genannter TV-Sendung große Schädlingsprobleme mit seinen gentechnisch veränderten Pflanzen. Auch auf seinen Pflanzen wachsen Raupen, die die Genpflanzen eigentlich abwehren sollten. „*Wir mussten viel mehr Pestizide anwenden, verglichen mit letztem Jahr haben sich meine Produktionskosten um 40% erhöht.*" *Prof. Wanderlei Pignati* von der *Universität Mato Grosso* sagt in dem BR-Bericht, dass bei den letzten beiden Ernten in Brasilien mehr als 1 Milliarde Liter an Pestiziden benutzt wurden, was eine enorme Steigerung bedeute. Dies bleibe nicht ohne gesundheitliche Folgen.[391]

Auch bei uns landen genveränderte Lebensmittel in den Regalen, denn es muss nicht gekennzeichnet werden, wenn zum Beispiel eine Kuh gentechnisch veränderten Mais zu fressen bekam. Was hat das Schwein gefressen, dessen Fleisch nun in der Kühltheke liegt? Was ist in weiterverarbeiteten Produkten, wie beispielsweise Schokolade, enthalten?

Wolfgang Koehler, ehemaliger Leiter des *Referats für Gentechnik im Bundeslandwirtschaftsministerium*, sagt in dem BR-Bericht: „*Ich habe verschiedentlich erleben müssen, wie die USA Druck auf kleinere Staaten ausgeübt hat. Ich habe das erlebt als Präsident des UN-Gremiums für Grüne Gentechnik, dem sog. Cartagena-Protokoll, wo mir Kollegen dann gesagt haben, dass sie bestimmte Einigungen vom Vorabend nicht mehr aufrechterhalten konnten, weil offensichtlich der amerikanische Botschafter in ihren Heimatregionen interveniert hat. Ich habe es erlebt, dass die serbische Regierung vom amerikanischen Botschafter unter Druck gesetzt wurde, in einem Gespräch mit dem Petitum (Antrag; A. d. A.) doch möglichst schnell oder baldigst die dortige Gentechnikpolitik, die sehr kritisch eingestellt war, zu ändern, weil das ansonsten eben auf anderen Gebieten Konsequenzen hätte.*"[391] Was hat die US-Regierung davon, wenn bevorzugt Genpflanzen angebaut werden? Sollte es nicht Sache der Industrie sein, für ihre Produkte zu werben? Warum machen die USA hier Druck? Welchen Vorteil haben sie? Es scheint eine Verbindung von Gentechnikfirmen zur Regierung zu geben. Ist das im Sinne der Verbraucher?

An der *Eidgenössischen Technischen Hochschule* (ETH) in Zürich untersucht die Wissenschaftlerin *Angelika Hilbeck* die Wirkung von genverändertem Mais auf Insekten, wird in der TV-Sendung berichtet. Sie hat negative Wirkungen des transgenen Maises auf Marienkäfer festgestellt und publiziert. An den bereits erteilten Zulassungen hat dies jedoch nichts geändert. Die von *Frau Hilbeck* geprüften Auswirkungen seien vor der Zulassung nicht geprüft worden. Wie kann es sein, dass wir Nahrungsmittel auf den Tisch bekommen, deren Auswirkungen nur kurze Zeit und nur bezüglich bestimmter Wirkungen getestet werden? Wo bleibt das Wohl von uns Konsumenten und das Wohl der Natur?

Der grüne Bundestagsabgeordnete *Harald Ebner* weist in der Dokumentation auf Interessenkonflikte hin, er spricht von einem einflussreichen Netzwerk: „*Wir haben Studien bei den Zulassungsverfahren, die ausschließlich von den Herstellern erstellt und vorgelegt werden und die auch keine Langzeitrisiken prüfen, und wir haben eine europäische Lebensmittelsicherheitsbehörde, die für die Bewertung dieser Studien zuständig ist, in deren Expertengremien, in deren Verwaltungsrat Menschen sitzen, die direkt aus den entsprechenden Dachverbänden und Lobbyorganisationen und Firmen kommen.*" Vetterleswirtschaft nennt man derartige Umstände. Der Gentechniklobbyverband *EuropaBio* in Brüssel (*Herr Beat Späth*) sagt dazu: „*Es gibt sicher ein paar Fälle, wo es da Überlappungen gibt…*"

Sogar das *Europäische Parlament* hat bereits kritisiert, dass Mitarbeiter von der Zulassungsbehörde *Europäische Behörde für Lebensmittelsicherheit – EFSA* (*European Food Safety Authority*) zu dem Forschungsinstitut der Industrie *ILSI* (*International Life Sciences Institute*) gewechselt seien oder parallel in beiden arbeiteten. *ILSI* ist ein wissenschaftliches Institut, das von allen wichtigen Unternehmen der Nahrungsmittelindustrie und Gentechnikfirmen (*BASF, Bayer, DuPont, Syngenta, Monsanto*) finanziert wird. Wie ist das möglich? Wie können Mitarbeiter, die für die Zulassungsbehörde arbeiten und parallel bei der Industrie beschäftigt sind, neutral sein? Wie neutral sind deren Entscheidungen und die erteilten Zulassungen? In der Regel erfahren wir darüber nichts. Der Verbraucher nimmt irrigerweise an, dass alles seine Ordnung haben wird!

Solange die Forschung von der Industrie finanziert wird, wird kaum ein Forscher veröffentlichen, dass die Gentechnik ein Risiko birgt. Sollte er sich dennoch kritisch äußern, kann er davon ausgehen, die Unterstützung für seine Forschungen zu verlieren, folglich wird er sich hüten, dies zu tun. Man findet bei Recherchen immer wieder dieselben großen Firmen, dieselben Namen und die Verbindung zur Politik. Sollten dort etwa sogar Deals und Kompromisse ausgehandelt werden? Zu wessen Vorteil? Oder haben gar beide Seiten einen Vorteil? Ein Schelm ist, wer Böses dabei denkt.

Doch die wichtigsten Fragen bleiben offen:

1. *Befürwortet* der Verbraucher tatsächlich den Konsum von gentechnisch veränderten Pflanzen (und davon ernährten Tieren)?
2. Wo bleibt die *Gesundheit* des Verbrauchers in diesem großen Spiel?
3. Wie reagiert die Natur?

Verschwörung? Offensichtlich gegen die Menschen!

Die Alternativen sind ökologischer Landbau mit Fruchtfolgewechsel, Windschutzhecken, *Permakultur* nach *Sepp Holzer* usw. Auch natürliche, biologische Schädlingsbekämpfung durch Aufstellen von Bussardstangen, Mischkultur, Nistmöglichkeiten für natürliche Insektenfresser und Unterbrechung großer Monokulturflächen durch Bäume und Büsche ermöglichen eine Rückkehr zur Natur. Bio-Anbau ist zwar teurer, doch wenn man an die Kosten für Spritzmittel und an die Ernteausfälle trotz GV-Pflanzen denkt (siehe Beispiele oben), dann sind die Alternativlösungen nicht mehr undenkbar. Landwirte haben auch einen ökologischen Auftrag, nämlich den, die Fruchtbarkeit der Erde zu erhalten und unsere Flora und Fauna zu pflegen. Eine Ackerfläche ist nicht nur ein Produktionsfeld, sondern auch ein Teil unserer einzigartigen und schützenswerten Mutter Erde. Wir müssen uns alle daran beteiligen, diese zu erhalten, auch wir Verbraucher, denn wir haben es in der Hand, was wir konsumieren und bei wem wir unsere Lebensmittel einkaufen!

FISCHFANG PAZIFIK

Die Reaktorkatastrophe bei Fukushima ist schon fast vergessen, angesichts der vielen, täglichen weltweiten Katastrophen- und Kriegsmeldungen, doch die Natur vergisst nicht! Im Juli 2012 war der Grund des Pazifiks zu 98% von totem organischem Material bedeckt. Noch 6 Monate zuvor, im Frühjahr 2012, war es nicht einmal 1%.[392] Das ergaben Beobachtungen der Meeresforschungsstation *Station M*, von anderen Stationen wurden ähnliche Ergebnisse gemeldet. Ist es nur Zufall, dass dies genau ein Jahr nach dem Nuklearunfall in Fukushima zu beobachten ist? Ist es auch Zufall, dass die US-Regierung schon einmal vorsorglich 14 Millionen Jodtabletten besorgt hat?[393] Ist es Zufall, dass Anfang Januar zwischen Kalifornien und Alaska Millionen toter Seesterne an die Küste gespült wurden? Ist es Zufall, dass in Peru im Januar 2014 hunderte toter Delphine an den Strand gespült wurden?[394]

Und trotzdem wird im Nord-Pazifik weiterhin gefischt. Sind die Angst vor einem Zusammenbruch des wichtigen Wirtschaftszweiges Großfischerei und dem eventuellen Aufschrei der Bevölkerung der Grund, warum hier nicht öffentlich geforscht bzw. informiert wird? Denn die Fische, die (noch) nicht tot am Meeresgrund liegen, leben in dem kontaminierten Meereswasser, und die Radioaktivität kommt über die Nahrungskette auch beim Menschen an, der weitab der Küsten lebt – und somit auch auf Ihren Teller.

Geheimhaltung von Daten? Möglich. Schutz des Verbrauchers? Nein!

TRINKWASSER

Laut *Umweltbundesamt* verbrauchte *„jeder Deutsche im Jahr 2010 täglich rund 121 Liter Trinkwasser im Haushalt und für die Körperpflege. Hinzu kommen weitere 3.900 Liter Wasser pro Tag, die für die Herstellung von Lebensmitteln, Bekleidung und anderen Bedarfsgütern verwendet werden. Ein Großteil dieses indirekt genutzten Wassers wird für die Bewässerung von Obst, Gemüse und Getreide benötigt."*[395] Hochgerechnet auf ein Jahr ergibt das eine enorme Menge. Auch die Tierhaltung ist am Wasserverbrauch wesentlich beteiligt. Die Bevölkerung wird immer wieder aufgerufen, Wasser einzusparen. Das ergibt insofern einen Sinn, da das konsumierte Wasser als Schmutzwasser wieder geklärt werden muss. Je weniger Verbrauch, desto weniger Schmutzwasser, dies ist vor allem wichtig in Bezug auf chemisch verunreinigtes Wasser. Bei uns in Deutschland ist im Gegensatz zu vielen anderen Gebieten ausreichend Trinkwasser vorhanden, und doch sind die Trinkwasserreserven weltweit gefährdet. Schuld daran ist nicht, dass es zu wenig gäbe, sondern die Ursache ist menschengemacht. Meines Erachtens gibt es vier große Bereiche, die die Trinkwasserqualität nachhaltig gefährden:

1. **Hormon- und Medikamenteneinsatz** bei Mensch und Nutztier – die Reste landen über die Ausscheidungen im Wasserkreislauf. Europäische Gewässer sind durch Chemikalien so sehr belastet, dass sie *„ein ökologisches Risiko darstellen. Bei rund 15 Prozent sind die Dosen der Schadstoffe sogar so hoch, dass sie Gewässerorganismen töten könnten"*. Für die stärkste Verschmutzung sind laut einer Studie, die in *focus.de* veröffentlicht wurde, die Landwirtschaft und städtischen Kläranlagen verantwortlich.[396]

2. **Fracking**, bei dem hochgiftige Chemikalien in der Erdschicht verbleiben und langfristig das Grundwasser gefährden. Die mit hohem Druck in tiefe Gesteinsschichten gepresste Wasser-Chemikalien-Mischung hinterlässt hochgiftige Spuren in der Tiefe, deren Verbreitung bzw. Wanderung nicht vorhersehbar und schon gar nicht beherrschbar ist. Durch den hohen Druck entstehen Risse im Gestein, damit das Gas freigesetzt werden kann. In diesen Rissen kann sich die Chemiemischung unkontrolliert verbreiten – auch bis in Grundwasserschichten. In der Sendung *Monitor* vom 18.11.2010 wurde im *WDR* von Bohrungen im Borringhauser Moor unweit von Damme berichtet. *„Hier hat das Bergamt Niedersachsen der Firma ExxonMobil 2008 eine Erlaubnis zum Fracken nach Schiefergas erteilt... Weder die Firma ExxonMobil noch das Bergamt hatten die Bürger darüber unterrichtet... Oliver Krischer, Bündnis 90/Die Grünen, MdB: ‚Das Bergrecht sieht keinerlei Bürgerinformation, keinerlei Information der Öffentlichkeit vor... kaum Rechte von Betroffenen, an Unterlagen heranzukommen, und hier werden vor allen Dingen die Interessen der Unternehmen unterstützt... geschützt, die Rohstoffe aufsuchen wollen'... Viele Unternehmen behandeln ihre genauen Bohrmethoden wie ein Betriebsgeheimnis – und dürfen das auch."*[397]

3. **Chemische Verschmutzung** der Flüsse durch die Industrien, die irreversibel die Weltwässer verseuchen. Kleines Beispiel: Ich habe selbst gesehen, wie eine „chemische Industrie" im tropischen Regenwald von Thailand Chemiefässer hinter dem Wellblechindustriegebäude im Waldbereich gestapelt hatte, ein Großteil der Fässer lag – noch geschlossen – umgekippt am Boden, während die Mitarbeiter auf der Vorderseite mit ihren Flip-Flops tätig waren. Doch auch bei uns sieht es ähnlich aus, nur nicht so offensichtlich.

4. **Radioaktivität**, die aus Endlagerstätten entweicht und langfristig das Grundwasser kontaminieren kann. Wie kann man nur auf die Idee kommen, Metallfässer in Salzbergwerken zu lagern – jeder weiß, was unseren Automobilen am meisten schadet – Salz!

Besonders wenn die Interessen der großen Industrie hinter einem Projekt stehen, finden sich oft Wege, dieses zu verwirklichen, sei es, dass die politischen Entscheidungsträger ein persönliches Interesse haben oder unter Druck entscheiden. Oftmals verstärkt sich auch der Eindruck, dass Interessenvertreter bewusst in Positionen von Entscheidungsträgern eingesetzt werden – ein abgekartetes Spiel also. Es geht jedoch nicht nur um kleine, unbedeutende Einzelfälle, sondern zum Beispiel beim Fracking darum, pro Bohrvorgang tausende Tonnen Chemie in die Erde zu pumpen (laut *zentrum-der-gesundheit.de „pro Fracking-Vorgang 19.000 Tonnen Tetramethylammoniumchlorid"* – Wassergefährdungsklasse 1; *„pro Fracking-Vorgang 9,5 Tonnen Octylphenol"* – Wassergefährdungsklasse 2; *„pro Fracking-Vorgang 680 Kilogramm Biozide"* – Wassergefährdungsklasse 3).[398] Auf der einen Seite werden angeblich aus Umweltschutzgründen saugstarke Staubsauger verboten, und auf der anderen Seite wird die Erde irreversibel in einer Größenordnung vergiftet, die für den normalen Verstand nicht vorstellbar ist.

Sollte es eventuell doch wahr sein, dass die Erde bis zum Kollaps ausgebeutet und dann aufgegeben wird, weil die Elite beschlossen hat, auf einem anderen Planeten oder auf einer Raumstation dasselbe Spiel von vorn zu beginnen? Forscht die NASA deshalb daran, auf dem Mars Sauerstoff zu produzieren?[399] Angesichts der unglaublichen Vorgänge in gigantischen Größenordnungen drängt sich dieser Verdacht geradezu auf.

Am 15.10.2014 wurde im TV-Sender *N24* die Reportage *Aufbruch ins All – Mission Mars* gezeigt. Darin wurde berichtet, dass die Erde irgendwann unbewohnbar sein wird und daher eine Ausweichmöglichkeit auf dem Mars geschaffen werden muss. Demnach befasst sich die Wissenschaft ernsthaft mit dem Gedanken, die Erde weiterhin zu zerstören, statt sich endlich um ihren Erhalt zu kümmern. Betrifft unsere Wegwerfgesellschaft nun auch Planeten? Interessant hierzu ist die Frage: Wer soll/muss bzw. darf mit auf den Mars übersiedeln? Wer entscheidet dies? Wird dasselbe zerstörerische System dort fortgeführt? Welcher Planet kommt als Nächstes? Die Anzahl der Planeten in unserem Sonnensystem ist begrenzt! Wäre es nicht langsam an der Zeit, unser Bewusstsein und unsere Denkweise zu ändern?

VERTIKALE GEWÄCHSHÄUSER

Auch die Wissenschaft der vertikalen Gewächshäuser passt in die Theorie, dass gewisse Eliteschichten mit der erforderlichen Anzahl an Sklaven die Erde verlassen und sich auf dem Mars oder einer Raumstation niederlassen könnten. Neben den Testläufen, Sauerstoff zu produzieren, gibt es seit Jahren Testprojekte, die in geschlossenen Systemen ein stabiles Ökosystem herstellen und zu erhalten versuchen. Das erste große bekannte Projekt war *Biosphäre 2*, das 1991 in Arizona gebaut wurde, aber schlussendlich als gescheitert gilt.[400] Immerhin haben acht Versuchspersonen zwei Jahre und zwei Monate durchgehalten, bis sie das geschlossene System 1993 wieder verlassen haben, weil sie unter diversen Schwierigkeiten zu leiden hatten. Unter anderem hatten sie Sauerstoffprobleme. Der Name *Biosphäre 2* übrigens deshalb, weil die Bezeichnung *Biosphäre 1* dem Vorbild Erde vorbehalten ist.

Ähnliche Gewächshäuser werden weltweit getestet unter Bezeichnungen wie *Vertical Farming*, *Mars 500* oder auch *Eden Projekt* mit dem Argument, man müsse den Welthunger besiegen. Erinnern Sie sich? Das war auch das Argument für die Rechtfertigung der Gentechnik. Heute hat man den Eindruck, dass der Hunger bei der Gentechnikforschung längst vergessen ist und es ausschließlich nur noch um den Profit geht und nicht um hungernde Völker. Warum sollte es jetzt anders sein? Ich gehe davon aus, dass auch in Bezug auf die vertikale Gemüsezucht völlig andere Interessen als der Welthunger dahinterstehen. Doch die Allgemeinheit steht derartigen Forschungen positiver gegenüber, wenn ein edler Zweck in den Vordergrund gestellt wird. Vielmehr dürfte es sich hier um die Erforschung einer Möglichkeit handeln, unabhängig im Weltall oder auf einem (noch) unbewohnbaren Planeten neu zu beginnen. Doch bleibt damit die Frage offen: Wer beginnt dort neu – und warum? Was ist mit denen, die hier bleiben? Was wird bis dahin noch alles mit der Erde angestellt? Wird sie durch Radioaktivität, Fracking und evtl. freigelassene Seuchenerreger noch mehr zerstört sein?

MIKROWELLENHERD

Kommen wir noch kurz auf den Mikrowellenherd zu sprechen, der mittlerweile in einem großen Teil der Haushalte so normal ist wie der Kühlschrank. Im Mikrowellenherd wird ein hochfrequentes Wechselstromfeld mit einer Frequenz von 2,45 GHz erzeugt, was besonders die Wassermoleküle zu Schwingungen anregt, aber auch Aminosäuren, Lipide und Proteine. Das heißt diese Moleküle schwingen bis zu 2,5 Milliarden Mal pro Sekunde hin und her und erzeugen so Reibungshitze. Die Wärme entsteht also nicht durch Zugabe von Hitze, sondern aufgrund von molekularer Reibung im jeweiligen Nahrungsmittel! So schreibt *elektrobiologie.com*: *„Den wenigsten Menschen dürfte bewusst sein, dass sie mit einem Mikrowellenofen ein Hochleistungssendegerät betreiben. Ein Vergleich: Ihr drahtloses WLAN Netzwerk in ihrer Wohnung sendet mit einer Frequenz von 2,4 GHz, einer Frequenz, die ebenfalls Ihr Körperwasser sehr gut in Schwingung versetzen kann!"*[401]

Während zum Beispiel ein Handy nur 2 Watt Leistung aufweisen darf, weil sonst die Wirkung der Erwärmung des Zellwassers zu deutlich zu Tage tritt, weisen die in privaten Haushalten verwendeten Mikrowellenöfen meist eine elektrische Leistung zwischen 500 und 2.000 Watt auf, ist in derselben Quelle zu lesen. Das ist der Grund, warum Sie peinlichst darauf achten sollten, dass das Türchen Ihres Mikrowellenofens, sofern Sie so einen besitzen, immer dicht schließt. Eine gewisse sogenannte Leckstrahlung tritt immer nach außen, daher empfiehlt das *Bundesamt für Strahlenschutz*, dass sich Kinder während des Betriebes nicht unmittelbar vor oder neben dem Gerät aufhalten sollen.[402] Wenn die Scharniere oder der Verschluss defekt sein sollten, bitte umgehend reparieren lassen oder entsorgen! Ich persönlich wäre für entsorgen, denn bereits 1989 haben der Schweizer Biologe *Dr. Hans U. Hertel* von der *Universität Lausanne* und *Prof. Dr. Bernard H. Blanc* die Auswirkungen von mikrowellenbehandelter Nahrung auf den menschlichen Organismus untersucht. So konnten sie im Blut von Probanden unmittelbar nach dem Verzehr von Mikrowellennahrung auffällige Veränderungen feststellen. Die Stoffwechselveränderungen waren zum Teil hochsignifikant, sodass die Autoren daraus den

Schluss zogen, dass hier der Beginn eines pathologischen (krankmachenden) Prozesses stattfand. Zahlreiche Blutwerte waren verändert, was in der Vergleichsgruppe der Menschen, die herkömmlich erwärmte Speisen zu sich nahmen, nicht zu beobachten war. Dr. Hertel musste auch feststellen, dass die Zellmembranen der mit Mikrowelle erwärmten Nahrung eine erhebliche Beschädigung aufwiesen. Beschädigte Zellen sind eine leichte Beute für Viren, Schimmel und andere Mikroorganismen.

Dr. Hertel ist nach Bekanntgabe seiner Untersuchungen verklagt worden, hat schließlich aber doch Recht erhalten: *„Die Reaktion der Schweizer Elektro- und Nahrungsmittelindustrie auf diese Untersuchungen war, dass man Dr. Hertel vor Gericht brachte und wegen unfairem Wettbewerb anklagte. Dr. Hertel verlor in den unteren Instanzen, erst die höchstrichterliche Entscheidung gab ihm recht. Trotz vieler Versuche, ihm den Mund zu verbieten, stehen Dr. Hertels Untersuchungen weiterhin der Öffentlichkeit zur Verfügung."* (*www.elektrobiologie.com*)[403]

Diese Ergebnisse sind für mich ein Grund, in meiner Küche keine Mikrowelle zu benutzen.

FLEISCHKONSUM

Wenn wir gerade bei den Laufenten sind, hier noch etwas zu unserer Physiologie bezüglich Fleischkonsum. Die Ernährungsindustrie und auch die Medizin predigen uns immer wieder, dass für eine ausgewogene Ernährung Fleisch erforderlich sei, damit wir genügend Eisen, Zink, Selen, B-Vitamine und Eiweiß zu uns nehmen. Wenn wir uns jedoch unsere Kauwerkzeuge ansehen, so sind sich die Experten nicht einig, ob wir tatsächlich Allesesser sind, wie so oft behauptet wird.[404] Bei allen Fleischfressern in der Tierwelt gehen die Mundwinkel fast bis zum Kiefergelenk, damit sie Stücke von ihrer Beute abreißen können. Wenn das auf uns zutreffen sollte, dann müsste unser Mund von einem Ohr bis zum anderen reichen. Können Sie sich das vorstellen? Die Pflanzenesser hingegen haben ihre Mundöffnung nur im vorderen Bereich (Reh, Pferd, Kuh, Schaf usw.), so auch wir Menschen. Von dieser Seite betrachtet, sind wir eindeutig Pflanzenesser. Auch der Naturforscher *Louis Kuhne* hat sich mit der Frage beschäftigt, was dem Menschen am besten bekommt und kam zu dem Schluss, dass wir *Frugivoren*, also *Früchte- und Grünpflanzenesser* sind, weil unser Gebiss weder den *Karnivoren* (Fleischesser), noch den *Herbivoren* (reiner Grünpflanzenesser) und auch nicht den *Omnivoren* (Allesesser) gleicht.[405, 406] Das bedeutet, dass unser Körper für eine pflanzliche Mischkost einschließlich Nüsse und Wurzeln vorgesehen ist.

Nachfolgend nur einige Punkte, in denen wir uns vom Fleischfresser unterscheiden (veröffentlicht in *rohkost1x1.de*[407]):

1. Zähne: Wir haben keine Reißzähne und keine spitzen Backenzähne.
2. Zunge: Unsere Zunge ist nicht rau, wie die von Hund und Katze beispielsweise, sondern hat eine gleichmäßige Oberfläche mit vielen Geschmacksknospen.
3. Magen: Unsere Magensäure ist schwächer als bei Fleischessern. (Wer sich mit Komplementärmedizin befasst, weiß, dass ein Mensch, der viel Fleisch verzehrt, in der Regel übersäuert ist!)

4. Hände: Wir haben keine Krallen, um Beute festhalten zu können.
5. Vitamin C: Fleischfressende Tiere können selbst Vitamin C bilden, da sie es nur wenig mit der Nahrung aufnehmen. Wir Menschen sind auf Vitamin C aus der Nahrung (Pflanzen) angewiesen.

Aber auch aus ethischen Gesichtspunkten halte ich es für besser, wenn wir Menschen keine Tiere verzehren. Haben Sie schon einmal einem Kalb oder einem anderen Tier, das aus einem Tiertransporter herausschaut, in die Augen gesehen? Haben Sie die Angst in dessen Augen wahrgenommen? Haben Sie schon einmal eine Dokumentation über *Kükensortierung* gesehen? Man nennt es auch *Küken sexen*. Hinter diesen Ausdrücken steckt die Sortierung von frisch geschlüpften Küken nach männlich und weiblich. Für die Eierproduktion sind natürlich nur die weiblichen Küken von Nutzen. Die männlichen werden jedoch nicht zur Mast für Hähnchen verwendet, nein, hierzu gibt es andere Rassen. Die männlichen Küken werden vergast. Die toten Küken sowie die nicht termingerecht geschlüpften Küken werden samt Eischale gehäckselt.[408] *Peta.de* schreibt, dass jährlich 50 Millionen männliche Küken in den Brütereien routinemäßig vergast oder lebendig geschreddert werden.[409] Noch Lust auf *Chicken M…*?

Die maschinelle Geflügelschlachtung ist ähnlich grausam. Die Hühner werden zunächst mit der *Hühnererntemaschine*[410] (Ja, Sie haben richtig gelesen: eine Maschine, um Hühner zu „ernten".) eingefangen, anschließend kommen sie in die Schlachterei für die weitere Prozedur.

Natürlich kann man nun argumentieren, dass manche Menschen Fleisch bzw. eine eiweißreiche Ernährung benötigen, um gesund zu bleiben und sich wohl zu fühlen, wie es laut *D'Adamo*[411] bei Menschen mit der Blutgruppe ‚0' sein soll. Doch wer sagt, dass das so bleibt? Wir leben in einer Zeit des massiven Wandels, und jetzt, in der Zeit, in der wir am tiefsten in der Materie verhaftet sind, mag das noch so sein, dass Fleisch für manche Menschen notwendig ist. Doch die menschliche Evolution ist nicht abgeschlossen, sondern wir bewegen uns weiter in Richtung Licht, Geist und Bewusstsein. Damit bewegen wir uns hin zu einer Ernährungsform, die immer weniger materiell sein wird, und unsere persönliche Energieversorgung wird sich vom Fleisch über die Pflanze wieder zum Licht und zur freien Energie wandeln.

Wer zur jetzigen Zeit noch Fleisch benötigt, sollte zumindest darauf achten, dass sich das Tier während seiner Lebzeiten wohlfühlen durfte und sollte sich in Gedanken bei dem Tier bedanken, dessen Fleisch er verspeist. Tiere sind beseelte Wesen, und es ist ihr natürliches Recht als Lebewesen, dass sie, wenn sie nicht frei leben dürfen, zumindest artgerecht und sorgsam gehalten und gepflegt werden. Die heute übliche Art der Fleischgewinnung lässt sich genau so, wie sie entstanden ist, wieder rückgängig machen. Drehen Sie diese Situation gedanklich um: Wie würden Sie sich fühlen, wenn Ihr Haustier *Sie* schlachten und fressen wollte? Was wäre, wenn *wir* von einer höher entwickelten Spezies gezüchtet werden zu dem Zweck, sich von unseren Emotionen, von unserem Blut und unseren Organen zu ernähren? Wer sagt Ihnen, dass es nicht so ist?

ANALOGKÄSE

Kommen wir nun noch zu einem weiteren Thema, bei dem uns etwas vorgesetzt wird, was nicht das ist, was es sein soll. Auf mancher Tiefkühlpizza und anderen Fertigprodukten (*Convenience-Produkte*) ist Käse enthalten, der nach näherer Betrachtung gar kein Käse ist. Aber wenn das, was so aussieht und schmeckt wie Käse, gar kein Käse ist, was ist es dann? Es handelt sich um *Analogkäse*, der meist aus Bakterien-, Milch- oder Sojaeiweiß sowie Pflanzenölen wie Palmöl, teils auch Stärke hergestellt wird. Hinzu kommen Aroma- und Farbstoffe, Emulgatoren, Geschmacksverstärker und Salz.[412]

Um eine Verwechslung mit echtem Käse auszuschließen, darf keine Bezeichnung wie Analog*käse* oder falscher *Käse* auf der Fertiggerichtpackung stehen. Wenn „*geriebener Pizzabelag*", „*überbacken*" oder ähnlich auf der Packung steht, dann könnte Analogkäse in dem Gericht enthalten sein. Sobald jedoch „*Käse*", „*Edamer*", „*Gouda*" etc. auf der Verpackung steht, dann darf laut EU-Verordnung auch nur Käse enthalten sein, der aus Milch hergestellt worden ist.[413] In der Einzelhandel-Kühltheke dürfte Analogkäse seltener zu finden sein, doch der Zwischen- und Großhandel ist Tummelplatz für Einsparungen, so auch für Analogkäse. Die *Akademie Gesundes Leben* schreibt, dass in Deutschland jährlich 100.000 Tonnen Analogkäse produziert werden.[414] Demnach ist dieser „Ersatz-Käse" mehr verbreitet als wir vermuten.

Die gesundheitlichen Auswirkungen des Analogkäses sind noch ungeklärt, doch er hat einige Nachteile, wie zum Beispiel einen geringeren Anteil an Mineralstoffen wie z.B. Kalium, weniger Vitamine (Vitamin B2 sowie die fettlöslichen Vitamine A, D und K), und er zeigt laut o. g. Quelle häufig eine schlechtere Verdaulichkeit.

FORMSCHINKEN

Ähnlich getäuscht kann sich der Verbraucher bei manchem Schinken fühlen, der *Form-, Klebe-* oder *Gel-Schinken* genannt wird. Bei dem Herstellungsverfahren werden kleine Schinkenstücke mit einer Masse zusammengeklebt und in eine Form gebracht. Die Klebemasse besteht in der Regel aus tierischen Produkten und ist angeblich nicht gesundheitsschädlich, doch die Täuschung liegt darin, dass der Verbraucher denkt, er kaufe hochwertigen (und teuren) Schinken. Stattdessen erhält er kleinere (und günstige) Fleischstücke, die nur zusammengeklebt worden sind.

Der Verbraucher sollte wissen, was er kauft, ob er echten Schinken oder Klebeschinken erhält. Verdächtig sind rechteckige oder andere regelmäßige Formen der Schinkenscheiben. Am besten erkennen Sie echten Schinken, wenn der Metzger vom nicht gleichmäßigen Schinkenstück vor Ihren Augen frische Scheiben abschneidet. Der Hauptgrund, warum im Bereich Lebensmittel so phantasiereich experimentiert wird, liegt in der Reduzierung der Herstellungskosten. Unsere Mentalität hat etwas von „*Geiz ist g...*", und bei den vielen Zwangsabgaben, die Ihre und meine Einnahmen belasten (Steuern, Versicherungen, Rundfunkgebühren, Grundgebühren, hohe Mietpreise...), ist der Verbraucher gezwungen, möglichst günstig einzukaufen. Dass dies in puncto Ernährung zu Lasten seiner Gesundheit geht, ist ihm nicht bewusst, bis er die ersten Gelenkschmerzen bekommt, und selbst dann kann er den Zusammenhang noch immer nicht herstellen. Wie denn auch? Die Schulmedizin sieht diesen Zusammenhang nicht vor!

Ein weiterer Grund, diese konstruierten Nahrungsmittel herzustellen, könnte darin liegen, den Verbraucher mit scheinbar hochwertigen Speisen zu sättigen. Somit sieht dieser keinen Anlass, gegen die herrschenden Zustände zu protestieren. Wie sagte *Andreas Popp* so treffend: „*‚Satt' geht nicht auf die Straße.*" und weiter: „*Ich sage bewusst ‚Nahrungsmittel', um das Wort ‚Füllstoff' zu vermeiden!*"[415]

Die Landwirte haben – seit Landwirtschaft betrieben wird – nicht nur die Aufgabe, für die Ernährung der Menschen zu sorgen, indem sie Pflanzen anbauen und Tiere züchten, sondern sie haben auch den Auftrag, die Landschaft zu pflegen. In diesem Punkt wird von Seiten der Regierung (durch Subventionen) und der Düngemittelhersteller immer wieder eingegriffen, denn bis vor wenigen Generationen wuchsen auf unseren Wiesen Wildkräuter und Heilpflanzen. Wenn Kühe ein vielfältiges, kräuterreiches Futterangebot haben, kann man sich vorstellen, dass die Milch und der Käse und auch die Kuh selbst (und ihr Fleisch, wenn es sein muss) gesünder sind. Tiere haben einen sehr guten Instinkt bezüglich dessen, was ihnen gut tut. Hat eine Kuh Beschwerden, sucht sie von selbst bestimmte Pflanzen, die ihr helfen. Das kann sie jedoch nur, wenn sie sich erstens auf der Weide befindet und zweitens, wenn diese Pflanze dort auch wächst. Ich wünsche mir von Herzen, dass bald wieder eine Zeit kommt, in der die Pflanzen wieder dort wachsen, wo sie von Natur aus heimisch und sinnvoll sind und dass sie die Wertschätzung bekommen, die ihnen zusteht.

Aber wir dürfen nicht verzweifeln, denn wir stehen direkt vor einer gigantischen Veränderung, die uns das Goldene Zeitalter bringen wird. Aber dazu später mehr.

Ein kleiner Lichtblick: Seit Mitte Februar 2014 trägt die cholesterinsenkende Margarine *Becel pro.activ* einen Warnhinweis, dass die Margarine „*speziell für Menschen mit einem erhöhten Cholesterinspiegel*" geeignet ist. Die Verordnung EU 718/2013 sieht zwar vor, dass darauf hingewiesen werden muss, „*dass das Erzeugnis nicht für Personen bestimmt ist, die ihren Cholesterinspiegel im Blut nicht zu kontrollieren brauchen*", doch wenigstens ist überhaupt ein Hinweis aufgedruckt, der auf eine gesundheitliche Wirkung aufmerksam macht. Die zugesetzten Pflanzensterine können zwar den Cholesterinspiegel senken, sie stehen jedoch selbst im Verdacht, dass sie die Ursache für Ablagerungen in den Gefäßen und somit für Herzkrankheiten sein könnten.[416]

KAPITEL 15: BILDUNGSWESEN

Die ersten Schulen wurden im frühen Mittelalter gegründet und in organisierter Form hauptsächlich durch die Kirchen geführt. Parallel dazu gab es das Bildungssystem durch die Ritterschaft, das mehr praxisbezogen war, wie zum Beispiel Kriegshandwerk, Güterwesen usw.[417] Im Laufe der vergangenen Jahrhunderte wurde dann die allgemeine Schulpflicht eingeführt, und aus dem Erlernen von Lesen und Schreiben wurde das heutige, komplexe und sehr starre System, aus dem die Kinder zunehmend ausbrechen und zeigen, dass es nicht mehr in die heutige Zeit, in die heutige Schwingung passt. Die Absicht unseres Schulsystems besteht darin, je nach gewählter Schulart ein annähernd einheitliches Bildungsniveau zu erreichen. Dies geht über die anfänglichen Aufgaben, lesen und schreiben zu vermitteln, weit hinaus. Der heutige Mensch ist nur in der Lage, den geforderten Ansprüchen zu genügen, wenn er eine ausreichende Bildung aufweisen kann.

Auf der anderen Seite ist ein einheitliches Pflichtbildungsprogramm die ideale Möglichkeit, Menschen zu formen und ihr Denken in eine bestimmte Richtung zu biegen. Ganz klassisch beginnt die Manipulation bereits mit dem üblichen Spruch für Schulanfänger, den wir vermutlich alle gehört haben: *„Jetzt beginnt der Ernst des Lebens!"* Was kann ein Kind von 6 Jahren mit diesem Spruch anfangen? Doch der ernste Ton besagt nichts Gutes. Und tatsächlich: Die Kleinen kommen in die Schule und sollen innerhalb kurzer Zeit lernen, still zu sitzen. Sie haben noch immer ihren natürlichen Bewegungsdrang und ihre natürlichen Gaben, sind kreativ, spontan, ideenreich, glauben an sich selbst, sind selbstbewusst und selbstliebend! Je nach Einfühlsamkeit des ersten Lehrers bzw. der ersten Lehrerin werden in ihnen unter Umständen schnell Zweifel gesät, ob sie wirklich so super sind, wie sie sich zuvor fühlten, denn das Nachbarkind wird gelobt, sie selbst aber nicht, eventuell kommt sogar ein Tadel, weil etwas nicht so ist, wie es gewünscht war. Wenn sich diese Erfahrungen häufen, ist der Spaß an der Schule schnell gedämpft, wenn nicht sogar vorbei. Wenn das Kind anpassungsfähig ist, lernt es schnell, die geforderten Aufgaben genau so zu erledigen, wie es vom Lehrer gewünscht ist. Das Bedürfnis nach Anerkennung ist in diesem zarten Alter sehr groß und ein mächtiger Motivator. Hier beginnen bereits die Manipulationen, die durch die Schule erfolgen:

1. Manipulation: Erwartungen erfüllen

Damit wäre die erste große Manipulation schon geschafft: Der junge Mensch versucht, die Arbeiten so zu erledigen, wie es von ihm erwartet wird! Die eigenen Ideen, die möglicherweise eine Arbeitserleichterung zur Folge hätten, oder ein genialer neuer Denkansatz bleiben auf der Strecke.

2. Manipulation: Konkurrenzdenken

Die Zeugnisse sind eine Bewertung, die mit der des Nachbarn verglichen wird. Die Freude ist groß, wenn man bessere Noten erhalten hat: *„Ich bin besser als Du!"* Doch die Enttäuschung ist prägend, wenn die Noten schlecht sind und der Begleittext abwertend. Und schon ist die zweite Manipulation gelungen. Das Konkurrenzdenken wurde programmiert. Wenn ein fleißiges Kind gelernt hat, dass es bessere Noten bekommt, wenn es noch fleißiger ist, wird es sich noch mehr anstrengen. Der fleißige Arbeiter oder Angestellte lässt sich bereits erahnen. Dabei sind die wirtschaftlichen

Erfolge von Firmen einfacher und schneller zu erreichen, wenn in einem guten Team gearbeitet wird.

3. Manipulation: Hinterfragen unerwünscht

Wenn ein Kind Dinge lernt, die es nicht nachvollziehen kann, wird es oft die Erfahrung machen, dass eigene Ideen und Impulse unerwünscht sind. Ein aufgewecktes Kind wird vielleicht fragen, warum im Fach *Geschichte* immer nur die Jahreszahlen der Schlachten und Eroberungen unterrichtet werden und nicht, wie die Menschen damals gelebt haben, wie ihr soziales Gefüge war, was sie gerne gegessen haben, ob sie glücklich waren, welche Heilpflanzen sie kannten usw. Wenn Sie nun denken: *„Das sind doch unwichtige Themen, wichtig sind die Jahreszahlen und Fakten.",* dann sehen Sie, wie wirksam das System bei Ihnen war! In solchen Situationen wird dem Schüler schnell klargemacht, dass er nicht diskutieren, sondern auswendig lernen soll, was der Lehrplan vorschreibt, und das sind eben die Daten, wer wen wann und wo besiegt hat. Und schon ist die dritte Manipulation perfekt: *„Ich nehme das Wissen ungeprüft auf und hinterfrage nicht, auch wenn ich anderer Meinung bin!"* Braver Sklave, guter Sklave, setzen!

4. Manipulation: Angst

Was ebenfalls nicht unterschätzt werden darf, ist die Förderung der Angst. Als Schüler vor der Klasse zu stehen und etwas sagen zu müssen, kostet die meisten Kinder und Jugendlichen sehr viel Überwindung. Wenn das Kind die abgefragten Daten weiß, erntet es im Idealfall Lob und Anerkennung, und dadurch wächst das Selbstwertgefühl enorm. Doch wehe, der Schüler ist sehr nervös oder weiß nicht alles, was vom Lehrer abgefragt wird. In diesem Falle folgt unter Umständen ein zynischer Kommentar, mindestens jedoch eine Abwertung in Form einer nicht so guten Note. Was der Schüler in dieser Situation fühlt, sind Scham und Versagen, eventuell auch Wut und Rachegefühle. Dies alles wird im Unterbewusstsein abgespeichert. Aber es kommt noch etwas hinzu: Angst! Angst, sein Gesicht und sein Ansehen zu verlieren; Angst, gehänselt zu werden; Angst, nochmals in solch eine Situation zu kommen usw. Vor allem die Angst vor dem Verlieren des Gesichts in der Gruppe und innerhalb der Klasse ist nicht unbegründet, denn die Mitschüler sind froh, wenn ein anderer der schlechtere Schüler ist, dann sind sie es nicht selbst, die diese Rüge, diese Scham ertragen müssen. Wenn sie auf einen anderen niedersehen können, sind sie selbst größer. Gerade in der Kindheit und Pubertät ist dieses Thema präsent. Angst lähmt uns, macht uns handlungsunfähig und folgsam. Das System der Bewertung und damit der Angst ist die vierte Manipulation.

5. Manipulation: Gefühle beherrschen

Wie groß die emotionale Belastung ist, zeigt sich an manchen (meist noch jüngeren) Schülern, die mitunter so sehr unter der zuvor beschriebenen Situation leiden, dass sie ihr Weinen kaum unterdrücken, geschweige denn Fragen beantworten können. Für diese Schüler ist die Situation noch peinlicher, sie möchten im Boden versinken, werden vielleicht auch noch rot. Ein Schüler, der eine derartige Situation erlebt hat, dürfte sich innerlich schwören, nie wieder zu weinen und seine Gefühle in Zukunft im Griff zu haben, damit er diese Blöße nicht mehr erleben muss. Wie wirksam derartige Schwüre sind, weiß jeder, der jemals eigene Blockaden erkannt, angesehen und transformiert hat. Doch so lange wir unter diesem Schwur leben, haben wir unsere „Gefühlsausbrüche" mehr oder weniger im Griff. So wird das Unterrichten für die Lehrer einfacher und für die späteren Arbeitgeber ebenfalls, denn ein von innen beherrschter Mensch lässt sich auch leichter von außen (fremd-)beherrschen. Das wäre die Manipulation Nr. 5.

6. Manipulation: Leistungsdruck

Die sechste Manipulation folgt auf dem Fuße. Für Leistungsnachweise (Schulaufgaben, Extemporalien oder sonstige Tests) ist oftmals ein so kurzes Zeitfenster vorgesehen, dass nur ein kleiner Bruchteil der Klasse, die Besten eben, es gerade noch schaffen, alle Fragen zu beantworten. Es wird bereits in der Schule trainiert, diesen Druck auszuhalten, damit der Termin- und Leistungsdruck als „Normalität" gelernt und in der späteren Arbeitswelt ertragen werden kann. Der Schüler hinterfragt nach seiner Schullaufbahn zunächst nicht, ob dieser Druck für ihn gesund ist. Es ist unser Wirtschaftssystem, das diesen Druck vorschreibt, und da unsere Schulen auf das Wirtschaftsleben vorbereiten sollen, werden Leistungsnachweise mit der Stoppuhr geschrieben. Dabei bleibt natürlich die ehemals weltberühmte deutsche Wertarbeit leider auf der Strecke – und der Mitarbeiter oft gleich mit.

Doch es gibt immer wieder Kritik an unserem Schulsystem. So ist der Neurobiologe und Hirnforscher *Professor Dr. Gerald Hüther* der Meinung, dass in jedem Kind ein genialer Überflieger steckt, wenn man ihm nicht den Spaß am Lernen nimmt und sein Interesse geweckt ist. Man sollte mehr auf die Interessen der Schüler eingehen und die Begabungen fördern. Jeder Mensch hat in einem anderen Bereich seine Talente, und diese sollten erkannt und ausgebaut werden. Wissen bleibt viel schneller und dauerhafter im Gedächtnis, wenn sich Schüler für etwas interessieren. Denn nur dann werden im Hirn die Botenstoffe ausgeschüttet, die die Stabilisierung von neuen Netzwerken fördern. *„Ich glaube, dass es in sechs Jahren Schule, wie wir sie kennen, nicht mehr geben wird. Wir können es uns einfach nicht mehr leisten, Schüler durch Systeme zu schleusen, wo sie genau das verlieren, was sie für ihre Zukunft dringend brauchen: Leidenschaft, Eigenverantwortung und Lust, die Welt gemeinsam zu gestalten."*[418]

Dieser Artikel erschien am 21.8.2012 bei *spiegel.de*. Es bleibt nicht mehr allzu viel Zeit für diese Veränderung! Die Kultusministerien sind für effektive Änderungen jedoch viel zu unflexibel und von der Schulbasis zu weit entfernt. Wenn man dann noch zusätzlich bedenkt, dass das *Bayerische Staatsministerium für Bildung und Kultus, Wissenschaft und Kunst* ein Unternehmen mit Umsatzsteuernummer [USt-Identifikationsnummer (gemäß § 27 a Umsatzsteuergesetz): DE 811335517] ist[419], dann wird jedem klar, dass die Intention der Schulen nicht die Bildung von frei denkenden, kreativen, kritischen und verantwortungsbewussten jungen Menschen sein kann. Es sieht vielmehr so aus, als ob unser Bildungswesen Personal für die Steigerung des Bruttosozialproduktes (z.B. zur

Bedienung des ESM) erschaffen soll. Dasselbe gilt übrigens auch für unsere Hochschulen und Universitäten, so hat beispielsweise die *FH Augsburg* die USt-Idnr: DE 811335517[420] und die *Uni München* die USt-Idnr: DE 811205325[421].

Kein weiterer Kommentar!

Nach Durchlaufen der Institution *öffentliche Schule* sind viele unserer Kinder konform zu unserem System: angepasst, brav, gehorchend, untergeordnet. Wenn Sie sensitiv sind, kommt noch dazu, dass Sie zurückgezogen, schüchtern, voller Selbstzweifel, selbstkritisch, unsicher und sich selbst verurteilend geworden sind. Eine andere, mindestens genauso häufige Reaktion auf unser Schulsystem ist: verweigernd, rebellisch, aggressiv, herausfordernd. Nur die wenigen, die ihren Idealismus behalten haben oder die von Seiten ihrer Familie so viel Rückendeckung erhielten, dass sie selbstbewusst bleiben konnten, dürften auf der Karriereleiter nach oben streben. Es gibt natürlich immer wieder ein paar Rebellen, die es aus eigenem Antrieb nach dem Motto *„Jetzt erst recht!"* schaffen.

Falls Sie an dieser Stelle denken sollten, die Autorin hatte wohl selbst ein Problem mit der Schule, dem ist ganz und gar nicht so. Ich bin selbst Akademikerin, habe mein Architekturstudium 1984 mit Diplom abgeschlossen und bin seit über 30 Jahren in meinem Beruf tätig. Und trotzdem kann ich die Folgen aller beschriebenen Manipulationen bei mir selbst erkennen, das nur am Rande bemerkt.

Übrigens, zum Abschluss noch ein altes Sprichwort: *„Wer den Krieg gewinnt, schreibt die Geschichte!"* Möglicherweise sollte man nicht alles 1:1 glauben, was in den Geschichtsbüchern steht. Oder sollte man gar noch viel mehr hinterfragen, was an unseren Schulen gelehrt wird?

KAPITEL 16: SPIELE

Das Wort *Spiel* kommt vom althochdeutschen *spil*[422], was *Tanzbewegung* bedeutet. Und in dieser kurzen Herleitung wird bereits deutlich, welcher Unterschied zu dem besteht, was heute im Allgemeinen unter Spiel verstanden wird. Spielen im Sinne von Tanzbewegung erhöht unsere Schwingung, fördert die Beweglichkeit und die Kreativität. In einem alten Buch habe ich einmal gelesen, dass kreisende Bewegungen (das gute, alte *Ringelreihen*), Bewegungen um unsere eigene Achse und auch Schaukelbewegungen unsere Energie erhöhen. Wenn ich mir unser Sonnensystem oder auch die Atomstruktur ansehe, so kann ich diesen Satz durchaus nachvollziehen, denn auch hier finden Dreh- sowie kreisende Bewegungen statt. Selbst unsere Erde weist diese Schaukelbewegungen auf in Form von Ebbe und Flut oder Tag und Nacht beispielsweise. Beobachten Sie einmal kleine Kinder, die schon laufen können, wie gerne sie sich um ihre eigene Achse drehen und dabei lachen. Mit diesem Bild vor Augen wird der Sinn von *spielen* richtig bewusst. Spielen ist wie eine aktive Verbindung zu unserer Seele.

Die Bedeutung von *Spielen* wird in Spielfilmen der ersten Generation deutlich, in denen spielende Kinder gezeigt werden, die im Freien unter blauem Himmel tollen und miteinander spielen oder vielleicht sogar zusammen singend durch die Natur radeln. Spiele sind ursprünglich dazu da, unser kindliches Fühlen lebendig zu erhalten, die Lebensfreude zu aktivieren, das kreative Denken und natürlich das Miteinander zu fördern. Dies alles aktiviert die rechte Hirnhälfte. Echte Spiele sind wichtig, da sie unsere kindliche Unschuld erhalten, denn wie schon Jesus sagte: *„Wahrlich ich sage euch: Es sei denn, dass ihr umkehret und werdet wie die Kinder, so werdet ihr nicht ins Himmelreich kommen."* (Matthäus 18,3)[423]

Genau das Gegenteil vermitteln heutige Computerspiele, hier begegnet man Töten, Macht und Geld. Stellen Sie sich vor, Sie kämen von einem friedliebenden Planeten hierher auf die Erde und sähen die heutigen Kinder an ihren Computern Krieg spielen. Vermutlich wären Sie so entsetzt, dass Sie diesen Planeten fluchtartig wieder verlassen würden. Was ist das für ein Spiel, wo es nur Sieger und Opfer gibt? Es ist ein Kampf, der über Leben und Tod entscheidet.

Viele junge Menschen spielen heute zum Beispiel *GTA* (Abkürzung für *Grand Theft Auto = schwerer Kraftfahrzeugdiebstahl*). Es ist ein Computerspiel, bei dem es kurz gesagt darum geht, Gegner zu töten, ihre Fahrzeuge und ihr Geld zu übernehmen und dadurch an die erste Stelle zu kommen. Wenn man selbst erschossen wird, ist das kein Problem, da man kurz darauf an anderer Stelle wieder auferstehen kann. Wenn man bei diesem Spiel zusieht, hat man das Gefühl, jeder lebt für sich allein, und jede andere Figur ist ein Gegner. Das Spiel ist mittlerweile so realistisch und detailgetreu, dass man bei einer Figur, die auf einen Erdhügel tritt und Staub aufwirbelt, sogar die Nähte der Jacke erkennen kann. Was steckt hinter der Absicht einer möglichst realitätsnahen Darstellung? Der Spieler soll das Gefühl haben, sich in der Realität zu befinden. Er soll dieselben Emotionen entwickeln, als würde er tatsächlich mit dem Auto durch eine Stadt fahren und real andere Menschen erschießen.

Wenn ich mit Menschen spreche, die *GTA* spielen, sagen sie, dass sie wissen, dass sie auf Pixel schießen. Doch es gibt zwei Gründe, die dagegen sprechen, dass es nur um Pixel geht: Auch wenn ich nur virtuell schieße, ist doch Emotion dabei. Wenn keine Emotion dabei wäre, könnte ich auch Kreuzchen auf ein weißes Papier malen, das wäre wirklich emotionslos. Es werden bei diesem Spiel Gefühle wahrgenommen wie Macht und Überlegenheit, aber auch Angst, Hilflosigkeit und Rachegefühle. Emotional gesehen sind wir beim Spielen solch eines Spieles im Kriegszustand und kämpfen um unser Überleben. In dem Spiel wird geschürt, dass nur einer gewinnen bzw. überleben kann: entweder der andere oder ich!

Das *morphische* bzw. *morphogenetische* Feld ist ein weltumspannendes Energiefeld, das alles speichert, was wir denken, fühlen, sprechen und tun und wird mit eben diesen genannten Emotionen gefüttert. Ein Spiel hat dieselbe Wirkung, wie wenn wir dies alles tatsächlich erleben würden, denn sowohl unser *Emotionalkörper* in unserem eigenen Energiefeld als auch das *morphische Feld* um die Erde werden genährt durch unsere Emotionen. Sie werden gespeichert und erschaffen ein Energiemuster des Krieges, der Zerstörung, des Tötens und der Angst. Wenn diese Emotionen sehr intensiv sind – und das sind sie, wenn viele Menschen dieses Spiel spielen –, können sie weltweit von feinfühligen Menschen gespürt werden. Wenn Sie ein *spirituelles Medium* kennen, fragen Sie es, und es wird diese Aussage bestätigen.

Eine Energie der Angst ist natürlich im Sinne der Weltherrscher, denn Angst nimmt uns unsere Kraft, und somit werden wir zu Schäfchen, die sich leicht führen lassen.

GTA 5 wurde übrigens innerhalb der ersten 6 Wochen nach Erscheinen 29 Mio. Mal verkauft.[424] Die Werbung zu diesem Spiel vermittelt Macht und Stärke, was besonders junge Männer anspricht. Dies, in Kombination mit der wirklich realitätsnahen Darstellung und eventuell einer energetischen Programmierung – wovon man bei einem Produkt dieser wirtschaftlichen Größenordnung ausgehen kann –, sorgt für klingende Kassen.

Der Autor *Jan van Helsing* hat in seinem Buch *Geheimgesellschaften 3 – Krieg der Freimaurer* einen Hochgradfreimaurer interviewt. Den Freimaurern in den hohen Graden (*nur* in den hohen Graden) ist diese Thematik durchaus bewusst. Ja, sie wird sogar gefördert und gelenkt, weil derart manipulierte Jugendliche in deren Konzept passen. Dieser Hochgradfreimaurer hat *Jan van Helsing* unter anderem erklärt: „*Die junge Generation hat keine Zukunftsperspektive, und die Jugendlichen verfallen in Depressionen. Dennoch verhalten sie sich ruhig, weil sie durch Drogen und irgendwelche Spielprogramme an ihren Bildschirmen beschäftigt sind.*"[425] Ferner sagte dieser Freimaurer, dass die Jugendlichen durch das ständige Töten verrohen und keine Gewissensempfindung mehr dabei haben.

Den Eliten ist es nur recht, wenn die jungen Menschen ohne Gewissensbisse töten lernen, denn umso schneller kommt das angestrebte Chaos, das sie um jeden Preis fördern, damit ihre *Neue Weltordnung* ohne Widerstand eingeführt werden kann.

Der Ausdruck *Brot und Spiele* wird auf den römischen Dichter *Juvenal* zurückgeführt[426] – er hat noch heute seine Gültigkeit. Das Interesse des Volkes wird von den Medien auf Massenunterhaltungen gelenkt, damit es sich nicht um die wichtigen Dinge im Leben kümmert und vom eigentlichen Geschehen abgelenkt wird. Auch wenn an vielen Stellen auf der Welt Krieg ist und täglich Menschen gefoltert und getötet werden, findet man auf den ersten Seiten der Medien Berichte über irgendwelche Fußballspiele. Auch wenn die Mannschaften nur noch aus verschiedenen zusammengekauften Spielern bestehen, die weder zum Verein noch zu den Zuschauern eine regionale Beziehung mehr aufweisen, und somit keine Identifizierung mehr stattfinden kann, fordert das Fußballspiel die ungeteilte Aufmerksamkeit des Fans. Es verwundert nicht, dass dabei das Interesse für die Familie oder für das politische Geschehen oftmals auf der Strecke bleibt. Vermutlich hat es damit zu tun, dass Fußballfans während eines Spieles ungezügelt ihre Emotionen ausleben können, was ihnen in anderen Lebenssituationen nicht möglich ist. Johlen, hüpfen, kreischen, weinen und sich stürmisch umarmen scheint den meisten Männern in unserer Gesellschaft nur bei Fußballspielen gestattet zu sein.

In einer Zeit wie der heutigen haben Spiele, die einfach nur Freude bereiten, ohne Gewinner und Verlierer, Spiele, die uns zum Lachen bringen, die uns ins Freie locken und über die Wiesen hüpfen lassen, kaum noch eine Chance. Nur noch kleine Kinder dürfen ihre Unbekümmertheit auf diese Weise ausleben. Aber ich bin mir sicher, wenn der Leidensdruck groß genug ist, wenn die Welt fast zerstört ist, wenn die Menschheit darum betet zu überleben, dann kommen wieder die Spiele, die uns liebevoll im Herzen berühren. Dann kommen wieder Spiele, die uns zur Gemeinschaft werden lassen. Dann kommen wieder die Dinge der Einfachheit und der wahren Einheit zu uns. Wenn wir uns dessen rechtzeitig bewusst werden, können wir den Lauf der Dinge ändern, bevor es zur Katastrophe kommt.

KAPITEL 17: MODE

„Mode… bezeichnet die in einem bestimmten Zeitraum und einer bestimmten Gruppe von Menschen als zeitgemäß geltende Art, bestimmte Dinge zu tun, Dinge zu benutzen oder anzuschaffen, sofern diese Art, etwas zu tun, nicht von großer Dauer ist, sondern im Verlauf der Zeit infolge gesellschaftlicher Prozesse immer wieder durch neue – dann als zeitgemäß geltende – Arten revidiert wird, sofern sie also zyklischem Wandel unterliegt. Moden sind Momentaufnahmen eines Prozesses kontinuierlichen Wandels. Mit Moden werden also in der Regel eher kurzfristige Äußerungen des Zeitgeistes assoziiert." (wikipedia)[427]

Diese Definition bezeichnet sehr gut, um was es hier in Wirklichkeit geht, nämlich um möglichst schnell wechselnde Trends und natürlich um wirtschaftliche Interessen. Es geht darum, dass die Menschen etwas kaufen und konsumieren sollen, und sie werden durch sozialen Druck und Gruppenzwang dazu manipuliert. Es wird uns durch Werbung und gezielt gestreute Information vermittelt, dass nur der *in* ist, dazugehört und akzeptiert wird, der die aktuellen Trends mitmacht. Wer nicht auf dieser Welle mitschwimmen möchte bzw. kann, der ist *out*, das heißt er ist *außerhalb* der gleichgeschalteten Gesellschaft. Diese Methode wirkt seit alters her, denn der Mensch ist nun mal ein soziales Wesen, das die Gemeinschaft braucht und in der Regel kein Einzelgänger ist. Der normale Mensch möchte kein Außenseiter sein, sondern dazugehören, ein *Insider* sein.

Der Hintergrund dieser Vorgehensweise ist zum einen der Profit der Industrie, denn nur wenn regelmäßig gekauft wird, ist regelmäßiger Gewinn garantiert. Stellen Sie sich vor, eine Frau kauft eine Hose oder eine Tasche und trägt diese Hose oder Tasche die nächsten 10 Jahre. Das ist die Horrorvorstellung jedes Händlers. Die Bekleidungsindustrie möchte am liebsten jedes Jahr einen neuen Trend einführen, damit das Geschäft floriert. Der zweite Aspekt ist die energetische Manipulation der Menschen mit Mode und Trends. Jede Farbe, jede Form, jede Richtung hat ihre eigene Schwingung und wirkt auf die Psyche und unser Verhalten, wie wir gleich sehen werden.

HÄNGEHOSEN DER JUGENDLICHEN

Wenn ich männliche Jugendliche sehe, deren Jeanshosen halb unter dem Po hängen, wie bei Zweijährigen, die in die Hose gemacht haben, dann denke ich mir oft, wenn diese Jungs nur wüssten, wie viel Kraft sie sich rauben lassen. Diese jungen Männer müssen beim Gehen die Knie nach außen bewegen, damit die Hose nicht vollends nach unten rutscht. Mittels dieser besonderen Art zu gehen bleibt die Hose tatsächlich am Oberschenkel hängen. Für die jungen Männer hat diese Art der Kleidung jedoch zwei üble Folgen:

1. Die Aufmerksamkeit ist nicht bei seinem momentanen Tun, sei es die Freizeitbeschäftigung mit Freunden, die Schule oder die Ausbildung, sondern er muss darauf achten, die Hose nicht zu verlieren. Mit ein wenig Übung tritt zwar ein gewisse Automatismus ein, wie beim Autofahren, doch muss die Aufmerksamkeit bei der Hose bleiben. Es wäre vermutlich die fatalste Situation, die man sich für einen jungen Menschen überhaupt vorstellen könnte, wenn die Hose tatsächlich fallen würde – diese Blöße, diese Blamage! Das alles läuft natürlich unbewusst ab. Und

jetzt stellen Sie sich im Gegensatz dazu vor, ein junger Mann müsste auf einer einsamen Insel etwas erledigen. Er hätte einen bestimmten Auftrag und wüsste genau, dass er erst abends wieder abgeholt wird, er könnte sich also ganz sicher sein, dass er allein und unbeobachtet wäre. Glauben Sie, dieser Jugendliche würde die ganze Zeit seine Hose auf Halbmast tragen? Spätestens nach dem dritten Stolpern würde er sie hochziehen – zumindest so lange kein anderer in seiner Nähe wäre. Der Gruppenzwang ist in diesem Alter sehr präsent, und nicht dazuzugehören ist furchtbar. Ab einem gewissen Alter verliert sich das. Ich (Ü50) kann heute über sehr umstrittene Themen schreiben, und wenn sich jemand daran stört oder mich deshalb lächerlich machen möchte, ist das sein Problem. Aber in jungen Jahren, wenn man sich abnabelt von den Eltern, der Familie, wenn sich ein junger Mensch seinen eigenen Status in der Gesellschaft sucht, ist Anerkennung extrem wichtig. Immer wieder meldet sich die Frage: *„Wie komme ich bei den anderen an, welchen Stellenwert nehme ich bei den Jungs ein und welchen bei den Mädels?"* „Sein oder nicht sein.", ist hier die Frage. Also laufen sie mit heruntergelassenen Hosen herum, weil es auch die Mitschüler, Kollegen etc. tun. Sie machen sich zu Clowns, weil es die Mode diktiert.

2. Aber es kommt noch ein weiterer Aspekt zum Tragen, und der ist fast noch wichtiger, denn dieses Thema ist es, das ihnen die Kraft raubt:
Die jungen Männer begeben sich in ihrem Verhalten auf das Niveau eines Zweijährigen, wie schon erwähnt. Jeder, der schon mal mit einem Kleinkind mit vollen Hosen zu tun hatte, dem drängt sich sofort diese Assoziation auf, wenn er die jungen Männer so herumlaufen sieht. Im schlimmsten Fall sieht man beim Bücken auch noch die Po-Falte. Die jungen Männer werden durch diese Mode ihrer Würde beraubt und geschwächt. Von Natur aus sollten diese Jungs in diesem Lebensabschnitt vor Kraft strotzen, miteinander Sport treiben, die Kraft des eigenen Körpers kennenlernen. Auch wenn der Vergleich ein wenig weit hergeholt scheint, sehen Sie sich in der Natur um, dort raufen sich junge männliche Tiere, um ihre Kräfte einzuschätzen, damit sie ihre Stärken und Schwächen kennenlernen. Bei den Tieren ist es meist der Kampf um die Vormachtstellung, der Kampf um den sozialen Rang, und damit um die Weibchen. Egal, wo sie hinsehen: bei Hunden, Katzen, Rotwild, jungen Stieren, Wölfen, egal wo, es ist überall dasselbe. Im Gegensatz zur Tierwelt ist das Entwicklungsfeld bei uns Menschen extrem vielfältig: Der eine ist muskelstark, der nächste ist gut im Ausdauersport, der dritte ist ein guter logischer Denker, der vierte ist handwerklich sehr geschickt, wieder ein anderer hat ein poetisches oder musisches Talent. Die Liste der Möglichkeiten könnte unendlich fortgesetzt werden. Spüren Sie, auf was ich hinaus will? Die jungen Menschen können sich nicht darauf konzentrieren, wo ihre Talente und Gaben liegen und sich ausprobieren, weil sie alle gleich sein wollen oder besser gesagt *müssen*. Sie müssen sich an den vorgegebenen modischen Stil im Freundeskreis anpassen, wenn sie dazugehören möchten. Dieses natürliche und völlig normale Bestreben, dazugehören zu wollen, ist den Modemachern vollkommen bewusst und wird in eine Richtung gesteuert, die zum einen Gewinn verspricht und zum

anderen die jungen Menschen an Standardisierung gewöhnt. Leider funktioniert diese Manipulation hervorragend, denn die Angst vor Ablehnung ist so groß, dass die Mode mitgemacht wird, ob sie einem gefällt oder nicht. Die natürliche Suche der jungen Menschen nach dem, was tatsächlich zu ihnen passen würde, wird verhindert oder doch zumindest erheblich erschwert. Ein wichtiger Entwicklungsschritt zu sich selbst, zur Selbsterkenntnis und zur Selbsteinschätzung wird somit massiv behindert.

Die jungen Menschen werden also in der Pubertät, in einer sehr wichtigen, lebensprägenden Phase von ihrer Entwicklung abgehalten. Sie werden daran gehindert, ihren Weg frei und unbeeinflusst zu gehen, weil sie durch eine modische Vorgabe so abgelenkt werden, dass sie das Wesentliche nicht erkennen können. Es ist ein Verbrechen an der Jugend. Sie wird manipuliert und hat noch nicht mal die Chance, dies zu bemerken, weil es doch als so „normal" vermittelt wird.

JEANS MIT LÖCHERN

Seit etlichen Jahren gibt es den Trend, dass Jeans als besonders teuer und „hochwertig" gelten, wenn sie dem *used-look* entsprechen. Diese neuen Hosen vermitteln den Eindruck, sie wären uralt und hätten bereits Löcher – *destroyed* nennt sich das dann. Die Werbung zeigt *schöne* (= derzeit als schön geltende) Menschen, die diese Hosen tragen: jung, perfekt geschminkt, die Haare gestylt, gesund. Und da spitzelt dann aus diesen künstlichen Gebrauchsspuren, sprich Löchern, nackte Haut durch. Junge, straffe, muskulöse, gebräunte Haut. Die Models zeigen einen überheblichen Gesichtsausdruck, da sie ja vermitteln sollen, dass derjenige, der diese Jeans trägt, besser sei als die anderen, sich von der Masse abheben würde. Da der Durchschnittsmensch selten all diese Attribute sein Eigen nennen kann, entsteht hier eine Sehnsucht, auch so schön, jung, perfekt geschminkt, gestylt, muskulös und gesund zu sein. Um dem Idealbild wenigstens ein bisschen näher zu kommen, wird das nachgeahmt, was möglich ist, in diesem Fall die Hose, und schon entsteht der Wunsch, so ein Exemplar zu besitzen. Der Appell an unser Ego, auch so anziehend, selbstsicher und cool und zu wirken, löst schon fast einen Kaufreflex aus.

Wenn man sich jedoch den Hintergrund dieses Trends völlig neutral ansieht, dann vermittelt dieser Modetrend die Energie der absoluten Armut. Die versteckte Energie lautet, dass diese Hose vom Second-Hand-Laden kommt, weil der Träger so arm ist, dass er sich keine neue Hose leisten kann und Almosen empfangen muss.

Vor einigen Jahren habe ich einen Bericht gesehen, wie diese Hosen hergestellt werden. Die Fertigung der Stoffe und auch die Näharbeiten finden natürlich nicht bei uns in der westlichen Gesellschaft statt, sondern in Billiglohn-Ländern, in denen die ganze Familie einschließlich Kindern arbeiten muss, damit ein spärliches Überleben gesichert ist. Diese Menschen wünschten sich, dass sie sich eine neue Hose ohne Löcher leisten könnten, und es besteht völliges Unverständnis dafür, dass die reichen Leute im Westen kaputte Hosen kaufen wollen. In dem Bericht wurden einige der Näherinnen interviewt, und in ihrer freundlichen Art haben sie in die Kamera gelacht und den Kopf geschüttelt über dieses Kaufverhalten. Sie können es nicht verstehen, denn dort, wo sie leben, hätte diese Werbung keinen Sinn, sie könnten sich derartige Trends ohnehin nicht leisten. Und doch sind sie trotz der Armut, trotz der wenigen Bildung, trotz der nicht vorhandenen Modevorgaben offensichtlich glücklicher als wir, denn sie lachen, sie scherzen miteinander und gehen nicht in Konkurrenz zueinander, wer denn die Schönere sei und die coolere Hose hat. Mode macht nicht glücklich!

Ein weiterer erwünschter Nebeneffekt der Werbung besteht darin, uns im Außen, im Ego zu halten. Wir vergleichen uns mit unseren Mitmenschen und beurteilen und bewerten einander. Damit wird Trennung und Konkurrenz geschaffen. Wenn wir vergleichen, sehen wir uns selbst in der Regel sehr kritisch. Der andere steht fast immer besser da, was den Wunsch weckt, zum Beispiel die neue Hose zu kaufen, damit die Chance steigt, ebenso zu wirken wie soeben beschrieben. Es ist für die Modebranche ganz wichtig, dass die Menschen sich mit der äußeren Erscheinung befassen, denn wer sich nach innen wendet, könnte dort die wahren Werte entdecken, die da u. a. wären: Mitgefühl, Freude, Dankbarkeit, Liebe. Dieser Mensch könnte erkennen, dass die Mode nur Blendwerk ist, was für die Modeindustrie bedeuten würde, dass dieser Kunde tatsächlich seine Hosen und Taschen 10 Jahre trägt, weil die äußere Wirkung nicht mehr so wichtig ist. Und genau das soll um jeden Preis verhindert werden.

SCHWARZE MODE

Viele Jahre lang war fast ausschließlich nur dunkle Kleidung erhältlich. Es war zum Verzweifeln, denn ich liebe schöne, kräftige Farben, und farbige Kleidung war jahrelang kaum in den Läden zu finden. Ich habe lange Zeit die Asiaten um ihre schönen bunten Farben beneidet. Jetzt endlich werden auch bei uns Farben und neuerdings auch Muster angeboten. Farben vermitteln Lebensfreude, Aktivität und Lebendigkeit, sie öffnen uns für die schönen Dinge des Lebens. Schwarze und dunkle Kleidung hingegen dämpft und verringert unsere Lebensenergie. Gerade junge Menschen sind voller Lebensenergie, und diese ist auch erforderlich, damit ihre Tatkraft umgesetzt werden kann. Schwarz blockiert diese Lebenskraft, bremst daher unsere Möglichkeit, aktiv zu sein, mit unserer Umwelt in Kontakt und in Interaktion zu treten. Schwarz hält andererseits auch die äußeren Einflüsse draußen. Die Lebenskraft, die die Natur ausstrahlt, kann ebenso nicht zu uns gelangen, weil sie durch das Schwarz stark abgemindert und abgehalten wird. Wir schneiden uns durch schwarze Kleidung praktisch in beiden Richtungen von der Lebensenergie ab. Wenn sie einen schwarz gestrichenen Raum betreten, kann eine Lampe noch so hell sein, sie sehen nicht gut, weil die schwarzen Wände alles Licht absorbieren. Gehen Sie in einen hell gestrichenen Raum, sehen Sie bei gleicher Beleuchtung alles haargenau. Die schwarze Farbe schluckt das Licht, und genauso geschieht es im übertragenen Sinn mit schwarzer Kleidung. Wer Schwarz trägt, ist weniger gut in der Lage, Lebensfreude, Aktivität und Emotionen sowohl aufzunehmen als auch zu leben.

Wer trotzdem gerne Schwarz tragen möchte, sollte diese dunkle Kleidung unbedingt mit einer schönen Farbe kombinieren, sei es als Schal, als Jacke oder Weste darüber, als Schuhe oder als Gürtel. Probieren Sie es aus, und fühlen Sie in sich hinein, Sie werden es spüren.

Es gibt jedoch Situationen, in denen Schwarz angebracht ist. Das ist immer dann der Fall, wenn man sich schützen möchte, denn Schwarz hält Energien draußen, verschließt uns vor den Eindrücken von außen. Das kann zum Beispiel bei einer Beerdigung sinnvoll sein, wenn Sie sich vor den tiefen Emotionen der Trauer schützen möchten oder auch bei einem Einkauf im Supermarkt, wenn Sie zuvor wahrgenommen haben, dass Ihnen der Einkauf Energie raubt. Allerdings verringert Schwarz unsere eigene Schwingung und macht uns dadurch wieder anfälliger. Hier ist ein gutes Gespür gefragt, welche Farbe uns in der jeweiligen Situation besser unterstützt. Farbige Kleidung wirkt durch die Energie der jeweiligen Farbe. Weiße Kleidung ermöglicht uns, in eine hohe Schwingung zu kommen und höchste, reine Energie aufzunehmen.

PLASTIKKLEIDUNG

Leider ist in den letzten Jahren immer mehr Kleidung aus Kunstfasern auf den Markt gekommen. Selbst Unterwäsche und Bettwäsche gibt es zunehmend aus Mikrofasern. Das Verhalten gegenüber Schweiß und Luftaustausch ist inzwischen sehr verbessert worden, doch noch immer sind es künstliche Gewebe, die unseren lebendigen Organismus beeinflussen. Ein spürbarer Effekt ist das elektrische Aufladen, das wohl jeder kennt. Kaum zieht man ein Kleidungsstück aus Kunstfasern über den Kopf, stehen uns die Haare zu Berge. Bei Dunkelheit kann man sogar die kleinen Blitze sehen! Oft erhalten wir einen elektrischen Schlag, wenn wir aus dem Auto aussteigen oder jemandem die Hand geben.

Kleidung aus Kunstfasern schwächt uns, denn sie schneidet uns von natürlichen Energien und Empfindungen ab. Unser Energiefeld wird abgeschirmt, und als Folge können wir die Schwingungen bzw. die Aura unseres Gegenübers nur noch reduziert wahrnehmen. Die emotionale und soziale Interaktion mit anderen Menschen, die überwiegend auf der unbewussten Ebene stattfindet, ist eingeschränkt. Das wirkt sich in unserem Leben so aus, dass wir nur reduziert spüren, was unser Gegenüber beabsichtigt, ob es uns wohlgesonnen ist oder ob wir uns in Acht nehmen müssen. Unser naturgegebenes Gespür für andere Menschen wird gedämpft.

Die beste und gesündeste Kleidung besteht aus natürlichem Gewebe wie Baumwolle, Wolle, Seide, Leinen und bedingt auch aus Viskose. Naturfasern stärken uns und lassen unsere Aura leichter hindurch. Wer den besseren Wetterschutz der Kunstfaserkleidung nutzen möchte, kann sich darauf beschränken, Oberbekleidung aus Kunstfasern zu tragen und darunter, zumindest auf der Haut, soweit wie möglich Naturfasern zu tragen.

Die Werbung suggeriert uns, dass Kleidung aus Kunstfasern, zum Beispiel Mikrofasern, besonders atmungsaktiv wäre, doch wir sperren uns ein in ein Feld, das sogar Blitze auslösen kann. Entscheiden Sie selbst, ob das gesund sein kann, und überlegen Sie kritisch, ob alles wahr ist, was uns die Werbung vermitteln möchte. Worin fühlen Sie sich *wirklich* wohler? Achten Sie auf Ihre eigenen Empfindungen.

HIGH HEELS

Mode für Frauen wird meist mit *High Heels* dargestellt, und wenn man sich die Damen bei einer besonderen Veranstaltung – wie beispielsweise einer Oscar-Verleihung – ansieht, findet man diese Schuhe. Warum tragen so viele im Showgeschäft erfolgreiche und schöne Frauen High Heels? Ganz sachlich betrachtet, bildet die Wirbelsäule ein Hohlkreuz, wenn die Fersen angehoben werden. Dadurch wird der Po etwas nach hinten gestreckt. Im Allgemeinen wird diese Gangart als sexy wahrgenommen. Und wenn sich eine Frau weiblich fühlen oder sexy wirken möchte, dann haben Orthopäden und Podologen auch nichts gegen ein kurzfristiges Tragen dieses Schuhwerks einzuwenden, doch regelmäßiges Tragen erzeugt verkrüppelte Füße und Zehen, wie zum Beispiel einen *Hallux valgus*, Druckstellen und Hühneraugen sowie Probleme in der Wirbelsäule und Schmerzen. Und trotzdem tragen viele Frauen viel zu oft High Heels. Wie kann das sein?

Frauen, besonders diejenigen, die größten Wert auf ihre Schönheit legen, wie Schauspielerinnen beispielsweise, quälen sich mit High Heels. Der Ausdruck *quälen* ist nicht übertrieben, sehen Sie sich die Damen bei öffentlichen Auftritten und auf roten Teppichen genau an, und werfen Sie einen Blick auf die Füße. Da sehen Sie eingequetschte und verformte Zehen, vorstehende Ballen der großen Zehen, einschnürende Riemchen usw. Manchmal frage ich mich, wie diese Schönheiten es schaffen, in Anbetracht der Schmerzen noch ein Lächeln auf ihr Gesicht zu zaubern, wobei dieses manchmal tatsächlich verkrampft wirkt.

Und warum das alles? *„Wer schön sein will, muss leiden!"*, sagt ein altes Sprichwort. Schöne Frauen haben vermutlich schon als Kind gehört, wie schön sie seien, und da wir alle gerne anerkannt werden, haben sie gelernt, ihre Anerkennung über die Schönheit zu erhalten. Da es nicht nur *eine* schöne Frau gibt, ist natürlich das Thema *Konkurrenz* präsent. Und so wird der Kult um die Schönheit manchmal auf die Spitze (bzw. auf die noch höheren High Heels) getrieben. Und was schön ist, legen die großen Modemacher fest, die in der Regel Männer sind. Frauen sind in der Modewelt Models, die beurteilt, bewertet und ausgetauscht werden wie Gebrauchsgegenstände. Durch dieses System wird weltweit das Schönheitsideal der Frauen gebildet.

Stellen Sie sich ein Model vor, das ein Schiffsunglück überlebt und sich allein auf eine einsame Insel retten kann. Was meinen Sie, wie lange sie diese Schuhe anbehalten würde? Vermutlich würde sie schnellstens versuchen, die hohen Absätze wegzureißen. Wann hören wir Frauen auf, uns so weit manipulieren zu lassen, dass unser Wohlbefinden und unsere Gesundheit darunter leiden? Wann bringen Modeschöpfer des neuen Zeitalters endlich Damenschuhe auf den Markt, die Schönheit, Bequemlichkeit und Zweckmäßigkeit kombinieren? Wann kommen Damenwinterschuhe auf den Markt, die gleichzeitig bequem, schön und warm sind? Sie sehen, es gibt noch viel zu tun! Wir Frauen haben es in der Hand, durch unsere Nachfrage das Angebot zu beeinflussen.

RÜCKENFREI

Zu der Mode, den Rücken (und den Bauch) unbedeckt zu zeigen, brauche ich nicht viel zu sagen. Die jungen Menschen spüren in der Regel selbst, dass dies bei entsprechendem Wetter schnell schmerzhaft wird. Es könnte sogar vorteilhaft sein, wenn rasch eine Blasen- oder Nierenbeckenentzündung folgt, damit der Lerneffekt möglichst schnell eintritt, bevor Langzeitschäden zu befürchten sind. Bei wirklich warmer Witterung ohne Zugluft ist bauch- und rückenfreie Kleidung eine schöne Sache, doch wie oft sieht man nackte Rückenbereiche, obwohl es schneit? Wird dieser Modetrend etwa von der Pharmaindustrie gefördert? Die freut sich über jeden Kunden!

Die meisten Menschen schwimmen mit der Modewelle mit, um nicht aus der Menge zu ragen, um als Folge möglicherweise gemobbt zu werden. Mode fördert die Gleichschaltung der Menschen, eine versteckte Uniformität, die nur scheinbar individuell wirkt. Das Extreme an unserer Gesellschaft ist, dass wir die mutigen Menschen, die ihren eigenen Weg und Stil leben möchten, anprangern, ausstoßen und auslachen. Moderne Kommunikationsnetzwerke rufen geradezu dazu auf, andere Menschen bloßzustellen. **Sklaven wachen über Sklaven!**

GIFTIGE KLEIDUNG

Kleidung unterliegt einem enormen Konkurrenz- und somit Preiskampf. Daher ist die oberste Devise: billige Herstellung, damit die Händler möglichst viel verdienen. Und die Herstellung beginnt bei den Rohstoffen, zum Beispiel Baumwolle. Laut eines Umweltinstituts werden für *ein* Baumwoll-T-Shirt 150 g Gift auf den Acker gesprüht.[428] Zur Vorstellung: 150 g Gift in flüssiger Form ist so viel wie ein gefülltes Wasserglas. Rechnen Sie einmal hoch, wie viele T-Shirts nur in *Ihrer* Stadt in den Läden bzw. in den Schränken liegen, wie viel Gift nur hierfür verwendet wurde.

Aber nicht nur beim Anbau werden Gifte verwendet, auch bei der Bearbeitung werden weitere giftige bzw. umweltbelastende Chemikalien herangezogen, wie Bleichmittel, Deodorierung, antimikrobielle Ausrüstung, Anti-Schmutz-Ausrüstung, Färbung, Filzfrei-Ausrüstung, Pflegeerleichterung, Mercerisierung, UV-Schutz und, und, und. Laut einer Sendung im *NDR* hat Greenpeace vor Kurzem Kinderkleidung nach Schadstoffen untersucht und festgestellt, dass in allen geprüften Produkten unerwünschte Chemikalien gefunden wurden und rät daher, Kleidung vor dem ersten Tragen zu waschen.[429] Müssen wir uns tatsächlich auch noch von unserer Kleidung vergiften lassen? Machen die Hersteller noch nicht mal vor der Kleidung unserer Kinder halt? Die Kleidung, die uns vor Kälte schützen soll, schwächt und vergiftet uns, und wir werden nicht einmal darauf hingewiesen.

Als Fazit können wir daraus schließen: Unser Wohlbefinden gehört bei denen, die den größten Profit aus der Bekleidungsindustrie ziehen, zu den Faktoren, die am wenigsten interessieren. Und wer dürfte den größten Gewinn an der Baumwollherstellung haben? Vermutlich *Monsanto* mit seiner Gen-Baumwolle, die laut *keine-gentechnik.de* inzwischen 80% des gesamten Anbaus abdeckt, Stand 2012.[430] Weitere nennenswerte Gewinne haben evtl. die Spekulanten an der Warenterminbörse. Die Bauern dürften an letzter Stelle der Einkommensliste stehen, wenn man sich die hohe Selbstmordrate (aus wirtschaftlichen Gründen) der Bauern in diesen Ländern ansieht. Außerdem manipulieren die Regierungen massiv den Preis der Baumwollproduktion. Während 99 Prozent der weltweiten Baumwollbauern in Entwicklungsländern leben und um ihr Überleben kämpfen, *„drücken Agrarsubventionen die Weltmarktpreise in den Keller. Europäische Bauern erhalten mit 5 US-Dollar pro Kilogramm Baumwolle die höchsten Subventionen weltweit."* (umweltinstitut.org)[431]

Dadurch können sie enorm günstig anbieten, und die nichtsubventionierten Bauern aus den ärmeren Ländern müssen ihre Preise anpassen. Und das alles geschieht auf Kosten unserer Gesundheit.

GESUNDE KLEIDUNG

Leider geben wir einer gesunden Kleidung einen viel zu geringen Stellenwert. Wenn wir Kleidung aus Kunstfasern tragen, werden wir durch unsere Bewegungen elektrisch aufgeladen. Sie können sich vorstellen, dass diese Effekte für die körpereigene Datenübertragung per feinster Elektroimpulse hinderlich sind. Es ist nicht sinnvoll, das Verhältnis von positiver zu negativer elektrischer Ladung extrem zu beeinflussen, es sei denn, man möchte gezielte therapeutische Wirkungen erzielen. Durch die Ladungsverschiebung bei Kleidung aus Kunstfasern geschieht jedoch genau dies. Neutral sind Kleidungsstücke aus Wolle, Baumwolle, Seide, Viskose und eventuell noch Modal. Wobei auch bei den Kleidungsstücken aus Naturfasern darauf geachtet werden sollte, dass zum Beispiel Baumwolle nicht oder nur wenig mit Pflanzenschutzmitteln behandelt worden ist. Die Haut ist ein großes Atmungs- und Entgiftungsorgan und nimmt auch Stoffe auf. Besonders „moderne" Materialien verfügen über Knitterschutz, sind antibakteriell, geruchshemmend und schmutzabweisend, doch die hierzu verwendeten Chemikalien waschen sich schnell aus und gelangen über unsere Haut in unseren Körper, wo sie absolut nichts verloren haben.

Wenn ein kleines Baby zu Ihrer Familie gehört, können Sie ihm einen großen Gefallen tun, wenn Sie ihm gebrauchte Kleidung anziehen, denn diese ist schon oft gewaschen und die Giftstoffe aus Pestiziden, Farbe usw. sind weitgehend ausgewaschen.

Uns Verbrauchern bleibt nur anzuraten, möglichst ökologisch hergestellte Kleidung zu kaufen, was in der Regel allerdings auch mehr kostet. Hier gilt die alte Weisheit: Lieber weniger, aber gut! Alternativ gibt es hochwertige, ökologisch erzeugte Kleidung auch im Second-Hand-Laden.

KAPITEL 18: KOSMETIK

Mit *Kosmetik* bezeichnet man Maßnahmen, die der Körperpflege dienen bzw. dazu beitragen sollen, das Aussehen zu verschönern. Die zu diesem Zweck benutzten Produkte werden ebenso benannt. Wenn man jedoch sieht, welche Bestandteile in diesen Kosmetikprodukten enthalten sind und was sie dadurch teilweise anrichten können, fragt man sich, ob der Name für diese Dinge etwa falsch gewählt worden ist. Vielleicht sollten wir sie besser *Körperpflegegifte* oder so ähnlich nennen.

ZAHNPASTA – FLUORID

Beginnen wir bei der Zahnpasta. Fast alle Zahnpasten der großen Hersteller sind heutzutage fluoridiert. In der Werbung wird *Fluorid* als hilfreiches Mittel gegen Karies gepriesen, und schon ganz kleinen Kindern wird es in Tablettenform verschrieben. Wenn Sie dann auch noch viel fluoridiertes Kochsalz verwenden und zweimal im Jahr beim Zahnarzt noch eine Fluoridbehandlung durchführen lassen, wissen Sie nicht, wie viel *Fluorid* Sie wirklich aufnehmen. Die tatsächliche Wirkung von *Fluorid* ist sehr umstritten, so sind die Auswirkungen zum Beispiel auf das Gehirn noch nicht ausreichend erforscht. Forschungen der US-Hochschulen *Harvard School of Public Health* und *Icahn School of Medicine at Mount Sinai* zeigten auf, dass der Einsatz von *Fluorid* mit *ADHS* und weiteren zunehmend verbreiteten Störungen in Zusammenhang gebracht wird: *„Die Forscher fanden Hinweise darauf, dass Fluorid tatsächlich ursächlich für das Auftreten von Autismus, Legasthenie und ADHS sein kann. ‚Fluorid scheint wie Blei, Quecksilber und andere chemische Stoffe dem Gehirn zu schaden.‘, sagte Philippe Grandjean, einer der leitenden Wissenschaftler der Untersuchung.“*[432] Auch *Amalgam* wurde als die beste Zahnfüllungsmethode gepriesen, bis Schäden zu verzeichnen waren (*toxcenter.org*). Steht uns mit *Fluorid* dasselbe bevor? Weiter kann man dort lesen: *„Die Forscher kritisieren in diesem Zusammenhang die Tatsache, dass die meisten in den Markt eingeführten Chemikalien nicht ausreichend auf ihre Gefahr für Menschen hin getestet werden, vor allem auch mit Blick auf ihre Auswirkungen auf Kinder und Babys.“*[433]

Wessen Interessen werden hier erfüllt, wenn angestrebt wird, in den USA und in Europa flächendeckend alle Menschen ab dem Kleinkindalter *Fluorid* zu verabreichen, wenn die Gefahren noch so wenig erforscht sind? Kann es sein, dass es eine andere Absicht dahinter gibt? Könnte diese Absicht lauten, eine gewisse Stumpfsinnigkeit und blinden Gehorsam zu fördern? Kann es sein, dass die Weltelite Angst hat vor einer Generation von erwachenden Menschen, die unbequeme Fragen stellen und selbst nachforschen könnten? Kann es sein, dass rebellische Menschen, die die Dinge hinterfragen und sich nicht mehr alles gefallen lassen wollen, eine potentielle Gefährdung der geplanten Weltherrschaft sind und sie deshalb ausgebremst werden sollen?

Dass dies nicht nur eine Vermutung ist, sondern tatsächlich der Grund für die Anwendung von *Fluorid* zu sein scheint, bestätigt ein Zitat von *Jim Keith* aus seinem Buch *Bewusstseinskontrolle*: *„Wiederholte Dosen von verschwindend kleinen Mengen Fluorid werden nach einer gewissen Zeit allmählich die Kraft des Einzelnen, einer Dominierung zu widerstehen, verringern, und zwar durch die langsame Vergiftung und Narkotisierung dieses*

Bereiches des Gehirngewebes, und ihn unterwürfig machen gegenüber dem Willen derer, die ihn beherrschen wollen..." Das ist ja interessant, demnach scheint es mit dieser dämpfenden und unterwerfenden Wirkung wirklich ein „Sklavenmittel" zu sein. Weiter steht dort: „*...jeder, der künstlich fluoridiertes Wasser für ein Jahr und länger zu sich nimmt, wird **niemals mehr der Gleiche sein**, nicht geistig, nicht körperlich.*"[434] (H. d. d. A.)

Fluor scheint nicht nur unser Gehirn zu schädigen, sondern eine Bewusstseinsveränderung zu bewirken. *Jim Keith* schreibt, dass ihm der gesamte Plan von einem deutschen Chemiker, einem ehemaligen Mitglied der *I.G. Farben*, mitgeteilt worden sei. Die *I.G. Farben* war ein Förderer im Dritten Reich!

Leider gibt es nur zwei sehr interessante, deutschsprachige Bücher von *Jim Keith*: *Bewusstseinskontrolle* und *Alternative 3 – Die Beweise*, da er leider 1999 bei einer harmlosen Knieoperation gestorben ist. Vielleicht wusste er zu viel und hatte in seinen Büchern bereits zu viel preisgegeben? Solche Menschen müssen leider manchmal „gestorben werden".

Dass die Medien in die Fluor-Propaganda mit eingeschlossen sind, zeigen schon allein die Auswertungen von Zahnpasta-Tests. Zahncremes, die keine *Fluorid*-Zusätze enthalten, fallen in der Regel sofort durch, unabhängig davon, ob die anderen Bestandteile und die Verpackung einwandfrei sind.

Gibt es überhaupt noch eine Zahncreme ohne *Fluorid*-Zusatz? Ja, zum einen gibt es im Bioladen Zahncremes ohne Fluoridzusatz. Aber Achtung, nicht alle Bio-Zahncremes sind fluoridfrei – und sie sind in der Regel teurer als Supermarkt-Zahncremes. Eine preisgünstige Alternative ist zum Beispiel *Ajona*, eine kleine rote Tube, die im normalen Supermarkt erhältlich ist. *Ajona* ist bislang ohne *Fluorid*-Zusatz, doch leider ist sie in einer Aluminium-Tube, die vermutlich Alu an die Zahncreme abgibt. Von manchen fluoridkritischen Menschen habe ich schon gehört, dass sie einfach Backnatron zur Zahnpflege verwenden.

Andere verwenden *Xylitol*, der sog. Birkenzucker, der eine karieshemmende Wirkung hat. Es gibt beispielsweise ein fertiges Zahnpulver zur Zahnreinigung, das aus *Rügener Heilkreide* und *Xylit* besteht. Dieses habe ich jedoch noch nicht selbst ausprobiert. Als sehr hilfreich gegen Paradontose empfinde ich persönlich *Ringana-Zahnöl*, das aus natürlichen Bestandteilen hergestellt wird.

SEIFE, DUSCHGEL, SHAMPOO

In vielen Körperreinigungsprodukten findet sich der Zusatzstoff *PEG* (Polyethylenglucol) oder auch *PEG*-Derivate. Das sind Hilfsstoffe, die je nach Zusammensetzung als Lösungsvermittler, Emulgatoren, Tenside, Rückfetter und Feuchthaltemittel verwendet werden. Da *PEG* ein preisgünstiger Stoff ist, ist er in Kosmetika auch sehr verbreitet – zum Leidwesen vieler Verbraucher, denn in der vollen Sonne kann durch die Wärme und Sonne eine Reaktion entstehen, die mitverursachend für die als *Mallorca-Akne* bekannte Hautreaktion sein soll.[435] Verwunderlich ist allerdings, dass der Stoff selbst in Sonnenschutzmitteln verwendet wird.

In Kindershampoos wird teilweise ein Betäubungsmittel eingesetzt, damit das Kind beim Waschen der Haare nicht so schreit! Die Firma *Henkel* verwendet einen lokalanästhetischen Wirkstoff, sogenannte „reizmindernde Komponenten", damit der brennende Schmerz gedämpft wird, wenn bei der Haarwäsche Schaum in die Augen gerät, schreibt *Marion Schimmelpfennig* in ihrem Buch *Giftcocktail Körperpflege*.[436]

Kindershampoos scheinen besonders gefährlich zu sein. Beispielsweise hat *RAPEX*, das europäische Schnellwarnsystem, im Dezember 2012 vor einem Kindershampoo gewarnt und geraten, dass es nicht mehr verwendet werden sollte, weil der Grenzwert des krebsauslösenden Stoffes *Dioxan* überschritten wurde.[437] Diese Info wurde veröffentlicht auf der Seite *vis.bayern.de*, einer Internetseite des *Bayerischen Staatsministeriums für Umwelt und Verbraucherschutz*.

Was geht in Firmen vor, die in Produkten für unsere Kinder krebsauslösende Stoffe verwenden? Es ist ja in der Regel nicht so, dass wir ein Produkt nur einmal verwenden, sondern wir nehmen dieses Produkt, bis es aufgebraucht ist, vielleicht immer wieder dasselbe Produkt über Jahre hinweg. Viele dieser Stoffe werden nur in Spuren ausgeschieden und sammeln sich im Körper an, bis das Maß voll ist und eine Allergie oder – noch schlimmer – eine Krebserkrankung entsteht. Wir reichern unseren Körper nicht nur mit einem einzigen Mittel an, nein, wir sammeln ein breites Spektrum verschiedener Stoffe, von denen wir nicht die geringste Ahnung haben, wie diese miteinander reagieren und sich gegenseitig beeinflussen. In diese Richtung wird leider nicht geforscht. Das wird vermutlich auch nicht so schnell getan werden, nachdem uns ja sogar die bekannten unerwünschten Wirkungen vorenthalten bzw. diese Risiken bewusst in Kauf genommen werden. Es stellt sich für mich die Frage, inwieweit die großen Herstellerfirmen von Kosmetikprodukten mit den großen Pharmafirmen diesbezüglich in Kontakt stehen, denn bei entsprechenden Erkrankungen (Hautirritationen, Krebserkrankungen etc.) sieht die Pharmaindustrie oft nur lindernde bzw. symptombezogene Maßnahmen vor. Grenzt es nicht an vorsätzliche Körperverletzung, wenn das Risiko einer Gesundheitsgefährdung verschwiegen wird – sei es durch Überschreitung der zulässigen Grenzwerte oder durch die Annahme, dass der Verbraucher kein zweites Produkt mit ähnlicher Belastung verwendet (wodurch er eine gefährliche Dosis erreichen würde)?

Ein sehr guter Arzt wird vielleicht bei einer Allergie nach den Körperpflegeprodukten fragen, aber kaum nach einzelnen Inhaltsstoffen suchen oder diese testen, geschweige denn die Summierung dieser speziellen Stoffe erkunden. Die Verantwortung bleibt also bei uns, besonders gegenüber unseren Kindern!

Mein Rat: Informieren Sie sich über Wirkungen von Inhaltsstoffen, und lesen Sie diese bei Ihren Körperpflegeprodukten genau durch. Im Bedarfsfalle können Sie Öko-Ware verwenden, aber auch hier ist es natürlich ratsam, die Liste der Inhaltsstoffe genau zu lesen.

Am Ende des o. g. Buches von *Marion Schimmelpfennig* finden Sie übrigens eine umfangreiche Auflistung von Inhaltsstoffen mit möglichen Risiken.

Deo – Aluminium

Die Giftigkeit von *Aluminium* dürfte mittlerweile vielen bekannt sein. Trotzdem ist es immer noch in den meisten Deodorants zu finden. Aluminium werden drei gravierende Nebenwirkungen nachgesagt: die Förderung der Entstehung von Brustkrebs, Alzheimer und Allergien[438]. Das sind drei Erkrankungen, die in ihrem Erscheinungsbild zwar sehr unterschiedlich sind, aber von allen dreien sind unzählige Menschen betroffen. *„Manche Forscher betrachten die Substanz als einen der am meisten unterschätzten Giftstoffe. Die Wirtschaftslobby versucht derweil, die aufkommenden Wogen zu glätten.“*

Bert Ehgartner hat einen sehr interessanten und aufschlussreichen Film über Aluminium gedreht, *Die Akte Aluminium*, dazu gibt es das Buch *DIRTY LITTLE SECRET – die Akte Aluminium*. In dem Film wird unter anderem das Leben einer krebskranken jungen Frau geschildert. Sie war sieben Jahre lang als Hebamme in Rufbereitschaft tätig und hat dabei mindestens zehn Stunden täglich gearbeitet, manchmal war sie bis zu zwanzig Stunden außer Haus. Um stets frisch zu sein, hatte sie in jeder Handtasche, in der Sporttasche, in der Hebammentasche und im Auto ein Deo für alle Fälle. Als sie einunddreißig war, ertastete sie einen auffälligen Knoten in ihrer Brust, der sich tatsächlich als bösartiger Tumor herausstellte. Ihre linke Brust musste daraufhin entfernt werden, und sie wurde mit Chemotherapie behandelt. Ich weiß nicht, ob man sich wirklich vorstellen kann, wie sich eine junge Frau im Alter von einunddreißig Jahren fühlt, der man eine Brust amputieren muss und die sich nicht sicher sein kann, ob sie diese Krankheit langfristig überleben wird. Und ich weiß auch nicht, ob man sich vorstellen kann, wie man sich in dieser Situation fühlt, wenn man davon ausgehen kann, dass Aluminium im Deo mitverantwortlich dafür ist und weiterhin nichts gegen die Verwendung dieses Stoffes in Kosmetika und in der Lebensmittelindustrie unternommen wird, ja sogar von vielen Herstellern ein Zusammenhang weit von sich gewiesen wird.

Brustkrebs ist weltweit die häufigste Krebserkrankung bei Frauen, wobei interessanterweise auch Männer an Brustkrebs erkranken können, wenn auch wesentlich seltener. Die Tatsache, dass 55% der Brustkrebstumore im oberen äußeren Quadranten der Brust lokalisiert werden – also in einem Bereich, der der Achsel am nächsten ist –, weist offensichtlich darauf hin, dass das verwendete Deo eine Rolle spielt. Interessanterweise ist das untere, innere Viertel der Brust, also zur Körpermitte hinzeigend, laut *praxisvita.de* nur zu 5% betroffen. Dieser Bereich ist am weitesten von der Achsel entfernt. Selbst für einen Laien drängt sich der Zusammenhang *Deo – Brustkrebs* förmlich auf. Dieser Meinung ist auch die Onkologin *Philippa Darbre* von der britischen *University of Reading*. Sie stellt aufgrund ihrer Untersuchungen einen direkten Zusammenhang zwischen Alu-Verbindungen und Brustkrebs her: *„Wir finden unmittelbar neben den Achselhöhlen fast dreimal so viele Tumoren wie in den anderen Bereichen der Brust.“*, sagt sie. *„Aluminium scheint in der Lage zu sein, eine gesunde Brustzelle in eine Krebszelle umzuwandeln.“*[439]

Es gibt immer mehr Forscher, die sich mit dem Zusammenhang *Brustkrebs – Aluminium* beschäftigen und zu dem Ergebnis kommen, dass zwischen den beiden eine direkte Abhängigkeit besteht. *„Genfer Forscher haben in einer Studie nachgewiesen, dass die auch* in Deos enthaltenen Aluminiumsalze Brustzellen schädigen. Dafür nahmen die Forscher menschliche Brustzellen und ließen Aluminiumchlorid auf die Zellen einwirken. Nach ein paar Wochen bemerkten die Forscher, dass die Zellen beschädigt waren. Das verwendete Aluminiumchlorid war jedoch 1.500 bis 100.000 Mal weniger stark als das in normalen Deos."[440], war in einem Bericht der *deutschen-wirtschafts-nachrichten.de* zu lesen.

Doch was gibt es an Alternativen? In unserer heutigen Gesellschaft scheint es unumgänglich, den Körpergeruch einzudämmen, wenn man nicht ungepflegt wirken möchte. Es gibt einige Deos ohne Aluminium, zum Beispiel *Speick* und manche Deos aus dem Bio-Bereich. Doch mittlerweile ziehen auch andere, konventionelle Produkte nach und bieten Deos „*ohne Aluminiumsalze*" an. Meiner Erfahrung nach sind aluminiumfreie Deos eine gute Alternative, wenn auch die meisten nicht ganz an die Wirkung von aluminiumhaltigen Deos heranreichen. Doch das Risiko, eine der genannten Krankheiten zu bekommen, ist einfach zu hoch. Aluminium wirkt zwar stark desodorierend, aber bitte nicht um jeden Preis – schon gar nicht um den Preis der Gesundheit.

Von einem Bekannten habe ich erfahren, dass er Natron (in der Backabteilung von Lebensmittelgeschäften erhältlich) in Wasser auflöst und als Deo verwendet. Diese Lösung lässt sich gut in eine leere Pumpsprayflasche füllen. Wer auf Nummer sicher gehen möchte, kann zusätzlich noch ein Deo ohne Aluminium verwenden, das Ergebnis kann sich gut sehen bzw. riechen lassen.

Und Achtung, auch Deo-*Kristalle*, die es u. a. im Bioladen gibt, enthalten ebenfalls Aluminium. Sie bestehen sogar überwiegend aus Aluminiumkaliumsulfat (Alaun), das ähnlich wirkt wie Aluminiumchlorid. *Sascha Ballweg*, der sich mit der Thematik intensiv befasst hat, schreibt: „*Auch Reformhäuser und spezialisierte Onlinestores bieten Alaun-Deos z. T. als ‚Naturprodukte' an, was aus Sicht der Verbraucherschützer irreführend ist. Durch derartige Werbeaussagen befeuert, hat sich in Internetforen leider der Irrglaube verbreitet, solche Mineral-Deos seien ‚aluminiumfrei'... Da Alaun-Kristalle aus 100% Aluminiumkaliumsulfat bestehen, enthalten Sie ebenfalls Aluminium, und dies in einer vielfach höheren Konzentration.*" (*wissen.schwitzen.com*)[441] Bitte hier nicht irreführen lassen!

Selbst das *Bundesinstitut für Risikobewertung* (BfR) hat in einer Aktualisierung vom 3.3.2014 auf eine eventuelle Gefährdung durch die Summierung von Aluminium im Körper hingewiesen und betont, dass die wöchentlich tolerierbare Aufnahmemenge von 1 mg pro kg Körpergewicht wahrscheinlich bei einem Teil der Bevölkerung bereits durch Lebensmittel ausgeschöpft sei. Aluminiumhaltige Antitranspirantien können zu einer Überschreitung dieser Menge führen. Das *BfR* weist darauf hin, dass es Deodorantien ohne Aluminiumsalze im Handel gibt.[442]

Sie können sich sicher sein, dass das Thema mehr als überfällig ist, wenn nicht nur kritische Medien, sondern das *BfR*, als Sprechorgan des Bundes, bereits darüber berichtet. Höchste Zeit auch für uns Verbraucher, endlich zu reagieren und Aluminium sowohl im Deodorant als auch im Bereich Lebensmittel zu reduzieren bzw. vollständig zu vermeiden!

CREME – MINERALÖL

Von einer Hautpflege erwarten wir, dass sie das hält, was ihre Bezeichnung verspricht, nämlich Pflege. Doch viele Cremes scheinen genau das Gegenteil zu bewirken, sie schaden der Haut. Da wäre es besser, Sie benutzen sie gar nicht, das nützt Ihrer Haut mehr. Viele Hautcremes enthalten Mineralöl (Erdöl), auch *Paraffin, Paraffinum Liquidum* oder als Derivat auch *Petrolatum* genannt. Paraffine sind lange haltbar, das ist besonders vorteilhaft für die Hersteller, was uns gleichgültig sein könnte, wenn sie wenigstens gut für die Haut wären, doch das sind sie leider nicht. Paraffine werden von der Haut nicht aufgenommen, sondern bilden auf der Haut einen wasserundurchlässigen Film, schreibt *Marion Schimmelpfennig.*[443] Die Haut wird durch diesen Film *abgedichtet.* Das bedeutet, die Feuchtigkeit in der Haut bleibt zwar erhalten, da sie nicht nach außen diffundieren kann, und dadurch wirkt die Haut glatter, doch ist sie gleichzeitig ein großes Atmungsorgan und diese Atmung wird durch die abdichtende Schicht behindert. Das Bedürfnis, sich nach der Körperreinigung erneut einzucremen, verstärkt sich, da die natürliche Eigenregulationsfunktion der Haut durch diese Paraffinschicht über Stunden gestört war. Die Haut fühlt sich noch trockener an. Die Hersteller der Pflegeprodukte freuen sich natürlich, denn das Bedürfnis nach *noch mehr Pflege* verspricht *noch mehr Umsatz, noch mehr Gewinn.* Gut durchdacht von der Industrie!

Wie können Sie das Ganze unterbrechen? Möglichst natürliche Reinigungsprodukte für die Haut verwenden! Warum nicht einfach nur warmes Wasser für das Gesicht und sonst ein *wirklich* mildes Reinigungsprodukt? Die Haut braucht sicherlich einige Zeit, bis sie sich daran gewöhnt hat, nicht mehr abgedichtet zu werden. Wenn die Haut trotzdem ein wenig nachgefettet werden soll, kann man zum Beispiel auch naturreines natives Kokosöl verwenden, oder Sie können ein naturreines Mandelöl mit wenigen Tropfen eines naturreinen ätherischen Öles vermischen (z. B. *Primavera*) und die Haut damit sanft und wenig einölen. Auf diese Weise kann man einen zarten Duft herbeizaubern, ohne die Haut zu belasten. Wer auf ätherische Öle empfindlich reagiert, sollte diese Mischung natürlich zuerst an einer kleinen Hautstelle testen. Ich persönlich verwende Öl auch für mein Haar, damit es schön glänzt. Dazu gebe ich wenige Tropfen meiner persönlichen Ölmischung in die Handfläche, verreibe sie und streife überschüssiges Öl auf meine Unterarme. Wenn die Handflächen nur noch leicht ölig sind, knete ich kurz und behutsam mein geföhntes Haar. Aber Achtung: weniger ist mehr! Ob das auch bei dünnem Haar möglich und sinnvoll ist, dürfen Sie selbst ausprobieren!

SONNENSCHUTZMITTEL

Seit Jahren frage ich mich, warum sich die Menschen mit Sonnenschutzmitteln eincremen sollen, denn die Sonne schien seit jeher auf die Menschen. Ohne Sonne wäre die Erde im Dauerfrost, ohne Sonne würden keine Pflanzen wachsen, es gäbe keine Nahrung. Das Leben der Menschen ist direkt abhängig vom Vorhandensein der Sonne. Welchen Grund soll es geben, unsere Haut einzucremen, um sie vor der Sonneneinstrahlung zu schützen? Damit wir keinen Sonnenbrand bekommen? Den kann ich auch verhindern, indem ich mich im Schatten aufhalte, zumindest in den Breitengraden, die ich gewohnt bin. In heißen Urlaubsländern ziehe ich mir etwas Passendes an, damit meine Haut vor zu viel Sonne geschützt ist.

Wie sich herausgestellt hat, ist meine Einstellung richtig, denn Sonnenschutzmittel sind nicht immer gut für uns. Es scheint sogar so zu sein, dass Sonnenschutzmittel, die Hautkrebs vermeiden sollen, andere Krebsarten fördern: *„Der Irrsinn – fast alle herkömmlichen Sonnenschutzmittel enthalten Chemikalien, die Krebs verursachen können!...Tatsache ist jedoch, dass die meisten Sonnencremes krebsverursachende Duftstoffe (Parabene), aggressive Alkohole, giftige chemische Lösungsmittel und Erdöl enthalten... Es gäbe natürliche Stoffe, die Sonnenschutz bieten würden, es wurden aber lediglich zwei zugelassen: Zinkoxid und Titandioxid. Dies sind physikalische UV-Blocker, die die Hautschutzschicht nicht durchdringen. Befinden sich allerdings in der Sonnencreme ergänzend zu diesen beiden Stoffen auch Nanoteilchen..., so besteht das Risiko, dass auch Zinkoxid und Titandioxid diese tiefe Einwirkung schaffen. Das Ergebnis wäre eine deutliche Störung des Zellwachstums.“*, ist bei *pronatur24.eu* zu lesen.[444]

Der Mensch braucht die Sonne, doch er darf sich ihr nur so lange aussetzen, wie es der jeweilige Hauttyp erlaubt. Sich einzucremen, um dann stundenlang in der Sonne zu liegen, ist meines Erachtens widernatürlich. Warum gehen die Menschen nicht ohne Creme, aber nur für eine gewisse Zeit in die Sonne? Dann wäre der Bräunungseffekt derselbe, aber sie hätten sich keine Chemie auf die Haut gecremt und hätten noch dazu einige Stunden Zeit gewonnen, in der sie etwas anderes tun könnten – lesen zum Beispiel!

Auch für die Bildung von Vitamin D wird die Sonne benötigt. Sogar das *Bundesinstitut für Risikobewertung* veröffentlichte hierzu bereits im Oktober 2012 eine Empfehlung, natürlich in Abhängigkeit von der Jahreszeit und vom Breitengrad: *„Es wird empfohlen, sich insgesamt ca. 5 bis 25 Minuten pro Tag mit unbedecktem Gesicht, Händen und größeren Teilen von Armen und Beinen der Sonne auszusetzen.“*[445] Jeden Tag 5 bis 25 Minuten sind nicht unerheblich, und ich gehe davon aus, dass diese Empfehlung ohne Benutzung von Sonnenschutzmitteln gemeint ist. Eine Unterversorgung mit Vitamin D kann Osteomalazie und Osteoporose mit verursachen.[446] So kann ein Sonnenbad helfen, diese Krankheiten zu vermeiden und ist eine höchst angenehme Behandlung ohne schädliche Nebenwirkungen. Ganz nebenbei sorgt sie für eine gute Stimmung.

MIKROPLASTIK IN KOSMETIKPRODUKTEN

Es ist eine unglaubliche Praxis, Kosmetikprodukten winzige Teilchen von Kunststoffen beizumischen. Bei Peelings kann man das noch nachvollziehen, hier fördern Kunststoffteile die Abriebfunktion, doch in den meisten Fällen ist der Sinn völlig unverständlich. Auch der *Bund für Umwelt und Naturschutz* (BUND) mahnt an, auf solche Produkte zu verzichten, da sie so winzig sind, dass sie Kläranlagen ungehindert passieren und über die Flüsse in den Meeren landen. Dort werden sie von Kleinstlebewesen und Fischen gefressen. In der Folge verhungern die Tiere mit vollem, plastikgefülltem Magen. Laut *BUND* *„besitzt Plastik die Eigenschaft, Schadstoffe, die sich im Meer befinden, an der Oberfläche anzureichern, welche bei der Aufnahme im Magen-Darm-Trakt wieder freigesetzt werden* *können. Viele der Schadstoffe besitzen hormonähnliche Wirkungen, mit schwerwiegenden Folgen für den Organismus.".*[447]

Der *BUND* hat nun eine Liste veröffentlicht, in der die Firmen und Produkte aufgezählt sind, die derartige Mikroplastikteilchen enthalten, wobei hier laut o. g. Quelle namhafte Firmen vertreten sind, deren Gesichtscremes diese Kunststoffe ohne offensichtliche Peelingfunktion enthalten, wie zum Beispiel *L´Oréal SkinPerfection Feuchtigkeitspflege, Olaz Essentials Double Action Tagescreme für empfindliche Haut* und *Shiseido Revitalizing Cream*, und selbst in Kinderduschgel sind Kunststoffteilchen enthalten: *Balea Dusche & Shampoo for Kids Pinguin*. In der Liste finden sich u. a. *Adidas, Aldo Vandini, Dove, Duschdas, Fa, Nivea, Palmolive* usw. Selbst in Mascara, Eyelinern und Lippenstiften finden sich Kunststoffe. Ich möchte niemandem etwas unterstellen, aber der Verdacht liegt doch sehr nahe und wird auch vom *BUND* genannt, dass hier einfach billige Füllstoffe verwendet werden. In der Kosmetik wiederholt sich anscheinend die Philosophie, die auch in der Lebensmittelindustrie angewendet wird: Statt Qualität zählt Quantität! Nach den Folgen wird nicht gefragt, Hauptsache die Kasse stimmt. Da verkaufen Vorstandsvorsitzende und Co. sogar ihre eigene Großmutter.

Wie gesund muss ein Mensch sein, dass er mit all diesen Giften und Stoffen zurechtkommt? Wenn das Maß voll ist, muss der Körper kapitulieren und eine Erkrankung bricht aus. Da die Zufuhr von schädlichen Stoffen immer größer wird, sollten wir uns der Gefahren bewusst sein und uns informieren. Nur dann können wir selbst entscheiden, was wir uns zuführen und was nicht. Und vor allem: Wir dürfen nicht alles glauben, was uns die Werbung suggeriert.

KAPITEL 19: KUNST

Kunst lässt sich nicht einfach definieren. Bei meinen Recherchen habe ich „*Gesamtheit ästhetischer Werke*"[448] gefunden und „*...Ergebnisse gezielter menschlicher Tätigkeit..., die nicht eindeutig durch Funktionen festgelegt sind. Kunst ist ein menschliches Kulturprodukt, das Ergebnis eines kreativen Prozesses...*" (wikipedia)[449], wobei mir diese Definition am meisten zusagt.

Betrachtet man ein Kunstwerk, setzt eine Wirkung ein, die harmonisierend oder auch disharmonisierend sein kann. In vielen Ausstellungen findet man Werke, die aus einer chaotischen Ansammlung von Strichen, dunklen Flächen und teils roten Farbspritzern bestehen. Im Gehirn des Betrachters wird damit eine Assoziation mit Zerstörung, Krieg, Elend und Blutspritzer erzeugt. Ein Kunstwerk oder Gemälde, das aufgrund seiner Form oder Farbe eine Verknüpfung mit brutalen Szenen hervorruft, wirkt auf den ersten Blick provokant. Tief in uns ängstigt es uns jedoch auf unbewusste Weise. Wenn eine Seele in dieser oder in einer früheren Inkarnation einen Krieg miterlebt hat, werden sofort die Emotionen von damals geweckt. Unser Unbewusstes zieht bei allem, was wir sehen, unmittelbar Parallelen zu gespeicherten Erfahrungen und ruft die damalige Empfindung erneut hervor. Der Verstand klinkt sich natürlich sofort ein, reagiert in Sekundenbruchteilen und sagt, dass das Unsinn sei, wir würden in einem friedlichen Land leben und dieser Zusammenhang sei völlig aus der Luft gegriffen. Doch das unterschwellige Gefühl bleibt!

Betrachten wir hingegen ein Bild, das uns eine entspannte Situation zeigt, die wir sofort als angenehm interpretieren, dann erinnert sich unser Unbewusstes an eine ähnliche Situation, in der wir uns wohl gefühlt haben. Wir bleiben innerlich entspannt, und im Idealfall fühlen wir uns besser als vor dem Betrachten dieses Bildes oder Kunstwerkes.

Und jetzt frage ich Sie: Was gibt es für einen Grund, ein Kunstwerk zu betrachten oder sogar im Wohnzimmer aufzustellen, bei dem es mir schlechter geht, als wenn ich es nicht ansehe. Und warum gibt es zurzeit nur wenige neue Kunstwerke, die der Seele guttun? Wenn heute ein Künstler zum Beispiel eine einfache, schöne Blume kreiert, wird er belächelt, weil er die heutige Form des Kunstverständnisses nicht erfüllt. Doch gerade der Anblick von schönen Dingen erfreut unsere Seele.

Wenn ich höre, Kunst müsse provozieren, dann frage ich mich: „*Warum?*" Ist unser Leben nicht Provokation genug? Warum kann Kunst nicht auch schön, erhebend, strahlend, aufladend, anregend, energetisierend oder auch entspannend und beruhigend sein?

Stellen Sie sich vor, Sie kaufen ein teures Gemälde, der Künstler ist DER Tipp in Ihrem Freundeskreis. Sie hängen dieses Bild in Ihrem ständigen Sichtbereich auf, und ganz tief in Ihrem Inneren, ganz leise, schürt dieses Gemälde ständig ein Gefühl der Angst in Ihnen. Was glauben Sie, passiert auf Dauer mit Ihnen? Unsere Umgebung, Farben und auch Bilder beeinflussen unser Verhalten auf sehr subtile Weise. Sie können uns aktiv oder ruhig, ängstlich oder selbstbewusst, aggressiv oder sanftmütig werden lassen.

Der Fotograf *Sigurd Elert* hat die Wirkung von Bildern am eigenen Leibe erfahren. Er schreibt: *„Nachdem ich mehrere Jahre Fotos von der Zerstörung unserer Umwelt aufgenommen hatte, wurde ich von meinen eigenen Fotos krank. Seitdem fotografiere ich nur noch Motive, die die Lebensenergie des Betrachters stärken sollen. Nach meinen Erfahrungen sind es harmonische Fotos aus möglichst ursprünglicher Natur, die die stärksten Wirkungen zeigen."* (tao-goll.com)[450]

Er hat sich mittlerweile auf Naturbilder spezialisiert, die eine heilende Wirkung aufweisen und in vielen Praxen von Psychotherapeuten und Heilpraktikern ihren Einsatz finden.

Wenn Sie ein Kunstwerk, ein Gemälde, eine Fotografie betrachten, sollten Sie in sich hineinfühlen, was dieses Objekt in Ihnen bewirkt. Hilfreich ist, die Augen zu schließen und sich kurz auf Ihren Atem zu konzentrieren, um mit Ihrer Mitte Verbindung aufzunehmen. Danach betrachten Sie das Kunstwerk erneut. Ihr innerer Impuls gibt Ihnen eine Rückmeldung, wie es Ihnen geht. Dieses „In-sich-hineinspüren" wird bei etwas Übung immer sicherer.

Ob die Mächtigen der Erde, die auch die allgemeinen Medien beherrschen, bewusst die Kunst in eine zerstörerische Richtung gedrängt haben, kann ich hier nicht nachweisen, doch ich möchte es nicht ausschließen, da es zu gut in das Gesamtkonzept passt.

KAPITEL 20: MÜLL

Vielleicht werden Sie sich fragen, was das Thema *Müll* mit dem Thema dieses Buches zu tun hat, doch wenn wir das Thema näher beleuchten, wird der Zusammenhang klar. Im natürlichen Zyklus der Erde gibt es so etwas wie Müll nicht. Alles, was auf der Erde wächst und lebt, hinterlässt Dinge, die wieder anderswo benötigt werden: Blätter, Schalen, Kot, aber auch abgestorbene Pflanzen, tote Tiere und auch verstorbene Menschen. Alles Tote wird wiederum zur Nahrung für andere Pflanzen oder Tiere. Es gibt nichts, das nicht wiederverwertet werden kann. Das wäre bis heute so, wenn nicht der Mensch begonnen hätte, diesen Kreislauf zu unterbrechen. Der Mensch hat seine Nahrung anfangs gesammelt, später selbst angebaut, und irgendwann hat er angefangen zu tauschen und später zu kaufen. Hierzu benötigte er Verpackungsmaterial, damit er seine Waren auch transportieren konnte. Zu Beginn des Konsumzeitalters hat er seine Behälter einfach mitgebracht, oder die Waren wurden in Papier/Pappe verpackt oder in Keramikgefäße abgefüllt. Pappe konnte zum Beispiel verbrannt werden und wenn sie in der Natur landete, wurde sie ebenfalls rasch zersetzt. Bei dem späteren Glas und bei den Metalldosen war es bereits schwieriger. Aber es sind immer noch Materialien, die in ähnlicher Form auf der Erde vorkommen. Richtig schwierig wurde es mit Beginn des Plastikzeitalters. Die meisten Kunststoffe verrotten in der Natur nicht. Die Materialien, die getrennt gesammelt werden und in der Wiederverwertung landen, können recycelt werden (wenn die Rendite stimmt), doch viele landen im normalen Hausmüll und dadurch bestenfalls auf der Deponie. Über die weltweite Bereitschaft, den Müll zu trennen, könnte man an dieser Stelle noch einiges hinzufügen, was ich jedoch aus Platzgründen unterlasse. Tatsache ist, dass sich in den Weltmeeren laut deutschem *Umweltbundesamt* im Jahr 2013 die Menge von 100 bis 140 Millionen Tonnen Abfälle befand, 75% davon aus Plastik,[451] Tendenz stark steigend! Man muss sich diese Zahl einmal vorstellen: 140.000.000.000 kg!

Die Zeitung *The Independent* berichtet, dass *„die in den Meeren treibende Müll-Fläche auf die ca. zweifache Fläche des nordamerikanischen Staates geschätzt wird!"*.[452] Die Erde erstickt fast an dem Müll. Es gibt im Pazifik zwei riesige schwimmende Müllinseln, die *Western Garbage Patch* und die *Eastern Garbage Patch*, die jeweils etwa 10 m tief sind. *„Jedes kleine Stück Kunststoff, das in den letzten 50 Jahren hergestellt wurde und ins Meer gelangte, ist dort immer noch irgendwo."*[453], sagte *Tony Andrady*, Chemiker des amerikanischen *Research Triangle Instituts*, und er scheint Recht zu haben.

Wie kommt der Mensch dazu, dies zu tun? Kein anderes Lebewesen auf der Erde ist so töricht, seine eigene Lebensgrundlage so massiv zu schädigen, wie der Mensch. WARUM? Von Seiten der Verbraucher ist es natürlich Bequemlichkeit. Kunststoffe sind so universell einsetzbar und natürlich auch so praktisch, dass man nicht auf sie verzichten möchte. Dazu sind sie vor allem preiswert. Trotzdem gehört unverrottbares Material verboten. Wenn sich die Verbraucher nicht über die Folgen im Klaren sind, weil sie nicht die Fragen danach stellen, so sollte dies durch die Politik geschehen. Alles ist geregelt, jeder Scheinwerfer eines Autos muss eine Zulassung vorweisen können, ansonsten erhalte ich keine TÜV-Plakette, aber wir dürfen unsere Erde Schritt für Schritt zerstören, ohne gesetzliche Konsequenzen befürchten zu müssen. Mittlerweile wäre es ein Leichtes, sämtliche Verpackungen aus verrottbarem Material herzustellen, doch die Kosten sind höher, und die Industrie und die Verbraucher nehmen, solange sie die Wahl haben, die günstigere Variante.

All die sogenannten *Give-Aways* oder *Must-Haves* sind weitere Todesschläge für die Natur, zumal diese Dinge in der Regel unnötiger Krimskrams sind und aus Kunststoff bestehen. Man kann auch einen Strauß Wiesenblumen, 3 Äpfel oder 10 Minuten Rückenmassage verschenken. Muss der Christbaum jedes Jahr anders aussehen? Muss es Kleidung aus Kunstfasern sein? Wir müssen überlegen, was wir wirklich benötigen und unsere Einkäufe danach ausrichten. Ich selbst habe natürlich auch Gegenstände aus Kunststoff, weil ich viele Dinge schon sehr lange habe und weil es für Manches zurzeit einfach keine akzeptable Alternative gibt!

„Mit einem jährlichen Umsatz von rund 90 Mrd. EUR stellt die (deutsche) *Kunststoffindustrie mit einem Anteil von über sechs Prozent an der heimischen Industrieproduktion einen bedeutenden Wirtschaftszweig dar.“*[454], kann man auf *Germany Trade & Invest* lesen.

Wenn ich diese Größenordnung der kunststoffproduzierenden Wirtschaft ansehe, dann kann ich nachvollziehen, dass auch hier NUR der Gewinn zählt – auch auf Kosten unseres Planeten und unserer Mitbewohner aus der Tierwelt, die daran sterben, wenn sie Plastikteile zu sich nehmen oder von Kunststofffasern und -stricken stranguliert werden.

Ein anderes Thema sind auch die *Sollbruchstellen* in unseren Gebrauchsgegenständen, sei es eine Waschmaschine, ein Auto oder die elektrische Zahnbürste. Nach einer immer kürzer werdenden Zeitspanne stellt man auffällig häufig einen Defekt fest, bei dem sich laut Händler *„eine Reparatur nicht lohnt“*. Wie viele Euro an Forschungsgeldern gibt ein Hersteller dafür aus, damit sein Gerät knapp *nach* Ablauf der Gewährleistung nicht mehr funktioniert und nicht eine Woche früher? Welch ein Zufall! Ich möchte behaupten, dass die Lebensspannen vieler Geräte bei gleichen Kosten doppelt so lange sein könnten. Während vor einigen Jahren noch ein nennenswerter Vorteil darin bestand, ein qualitativ hochwertiges Gerät zu kaufen, wird der Unterschied zur Billigvariante bei vielen Geräten (nicht bei allen wohlgemerkt!) immer kleiner. Wir Verbraucher werden auch hier verraten und für dumm verkauft.

Müll hat für die Weltherrscher natürlich auch noch den Vorteil, dass man dem Verbraucher ein schlechtes Gewissen einreden und für die „fachgerechte“ Entsorgung einen weiteren Industriezweig aufbauen kann, den der Verbraucher über Abgaben ebenfalls finanzieren muss. Ein großer Teil des Elektronikschrottes zum Beispiel wird nach Afrika oder andere sogenannte „Drittländer“ verschifft, wo die einheimische Bevölkerung für ein Taschengeld barfuß und ohne Haut- und Atemschutz die Bauteile demontiert und sortiert. Sie sterben viel zu früh an den Folgen der giftigen Stoffe, und das ganze Prozedere nennt sich dann „fachgerechte“ Entsorgung. Wenn man dann noch erfährt, dass oft Kinder dort arbeiten, dann sollte man als Konsequenz seine Altgeräte reparieren lassen, wenn es nur irgendwie möglich ist, und sich grundsätzlich überlegen, ob man ein gewünschtes Gerät überhaupt benötigt.

Alle Bereiche, bei denen ausschließlich der Gewinn zählt, sind meines Erachtens von der herrschenden Elite gewünscht und gefördert, denn mit jedem verkauften Stück erhöht sich der Gewinn, die Steuereinnahme und noch besser: Der Kunde braucht vielleicht bald einen Kredit für noch mehr Konsum, was wiederum die Bankenwelt unterstützt.

Ich möchte an alle innovativen Erfinder und an die Industrie appellieren, nach preisgleichen kompostierbaren Alternativen für unverrottbare Kunststoffe zu suchen und diese auf den Markt zu bringen, damit wir unsere Erde nicht noch mehr schädigen! Auch damit können Gewinne erzielt werden, aber mit weniger Schaden für die Umwelt und mit einem reinen Gewissen! Verkaufen Sie Ihr Patent nicht an einen großen Hersteller, sondern produzieren und vermarkten Sie es selbst, damit es nicht in Schubladen versinkt, sondern auch wirklich auf dem Markt landet. Ökologisch denkende Firmen und Menschen – und davon gibt es mittlerweile viele – wären sicherlich dankbare Kunden.

KAPITEL 21: MEDIEN

„Journalistik ist die Kunst,
das Volk glauben zu machen,
was die Regierung für gut findet.“[455]

Heinrich von Kleist (1777-1811), deutscher Lyriker und Erzähler

Dieser Ausspruch ist ca. 250 Jahre alt und beinhaltet heute mehr Wahrheit als jemals zuvor. Die Medien sind heute flächendeckend und jederzeit für jeden greifbar, ebenso in jeder Form: lesbar, hörbar, sichtbar. Nichts hat sich so sehr verbreitet wie die Medien. Egal, ob in den ärmsten Gegenden Asiens, in Afrika, in Europa, in Nord- und Südamerika ohnehin, fast überall auf der Welt hat jeder Mensch Zugang zu den *Nachrichten*. Und wie das Wort schon in sich beinhaltet: Informationen werden *nach-gerichtet*. Das bedeutet, echte Informationen werden im Nachhinein so gerichtet, dass sie den Zielen der Mächtigen entsprechen. Und auch die Bezeichnung *gerichtet* sagt ganz klar aus, dass etwas *in eine bestimmte Richtung* gebracht wird. Das Wort *Nachrichten* bedeutet demnach nichts anderes als *„nachträglich in eine bestimmte Richtung bringen“*. Das ist es, was wir tagtäglich anhören, ansehen, lesen und schließlich denken! Auf diese Weise wird Meinung gebildet – und wir denken, wir wüssten Bescheid, was auf der Welt passiert!

Allein wenn ich an den Ausspruch *„Yes we can!“* von *Barack Obama* denke, den er während seiner Wahlpropaganda vermutlich tausende Male in die Menge gerufen hat, dann kann ich das Zitat von Kleist nur bestätigen. Meines Erachtens ist die Situation für die Bevölkerung in den USA nicht besser geworden. Im Gegenteil: Unzählige Familien haben ihr Zuhause verloren, weil Banken das Geld der Anleger „verzockt“ haben. Das berüchtigte Folter-Gefangenenlager *Guantanamo* gibt es immer noch, und der Dollar wird künstlich am Leben erhalten, obwohl er schon zu verrotten beginnt. Der Ausspruch *„Yes we can!“* scheint von den „Bankern“ kreiert worden zu sein.

Ein amerikanischer Journalist und Reformer schottischer Abstammung, *John Swinton* (1829-1901), bekundete bei einem Bankett 1880 deutliche seine Meinung, als jemand ehrende Worte über die unabhängige Presse sprach. *Swinton* war dort als Ehrengast geladen und erwiderte: *„So etwas gibt es bis zum heutigen Tage nicht in der Weltgeschichte, auch nicht in Amerika: eine unabhängige Presse. Sie wissen das, und ich weiß das. Es gibt hier nicht einen unter Ihnen, der es wagt, seine ehrliche Meinung zu schreiben. Und wenn er es täte, wüsste er vorher bereits, dass sie niemals im Druck erschiene. Ich werde wöchentlich dafür bezahlt, dass ich meine ehrliche Meinung aus dem Blatt, mit dem ich verbunden bin, heraushalte. Andere von Ihnen erhalten ähnliche Bezahlung für ähnliche Dinge, und wenn Sie so verrückt wären, Ihre ehrliche Meinung zu schreiben, würden Sie umgehend auf der Straße landen, um sich einen neuen Job zu suchen. Wenn ich mir erlaubte, meine ehrliche Meinung in einer der Papierausgaben erscheinen zu lassen, dann würde ich binnen 24 Stunden meine Beschäftigung verlieren. Das Geschäft der Journalisten ist, die Wahrheit zu zerstören, schlankweg zu lügen, die Wahrheit zu pervertieren, sie zu morden, zu Füßen des Mammons zu legen und sein Land und die menschliche Rasse zu verkaufen zum Zweck des täglichen Broterwerbs. Sie wissen das, und ich weiß das, also was soll das verrückte Lobreden auf eine freie Presse? Wir sind Werkzeuge und Vasallen von reichen Männern hinter* *der Szene. Wir sind Marionetten. Sie ziehen die Strippen, und wir tanzen an den Strippen. Unsere Talente, unsere Möglichkeiten und unsere Leben stehen allesamt im Eigentum anderer Männer. **Wir sind intellektuelle Prostituierte**.*"[456] (H. d. d. A.)

Kein weiterer Kommentar!

Seit 1880 sind Generationen vergangen, doch ich bezweifle, dass sich der Wahrheitsgehalt der Informationen aus den Massenmedien erhöht hat. Mit Hilfe der Medien versucht man, eine bestimmte Meinung zu bilden, was in der Regel auch funktioniert. Der Bürger wird gefüttert mit ausgesuchten Informationen und soll seine Meinung in einer bestimmten Richtung bilden. Er soll durch die Bilder Emotionen entwickeln und seine ursprünglich unparteiische Einstellung aufgeben. Diese einseitigen Informationen geben uns vor, wer die „Guten" zu sein haben. **Bemerkenswert ist, dass der „Böse" nie die Gelegenheit erhält, sich dazu zu äußern**. Es wird immer wieder darüber berichtet, was der Gegner alles angestellt hat und für was er alles verantwortlich sein soll, doch darüber, was der „Feind" dazu sagt, egal, ob er *Saddam Hussein*, *Al Kaida*, *Osama Bin Laden*, *Putin* oder sonst wie heißt, wird fast nie berichtet. Nie bekommen wir in den Haupt-Medien die Gelegenheit, erstens zu sehen, ob es diesen „Feind" überhaupt gibt oder ob der Gegner ein Phantomgebilde ist und zweitens, was dieser *Gegner* zu der Angelegenheit sagt, wie seine Sichtweise aussieht. Schon das allein sollte uns zu denken geben. Wir hören nur immer die eine Seite, und jeder hat schon selbst in seinem Leben erfahren, dass eine einseitige Information eben immer nur *eine* Sichtweise darstellt. Ein echtes Interview zeigt die Übersetzung im deutschen Untertitel, jedoch kann man hören, was wirklich geantwortet wird. Immer wenn der *Gegner* nicht zu Wort kommen darf, sollten wir auf der Hut sein. Warum wird uns die Wahrheit oder zumindest die Meinung des Gegenübers in der Regel vorenthalten? Was wird hier vor uns verborgen?

Daher mein Tipp: Glauben Sie nicht alles! Prüfen Sie Informationen der Presse nach Möglichkeit selbst nach! In der Zeit des Internets, das noch halbwegs frei nutzbar ist, finden sich jede Menge echte Interviews mit diesen Menschen. Hören Sie sich diese an, Sie werden staunen!

Wenn man sich interessiert und selbst über den angeblich „feindlichen Staat" recherchiert, erfährt man oftmals, dass in dem Land, in dem die selbsternannte „westliche Weltpolizei" für Ordnung sorgen will, jede Menge Bodenschätze oder Ölfelder verborgen sind. Bei einer kriegerischen Auseinandersetzung mit einem „bösen" Land nimmt sich die selbsternannte Weltpolizei das Recht, Sanktionen oder sonstige Regelungen zu verhängen, die massive Beeinträchtigungen der „feindlichen Bevölkerung" nach sich ziehen. Fruchtet das immer noch nicht, wird die Bevölkerung durch jahrelange militärische Besetzung und Unterdrückung zermürbt oder die Infrastruktur zerstört, Handelspartner dieser Länder werden unter Druck gesetzt usw.

Das, was die normale Bevölkerung erfährt bzw. das, was unsere Medien berichten, ist in einigen Punkten sicherlich wahr, doch die wahren Hintergründe, zum Beispiel über einen Krieg, werden verschwiegen. Es sind nicht nur falsche, zeitlich nicht richtig zugeordnete und verschwiegene Meldungen, die uns manipulieren sollen, sondern auch das Bewusstsein der Menschen wird in eine Richtung gelenkt. Schon längere Zeit ist ein

Trend zu beobachten, der abstumpfen soll. Da werden Schlagzeilen durcheinandergewürfelt, und direkt nebeneinander liest man Meldungen, dass zum Beispiel die Polizei in Tunesien Deutsche getötet, Israel im Gazastreifen Hochhäuser zerstört und dass eine Flutwelle in der Türkei fünf Menschen getötet hat. Dazwischen liest man – mit derselben Gewichtung wohlgemerkt –, dass *Die Sendung mit der Maus* ersetzt wird, dass *Apple* Akkus austauscht und welcher Fußballclub erfolgreich in die spanische Meisterschaft gestartet ist. Durch diese Gleichstellung von Nachrichten, bei denen es Tote und Verletzte gab, mit vollkommen unwichtigen Ereignissen, wie dem Absetzen einer Zeichentricksendung, wird Töten und Krieg verharmlost und als völlig normal dargestellt. Wenn ein Mensch täglich über Jahre hinweg diese Dinge in der angegebenen Mischung liest, dann ist ein militärischer Angriff irgendwann wirklich so aufregend wie *Die Sendung mit der Maus*. Und das ist sehr bewusst so gewollt. Das Volk soll zunehmend abgestumpft werden, sich mit Brot und Spielen zufriedengeben und nicht rebellieren. So lässt sich die *Neue Weltordnung* am einfachsten durchsetzen. Wenn die Massen dann wirklich eines Tages aufwachen, könnte es für einen Einspruch zu spät sein. Dann würde sich vermutlich auch niemand mehr darüber aufregen, wenn einer unserer Nachbarn plötzlich über Nacht verschwinden würde, weil er sich gegen Maßnahmen gewehrt hat oder wenn kein Patient, der älter als 75 Jahre ist, lebend ein Krankenhaus verlassen könnte. Denn an solche Dinge wird man sich ja über viele Jahre gewöhnt haben. *„Ja, schlimm nicht wahr? Aber da kann man eben nichts machen, so sind die Zeiten nun mal.",* würde die Allgemeinheit vermutlich dazu sagen oder auch: *„Ist doch wahr, wer soll denn die Pflege von den 80-Jährigen bezahlen?"*

In dieselbe oberflächliche Richtung tendieren die Rubriken, nach denen die Themen der großen Info-Internetseiten zum Beispiel *T-online.de*, gewählt werden können:

1. Nachrichten
2. Sport
3. Wirtschaft
4. Unterhaltung
5. Lifestyle
6. Auto
7. Ratgeber
8. Spiele
9. Eltern
10. Digital
11. Reisen
12. Mehr[457]

Wie wichtig sind auf einer Startseite Lifestyle, Auto, Spiele, Digital, Reisen usw.? Statt wichtiger Themen, wie Gesundheit, Ernährung, Wissenschaft, Politik etc., findet man zu 50% Ablenkungsthemen. Angesichts der momentanen Situation der Erde – die Meere sind durch die gigantischen Müllteppiche fast gestorben, und viele Meeresvögel verhungern trotz ihres vollen Bauches, weil sich leider nur Plastik und Batterien darin befinden, die gentechnische Veränderung unserer Lebensmittel, die Staatsverschuldung usw. – sollten uns in erster Linie andere Themen interessieren als Unterhaltung. Auch die Tatsache, dass wir (hoffentlich) knapp an einem Dritten Weltkrieg vorbeischrammen, lässt uns die Relation der Themen erkennen. Die Müllteppiche sind weit weg, und Krieg gab es bei uns seit 70 Jahren nicht mehr, doch das könnte sich sehr schnell ändern. Aber vielleicht würden wir selbst das nicht bemerken, weil wir so sehr mit Fußball, Unterhaltung, Auto und Spiele beschäftigt sind. Und dies ist nur ein kleiner Teil des Einflusses durch die Medien.

Immer wieder werden Medien dabei ertappt, unwahre Nachrichten zu verbreiten oder veraltete Bilder in anderem Zusammenhang zu zeigen. Werden sie aktuell dabei erwischt, kommt einige Tage später eine kleine, unscheinbare Meldung, dass hier *aus Versehen* Archivbilder veröffentlicht worden sind. Die Meinungsbildung im Volk ist bis dahin längst abgeschlossen. Absicht? Davon können Sie ausgehen!

Erst Mitte August 2014 wurde bekannt, dass auch die ARD Zuschauerabstimmungen verändert hat. Und wenn es bei der *„Abstimmung, zu den beliebtesten Bauwerken... in Nordrhein-Westfalen"* noch um relativ unwichtige Dinge geht, so erhält die Manipulation der Umfrage nach der Wiedereinführung der D-Mark ganz anderes Gewicht. In *compact-online.de* kann man lesen: *„So ließ etwa die Sendung ‚Hart aber fair', ebenfalls vom WDR für das ARD-Gemeinschaftsfernsehen produziert, im Mai 2013 ihre Zuschauer die Frage ‚Wünschen Sie sich die D-Mark zurück?' abstimmen. Auf das Ergebnis ging Moderator Frank Plasberg später nicht mehr ein. Den wahrscheinlichen Grund zeigen Screenshots der Hart-aber-fair-Internetseite: 80 Prozent votierten dort für eine Rückkehr zur nationalen Währung. Spätere Ausschnitte zeigen, dass die Umfrage online offenbar durch ‚journalistisch' ausgewählte Zuschauermails ersetzt wurde."*[458] (H. d. d. A.)

Wie ist das mit dem öffentlich-rechtlichen Fernsehen, das jeden Monat fast 18 € kostet? Bezahlen wir selbst für unsere eigene Manipulation, für unsere eigene *Ent*bildung? Und das *Bundesverfassungsgericht* segnet das auch noch ab.[459] Das bedeutet im Klartext, dass wir tatsächlich dazu verpflichtet sind, unsere eigene Manipulation zu finanzieren! Dieses Vorgehen wird übrigens damit *normalisiert*, da es sich ja *„eindeutig um journalistisch begründete Korrekturen am Voting"* handelt. Wird es damit zur korrekten Handlung? Wenn Sie versuchen würden, Ihre Zahlen beim Finanzamt durch *„eindeutig betrieblich begründete Korrekturen"* zu verändern, würden Sie vermutlich Ihr blaues Wunder erleben.

Eine völlig andere Größenordnung und Kategorie erhält das Thema Medien, wenn wir uns den Abschuss des Flugzeuges MH 017 genauer ansehen. Hier ist bislang nicht offiziell geklärt, wer das Flugzeug tatsächlich abgeschossen hat. Ungeachtet der politischen Situation in der Ukraine, die eine eigene Abhandlung benötigen würde, muss man wohl auch von dem ursprünglichen Vorwurf, die prorussischen Rebellen hätten das Flugzeug abgeschossen, langsam abrücken. *„Internationale Experten und sogar Fachleute der Lufthansa halten angesichts der Form der Durchlöcherung des Rumpfes auch einen Abschuss durch Bordwaffen eines Jagdbombers für denkbar. ‚Dafür sprechen die Durchschüsse an beiden Seiten des Rumpfes, die für eine Boden-Luft-Rakete nicht typisch sind.', betonte einer der Ermittler auf Nachfrage."*[460], steht bei *sz-online.de*.

Vor allem die Einschusslöcher von beiden Seiten[461] sprechen für den Beschuss durch ein Kampfflugzeug. Der Autor und Pilot *Peter Haisenko* hat intensiv recherchiert und hält folgendes Szenario für möglich: Die MH 017 könnte von einem Kampfflugzeug angeschossen worden sein, woraufhin sie sofort abgedreht und in Richtung Kiew geflogen sein könnte, um dort notzulanden. Der Pilot des Kampfbombers und auch die Drahtzieher dahinter könnten daraufhin in Panik geraten sein und mit erneutem Beschuss der MH17 begonnen haben, diesmal von der anderen Seite, was dann den Absturz zur Folge gehabt haben könnte.[462] Sollten die Piloten noch am Leben gewesen sein, klingt diese Theorie schlüssig.

Diese Kampfbombertheorie ist sehr wahrscheinlich, weil tatsächlich ein Kampfflugzeug in der Nähe gewesen sein soll: *„Russland hat Radaraufzeichnungen veröffentlicht, die mindestens eine ukrainische SU 25 in der nächsten Nähe der MH 017 zeigen. Das korrespondiert mit der Aussage des verschollenen spanischen Controllers, der zwei ukrainische Kampfflugzeuge in der direkten Nähe der MH 017 gesehen hat.“*, schreibt *anderweltonline.com.*[463]

Warum ist der Zeuge nicht mehr auffindbar? Was ist mit ihm passiert? Wurde er aus dem Weg geräumt? Seine Aussage wäre ungünstig für die Ukraine, demnach hätte die Ukraine ein Motiv gehabt, ihn zum Schweigen zu bringen. Die USA könnten ebenfalls zur Aufklärung beitragen, wenn sie wollten, denn einer ihrer Satelliten befand sich laut o. g. Quelle über der Stelle und könnte sicherlich Informationsmaterial liefern. *„Russland hat auch bekannt gegeben, dass genau zur Absturzzeit ein amerikanischer Spionagesatellit über dem Absturzort gewesen ist. Die USA haben davon nichts veröffentlicht. Warum wohl?“*[464]

Oder ist noch ein ganz anderer Hintergrund möglich? *„Die MH 017 ist in ihrer Lackierung verwechselbar mit der des russischen Präsidenten. Beide tragen die Farben der russischen Trikolore. Die Maschine mit Putin an Bord befand sich zur selben Zeit in der Nähe der MH 017, wenn man ‚Nähe‘ mit Fliegeraugen betrachtet: etwa 200 bis 300 Kilometer. Dazu nehmen wir noch die Aussage der Frau Timoschenko, sie wolle Putin am liebsten mit einer Kalaschnikow erschießen.“*[465] schrieb *Peter Haisenko.* Sollte vielleicht gar die Maschine mit Präsident *Putin* abgeschossen werden und die MH 017 ist nur versehentlich getroffen worden?

Interessanterweise ist das Auftauchen eines ukrainischen Kampfflugzeugs nun auch von amerikanischer Seite bereits bestätigt worden: *„Eine US-Sprecherin hat in Washington überraschend ein Geständnis abgelegt: Sie musste einräumen, dass die Ukraine tatsächlich einen Kampf-Jet in Richtung von MH 017 geschickt haben könnte. Dieser Jet könnte die Rebellen provoziert haben, in Richtung der Passagiermaschine zu schießen.“*[466], war am 29.7.2014 auf *deutsche-mittelstands-nachrichten.com* zu lesen.

Warum hat die Ukraine einen Kampf-Jet in Richtung MH 017 geschickt? Welche Veranlassung gab es dafür? Und die Aussage, dass dies eine Provokation für die Rebellen gewesen sein könnte, in Richtung der Passagiermaschine zu schießen, scheint schlichtweg erfunden zu sein, da mittlerweile klar sein dürfte, dass die MH 017 von beiden Seiten aus der Luft beschossen wurde und nicht vom Boden. Drängt sich stattdessen nicht der Schluss auf, dass die MH 017 absichtlich als „Bauernopfer“ abgeschossen wurde, um einen Grund zu haben, gegen Russland vorzugehen? Sollte dies die Provokation zur Rechtfertigung eines längst geplanten Kriegsgeschehens gewesen sein?

Völlige Verwirrung entsteht, wenn man bei *info.kopp-verlag.de* ein Video ansieht, in dem eine Frau interviewt wird.[467] Sie war am 17.7.2014 nur 20 Minuten nach dem Absturz der MH 017 vor Ort und hat viele Bilder aufgenommen. Diese Bilder, zusammen mit ihren Aussagen, eröffnen jedoch eine vollkommen andere Geschichte als die bisher genannten Möglichkeiten. Es sprechen mehrere Fakten dafür, dass es kein normal besetztes Flugzeug gewesen ist, sondern dass dieses Flugzeug mit bereits toten Menschen beladen war. Wie die Frau berichtete (was teils auch auf ihren Bildern zu sehen war), fielen ihr folgende Punkte auf:

1. Neben den Leichenteilen war kein Blut zu sehen. Es hat ausgesehen, als wären die Menschen bereits zuvor ausgeblutet gewesen.
2. Stattdessen fand sich eine Flüssigkeit um die Leichenteile, die kein Blut war, sondern von eher öliger oder anderer Konsistenz und nicht rot.
3. Es war ein unerträglicher, beißender Geruch in der Luft, und zwar kein Verwesungs-, sondern laut der Zeugin Formalingeruch. Mit Formalin kann man Leichen konservieren.
4. In den Koffern war Winterkleidung, obwohl das Flugzeug im Hochsommer abgestürzt war.
5. Die Speicherkarten der Kameras zeigten alte Fotos von August, September und Oktober 2013, es sei kein einziges Bild von 2014 enthalten gewesen.
6. Entgegen der Veröffentlichungen über die Identität der Verstorbenen, sahen fast alle Leichen, soweit erkennbar, asiatisch aus.
7. Bis auf 20 Menschen waren alle anderen vollkommen nackt. Das sei nicht nachvollziehbar, da selbst bei einem so tiefen Fall nicht alle Kleider vom Leib gerissen würden. Ferner hätten die Nackten keine Abdrücke von Hosenbund, Socken etc. gehabt.
8. Die meisten Toten lagen konzentriert an einer Stelle.

Dieser Aussage nach müsste hier ein Flugzeug voller Toter, die in Formalin eingelegt waren, abgeschossen worden sein. Diese Aussage wirft natürlich eine Menge drängender Fragen auf: Wer waren die Toten? Wo sind die echten Passagiere?

War hier ein illegaler Transport konservierter Leichen unterwegs, die man für eine *False-Flag-Operation* verwenden wollte? Hatte die Ukraine evtl. beabsichtigt, die Maschine mit Herrn Putin zu treffen und hat versehentlich diese Maschine erwischt? Kam bei dieser eventuellen Verwechslung die seltsame Fracht zutage? Nach dem Interview gibt es noch mehr offene Fragen als zuvor, doch die Presse meldet darüber nichts, außer dass Putin an allem schuld sei, Sanktionen verhängt werden müssten und die NATO einschreiten müsste.

Doch noch immer ist nicht geklärt: Wer steckt tatsächlich dahinter? Mit diesem Flugzeug scheint auch der Rest der Glaubwürdigkeit unserer Medien (einschließlich ihrer Hintermänner) abgestürzt zu sein! Bezüglich der sonstigen Gegebenheiten in der aktuellen Ukraine-Krise ist es empfehlenswert, sich mit Menschen, die aus Russland zu uns gekommen sind, darüber zu unterhalten, was in russischen Medien gesendet und gedruckt wird. Man könnte meinen, es handelt sich um zwei völlig verschiedene Konflikte, so unterschiedlich sind die Veröffentlichungen. Einer lügt offensichtlich!

Bleiben wir noch kurz bei der Ukraine, denn hier wird gelogen, dass sich die Balken biegen. Am 1.9.2014 brachten verschiedene TV-Medien die Meldung von **angeblichen** russischen Truppen in der Ukraine: *„Neue Satellitenbilder der NATO sollen russische Truppen in der Ukraine zeigen... Mindestens 1.000 russische Soldaten befänden sich auf dem Territorium des Nachbarlands. Die NATO legte Satellitenaufnahmen vor, die dies belegen sollen.“* (*heute.de*)[468] Eine geschickte Ausdrucksweise für einen öffentlichen Sender. Angeblich oder tatsächlich? Interessanterweise berichtet die *Organisation für Sicherheit und Zusammenarbeit in Europa* (OSZE) am selben Tag, dass es keine Hinweise auf Präsenz von russischen Truppen auf ukrainischem Boden gibt.[469] Das wird auch von anderen Medien bestätigt: *„OSZE widerspricht Nato: ‚Keine russischen Truppen in der Ukraine.‘“* (*deutsch-tuerkische-nachrichten.de*)[470] Bekommen die Medien von den Presseagenturen bewusst falsche Informationen, um bei den Lesern eine bestimmte antirussische Meinung zu erzeugen?

Lassen wir uns alle an der Nase herumführen? Sind jetzt russische Truppen in der Ukraine oder nicht? Welches Spiel treibt die NATO hier? Wer (OSZE und NATO) hat welche Absichten? Die NATO wird von vielen Autoren verdächtigt, für die Durchsetzung der *Neuen Weltordnung* missbraucht zu werden. Der ehemalige NATO-General, *Wesley Clark*, sagte bereits 2007, dass *„die USA folgende Länder angreifen werden: Irak, Syrien, Libanon, Libyen, Somalia, Sudan, Iran“.* (*derhonigmannsagt.wordpress.com*)[471] Es mutet schon sehr seltsam an, dass in Afghanistan, Irak und Libyen nach der NATO-Invasion sehr schnell Rothschild-Zentralbanken eingerichtet wurden. Der Verdacht liegt nahe, dass es bei den Kriegen, an denen die USA/NATO beteiligt sind, u. a. um die Einführung einer Zentralbank geht – die keine goldgedeckte Währung mehr zulässt –, und die der Weltfinanzelite unterstellt ist.

Die westliche Finanzelite scheint nun zu versuchen, Russland (und anschließend China?) finanziell unter Druck zu setzen. Sollte dies nicht gelingen, tritt Plan B in Kraft, und ein fürchterlicher Krieg könnte provoziert werden, der in Europa stattfindet. Damit wären die Völker natürlich niemals einverstanden, deshalb wird im Westen durch die Medien bewusst ein böses russisches Feindbild geschaffen. Durch eine Provokation oder sogar eine Operation unter *falscher Flagge* durch den Westen könnte ein Angriff durch das östliche Militär herausgefordert werden. Dies könnte den Weg zur Weltfinanzregierung und zur *Neuen Weltordnung* ebnen.

Wie absurd die Präsenz der NATO in der Ukraine ist, wird deutlich, wenn wir uns die ganze Angelegenheit andersherum vorstellen. Was wäre, wenn Russland Truppen in Kuba stationieren würde, um Kuba gegen Übergriffe der USA zu schützen? Und jetzt stellen wir uns noch vor, dass Russland zuvor über Tricks einen pro-russischen Ministerpräsidenten an die Spitze Kubas gestellt hätte. Würden wir uns nicht fragen, ob Russland jetzt größenwahnsinnig geworden sei? Und was glauben Sie, was Putin über die USA denkt? Vielleicht ist es gut, dass Putin bislang einen kühlen Kopf bewahrt hat und sich nicht provozieren ließ. Es erfüllt mich allerdings mit sorgenvollen Gedanken, was die USA bzw. die *NWO* sich noch alles einfallen lassen, um Putin zu provozieren. Es wäre durchaus denkbar, dass die USA einen Anschlag unter falscher Flagge vortäuschen, um einen „offiziellen" Grund zu haben, Russland den Krieg zu erklären – alles nur, um die finanzielle Macht zu erhalten. Die Gefahr, dass Europa, welches dazwischen liegt, dabei zerstört und zermahlen würde, dass es wiederum Millionen Tote geben könnte, spielt für die USA keine Rolle, sie sind weit weg vom Geschehen.

Wir sollten uns endlich Gedanken darüber machen, in was wir uns einwickeln lassen. Wenn „öffentlich-rechtliche" Medien ständig berichten von *angeblicher Invasion Putins in die Ukraine"* und *„scheinbar"* und *„offensichtlich"*, dann ist etwas faul an der ganzen Propaganda. Wir müssen unsere Augen und Ohren öffnen und lernen, genau hinzuhören, genau zu lesen und manchmal auch zwischen den Zeilen zu lesen und vor allem: hinter die Kulissen zu blicken. Wir dürfen nicht alles glauben, was die Medien uns vorsetzen, vor allem nicht die meinungsbildenden Informationen!

Sollen wir in Europa freiwillig das Kanonenfutter sein für die Machtspiele zwischen *Obama* und *Putin*? Soll das die entscheidende Schlacht werden, um die westliche Weltherrschaft durchzusetzen? Wie glaubwürdig ist *Obama*? Hat er auch nur ein einziges seiner Wahlversprechen gehalten? Wie glaubwürdig ist *Putin*? Lügt er mehr oder weniger als *Obama*? Das sind viele Fragen, über die Sie sich einmal Gedanken machen sollten. Ich kann sie nicht wirklich beantworten, doch ich sehe, dass wir immer mehr auf einen Dritten Weltkrieg zusteuern. Und ich frage mich, warum die Völker nicht geschlossen von ihren Regierungen fordern, Frieden zu schließen. Es braucht nicht viel Phantasie, um sich vorzustellen, was ein Krieg zwischen dem Westen und Russland für Europa bedeuten würde. Bei der heutigen Art der Kriegsführung würden nicht Soldaten gegen Soldaten kämpfen, sondern wir alle wären betroffen.

Rückblickend habe ich den Verdacht, dass die Medien wie TV, Radio und Internet nur deshalb so verbreitet werden konnten, ja sogar gefördert wurden, weil es zum *Plan* gehört, die Völker zu manipulieren. Was gibt es für eine einfachere, leichter zu steuernde, effektivere und preisgünstigere Methode, die Meinung der Menschen zu formen? Nichts beeinflusst unsere Einstellung zu den Dingen so sehr wie vermeintliche *News*, *Nachrichten* oder *Dokumentationen*. Die Quellen, aus denen diese Informationen kommen, sind meist nur einige Nachrichtenagenturen, wie zum Beispiel *Bloomberg News* (Finanz- und Wirtschaftsnachrichten), *Dow Jones & Company* (Finanz- und Wirtschaftsnachrichten), *dpa* (Deutsche Presse-Agentur), *Reuters* usw. Das vereinfacht natürlich die Beeinflussung der Massenmeinung, da nur wenige große Presseagenturen bestimmen, was in den Mainstreammedien berichtet wird. Die Chefredakteure dieser Agenturen haben in der Hand, was dem Leser, Zuhörer oder -schauer geliefert wird. Die Menschen in ihrer Meinung zu beeinflussen, scheint recht einfach zu sein, das wusste schon Heinrich von Kleist, und der ist bereits 1811 verstorben:

> *„Was man dem Volk dreimal sagt,*
> *hält das Volk für wahr."*[472]

Heinrich von Kleist

KAPITEL 22: NEUE WELTORDNUNG (NWO)

Es ist ausreichend dokumentiert, dass eine *Weltregierung*, eine bargeldlose *Weltwährung* und eine einheitliche *Weltreligion* entstehen sollen. Warum sonst sollten alle kleinen Regionen der Welt in immer größere Bündnisse zusammengeschlossen werden? Die kleinen Orte wurden in die größeren integriert, es wurden Landkreise geschaffen und daraus Länder, die wiederum zu Staaten zusammengefasst wurden, und nun werden diese Staaten zu Unionen (EU) zusammengeschlossen. Dies dient allein dem Zweck der einheitlichen Verwaltung = Regierung. Die Menschen haben sich an gleiche Regeln zu halten. So wird es möglich, dass in einer *Neuen Weltordnung* von einer zentralen Stelle aus die gesamte Welt regiert werden kann. Wie das Wort schon besagt, geht es beim *Regieren* um Gier. Die Mächtigen wollen die Menschen beherrschen und das möglichst ohne viele Umstände. Das Ziel ist eine massive Reduktion der Menschen, die zudem brav, fleißig und angepasst sind. Dieser Trend wurde bereits fruchtbar umgesetzt, wie auch die Hochschullehrerin *Christiane Florin* in ihrem Buch *Warum unsere Studenten so angepasst sind.*[473] beklagt. Statt Diskussionen erwarten heutige Studenten Anweisungen und Befehle. Aber die Weltelite hat noch ganz andere Wünsche als nur angepasste Studenten.

> *„Wir werden zu einer Weltregierung kommen,*
> *ob sie dies mögen oder nicht.*
> *Die Frage ist nur,*
> *ob durch Unterwerfung oder Übereinkunft!“*[474]

James Warburg (1896-1969), Großbankier

Über die Pläne der Hochfinanz schreibt der Rechercheur *Dr. Carroll Quigley: „Die Mächte des Finanzkapitalismus hatten sich ein weitreichendes Ziel gesetzt, das einzig und allein darin bestand, ein globales System von finanzieller Kontrolle in privater Hand zu errichten, das fähig war, das politische System jeder Nation und die gesamte Weltwirtschaft zu beherrschen… Als oberste Institution war die Bank für internationalen Zahlungsausgleich in Basel gedacht, eine private Bank im Besitz und unter Kontrolle der nationalen Zentralbanken, wiederum selbst allesamt Privatunternehmen. Jede nationale Zentralbank sollte **Macht über ihre Regierung erringen**, indem sie sich die Kontrolle über Staatskredite verschaffte, Devisen manipulierte, das Niveau der nationalen wirtschaftlichen Aktivität beeinflusste und kooperative **Politiker** durch **nachfolgende ökonomische Begünstigungen für sich gewann.“*[475] (H. d. d. A.) Diese Sätze sind Erklärung genug für das gesamte politische und weltwirtschaftliche Geschehen, bei dem der normale Bürger schon lange den Kopf schüttelt und sagt, dass das alles wohl nicht wahr sein kann.

Mit dieser Kenntnis können wir viele Entscheidungen unserer und anderer Regierungen endlich nachvollziehen. Die Schaffung einer *NWO* wird rücksichtslos vorangetrieben, Staaten zerstört und in größere Verwaltungseinheiten integriert, siehe zum Beispiel die EU. Währungen werden diktatorisch ersetzt, unabhängig davon, ob die Bevölkerung dies befürwortet oder nicht. Wir Deutschen sind nicht befragt worden, ob wir der Abschaffung der DM zustimmen. Die von den Medien gezeigten Interviews, bei denen die befragten Menschen von der Einführung des Euro begeistert waren, weil sie im Urlaub keine Währung mehr tauschen müssten, waren in keinster Weise repräsentativ, denn kaum jemand hat die Währungsumstellung tatsächlich so naiv betrachtet, und jeder normal denkende Mensch konnte die Nachteile bereits erahnen.

Durch den Zusammenschluss von Staaten ist es für die oberste Elite wesentlich einfacher, ihre Wünsche schnell umzusetzen, ohne sich mit vielen verschiedenen Regierungen auseinandersetzen zu müssen. Nur die regionalen Themen sollen noch von den Staats- bzw. Länderregierungen entschieden werden dürfen. Wenn sich die Bevölkerung weigert, ihre Verantwortung vollumfänglich an die zuständigen übergeordneten Kommissionen abzutreten, wird mit Krisen oder auch der *„einen großen Krise"* nachgeholfen. Das Ziel ist, dass die Bevölkerung von selbst nach einer *Weltregierung* ruft und mit allem einverstanden sein wird. Zu diesem Zweck werden bewusst und absichtlich Schwierigkeiten, Konflikte und Kriege erzeugt, damit Ängste um die eigene finanzielle Existenz oder gar das Leben geschürt werden. Das Ziel ist die zentral gesteuerte Kontrolle über Banken, Gesundheitssystem, Militär, Verwaltung usw. Die Einflussnahme durch die Bevölkerung wäre somit minimiert bzw. gänzlich ausgeschlossen.

GEORGIA GUIDESTONES

Die etwa 6 m hohen *Georgia Guidestones* in Elbert County im US-Bundesstaat Georgia sind monumentale aufgestellte Granitplatten. In diese Steintafeln wurde ein Text in den vier antiken Sprachen Babylonisch, Altgriechisch, Sanskrit, in ägyptischen Hieroglyphen und in vielen weiteren Sprachen eingraviert:

„Halte die Menschheit unter 500 Millionen
in fortwährendem Gleichgewicht mit der Natur.
Lenke die Fortpflanzung weise –
um Tauglichkeit und Vielfalt zu verbessern.
Vereine die Menschheit
mit einer neuen, lebendigen Sprache.
Beherrsche Leidenschaft – Glauben – Tradition und alles Sonstige
mit gemäßigter (geringer) Vernunft.
Schütze die Menschen und Nationen
durch gerechte Gesetze und gerechte Gerichte.
Lass alle Nationen ihre eigenen Angelegenheiten selbst/intern regeln
und internationale Streitfälle
vor einem Weltgericht beilegen.
Vermeide belanglose Gesetze
und unnütze Beamte.
Schaffe ein Gleichgewicht zwischen den persönlichen Rechten und
den gesellschaftlichen/sozialen Pflichten.
Würdige Wahrheit – Schönheit – Liebe –
im Streben nach Harmonie mit dem Unendlichen.
Sei kein Krebsgeschwür für diese Erde –
lass der Natur Raum –
lass der Natur Raum."[476]

Diese Sätze klingen auf den ersten Blick sehr vernünftig, wenn wir die Erde und die Natur erhalten wollen. Doch leider gilt das nur für einige wenige. Sehen wir uns den ersten Satz genauer an: eine Menschheit unter 500 Millionen. Bei einer heutigen Bevölkerung von nahezu 7 Milliarden bedeutet das, dass 6.500.000.000 Menschen zu viel auf der Welt leben, die demzufolge sterben sollen. Im Klartext bedeutet das, dass nur jeder 14. überleben darf! Fangen Sie in Ihrer eigenen Familie an zu zählen. Wenn Sie in einer großen Familie leben, könnte, statistisch gesehen, einer davon Glück haben und am Leben bleiben. Bestrebungen hierzu gibt es bereits seit Jahren. Was AIDS nicht geschafft hat, könnte jetzt vielleicht Ebola erreichen. Die USA hat sich schon mal das Patent für das Virus reserviert, wie dies auch andere Quellen angeben![477]

Am einfachsten lässt sich eine Reduzierung der Bevölkerung erreichen, wenn die Menschen diese selbst übernehmen bzw. fördern oder sogar wünschen – nicht bewusst natürlich! Um das zu erreichen, lassen sich die Mächtigen so manches einfallen, sie greifen dabei auch gerne zu sogenannten „energetischen" Mitteln:

Bei den Olympischen Spielen in London im Jahr 2012 waren ca. 62.000 Zuschauer anwesend.[478] Bei der Eröffnungsfeier haben diese Besucher mit ihrer Begeisterung ein Symbol der Krankheit unterstützt, ohne es zu ahnen. Wie das sein kann? Sehen Sie sich Videos der Eröffnungszeremonie an. Es wurden über 300 Krankenbetten samt Krankenschwestern in das Stadion gebracht und dazu eine gigantisch große schwarze Figur mit weißen Augen (sollte *Lord Voldemort* von *Harry Potter* darstellen). Nun muss man sich natürlich fragen, was hunderte von Krankenbetten bei einer olympischen Eröffnungsfeier zu tun haben, dazu ein riesiges Monster mit weißen Augen, das aussieht wie eine Mischung aus Henker und Teufel. Angeblich sind diese Figuren ein britisches Symbol. Wer jedoch Ahnung hat von energetischer Arbeit, der weiß, dass es möglich ist, auf diese Weise die Basis für Krankheit zu legen. Wenn ein Symbol – hier Krankenhausbetten einschließlich Patienten und Krankenschwestern – von Tausenden von Menschen hochemotional(!) bejubelt wird, wenn auch nur indirekt, dann erhält das dahinterstehende, nicht offen sichtbare Ziel enorm viel Kraft und Energie. Dazu ein Monster, das wie ein dunkler Geist wirkte und Chef über das ganze Prozedere gewesen zu sein scheint. Es hielt sogar *„das Zepter in der Hand"*, wie man so schön sagt. Um es herum scharten sich schwarze Figuren, als wollten sie es vor eventuellen Angriffen schützen. Außerhalb dieses Kreises befanden sich die weißen Krankenhausbetten. So arbeitet man auf der Elitenebene! Dem Volk sagt man hingegen spöttisch, „Energiearbeit" sei Humbug und Aberglaube, und es wäre lächerliche Zeitverschwendung, wenn Patienten zum Geistheiler gehen. Alle Naturvölker haben auf diese Weise gewirkt, und die Mächtigen dieser Welt tun es ebenso – siehe *Bohemian Grove* im Kapitel *Religionen*.

Abb. 31: Die Georgia Guidestones bilden ein großes Monument, das sich in Elbert County im US-Bundesstaat Georgia befindet.

Die Weltelite möchte auf diese Weise den Erfolg bei der Verbreitung einer Seuche unterstützen, um ihrem Ziel, der Bevölkerungsreduktion, endlich näher zu kommen, ohne sich die Finger schmutzig zu machen.

Auch die Zeile im Text der *Georgia Guidestones „Lenke die Fortpflanzung weise – um Tauglichkeit und Vielfalt zu verbessern"* enthält ethischen Sprengstoff. Der Satz beinhaltet die Kontrolle sowie Eingriffe in die „Zucht" von tauglichen… ja was eigentlich? Menschen, Arbeitern, Sklaven? Auch die Verbesserung der Vielfalt bedeutet nichts anderes als die Züchtung von Menschen, die für spezielle Zwecke eingesetzt werden sollen. Die Elite möchte Menschen züchten und klonen, die speziell für bestimmte Handlungsbereiche geschaffen werden. Das könnten zum Beispiel sein:

- technische Genies für die Entwicklung von Geräten und Technologien
- nicht selbständig denkende Befehlsempfänger für einfache Arbeiten
- Organspendermenschen mit nachwachsenden Nieren, Lebern, Lungen, Herzen etc. (ähnlich dem System des Pflücksalates)
- Gebärmenschen, denen geklonte Embryos eingesetzt werden
- evtl. musische Genies für die Malerei, die Musik, Dichtkunst etc.

Die Individualität, das Bunte und Lebendige, die unterschiedlichen Talente und Gaben, die die Menschheit heute auszeichnen, dürften dabei rasch verloren gehen. Das Recht auf Menschenwürde wird nur freien Menschen zugesprochen, doch wer geklont bzw. genetisch verändert wurde, wird nicht mehr den *freien Menschen* zugeordnet, sondern als Eigentum deklariert. Die Vorbereitungsphase können wir zurzeit im Bereich der landwirtschaftlichen Nutzpflanzen beobachten. Eine genetisch veränderte Pflanze wird zum Eigentum des Züchters. Genauso wird ein genetisch veränderter oder geklonter Mensch zum Eigentum des Züchters werden. Die Begründung wird vermutlich in die Richtung gehen, dass ein solches Wesen kein Mensch im ursprünglichen Sinne ist. Doch wir dürfen nicht vergessen, dass jedes genetisch manipulierte Wesen und jedes Wesen, selbst wenn es tausendfach geklont wird, ein *beseeltes Wesen* ist. Es wird von einer Seele belebt, die aus Bewusstsein besteht. Und allein diese Tatsache verlangt von uns, dass wir jedem Wesen, jedem Teil unseres Planeten, sei es Mensch, Tier, Pflanze, Wasser oder Stein, mit Achtsamkeit und Respekt begegnen.

Auch die Wesen, die derzeit die Erde beherrschen, sind Wesen, die mit Respekt behandelt werden sollen. Wir dürfen sie daher ebenso wenig quälen wie andere Wesen. Doch wir haben das Recht und auch die Pflicht, unsere Erde in ihrer individuellen Art und Vielfalt zu erhalten und gegen machtvolle und manipulative Übergriffe zu schützen.

Abb. 32:
Bei der Eröffnungsfeier der Olympischen Spiele 2012 wurden über 300 Krankenbetten ins Stadion gebracht, zudem eine riesige liegende Figur.

CHIPPEN

Wenn die Bevölkerungsreduktion wider Erwarten erneut nicht funktionieren sollte, bleibt immer noch der implantierbare Chip, der uns dann zu ferngesteuerten Attentätern oder gleich zu Selbstmördern werden lässt.

Von der Sinnhaftigkeit dieses Chips werden wir vermutlich durch inszenierte Finanzkrisen überzeugt, die das Drucken neuer Geldscheine erforderlich machen würden, was wiederum mit hohen Kosten verbunden wäre. Man wird den Menschen erklären, dass es viel günstiger und einfacher wäre, sich einen Chip implantieren zu lassen. Das Bezahlen im Geschäft würde automatisch per Abbuchung erfolgen, wenn wir unsere Hand mit dem Chip über das Lesegerät halten – angeblich diebstahlsicher und praktisch obendrein.

Dass auch implantierte Chips gehackt werden können, bewies *Barnaby Jack* schon 2012, als er Herzschrittmacher und Insulinpumpen per Funk manipulierte.[479] Dasselbe dürfte auch mit implantierten RFID-Chips funktionieren. So könnten die Milliönchen von Ihrem Bankkonto plötzlich auf dem Konto Ihres Nachbarn landen, und Sie müssten dann beweisen, dass es sich um Ihr Geld handelt.

Man wird ferner damit werben, dass sämtliche Daten über Ihre Finanzen, Gesundheit, Familie, Ausbildungen etc. auf einem Chip gespeichert und upgedatet werden können. Sollten Ihre Kinder jemals entführt werden, könnten sie leichter gefunden werden. Dass Dinge oder Menschen nicht genau geortet werden können, beweist das tragische Verschwinden des Flugzeugs *MH 370* (oder es beweist, dass man hier nichts finden *wollte*)! Wir können jedoch davon ausgehen, dass nicht nur unser Bankkonto und unsere medizinische Versorgung damit verwaltet werden können, sondern auch unsere Gesundheit (Beispiel Herzschrittmacher) und unser Wohlbefinden. Damit ließe sich das Problem der Überbevölkerung ebenfalls regeln. Der Mensch würde vollkommen zum fremdbestimmten Wesen umgepolt werden.

Interessanterweise steht bereits in der *Offenbarung des Johannes 13,18: „Und es brachte alle dazu, die Kleinen und die Großen, die Reichen und Armen, die Freien und die Sklaven, sich ein Malzeichen zu machen auf ihrer rechten Hand oder auf ihrer Stirn. Niemand soll kaufen oder verkaufen können, der nicht das Malzeichen trägt, den Namen des Tieres und die Zahl seines Namens. Hier ist die Einsicht: Wer Verstand hat, der berechne die Zahl des Tieres, denn es ist eines Menschen Zahl, und seine Zahl ist sechshundertsechzig und sechs.*"[480]

Hier wird ein Malzeichen beschrieben, das erforderlich sein wird, um kaufen oder verkaufen zu können. Natürlich wussten die Schreiber des Neuen Testaments noch nicht, dass dieses Malzeichen heute *Strichcode* oder *Chip* genannt wird, und die Bezeichnung *Malzeichen* ist insofern zutreffend, als in dem Chip alle unsere Daten gespeichert werden können und wir uns dadurch zu erkennen geben. Theoretisch könnte es auch ein Strichcode sein, den wir uns irgendwann tätowieren lassen müssen, vermutlich wird es jedoch ein Chip sein. Bei dem Strichcode auf sämtlichen Warenverpackungen handelt es sich um einen Zahlencode, der mittels einer Datenbank mit Artikelbezeichnung, Artikelnummer, Preis, Herkunftsland und Hersteller hinterlegt ist. Nach Meinung vieler

Autoren ist die o. g. Zahl 666 in jedem Strichcode enthalten. Von der Seite der Hersteller wird diese Theorie ins Lächerliche gezogen, doch gerade diese Reaktion sollte uns hellwach werden lassen. In zu vielen Fällen ist uns die Wahrheit bisher vorenthalten bzw. ist sie genau umgedreht worden, als dass wir offiziellen Stellen oder Angaben der Konzerne glauben könnten.

Wenn Ihnen das alles zu suspekt ist und zu sehr nach Verschwörungstheorie klingt, kann ich Sie beruhigen, es ist Verschwörungs*praxis*.

Abb. 33 und 34: Bewusste Hersteller, die sich kritisch mit der Strichcodethematik auseinandersetzen, sind jedoch kreativ: Fa. *Sonnentor* z. B. druckt einen waagerechten Strich durch den Strichcode, wie auch bei dem Buch, das Sie in den Händen halten. Fa. *Yogi Tea* verwendet die Form eines Buddhas, um den Strichcode darzustellen und die negative Energie aufzuheben, um hier nur zwei Beispiele zu nennen. Viele bewusste und kritische Menschen streichen die Strichcodes nach ihrem Einkauf selbst durch, um eine mögliche Programmierung aufzuheben.

Doch zurück zu den RFID-Chips. Es wäre für die Weltelite ein Riesenschritt, wenn sich die Menschen flächendeckend einen Chip einsetzen lassen würden, denn dies würde die Überwachung und Manipulation erheblich ausweiten und vereinfachen.

Vorteil des Menschen-Chippens *aus der Sicht der Weltelite* und Konsequenzen für uns alle:

1. pauschale Besteuerung des gesamten Geldverkehrs (Bezahlung über den implantierten Chip) – auch wenn Sie einem Nachbarsjungen 5 € geben möchten, weil er Ihnen den Rasen gemäht hat
2. Einflussnahme auf Ihren Gemütszustand, Ihre Gesundheit und Ihr Verhalten durch Informationsübertragung auf Ihren Mikrochip per Funk
3. Dezimierung der Menschheit bzw. von bestimmten Menschengruppen (unerwünschte, behinderte, ältere, kranke, nicht leistungswillige Menschen oder andere) durch Töten auf Knopfdruck (offizielle Todesursache: Herzversagen)
4. Befehle erteilen (Gedanken) für Anschläge
5. Bedürfnisse und somit Konsumenten erzeugen
6. Handlungsunfähigkeit einzelner Personen erzwingen (z. B. bei Demonstrationen)
7. Strafe durch Elektroschocks bei Ungehorsam
8. Kriegsbereitschaft erzeugen (menschliche Waffen)
9. Zerstörung der Fruchtbarkeit – Nachkommen werden nur noch über speziell ausgewählte Gene „produziert"
10. Mensch als Ersatzteillager: Wenn ein in der Hierarchie höherstehender Mensch ein Organ benötigt, wird das Organ eines geringeren, aber gesunden Menschen entnommen und dem anderen eingesetzt (Kompatibilitätsprüfung, Auswahl und Durchführung durch das Chippen leicht möglich).

11. Mensch als Experimentierbasis für medizinische oder Züchtungszwecke
12. Mensch als Lieferant von Bausteinen für humantechnische Forschungen (Kombination von humanem Material und Technologie -> z. B. Philadelphia-Experiment im Zweiten Weltkrieg) -> selbstdenkende und auf Wunsch fühlende, technische Geräte bzw. Menschen mit technischer Speicherfähigkeit ihrer Gehirne etc.

Das alles klingt sehr futuristisch, doch sehen Sie sich die neuesten Forschungen an, die in diese Richtung gehen. Wir werden zunehmend technisiert. Herzschrittmacher, Herzklappe, Insulinpumpe usw. sind nur die Eingewöhnungsphase. Sobald wir uns daran gewöhnt haben, dass unsere Körper technisch ausgerüstet sind, werden weitere Dinge folgen. Die Medizintechnik ist in der Lage, das Sehvermögen technisch zu ersetzen und Handprothesen zu bauen, die mit Gedankenkraft gesteuert werden. So kommen Schritt für Schritt Ergänzungen hinzu, die zunächst noch zu unserem Vorteil ausgelegt sind, um uns daran zu gewöhnen. Doch auch hier wird sich die Kehrseite erst später herausstellen, wie es bei der Industrialisierung, der Einführung der Banken, der Zentralisierung der Lebensmittelproduktion und der Wasserversorgung ebenso der Fall war. Ein in sich ruhender, glücklicher Mensch wird dann Historie sein.

Sollten Sie daran zweifeln, dass dies tatsächlich so geplant ist, denken Sie an den bereits erwähnten Roman *1984* von *George Orwell*. Obwohl sein Werk als Roman geschrieben wurde, ist mittlerweile das meiste davon in die Tat umgesetzt worden. Zum Zeitpunkt des Erscheinens war es ein Science-Fiction-Roman. Heute ist fast alles, was er darin beschrieben hat, Bestandteil unseres Alltags geworden. Für die damaligen Leser wäre das völlig undenkbar gewesen – vollkommen ausgeschlossen. Hätten wir vor nur zehn Jahren im Traum daran gedacht, dass Menschen enteignet werden, damit „*Banken überleben*" können, und das alles auf Befehl unserer eigenen Regierungen? Wir hätten laut gelacht, wenn uns das jemand prophezeit hätte!

Übrigens hat der US-Senat im März 2013 einen „*Gesetzesentwurf HR3200 verabschiedet und in Kraft gesetzt. Dieses neue Gesetz verlangt, einen RFID-Chip in jeder Person zu implantieren.*"[481], und zwar nicht irgendwann, sondern binnen 36 Monaten.[482] Wenn die Bevölkerung dies tatsächlich zulässt, könnte jeder Amerikaner per Fernbefehl zum potentiellen Attentäter und Killer programmiert werden. Es stellt sich hier auch die berechtigte Frage, ob die vielen amoklaufenden Kinder und Jugendlichen, die für tragische Schlagzeilen gesorgt haben, bereits gechippt waren! In diesem Falle wären keine Drogen, Medikamente oder sonstige manipulierende Mittel nachzuweisen, und doch findet eine Fremdbestimmung statt.

Der Mikrochip-Hersteller *Mochip* hat auf seiner Internetseite oben links übrigens deutlich das Freimaurerzeichen Winkel und Zirkel platziert! Es ist noch nicht einmal verschlüsselt, wie es bei so vielen anderen Weltkonzernen der Fall ist. Offensichtlicher geht es nicht. Wir sind es uns selbst und unseren Nachkommen schuldig, diese Themen zu hinterfragen und die Absicht dahinter zu erkennen. Übrigens sollen alle US-Strafgefangenen und Militärangehörigen schon länger zwangsweise einen Chip implantiert bekommen haben.

Nachdem so ziemlich alles, was in der Vergangenheit in den USA eingeführt wurde, mit gewissem zeitlichen Abstand auch nach Europa und speziell nach Deutschland kam, ist abzuwarten, ab wann diese Maßnahme auch bei uns geplant sein wird. Würden wir uns tatsächlich chippen lassen, würden wir unsere Freiheit komplett und unwiederbringlich abgeben. Ab dem Moment würden wir unwiderruflich zu Sklaven werden! Wir wären an dem *Point of no return* angelangt!

> *„Manche glauben gar,*
> *wir seien Teil einer geheimen Kabale,*
> *die entgegen der besten Interessen der USA arbeitet,*
> *charakterisieren mich und meine Familie als ‚Internationalisten' und Verschwörer,*
> *die gemeinsam mit anderen weltweit*
> *eine integrierte, globale, politische und wirtschaftliche Struktur schaffen –*
> *die einheitliche Welt, wenn Sie so wollen.*
> *Wenn das die Anklage ist, dann bin ich schuldig,*
> *und ich bin stolz darauf."*[483]

David Rockefeller

DOLLARSCHEIN

Für alle, die sich mit der Thematik befassen, sind die Infos über den Dollarschein nichts Neues, doch ich möchte sie für das bessere Verständnis der übrigen Leser trotzdem hier erläutern. Sie können dies in vielen Quellen nachlesen, zum Beispiel bei *interessantes.at*[484] oder *de.finance.yahoo.com*[485]:

Sehen wir uns einen *Dollarschein* näher an (Abb. 35 und 36):

Allsehendes Auge
(Symbol der Illuminaten) =
Überwachung, echsenähnlich

Pyramide mit 13 Stufen

"MDCCLXXVI"
(1776 = Gründung des
Illuminatenordens durch
Adam Weishaupt; Gründung USA erst 1789)

„NOVUS ORDO SECLORUM"
(Neue Weltordnung)

ANNUIT COEPTIS =
unser Vorhaben wird erfolgreich sein

Olivenzweig
mit 13 Blättern
für Frieden, 13
Pfeile für Krieg

Sechszackiger Stern
über dem Adler mit
13 Sternen (Kraftsymbol Tetraeder),
Beherrschung von
Feuer und Wasser/oben und unten,
Machtsymbol

13 Längsstreifen, 6
davon schwarz (diese
bestehen aus je 3
schwarzen Streifen
= 3 mal 6 = 666 =
Zahl des „Tieres"

Mini-Eule – nur mit Lupe sichtbar (siehe auch *Bohemian Grove*)

Auf einem Dollarschein finden wir jede Menge Symbolik, die auf den Einfluss von Geheimbünden hinweist. Da wäre zunächst die Pyramide mit der abgetrennten Spitze. *„Was macht eine Pyramide auf dem Dollarschein?"*, könnte man sich fragen. Die Pyramide steht hier für eine Hierarchie, bei der die 13 Stufen vom Volk über *Freimaurer ohne Schurz, Blaue Logen, York Ritus, Schottischer Ritus, Komitee der 300, Rat der 33, Rat der 13* und ganz oben an der Spitze schließlich *Luzifer* darstellen sollen. Die Spitze mit dem Auge wird abgehoben und strahlend dargestellt. Dies kann man so interpretieren, dass es sich hier nicht um einen normalen Menschen handelt, sondern um ein abgehobenes Wesen, das extraterrestrischer oder geistiger Natur sein könnte.

Die römische Zahl im Sockel der Pyramide MDCCLXXVI bedeutet 1776. Das entspricht dem Gründungsjahr des *Illuminatenordens* durch Adam Weishaupt.[486] In manchen Quellen steht, dass 1776 das Gründungsjahr der USA sei, doch 1776 wurde lediglich die Unabhängigkeitserklärung der 13 Kolonien gegenüber Großbritannien proklamiert, einschließlich ihrem *Recht*, einen eigenen Staatenbund zu bilden. Ein *Recht* dazu, einen Staatenbund zu bilden, ist nicht gleichbedeutend mit der tatsächlichen Gründung eines Staatenbundes. Wenn ich das *Recht* habe, etwas zu tun, bedeutet das nicht, dass ich dieses Recht auch wahrnehme. Die Verfassung der USA wurde erst am 17.9.1787 verabschiedet, und 1789 wurde der erste amerikanische Präsident gewählt. Ich gehe deshalb eher davon aus, dass es sich um ein Ablenkungsmanöver handelt, wenn behauptet wird, die USA wären 1776 gegründet worden. Diese Zahl auf dem Dollarschein stellt die Gründung des Illuminatenordens dar.

Ferner steht unter der Pyramide: *NOVUS ORDO SECLORUM*, was so viel bedeutet wie *Neue Weltordnung*. Über der Pyramide stehen die 13 Buchstaben *ANNUIT COEPTIS*, was mit *„unser Vorhaben wird erfolgreich sein"* übersetzt werden kann.[487] Noch deutlicher können Absichten kaum kundgetan werden.

Sehen wir uns den Adler auf der rechten Seite an: Über ihm sind 13 Sterne (13 Staaten) so angeordnet, dass sie ein Sterntetraeder bilden, das sind (zweidimensional gesehen) zwei gleichseitige Dreiecke, eines mit der Spitze nach oben, eines mit der Spitze nach unten. Es handelt sich hierbei um ein sehr kraftvolles Symbol, es ist eines der Platonischen Körper, also eine der Grundformen des Universums (Davidstern). Vor dem Adler sieht man ein Wappen mit 13 senkrechten Streifen, 6 dunkle Streifen, 7 helle Streifen. Bei näherer Betrachtung sieht man, dass die dunklen Streifen aus je 3 Strichen bestehen. 6 x 3 Striche könnte man auch als 666 interpretieren. 666 ist die Zahl des Tieres, wie bereits beschrieben wurde. Aber man muss auch bedenken, dass es 7 helle Streifen gibt, also einen mehr als dunkle Streifen. Ich sehe das als gutes Omen. Der Adler selbst hält in der rechten Kralle Olivenzweige mit 13 Blättern und 13 Früchten und in der linken Kralle 13 Pfeile. Das könnte man so interpretieren: *„Wer sich uns nicht friedlich unterordnen will, den werden wir durch Krieg dazu zwingen.“*[488] Auf der Kopfseite ist wieder die *Eule* zu finden, siehe Kapitel *Religionen*.

Was geschieht mit einem Geldschein? Millionen von Menschen fassen ihn im Laufe seiner Existenz an, er wird von Hand zu Hand gereicht und vor allem: Jeder wünscht sich Geldscheine, möchte sie behalten, arbeitet für sie und verteidigt sie! Wer sich nur ein klein wenig mit den Gesetzmäßigkeiten des Universums befasst, weiß, dass dies eine enorme Stärkung dieser Symbole und vor allem eine Stärkung der Idee der Weltmacht bedeutet. Die Ziele, die hinter diesen Symbolen stehen, erhalten von jedem Menschen, der den Dollarschein nutzt, dieselbe Gedankenkraft wie der Dollarschein selbst. So dürften die meisten Menschen denken: *„Ich brauche Geld, ich möchte es bekommen, ich arbeite dafür und freue mich, wenn ich es habe.“* Im übertragenen Sinn bedeutet es jedoch: *„Ich will dieses Ziel, ich möchte es bekommen, ich arbeite dafür und freue mich, wenn ich es habe.“* Nachdem die USA in den letzten Jahren enorm viel Geld gedruckt haben und dies noch immer tun, wird diese Kraft noch weiter verstärkt, da es immer mehr dieser 1-Dollar-Scheine gibt. Schlau, nicht wahr?

Es sind viele Organisationen an der Errichtung der *NWO* beteiligt, zum Beispiel der Studentenbund *Skull & Bones*, der pro Jahr 15 Studenten auserwählt[489], Mitglied zu werden und bereits hier an der Basis auf das Geschehen einwirkt (mehr darüber im Kapitel *Wer steckt dahinter? Wer sind wir?*).

KOLONIEN

„Die NASA will Astronauten eines Tages zum Mars fliegen. Und zwar ohne Rückfahrkarte. Sie sollen den Planeten dauerhaft besiedeln.“[490] Dies war am 29.10.2010 bei *merkur-online.de* zu lesen. Sie können sich sicher sein, dass bereits seit Jahrzehnten in diesem Bereich geforscht wird, bevor Meldungen dieser Art der Öffentlichkeit präsentiert werden. Seit vielen Jahren wird immer wieder von unterirdischen Städten berichtet und dass die Weltelite seit Jahrzehnten in den Bau von Kolonien sowohl im Erdinneren, als auch auf dem Mond und dem Mars investiert. Wenn die Zerstörung der Erde in dem bisherigen Maße weiter voranschreitet, oder wenn es zu einer atomaren Auseinandersetzung kommen sollte, dann wird sich die Weltelite in sichere Entfernung begeben und von dort das weitere Geschehen beobachten bzw. steuern.

Forschungsthemen wie Pflanzenzucht in Räumen, Sauerstoff in geschlossenen Systemen usw. werden wir in Zukunft sicherlich noch öfter begegnen.

SKLAVEN

Wir werden Schritt für Schritt mehr überwacht. Selbst an kleinen Ampeln sind Kameras montiert, und fast alle öffentlichen Plätze werden videoüberwacht. Der Grund ist nicht unser Schutz, wie man uns glauben machen möchte, sondern die Kontrolle. Die Anzahl der Verbrechen ist seit Einführung der flächendeckenden Überwachungen nicht zurückgegangen, dies kann demnach nicht der Grund gewesen sein. Aber in Kombination mit Drohnen und Robotern können unfolgsame Bürger aufgespürt und bestraft werden. Die menschliche Rasse, egal, welcher Herkunft, wird zunehmend versklavt.

„Nur ein braver Sklave ist ein guter Sklave."

Gabriele Schuster-Haslinger

Der kleine Luxus, den man uns Menschen zugesteht, dass wir in andere Länder reisen können, wäre noch vor 200 Jahren unvorstellbar gewesen. Heute ist es alltäglich, in den Urlaub zu fahren. Es könnte durchaus sein, dass wir dadurch vorbereitet werden, mobile, einsatzfähige Arbeiter zu sein. Das bedeutet, wenn in Afrika ein Zimmermann benötigt wird und in München ein arbeitsloser Zimmermann eine Stelle sucht, dann wird man ihn in absehbarer Zeit in einen Flieger stecken und nach Afrika fliegen, damit er die dortige offene Stelle besetzt. Weigert er sich, wird ihm jegliche Unterstützung gesperrt. Aus diesem Grunde werden auch die Bildungsstandards weltweit angeglichen.

Als letzte Konsequenz werden Arbeitskräfte vermutlich zu einem Zeitpunkt X auf andere Planeten deportiert, um dort dasselbe Spiel fortzuführen. Das ist aus heutiger Sicht unvorstellbar, doch auch Autofahren oder Fliegen war vor gar nicht allzu langer Zeit unvorstellbar.

Wer sich widersetzt, dem werden die finanziellen Mittel gestrichen, ähnlich wie es heute bereits geschieht. Bis dahin können wir damit rechnen, dass die Menschen in den Geschäften per implantiertem Chip bezahlen, der bei einem unwilligen Menschen per Knopfdruck deaktiviert wird. Kein aktivierter Chip bedeutet keine Wohnung, keine Nahrung, keine Arbeit, nichts. Wer nicht im Sinne des Systems spurt, wird eliminiert. Ein rebellischer Bürger ist ein Störenfried und eine potentielle Gefährdung des geplanten Systems, daher wird so großer Wert darauf gelegt, dass die Menschen folgsam und still sind und sich führen lassen.

„Wer lange genug als Sklave lebt,
kennt die Freiheit nicht mehr!"

Gabriele Schuster-Haslinger

DRITTER WELTKRIEG

Dieses Thema wollte ich ursprünglich nicht erwähnen, um nicht zu große Ängste zu schüren. Da jedoch zum Zeitpunkt des Schreibens der Konflikt *Russland – Ukraine* sehr aktuell ist sowie das Flüchtlingsthema und Unruhen in Israel, und da in den Nachrichten bereits die Möglichkeit eines Dritten Weltkriegs erörtert wurde, werde ich doch etwas zu der Thematik schreiben. Es gibt einen Plan (dokumentiert durch einen Brief) des Führers des *Bayerischen Illuminatenordens, Guiseppe Mazzini,* und dem *Souveränen Großmeister des Alten und Akzeptierten Schottischen Ritus der Freimaurer, Albert Pike,* aus dem Jahre 1871, wie sie über drei Weltkriege die Welt in ihre Gewalt bringen könnten. Der **Erste Weltkrieg** sollte inszeniert werden, um das zaristische Russland in die Hände des Bayerischen Illuminatenordens zu bringen. Der **Zweite Weltkrieg** sollte über die

Manipulation der zwischen den deutschen Nationalisten und den politischen Zionisten herrschenden Meinungsverschiedenheiten fabriziert werden. Daraus sollte sich eine Ausdehnung des russischen Einflussbereiches und die Gründung des Staates Israel ergeben. Und der **Dritte Weltkrieg** sollte sich aus den Meinungsverschiedenheiten ergeben, die man zwischen den Zionisten und den Arabern hervorrufen würde. Es wurde die weltweite Ausdehnung des Konfliktes geplant. Und genau das erleben wir jetzt!

Betrachten wir uns das aber noch aus einer anderen Sichtweise:

Es gibt viele Seher, die einen Dritten Weltkrieg vorausgesagt haben – mediale Menschen, die auch schon andere Dinge vorhergesagt haben, die zu einem großen Teil auch eingetroffen sind. Einer davon ist *Alois Irlmaier*, der von 1894 bis 1959 in Südostbayern gelebt hat. Ich erwähne gerade ihn, weil seine Vorhersagen sehr gut dokumentiert sind. *Stephan Berndt* hat sich viele Jahre lang mit Hellsehern und ihren Voraussagen beschäftigt und ihre Vorhersagen miteinander verglichen. Er beschreibt zur Glaubwürdigkeit von *Irlmaier* eine bemerkenswerte Anekdote, dass es im Jahre 1947 gegen *Irlmaier* zu einem „Gaukler-Prozess" wegen Hellseherei gegen Bezahlung kam. Der Amtsrichter *Dr. Lehle* sagte im Zuge des Prozesses zu *Irlmaier*: *„Sie können also hellsehen? Sehr schön! Das Beste wäre, Sie geben uns einen Beweis dafür!"* Er wollte von *Irlmaier* wissen, was denn seine (des Richters) Frau jetzt in diesem Moment täte. *Irlmaier* sagte: *„Ihre Frau sitzt daheim beim Kaffee. Ein fremder Herr sitzt ihr gegenüber und trinkt auch Kaffee. Ihre Frau hat ein schönes rotes Kleid an."* Der verdutzte Amtsrichter schickte den Gerichtsdiener los, um diese Aussage zu überprüfen. Der Gerichtsdiener ging zum Hause des Amtsrichters und klingelte. Die Frau des Richters trug tatsächlich das rote Kleid, und sie saß mit einem Mann beim Kaffee! Der Amtsdiener eilte zurück und bestätigte die Aussage *Irlmaiers*. Nach diesem grandiosen Beweis seiner Fähigkeiten und vielen Zeugenaussagen wurde *Alois Irlmaier* freigesprochen.[491]

Über die genaue Terminierung eines Dritten Weltkriegs konnte *Irlmaier* keine Angaben machen, doch hat er einige Vorzeichen beschrieben, die kurz vor dem großen Dritten Krieg geschehen sollen sowie einiges zum Verlauf:

1. viele Fremde kämen ins Land
2. Unruhen in mehreren westeuropäischen Staaten
3. Paris würde von der eigenen Bevölkerung angezündet (Autobrände bei nächtlichen Unruhen sind bereits geschehen)
4. Inflation
5. Steuererhöhungen
6. zuvor Nahostkrieg
7. es soll kein Atomkrieg sein
8. die Russen würden angreifen
9. der Krieg würde maximal 3 Monate dauern
10. die Russen würden den Krieg verlieren
11. *„Dem Krieg geht voraus ein fruchtbares Jahr mit viel Obst und Getreide."*

12. „*Und i siech wieder viele große Vögel; die oan kemma von Osten her und die andern vom Süden. Sie fliagn über uns weg. Und da wo's was fallen lassen, da wird's schlimm. Es san bloß so kloane Kastln, aber sie san recht gfährli. Es scheint mir, dass da nimmer vui lebt, wo so a Kastl niederfallt.*" Gemeint sind hier vermutlich Drohnen, da er an anderer Stelle erwähnt, dass sie „*ohne Männer*" fliegen. Die „*Kastln*" dürften Bomben sein. Diese Bombenabwürfe, vermutlich Giftgas oder giftiges Pulver, sollen eine unüberwindbare Barriere, einen „*Todesstreifen*" bilden, sodass der Nachschub für die russischen bzw. östlichen Soldaten unterbrochen würde.

13. „*Es wird no a große Hungersnot kemma, und die Leut wern betteln, aa solchene, dene es heit recht guad geht.*"… „*Die Hungersnot wird schrecklich, aber nicht lang.*", sagte *Irlmaier*.

Er empfahl, „*verlötete Blechdosen mit Reis und Hülsenfrüchten*" zu kaufen, „*Brot und Mehl hält sich, Feuchtes verdirbt… außer in blechernen Konservendosen*".[491]

Aber auch andere Seher haben ähnliche Vorzeichen beschrieben, hier eine kleine Auswahl:

1. „*Wo heute sieben Pfarrer sind, da wird nur mehr einer sein.*", von einem unbekannten Seher. (Buch *Der Dritte Weltkrieg* von *Jan van Helsing*)[492]

2. „*Es werden so viele Steuern aufkommen, dass sie nicht mehr wissen, was für Namen sie ihnen geben sollen.*", von dem Seher *Fuhrmannl*. (*Jan van Helsing*)

3. „*…es wird weiter kommen, dass die Menschen große Erfindungen machen und auch auf die Natur der Erde einzuwirken beginnen, dass diese am Ende ordentlich leck werden muss.*", von *Jakob Lorber*. (Hinweis auf HAARP, Chemtrails, Ozonloch, Fracking etc.?)

4. Der Seher *Bauer Jasper* soll gesagt haben: „*Der Weizen kann noch geerntet werden, doch der Hafer nicht mehr.*"[493]

5. „*Der Krieg folgt auf einen Winter, der kein Winter ist, wo nur Lappen, das heißt sohlenhoher Schnee fällt. Die Schlüsselblumen blühen in diesem Jahre sehr früh, und den Kühen geht schon im April das Gras bis an die Knie…*", von dem unbekannten Seher aus dem Sauerland.

Stephan Berndt schreibt in seinem Buch *Alois Irlmaier – ein Mann sagt, was er sieht*, dass *Irlmaier*, wie andere Seher auch, eine dreitägige Finsternis vorhergesagt habe: „*Finster wird es werden an einem Tag unterm Krieg, dann bricht ein Hagelschlag aus mit Blitz und Donner, und ein Erdbeben schüttelt die Erde. Dann geh nicht hinaus aus dem Haus. Die Lichter brennen nicht, außer Kerzenlicht, der Strom hört auf. Wer den Staub einschnauft, kriegt einen Krampf und stirbt. Mach die Fenster nicht auf, häng sie mit schwarzem Papier zu. Alle offenen Wasser werden giftig und alle offenen Speisen, die nicht in verschlossenen Dosen sind. Auch keine Speisen in Gläsern, die halten es nicht ab. Draußen geht der Staubtod um, es sterben sehr viele Menschen. Nach 72 Stunden ist alles wieder vorbei.... geht nicht hinaus, schaut nicht beim Fenster hinaus, lasst die geweihte Kerze oder den Wachsstock brennen und betet…*"[494]

Nach dem Krieg soll in *Irlmaiers* Wirkungsbereich „*eine Temperatur herrschen, die so ist, wie in Italien*".

Von verschiedenen Sehern wird beschrieben, dass nach der dreitägigen Finsternis die Sonne im Westen aufgehen soll. Dies könnte auf einen Polsprung hindeuten, auch die Temperaturerhöhung in Süddeutschland wäre dadurch erklärbar. Dass tatsächlich ein Polsprung bevorsteht, zeigt sich in der Tatsache, dass das Magnetfeld schwächer geworden ist. *„Die Messungen zeigen, dass es etwa in Zeiträumen von durchschnittlich 300.000 bis 500.000 Jahren zu einem Polsprung kam. Da der letzte gemessene sich vor 780.000 Jahren ereignete, wäre der nächste also mehr als überfällig. Und womöglich hat der Prozess, der zu einer weiteren Polumkehr führt, bereits begonnen. Ein Indiz dafür ist, dass das Erdmagnetfeld seit Beginn der Messungen vor 170 Jahren bis heute um zehn Prozent schwächer geworden ist. Eine Ende 2005 veröffentlichte Studie ergab zudem, dass sich der magnetische Nordpol im vergangenen Jahrhundert um rund 1100 Kilometer von Alaska in Richtung Sibirien verlagerte. Dabei wanderte er in der Spitze mit 50 Kilometer pro Jahr im Zickzack durch die Tundra.“*[495], schreibt *Michael Odenwald* im Magazin *Focus*.

Der Seher *Mühlhiasl*, der Ende des 18. Jahrhunderts gelebt hat, ist ebenfalls ein sehr bekannter Seher. Von ihm wurden viele Vorzeichen beschrieben, die vor dem großen *„Bänkeabräumen“* stattfinden sollen, wie zum Beispiel:

1. *„D' Religion wird noch so klein, dass man's unter einen Hut hineinbringt, der Glaube wird so dünn, dass man ihn mit einer Geisel abhauen kann.“*
2. *„Es kommt neues Geld auf, da ist die Fledermaus drauf.“*
3. *„Wenn der Wald Löcher hat wie der Bettelmanns Rock…“*

Über den Zeitpunkt des Bänkeabräumens gibt es die Prophezeiung: *„Wenn der Johannestag (Johannes der Täufer) und der Kranzltag (Fronleichnamstag) zusammenfallen, dann geht's los.“* Nach den Berechnungen des Autors *Andreas Zeitler* dürfte dies am 24. Juni 2038 der Fall sein.[496] Ob es allerdings noch so lange dauert, ist aus heutiger Sicht fraglich.

Dass ein Dritter Weltkrieg kommen könnte, scheint mir aufgrund der nach wie vor stattfindenden Machtspiele unserer „Supermächte“ durchaus möglich, doch wann dies sein könnte, ist schwierig abzuschätzen. Nachdem viele Vorhersagen, wie zum Beispiel das Chippen der Menschen, noch nicht in vollem Umfang eingetroffen sind, gehe ich davon aus, dass es noch einige Jahre dauern dürfte, obwohl in den USA wesentlich mehr für den Chip geworben wird als bei uns in Europa. Doch eine terminliche Prognose ist kaum möglich. Auch die bekannten Seher konnten den genauen Beginn nicht benennen.

Wir sollten daher nicht in Panik verfallen, sondern an uns arbeiten und immer auf alles gefasst sein. Schon in der Bibel steht bei *Matthäus 25,13*: *„Seid also wachsam! Denn Ihr wisst weder den Tag noch die Stunde.“* Das gilt sowohl für unseren persönlichen Abschied von dieser Welt als auch für den Beginn eines eventuellen Dritten Weltkriegs.

Vorbeugend möchte ich empfehlen, zu Hause immer einige Vorräte zu lagern, mit denen Sie zumindest einige Wochen gut überleben könnten. Die Nahrungsmittelauswahl sollte immer dem entsprechen, was Sie auch sonst zu sich nehmen, denn die Wahrscheinlichkeit, dass es zu einem weltweiten Konflikt kommt, ist zwar gegeben, doch der Zeitpunkt ist nicht vorhersehbar. Daher sollten Sie die Nahrungsmittel immer wieder verbrauchen und ersetzen. Dies setzt voraus, dass Sie die Speisen auch mögen.

Es gibt bereits durchdachte Listen, was im Notfall alles benötigt wird[497], nachfolgend eine kurze Zusammenstellung:

Getränke:
Trinkwasser

Grundnahrungsmittel:

1. Knäckebrot
2. Vollkornbrot in Dosen
3. Nudeln
4. Reis
5. Kartoffeln

Konserven:

1. Bohnen
2. Erbsen/Möhren
3. Sauerkraut

Obst/Nüsse:

1. Äpfel frisch
2. Nüsse ungesalzen

Tierische Produkte:

1. Fisch in Dosen
2. Wurstwaren in Dosen
3. Salami

Fette/Öle:
Olivenöl (z. B. im Kanister)

Sonstige Nahrungsmittel:

1. Nahrung für Säuglinge und Kleinkinder
2. Kekse
3. Salzstangen
4. Schokolade (schneller Energielieferant)
5. Tiernahrung bei Bedarf

Küchenwerkzeuge:

1. Campingkocher mit Gaskartuschen; alternativ: Ethanolkocher und Ethanol
2. Dosenöffner
3. Streichhölzer, Feuerzeug
4. Messer
5. Holzkohlegrill, Holzkohle (evtl.)

Medizin

1. Wasserdesinfektionsmittel
2. Medikamente
3. Verbandsmaterial
4. Doppelkorn (Desinfektion)
5. Zugsalbe
6. Rescue-Tropfen (Bachblüten)
7. Schmerzmittel verschiedener Stärke
8. Durchfallmittel
9. Heilerde
10. Neo-Ballistol
11. Vitamin C

Hygiene:

1. Seife
2. Shampoo
3. Zahncreme
4. Zahnbürste
5. Deo
6. Hygieneartikel Mann/Frau/Kind
7. Toilettenpapier
8. Kamm/Bürste
9. Nagelfeile, -schere
10. Eimer, verschließbar

Sonstiges:

1. Kerzen (Windlicht, Laterne, evtl. Grablichter)
2. Radio, Batterien, Senderliste
3. Wolldecken
4. Nähutensilien
5. Werkzeuge aller Art
6. Stifte
7. Papier
8. Taschenlampen
9. Eimer
10. Schnur

In Anlehnung an die Prophezeiung von Alois Irlmaier, dass in den 3 Tagen Finsternis auch Speisen in Gläsern schlecht werden sollen, würde ich ausnahmsweise, trotz der Aluminiumbelastung, Dosen statt Gläser empfehlen. Bitte daran denken, die Lebensmittel regelmäßig zu verwenden und wieder frisch nachzufüllen!

Diese Liste sollte nicht dogmatisch gesehen werden, und wir dürfen ebenso nicht in Panik verfallen. Wir leben jetzt im Frieden und sollten uns über jeden Tag freuen!

EUGENIK

„Unter dem Wort Eugenik versteht man die Verwendung von wissenschaftlichen Konzepten auf die Gesundheits- und Bevölkerungspolitik, um die prozentuale Rate der sich positiv auswirkenden Erbanlagen zu vergrößern, beziehungsweise um das negative Erbgut zu verringern oder zu vernichten…", schreibt *eugenik.net*. Indirekt wird der Begriff auch im Zusammenhang mit der Lösung des „Problems" der Überbevölkerung der Erde verwendet. So wird zum Beispiel *Bill Gates* von manchen Autoren als Eugeniker bezeichnet. Er fördert mit seiner *Bill & Melinda Gates Foundation* kostenlose *Schutzimpfungen*, vor allem in Entwicklungsländern. Bei einem Interview hat er jedoch im Zusammenhang mit Impfungen davon gesprochen, dass die Bevölkerung um 10 bis 15% reduziert werden könne.[498] Er stellte hier eine Verbindung zwischen zwei Begriffen her, die eigentlich im Widerspruch stehen sollten: Impfung und Bevölkerungsreduktion!

Das ist ein sehr heikles Thema, da die Erde in der Tat sehr dicht bevölkert ist, jedoch denke ich, dass die Erde uns alle problemlos ausreichend mit Nahrung versorgen könnte, wenn beispielsweise die Menschen der Industriestaaten aufhören würden, (so viel) Fleisch zu verzehren. Wenn die Pflanzen, die an die Nutztiere verfüttert werden, den Menschen als Nahrung dienen würden, und wenn Lebensmittel nicht für finanzielle Börsenspekulationen genutzt würden, dann wäre das Welthungerproblem gelöst. Es gibt andere Möglichkeiten, die Bevölkerung nicht weiter wachsen zu lassen bzw. zu reduzieren als die Menschen durch Impfungen unfruchtbar werden zu lassen, Kriege zu initiieren, Krankheiten zu verbreiten oder schädliche Medikamente zu verabreichen. Die Veränderung sollte über das eigene Bewusstsein und die eigene Verantwortung der Erdbewohner herbeigeführt werden.

Es ist zu befürchten, dass mit dem Ziel, die Bevölkerungsdichte zu verringern, (auch) in Zukunft Erreger freigesetzt werden könnten, die zu Epi- oder Pandemien führen sollen. In verschiedenen Quellen wird stark vermutet, dass dies bereits mit mehr oder weniger Erfolg versucht worden ist, zum Beispiel mit der *Schweinegrippe*, *SARS*, der *Vogelgrippe* und mit *HIV* usw.

In den vergangenen Jahrhunderten sind Millionen Menschen durch Seuchen gestorben, wie zum Beispiel durch die *Pest*, die mehrere Male ausgebrochen war, und die *Spanische Grippe*, um nur zwei zu nennen. Ich gehe davon aus, dass wir künftig mit dem Thema *Bevölkerungsreduktion* in verschiedensten Formen konfrontiert werden.

> *„Meine drei Hauptziele wären*
> *die Reduzierung der Weltbevölkerung auf 100 Millionen weltweit,*
> *die Zerstörung der industriellen Infrastruktur zugunsten der Wildnis,*
> *die dann mit all ihren Spezies auf der gesamten Welt zurückkehrt."*[499]

Dave Foreman, Mitgründer von *Earth First!*

KAPITEL 23: WER STECKT DAHINTER? WER SIND WIR?

Wenn wir davon ausgehen, dass hinter all dem, was in den vergangenen Kapiteln beschrieben wurde, ein System steckt – und das kann man anhand dessen, was alles passiert (ist), kaum noch bezweifeln –, dann stellt sich die Frage: *„Wer, um alles in der Welt, kann Jahrhunderte oder vielleicht Jahrtausende vorausdenken und über so lange Zeit einen Plan verfolgen?"*

Sie haben sicherlich schon von *Geheimbünden* gehört, von *Illuminati*, von *Freimaurern* usw. Das klingt alles nach *Verschwörungstheorien*, nach spannenden Filmen, aber nicht nach einem realen Geschehen in unserem Leben. Und doch gibt es sie, die geheimen Treffen, doch leider berichtet die Presse wenig bis nichts darüber, obwohl die Orte mittlerweile Monate vorher bekannt sind. Wenn man sensibel darauf achtet, dann kann man sehr wohl die Zusammenhänge zwischen Geheimbünden, Staaten und Menschen erkennen, die unser aller Leben durch ihre Macht und ihre Verbindungen steuern und manipulieren.

Einer dieser Bünde ist *Skull & Bones* der *Yale University*, dem nachgesagt wird, dass dieser seine Mitglieder mit grenzwertigen Methoden auf die Ausübung der Macht vorbereitet. Etliche führende Vertreter in Politik und Wirtschaft waren Mitglieder des Bundes, unter anderem Angehörige der Familie *Rockefeller*, *Payne* von der mächtigen *Standard Oil*, die Familie des US-Präsidenten *William Howard Taft*, US-Präsident *Jimmy Carter* usw. Auch der *Council on Foreign Relations* (CFR), gehört zur Vereinigung.[500] Selbst die beiden ehem. US-Präsidenten *Bush* sowie *John Kerry* sind Mitglieder der Vereinigung.[501]

Nun darf man jedoch nicht davon ausgehen, dass *Skull & Bones* einfach nur eine Studentenvereinigung darstellt, in der sich Studenten treffen und austauschen, nein, es ist eine jahrhundertealte Elitegemeinschaft, und wer ausgewählt wird, dort Mitglied zu werden, muss ein strenges Aufnahmeritual absolvieren, bei dem auch ein Totenkopf eine Rolle spielt. So schreibt die *ZeitenSchrift*: *„Während des Ritus der Aufnahme legt sich der Anwärter nackt in einen offen stehenden Sarg, schildert seine intimsten Geheimnisse und Wünsche und muss sich einer Art Reinigung unterziehen. Nach diesem Ritual ist der Neuling einer der Gesellschaft der Knochenmänner und ist nur noch diesen gegenüber verantwortlich."*[502] Wohlgemerkt, wir befinden uns im 21. Jahrhundert, nicht im Mittelalter!

Auch zwischen *CIA* und *Skull & Bones* sind intensive Kontakte ans Licht gekommen. *„Auf dem Gelände des CIA-Hauptquartiers und der Yale-Universität findet sich eine Statue von Nathan Hale. Hale war Yale-Absolvent und unter George Washington Mitglied des CIA-Vorläufers Culper Rings. Der Yale Professor Gaddis Smith sagt dies deutlich: ‚Yale hat die CIA mehr beeinflusst als jede andere Universität. Man hat hier schon fast das Gefühl eines Klassentreffens von CIA-Mitgliedern.'".*[503] Es drängt sich dabei der Verdacht geradezu auf, dass *Skull & Bones* in der Weltmacht USA eine nicht zu unterschätzende Rolle spielt und gezielt ihre Absichten umsetzen möchte. Das verstärkt sich, wenn man bedenkt, dass *George W. Bush* seine erste Stelle über diese Verbindungen erhalten hat. *„Die Totenköpfe gaben ihm Geld für den Wahlkampf, vermittelten Verbindungen, öffneten Türen. Als Präsident bleibt er der Tradition treu, jetzt hebt er Mitglieder in wichtige Positio-*

nen. Eine der ersten Veranstaltungen nach seiner Amtseinführung im Weißen Haus war ein Treffen der Totenkopfkameraden seines Jahrganges. Kurz darauf erhielten Ordensmitglieder Posten im Justizministerium, im Amt für Innere Sicherheit, als Botschafter, als Vertreter des Pentagons in Europa."

Auch *George Bush sen.* und der Großvater *Prescott Bush* sind bereits Mitglieder gewesen. In der genannten Quelle wird über obszöne Rituale und (echte oder gestellte?) Opferungen von Menschen berichtet. Wer hierbei gefilmt wird, ist natürlich erpressbar und würde kaum Geheimes über seinen Bund verraten. Da müsste jemand schon wahre Größe zeigen, wenn er Details preisgeben würde, auch auf die Gefahr hin, denunziert zu werden. Die höheren Grade werden sich genau bewusst sein, was mit der Bevölkerung geplant ist, doch das eigene Wohl ist einfach wichtiger als das von 7 Milliarden Menschen. Wir sehen, es scheinen seltsame Menschen zu sein, die über einen großen Teil der Weltbevölkerung herrschen (wollen).

Aktiv mit beteiligt an der heutigen Situation scheint auch der so oft zitierte *Illuminatenorden* zu sein. Die Illuminaten sind ursprünglich ein geheimer Männerbund, der 1776 von dem Professor für Kirchenrecht und praktische Philosophie, *Adam Weishaupt*, gegründet wurde. Das Symbol, das er für den Orden wählte, ist die *Eule der Minerva*, der römischen Göttin der Weisheit.[504] Nochmals zur Erinnerung: Bei *Bohemian Grove* spielt die Eule eine Rolle, und auf dem 1-Dollar-Schein ist sie ebenfalls im Kleinformat gedruckt. Damit sind die Illuminaten symbolisch an jedem Geldgeschäft beteiligt. So funktioniert Symbol-Energie. Alles nur Zufall? Wohl kaum.

Illuminati (lat.) bedeutet *die Erleuchteten*, was der Autor *Michael Morris* so erläutert: *„Erleuchtet in dem Sinne, dass sie über die Gesetze des Kosmos und über die Geheimnisse der Menschheit Bescheid wissen."*[505] Diejenigen, die zurzeit über die Geheimnisse des Kosmos und der Menschen Bescheid wissen und dies geheim halten, haben nicht die edelste Gesinnung. Sie meinen, die Macht, die sie in ihren Händen halten, auf die Menschen ausüben zu dürfen, um ihre Ziele durchsetzen zu können. *„Viele Geheimbünde huldigen eher Satan statt Gott."*[506], schreibt *Morris* weiter. Das lässt auf egoistische Pläne schließen, die der eigenen Macht der Bünde und evtl. einer sogar noch darüber angesiedelten Ebene dienen. Das Interesse an der Menschheit scheint hier – wenn überhaupt – nur untergeordnet vorhanden zu sein.

Wer tief in den Geheimbünden steckt, der weiß daher auch um die Gefahr, die ihm droht, wenn er plaudert. Wenn es doch eine undichte Stelle gibt und Details bekannt werden, dann werden diese nicht geglaubt, weil sie zu grotesk klingen. Die Wahrheit ist viel zu abstrus und brutal, als dass man sie für wahr halten könnte. Auch die Angst, nicht ernst genommen zu werden, hält viele Menschen davon ab, sich auch nur gedanklich mit diesen Themen zu befassen. Aus dieser Angst heraus ziehen sie interessierte Menschen mit der Frage: *„Ach, gehören Sie auch zu den Verschwörungstheoretikern?"* ins Lächerliche.

An dieser Stelle möchte ich ein Zitat wiederholen, weil es hier so genial passend ist:

„Der Einzelne steht wie gelähmt vor einer Verschwörungstheorie,
die so monströs ist, dass er sie einfach nicht fassen kann."[507]

J. Edgar Hoover (1895-1972), erster Chef des FBI und Freimaurer

Neulinge der *Freimaurer* zum Beispiel erfahren in den unteren Graden (Johannesgrade) ein klein wenig des geheimen Wissens mit dem Hinweis, dass es da noch mehr gibt, und je höher sie steigen, desto größer sind auch ihre wirtschaftlichen Vorteile. Es gibt keinen offensichtlichen Grund für die Mitglieder, daran etwas zu ändern, eine Mitgliedschaft wirkt sich durchaus vorteilhaft auf ihre Karriere aus. Etwas anders sieht es bei den höheren Graden aus: In den Hochgraden (York- und Schottenritus) wird man über die Jahre hinweg (ca. 15 Jahre bis zum 10. Grad im York- bzw. 33. Grad im Schottenritus) beobachtet. Und jeder hat irgendeinen dunklen Fleck, durch den er erpressbar wird (Spielschulden, geht fremd, ist kriminell, drogenabhängig, hat diverse sexuelle Neigungen...). Wie dies der von *Jan van Helsing* interviewte Freimaurer (*Geheimgesellschaften 3*) erklärt, nutzt die Hochgradfreimaurerei das gezielt aus. Man ist auf irgendeine Weise erpressbar und kann gar nicht mehr aussteigen, selbst wenn sich das Gewissen regen würde – es geht nicht mehr! In die höchsten Grade kommt ohnehin nur, wer im Sinne der Loge handelt. Satanische Rituale sind laut dem Aussteiger *H. M. v. Stuhl* auch hier üblich, die Mitglieder schöpfen ihre Kraft und Macht aus diesen Riten.[508] In diesen Ebenen wird auch entschieden, wer „gehen" muss. So sind Anfang 2014 viele „Selbstmorde" von Bankangestellten der oberen Kategorie bekannt geworden. Auch bei vielen anderen „Selbstmorden" oder „Unfallopfern" aus Wirtschaft und Politik stellt sich immer wieder die Frage: *„War das wirklich so?"* Aber auch wenn noch so viele Zweifel bestehen, die Mainstreampresse bildet die Meinung, und alles andere bleibt Spekulation oder „Verschwörungstheorie" und wird ins Lächerliche gezogen, wie beispielsweise Gegner der offiziellen *World Trade Center-Theorie*.

Verschiedene freimaurerische „Whistleblower" haben in ihren Enthüllungsbüchern und in Interviews beschrieben, wie Macht funktioniert und vor allem, dass man keine Wahl mehr hat, wenn man sich in den Kreisen von Logen und Geheimbünden befindet. Menschen, die einen gewissen Hang zur Machtausübung haben, sind gefährdet, in das Spinnennetz dieser Menschen zu geraten, die in der Regel über großes Wissen verfügen. Die Mitglieder sind sich darüber im Klaren, dass sie einen Ausstieg mit allerhöchster Wahrscheinlichkeit nicht überleben würden. Diese Menschen lenken die wirtschaftlichen und politischen Geschicke aus dem Hintergrund mit Mitteln, die dem anderen keine Wahl lassen, denn fast jeder Mensch ist erpressbar oder käuflich. *„Wir bestachen und erpressten Politiker oder ließen sie bestechen... Wir bezahlten sie sehr großzügig, sodass keiner, aber auch nicht ein Einziger nachfragte."*[509], sagt ein Freimaurer, der ausgestiegen ist. Jetzt können wir auch nachvollziehen, warum Politiker im Vergleich zur Wirtschaft „relativ" wenig verdienen. Umso leichter sind sie erpressbar und entscheiden im Sinne der Eliten. Ich möchte betonen, dass es mit Sicherheit Politiker gibt, die voller Überzeugung für das Wohl der Menschen eintreten, aber es gibt eben auch die andere Sorte.

Wenn Logenmitglieder in der Hierarchie höher aufgestiegen sind, kommt natürlich – neben wirtschaftlichen Vorteilen – auch noch ein Gefühl der Überlegenheit und Überheblichkeit hinzu, weil sie mehr über die Gesetzmäßigkeiten und Regeln des Universums wissen und wie man sich diese zunutze macht. Doch diese Menschen bezahlen ihr Wissen mit der Einsamkeit und der eventuellen späteren Einsicht, für die falsche Seite gearbeitet zu haben. Außerdem bin ich mir sicher, dass sie in irgendeiner Form ihre Seele verkauft haben.

Von Aussteigern wird auch die Angst der Elite beschrieben, dass die Menschen eines Tages das Spiel *Teile und Herrsche* durchschauen könnten und sich vereinigen, um gegen die Vorherrschaft vorzugehen: *„Die einzigen, die sie zu fürchten hatten, waren die entfesselten Massen der Bevölkerung. Eine Million Menschen, die konzentriert mit aufgebrachten Emotionen einen Gedanken hegten, wären unbesiegbar... Deshalb fürchte die Loge die Öffentlichkeit über alle Maßen.“*[510]

Sie sehen, es ist existentiell wichtig, dass wir so rasch wie möglich durchschauen, dass und wie wir manipuliert werden, wie durch Aktionen unter falscher Flagge Kriege angezettelt und die Soldaten der gesamten Welt als Kanonenfutter missbraucht werden.

Die *Bilderberger* sind eine weitere Gruppierung, deren Hauptthema der Ausbau der Macht und der Fortschritt der *Neuen Weltordnung* ist. Die geladenen welthöchsten Politiker und Wirtschaftsbosse trafen sich 1954 zum ersten Mal, um Instruktionen für die Vorgehensweise in den folgenden 12 Monaten mit dem Ziel der *Neuen Weltordnung* zu erhalten und sich staatenübergreifend abzusprechen. Viele Politiker haben eine Blitzkarriere gestartet, nachdem sie das erste Mal zu einem der jährlichen Bilderberger-Treffen eingeladen worden sind. Diese Treffen sind natürlich geheim, es darf weder die Presse anwesend sein, noch wird ein Protokoll der Gespräche veröffentlicht. In den letzten Jahren sind die *Bilderberger* und ihre Treffen dank mutiger Journalisten bekannter geworden, doch noch immer liest man wenig bis gar nichts darüber in der allgemeinen Presse. Bei diesen Treffen handelt es sich um *„informelle, private Treffen von einflussreichen Personen aus Wirtschaft, Militär, Politik, Medien, Hochschulen und Adel.“*[511], heißt es bei *wikipedia* und ich nehme an, dass der Satz bis auf das Wort *„private“* sogar den Tatsachen entspricht.

Weitere Gruppierungen, die laut dem Buch *Was Sie nicht wissen sollen* von *Michael Morris* in den Händen der Mächtigen sind:

- *Komitee der 300*
- *The Round Table*
- *Council on Foreign Relations (CFR) mit den Untergruppen:*
  - ➢ *Deutsche Gesellschaft für auswärtige Politik (DGAP)*
  - ➢ *Royal Institute of International Affairs (RIIA)*
- *Club of Rome*
- *Tavistock-Institut*
- *World Wide Fund for Nature (WWF)*
- *Trilaterale Kommission (TC)*[512]

Wer sich den Zielen dieser Eliten in den Weg stellt, wird aus dem Weg geräumt, wie zum Beispiel *J. F. Kennedy* (1963). Er wollte die *FED* durch eine staatliche Zentralbank ersetzen (*Präsidentschaftserlass Executive Order No. 11110*), wie im Buch *Die Jahrhundertlüge, die nur Insider kennen* von *Heiko Schrang* nachzulesen ist.[513] Doch diesen Plan hat er leider nicht überlebt. Bis heute ist das Attentat nicht wirklich befriedigend aufgeklärt. Auch *Robert Kennedy* wurde 1969 Opfer eines Attentates. Ebenso erging es *John F. Kennedy jr.*, dessen Privatflugzeug 1999 auf mysteriöse Weise abstürzte. Er wollte sich dagegen wehren, dass die Medien von bestimmten Leuten beherrscht wurden. Die Ziele der herrschenden Elite sind festgeschrieben und werden verfolgt – egal, wer in welche politische Positionen gewählt wird. Die Ziele werden über Jahrhunderte verfolgt, und das ist es auch, was es uns so schwer macht, die Wahrheit dahinter zu erfassen und zu erkennen. Manche Quellen sprechen tatsächlich von tausenden von Jahren, seit eine kleine Gruppe die Macht übernahm und maßgeblich die Geschicke der Welt bestimmte und noch immer bestimmt. Die Entscheidungsträger der weltgrößten Firmen, Banken und Organisationen sind zu einem großen Teil vernetzt in diese Machtstruktur und an der Versklavung der Menschen beteiligt – um des eigenen, egoistischen kleinen Vorteils willen oder weil sie unter Druck gesetzt werden.

Kommen wir nun zu der Frage: *„Wer sind wir?"* Mit dieser Frage haben sich schon unzählige Menschen beschäftigt, und nach der offiziellen Meinung der Wissenschaft haben wir Menschen uns nach der *Darwin'schen Theorie* aus den Primaten entwickelt. Diese wiederum seien in einer Jahrmilliarden dauernden Evolution aus den ersten Einzellern entstanden, die selbst wiederum ein Zufallsprodukt gewesen sein sollen. Der Brite *Charles Darwin* (1809 bis 1882) kam durch Beobachtung zu dem Schluss, dass sich die Natur durch Variation und natürliche Selektion immer wieder veränderte und an neue Bedingungen angepasst hat, bis alle Lebewesen und Pflanzen dieser Erde zu dem geworden sind, was wir heute vorfinden.

Bei den später nach ihm benannten *Darwin-Finken* auf den Galápagos-Inseln war durch die Vielzahl an Variationen keine klare Trennung zwischen Arten und Varietät möglich. Alle Arten waren eng verwandt. Dies war für ihn der erste Hinweis, dass sich die Arten der Lebewesen ständig weiterentwickelten und an sich verändernde Lebensumstände anpassten. Für diese Theorie spricht auch, dass durch bewusste Selektion, wie zum Beispiel die Zucht von Pferden, Rindern, Rosen, Orchideen usw., bestimmte Pflanzen- und Tiermerkmale verstärkt werden können.

Diese Theorie weist jedoch sehr viele Lücken auf, die die Wissenschaft bis heute nicht erklären kann. Es muss noch mindestens ein weiterer Faktor an der Erschaffung der Spezies Mensch und auch der Tierarten beteiligt gewesen sein. Es gab nämlich immer wieder Sprünge in der Entwicklungsgeschichte, die nicht nachvollzogen werden können und die die (anerkannte) Wissenschaft vor Rätsel stellen, denn es fehlen in der Regel Nachweise und Funde über die Zwischenstufen. Wie soll sich beispielsweise der Specht entwickelt haben, dessen Zunge auf der Rückseite des Gehirns entlang führt um es vor Erschütterungen zu schützen? Oder wie sollen Haare bzw. Fell aus Schuppen eines Reptils oder Fisches entstanden sein? Wie haben sich die Federn eines Vogels entwickelt?

Wie entwickelte sich der Kalt- zum Warmblüter? Dazu kommt die berühmte Frage: *„Was war zuerst da, das Ei oder die Henne?"* Wie kann ein Wechsel zum Säuger stattgefunden haben? Warum gibt es über diese Zwischen-Entwicklungsstadien keine Fossilien? Was ist mit dem *missing link* zwischen dem *Neandertaler* und dem *homo sapiens*?

Sind diese Evolutionssprünge tatsächlich von heute auf morgen entstanden, wie es laut Fossilienfunden vermutlich war? Das wiederum spräche für einen Eingriff von außen – von einer höheren Zivilisation, von einer „anderen" Intelligenz! Sie sehen, es gibt in der anerkannten *Darwin'schen Entwicklungsgeschichte* viele offene Fragen, die die Naturwissenschaft nur mit fadenscheinigen Begründungen zu erklären versucht oder über die sie sich sogar gänzlich ausschweigt.

Die *Darwin'sche Evolutionstheorie* und der *Neodarwinismus* können die Entstehungsgeschichte des Menschen und der heutigen Tierwelt nicht zufriedenstellend erklären. Die Weiterentwicklung über zufällige Veränderungen und Selektion sind mit Sicherheit für viele und wichtige Schritte verantwortlich, und *Charles Darwin* hat diese Vorgänge in akribischer Beobachtung und Dokumentation unbestreitbar hervorragend nachgewiesen, *aber* es muss noch etwas anderes Grundlegendes an der Entstehung der Arten und Rassen beteiligt sein. Doch was war das?

Über dieses *Was* rätseln viele Forscher, auch gibt es unendlich viel Literatur darüber. Die bekannteste und älteste literarische Quelle, bei der es um die Entstehung des Menschen geht, ist in unserem westlichen Kulturkreis die Bibel. In *Genesis 2,7* steht: *„Da bildete Gott den Menschen aus dem Staub der Ackerscholle und blies in seine Nase den Odem des Lebens; so ward der Mensch zu einem lebendigen Wesen. Darauf pflanzte Gott, der Herr, einen Garten in Eden, gegen Osten, und versetzte dorthin den Menschen, den er gebildet hatte."*[514]

Es gibt findige Autoren, die sich mit diesem Bibeltext sowie mit dem Text auf archäologischen mesopotamischen Tafeln und mit weiteren ägyptischen, althebräischen Texten und anderen alten Quellen befasst haben. Zum Beispiel *Zecharia Sitchin*, der in dem Buch *Götter gaben uns die Gene* von *Prof. Dr. Arthur David Horn* zitiert wird. *Sitchin* geht aufgrund seiner Nachforschungen und Übersetzungen davon aus, dass die Erschaffung des Menschen durch Außerirdische geschah, die von den Sumerern *Anunnaki* genannt worden seien. Diese Wesen sollen vor ca. 450.000 Jahren von einem 12. Planeten unseres Sonnensystems namens *Nibiru* gekommen sein (Zählung einschließlich Sonne, Mond und Pluto). Die späteren Sumerer sollen bereits über alle Planeten Bescheid gewusst haben, obwohl die letzten drei Planeten (Uranus, Neptun und Pluto) erst 1782, 1846 bzw. 1930 von unserer modernen Wissenschaft entdeckt worden sind. (siehe das sumerische Rollsiegel Abb. 37) Hatten sie ihr Wissen über die Planeten von diesen *Anunnaki* erhalten? Oder woher sonst sollten sie diese Kenntnis haben?

Der oberste *Anunnaki* soll *Anu* gewesen sein, die Aufsicht über die Erde soll seinem Sohn *Enlil* (ein Sprössling von *Anu* und seiner Halbschwester) übertragen worden sein, und auch *Enki*, sein erstgeborener Sohn, soll umfangreiche Kompetenzen gehabt haben.

Abb. 37 und 38:
Die sogenannte älteste „Sternkarte" der Welt auf einem akkadischen Rollsiegel, zirka 2300 v. Chr.

Das rechte Bild zeigt das Rollsiegel „VA/243" nach Abrollen in Ton.

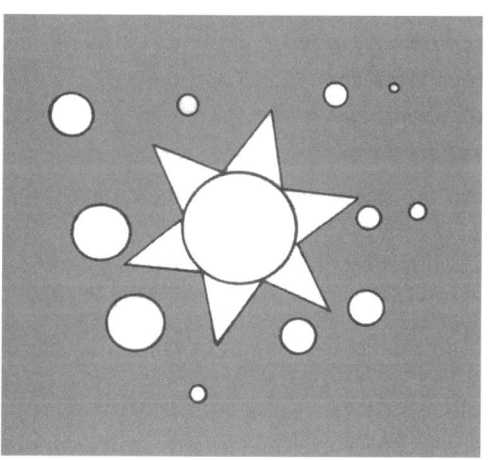

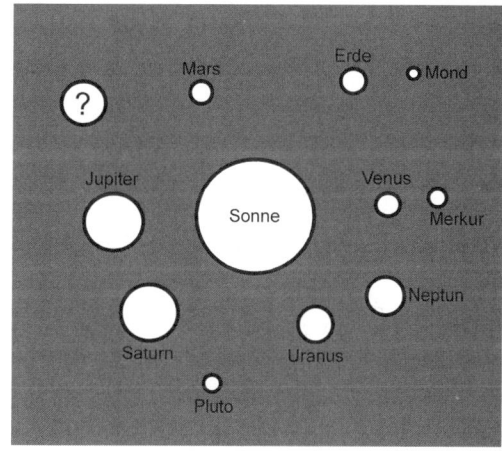

Abb. 39:
Die Darstellung auf dem Rollsiegel zeigt unser Sonnensystem mit einem zusätzlichen Planeten.

Abb. 40:
Zum Vergleich: Unser bekanntes Sonnensystem plus einen weiteren, uns unbekannten Planeten.

Die *Anunnaki* sollen Gold geschürft haben, das sie für eigene Zwecke benötigten, bis die *Anunnaki*-Arbeiter dieser Arbeit überdrüssig wurden. Daher sollen die Götter beschlossen haben, einen primitiven Arbeiter, genannt *Lulu amelu*, zu erschaffen. *Sitchin* hat herausgefunden, dass das Wort *Ton* (in der o. g. Bibel: *Staub*) von dem sumerischen *TI.IT*[515] abstammt und gleichzeitig auch *Ei* bedeutet hat, schreibt *Prof. Arthur David Horn*, Studienabgänger der *Elite-Universität Yale* und ehem. Professor für physische Anthropologie, in seinem Buch. Mit dieser Übersetzung könnte der Genesis-Text eine völlig neue Bedeutung erhalten: *Sitchin* folgert daraus, in Kombination mit dem Text verschiedener mesopotamischer Tafeln, dass die Schöpfer ein Ei einer Homo-erectus-Frau genommen und dieses mit dem Samen eines jungen *Anunnaki* befruchtet haben. Dieses befruchtete Ei wurde in die Gebärmutter von *Ninti*, der obersten Medizinerin und Tochter von *Anu*, eingesetzt. Zusätzlich wurde dieser Kreuzung „*das Bildnis der Götter aufgebunden*", damit das neue Wesen die nötige Intelligenz für seine künftige Arbeit erhalten würde. *Sitchin* vermutet, dass es sich um eine gentechnische Veränderung handelte. *Ninti* soll auf diese Weise die Mutter des ersten *Adamu* (= *Adam*?) geworden sein. Somit wäre *Adamu* das erste Retortenbaby gewesen und nicht *Louise Joy Brown*, die im Jahre 1978 das Licht der Welt erblickte! Nachdem diese erste Erschaffung erfolgreich gewesen sein soll, soll dieses Prozedere mehrfach wiederholt worden sein.

„Es ist eine Würdigung an Euch zu wissen,
dass auch Ihr von den Sternen kommt,
von phantastischen Göttern,
deren Licht und Schönheit
genetisch atemberaubend ist."[516]

Ramtha, ein Geistwesen, das durch das amerik. Channelmedium J. Z. Knight spricht

Die Erschaffung der *Frau* wird in der Schöpfungsgeschichte des Alten Testaments wie folgt geschildert: „*Da ließ Gott, der Herr, einen Tiefschlaf auf den Menschen (= Adam) fallen, so dass er einschlief, nahm ihm eine seiner Rippen und verschloss deren Stelle mit Fleisch. Gott, der Herr, baute die Rippe, die er dem Menschen entnommen hatte, zu einer Frau aus und führte sie ihm zu.*" Der Sumerologe *Samuel N. Kramer* hat Mitte des 20. Jahrhunderts darauf hingewiesen, dass die Geschichte von Evas Entstehung aus der Doppelbedeutung des sumerischen Wortes *TI* herrührt, das sowohl Rippe, als auch Leben bedeutet. *Sitchin* vermutet, dass einem männlichen *Adamu* Knochenmark entnommen wurde und nach einer gentechnischen Veränderung zeugungsfähige Menschen erzeugt worden sind. Die so erschaffenen *primitiven Arbeiter* waren nun in der Lage, sich fortzupflanzen und selbst für weiteren *Sklaven*nachwuchs zu sorgen.

Interessant ist auch, dass in der *Genesis 1,26* steht: „*Dann sprach Gott: ‚Lasset **uns** Menschen machen nach **unserem** Abbild, **uns** ähnlich; sie sollen herrschen über des Meeres Fische, über die Vögel des Himmels…'*" (H. d. d. A.) Folglich muss es mehrere „Götter" (mindestens zwei) gegeben haben! Weiter steht in *Genesis 6,2* geschrieben: „*Da sahen die Gottessöhne, dass die Töchter der Menschen schön waren, und sie nahmen sich zu Frauen, welche sie nur mochten.*"

Auch hier finden wir wieder die Erwähnung von mehreren Gottessöhnen. Und sie nahmen sie *„zur Frau"*? Demnach mussten es mehr oder weniger menschliche, mit Sicherheit jedoch physische Gottessöhne gewesen sein. Von welchem *Gott* ist im Alten Testament die Rede? Welche *Gottessöhne* sind hier genannt?

In der *Genesis* steht noch mehr, was für eine völlig andere Entwicklung der Menschheitsgeschichte spricht, zum Beispiel in 6,4: *„Zu jenen Zeiten waren Riesen auf Erden, auch nachher noch, als die Gottessöhne mit den Töchtern der Menschen verkehrten und diese ihnen gebaren; das sind die starken Männer der Urzeit, Leute mit Namen."*[517] Es wird hier nochmals bestätigt, dass die *Gottessöhne* mit den Menschentöchtern verkehrten. Die *Gottessöhne* werden auch wieder in der Mehrzahl benannt. An dieser Stelle kann man sich überlegen, wie ein Wesen ausgesehen haben musste oder was es für Eigenschaften hatte, damit man es „Gott" nannte. Es musste auf jeden Fall in irgendeiner Art „anders" gewesen sein als die vorhandenen Menschen. Nachdem die Bibel von „Riesen" schreibt, können wir davon ausgehen, dass sie sehr groß waren, so groß, dass es erwähnenswert war. Ebenso interessant ist in diesem Zusammenhang, dass es viele Funde von *menschlichen Riesenknochen* und *Langschädeln* (siehe Abb. 41-49) gibt, doch dazu später mehr. Die Archäologen schweigen sich über diese Funde größtenteils aus. Würden sie dem nachgehen und nachweisen, dass deren Gene mit unseren Genen verwandt sind, wäre die *Darwin'sche Evolutionstheorie* widerlegt und die anerkannte Menschheitsgeschichte ad absurdum geführt. Die Archäologen, die sich trauen, an dieses Thema heranzugehen, werden von den anerkannten Kollegen als Außenseiter betrachtet und nicht ernst genommen. Das bedeutet, sie finden leider keine Beachtung in der Fachwelt oder – wenn es geförderte Forscher sind – gehen damit nicht an die Öffentlichkeit. Eventuelle Fördermittel dieser Archäologen wären ansonsten sicherlich sofort gestrichen, und ihre berufliche Karriere wäre unverzüglich beendet. Aus Angst vor Ausgrenzung und Verlust der öffentlichen Glaubwürdigkeit und Anerkennung schweigen diese Archäologen.

Ezechiel schreibt im Alten Testament: *„Ich sah: Ein Sturmwind kam von Norden, eine große Wolke mit flackerndem Feuer, umgeben von einem hellen Schein. Aus dem Feuer strahlte es wie glänzendes Gold... Ihre Beine... glänzten wie glatte und blinkende Bronze. Zwischen den Lebewesen war etwas zu sehen wie glühende Kohlen, etwas wie Fackeln, die zwischen den Lebewesen hin und her zuckten. Das Feuer gab einen hellen Schein, und aus dem Feuer zuckten die Blitze. Ich schaute auf die Lebewesen: Neben jedem der vier sah ich ein Rad auf dem Boden. Gingen die Lebewesen, dann liefen die Räder an ihrer Seite mit. Hoben sich die Lebewesen vom Boden, dann hoben sich auch die Räder... denn der Geist der Lebewesen war in den Rädern. Wenn sie gingen, glich das tosende Rauschen dem Lärm eines Heerlagers... es war wie die Stimme des allmächtigen Gottes, wenn er spricht. Die Räder wurden, wie ich deutlich hörte, ‚Wirbel' genannt."*[518]

Mit unserem heutigen Wissen könnte das möglicherweise auch so formuliert werden: *„Ein Luftschiff, vermutlich mit lautem Düsenantrieb, kam aus Norden angeflogen, hat geblinkt und eine Luftbewegung verursacht. Das Luftschiff war aus Metall. Die Wesen hatten einen Raumanzug an (oder es waren Roboter aus Metall). Diese waren über eine Art sicht-*

bare elektrische Versorgung verbunden. Sie bewegten sich durch eine wirbelartige, laute Technik per Fernsteuerung und kommunizierten über Lautsprecher."

Ganz schön clever, die fremden Burschen. Die damaligen Menschen haben vermutlich in Einheit mit der Natur gelebt und kannten Lärm nur von brüllenden Tieren oder vom Donnergrollen. Es ist verständlich, dass sie diese Wesen mit ihrem lauten Getöse, dem Qualm (Wolke) und den Lichtern als „Götter" angesehen haben, weil sie durch die absolut neuen Geräusche, das Fluggerät usw. erschreckt und verängstigt waren. Dass die Neuankömmlinge ein leichtes Spiel hatten, kann man sich vorstellen.

Wie sollten denn die Bibelschreiber bzw. -übersetzer aus alter Zeit diese Dinge beschreiben, die sie nicht kannten und für die sie keine Bezeichnung wussten? Einen Düsenantrieb gab es in ihrem Sprachgebrauch nicht, ebenso gab es keine Flugzeuge oder Raumanzüge. Die großen christlichen Religionen, deren Spitzen die Wahrheit geheim halten, nutzen die Bibel natürlich auch für eigene Zwecke und werden sich hüten, hier für Aufklärung zu sorgen.

Die Textausschnitte aus der *Genesis* und dem *Buch Ezechiel* sowie die Funde von *menschlichen Riesenknochen* sprechen für die Theorie, dass eine extraterrestrische, sehr groß gewachsene Rasse auf der Erde schöpferisch tätig war. Ich habe jahrzehntelang den „Gottesdienst" der katholischen Kirche besucht, doch ich habe nie gehört, dass einer der Priester auf diese Themen eingegangen wäre. Stattdessen wurde den Anwesenden von vielen Pfarrern (nicht von allen wohlgemerkt!) immer wieder dargelegt, dass sie eine Erbsünde hätten und Buße tun müssten. Auf diese Weise gelingt es bestimmten Religionen, in den Menschen ein schlechtes Gewissen zu erzeugen, damit sie nicht auf die Idee kommen, ihr volles Potential und ihre Kraft zu erkennen und anzunehmen. Denn unabhängig von dem genmanipulierten Körper, sind wir geistige Wesen, die hier auf der Erde inkarnieren und Erfahrungen sammeln bzw. aktiv am Geschehen teilhaben möchten. Und als geistige Wesen sind wir frei, kreativ und schöpferisch. Es ist natürlich wesentlich einfacher, uns zu manipulieren und zu beherrschen, wenn man uns mit allen Mitteln davon abhält, zu dieser Erkenntnis zu gelangen.

> *„Man hat mir ja schon oft vorgeworfen,*
> *ich sei ,nicht von dieser Welt'.*
> *Okay, das stimmt.*
> *Doch das Lustige daran ist:*
> *Alle anderen sind es auch nicht!"* [519]

Lee Carroll, amerikanisches Channelmedium

Prof. Dr. Arthur David Horn schreibt in seinem o. g. Buch, dass die heutige Archäologie die offenen Fragen nicht befriedigend beantworten kann. Es sei beispielsweise völlig ungeklärt, wie es innerhalb kürzester Zeit dazu kommen konnte, dass sich die damaligen Menschen von jagenden und sammelnden Nomaden zu sesshaften Bauern entwickeln konnten. Wo kamen die domestizierten Tiere und Pflanzen plötzlich her? Sollen die Menschen während ihres Nomadenlebens Tiere mit sich geführt haben, die sie so lange züchteten, dass die heute noch vorhandenen Formen entstanden sind? Das ist völlig unrealistisch. *Prof. Dr. Horn* kommt zu dem Schluss, dass *„in irgendeiner Form Eingriffe von außen stattgefunden haben müssen"*. Das würde bedeuten, dass außerirdische Wesen in das Geschehen der Menschheitsgeschichte eingegriffen haben.

Ferner greift er auch das heutige Weltbild der Wissenschaft an, das in vieler Hinsicht im Dienst bestimmter Ideologien und Interessengruppen steht: *„Ich konnte Belege für ungeheure, seit langer Zeit bestehende Machenschaften entdecken, deren Absicht es ist, der Menschheit die wahre Geschichte ihrer Abstammung vorzuenthalten, um sie auf diese Weise kontrollierbar und benutzbar zu machen."*[520] Das würde erklären, warum politische Entscheidungen fast immer gegen das Wohl der Menschen ausfallen, warum so viele Kriege initiiert wurden und werden und warum die Menschen immer mehr unterdrückt, kontrolliert und manipuliert werden.

Es gibt die These, dass die Dunkelmächte von den menschlichen Emotionen der Angst leben. Aus diesem Grunde werden unsere Ängste auch tagtäglich geschürt und gefördert – sei es durch Versicherungen, durch die Impflobby, durch die Religionen, durch die täglichen Katastrophenmeldungen in der Presse usw. Da drängt sich förmlich der Gedanke auf, dass auch die domestizierten Tiere bewusst eingeführt wurden, damit auch diese in der ständigen Angst leben. Gefangene Tiere haben vermutlich mehr Angst als freie Tiere, besonders wenn sie sehen, dass aus ihrer Gruppe immer wieder Tiere mitgenommen werden und nicht mehr zurückkommen. Schlimmstenfalls sehen sie, wie ihre Artgenossen geschlachtet werden. Auch die heutzutage üblichen tagelangen Tiertransporte sind sicherlich sehr angstbehaftet. Oft stehen die Tiere Todesängste aus, viele verenden tatsächlich während des Transportes. Wenn die These stimmt, dass die Dunkelmächte unter anderem von unseren Ängsten leben, dann würden die Nutztiere genau in dieses Bild passen. Genauso wie die vielen Kriege, die ständig irgendwo auf der Welt stattfinden. Unendliches Leid und Todesangst von Millionen Menschen weltweit sind die Folge. Ich hoffe aus ganzem Herzen, dass unser Planet und wir bald frei sein werden von dieser Schattendiktatur.

Armin Risi, ein Autor, der sich ebenfalls mit der Entstehung der Menschheitsgeschichte befasst, ist der Meinung, dass die *Götter der Antike* verkörperte Lichtwesen waren (siehe sein Buch *Ihr seid Lichtwesen – Ursprung und Geschichte des Menschen*[521]). Er akzeptiert den Nachweis von *Zecharia Sitchin* allerdings nicht, dass wir Menschen von den Primaten abstammen und von den Anunnaki durch Genmanipulation bis zur heutigen Form verändert worden sind. Er unterstellt *Sitchin*, dass seine Kenntnisse der sumerischen und hebräischen Sprache nicht ausreichend gewesen seien, um die alten Texte und Tafeln richtig zu interpretieren. *Risi* schreibt: *„Was Sitchin über die Inhalte der sumerischen Schriften schrieb, ist jedoch in vielen Punkten rundweg falsch."*

Sie sehen, auch die alternativen Forscher sind sich uneinig über die wahre Entstehungsgeschichte des Menschen, die ich hier ebenfalls nicht abschließend klären kann. Diese Frage ist auch nicht das vordergründige Thema dieses Buches. In einem sind sich jedoch viele Autoren einig, und ich stimme hier ebenfalls zu: **Es gibt eine oder vermutlich mehrere außerirdische Intelligenzen, die bei der Entwicklung der Menschheit, wie sie sich heute zeigt, mitgewirkt haben.**

Wer die vorigen Kapitel liest und mit offenen Augen beobachtet, was mit uns Menschen weltweit geschieht, dann drängt sich förmlich der Schluss auf: **Diese intelligenten Wesen sind noch immer hier auf der Erde, benutzen die Menschen als Arbeiter (Finanz-Sklaven!) und streben eine totalitäre Weltmacht an!**

Armin Risi sieht die Erde als einen Planeten, der es uns ermöglicht, in eigener Verantwortung schöpferisch zu handeln. Er schreibt: *„Ich bin nicht – oder nur bedingt – dafür verantwortlich für das, was andere mir antun. Aber ich bin immer voll verantwortlich dafür, was ich tue und wie ich reagiere."* Das ist, denke ich, ein äußerst wichtiger Ansatz für unsere Entwicklung. Nur wenn ich die volle Verantwortung für mein Denken, Sprechen, Tun und Fühlen übernehme, kann ich daran auch etwas ändern. Auch für meine Re-Aktionen, also für mein Handeln in Folge der Handlung eines anderen Menschen, bin ich selbst verantwortlich. Ich selbst entscheide, ob ich nachtragend bin oder verzeihen kann, ob ich jemanden verurteile oder ihn verstehe, ob ich wütend reagiere oder meine Betroffenheit sachlich kundgebe. Wenn ich mich ändern kann, können es auch die anderen. Wenn jeder die Verantwortung für sich selbst übernimmt und vor seiner eigenen Türe kehrt, wie man so schön sagt, ist es überall sauber!

Risi schreibt auch, dass die *„Scheidung der Geister bereits auf den hohen Ebenen des Kosmos stattfindet. Was auf der Erde geschieht, hat Ursachen in den unsichtbaren Welten und steht immer in höheren Zusammenhängen... wird von uns Menschen auf der dichtesten und untersten Stufe der materiellen Hierarchie ausgetragen, bis in die letzte Konsequenz und immer mit dem Ziel der Heilung und Versöhnung."*[522]

„Wie oben, so unten,... wie im Himmel, so auf Erden.", lautet eines der *Hermetischen Gesetze.* Das bedeutet, ich entscheide mich bereits als Geistwesen, ob ich nach den Gesetzen des Lichts oder der Dunkelheit leben möchte und auf welche Seite ich mich tendenziell schlage. Natürlich gibt es nicht nur weiß oder schwarz (gut oder böse), es gibt genauso alle Graustufen, doch in der heutigen Zeit, nahe des großen Wandels, müssen wir uns entscheiden. Wir können nicht mehr ein bisschen weiß und ein bisschen schwarz sein, wie es die letzten tausende von Jahren stattgefunden hat. Das Medium *Lee Carroll* hat vor Jahren in einem *Kryon-Channeling* (*Kryon* ist ein feinstoffliches Wesen, das durch *Lee Carroll* spricht) einmal gesagt: *„Ihr könnt nicht mehr auf dem Zaun sitzen, Ihr werdet Euch entscheiden müssen, ob Ihr links oder rechts vom Zaun herunterspringt."* Genau so kommt es mir vor, die licht- und liebevollen Menschen werden noch licht- und liebevoller, und die listigen, nach ihrem Vorteil heischenden Menschen, werden ebenfalls listiger und noch mehr nach ihrem Vorteil heischend.

Wer sich als Bewusstsein dafür entscheidet, vorwiegend nach der dunklen Seite zu leben, hat die Möglichkeit, als Mensch auf der Erde zu inkarnieren, um diese dunkle Seite zu (er)leben. Gleiches gilt für ein geistiges Wesen, das sich vorwiegend für die Lichtseite entscheidet. Aufgrund des freien Willens auf der Erde besteht jedoch für einen inkarnierten Menschen jederzeit die Möglichkeit zu erkennen, dass die Lichtseite die einzig heilbringende Richtung für die Seele ist und sich dieser zuzuwenden. In uns Menschen sind sowohl lichtvolle als auch dunkle Anteile vorhanden, und wir haben in jedem Moment die Möglichkeit, uns neu zu entscheiden: für die helle oder für die dunkle Seite. Je weiter entwickelt wir als Seele sind und je mehr Erfahrung wir gesammelt haben, desto öfter werden wir uns für die Lichtseite entscheiden.

Wir alle haben unsere individuellen Themen, bei denen noch Entwicklungsbedarf vorhanden ist. Gleichzeitig gibt es Bereiche, in denen wir bereits viel gelernt haben und uns der Vollkommenheit nähern. Wichtig ist zu erkennen, wo noch Bedarf besteht, wo ich zum Beispiel aus meiner Opfer- bzw. Täterrolle aussteigen möchte. Das System der *Reinkarnation* vorausgesetzt, und davon gehe ich aus, wird eine Seele immer wieder inkarnieren (lat. = *ins Fleisch gehen*), bis sie in allen Bereichen Ausgleich geschaffen hat. Damit ist sie um einen unendlichen Schatz an Erfahrungen reicher und weiser geworden und kann sich dann um andere Aufgaben im geistigen Reich kümmern, die ihren Anlagen entsprechen.

Armin Risi beschreibt das sehr treffend in seinem o. g. Buch: „*Wenn Menschen, die zu Opfern wurden, ihre Karmaketten auflösen wollen, müssen sie ihre Opferhaltung aufgeben, das Trauma heilen und dem Täter oder den Tätern verzeihen. Wenn sie in eine Opferhaltung fielen oder wenn sie Rachegefühle entwickelten, ist es notwendig, dass sie auch sich selbst verzeihen. Opfer, die diese Schritte nicht tun, werden früher oder später selbst zu Tätern.*“

Die außerirdischen Mächtigen, die sich entschieden haben, dominant und herrschsüchtig zu sein, ermöglichen uns, global die Opferrolle zu erleben. Sobald wir dies erkannt haben, können wir uns fragen: „*Was ist der übergeordnete Sinn darin, dass wir in der jetzigen Lage sind? Was will mir die Situation zeigen? Was gilt es für mich zu tun oder zu ändern, damit ich gestärkt daraus hervorgehe?*“ Wenn ich erkenne, was vor sich geht, wenn ich begreife, dass unsere eigene innere Einstellung es erst ermöglicht, dass die Dinge so sind, wie sie sind, dann kann ich beginnen, die Verantwortung für diese Situation auf der Erde zu übernehmen. Dann kann ich beginnen, aus dieser Opferrolle auszusteigen, und dadurch komme ich in die Lage, etwas zu verändern.

Wenn ich nicht in Rache oder Wut verfalle, sondern in mich gehe und verzeihen kann, sowohl allen Beteiligten als auch mir selbst, dann ist der erste Schritt zur Heilung und zur Befreiung getan. Und dann kann ich überlegen, *was ich hinnehmen muss* und andererseits auch, *was ich ändern kann.* Wo kann ich eventuell einen besseren Vorschlag unterbreiten? Das betrifft alle Bereiche unseres Lebens, angefangen bei unserer Gesundheit über die persönlichen Verhältnisse, die beruflichen Bereiche bis zur politischen Ebene.

Holger Kalweit hat sich in seinem Buch *Herrscht eine Echsenrasse über die Erde?* sehr ausführlich mit den antiken Göttern befasst und hat hergeleitet, dass die nordischen und die griechischen Götter dieselben sein müssen und dass es sich bei ihnen um extraterrestrische Wesen handeln muss, die an der Erschaffung des Menschen, wie er heute ist, maßgeblich beteiligt waren. *Kalweit* geht noch weiter: „*So wie wir Menschen aufgrund des in uns angelegten räuberischen reptiloiden Genguts alles misshandeln – Tiere und Pflanzen, die Erde überhaupt, aber auch uns gegenseitig –, so werden wir von diesen Reptiloiden erst gehegt und gepflegt, dann gelehrt und hochgezogen, schließlich aber ausgerupft, verarbeitet, verkauft und seelisch aufgefressen.*“[523] Dem ist nichts hinzuzufügen!

Schauen wir uns an, wie wir mit unseren „Nutztieren" umgehen, wie sie qualvoll gehalten, transportiert und geschlachtet werden. Ich bin mir sicher, wenn man jedem Fleischesser zeigen würde, welche Bedingungen diese Tiere erleben, würden 90% kein Fleisch mehr zu sich nehmen. Warum lassen wir eine solche Tierhaltung zu? Warum essen die Menschen Fleisch aus herkömmlicher Tierhaltung? Sind wir gegenüber dem Schmerz dieser Tiere abgestumpft? Liegt es an dem reptiloiden Genanteil in uns?

Auch *Erich von Däniken* vertritt die präastronautische Theorie, auch wenn er die Extraterrestrischen für menschenfreundlich hält, weil sie uns neues Wissen gebracht haben. Vermutlich gibt es eben mehrere außerirdische Gruppierungen, die uns in der Vergangenheit besucht haben – und die auch heute teilweise noch hier sind –, gute und böse...

Er hat in seinen vielen Büchern unzählige Beweise dafür angeführt, dass in prähistorischer Zeit außerirdische Wesen auf der Erde gewesen sein müssen. Es gibt in allen Erdteilen Felsmalereien, Reliefs und riesige Natursteine, die vor Jahrtausenden so exakt bearbeitet worden sind, wie es in dieser Größenordnung und Genauigkeit selbst heute mit modernsten Geräten kaum möglich wäre. Es gibt aus fast allen alten Kulturen überlieferte Texte, Skulpturen und Malereien, die genau beschreiben, wie das Leben mit den früheren *Göttern*, die invasiv die Erde aufsuchten, gewesen ist.

In Tiahuanaco (Westbolivien) wurden beispielsweise Natursteinblöcke gefunden, die so exakt bearbeitet worden sind, dass heute modernste Technik aufgewendet werden müsste, um diese Präzision zu erreichen. Man fand dort unter anderem ein Sonnentor mit eingemeißelten geflügelten Wesen, die einen phänomenalen Kalender darstellen. Die Gesteinsbrocken sind teilweise mit Nuten und Vertiefungen versehen, die so exakt rechtwinkelig eingefräst worden sind, dass man meint, es mit einem modernen Metallwerkstück zu tun zu haben. Die gefundenen Teile passen teilweise exakt ineinander,[524] beschreibt *von Däniken* in seinem Buch *Götterdämmerung*. Wer konnte vor Jahrtausenden diese Gesteinsblöcke aus Andesit so genau bearbeiten? Frühere Menschen mit den damaligen Werkzeugen?

Wer darüber hinwegsieht, dass *Erich von Däniken* von der allgemeinen „Wissenschaft" nicht ernst genommen wird, und trotzdem seine Bücher unvoreingenommen liest, wird bemerken, dass er in einer Wunde rührt, die von den Archäologen nicht gerne gesehen, ja sogar bewusst totgeschwiegen wird. Die überzeugenden Fakten, die er nachweist, werden von den meisten Archäologen ignoriert. Die Bücher von Erich von Däniken sind voll von Nachweisen in Wort und Bild über Wesen mit Astronautenanzügen und Flugscheiben, über Texte, die von rauchenden Fluggeräten berichten usw. In einem Interview mit *Michael Vogt* mit dem Titel *Falsch informiert – von der Rückkehr der Götter* hat *von Däniken* gesagt, das Problem sei, dass die heutigen Wissenschaftler zu spezialisiert seien. Wenn er einem Archäologen von den Zusammenhängen verschiedener Pyramiden oder sonstiger Bauwerke mit den Gestirnen berichtet, dann antwortet dieser, dass er sich in diesem Fachgebiet nicht auskennt und dass ein Astronom dafür zuständig sei, der Astronom kennt sich jedoch in der Archäologie nicht aus. Jeder will vernünftig sein und sich nicht der Lächerlichkeit preisgeben. Aus diesem Grunde werden diese offensichtlichen Zusammenhänge wissenschaftlich nicht untersucht und folglich nicht anerkannt. Er beklagt die mangelnde Courage der Forscher, unübersehbare Fakten zu untersuchen.

Wenn ein Wissenschaftler heute behauptet oder nur erwägt, dass bei unserer Entwicklungsgeschichte Außerirdische beteiligt gewesen sein könnten, spricht er sein eigenes Todesurteil innerhalb der wissenschaftlichen Kreise aus, denn er muss damit rechnen, ab sofort nicht mehr ernst genommen zu werden. Dabei gibt es durchaus „Überläufer", wie zum Beispiel den oben bereits zitierten *Prof. Dr. Horn*, der bis ca. 1990 den Lehrstuhl für physische Anthropologie an der *Colorado State University* innehatte.

Der Schweizer *Billy Meier* ist einer der wenigen Menschen, die persönlich über viele Jahre engen Kontakt mit Außerirdischen hatten. 1942, im Alter von nur 5 Jahren hatte er sein erstes bewusstes UFO-Erlebnis und in den folgenden Jahren wurde der Kontakt direkter. Er ist mit ihnen gereist und hat ca. 1.200 Farbfotos aufgenommen.[525] Der ehemalige Mitarbeiter der *US Air Force* und UFO-Forscher *Wendelle C. Stevens* sagte über die Fotos von *Billy Meier: „Das sind die besten UFO-Fotos, die ich je gesehen habe."* Er ließ Meier überwachen, um zu prüfen, ob die Bilder gefälscht sind, konnte jedoch nichts feststellen.[526]

Vor etlichen Jahren hielt *Reiner Feistle* in meinem Privathaus für interessierte Freunde einen Vortrag. *Feistle*, ein sympathischer, ganz normaler Mann mittleren Alters, sagt, dass er von Außerirdischen für medizinische Untersuchungen entführt worden sei. Er berichtete von seinen sehr interessanten Erlebnissen, die er zusammen mit seiner Frau *Karin* in seinem Buch *Projekt Aldebaran* geschildert hat. Auch *Jan van Helsing* hat über die Familie *Feistle* ein sehr erfolgreiches Buch geschrieben: *Unternehmen Aldebaran*, in dem er anschaulich schildert, was dem Ehepaar alles passierte, als sie von außerirdischen Wesen entführt worden sind.

Das Thema *extraterrestrische Wesen* ist keineswegs ein Produkt aus verrückten Gehirnen überspannter Personen und Autoren, auch der ehemalige kanadische Verteidigungsminister *Paul Hellyer* hat in einem Interview mit dem russischen TV-Sender *Russia Today* ausführlich über UFOs und Außerirdische berichtet. Er sagt, dass er selbst bereits ein UFO gesichtet habe und warnt, dass wir einen Krieg der Sterne entfachen könnten, wenn wir sie abschießen würden. In einem *Focus*-Bericht wird *Paul Hellyer* zitiert: „*Er wisse, dass Ufos echt seien. ,In der Tat besuchen sie unseren Planeten schon seit Tausenden von Jahren.'"*[527] *Hellyer*, der 23 Jahre lang Mitglied des kanadischen Parlaments war und unter drei verschiedenen Regierungen gedient hat, sagte 2013 vor dem *Citizen Hearing* in Washington aus, dass er recherchiert habe und die Erde demnach seit tausenden von Jahren von mindestens vier extraterrestrischen Spezies besucht werde. Er sei sich jedoch sicher, dass es mehr seien. Mögliche Orte, woher diese kämen, seien u. a. das *Zeta Reticuli*, die *Plejaden, Orion* und *Andromeda*.[528]

Überhaupt scheint dieses Thema in allen anderen Staaten aktuell zu sein, nur bei uns in Deutschland wird es totgeschwiegen, und die Menschen, die sich dafür interessieren – oder noch schlimmer: die behaupten, ein UFO gesehen zu haben –, werden herablassend belächelt, als „geistig minderbemittelt" und als „Spinner" angesehen. Dabei gab es bereits 1978 eine *UN-Resolution 33/426* (18.12.1978), in der UFO-Experten, Diplomaten und führende Politiker empfahlen, eine Untersuchung durch die *Vereinten Nationen* durchzuführen. Hierzu forderten sie alle interessierten Mitgliedsstaaten dazu auf, *„...auf nationaler Ebene geeignete Maßnahmen zur Koordinierung einer wissenschaftlichen Forschung und Untersuchung außerirdischen Lebens, einschließlich nicht identifizierter fliegender Objekte zu ergreifen und den UN-Generalsekretär über die Beobachtungen, Forschungen und Evaluierung dieser Maßnahmen zu informieren.“*, schrieb *das-ufo-phaenomen.de*.[529] Das Thema war und ist demnach nur in der BRD ein Tabuthema, und allein diese Tatsache sollte uns zu denken geben. Denn wie überall im Leben, dürfte auch hier gelten: *„Alles, was totgeschwiegen wird, ist besonders präsent!“*

Dies sollte uns dazu veranlassen zu fragen, warum uns sämtliche Informationen über UFOs vorenthalten werden, obwohl es keinen offensichtlichen Grund dafür gibt. Und immer dann, wenn Entscheidungen keinen wirklichen Sinn ergeben, sollte man sich fragen: *„Wer hat etwas davon, wenn das Thema UFO vollumfänglich geheim gehalten wird, wenn es sogar tabuisiert wird?“* Mit dieser Frage kommen wir dem wahren Hintergrund bereits näher. Es gibt Aussagen von wenigen mutigen Menschen, die berichten, dass sie mit diesen Fluggeräten mitgeflogen sind, und ihre Schilderungen decken sich in vielen Punkten, besonders auch darin, dass zur Fortbewegung dieser Flugscheiben sogenannte „Freie Energie“ genutzt wird – Energie, die rings um uns vorhanden ist und die nur durch eine spezielle Technik verfügbar gemacht zu werden braucht.

Wir befinden uns im thorusförmigen Energiefeld der Erde, und auch wir Menschen besitzen einen energetischen Thorus um uns. Wenn die Nutzung dieses Energiefeldes und die kabellose Energieübertragung allgemein bekannt wird, die schon *Nikola Tesla* vor fast 100 Jahren entdeckte, dann würden die Erdöl- Kohle-, Atom- und Stromkonzerne schlagartig ihr Monopol verlieren. Auch die Kupferindustrie wäre betroffen, da nur noch ein Bruchteil der elektrischen Leitungen benötigt würde.

Nachdem diese großen Energieunternehmen jedoch den wenigen Machtfamilien gehören, unternehmen diese natürlich alles, um die UFO-Wissenschaften zu unterdrücken. Denn die Folge wäre nicht nur, dass diese Konzerne überflüssig würden und die Menschen Zugang zu kostenloser, immer verfügbarer und im Überfluss vorhandener Energie hätten. Nein, die Menschen würden erfahren, dass diese Technologie seit Jahrzehnten erforscht ist und von der Geldelite bereits genutzt, jedoch geheim gehalten worden ist. Die Menschen würden erfahren, dass sie an der Nase herumgeführt und ausgepresst worden sind wie eine Zitrone, obwohl der Segen der Freien Energie für alle hätte nutzbar sein können. Die Wut der Massen auf diese Wenigen wäre eventuell nicht kontrollierbar. Und davor haben diese Familien Angst – große Angst. Mit der Kenntnis dieses Zusammenhangs verwundert es auch nicht, dass das Thema *UFO* gerade in Deutschland so vehement totgeschwiegen wird, denn die Menschen aus dem *Land der Dichter und Denker* könnten diese UFO-Energietechnik durchschauen, verstehen und erneut selbst konstruieren. Die wenigen Erfinder, die bisher von sich aus Freie-Energie-Motoren erfunden haben, konnte man bislang zum Schweigen bringen. Wenn jedoch bekannt wird, dass diese Technologie seit langem genutzt wird, wird sich diese Unterdrückung nicht länger aufrechterhalten lassen. Das ist das Aus für die derzeitigen Herrscher.

Die **Erfindung und sofortige schneeballartige Verbreitung** der Kenntnis über die Nutzung **Freier Energie** ist demnach ein Schlüssel zu unserer Freiheit. Wer eine Technik entdeckt, freie Energie zu nutzen, hat die Chance, die Weltbevölkerung vor der kompletten Kontrolle und endgültigen Versklavung zu retten, wenn er diese Technologie ohne Werbung, ohne Patent, nur über Mund-zu-Mund-Propaganda herstellt und vertreibt bzw. Bauanleitungen verteilt und Seminare anbietet. Jeder Mensch sollte innerhalb kurzer Zeit die Möglichkeit haben, sich ein derartiges Gerät zur Energieversorgung zu bauen. Diese Menschen müssen sich dann auch gegen eine eventuelle spätere Patentierung durch einen Konzern wehren! In diesem Fall muss das Ego des Erfinders für die Freiheit zurückstehen, der Lohn wird die Dankbarkeit und Freiheit von über 7 Milliarden Erdbewohnern sein.

Doch zurück zu den extraterrestrischen Wesen: Die *Stimme Russlands* berichtete am 5.8.2014 unter der Überschrift *„Militärexperten befürchten Alien-Aggression"* über eine Studie bezüglich der Gefahren für die Nationale Sicherheit Russlands, die von Militärwissenschaftlern erstellt wurde. *„In einem Gastbeitrag für die russische Wochenzeitung ‚WPK' beschäftigen sich Professor Juri Podgornych, Mitglied der Akademie für Militärwissenschaften, und Dozent Wassili Dolgow mit aktuellen Bedrohungen für Russland. Überraschenderweise zählen nach Ansicht der Autoren auch mögliche Gäste aus anderen Welten dazu."*[530] Selbst *Focus* berichtete über die russische Studie: *„Militärexperten sicher: Aliens bedrohen Russland."*[531]

Diese Meldungen, die während der Ukraine-Krise veröffentlicht wurden, haben jedoch möglicherweise den Hintergrund, die Welt auf eine fiktive Bedrohung aus dem All vorzubereiten, die dann als Grund missbraucht wird, eine *Neue Weltordnung* einzuführen, um alle Kontinente und Weltmächte von einer zentralen Stelle aus zu regieren. Vermutlich ist *Putin* ebenso in dieses Ziel integriert wie *Obama* und weitere Machthaber der Erde. Die Ukraine-Krise wird evtl. genauso für das Ziel der weltumspannenden Macht kreiert und missbraucht, wie die meisten anderen Kriege auch. Wieder einmal soll die Bevölkerung durch die altbekannte Methode der Angst dazu gebracht werden, zu den Zielen der Mächtigen *„ja"* zu sagen. Diese Meldung von Russland passt exakt in das geplante Szenario.

Aber ungeachtet dieses Planes, sollen bereits 1979 zehn Regierungen öffentlich die Existenz von UFOs anerkannt haben. So sagte der Luftfahrt-Experte *Earl of Kimberley* in einer Rede im britischen Oberhaus: *„Zehn Regierungen haben nun öffentlich zugegeben, dass UFOs existieren und real sind – Frankreich, Norwegen, Schweden, Brasilien, Argentinien, Venezuela, Mexiko, Philippinen, Peru, Grenada. Andere Regierungen wissen, dass UFOs existieren, geben dies aber nicht öffentlich zu."* (paranormal.de)[532]

Der Absturz eines unbekannten Flugobjektes in Roswell, Nevada, im Juli 1947 wird heute noch offiziell als Absturz eines Wetterballons dargestellt, doch diese Theorie ist längst widerlegt, nachdem mutige Zeugen in eidesstattlichen Erklärungen ihre Beobachtungen geschildert haben.[533] Demnach fand man ein abgestürztes Flugobjekt aus Materialien, wie sie bei uns nicht bekannt sind, und mehrere ca. 1,20 m hohe Wesen mit ungewöhnlich geformten und größeren Köpfen als bei uns Menschen. Zwei seien bereits tot und eines unverletzt gewesen. Allen Zeugen wurde massiv gedroht, über den Vorfall zu schweigen, wenn sie nicht ernsthafte Schwierigkeiten oder sogar den Tod in Kauf nehmen wollten. Einige kamen dann tatsächlich innerhalb kurzer Zeit ums Leben.

Brasilien hat 2009 etliche Dokumente der einst geheimen UFO-Forschung freigegeben, unter anderem auch über die UFO-Nacht vom 19.5.1986, in der *„21 kugelförmige Objekte von schätzungsweise 100 Metern Durchmesser selbst auf den Radarschirmen und von Piloten über den wichtigsten Flughäfen Brasiliens (Sao Paulo und Rio de Janeiro) gesichtet wurden. Damals versuchte selbst die brasilianische Luftwaffe erfolglos, die Objekte mit Mirage F5-Abfangjägern zu stellen“*, schreibt *grenzwissenschaft-aktuell.blogspot.de*.[534]

In aller Welt wird das Phänomen diskutiert und auch in den Medien behandelt, nur bei uns in der BRD werden Zeugen und Interessierte der Lächerlichkeit preisgegeben und als Spinner denunziert. Warum? In unserem Nachbarstaat Frankreich gibt es eine eigene *UFO-Untersuchungsbehörde GEIPAN*[535] (früher *GEPAN*), auf deren Internetseite man sogar einen Fragebogen[536] laden kann, damit Zeugen ihre Sichtungen möglichst genau schildern können. Glauben Sie, Frankreich und all die anderen Staaten würden auch nur einen einzigen Bericht ernst nehmen, wenn sich hinter dem Thema wirklich nur Humbug verbergen würde? Es wäre schlichtweg anmaßend, all die vielen tausend Menschen als Spinner abzustempeln, und trotzdem wird es in der BRD so gehandhabt.

Auch die gefundenen Gemälde, Reliefs, Riesenknochen und Langschädel überall auf der Erde beweisen, dass extraterrestrische Wesen hier auf unsere Erde verweilten. Ein „berühmter“ Beweis ist der *Starchild*-Schädel, ein Schädel, der um 1930 in Mexiko gefunden wurde. Er zeigt einige anatomische Besonderheiten auf, zum Beispiel ist er sehr klein, und die Zähne sind stark abgenutzt. Das Volumen ist trotz der kleinen Form größer als bei einem normalen Erwachsenen. Ferner sind die Augenhöhlen anders geformt, die Öffnung für den Sehnerv ist abweichend, und es ist keine Stirnhöhle vorhanden.

2003 gelang es im Rahmen weiterer DNS-Tests durch *Trace Genetics*, mitochondriale DNS zu extrahieren. Da diese nur durch die Mutter vererbt wird, ließ sich beweisen, dass diese im Falle des *Starchilds* über normales humanes Erbgut verfügt haben muss. Zudem konnte bewiesen werden, dass es sich bei der Mutter nicht um die Frau handelte, die zusammen mit dem *Starchild* gefunden wurde. Spätere Tests im Jahre 2004, welche am *Royal Holloway College* der *University of London* durchgeführt wurden, brachten Fasern sowie rötliche Rückstände in der Knochensubstanz des Schädels zum Vorschein, wie man sie vor dieser Untersuchung bei *„bislang keinem anderen Organismus nachweisen konnte“*. Zudem ergaben radiologische Untersuchungen, dass der *Starchild*-Schädel bis zu 50 Prozent dichter, aber gleichzeitig nur halb so dick ist wie ein durchschnittlicher menschlicher Schädel, schreibt *wikipedia*.[537] Offen bleibt natürlich die spannende Frage: **Wer war der Vater?**

Von Gegnern der außerirdischen Theorie wird im Gegenzug eifrig nach Beweisen gesucht, dass es sich hier um genetische oder nichtgenetische Defekte gehandelt haben muss und dass es auch bei Krankheiten zu solchen Schädelformen kommen kann, doch diese Rückschlüsse zeigen zu viele Lücken. Auch die Nähte und Platten des Schädels sind abweichend zu normalen Menschenschädeln. Ein weiterer Beweis, dass wir auf der Erde keine ungestörte irdische Evolution erlebt haben, sind die sog. *Langschädel*. In Peru wurden auf der Halbinsel Paracas Schädel gefunden, die ungewöhnlich lang sind. Dieselbe Form findet sich auch in Ägypten, so soll auch Nofretete einen Langschädel gehabt haben. Am 13.11.2013 wurde bei *grenzwissenschaft-aktuell.blogspot.de* berichtet, dass auch im Elsass ein vollständig erhaltener Langschädel gefunden wurde. *„Bei Arbeiten an einem Gewerbepark der Gemeinden des Pays de Sainte Odile haben französische Archäologen eine außergewöhnliche Grabungsstätte entdeckt, die Einblicke in die Entwicklung und kulturellen Bewegungen von der Jungsteinzeit (Neolithikum), über die Gallier, Römer bis hin zu den mittelalterlichen Merowingern erlaubt. Unter den zahlreichen Funden befindet sich auch ein ungewöhnlich gut erhaltener Langschädel."*[538]

Der Biologe und alternative Forscher *Brien Foerster* untersuchte den *Starchild-Schädel* und kam zu folgenden Erkenntnissen: *„Das weltweit verbreitete Phänomen der sogenannten Langschädel stellt Laien, aber auch Experten schon seit langem und immer wieder vor neue Rätsel. Während bekannt ist, dass die große Mehrheit dieser ungewöhnlichen Schädelformen durch das Schienen und Abbinden schon im frühesten Kindesalter herbeigeführt wurde, sehen einige Forscher in einigen besonderen Exemplaren dieser Schädel Belege dafür, dass es sich hier um ein wie auch immer geartetes ,natürliches' Merkmal handelt... Der studierte Biologe und alternative Forscher Brien Foerster hat nun einige seiner Meinung nach besonders ungewöhnliche Langschädel aus Peru einer DNA-Analyse unterziehen lassen... An 5 von insgesamt 40 Schädeln, die heute im ,Paracas History Museum' aufbewahrt werden, durften wir nun Proben von Haaren (mitsamt Wurzeln), Hautresten, Zähnen und Schädelknochen entnehmen. Diese Proben wurden... von Genetikern in Texas einer DNA-Analyse unterzogen... Zunächst möchte ich darauf hinweisen, dass es sich bislang erst um Vorab-Ergebnisse der Proben erst eines der 40 Schädel aus dem Museum handelt. Diese 40 Schädel sind wiederum nur wenige von mehreren hundert Schädeln, wie sie alleine aus Peru und Bolivien bekannt sind. Die Tatsache, dass diese Analyse von einem hochqualifizierten Genetiker mit Hilfe der modernsten Analysemethoden durchgeführt wurde, ist jedoch besonders wichtig. Dieser Genetiker analysierte die verblindete Probe eines von drei Paracas-Schädeln... Da einige Segmente der untersuchten DNA weder mit bekannten Segmenten der DNA des Homo sapiens oder anderer verwandter Menschenformen wie Neandertaler oder Denisova-Menschen, übereinstimmen, scheint es so, dass die Paracas möglicherweise eine **eigene (Menschen-)Art** darstellen... Meine grundlegende Theorie ist die, dass ein kleiner Teil der Menschen (oder Wesen) tatsächlich schon mit dieser Kopfform, mit **nur einem Scheitelbein** und großen Augenhöhlen sowie zwei interessanten Löchern im Hinterkopf geboren wurden. Entweder haben diese Individuen sich dann mit normalen Menschen vermischt... oder aber die Paracas wurden von anderen Völkern ausgelöscht, die dann aber ihre Merkmale nachahmten."*[539] (H. d. d. A.)

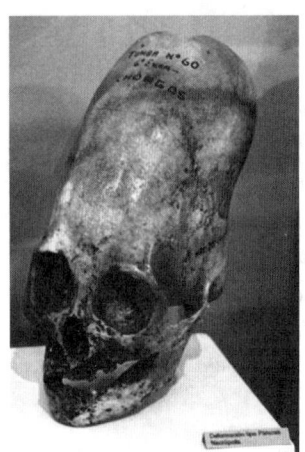

Abb. 41:

Dies ist einer der Schädel, die *Brien Foerster* genetisch untersuchen ließ. Es ist einer von 300 Schädeln, die der peruanische Archäologe *Julio Tello* 1928 entdeckte. Ihr Alter wird auf ca. 3.000 Jahre geschätzt, und werden heute im Paracas History Museum ausgestellt. *Brien Foerster* entnahm von 5 Schädeln Proben von Haut, Haaren, Zähnen und Wurzelknochen, und nach modernsten genetischen Analysemethoden kam man zu dem Ergebnis, dass einige Segmente der untersuchten DNS weder mit der des Homo sapiens oder anderer verwandter Menschenformen wie Neandertaler oder Denisova-Menschen übereinstimmt. Die Paracas-Schädel haben ein größeres Hirnvolumen und weisen keinen abgeflachten Bereich auf wie die Schädel, die durch Abbinden in eine längliche Form gezwungen wurden – siehe Abb. 45. Die Paracas-Schädel haben nur zwei Schädelplatten im Vergleich zu allen anderen Menschen, die drei Schädelplatten aufweisen. Zudem haben sie einen viel größeren Kiefer mit weniger Backenzähnen und auch größere Augenhöhlen. Das sind keine durch Menschenhand deformierte Schädel, das ist eine eigene Spezies!

Abb. 42:

Dies ist der Schädel eines 2,70 m großen peruanischen Herrschers aus dem Gold-Museum in Lima. Er ist einer der Schädel, bei denen medizinisch belegt ist, dass er nicht durch Abbinden im Kindesalter auf diese Weise geformt, sondern auf natürliche Weise gewachsen war. Das ist bei diesem Schädel jedoch nur zweitrangig, denn er ist vom Volumen her schon doppelt so groß wie der eines heutigen Menschen. Die Mumie dieses Herrschers ist 2,70 m groß. Das ist gigantisch – vor allem im Vergleich zu den eher kleinwüchsigen Peruanern, die normalerweise um die 1,60 m groß sind. Der Umhang des Herrschers ist aus Gold gesponnen und ist 2,50 m lang. Die Schulterklappen sind doppelt so groß wie die heutiger Football-Spieler, und seine goldenen Handschuhe haben die Größe von Tennisschlägern.

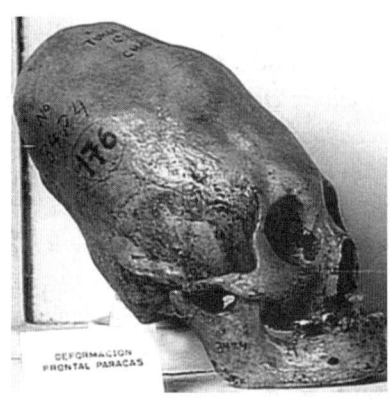

Abb. 43 und 44:

Die beiden Bilder zeigen *Nofretete*, einmal mit und einmal ohne Kopfbedeckung. Auch in Ägypten gab es Vertreter dieser Spezies.

Abb. 45:

Die hier abgebildeten Schädel wurden künstlich deformiert. Sie sind in keiner Weise mit den oben abgebildeten Schädeln vergleichbar. Sie sind nach hinten gewachsen, die Schädel aus Peru hingegen nach oben. Siehe dazu im Vergleich den Schädel aus Abb. 49.

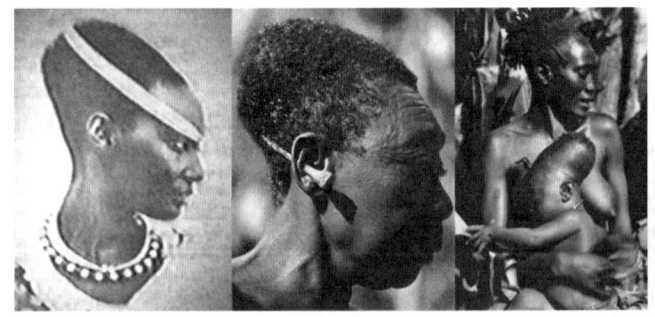

292

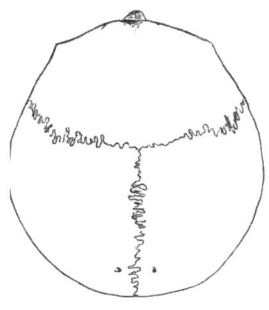
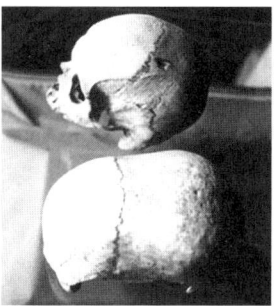

Abb. 46 und 47:

Man hat ja schon Schädelmissbildungen gesehen, bei denen es Verformungen gab. Wenn man jedoch einen Schädel vor sich hat, der ganz anders gewachsen, wesentlich verlängert und dazu noch erheblich größer als all die anderen ist und bei dem dann auch noch die Pfeilnaht (*Sutura sagittalis*) fehlt, dann wirft das Fragen auf. Genau das finden wir bei den Schädeln auf Malta. Wem gehörten diese riesigen Schädel? Im Tempel Hal Saflienti befindet sich auch ein Brunnen, welcher der Muttergöttin geweiht war.

Dort fand man auch eine kleine Statue einer schlafenden Göttin, wobei bei dieser auch ein Artefakt lag, welches die Gravur einer Schlange trägt. Vor allem einer dieser Schädel ist von besonderem Interesse: Er zeigt ein sehr ausgeprägtes *Dolichocephalous*, einen verlängerten hinteren Teil der Schädeldecke. Zudem fehlt die schon erwähnte Pfeilnaht (*Sutura sagittalis*). Genau das ist aber aus Sicht von Anatomen und Medizinern völlig unmöglich. Nicht mal aus pathologischer Sicht – also bei Missbildungen – ist ein solcher Fall auf der Welt bekannt. Der lange Wuchs – so haben Untersuchungen bestätigt – ist nicht durch Abbinden, sondern natürlich entstanden. Auch interessant: Auf den beiden Inseln Gozo und Malta gab es in prähistorischer Zeit einen sogenannten Schlangenkult mit Schlangenpriestern. Ist es möglich, dass dieser Schädel tatsächlich zu einem dieser Schlangenpriester gehörte oder einer Schlangenpriesterin?

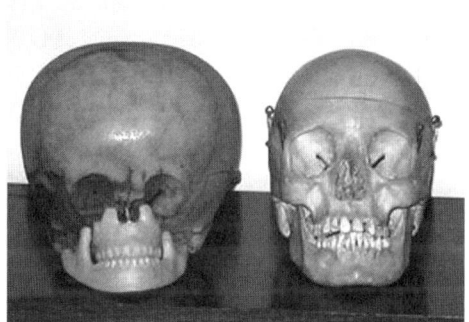
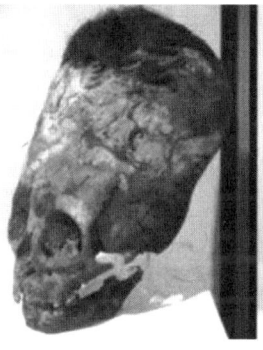

Abb. 48:

Der sog. *Starchild-Schädel* wurde um 1930 in Mexiko gefunden und ab 1990 von dem Forscher *Lloyd Pye* auf verschiedenste Weise untersucht. Der ca. 900 Jahre alte Schädel – so ergaben genetische Tests des *Royal Holloway College* der *University of London* – weist Fasern sowie rötliche Rückstände in der Spongiosa des Schädels auf, wie man sie vor dieser Untersuchung bei bislang keinem anderen Organismus nachweisen konnte. Des Weiteren fand man durch radiologische Tests heraus, dass der Schädel bis zu 50 Prozent dichter, aber gleichzeitig nur halb so dick ist wie ein normaler menschlicher Schädel. Teilanalysen der chromosomalen DNS im Jahre 2010 mittels der Schrotschuss-Sequenzierung zeigten nach Aussage von *Lloyd Pye* bislang sowohl menschliche als auch bis dahin unbekannte DNS-Sequenzen.

Neben dem *Starchild-Schädel* ist auf dem Foto ein normaler menschlicher Schädel zum Vergleich platziert.

Abb. 49:

Die Whistleblowerin *Karen Hudes* arbeitete von 1986-2007 als Rechtsanwältin bei der Weltbank, von der sie nach 21 Jahren entlassen wurde, weil sie ihren Mund nicht halten wollte, was die massive Korruption angeht. Hudes behauptet, dass die US-Goldreserven von den Jesuiten unter der Leitung des „Schwarzen Papstes" gehalten werden und sich inzwischen im Vatikan befinden. Und dieser Schwarze Papst sei kein Mensch, sondern ein Langschädel.

Hudes meint, dass diese Langschädel-Spezies heute noch existiert, glaubt aber nicht, dass es Außerirdische sind, sondern eine zweite Spezies der Erde, die aus alter Zeit bis heute überlebt hat – und im Vatikan bzw. darunter lebt. Durch die Tiara, die Kopfbedeckung der Priester, würden sie ihre langen Schädel verdecken. Sie sind angeblich die wahren Herrscher der Welt. In einem Interview berichtet sie davon, dass ein Bekannter einen blonden Langschädel mit blauen Augen in einer Bank in Portugal gesehen habe, der dort seine Familie in irgendwelchen Finanzangelegenheiten vertrat. Sie ist überzeugt, dass die Langschädel-Rasse heute noch präsent ist und mit den Obersten der Welt gemeinsame Sache macht bzw. deren Anführer ist.

Es gibt demnach noch weitere Schädel, die wie der *Starchild-Schädel* nur ein Scheitelbein aufweisen, im Gegensatz zu allen anderen „normalen" Menschen. Allerdings ist die Form des Hinterkopfes unterschiedlich, der *Starchild-Schädel* ist im Gegensatz zu den Langschädeln eher rundlich. Warum hatten diese Wesen andere Schädel als der Rest der Menschheit? Es scheinen menschenähnliche Wesen gewesen zu sein, aber eben nur ähnlich. Diese Tatsache kann man ebenfalls als Beweis dafür sehen, dass unsere Erde von Wesen eines anderen Planeten aufgesucht wurde, die uns nicht nur besuchten, sondern mit den Menschen zusammen hier lebten und sich mit ihnen vermischten (siehe auch Kapitel *Religionen*). Vermutlich wollten die „echten" Menschen den von ihnen bewunderten „Göttern" ähnlich sein und haben die Schädel ihrer Kinder künstlich in die Länge geformt. Wenn diese Wesen über großes Wissen verfügten und den damaligen Menschen viel beibringen konnten, waren sie in deren Augen eben „Götter". Daher ist der damalige Wunsch der Menschen, ihnen ähnlich zu sein, durchaus verständlich.

Wenn man seinen Horizont öffnen und seinen Blickwinkel erweitern kann, ist die Beweislage eindeutig, dass nichtirdische Wesen hier auf unserer Erde verweilten und zwar auf allen Erdteilen. Die Wissenschaft weigert sich jedoch, auch nur in diese Richtung zu untersuchen, geschweige denn, diese Möglichkeit in Erwägung zu ziehen, dass es außerirdische Wesen gibt und diese auch noch in unserer Ahnenreihe sein sollen. Das Wissen aus Schulen und Universitäten scheint eingefahren und die Wissenschaft tritt auf der Stelle. Aber es ist bekannt, dass Neues zunächst nicht beachtet wird, dann ins Lächerliche gezogen, schließlich bekämpft und dann irgendwann akzeptiert und gelehrt wird.

Es gibt bestätigte Aussagen, dass „lichtvolle" extraterrestrische Besucher Anfang der 1950er-Jahre die amerikanische Regierung besucht und ihrer eine Zusammenarbeit angeboten haben sollen, unter der Bedingung, dass die Atomtechnologie nicht weiter verfolgt würde. Angeblich wurde dieses Angebot ausgeschlagen. Anschließend sollen Besucher aus dem All gekommen sein, die anderer Gesinnung waren und ein gegenteiliges Angebot unterbreitet haben: *Technologie und Macht im Tausch gegen menschliche Energie*. Dies soll verlockender geklungen haben und die Amerikaner seien diesen Deal eingegangen. Ob diese Geschichte nun wahr oder nur Legende ist, spielt in der heutigen Zeit nicht die große Rolle. Fakt ist jedenfalls, dass sich die Entwicklungen der letzten 50 bis 100 Jahre sehr ungünstig für uns Menschen ausgewirkt haben. Die Technologien wurden zwar perfektioniert, doch die Menschlichkeit blieb in vielen Belangen auf der Strecke.

Sollten sich erneut extraterrestrische Wesen der Bevölkerung zeigen, täten wir sicherlich gut daran, sie weder zu verurteilen noch sie zu verherrlichen, sondern sie zwar kritisch zu betrachten, aber doch neutral mit ihnen in Kontakt zu treten. Unter Zuhilfenahme unserer Intuition könnten wir ihre wahren Absichten besser ergründen, als uns von Technik blenden zu lassen. Sollten sie uns mit dem Druckmittel der Angst zu irgendetwas drängen wollen, wäre es besser, ihnen nicht zu vertrauen. Wenn sie uns jedoch Verständnis und Mitgefühl entgegenbringen würden, wäre es einen Versuch wert, mit ihnen in Kommunikation zu treten.

REPTILIEN

Einer der größten und mutigsten Rechercheure ist der Engländer *David Icke*. In seiner Anfangszeit vor vielen Jahren ist er in der Öffentlichkeit oft lächerlich gemacht worden. Doch mittlerweile sind die spöttischen Stimmen überwiegend verstummt, und seine Vorträge füllen die Wembley Arena, denn vieles von dem, was er angekündigt hatte, ist bereits umgesetzt worden – besonders was die allgemeine Überwachung anbelangt. *Icke* hat in seinem Buch *Das größte Geheimnis*[540] in akribischer Kleinarbeit nachgewiesen, dass wir von einer dünnen Elite-Schicht beherrscht werden, die selbst eine Kreuzung zwischen Menschen und Außerirdischen ist. Die extraterrestrischen Anteile der Machtelite stammen seiner Meinung nach von Reptiloiden, was er in seinen Büchern sehr nachvollziehbar darlegt.

In seinem o. g. Buch weist er zum Beispiel nach, dass *Lady Diana* keinen Unfall hatte, sondern einem über viele Jahre geplanten Ritualmord zum Opfer fiel. Diesen Verdacht kann man bei mehreren Autoren nachlesen und *David Icke* hat sich die Mühe gemacht, alle relevanten Details zu prüfen. Er schreibt: *„Im Pont-de-l´Alma-Tunnel wurde also die positive, weibliche Energie (Liebe, Mitgefühl, Intuition), die durch Diana symbolisiert wird, durch die negative, weibliche Energie (Manipulation, ritueller Mord) ersetzt, die durch Hekate* [griech. = Göttin der Magie, die Wächterin der Tore zwischen den Welten; A. d. A.] *und den Kreuzweg symbolisiert wird. Der Tod von Dodi Al-Fayed war ebenfalls wichtig für den satanischen Symbolismus... In Paris wurde ein Teil dieses* [antiken; A. d. A.] *Dramas noch einmal aufgeführt. Der Wagen fuhr an dem ägyptischen Obelisken mit goldener Spitze, dem Penis des Osiris auf der Place de la Concorde, vorbei. Darin befanden sich Diana (ein anderer Name für Isis) und der Ägypter Dodi Al-Fayed, der Osiris repräsentierte. Ich weiß aus mehreren Quellen, dass Diana schwanger war. Ihr Fötus repräsentierte Horus, den Sonnenkönig... Ich habe gehört, dass Zellen aus ihrem Fötus dazu benutzt werden, um aus dieser genetischen Mischung Säuglinge zu klonen... über der Einfahrt zum Tunnel befindet sich die Darstellung einer brennenden Fackel. Dies ist natürlich das offensichtlichste Zeichen der Bruderschaft, das es überhaupt gibt, und nach dem rituellen Mord an Präsident Kennedy errichteten die Freimaurer einen Obelisken mit einer brennenden Fackel auf dem Dealey Plaza... Die Fackel auf dem Pont-de-l'Alma-Tunnel steht auf einem schwarzen Pentagramm, und es gibt kein mächtigeres satanisches Symbol als dieses.“*

Er führt noch weitere Zusammenhänge und Details zum Tode Dianas auf und verdeutlicht die Symbolik, mit der die dunkle Weltelite arbeitet. Dies alles hier zu erläutern, würde jedoch den Rahmen sprengen. Wer sich näher dafür interessiert, dem kann ich sein Buch sehr empfehlen. *Icke* schreibt, dass *Diana* gegenüber ihrer Freundin *Christine Fitzgerald* gesagt habe, die *Windsors* seien *„nicht menschlich“*, und ihre Spitznamen für die *Windsors* seien *„die Echsen“* oder *„die Reptilien“* gewesen. In einem Ritual, welches *„das Erwachen der Braut“* genannt wurde, sei Diana gezeigt worden, wer die Windsors tatsächlich seien: nämlich Echsen, die, wenn sie sich in ihre wahre Gestalt verwandeln, viel größer seien als in menschlicher Erscheinung. Sie hätten mit weiteren Paaren sexuelle Riten und satanische Rituale mit Menschenopfern durchgeführt. Hier wird wieder die Parallele zum *Bohemian Grove* deutlich.

Jedes Jahr, ja jeden Tag verschwinden unzählige Kinder und werden nie wieder gefunden. Die Anzahl, die über die Massenmedien bekannt gegeben wird, ist nur die Spitze des Eisbergs, was die Entführung von Kindern angeht. Viele von ihnen landen bei diesen Ritualen. Wenn in Ihrem Umfeld ein Kind spurlos verschwindet, forschen Sie nach, geben Sie nicht auf, suchen Sie selbst, auch wenn es Sie tief in den tiefsten „Morast" führt – doch passen Sie auf sich auf! Verlassen Sie sich nicht auf die polizeilichen Suchaktionen. Fragen Sie selbst in der Nachbarschaft, ob jemand eine fremde Person, ein Auto oder etwas anderes Verdächtiges gesehen hat. Je mehr Fälle aufgeklärt werden, je öfter diese Dinge an die Öffentlichkeit gelangen, desto größer ist die Chance, dass die Welt aufwacht und diesem Alptraum ein Ende setzt.

Dass die Männer (und teilweise sogar Frauen) in den meisten herrschenden Positionen an gewalt-sexuellen Ritualen teilnehmen, bestätigt auch *Cathy O'Brien* in ihrem Buch *Die TranceFormation Amerikas*, das sie zusammen mit *Mark Phillips* geschrieben hat.[541] *Cathy O'Brien* war selbst eine CIA-Sklavin unter Mind Control und schreibt in ihrem Buch schauerliche Dinge. Sie benennt die höchsten Politiker, denen sie gefügig sein musste, bei ihrem Namen und verdankt es nur glücklichen Umständen, dass sie diese Zeit überlebt hat. Satanismus scheint in der obersten politischen Liga Standard zu sein. Es handelt sich hier nicht um Satanismus in dem Sinne, dass bei Vollmond um Mitternacht eine schwarze Katze auf dem Friedhof begraben wird, sondern hier handelt es sich um Rituale mit Menschenopfern. Für bedeutende Opferungen werden die Szenarien teilweise jahrelang bis ins kleinste Detail durchgeplant, wie im Falle von *Lady Diana* – Rituale mit dutzenden und hunderten von Beteiligten unter Einbeziehung der höchsten dunklen Mächte. Wer an solchen Ritualen teilnimmt, akzeptiert, dass er seine Seele den dunklen Mächten verschreibt. Und es handelt sich hier nicht um ein Ausprobieren oder um Spaß, sondern um die ganz bewusste Entscheidung für die Dunkelmacht und gegen die Freiheit, gegen das Leben.

Sie werden sich sicherlich fragen, wie es sein kann, dass von diesen Dingen nichts an die Öffentlichkeit kommt. „*Wenn das alles nur annähernd wahr wäre, hätten wir das schon längst erfahren. So etwas lässt sich nicht geheim halten.*", höre ich manchmal.

Es gibt zwei ausschlaggebende Gründe, warum diese Themen nicht in der Öffentlichkeit diskutiert werden:

1. Pressefreiheit gibt es nicht!
2. Beteiligte sind des Todes, wenn sie etwas verraten, oder werden zwangspsychiatrisiert bzw. ihre Behauptungen werden ins Lächerliche gezogen.

Diese beiden Tatsachen sind den Eingeweihten bewusst, daher werden sie sich hüten, Details zu veröffentlichen. Deshalb wird kaum ein Mitglied dieser Kreise plaudern und wenn doch, dann dürfen die Massenmedien darüber nichts schreiben, und die Alternativpresse wird leider (noch) von nur wenigen Menschen beachtet.

Unsere Presse ist offensichtlich gleichgeschaltet, nachdem die neuesten Meldungen in allen Programmen ähnlich klingen, manchmal sogar im Wortlaut identisch sind. Die erlaubte und finanzierte Aufgabe der Medien ist es, die Menschen zu unterhalten (unten zu halten) und zu manipulieren. Der Spruch „*Brot und Spiele*" gilt heute noch genauso wie vor Hunderten von Jahren. Gebt den Menschen zu essen und lenkt sie ab, dann sind sie zufrieden. Für viele Menschen scheint das auf den ersten Blick immer noch zu gelten. Doch immer größer ist die Zahl der Menschen, die hinter die Kulissen schauen und verstehen möchten, *warum* Entscheidungen so getroffen werden, wie sie getroffen werden. Und wir sollten die Möglichkeit nutzen, uns über die alternative Presse zu informieren, denn dort erfahren wir ganz andere Gründe als die, die uns in der Mainstreampresse präsentiert (oder besser: *press*entiert?) werden. Wenn wir nicht wissen, was im Hintergrund abläuft, können wir auch in unserem Leben keine richtigen Entscheidungen treffen.

Die Menschen, die in die wahren Hintergründe eingeweiht sind und Bescheid wissen, sind auf verschiedene Weise involviert. Entweder sind sie selbst Abkömmlinge der herrschenden Rasse oder sie sind über einen der Geheimbünde so verstrickt, dass sie keine Möglichkeit mehr haben, über diese Dinge zu berichten, wenn sie nicht ihr eigenes Leben gefährden möchten. Oder aber sie haben solch enorme (finanzielle) Vorteile, dass ihr Gewissen, sofern noch vorhanden, schweigt. Menschen in entscheidenden Positionen, die aussteigen möchten, werden unter Druck gesetzt oder, falls sie nicht gehorchen, durch einen inszenierten Unfall oder einen angeblichen Selbstmord am Sprechen gehindert.

Warum kann sich der „normale" Mensch nicht vorstellen, dass wir einer gigantischen Verschwörung gegen uns Menschen gegenüberstehen? Weil wir Menschen im Gegensatz zu den dunklen Außerirdischen auch noch über ganz andere Gehirnareale verfügen als Reptilien. Während wir Mitgefühl empfinden können, können Reptilien nur an ihr Überleben durch die Kraft und Macht des Stärkeren denken. Sie können nicht kreativ und schöpferisch sein. Diese Fähigkeiten besitzen sie nicht, daher sind sie abhängig davon, etwas bereits Erschaffenes zu nehmen und zu verändern, was sie bei der menschlichen Rasse getan haben. Wir dürfen uns diese „Extraterrestrischen" oder „Reptilien" nicht als am Boden kriechende Echsen vorstellen, sondern als außerirdische Intelligenzen mit eventuell echsenähnlichen Eigenschaften, die über eine unglaubliche, für unser menschliches Gehirn unvorstellbare (aber auch listige) Intelligenz verfügen.

Abb. 50:
Reptiloider aus dem Film *Enemy Mine*, in dem die Freundschaft zwischen einem menschlichen Astronauten und einem Reptiloiden beschrieben wird. Der Film spielt im 21. Jahrhundert, und die Menschen stehen mit den echsenartigen *Dracs* im Krieg. Will uns Hollywood langsam an die Realität heranführen?

Ein Teilbereich unseres menschlichen Gehirns wird tatsächlich *Reptilienhirn* genannt, er ist für das Überleben zuständig. Reptilien, die der Dunkelmacht verfallen sind, verfügen nicht über menschliche Fähigkeiten wie Empathie oder Kreativität. Es geht bei ihnen vorrangig um das Überleben, um die Macht des Stärkeren – fressen oder gefressen werden sozusagen. Wir Menschen können das Denken der Reptilien, auch der außerirdischen Reptilien, nicht wirklich nachvollziehen, weil wir empathische Empfindungen haben und davon ausgehen, dass auch andere intelligente Wesen darüber verfügen. Das ist jedoch offensichtlich nicht so, und damit hat die reptiloide Machtelite ein einfaches Spiel mit uns gutgläubigen Menschen.

Ein Überrest der eingekreuzten Reptilien ist eine *genetische* Erkrankung, die sog. *Ichthyose*, landläufig auch *Fischschuppenkrankheit* genannt, die sich durch deutlich sichtbare Hautschuppen bemerkbar macht. Die Betroffenen haben deutlich erkennbare Hautschuppen, in den extremeren Fällen sind Babys, die damit geboren werden, völlig entstellt, vor allem bei der Form *Harlequin Ichthyosis* (wikipedia: *Ichthyose* = Verhornungsstörung der Haut, die meist durch einen Gendefekt verursacht wird). *„Ichthyosen gibt es schon, seit es Menschen gibt. Die ersten medizinischen Berichte über Ichthyose stammen aus dem 18. Jahrhundert.“*[542], kann man auf der Internetseite *www.ichthyose.de* lesen. Wohlgemerkt: *„...seit es Menschen gibt..* Es bleibt die Frage, ob es ein Gen*defekt* ist oder doch wohl eher ein Gen*rest* von unseren Urahnen aus grauer Vorzeit.

Das häufigste Erbleiden der Haut, und eines der häufigsten Erbleiden überhaupt, ist die *Ichthyosis vulgaris*. Sie gehört zu den leichteren Ichthyosen und macht sich durch trockene, raue Haut, Schuppen und gelegentlichen Juckreiz bemerkbar. Grob geschätzt tritt sie durchschnittlich einmal unter 300 Menschen auf.[543] Ganz schön oft, finden Sie nicht? Können wir daraus schließen, dass ca. jeder 300ste Mensch sichtbare Zeichen unserer genetischen Reptilienherkunft trägt? Auch im klinischen Wörterbuch *Pschyrembel* steht unter *Ichthyosis*: *„...sehr trockene, pulverartig schuppende Haut, teilweise mit **dickeren, dunkelgrauen bis grünlichen Schuppen...**“*[544] (H. d. d. A.)

Hier können wir eine Brücke zum 1-Dollar-Schein schlagen. Haben Sie sich schon mal einen Dollarschein genau angesehen? Die Haut um das Auge auf dem Dollarschein scheint eine Reptilienhaut zu sein und keine menschliche. Schauen Sie sich die „Falten“ um das Auge mit einer Lupe genau an. Es ist gut zu erkennen, dass es keine normalen Fältchen sind. Dieser Dollarschein ist so exakt durchdacht und voll mit Symbolik, da kann es kein Zufall sein, dass hier eine Reptilienhaut dargestellt wird, und zwar nicht irgendwo, sondern auf der abgehobenen Spitze der Pyramide! Was glauben Sie also, wer uns wirklich beherrscht und kontrolliert?

Diese Außerirdischen scheinen in der Hierarchie über den Königshäusern und Familienclans zu stehen, die vermutlich Hybride zwischen Extraterrestrischen und Menschen sind. Darunter kommen die Menschen der obersten Ränge in den Geheimbünden, die die Wünsche der Extraterrestrischen umsetzen bzw. umsetzen lassen. Diese Menschen wirken grundsätzlich im Hintergrund, denn die Persönlichkeiten aus Politik und Wirtschaft werden ausgetauscht, aber die Führung der Logen bleibt in der Regel ein Leben lang in ihrer Position – außer sie wird von einem Nachfolger überholt.

Für die Umsetzung ihrer Pläne haben diese Wesen viel Zeit, unsere irdische Zeitrechnung ist nicht relevant, da diese Wesen wohl um ein Vielfaches älter werden können als wir Menschen. Sie verfolgen das Ziel der kompletten Unterwerfung dieses Planeten durch eine totalitäre Überwachung und Versklavung der Menschen. Doch so langsam eilt auch ihre Zeit, denn das Universum und Mutter Erde, und damit die gesamte Menschheit, befinden sich im Wandel und sind auf dem Weg, ihr Bewusstsein enorm zu erweitern. Ein bewusstes und erwachtes Volk zu unterdrücken und zu versklaven, ist deutlich schwieriger, als ein schlafendes und träumendes Volk in die Irre zu führen.

Wir haben diese Anteile in uns, daher ist es für uns manchmal so schwer, den *inneren Schweinehund* – oder sollte ich lieber sagen: das *innere Reptil?* – zu überwinden. Und genau darin liegt unsere Aufgabe und unsere Chance: uns zu entscheiden, auf welche Seite wir uns stellen – auf die Seite der Menschlichkeit, der Empathie oder auf die Seite der Macht und Gier! Wir haben die Möglichkeit der freien Wahl, und diese sollten wir jetzt treffen, denn es könnte sein, dass wir nicht mehr lange zwischen den beiden hin- und herpendeln können.

> *„Derjenige muss in der Tat blind sein, der nicht sehen kann,*
> *dass hier auf Erden ein großes Vorhaben, ein großer Plan ausgeführt wird,*
> *an dessen Verwirklichung wir als treue Knechte mitwirken dürfen.“*[545]

Winston Churchill (1874-1965), ehem. britischer Premierminister

ENTWICKLUNGSGESCHICHTE – RÜCKWIRKEND BETRACHTET

Aus den bisher gesammelten Informationen lässt sich eine andere Entwicklungsgeschichte rekonstruieren als die offizielle Evolutionstheorie. Möglicherweise müsste unsere gesamte Entstehungsgeschichte umgeschrieben werden.

Gehen wir davon aus, dass die Urform der Menschheit *Seelen* waren, die ihre Energieformen so weit verdichtet haben, dass sie eine materielle Gestalt annehmen konnten. Sie waren anfangs sehr spirituell und lichtvoll und konnten von der materiellen in die geistige Welt wechseln, wie es ihnen beliebte, und umgekehrt. Sie nährten sich von der frei verfügbaren Energie, die in Form von Magnet- und Energiefeldern im Universum und auf der noch jungen Erde vorhanden war – oder auch von Sonnenlicht –, und sie lebten auf diese Weise in Frieden, Freude, Fröhlichkeit und Harmonie zusammen.

Und nun stellen Sie sich vor, dass technisch hochentwickelte Wesen auf der Erde landeten, die jedoch sehr materiell, herrschsüchtig und egoistisch waren. Sie fanden die lichtvollen Wesen vor und beschlossen, diese zu ihren Sklaven zu erklären. Die Urmenschen spürten Angst und konnten sich aufgrund dieser niedrig schwingenden Angstenergie nicht mehr in die geistige Heimat zurückziehen. Sie wurden gegen ihren Willen gentechnisch verändert, damit sie einige Eigenschaften der Invasoren übernahmen, zum Beispiel ein gewisses Niveau technischer Intelligenz, doch nur so viel, dass sie das traurige Spiel nicht durchschauen konnten. Trennende Attribute wie Rücksichtslosigkeit, Neid und Habsucht wurden von uns zwangsläufig durch die Gene der Eindringlinge übernommen. Somit war es mit dem Leben in Frieden und Harmonie vorbei.

Diese kurz gefasste Entwicklungsgeschichte wird sowohl der Bibel gerecht als auch den Fossilienfunden, und sie erklärt, warum bei manchen Menschen die *Ichthyose* auftritt. Auch werden die Entwicklungssprünge bei vielen Lebewesen nachvollziehbar, die durch gentechnische Manipulation und nicht durch langwierige Mutationen entstanden sind. Selbst die Angaben über jahrhundertelang dauernde Leben im Alten Testament (Methusalem) wären erklärbar, diese Lebenserwartung wurde vermutlich später reduziert.

Ich gehe davon aus, dass die Invasoren noch heute die Geschicke der Welt lenken, und immer mehr interessierte Menschen sehen das ebenso. Diese im Verborgenen lebenden Wesen bilden die Spitze der Pyramide auf dem Dollarschein. Sie stehen über den Staatspräsidenten und deren Beratern, über den Zentralbanken und über den Konzernen. Sie schmiedeten den Plan, dessen Umsetzung fast abgeschlossen ist: **die Übernahme eines Planeten und die Unterjochung seiner Bevölkerung.** Wenn man sich bewusst vor Augen hält, dass die Zeitplanung dieser Wesen, die heute hinter der Weltelite stehen, nicht in Jahren oder Jahrzehnten gerechnet wird, sondern in Jahrhunderten und Jahrtausenden, dann kann man rückblickend folgenden Plan erkennen, der ganz nach dem Motto verläuft:

„Erfolgreiche Geschichten gehen immer vom Ende aus!"

Gabriele Schuster-Haslinger

Das Ziel: ein beherrschter Planet, dessen Bevölkerung für die Weltelite (evtl. Erd-Invasoren) arbeitet und sie mit allem versorgt, was sie benötigt. Hierzu sind viele Schritte nötig, die den Menschen von dem ursprünglichen bewussten, lichtvollen Wesen zu einem Sklaven werden lassen. Diese einzelnen Schritte könnten wie folgt aussehen:

1. Lasse den Menschen sterblich werden und sich fortpflanzen, somit muss er stets als Säugling von Neuem beginnen und kann in diesem kurzen Leben keine große Weisheit erlangen, weil er die Erde vorher wieder verlassen muss.
2. Verändere den Menschen so, dass er Nahrung braucht und nicht mehr allein von Licht und Liebe leben kann und damit die Fähigkeit verliert, von der materiellen in die geistige Welt zu wechseln.
3. Binde den Menschen durch Karma daran, dass er immer wiederkehren muss.
4. Lasse ihn lernen, dass er etwas *tun* muss, um sich zu ernähren.
5. Lasse den Menschen entdecken, dass man Tiere töten und verspeisen kann – damit er noch dichter wird und seine göttliche Herkunft und Quelle mehr und mehr vergisst.
6. Lasse den Menschen in unterschiedlichen Sprachen sprechen, damit Missverständnisse und Zwist entstehen.
7. Lasse in den Menschen Missgunst entstehen – damit sie sich gegenseitig bekämpfen und Kriege führen.
8. Lasse den Menschen das Rad erfinden – damit kann er später sehr produktiv werden und seine Güter überall hinfahren. Auch er selbst kann dorthin transportiert werden, wo er besser eingesetzt werden kann (davon ahnt er bei der Erfindung jedoch noch nichts).

9. Führe das Geld ein!

10. Führe den Zins ein!

11. Lasse den Menschen die Nutzung der Elektrizität entdecken – damit werden später Maschinen betrieben, die der Mensch bedienen oder auch konsumieren kann. Aus der werden noch viele weitere Dinge entwickelt, die ihm als unverzichtbar dargestellt werden.

12. Das elektrische Licht sorgt dafür, dass der Mensch unabhängig von der Tageszeit einsatzfähig ist. Die Erholung der Nacht wird reduziert, in der die Seele nach Hause in das geistige Reich reist.

13. Lass ihn ein Bildungswesen einführen, damit wird ihm manipulierte Geschichte beigebracht und wie die Welt angeblich funktioniert.

14. Lasse den Menschen sein Handwerk aufgeben und in Fabriken gehen – damit er abhängig wird.

15. Aus der Elektrizität lass ihn die Fernsehtechnik entwickeln, die ihn später manipulieren wird (Senken der Hemmschwelle und damit Einsatz für gezielte Gewaltakte – einzeln oder kollektiv im Krieg, Manipulation, Verdummung, Konsumdenken usw.).

16. Aus der Elektrizität lass ihn die Elektronik entdecken, die ihn selbst später manipulieren und überwachen wird.

17. Lasse den Menschen die Pharma-Medizin entdecken, damit er einen großen Wirtschaftszweig daraus entwickelt und seine Gesundheit sowie Lebenszeit manipuliert werden kann.

18. Veranlasse den Menschen, seine Lebensmittel zu verändern und Fertignahrung zu produzieren, damit er konsumiert, seine Gesundheit verliert und der Pharmaindustrie Umsatz bringt.

19. Verbreite Krankheiten, damit er seine Gesundheit verliert und der Pharmaindustrie Umsatz bringt.

20. Schaffe ein Feindbild, vor dem er Angst haben soll („Achse des Bösen").

21. Führe Schritt für Schritt die totale Überwachung ein.

22. Lasse ihn die eigene Überwachung selbst ausführen.

23. Schaffe das Naturrecht ab.

24. Kneble den Menschen durch Staatsverträge.

25. Nimm ihm sein verdientes Geld ab.

26. Regiere ihn von wenigen zentralen Stellen aus, das erleichtert die Kontrolle und Führung.

27. Wandle die Staaten in Firmen um.

28. Führe ein System ein, das ihn zum Sklaven der Industrie und der großen Konzerne macht.

29. Erzeuge großes Chaos, damit der Mensch nach Lösungen sucht.

30. Schaffe ein Rechtssystem, in dem der Mensch keine Rechte mehr hat.

31. Erzeuge ein neues, extraterrestrisches Feindbild, vor dem der Mensch Angst haben soll.

32. Biete eine gesamtplanetarische Lösung gegen das neu geschaffene außerirdische Feindbild an, das die vollkommene Unterwerfung der Menschen erfordert.

33. Die Erdbevölkerung unterwirft sich von selbst
34. Ziel erreicht!

Zurzeit befinden wir uns bei Schritt 29. Wenn wir versuchen, die gesamte Entwicklungsgeschichte übergeordnet zu sehen, können wir das Gesamtbild erfassen und dadurch erkennen, dass wir uns nicht mehr im Viertel- oder im Halbfinale, sondern bereits im Finale befinden!

Wenn wir uns ansehen, welche Anstrengungen die Mächtigen unternehmen, um uns klein, unwissend, schuldbeladen und dumm zu halten und uns zu kontrollieren, dann wird uns bewusst, wie wichtig und mächtig wir in Wirklichkeit sind! Wir brauchen es nur noch zu erkennen und anzunehmen und wie mündige Menschen zu entscheiden und zu handeln! Denn wir sind in Wahrheit weder „Bürger" (von „bürgen") noch „Personal" (der *Deutschland GmbH*), sondern wir sind lichtvolle, spirituelle und beseelte Wesen!

RIESIGES GEMÜSE

Neben den Wesen, die sich der Dunkelmacht verschrieben haben und die Verträge mit der US-Regierung geschlossen haben sollen, gibt es auch wohlwollende Wesen, die uns dabei helfen, unser Bewusstsein zu entwickeln. Dass dies von Regierungsseite her leider unerwünscht ist, zeigt die Erfahrung des mexikanischen Bauern *J. Carmen Carcia* aus Valle de Santiago, der 1976 von einem Außerirdischen eine Formel erhielt, mit der er riesiges Gemüse züchten könnte. Das Wesen sagte, es käme aus einer unterirdischen Basis in Mexiko.[546] *Garcia* kontaktierte damit das Landwirtschaftsministerium, das eine Kontrollpflanzung auf dem Tangasneque-Versuchsgelände bei Tempico anbaute. Tatsächlich war das ohne Kunstdünger angebaute Gemüse exorbitant größer als normales Gemüse. Der Ertrag betrug 360% des normalen Gemüses, bei Kohl sogar 2.140%. Trotzdem beschloss die Regierung, von einer weiteren Forschung und Untersuchung abzusehen.[547] Ob die Vermeidung dieser Möglichkeiten mit Ignoranz, Dummheit oder Arroganz zu tun hatte, lässt sich heute nicht mehr feststellen. Vermutlich war die größte verhindernde Kraft entweder die Angst oder auch wirtschaftliche Interessen.

Aus übergeordneter Sicht ist es völlig irrelevant, ob wir von Außerirdischen durch gentechnische Veränderungen unser heutiges Äußeres und unsere Intelligenz erhalten haben oder ob nicht sogar das gesamte materielle Universum durch sie erschaffen worden ist. Wichtig ist, dass *wir* unsterbliche Seelen sind, die zurzeit inkarniert sind, sozusagen „Abenteuerurlaub auf der Erde" nehmen, bis wir wieder nach Hause in das geistigseelische Reich zurückkehren. Wichtig ist auch, wie wir uns täglich entscheiden zu leben, wie wir uns entscheiden zu denken, zu sprechen, zu handeln. Denn diese Erfahrungen nehmen wir mit in unsere Seelenheimat, wie unzählige Channelings und Nahtoderfahrungsberichte zeigen (Bücher von *Elisabeth Kübler-Ross, Bernard Jakoby, Raymond A. Moody* u. v. a.).

Wir Menschen sind Seelen, die hier inkarniert sind, um genau das Szenario zu erleben, das hier zurzeit vor sich geht. Wir haben uns dazu entschieden, in die Dualität einzutauchen und uns auf das Karma-Spiel von *Ursache und Wirkung* einzulassen. Vielleicht sind wir das eine oder andere Mal zu tief eingetaucht und waren als Folge einige Leben lang damit beschäftigt, den Ausgleich zu erwirken. Doch in der jetzigen Zeit erkennen immer mehr Menschen, dass wir in Wirklichkeit große Seelen sind, die durchaus in der Lage *sind*, ihre eigenen Stärken zu erkennen, in ihre Kraft zu gehen und das Leben zu führen, das sie sich tief in ihrem Inneren erträumen: nämlich ihre Gaben und Talente anzunehmen und in Liebe und Dankbarkeit zu leben. Dann stellt sich nicht mehr die Frage, ob wir von außerirdischen Invasoren gentechnisch verändert worden sind, denn die meisten von uns haben ohnehin auch auf anderen Planeten gelebt, und vielleicht waren wir es sogar selbst, die in einer früheren Inkarnation hier auf der Erde als Extraterrestrische manipulierend mitgewirkt haben. Wenn wir in die Liebe gehen, uns selbst und unseren Nächsten lieben – das heißt ihn anzunehmen, wie er ist –, dann kann ein anderes universelles Gesetz wirken, nämlich das *Gesetz der Resonanz*. Wenn wir uns und den anderen verzeihen können und ohne Groll, Vorwurf und ohne das Gefühl, ein hilfloses Opfer zu sein, dann werden uns liebevolle Menschen begegnen, die unser Leben bereichern, dann wird unser Leben leichter werden. Das bedeutet nicht, alles mit uns machen zu lassen. Natürlich müssen wir andere in Grenzen weisen, wenn sie unsere übertreten, aber wir müssen sie deswegen nicht verurteilen.

Wenn wir dann so weit in unserer Selbstliebe sind, dass wir manche politische und wirtschaftliche Entscheidungen – friedlich, aber bestimmt – nicht akzeptieren, dann werden sich nach und nach auch die Wirtschaftslage und die Politik verändern. Wenn wir parallel zum jetzigen System ein neues System aufbauen, das auf Werten wie Freiheit, Friede, Liebe, Harmonie, Gesundheit, Zusammenhalt, gegenseitige Achtung usw. basiert, dann besteht die Chance, das jetzige System in Frieden zu ersetzen. Wenn wir kollektiv aufhören, im bisherigen System mitzuspielen, ist das Spiel beendet. Ohne Figuren kann man kein Schach spielen. Bis es so weit ist, sollten wir lernen und üben, uns gegenseitig zu unterstützen, einander mit unseren Gaben zu helfen und füreinander da zu sein.

> *„Wir können gut ohne ein Machtsystem leben,*
> *aber das Machtsystem kann nicht ohne uns leben!"*
>
> Gabriele Schuster-Haslinger

Wir brauchen Mut und ausreichend Selbstliebe, um zu uns zu stehen und nur das zu tun, was wir tief in unserem Herzen auch für richtig halten. So können wir aus dem Spiel aussteigen, gegeneinander konkurrieren zu müssen. Dann findet das *Teile und Herrsche* endlich ein Ende, und auf diese Weise können wir die Welt verändern. Wir können uns eine Welt kreieren, in der sich alle Menschen wohl fühlen, in der sich jeder angenommen und akzeptiert fühlt, in der jeder das einbringt, was er kann und nur das entnimmt, was er braucht. Es wird eine Zeit kommen, in der wir nicht mehr das Bedürfnis haben, besser, größer, schneller zu sein, weil wir uns so, wie wir sind, gut fühlen. Auf diese Zeit freue ich mich! Sie auch?

KAPITEL 24: GEHEIME ORTE

„Wo soll es auf unserer Erde geheime Orte geben?", fragen Sie sich vielleicht. Mit *Google Earth* scheint jeder Quadratzentimeter der Erdoberfläche optisch zugänglich zu sein. Doch der Schein trügt. Es ist bekannt, dass die Satellitenbilder mitunter „korrigiert" werden, wenn etwas zu sehen ist, was die Allgemeinheit nicht sehen soll – besonders wenn es sich um geheime Militärgebiete handelt, deren Betreten verboten ist.

AREA 51

Das Geheimnis um *Area 51* dürfte mittlerweile offiziell als entlarvt gelten, denn es gibt zu viele Zeugenberichte und Aufnahmen von unidentifizierten fliegenden Objekten, sog. *UFOs*, die dort gesehen, fotografiert und gefilmt wurden, als dass man diese Fülle an Informationen einfach ignorieren könnte. Sie befindet sich in lebensfeindlichem Gelände im südlichen Nevada. Die Existenz der *Area 51* wurde vom US-Militär jahrzehntelang abgestritten, diesbezügliche Anfragen ins Lächerliche gezogen und in die Schublade der Verschwörungstheorie gesteckt. Am 16.8.2013 schrieb *spiegel.de* jedoch, dass die US-Luftwaffe erstmals die Existenz der Anlage bestätigt habe.[548] Sie bestreitet zwar nach wie vor, dass dort UFO-Testflüge und -Forschungen durchgeführt werden, doch es wird zumindest bestätigt, dass es die Anlage *Area 51* gibt, im Gegensatz zu vergangenen Aussagen. Dies ist ein weiterer Beweis, die Aussagen von offiziellen Stellen – sei es das Militär, wie in diesem Fall, oder eine andere Stelle – nicht ungeprüft als wahr anzunehmen. Was gestern noch dementiert wurde, wird heute bereits eingeräumt und gilt morgen als Selbstverständlichkeit. Wo bleibt da die Glaubwürdigkeit?

Von vielen Hobby-Forschern, die dort tagelang mit ihren Kameras auf der Lauer liegen, aber auch von ehemaligen Mitarbeitern wird immer wieder bestätigt, dass dort nicht nur Flugscheiben getestet werden, sondern dass dort auch außerirdische Wesen und Fluggeräte kommen und gehen.

Wenn man bedenkt, dass bereits im Dritten Reich Forschungen mit Flugscheiben und anderen Fluggeräten durchgeführt wurden (z. B. *Vril*, *Haunebu I*, *II* und *III*), wäre es sehr ungewöhnlich, wenn seit damals keine Fortschritte gemacht worden wären. *Haunebu II* soll durch einen elektromagnetischen *Thule-Antrieb* bereits eine Geschwindigkeit von 6.000 km/h erreicht haben und auf 106 Flügen erprobt worden sein.[549]

Wie bereits berichtet, haben 1979 bereits zehn Staaten die Existenz von UFOs anerkannt,[550] danke für deren Mut. Es gibt jedoch einen guten Grund, warum die meisten Regierungen nicht offiziell anerkennen, dass wir von außerhalb der Erde besucht wurden und werden. Würden sie es, dann müssten sie auch anerkennen, dass sie längst Technologien für eine saubere Energiegewinnung beherrschen und dass wir Menschen nicht zufällig aus einem Einzeller entstanden sind, sondern inkarnierte Geistwesen sind, deren Gengut durch Eingriffe von anderen intelligenten Erdenbesuchern mehrmals verändert wurde. Das hätte zur Folge, dass die gesamte Menschheitsgeschichte umgeschrieben werden müsste, und es hätte vor allem die gravierende Konsequenz, dass fast alle Religionen in Erklärungsnot wären. Das religiöse sowie das wissenschaftliche Weltbild, die seit Jahrhunderten gepflegt wurden, würden in sich zusammenstürzen. Und wenn die

Menschheit dann auch noch erkennen müsste, dass unsere Regierungen darüber Bescheid wussten und uns dieses Wissen vorenthalten haben, dann wäre der letzte Rest an Vertrauen verspielt, und die Menschen würden eventuell beginnen, ihr Schicksal und ihr Leben selbst in die Hand zu nehmen. Sie können sich vorstellen, dass dies der Albtraum jeglicher Regierungsform sein dürfte. Aus diesem Grund können Informationen über Außerirdische (jetzt noch) nicht öffentlich bekannt gegeben werden – egal, ob sie uns unterdrücken wollen oder uns wohlgesonnen sind –, denn es gibt mit 100%iger Sicherheit beides. Dies könnte sich in absehbarer Zeit jedoch ändern, und wenn wir uns denjenigen zuwenden, die uns wohlgesonnen sind, kommen wir dem Paradies ein ganzes Stück näher, denn von ihnen können wir eventuell lernen, wie wir menschlicher miteinander umgehen, wie wir *wirklich* saubere Energie nutzen, wie wir unsere Nahrung gesünder anpflanzen, wie wir unsere Gewässer wieder reinigen, wie wir Krankheiten wirklich heilen können usw. Dann erst kommen wir in die Lage, in unsere Kraft zu gehen und uns und unsere Mutter Erde verantwortlich und liebevoll selbst zu verwalten und mit anderen Planetenvölkern in einen freundlichen und rücksichtsvollen Kontakt zu treten. Doch Vorsicht, besonders extraterrestrische Dunkelwesen beherrschen die Täuschung perfekt!

Wenn jetzt mancher Kritiker sagt, er glaubt nur, was er sehen oder in die Hand nehmen kann, dann muss ich ihm leider entgegnen, dass noch kein Physiker ein Atom gesehen hat, da es nur auf Theorien basiert; dass noch kein Mediziner ein HIV-Virus gesehen hat, da sein Nachweis auf das Vorhandensein anderer Stoffe zurückgeführt wird, und es gibt weitere Dinge, die nicht sichtbar sind, wie zum Beispiel Intelligenz. Können Sie die Liebe sehen, die Sie für Ihren Partner oder Ihre Kinder empfinden? Waren Sie schon mal traurig? Beweisen Sie Trauer! Können Sie Radiowellen sehen oder Elektrizität? Die Auswirkungen ja, aber die Elektrizität selbst? Es gibt so viele Dinge, die wir als „wahr" annehmen, obwohl wir sie nicht sehen und anfassen können. Und wie viele Beweise wurden wieder revidiert, weil man feststellte, dass man falsche Schlüsse zog? Die Frage nach Beweisen wird sich im kommenden Zeitalter des Lichtes und des Wissens von selbst erledigen.

Wer schon mal ein UFO gesehen hat, weiß, dass es mehr gibt als die uns zugängliche Technik. Ich habe vor vielen Jahren selbst eines gesehen. Es war spätabends, ich war mit dem Auto auf dem Nachhauseweg, und ich sah etwas fliegen, das aussah wie ein orangefarbenes Flugzeug, doch es war rund und leuchtete. Ich änderte meine Strecke und versuchte, dem vermeintlichen „Flugzeug" hinterherzufahren, weil es mir sehr sonderbar vorkam. Irgendwann hielt ich an und stieg aus. Kurz darauf hat dieses Etwas einen plötzlichen Richtungswechsel von 90° vollzogen, hat seine Geschwindigkeit schlagartig extrem erhöht und war kurz darauf von einer Sekunde auf die andere verschwunden. Es war eine klare, wolkenlose Nacht. Die 90°-Kurve und die exorbitante Beschleunigung sind der Anlass, dass ich annehme, kein übliches Fluggerät oder Ballon etc. gesehen zu haben.

Doch ich möchte an dieser Stelle nicht näher auf die UFO-Thematik eingehen, sondern mich mit einigen geheimen Orten befassen.

AREA S-4

Bob Lazar, ein US-amerikanischer grad. Physiker und Elektrotechniker, trat vor einigen Jahren mit der Information an die Öffentlichkeit, dass es außer der Anlage *Area 51* noch eine weitere Anlage gibt, die *Area S-4*, in der er in den Jahren 1988/89 gearbeitet habe. In dieser Anlage soll er extraterrestrische Flugscheiben gesehen haben. Laut *Bob Lazar* befindet sich *Area S-4* ca. 15 Meilen südlich von *Area 51*. Er beschreibt, dass *„riesige Entfernungen im Weltraum kraft eines sehr starken Gravitationsfeldes bewältigt werden"* und erläutert diese Technik. Ferner beschreibt er die Reduktion der Entfernung zwischen zwei Punkten (Planeten) mittels Krümmung der Raum-Zeit und Erzeugung eines Schwerkraftfeldes, wodurch eine Reise wesentlich schneller erfolgen kann, als man dies im Physikunterricht lernt.[551] Die Technologie, die er beschreibt, sei von Wesen des *Reticulum-4* gekommen. *Reticulum-4* sei der vierte Planet von *Ceta Reticuli 2* des Sternensystems *Ceta Reticuli 1* und *2*. Laut dieser Wesen sei *„der Mensch das Produkt einer von außen korrigierten (beeinflussten) Evolution"*. *Lazar* sagt, die *Dulce-Basis* verfüge über 7 unterirdische Etagen, wobei die 5. Ebene der Unterkunft der *Greys* diene, die 6. Ebene einen Zoo für die Resultate der genetischen Experimente beherberge und die 7. und tiefste Ebene ein Gefrierlager für die fehlgeschlagenen Experimente beinhalte. *„Die Experimente (Ebene 6) werden in großem Maßstab durchgeführt, um Menschen genetisch zu verändern, sodass sie in einer gefährlichen Umgebung arbeiten können. Dies wurde bereits in einem solchen Ausmaß perfektioniert, dass wir inzwischen eine Wegwerf-Sklavengesellschaft haben. Sie sind in der Lage Klone anzufertigen (exakt gleich aussehende Menschen, die im Laboratorium gezogen wurden. Sie arbeiten nur beim Militär)."*[552]

Ich würde sagen, das hat selbst mit Sklaverei nicht mehr viel zu tun, das ist die fortgeschrittene Unterwerfung eines Planeten samt seiner Bewohner mit Kreuzungs-, Klon- und gentechnischen Experimenten, die die wildesten Phantasien von Horrorfilmregisseuren noch bei weitem übertreffen. Dagegen ist unsere heutige Massentierhaltung als tierfreundlich zu bezeichnen. Und das Gravierendste an der Sache ist, dass uns dies alles, bis auf wenige Infos von einigen ehemaligen Mitarbeitern, verschwiegen wird. Wir werden mit Modetrends, Werbung, Fußball und Fastfood eingelullt und für dumm verkauft, bis es plötzlich uns selbst erwischt, dann jedoch eiskalt! Wer darüber plaudert, wird sehr schnell „erselbstmordet" oder „verunfallt", wenn er nicht unglaubliches Glück hat.

Sind noch irgendwelche Fragen zum Thema *Verschwörung gegen die Menschheit* offen?

Abb. 51:
Bob Lazar

Abb. 52:
Eine Flugscheibe, an der Lazar gearbeitet hat – im Hangar der Area 51.

PINE GAP

Pine Gap ist eine Anlage der USA in Australien und eine der größten Bodensatelliten-stationen der Welt mit 8 Radarkuppeln und einem fast 5.600 Quadratmeter großen Computerraum. Um diese Anlage wird ein großes Geheimnis gemacht, und unter *Pine Gap* soll sich eine 8.000 m tiefe Bohrung befinden, die vermutlich wie eine Art Antenne genutzt werden kann. Von dort könnte eine gigantische *stehende Welle* um die Erde er-zeugt werden. Es scheint dort auch einen *High-Power-Hochspannungs-Plasmabeschleuni-ger* zu geben, um elektrischen Strom zu übertragen oder auch, *„um einen ‚Todesstrahl‘ zu produzieren oder ganz einfach, um eine Plasmakanone zu füttern."* Mehrmals sollen Ein-heimische dort zweifelsfrei *weiße Scheiben* mit etwa 30 Metern Durchmesser gesehen haben. (*uforq.asn.au*)[553]

 Pine Gap verfügt über eine unterirdische Anlage, die laut einer Reinigungsfrau ca. 13 km tief ist und auf *Freie Energie*-Basis funktioniert. Sie soll über unterirdische Seen und einen eigenen Anbau von Gemüse, Obst usw. verfügen. Das berichtete diese Dame *Jan van Helsing* im Jahre 1992 in Sidney.[554] Es sollen dort Menschen und extraterrestrische Wesen stationiert sein, die sich mit Flugscheiben fortbewegen. Egal, welche Details da-von wahr sind und welche nicht, Tatsache ist, dass uns über derartige Stationen sämtli-che Informationen vorenthalten werden. Mit welcher Begründung ist dies möglich? Le-ben wir nicht alle hier auf diesem Planeten? Haben wir nicht alle ein Recht darauf zu er-fahren, was mit unserem Planeten geschieht? Es scheint eine Elite zu geben, die hierüber Bescheid weiß und die der Meinung ist, dass das gemeine Volk, das „Pack", wie sie uns neuerdings nennen, dies alles nicht erfahren darf. Anmaßend? In höchstem Maße.

UNTERIRDISCHE ANLAGEN IN JAPAN

In Japan soll eine unterirdische Stadt namens *Alice Stadt* entstehen, die Einkaufszentren, Büros, Hotels, Theater usw. beinhalten soll. Auch eine üppige Naturlandschaft soll dort gebaut werden. Ich könnte mir vorstellen, dass diese Investitionen sinnvoller verwendet werden könnten zur (echten) Förderung von Gebieten, in denen Hungersnöte herr-schen.

 Man könnte noch mehr Beispiele über geheime Orte aufzählen, bei denen jedoch immer dieselben Parallelen zu finden sind:

- Geheim
- Vereinzelte Aussagen von ehemaligen Mitarbeitern
- Viele Spekulationen!

Abb. 53:
Die Area 51

Abb. 54:
Ein Grey-Alien. Laut Lazar und anderer Whistleblower haben die „Greys" ein Abkommen mit der US-Regie-rung geschlossen: Sie dürften Versuche an Menschen durchführen und stellen den USA im Gegenzug Tech-nologie zur Verfügung.

KAPITEL 25: SONSTIGES

NEUE BESTATTUNGSFORMEN

In welch verrücktem System wir heute leben, zeigen auch die neuen Überlegungen, was mit den Verstorbenen geschehen soll. Man könnte den Eindruck bekommen, es gehe darum, Leichen zu „entsorgen". Bislang waren bei uns zwei klassische Bestattungsformen üblich: entweder die Erd- oder die Feuerbestattung. Gegen die Erdbestattung wird immer wieder das Argument gebracht, dass der menschliche Körper in der Regel stark durch Medikamente belastet ist, dazu kommen das Quecksilber aus Amalgamzahnfüllungen, Metallteile aus künstlichen Hüft- und Kniegelenken und sonstige Einbauteile, vom Herzschrittmacher (Batterien!) bis zum implantierten Chip. Diese Dinge landen unweigerlich nach gewisser Zeit im Erdreich. Ein heutiger Verstorbener ist sozusagen Sondermüll.

Die Asche aus dem Krematorium wird in der Regel von Überresten wie künstlichen Gelenken etc. befreit, in eine Urne gefüllt und mit wenig Platzverbrauch bestattet, auch eine Baum- oder zum Beispiel eine Almwiesenbestattung sind möglich. Die Schadstoffe sind bei dieser Variante vermutlich anteilig in der Asche und in den Filtern der Rauchgasanlage, ein Rest wird über die Abgase in die Luft austreten. Wer es exklusiver möchte, kann beispielsweise aus der Asche des verstorbenen Mannes einen Edelstein fertigen lassen. Laut einem Bestatter, den ich dazu befragt hatte, erhält jeder Stein seine eigene spezifische Färbung, die angeblich von Leichnam zu Leichnam unterschiedlich ist. Wer es ganz ökologisch möchte, kann sich ein Krematorium aussuchen, das mit Ökostrom betrieben wird oder sich eine Urne bzw. einen Sarg aus ökologischen Stoffen wie Vollholz, Rattan oder Pappe auswählen, umweltfreundlich lackiert selbstverständlich…

Doch es gibt noch weitere Möglichkeiten, mit einem Verstorbenen umzugehen: Da gibt es zum einen die **Promession**. Die Schwedin *Susanne Wiigh-Mäsak* hatte die Idee, man könne den Verstorbenen auf -196 °C schockfrosten, was den Leichnam sehr brüchig werden lässt, und ihn danach mit Schallwellen zerkleinern. Nach Entzug des Wassers und nachdem Zahnfüllungen etc. herausgefiltert wurden, kann „*das organische, geruchsfreie Pulver in einer kompostierbaren Urne in etwa vierzig Zentimeter Tiefe bestattet werden. Und wer möchte, kann seine Überreste zum Beispiel mit der Saat eines Baumes beerdigen lassen.*"[555] Es ist im Prinzip dasselbe, wie eine Feuerbestattung, nur mit dem Unterschied, dass der Körper mit Kälte und Schallwellen pulverisiert wird, statt durch Hitze. Für bedenklich bei dieser Methode halte ich jedoch die Hygiene, denn auch ein zerkleinerter Leichnam bleibt rohes, organisches Material, das sich nach dem Auftauen erst mit Bildung von Bakterien etc. zersetzen muss. Bei der Feuerbestattung hingegen bleibt relativ keimfreie Asche übrig.

Eine weitere moderne Methode ist die in den USA teilweise bereits zugelassene **Resomation**. Bei dieser „*alkalischen Hydrolyse, ein erprobtes Verfahren aus der Tierkörperbeseitigung, wird der Leichnam durch eine heiße Lauge unter hohem Druck in seine Bestandteile zersetzt. Zurück bleiben nur poröse Knochen, die zur Bioasche zermahlen werden und eine organische Lösung, die angeblich unschädlich ist und sogar als Dünger verwendet wer-*

den könnte.", schreibt *impulsderzeiten.de*.[556] Könnten sozial schwach gestellte Menschen dann bereits zu Lebzeiten ihren Körper als potentiellen Dünger an die entsprechende Firma verkaufen?

Für mich fühlen sich beide der neuen Varianten unethisch an. Auch wenn die Seele eines Verstorbenen bereits ins geistige Reich heimgekehrt ist, sollte man – meines Erachtens – die sterblichen Überreste mit einem gewissen Respekt behandeln. Einen Verstorbenen zum Düngen des Gartens zu verwenden, gehört in meinen Augen nicht unbedingt dazu.

Nachdem die Mächtigen der Erde keine Skrupel haben und die Menschen als Sklaven oder wie „Schlachtvieh" betrachten, würde es mich nicht wundern, wenn demnächst jemand auf die perverse Idee käme, Verstorbene an Biogasanlagen zur Vergärung zu liefern, das wäre die preisgünstigste aller Varianten und schont die Umwelt.

Noch effektiver wäre eine Verwendung des zuvor beschriebenen Granulates in Fertignahrungsmitteln, die ohnehin zum vitaminfreien Füllstoff mutiert sind. Die geschäftstüchtige Lebensmittelindustrie würde das dann als natürliches Protein, Fett, Kalzium oder was auch immer deklarieren. Das würde ausnahmsweise sogar der Wahrheit entsprechen. Lecker! Morgen gibt's den Opa zum Frühstück!

STERBEBEFEHL AB 75?

Die 29-jährige *Brittany Maynard* hat sich am 1.11.2014 selbst getötet. Brittany litt an einer Krebserkrankung, und von ihren Ärzten wurde ihr eine verbleibende Lebensspanne von einem halben Jahr prophezeit. Nachdem sie sich über die Nebenwirkungen der verschriebenen Bestrahlung und den möglichen weiteren Verlauf informiert hatte, wollte sie selbst entscheiden, wann sie sterben möchte. Sie ist hierfür nach Oregon gezogen, um die dort erlaubte aktive Sterbehilfe in Anspruch zu nehmen und hat ihren Wunsch in die Tat umgesetzt.

Die Geschichte dieser Frau, über die in der Presse umfassend berichtet wurde, hat erneut die Diskussion über die aktive Sterbehilfe entzündet, und man kann hierüber geteilter Meinung sein. Die Frage, die sich mir jedoch sofort stellt, ist folgende: Warum wird dieser Fall genau jetzt von der Presse so sehr beachtet? In Oregon und anderen Staaten der Welt, in denen die Sterbehilfe erlaubt ist, dürfte dies kein Einzelfall sein, und es bestand keine Veranlassung, über diesen Fall so ausführlich zu berichten, es sei denn, ein Zweck steckt dahinter!

Mein Gedanke geht zum wiederholten Male in diesem Buch zu der altbekannten Systematik, dass eine Neuerung zuerst zu unserem Vorteil angepriesen, anschließend in den Alltag integriert und normalisiert wird, um schließlich gegen den Menschen und zum Vorteil der Macht-Elite eingesetzt zu werden. Diese Idee ist tatsächlich bereits in deren Köpfen. So schrieb *Dr. Ezekiel Emanuel* kürzlich einen Artikel mit dem Titel: *„Warum ich hoffe, mit 75 zu sterben"*[557] mit dem Untertitel: *„Warum Gesellschaft und Familien – und auch Sie – besser dran sind, wenn die Natur rasch und prompt ihren Gang geht." Dr. Emanuel* ist nun nicht irgendwer, sondern der ehemalige **Gesundheitsreformberater Barack Obamas**. Kann man die Wünsche der Elite deutlicher ausdrücken?

Dr. Emanuel wird in einem Artikel von *Michael Snyder* folgendermaßen zitiert: *„Es gibt viele Gründe, die dafür sprechen, dass 75 ein ziemlich gutes Alter ist, sich nicht länger anzustrengen."* Und weiter: *„Ab 75 wird es schon eines sehr guten Grunds bedürfen, dass ich überhaupt zum Arzt gehe... Das heißt, Darmspiegelungen und andere Krebsvorsorgemaß-nahmen fliegen raus – und zwar vor 75. Sollte man bei mir heute, im Alter von 57, Krebs feststellen, würde ich vermutlich behandelt werden, sofern die Prognose nicht sehr düster aussieht. Doch meine letzte Darmspiegelung wird es mit 65 geben. Keine Kontrolle auf Pros-tatakrebs, egal, in welchem Alter... Sollte ich mit über 75 Krebs bekommen, werde ich die Behandlung verweigern. Dasselbe gilt für kardiologische Belastungstests. Kein Schrittmacher und ganz gewiss keinen implantierten Defibrillator. Keine Herzklappen-Erneuerung und kein Bypass. Bekomme ich Emphyseme oder ähnliche Krankheiten, die schrittweise schlim-mer werden und für die ich normalerweise ins Krankenhaus müsste, werde ich eine Behand-lung akzeptieren, die das Unwohlsein lindert, das mit dem Gefühl des Erstickens einhergeht, aber ich lasse mich nicht davonzerren."*[558]

Das sind klare Worte eines Mannes, der sich viele Gedanken über die Gesundheit der amerikanischen Bevölkerung gemacht hat. Hoffentlich erinnert er sich in 18 Jahren noch daran, denn dann ist er selbst 75!

Dies ist ein weiterer Beweis dafür, dass wir „normale" Menschen auf den Status von Arbeitstieren degradiert werden. Wo ist der Unterschied zur Milchkuh oder zur Lege-henne, die im Suppentopf landen, sobald ihre Produktion nachzulassen beginnt? Es gibt keinen. Wir werden Schritt für Schritt darauf vorbereitet, dass wir nur eine Existenzbe-rechtigung haben, wenn wir aktiv und gesund zum Bruttosozialprodukt beitragen kön-nen. Die Messskala für die Unterteilung in „wert" und „unwert" wird in Einheiten der Leistungsfähigkeit gemessen.

Hatten wir nicht schon einmal eine Zeit, in der ein (von der Machtelite finanzierter und aufgebauter) Machthaber befohlen hatte, „unwertes" Leben zu töten? Sollte sich dasselbe in globalem Ausmaß wiederholen?

Wenn die sogenannten „geburtenstarken Jahrgänge" über 75 Jahre alt werden – das dürfte ab ca. 2030 der Fall sein –, dann könnte tatsächlich ein Problem für die Gesell-schaft entstehen. Ein Mensch, der über Reife und ethisches Bewusstsein verfügt, würde daher darüber nachdenken, wie diese absehbare Situation gelöst werden kann. Hierzu gibt es verschiedene Möglichkeiten, wie zum Beispiel:

1. Demenz verursachende Medikamente (Aluminium!) werden vom Markt ge-nommen.
   ➜ Ältere Leute wären wieder geistig anwesend.
2. Die medizinische Forschung bemüht sich um *Heilung* statt um lebenslange Dauermedikation.
   ➜ Menschen wären wesentlich gesünder.
3. Eingezahlte Renten- und Krankenversicherungsbeiträge werden gewinnbringend angelegt und ausschließlich *zweckgebunden* und *sinnvoll* genutzt.
   ➜ Es wäre genügend Geld für die Renten und die wenigen, noch erforder-lichen Pflegefälle vorhanden.

Doch an derartigen Veränderungen sind Pharmakonzerne bzw. ist die machtorientierte Finanzelite nicht interessiert. Stattdessen führt man langsam, Schritt für Schritt, den Gedanken ein, dass Menschen ab 75 Jahren ihren Sterbebefehl erhalten sollen. Vermutlich wird zuerst sehr kranken Menschen ermöglicht werden, diesen Weg freiwillig zu gehen. Sobald man sich an diese Möglichkeit gewöhnt hat, wird dieser Schritt jedoch von der Gesellschaft *akzeptiert*, eine gewisse Zeit später wird er *erwartet*, und schließlich wird er gefordert und zum *Standard*!

Sollten wir nicht langsam aufwachen und uns auf den Weg begeben, unsere eigene Verantwortung für uns zu übernehmen und Entscheidungen nicht den Politikern, Ärzten, Pfarrern oder sonstigen „ehrenhaften" Berufsständen zu überlassen? Jeder Einzelne von uns sollte beginnen, vorgesetzte Diagnosen, Gesetze usw. zu hinterfragen und ihre Sinnhaftigkeit nicht von vornherein vorauszusetzen, sondern selbst zu entscheiden – egal, ob wir U75 oder Ü75 sind!

Kapitel 26: Prognosen

Es ist nicht ganz einfach, Prognosen über die Zukunft zu erstellen, da sowohl die Licht- als auch die Schattenkräfte stärker werden und beide Seiten immer mehr Möglichkeiten haben zu agieren. Es liegt jedoch auch an uns, was wir alles zulassen, was wir hinnehmen, akzeptieren und wie sehr wir uns fügen. Wenn wir im Trend der Vergangenheit bleiben, wird sich die Schlinge immer mehr zuziehen. Wir werden immer mehr verpflichtet, Abgaben zu zahlen und in eine Finanzsklaverei getrieben, aus der es ab einem bestimmten Punkt kein Entrinnen mehr gibt. Dann könnten sich die schlimmsten Prophezeiungen bewahrheiten. Aus diesem Grunde schildere ich zwei verschiedene Prognosen:

A) Was ist wahrscheinlich, wenn wir nichts tun?

B) Was ist wahrscheinlich, wenn wir unsere Verantwortung übernehmen und in unsere Kraft gehen?

A) Prognosen, wenn wir nichts tun

Wenn ich mir die Tendenz der letzten Jahre ansehe und beobachte, wie zum Beispiel große Banken finanziell „gerettet" werden, wohingegen kleine Firmen, deren Mitarbeiter und die Bevölkerung im Stich gelassen, ja sogar ausgebeutet werden, dann stellt sich eine Richtung dar, die für die Bedürfnisse der Menschen nicht nur nicht förderlich, sondern vernichtend ist. Dass große Unternehmen politische Entscheidungen diktieren, passt ebenso zu dieser Tendenz wie die Tatsache, dass die Macht der Pharmaindustrie Heilpflanzen vom Markt drängt und wirklich heilsame, einfache und nebenwirkungsfreie Mittel nicht vermarktet, nur weil sie nicht genug Gewinn abwerfen, um nur einige Beispiele zu nennen.

Folgende Szenarien könnten geschehen:

Weltregierung

Die noch bestehenden Staaten werden zusammengeschlossen und von einer übergeordneten Stelle verwaltet und regiert, wie es in den USA bereits praktiziert und in der EU gerade umgesetzt wird. Den Staaten werden zunehmend die Rechte entzogen, damit die Einführung von neuen Gesetzen einfacher durchgesetzt werden kann. Die Weltmächte USA und Russland/China werden einen Krieg beginnen, der so furchtbar sein wird, dass die Bevölkerung um Frieden fleht, egal, um welchen Preis. Auf diese Weise kommt eine „Weltregierung" zustande, die es ermöglicht, dass ein „Weltpräsident" von einer obersten Stelle aus die gesamte Welt regiert und beherrscht. Diesem Präsidenten unterstehen alle Bereiche wie Militär, Gesundheitswesen, Bildung, Finanzwesen usw.

Das Militär wird aufrechterhalten mit der Begründung, dass neben Terroristen auch außerirdische Wesen die Erde angreifen könnten, der wahre Hintergrund liegt jedoch in der Unterjochung und Kontrolle der Menschen, falls diese versuchen sollten, durch Demonstrationen eine Veränderung herbeizuführen und ihre Wünsche kundzutun.

STÄNDIGE ÜBERWACHUNG

Die Menschen werden überall überwacht, egal, ob sie sich zu Hause, am Arbeitsplatz, in der Stadt oder in der Natur aufhalten. Es kann kein Wort mehr gesprochen und kein Gedanke gedacht werden, ohne dass es aufgezeichnet und kontrolliert wird.

Die bereits beschriebene *Blackbox*, das Überwachungssystem im Auto, wird zwingend eingeführt. Eventuelle Bußgelder werden in Zukunft automatisch entweder sofort bei jeder Übertretung oder einmal am Monatsende von Ihrem Konto abgebucht. Noch einfacher ist eine generelle Abbuchung pauschal von jedem Verkehrsteilnehmer, unabhängig davon, ob er Auto fährt oder nicht. Das Vorbild für diese Vorgehensweise ist die heutige Rundfunkgebühr, die jeder bezahlen muss, unabhängig davon, ob er das TV- und Radioangebot nutzt oder nicht.

Später, wenn sich die Weltelite sicher sein kann, dass die Massen Gehorsam leisten, wird es keine Automobile mehr geben, da den Menschen auch diese Freiheit mit der Begründung des Umweltschutzes genommen wird.

WELTMILITÄR / WELTPOLIZEI

Das Militär und die Polizei werden dazu zweckentfremdet, eventuelle Demonstrationen zu zerstreuen und gegen rebellische Gruppen – solange es diese noch gibt – vorzugehen. Sie werden ebenso eingesetzt werden, wenn es darum geht, die Bevölkerung umzusiedeln. Sie werden die Häuser stürmen und die rechtmäßigen Besitzer vertreiben, wenn deren Gebäude für andere Zwecke genutzt werden sollen.

Die Soldaten und Polizisten werden als erste Bevölkerungsgruppe alle mit einem Chip versehen, damit ihre Menschlichkeit unterdrückt werden kann und sie im Sinne der Weltmacht handeln. Sie sind die Vorläufer der Cyborgs, d. h. sie werden zu Handlungen und Taten gezwungen, die sie normalerweise nicht ausführen würden. Dadurch können sie sehr hart und unmenschlich gegen Demonstranten etc. vorgehen.

ROBOTER / CYBORGS

Roboter bzw. *Cyborgs* werden so weit entwickelt sein, dass sie uns gnadenlos und mit Gewalt dazu bringen werden, das zu tun, was die Weltelite verlangt. Wer deren Zielen entgegensteht, wird eliminiert, denn die größte Gefahr für eine totalitäre Weltherrschaft ist eine rebellische Bevölkerung. Es wird alles getan werden, um die Menschen ruhig zu halten. Dazu werden Medikamente, Zusätze im Trinkwasser und in den Nahrungsmitteln, Manipulation durch Besendung und Bestrahlung und mehr eingesetzt werden. Wer sich gegen diese Maßnahmen weigert, wird ebenfalls „entlebt". Roboter und Cyborgs garantieren, dass diese „Säuberungsarbeit" emotionslos und ohne Diskussion ausgeführt wird, denn menschliche Regungen, Mitleid, Verständnis oder sogar Komplizentum müssen um jeden Preis verhindert werden.

Die flächendeckende Überwachung erlaubt sofortige Zugriffe auf Menschen, die eine Gefahr für das System werden könnten, und damit werden jegliche Veränderungsbestrebungen der Menschen im Keim erstickt. Die Überwachungssysteme werden auf Arbeitsplätze und Privaträume ausgeweitet, und es gibt keine Möglichkeit mehr, sich auszutauschen, ohne abgehört und gefilmt zu werden.

GECHIPPTE MENSCHEN

Jedes Kind, das geboren wird, erhält unmittelbar nach der Geburt einen Chip, über den sämtliche Körperfunktionen, Emotionen, Neigungen und Gedanken gesteuert werden können. Über den Chip kann auch in Echtzeit abgeglichen werden, ob der Mensch als Spender für einen organsuchenden Funktionär infrage kommt. Falls ja, wird der Mensch per Chipbefehl dazu aufgefordert, selbst in das Transplantionszentrum zu fahren und sich dort zu melden.

Ungehorsame Menschen können über den Chip mit einem Stromschlag bestraft werden. Wer diese Warnung ignoriert, wird von einem Cyborg abgeholt, anschließend werden sämtliche Daten über ihn gelöscht, als habe es ihn nie gegeben.

Wenn ein Mensch beginnt, seine Kraft zu verlieren und sein Beitrag zum Arbeitsleben geringer wird, kann er per Chipbefehl zu einem „Entsorgungszentrum" gerufen werden, in dem man ihm noch verwertbare Teile entwendet, bevor sein Körper der Energiegewinnung, Kompostierung oder Lebensmittelherstellung zugeführt wird. Die Menschen gewöhnen sich daran, dass immer wieder Familienmitglieder, Nachbarn und Kollegen verschwinden, ohne dass man erfährt, wohin diese gebracht werden. Infolgedessen verringert sich die Intensität menschlicher Bindungen, und der Mensch wird zunehmend zum stumpfen, emotionslosen Arbeitstier.

FORTPFLANZUNG

Der Sklavennachwuchs erfolgt über die Klontechnik, die Arbeiter werden nach Bedarf und Einsatzgebiet herangezüchtet. Zuvor werden gentechnische Veränderungen vorgenommen, damit die Menschen optimal einsatzfähig sind. Die natürliche Fortpflanzung wird verpönt und verboten werden, bis sie schließlich nicht mehr möglich ist.

ANDERE PLANETEN

Wenn die Erde nicht mehr in der Lage ist, die Ausbeutung zu kompensieren, wird die Weltelite neue Planeten suchen, um dort dasselbe Spiel fortzusetzen. Zu diesem Zweck wird sie eine erforderliche Anzahl Menschen mitnehmen, da diese das herrschende System bereits kennen und folgsame Arbeiter sind. Die Erde wird sich selbst überlassen, und mit etwas Glück sind noch einige Menschen fortpflanzungsfähig und können eine neue Generation Mensch beginnen. Hoffen wir, dass die Erde selbst auch überlebt.

Diese Ausführungen klingen beängstigend, doch es muss nicht zum Äußersten kommen. Ich habe die große Hoffnung, dass sich das menschliche Bewusstsein in Kürze so weit entwickelt, dass immer mehr Politiker aus ihren Rollen aussteigen und ihren Hochverrat beenden. Immer wieder kommen Bankmanager, Wissenschaftler, Bakteriologen usw. durch mysteriöse Umstände ums Leben. Angeblich bringen sie sich selbst um, doch es scheint viel mehr so, dass sie „erselbstmordet" werden. Warum? Beginnt dieses global wachsende Bewusstsein bereits, an Schlüsselpositionen zu wirken, und können diese Menschen ihr Tun nicht mehr mit ihrem Gewissen vereinbaren und wollen aussteigen bzw. plaudern? Ich halte an der Hoffnung fest, dass dieser Trend, aus der gigantischen Verschwörung gegen die Weltbevölkerung auszusteigen, anhält und sich weiter fortsetzen wird! Es wird der Moment kommen, in dem die Finanzelite keine andere Möglichkeit mehr sieht, als aufzugeben, weil niemand mehr mitspielt in dem Drama. Das Druckmittel Angst wird seine Wirkung verlieren, je mehr wir Menschen durchschauen, welch böses Spiel hier mit uns getrieben wird.

Es ist nicht erforderlich, dass wir gewaltsam gegen Politiker oder Bankvorstände vorgehen, sondern es genügt, zu uns selbst zu stehen und als lebende, beseelte Menschen unser natürliches und gottgegebenes Grundrecht auf Leben, Unversehrtheit, Nahrung und Wasser einzufordern. Wir alle sind keine handelbare Ware oder Pfandscheine, sondern bewusste Wesen, die in der Lage sind, durch die Kraft der Gedanken und Worte zu erschaffen. Wir müssen diese Kraft nur wieder erkennen, annehmen und anwenden.

Sogar in der Physik wurde diese Fähigkeit bereits nachgewiesen, wie der *Doppelspaltversuch* zeigt. Bei diesem Experiment ist das Ergebnis abhängig vom Bewusstsein und der Aufmerksamkeit der Forscher. Wir können demnach unsere innere Macht ergreifen und mit der Kraft unseres Herzens und möglichst in der Gruppe den Frieden visualisieren, das bedeutet: sich bewusst und aufmerksam den Frieden vorzustellen. Wir unterschätzen unsere grandiose Fähigkeit, den Lauf der Dinge zu verändern und selbst zu gestalten. Wir sind nicht die ausgelieferten Opfer, sondern wir sind kraftvolle und machtvolle schöpfende Wesen mit unglaublichen Fähigkeiten. Wir sind nicht hierher gekommen, um globale Sklaven zu sein, sondern wir sind auf die Erde gekommen, um sie zu bewohnen und mit unserer geistigen Kraft in ein Paradies zu verwandeln und dieses zu erhalten. Wir sind hier, um eine Welt in Frieden, Liebe und Harmonie zu erschaffen und unsere Mitmenschen sowie die Tiere zu schätzen und wirklich in ihrem Kern zu erkennen.

Es ist eine große Herausforderung, in so einer bewegenden Zeit leben zu dürfen, in der wir große Veränderungen nicht nur erleben, sondern auch bewusst und aktiv mitgestalten können. Wir dürfen lernen, anderen Menschen fair und gerecht zu begegnen, unsere eigenen Gedanken und Worte zu prüfen, unseren Glauben bzw. unsere Verbundenheit zur höchsten Schöpfung zu pflegen und zu praktizieren und mit unseren Mitmenschen und -tieren in Frieden zu leben. Ich wünsche mir, dass möglichst viele Menschen ihre Einstellung zu ihren Mitmenschen, zur Natur und zur Erde überdenken und ein weitsichtiges und bewusstes Verhalten lernen, denn wir können nur wirklich glücklich sein, wenn wir in Frieden miteinander leben.

B) PROGNOSEN, WENN WIR IN UNSERE KRAFT GEHEN

Wenn eine Mindestanzahl von bewussten Menschen es schafft, ihre Schöpferkraft anzunehmen und die Verantwortung für unsere Spezies und unseren Planeten Erde zu übernehmen, dann steht uns ein paradiesisches Leben bevor. Wir werden erkennen, dass wir, egal welche Hautfarbe wir haben, Kinder der Erde sind, und wir werden uns zusammenschließen, damit wir in Frieden, Liebe und Harmonie eine der Erde würdige Bevölkerung bilden.

REGENBOGENVOLK

Wir werden als *Regenbogenvolk* in die Weltgeschichte eingehen, weil wir es schaffen, die so verschiedenen Rassen zu einem Volk zu vereinen. Wir werden erkennen, dass wir alle in Frieden auf der Erde leben möchten und dass es keinen Grund gibt, einander zu misstrauen oder uns gegenseitig zu bekämpfen.

Wir werden einander respektieren und unsere Bräuche und Sitten akzeptieren, ohne unsere eigenen dem anderen aufzudrängen. Wir werden unsere eigenen Herkunftswurzeln pflegen und den Gewohnheiten der anderen respektvoll Raum gewähren. Keiner wird sich besser oder schlechter fühlen, und wir werden unsere verschiedenen Neigungen wertschätzen und uns gegenseitig unterstützen. Wir werden ein Zusammenleben aufbauen, das auf Frieden, Wertschätzung und Achtung basiert und einzigartig sein wird. Wir werden Vorbild in unserem Sonnensystem sein, und fremde Wesen werden unseren Planeten besuchen, um sich unser Modell anzusehen und Anregungen mit nach Hause zu nehmen. Alle Besucher unserer Erde werden auf Eignung geprüft, bevor sie uns besuchen dürfen, und wir bewahren unser Erdjuwel, und hegen und pflegen diesen wunderbaren und vollkommenen Planeten.

ÜBERGANG

Zum Zeitpunkt X haben so viele Menschen ein erweitertes Bewusstsein, dass die kritische Menge erreicht ist und die Menschheit in ein neues Zeitalter übergeht. Ab diesem Moment ist unsere Angst wie verflogen, und wir wissen durch unsere innere Stimme, unsere Intuition, was wir tun sollen und was nicht. Kriege hören auf, weil die Menschen deren Unsinnigkeit erkennen und sich davon distanzieren. Soldaten, die sich gestern noch feindlich gegenüberstanden, fallen sich in die Arme und bitten einander um Verzeihung. Jahrelange Fehden und Streit werden aufgelöst, und Frieden verbreitet sich.

Die Weltelite versucht noch eine geraume Zeit, über Befehle und Drohungen ihre Macht aufrechtzuerhalten, doch sie sieht, dass ihre Befehle nicht mehr befolgt werden und erkennt, dass ihre Zeit vorbei ist. Sie verlässt den Planeten und versucht, ihre Macht woanders fortzusetzen. Dadurch wird die Erde frei von jahrtausendealter Herrschaft, und die Menschen dürfen mit ihrem Planeten wieder eine Symbiose eingehen. Nach anfänglichem Chaos findet sich eine neue Ordnung, eine Ordnung des Lebens, des Friedens und der Freude.

KONKURRENZ – MITEINANDER

Die Menschen erkennen, dass sie das bisherige Konkurrenzdenken nur noch weiter voneinander getrennt hat, und sind entschlossen, dies zu ändern. Sie arbeiten alle an einem Ziel, nämlich glücklich miteinander zu leben und alles zu haben, was sie benötigen. Sie wollen sich an der Natur erfreuen und Kraft schöpfen für die Dinge, die zu tun sind. Das Vorbild sind die Naturvölker, die seit tausenden von Jahren im Einklang mit Mutter Erde leben und um die Heilkraft jedes Pflänzchens Bescheid wissen. Die Arbeiten werden je nach Begabung aufgeteilt, und wenn an einer Stelle Hilfe benötigt wird, sind sofort mehrere Menschen bereit mitzuhelfen, damit alles in ausreichender Menge für jeden vorhanden ist. Dinge, die die Erde belasten, wie zum Beispiel Plastik, werden nicht mehr hergestellt, und alles, was produziert wird, ist sinnvoll. Schöne Künste werden aus Naturmaterialien kreiert, und die größte Energiequelle ist die Sonne, die jeden Tag zur Verfügung steht und auch die Seele nährt.

NAHRUNGSMITTEL

Bis sich die Menschen von Licht ernähren können, wird in der Übergangsphase Wert auf naturbelassene Nahrung gelegt und auch darauf, die Pflanzen möglichst ohne Kulturanbau, sondern aus Wildwuchs zu ernten. Dadurch ist der Mineralien- und Vitamingehalt der Blätter, Samen und Wurzeln wieder naturgemäß und nahrhaft.
Es werden keine Tiere mehr geschlachtet und verzehrt, da man sie als beseelte Mitbewohner der Erde erkennt und in ihrer Individualität wertschätzt.

GESELLSCHAFTLICHES ZUSAMMENLEBEN

In jedem Ort finden sich die Menschen regelmäßig zusammen, um über die anstehenden Themen gemeinsam zu entscheiden. Der derzeitige Trend zur Zentralisierung wird komplett zurückgebildet, und es wird in Wohngemeinschaften regional über die Belange des Ortes entschieden. Das oberste Ziel ist das Wohlbefinden aller Bewohner, die gegenseitige Akzeptanz und das harmonische Miteinander.

ARBEITSWELT

Die Arbeitswelt wird sich vollkommen wandeln. Es gibt keine Vorstände mehr und keine Banken, die möglichst viel Rendite erzielen möchten, sondern die Firmen sind Eigentum der Allgemeinheit. Jeder einzelne Mitarbeiter hat das gleiche Mitspracherecht und kann seine Ideen einbringen. Es wird nur so viel produziert, wie benötigt wird, und der Mensch ist kein „Verbraucher", „Konsument" oder „Arbeiter" mehr, sondern „Mensch". Alle haben das Bestreben, nur so viel zu produzieren, wie sie tatsächlich benötigen, und die restliche Zeit steht zur freien Verfügung.
Wird ein neues Gebäude benötigt, helfen alle zusammen, bis es fertig ist und der Familie oder der Bestimmung übergeben werden kann.

FREIZEIT

In der Freizeit unternimmt man gerne etwas zusammen, singt, spielt oder meditiert. Jeder hat die Möglichkeit, seine Talente zu leben, sei es musisch, philosophisch, technisch, sportlich oder anders. Wettkämpfe in der heutigen Form wird es nicht mehr geben, da auch dies die Konkurrenz, und damit die Trennung voneinander, fördern würde. Sport wird als gemeinsame Unternehmung gesehen, nicht als Vergleich von körperlicher Leistung.
Auch der Aufenthalt in der Natur erhält einen neuen Stellenwert, denn man erkennt, dass die Natur Kraft spendet. Sie erleichtert und fördert die Verbindung mit unserer Seele und erzeugt ein Gefühl der Dankbarkeit für die Gaben der Erde. Ich wünsche mir von Herzen, dass diese Prognose einer friedlichen Welt in Erfüllung geht.

KAPITEL 27: LÖSUNGEN

*„Probleme kann man niemals mit derselben Denkweise lösen,
durch die sie entstanden sind.“*[559]

Albert Einstein (1879-1955), deutscher Physiker

In diesem Spruch von *Albert Einstein* steckt viel Wahres, und wenn wir uns diesen Spruch zu Herzen nehmen wollen, ist es jetzt an der Zeit, radikal umzudenken. Unser ausschließliches Verstandesdenken hat uns in den Zustand gebracht, den wir heute vorfinden. Und selbst wenn wir sagen, dass uns eine winzige Minderheit betrogen, hintergangen und verraten hat, so ist es doch unsere eigene Denkweise und unsere eigene kollektive Einstellung, die es überhaupt erst ermöglichte, dass es so weit kommen konnte, wie es heute ist.

Aber es ist nie zu spät, und so können wir heute und jetzt beginnen, an unserem Denken etwas zu ändern. Wir können und sollten umgehend damit beginnen, an den Frieden zu glauben und uns ganz sicher sein, dass sich weit mehr als 99% aller Menschen nichts anderes wünschen, als friedlich mit ihren Lieben zu leben. Wenn Sie der Meinung sind, dass dies bei weitem nicht so ist, dann beginnen Sie am besten sofort, Ihr eigenes Denken auf Frieden umzuschalten. Das, was in uns den Unfrieden, den Neid, den Hass und das Vorurteil verursacht, sind Konditionierungen, eingetrichterte Meinungen und Verurteilungen. Unsere Denkweise und unsere Vorstellungen sind in gewisser Hinsicht das Produkt unserer Umgebung. Doch dies lässt sich korrigieren.

Der erste Schritt zur Lösung ist daher die Entwicklung eines Bewusstseins für die Dinge, wie sie wirklich sind. Wenn Sie sich selbst beobachten, werden Sie so manche Verhaltensweise erkennen, bei der Sie sich fragen könnten: *„Bin das wirklich ich?“* oder *„Denke ich wirklich so?“* Diese Beobachtung zieht sofort die Frage nach sich: *„Wer bin ich eigentlich?“* und *„Warum reagiere ich so und nicht wie mein Bruder, Nachbar oder gar jemand von einem anderen Kontinent?“* Und je öfter Sie sich selbst in dieser Weise beobachten, desto mehr können Sie feststellen, dass Ihre Reaktionen und Denkmuster nicht viel gemeinsam haben mit dem Wesen, das Sie in Wirklichkeit sind. Sie und ich und jeder andere natürliche Mensch sind große Geistwesen, große Seelen, die in menschlichen Körpern inkarniert sind, die sie sozusagen beseelen. Und der Seele ist es völlig gleichgültig, ob der Körper mit dem Fahrrad oder mit dem Mercedes von A nach B gefahren wird oder ob unser Heim 2½ oder 15 Zimmer besitzt. Der Seele ist es wichtig, dass sie Freude empfindet, dass sie Harmonie um sich spürt, dass es der Familie gut geht, dass wir glücklich sind.

Und genau das ist der große Unterschied zwischen dem ausklingenden Zeitalter, das sich gerade mit Pauken und Trompeten lautstark verabschiedet, und dem neuen Zeitalter, das leise zur Hintertüre hereinschleicht und uns die Herzenswärme bringt.

Bisher hat der Verstand in unserer Welt regiert: Wissenschaft, Zahlen, Beweise, Fakten, besser, größer, lauter, mehr! Und darüber haben wir vergessen, die kleinen, zarten und liebevollen Dinge wahrzunehmen: einen Schmetterling auf dem Gänseblümchen, die Sonnenstrahlen auf der Haut, einen Tautropfen am Grashalm, das Zwitschern des ersten Vogels und so vieles mehr. Wir spüren in uns eine Sehnsucht und wissen noch nicht, was wir suchen, doch es ist nichts von der bisherigen Welt. Es ist etwas Feines, Zartes und Liebevolles. Unsere Seele spricht in diesen leisen, hellen Tönen zu uns, und sie kommt immer wieder, um in diesem Alltagsgetöse unsere Aufmerksamkeit zu finden. Und so spüren wir nicht nur diese Sehnsucht, sondern auch den Wunsch, dem hektischen und kräfteraubenden Wirrwarr des ganz normalen Alltags zu entfliehen.

Es ist einerseits die alte Energie, die noch nicht aufgeben möchte, und andererseits die neue Energie, die um Einlass ersucht, weil sie weiß, dass ihre Zeit nun gekommen ist. Und es liegt an uns, das Alte langsam zu verabschieden und das Neue willkommen zu heißen. Das bedeutet nicht, das Bisherige unbedingt und schnell loswerden zu wollen, sondern wir Menschen als Kollektiv dürfen der alten Energie durchaus dankbar sein für die Erfahrungen, die wir sammeln durften, für die Reife, die wir dadurch erlangt haben, und die Gewissheit, dass wir nicht mehr unser Leben ausschließlich dem Verstand anvertrauen möchten. Das neue Zeitalter bringt uns, wenn es fest etabliert ist, glückliche Zeiten mit geöffneten Herzen, in denen wir versorgt sind mit allem, was wir benötigen. Für die jetzige Zeit des finalen Überganges bedeutet das für uns alle, dass wir noch in den alten, bestehenden Strukturen leben müssen, aber zunehmend unseren Weg und Sinn in der neuen lichtvollen Zeit suchen und finden.

Hierzu gehören auch einige praktische Punkte wie zum Beispiel, dass wir nicht mehr alles glauben, was man uns präsentiert, und dass wir alles genauer hinterfragen. Die effektivste Frage in der jetzigen Zeit ist: „*Wer hat einen Vorteil davon?*", egal, ob es sich um Nachrichten oder implantierbare Chips handelt. Erst wenn wir das Thema genau hinterfragt haben, sollten wir entscheiden, ob wir das, was wir lesen, sehen oder hören, auch glauben wollen.

Das erwachende Bewusstsein in dieser neuen Zeit verändert auch unsere Wahrnehmung. So erkennen wir die Falle des glorifizierten Materialismus und werden uns unserer spirituellen Potentiale und Entwicklungsmöglichkeiten mehr und mehr bewusst. Wir entdecken und entwickeln neue Fähigkeiten, wir kommunizieren telepathisch und erkennen die wahren Absichten unseres Gegenübers, noch bevor er oder sie etwas ausspricht.

Die Begründerin der Sterbeforschung, *Elisabeth Kübler-Ross*, hat bereits in den 1970er-Jahren hunderte von Sterbenden begleitet, und bei den meisten Menschen war bereits kurz vor dem physischen Tod ein entspannter Gesichtsausdruck feststellbar. Auch Menschen, die ein Nahtoderlebnis hatten, also „dem Tod gerade noch von der Schippe gesprungen sind", berichten von angenehmen Erlebnissen während ihres Kontaktes mit der Geistigen Welt, und fast alle sahen einen Tunnel mit einem Licht am Ende einhergehend mit dem Gefühl, dass hier die reine Liebe und eventuell nahe Familienangehörige auf sie warteten. Erstaunlicherweise berichteten Menschen, die gemordet oder schwere Verbrechen begangen hatten, ganz andere Dinge. Die meisten dieser wiederbelebten Menschen änderten nach ihrem einschneidenden Erlebnis ihre Einstellung, änderten ihre berufliche Tätigkeit oder ihr ganzes Leben, manche wurden in sozialen Bereichen aktiv. Man hat den Eindruck, dass sie ihrem eigenen Gewissen begegnet sind und diese zweite Chance nun nutzen wollen, um ihr Leben fortan in gelebter Nächstenliebe zu verbringen.

Das *Tunnelphänomen* beschreibt auch *William Buhlman* in seinem Buch *Out of Body*.[560] Er berichtet, dass er denselben Effekt bei seinen außerkörperlichen Reisen beim Übergang von einer Dimension in eine andere erlebt. Bei Bewusstseinsreisen, also Reisen ohne Körper, nur mit dem Bewusstsein, kann man seinen Körper verlassen und die Dimension des Astralreiches besuchen. Von dort wiederum können noch weitere Dimensionen „bereist" werden, die jeweils immer weiter von der materiellen Welt entfernt sind und in der nur durch Gedanken Situationen oder Dinge erschaffen werden können.

Auch beim Lesen im *Morphischen Feld* (MFL®[561]) kommt es vor, dass man mit Verstorbenen Kontakt hat. Die Angehörigen können oft genau bestätigen, dass es sich um tatsächliche Begegnungen handelt, denn der oder die Verstorbene gibt Dinge preis, die kein anderer wissen kann. Oftmals sehen sie die Dinge ganz anders als zu ihren Lebzeiten und bitten manchmal um Verzeihung für ihr Verhalten. Oder sie lüften ein bis dahin gehütetes Geheimnis, weil es für die Hinterbliebenen wichtig ist.

Außer diesen zwei Bereichen gibt es noch viel mehr Bestätigungen, dass wir Menschen nicht nur unser Körper sind. Wir sind multidimensionale, spirituelle Wesen, die in dem momentanen Leben diesen Körper bewohnen. Wir existierten bereits vor Erschaffung des Körpers, und wir sind weiterhin da, auch wenn unser Körper eines Tages stirbt. Wir sind große, schöpferische Energiewesen, deren Fähigkeiten weit über dieses manchmal sehr begrenzte, physische Leben hinausgehen. Wir können uns in verschiedenen Dimensionen bewegen und haben die Möglichkeit eines unendlichen Aktionsradius, wenn wir nicht gerade ein Erdenleben führen. Die Ahnung bzw. das Wissen darum, wer wir in Wirklichkeit sind, eröffnet uns verschiedenste Möglichkeiten, wie wir mit den derzeitigen Zuständen auf unserer Erde umgehen können. Wir alle haben normalerweise ein Bedürfnis nach einem glücklichen Leben, nach einem liebe- und respektvollen Umgang miteinander, nach einer erfüllenden und sinnvollen Aufgabe. Denn in uns ist ein Ur-Wissen, wie es einmal war und wie wir es uns wieder wünschen.

Diese menschliche Erfahrung hier auf dieser Erde dient unserer eigenen Entwicklung und zur Vervollständigung unseres Erfahrungsschatzes, und wir haben uns bestimmte Aufgaben in diesem Leben vorgenommen, deshalb sind wir jetzt und hier inkarniert. Allerdings leben wir heute in ganz anderen Umständen und, meines Erachtens, kurz vor einer großen Veränderung. „Kurz vor der großen Veränderung" muss nicht heißen, dass diese in 2 Monaten, in 2 Jahren oder in 200 Jahren vorbei ist. Was ist ein Jahr im Verhältnis zur „Ewigkeit"? Andererseits kann uns die Veränderung sehr schnell erreichen, wenn der richtige Zeitpunkt gekommen ist.

Das Channeling-Medium *Michael Elrahim Amira* empfiehlt, folgende positiv formulierten Sätze täglich laut auszusprechen:

„Göttliche Ordnung wirkt jetzt in mir und meiner Welt,
in allen meinen Angelegenheiten, meinen Beziehungen,
meinem Körper, allen Zellen und Organen."

sowie

„Es geht mir von Tag zu Tag und in jeder Hinsicht besser und immer besser."

GROße VÖLKER STATT KRIEGSVÖLKER

Zurück zu den Menschen und der Veränderung der Menschen. Wenn die Schulkinder heute ihr Geschichtsbuch aufschlagen, könnten sie den Eindruck gewinnen, es hätte immer nur Schlachten, Kriege, Sieger und Verlierer gegeben. Dazu kommen die „großen Kulturen", deren Bauwerke noch heute bewundert und bestaunt werden, seien es die Pyramide von Gizeh (wird je nach Quelle auf ein Alter von 4.500 bis 10.000 Jahre geschätzt), die Maya-Pyramiden in Chichén Itzá (ca. 1.500 Jahre), Stonehenge oder Machu Piccu. In den Geschichtsbüchern wird fast nur von Völkern berichtet, die große Bauwerke errichtet und Kriege geführt haben. Meistens waren dies dieselben Völker. Es ist eine rein verstandesorientierte Denkweise, wenn die Völker und die damaligen Menschen nur in Zahlen und Fakten bemessen und beurteilt werden.

Ich bedaure es sehr, dass wir nicht mehr über jene Völker wissen und erfahren, die einträchtig *miteinander* gelebt haben, statt Kriege zu führen. Wir lernen nichts über die friedlichen Gemeinschaften, die in Weisheit und in Achtung vor dem Leben und der Natur gelebt haben. Diese Völker haben sich nicht bekriegt, um ihr Territorium zu erweitern, und sie haben keine großen Bauwerke errichtet. Von ihnen hätten wir eine Menge lernen können. Meines Erachtens waren dies die wirklich GROßEN VÖLKER, die *keine* Prunk- und Machtbauten hinterlassen haben, die *keine* Kriege geführt haben. Doch von ihnen findet man bei Ausgrabungen keine Gebäudereste. Über *diese* Völker sollten die Geschichtsbücher schreiben, denn sie waren es, die ein wirklich lebenswertes und glückliches Leben führten. Das waren die stillen Völker, die keine Kriege kannten, die jeden akzeptierten, wie er war, die die Sprache der Natur und des Herzens verstanden. Diese Völker waren den sogenannten großen Kriegsherren schutzlos ausgeliefert, und sie gingen dabei meist leise unter. Nur in alten Sagen und Erzählungen kann man von ihren Weisheiten ein wenig hören. Die Ureinwohner Amerikas, Australiens und auf Hawaii zähle ich hierzu. Die stillen Völker waren die wirklich großen Völker, die in Verbundenheit mit der Erde lebten und in sehr entlegenen Gebieten heute noch leben, die zum Teil der Telepathie mächtig waren, die wirklich heilen konnten, die mit den Tieren, den Elementen, dem Wind, dem Regen und Mutter Erde kommunizieren konnten.

Sie spürten, welche Pflanzen ihnen halfen, gesund zu bleiben, und sie spürten, wo Trinkwasser zu finden war. Sie spürten, wenn Krokodile in einem Gewässer waren und das Trinken und Baden gefährlich werden konnte. Wenn sie Hunger hatten, kommunizierten sie mit den Tieren und baten darum, dass sie eines erlegen durften, dieses sonderte sich dann ab und ließ sich jagen. Die Menschen dankten dem Tier, dass es sich den Menschen als Nahrung zur Verfügung gestellt hatte, es war eine Wertschätzung und Dankbarkeit.

Diese Dinge sollten in den Geschichtsbüchern stehen und nicht, welcher Feldherr wann wo wie viele Menschen besiegt und umgebracht und welche Ländereien er dadurch dazugewonnen hat. Diesen „Kriegsherren" werden bis heute Denkmäler gesetzt. Gibt es auch nur einen Bürger, der Krieg als angenehm empfindet? Gibt es auch nur einen Heimat-Vertriebenen, der sich gefreut hat, dass er alles hinter sich lassen und von vorn beginnen musste? Haben „normale" Menschen einen Vorteil von einem Krieg? Wem dient ein Krieg? Doch ausschließlich dem Kriegsherren, da (scheinbar) sein Ansehen steigt, was jedoch nur auf dem Prinzip Macht/Furcht beruht. Dieses Verhalten ist uns Menschen nicht würdig. Wir sind von unserem Naturell her friedfertig und harmoniebedürftig – wenn man uns lässt! Auch die Jugend ist friedlich, wenn sie liebevoll aufwachsen darf und wenn sie eine Zukunft vor sich hat, die lebenswert ist.

Kriege entstehen – das haben bereits viele Autoren nachgewiesen – fast immer aufgrund von Intrigen, Lügen oder provozierten Reaktionen. Eine sehr mächtige Industrie, die Rüstungsindustrie, hat ein großes Interesse daran, die Menschen in regelmäßigen Abständen in den Krieg zu führen. Deutschland hat im Jahr 2012 allein in die Golfregion doppelt(!) so viele Waffen (einschl. Panzer, Kampfflugzeuge etc.) exportiert als im Jahr zuvor.[562] Was passiert wohl mit diesen Waffen? Glauben Sie, dass diese nur irgendwo gelagert werden? Waffen sind zum schießen da, mit ihnen werden Menschen getötet.

Damit die Menschen kriegsbereit werden, muss man sie anstacheln oder durch Falschinformationen (Medien!) und Kriegshetze so weit bringen, dass sie mit einer kriegerischen Intervention einverstanden sind. Dann kommt die sogenannte „Lösung" des geschaffenen und bewusst herbeigeführten „Konfliktes", und das bedeutet heutzutage noch immer Waffeneinsatz. Die Finanziers dieser Kriege fördern in der Regel beide Seiten, denn auf diese Weise wird ihr Gewinn maximiert. Egal, ob es sich um ein fernes Land oder um unser eigenes handelt, es trifft immer auch die Zivilbevölkerung.

Sehen wir uns an, was in Afghanistan, in Syrien, in Libyen oder sonst wo auf dieser Erde stattfindet. Die selbsternannten „Gutmenschen" möchten manipulieren, herrschen, ausbeuten und maximalen Gewinn daraus erzielen. Da die Staaten und die Menschen für den Wiederaufbau Kredite benötigen, vergrößert sich die Kriegs-Rendite der Banken nochmals. So ist ein Krieg stets ein lukratives Geschäft für die Hochfinanz, sowohl währenddessen als auch danach, der Verlierer ist immer das Volk – und zwar auf beiden Seiten.

Damit Frieden einkehrt auf unserem wunderschönen Planeten, bedarf es anderer Handlungen als der seit langem gängigen Praxis, durch Krieg scheinbar Frieden herstellen zu wollen. Mittlerweile dürfte jedem klar sein, dass dieser Versuch erstens nicht funktioniert und dass zweitens vollkommen andere Motive hinter dieser Vorgehensweise stehen.

Wenn wir uns die aktuellen Zustände, die aktuelle Kapitalverteilung, die Regierungen und die Privatisierungen in der Welt ansehen, dann wäre jedem Einzelnen und dem ganzen Volk geholfen, wenn auf folgende Dinge geachtet werden würde – immer ein sehr erweitertes Bewusstsein der Bevölkerung vorausgesetzt:

1. respektieren und achten jedes Individuums und seiner Art zu leben
2. liebevoller Umgang mit Kindern, pflegebedürftigen und alten Menschen
3. Jeder trägt mit seinen Fähigkeiten, Talenten und Gaben zur Gemeinschaft bei.
4. Förderung der Talente und Gaben jedes einzelnen Menschen
5. keine Zentralisierungen mehr, weder bei Regierung/Verwaltung noch bei Produktion und Bankenwesen (solange Banken noch erforderlich sind)
6. Abstimmungen durch das Volk, regional begrenzt

7. Gemeingut (früher öffentliches Eigentum) gehört allen, erforderliche Veränderungen werden abgestimmt
8. Reform des Medizinwesens – weg von der symptombezogenen und hin zur heilenden Behandlung durch Naturheilmittel
9. Ächtung und Ausschluss von unnötiger, übermäßiger Besitzanhäufung
10. oberstes Ziel und Bestreben: Pflegen der Gemeinschaft zum Wohle aller und gleichzeitiges Wahren der Individualität
11. pflegen der regionalen Besonderheiten usw.

Wenn wir einen friedlichen Prozess unterstützen und in unsere Kraft gehen möchten, sind verschiedene Schritte erforderlich. Es handelt sich um Prozesse, die sich in unserem Inneren abspielen und die einen Bewusstseinswandel bewirken. Einige der Möglichkeiten sind in den folgenden Kapiteln erläutert.

„Wir sind jene, die die Welt verändern werden,
indem wir uns daran erinnern,
wer wir als göttliche Wesen wirklich sind.
Wir haben die Wahl getroffen,
in dieser Zeit auf der Erde zu sein,
um eine neue Welt zu erschaffen…
Erinnere Dich an die große Aufgabe, für die Du hier bist!
Du bist viel mehr, als Du Dir vorstellen kannst.
Es ist wichtig, in Deinem Herzen ein Bild der Liebe und Schönheit zu tragen,
zu wissen, dass Du der Schöpfer bzw. die Schöpferin Deiner Wirklichkeit bist.“[563]

Kiesha Crowther, amerikanisches Channelmedium

KAPITEL 28: HERZENERGIE AKTIVIEREN

Die wirkliche Herausforderung für uns heutige Menschen besteht darin, trotz der entgegengesetzten Programmierungen, der Gen- und sonstigen Manipulationen im Verlauf von tausenden von Jahren wieder in unsere Herzenskraft zu gehen. Gefühle zu zeigen, ist in unserer heutigen Geschäftswelt völlig undenkbar – außer es handelt sich um Aggression. Die Herzenergie wird verdrängt, und trotz dieses ungeschriebenen Gesetzes ist es jetzt erforderlich, wieder in das Gefühl zu gehen.

Für die Urmenschen war es einfach, aus dem Herzen zu leben, sie kannten nichts anderes. Alle lebten auf der Herzebene miteinander, und sie hatten biologisch gesehen keine Anlagen in sich, die Gefühle wie Konkurrenz, Neid, Eifersucht, Überheblichkeit, Machtbestreben, Arroganz, Gier und Schuld aufkommen ließen. Nachdem unsere DNS mehrfach verändert worden ist, haben wir diese Anteile sehr wohl in uns, und unser Gehirn verfügt über Areale, die uns auf bestimmte Art und Weise denken und fühlen lassen. Das *Reptiliengehirn*[564], das für die grundlegenden Lebensfunktionen zuständig ist, lässt uns egoistisch denken, für unseren Vorteil handeln und somit unser Überleben sichern. Doch nun ist es meines Erachtens an der Zeit, diesen Drang, materiell zu „überleben", in die richtigen Bahnen zu lenken und zu transformieren in den Wunsch, in einem liebevollen *Miteinander* zu leben. Raus aus den *Re-Aktionen des Solarplexus* und rein in ein selbstbestimmtes *Leben aus dem Herzen*!

Ein gewisser Prozentsatz ist bereits auf dem Herzens-Weg, doch diese Menschen tun sich etwas schwer in unserer Gesellschaft, die meist noch nach der alten, mittlerweile fast abgelaufenen Geld-/Macht-Uhr tickt, besonders in den Führungsebenen. Und doch erfüllen die ersten herzgesteuerten Menschen, besonders in unserem Wirtschaftsleben, eine enorm wichtige Aufgabe. Sie sind die Wegbereiter, die Pioniere, sie sind die ersten, die sich trauen, auf ihr Herz zu hören, die sich trauen, sich vielleicht zum Gespött zu machen, die sich trauen, so zu sein, wie sie sind! Es werden immer mehr, und auch die Kluft zwischen Herz und Materie wird immer größer. Die Macht-Materie-Anhänger kämpfen für ihre materiellen Ziele, die Herz-Überzeugten folgen ihrer inneren Stimme.

Die Veränderung wird kommen, so oder so, und es liegt an uns, *wie* sie kommen wird. Wenn wir in der Macht-Materie-Energie bleiben, dürfte der Übergang gewaltig sein, denn das Bewusstsein der Menschen wird auf ein höheres Niveau gehoben, ob wir das wollen und unterstützen oder nicht. Das kann in Liebe und Dankbarkeit geschehen oder – wenn wir uns weigern, uns zu ändern – durch Ereignisse, die das Bewusstsein der Menschen auf einen Schlag verändert – und zwar so mächtig und nachhaltig, dass auch der letzte Überlebende tief in seinem Innersten erschüttert und verändert wird. Die vielen Prophezeiungen der letzten Jahrhunderte beschreiben diese Möglichkeiten sehr ausführlich. Es liegt an uns, wie wir uns entscheiden – für die Liebe, den Frieden und die Gemeinschaft oder für die Macht, den materiellen Gewinn und das Gegeneinander.

Unser Gefühl zeigt uns, was richtig ist und wie es für uns gut wäre zu handeln. Bei vielen alltäglichen Dingen haben wir ein „ungutes Gefühl" und tun es trotzdem. Obwohl wir zum Beispiel spüren, dass wir jetzt nicht mit der Nachbarin reden sollten, weil wir unseren Kindern bei den Hausaufgaben helfen möchten, lassen wir uns den Klatsch der

Umgebung erzählen, um nicht unhöflich zu sein. Später ärgern wir uns deshalb über uns selbst. Oder wir werden vom Vorgesetzten oder Auftraggeber ungerechtfertigt getadelt. Sofort kommt der Impuls, die Sachlage zu klären, doch wir trauen uns nicht, aus Angst vor etwaigen Konsequenzen oder auch nur aus Angst, dass er uns nicht mehr wohlgesonnen ist oder sogar noch heftiger reagiert. Auch hier ärgern wir uns später über uns selbst. Eine innere Stimme sagt uns, was gut für uns ist und was nicht. Der Verstand mischt sich jedoch sofort ein, beispielsweise mit einem: *„Sei still, das ist nicht so schlimm, mach Deine Arbeit weiter.“* Solche Situationen zeigen uns im Nachhinein, wo Defizite in uns vorhanden sind, und wir dürfen lernen, gut für uns selbst zu sorgen. Wir sind nur uns selbst und unseren Kindern verantwortlich, und für unser und deren Wohlbefinden sollten wir einstehen – auch wenn noch so oft die Angst davor auftaucht, *„nein“* zu sagen. Wir können sehr wohl *„nein“* sagen, auch auf die Gefahr hin, dass unser Gegenüber uns ablehnt. Wir dürfen uns nicht verkaufen, um keine Ablehnung zu erfahren, das wäre eine Art *emotionale Prostitution*. Und für die meisten von uns brav und gehorsam erzogenen Deutschen ist das eine große Übung. Davon abgesehen werden wir in der Regel nicht abgelehnt, auch wenn wir *„nein“* sagen.

Parallel mit dem Lernprozess, selbst für unser emotionales Wohlergehen zu sorgen,

dürfen wir lernen, uns selbst zu lieben!

Uns selbst zu lieben wurde uns in unserer Kindheit und Schule abgewöhnt (*„Tue dies nicht!“*, *„Tue das nicht!“*, *„Nein, das kannst Du nicht!“*, *„Das darfst Du nicht!“* usw.). Und auch wenn die Kirche uns als „Sünder“ bezeichnet, wir dürfen uns selbst lieben, wie schon *Jesus* sagte: *„Liebe Deinen Nächsten wie Dich selbst.“* Erst wenn wir uns selbst wieder lieben gelernt haben, können wir für uns selbst einstehen. Dann sind wir nicht mehr abhängig davon, dass andere uns mögen/lieben. Dann sind wir auch nicht mehr so leicht manipulierbar. Uns selbst zu lieben, ist der erste und wichtigste Schritt auf dem Weg zur Heilung. Erst wenn wir uns selbst vollkommen annehmen und lieben können, sind wir in der Lage, auch unseren „Nächsten“, also andere Menschen anzunehmen und zu lieben.

Wenn wir unsere eigene Herzenskraft wieder annehmen, stärken wir die Herzenskraft aller Menschen, und je mehr Menschen in ihrer Herzenskraft, in ihrer Liebe sind, desto leichter fällt es allen anderen Menschen, ebenso ihre Herzensliebe zu fühlen. Wir stärken demnach nicht nur uns selbst, sondern auch die Liebe aller Menschen. Da wir stets mit Mutter Erde kommunizieren und über die *Schumann-Frequenz* (Erdresonanz-Frequenz) mit der Erde verbunden und im Gleichklang sind, spürt auch die Erde unsere Liebesschwingung und kann ihrerseits ebenfalls reagieren und ihre Schwingung erhöhen. Nach dem *Gesetz der Resonanz* fühlen sich von einer hochschwingenden, liebevollen Erde und Menschheit auch hochschwingende und liebevolle Wesen angezogen, und es werden reife Seelen auf der Erde inkarnieren, und tief schwingende Wesen werden die Erde verlassen. Je mehr wir in unser Herz und damit in das Gefühl des Friedens und der Liebe gehen, desto weniger Möglichkeiten haben dunkle Wesen, hier auf der Erde zu verweilen. Ganz nach dem Gesetz: *„Was ich säe, das werde ich auch ernten.“*

Genau so, wie wir unser Herz für uns selbst, für unsere Familien und Freunde öffnen, so lernen wir auch, unser Herz für die Belange der Kinder, der Tiere, der Pflanzen, der Elementarwesen und der Erde zu öffnen. Wir lernen, das Wesentliche vom Unwesentlichen zu unterscheiden und unsere Energie, unsere Aufmerksamkeit dahin zu lenken. Wie das Wort bereits deutlich aussagt, ist das *Wesentliche* das, was das *Wesen*, das Lebendige, also auch uns lebende Menschen betrifft – im Gegensatz zum Materiellen! *Wesentlich* bedeutet *wichtig*, und wichtig ist, was das Wesen betrifft. *Unwesentlich* – sprich *ohne Wesen* – ist das Tote, das Leblose, die Materie. *Unwesentlich* bedeutet im Sprachgebrauch *unwichtig*, demnach ist die Materie unwichtig. Unsere deutsche Sprache ist eine sehr tiefgründige und weise Sprache und enthält viel mehr Bedeutung und Sinn als wir bewusst wahrnehmen.

Herzens-Übung:

Schließen Sie die Augen.
Atmen Sie mehrere Male tief ein und aus, und beobachten Sie dabei Ihren Atem. Spüren Sie, wie Sie ruhiger und ruhiger werden. Nun richten Sie Ihre Aufmerksamkeit auf Ihre Mitte, auf Ihr Herz, so, als würden Sie in Ihr Herz blicken. Sie nehmen nur noch Ihr Inneres wahr.
*Stellen Sie sich vor, dass Sie dort ein rotes Herz aus feinstem geschliffenem Edelstein finden. Dieses Herz ist verbunden mit der höchsten Quelle allen Seins. Dieses Herz ist **Ihr** Herz, es strahlt von innen heraus und sendet reinste Liebe aus, es ist Ihre Liebe. Dieses Herz hat die Liebe der höchsten Quelle in sich, es ist die Liebe der Urquelle zu Ihnen. Fühlen Sie diese Liebe, die in Ihnen wohnt, wie Sie getragen sind von dieser allumfassenden Liebe zu Ihnen, so, wie Sie sind. Fühlen Sie sich tief geliebt.*
Jetzt fühlen Sie Ihre Liebe zu sich selbst. Diese Liebe ist immer in Ihnen, und Sie dürfen sie aus sich heraus strahlen lassen. Sie dürfen diese Liebe an Ihren Partner, Ihre Kinder und Ihre Familie weitergeben. Fühlen Sie tiefe Dankbarkeit, genießen Sie dieses Gefühl. Nun atmen Sie wieder einige Male tief ein und aus. Sie strecken sich und kommen langsam wieder zurück ins Hier und Jetzt.

Ohne die Herzenergie sind wir zu sehr in der Materie verhaftet, und kein Mensch kann bei seinem Übergang, seinem Tod, etwas Materielles mitnehmen. Schon diese Tatsache allein zeigt uns, dass die Materie tatsächlich nur an diese Inkarnation gebunden ist. Die Seele – das, was an uns unsterblich ist – geht ohne Materie in ihr geistiges Reich zurück und nimmt nur die Schätze mit, die durch die Herzenergie erworben wurden. Dazu gehören die Erfahrungen und Gefühle, die wir hier auf diesem wunderschönen Planeten erlebt haben. Dazu gehört auch der emotionale Austausch mit anderen Menschen, Tieren und mit der gesamten Schöpfung. Während machtorientierte Handlungen wie Unterdrückung, Misshandlung, Ausbeutung, Betrug usw. ungünstige Gefühle wie Neid, Hass, Schadenfreude etc. verursachen, lösen liebevolle, umsichtige und geduldige Taten lichtvolle Gefühle wie Dankbarkeit, Mitgefühl, Freude und Liebe aus. Und wenn wir uns weg vom übertriebenen Ego und hin zur Herzenergie bewegen, dann können wir deutlich fühlen, dass sich die Herzenergie erheblich leichter, liebevoller und friedlicher anfühlt. Ein materiell orientierter Mensch leidet im Moment des Sterbens Höllenqualen, weil er seinen Besitz loslassen muss. Er hat keine andere Wahl, denn er kann nichts mitnehmen. Ein Herzensmensch hingegen weiß tief in seinem Inneren, dass er stets nach bestem Wissen und Gewissen gehandelt hat und im Gegensatz zum Machtmenschen viele lichtvolle *Erfahrungen* mitnehmen kann, und dies ist ein erfüllendes und beruhigendes Gefühl. Die Angst vor dem eigentlichen Sterbeprozess wird bei beiden vergleichbar sein, doch die Gewissheit, das Materielle nicht mitnehmen zu können bzw. bei dem liebevollen, aufrichtigen Menschen die Sicherheit, dass alles gut ist, dass er sein Bestes getan hat und bei seinen Lieben in angenehmer Erinnerung bleiben wird, bedeutet einen grundlegenden Unterschied am Ende des Lebens.

Wenn wir dies erkennen, dann sind wir so weit, dass wir uns für die Herzenergie entscheiden können, die unser aller Dasein und das Zusammenleben auf revolutionäre Weise verändern wird. Die Entscheidung für die Liebe, für die Dankbarkeit, für die Energie des Herzens ist die Entscheidung für eine friedliche, liebevolle Revolution und sie ist die mächtigste überhaupt. Dieselbe Botschaft bringt auch *Kiesha Crowther, Little Grandmother* genannt, die bereits als Kind von „Stimmen" unterrichtet wurde und mit Tieren sprach. Als sie 30 wurde, nahmen einige indianische Älteste mit ihr Kontakt auf, um ihr mitzuteilen, dass es jetzt an der Zeit sei, ihre Rolle als Schamanin zu übernehmen, *„sie sei eine von 12 Weisheitshütern, die zu dieser entscheidenden Zeit auf der Erde leben"*.[565]

Sie ermutigt uns, neben vielen anderen Weisheiten, auch unsere Verletzungen anzunehmen, da sie uns stark machen: *„Die stärksten und wichtigsten Bäume im Wald... sind jene, die viel durchgemacht haben und tapfer ihre Narben tragen."* und *„Die Wunde ist die Öffnung, durch die das Licht hereinkommt."* In Anbetracht dieser Erkenntnisse erscheint das bei uns in der westlichen Welt so häufig verbreitete Selbstmitleid oder auch die Opferhaltung wie das Verhalten eines Kindes. Doch wenn wir den Sinn hinter Verletzungen erkannt haben, wenn wir die Lektion verstanden haben, dann können wir daran wachsen und stark werden. Wir werden uns dessen bewusst, dass uns so leicht nichts aus der Bahn werfen kann und – im Gegenteil – wir können sogar Dankbarkeit fühlen für jede gemeisterte Herausforderung, egal, was es war, denn Dankbarkeit ist mächtig und öffnet uns die Türe zur Göttlichkeit. Und sollten uns Depression, Selbstmitleid oder Ohnmacht überwältigen, dann hilft es uns, wenn wir den inneren Raum wechseln und stattdessen den Raum der Dankbarkeit betreten, denn es ist unsere eigene Entscheidung, wie wir mit unseren Erfahrungen umgehen.

„Je mehr von uns sich an die Macht der Liebe erinnern, desto mehr verändern wir die Zukunft... Je mehr unsere Herzen wachsen, desto weniger Zerstörung müssen wir durchleben." Jeder Einzelne von uns hat die Wahl, wie er sich in seinem Leben verhält, ob er zynisch ist oder freundlich, ob er andere Menschen verurteilt oder ob er in jedem den göttlichen Funken sieht. Jeder von uns kann frei entscheiden, welche Gedanken er zulässt und welche Worte er benutzt, ob er damit Unfrieden erschafft oder Frieden. Wir sind diejenigen, die unsere Zukunft gestalten und noch viel mehr:

„Wir sind diejenigen, auf die wir immer gewartet haben."

Hopi-Indianer, Arizona

KAPITEL 29: GEDANKENHYGIENE

„Achte auf Deine Gedanken,
denn sie werden zu Worten.
Achte auf Deine Worte,
denn sie werden zu Handlungen.
Achte auf Deine Handlungen,
denn sie werden zu Gewohnheiten.
Achte auf Deine Gewohnheiten,
denn sie werden Dein Charakter.
Achte auf Deinen Charakter,
denn er wird Dein Schicksal.“

vermutlich von Charles Reade – wird mitunter auch dem *Talmud* zugeschrieben

Wir Menschen haben die Fähigkeit, mit unseren Gedanken Dinge und Situationen zu erschaffen – zu manifestieren. Wenn wir einen Stuhl bauen wollen, haben wir vor Beginn der handwerklichen Tätigkeiten bereits ein Bild in unserem Kopf: vier Stuhlbeine, eine Sitzplatte, eine Rückenlehne, Material, Form, Farbe usw. Wenn wir den Stuhl oft genug vor unserem geistigen Auge sehen, wird er irgendwann Realität, weil wir beginnen, ihn zu bauen. Zuerst ist alles im Geiste vorhanden, bevor es umgesetzt und in der materiellen Welt hergestellt wird. Genauso verhält es sich mit anderen Dingen. Der Mensch verfügt über Schöpferkraft, mit der er seine Realität entstehen lässt. Da jedoch die überwältigende Mehrheit der Menschen ihre Realität unbewusst erschafft, ist unser Leben oft geprägt von Dingen, die wir uns gerade *nicht* wünschen. Das bedeutet, die Gedankenströme, die ungeordnet und unkontrolliert durch unseren Geist strömen, erzeugen bei entsprechender Häufigkeit tatsächliche Zustände, ob wir diese nun wollen oder nicht.

Ein Beispiel hierzu: Eine Bekannte ist Witwe und hadert sehr mit ihrem Leben. Sie hat keine erfüllende Aufgabe mehr und jammert, dass sie so allein sei und niemand käme, um sie zu besuchen. Das erzählt sie den wenigen Leuten, die sie besuchen. Sie können sich vorstellen, was die Folge ist: Da sich die Besucher nicht wohl fühlen, weil sie ständig die Klagen der Frau hören, bleiben die wenigen auch noch weg. So hat diese Frau das, was ihr passiert, selbst durch ihre Worte und Gedanken erschaffen. Die wenigen, die sie noch besucht haben, besuchen sie nun auch nicht mehr.

Da wir ständig durch unsere Gedanken und Worte erschaffen – gewollt oder ungewollt –, macht es doch viel mehr Sinn, auf unsere Gedanken zu achten, als unbewusst so vor uns hin zu denken (und zu erschaffen) und anschließend unzufrieden über das zu sein, was daraus entstanden ist.

Wenn wir ständig erschaffen,
dann erschaffen wir doch lieber das, was wir wollen,
als das, was wir nicht wollen!

Aus diesem Grunde sollten wir uns unserer Gedanken stets bewusst sein und genau prüfen, was wir durch unsere Gehirnwindungen und unser Sprachorgan zulassen und was nicht. Das lässt sich nämlich sehr wohl beeinflussen – man nennt das *Gedankenhygiene*. Alle Gedanken und Worte, die mit negativen Gefühlen einhergehen, sollten, soweit möglich, vermieden werden. Sie erzeugen in uns einen Zustand, der uns schwächt, unser Energieniveau senkt und uns anfällig macht für Krankheiten. Andere Menschen in unserer Umgebung bemerken unseren Zustand unbewusst und fühlen sich uns gegenüber stark, wenn wir uns schwach fühlen. Sie übernehmen dann mehr oder weniger bewusst die Führung über uns, und so rutschen wir in die Opferrolle, geben unsere Verantwortung ab und fühlen uns ausgeliefert und hilflos.

Viele Menschen werden immer wieder von denselben Dramen heimgesucht, und entsprechend oft beschäftigen sie sich emotional damit. Hat eine Frau zum Beispiel die Sorge, dass ihr Mann sie betrügt, ist die Wahrscheinlichkeit sehr groß, dass es genau dazu kommt. Gehe ich mit dem Gedanken *„Der Zug ist bestimmt schon weg!"* zum Bahnhof, kann ich davon ausgehen, dass ich aufgehalten werde und der Zug tatsächlich gerade abgefahren ist. Fahre ich hingegen mit dem Gedanken *„Mein Parkplatz an meinem Ziel wartet schon auf mich."*, dann dürfte dieser Platz tatsächlich frei sein. Wenn Sie Ihre diesbezüglichen Erfahrungen reflektieren, werden Sie dieses Phänomen bestätigen können. Natürlich trifft es nicht immer zu, manchmal gibt es auch Situationen, da sollen wir den Zug verpassen oder keinen Parkplatz finden, und sehr oft können wir im Nachhinein erkennen, warum es so besser war, wie es kam. Doch grundsätzlich geben unsere Gedanken vor, wie unser Leben aussieht.

Aus diesem Grunde ist es wichtig zu reagieren, wenn Sie sich dabei ertappen, dass Sie negativ denken. Sobald Ihnen dies auffällt, genügt ein energisches *„Stopp, sofort löschen!"*, und dann denken Sie die positiv formulierte Korrektur. Ein positiver Gedanke sollte übrigens nie ein *„nicht"* oder *„keine"* enthalten, denn Ihr Unbewusstes kennt keine Verneinung, sondern nur die Aufmerksamkeit. Wenn Sie beispielsweise denken: *„Hoffentlich werde ich nicht krank!"*, dann ist Ihre Aufmerksamkeit bei der Krankheit und nicht beim Wohlbefinden. Folglich hört Ihr Unbewusstes das Wort *„krank"* und könnte dies manifestieren, besonders bei Wiederholungen. Es ist demnach besser, eine positive Formulierung wie *„Ich fühle mich wohl!"* oder auch *„Es geht mir gut!"* zu verwenden. Es klingt viel positiver und freundlicher, wenn ich sage: *„Mein Auto ist absolut zuverlässig."* als wenn ich sage: *„Hoffentlich muss mein Auto nicht in die Werkstatt."* Können Sie den Unterschied spüren?

Fazit: Es ist elementar wichtig, seine Gedanken stets zu überprüfen und gegebenenfalls zu korrigieren. Das wird nicht von Anfang an gelingen, doch je mehr Sie üben, desto mehr wird es zum Automatismus. Sie werden feststellen, dass es Ihnen anfangs bei anderen Menschen auffällt, wenn diese sich negativ äußern. Dieses Erkennen bei anderen ist ein wichtiger Prozess, denn Sie werden zunehmend die Wirkung in Ihrem eigenen Befinden spüren, die negative Äußerungen auf Sie haben. Dadurch erkennen Sie selbst, welchen Einfluss negative Worte auf uns haben. Auf diese Weise werden Sie sensibler gegenüber Ihren eigenen Gedanken, und es fällt Ihnen schneller auf, wenn Sie wieder abschweifen sollten. Haben Sie dies ein wenig geübt, wird Ihnen auffallen, dass Sie es nicht mehr hören wollen, wenn sich jemand anderes negativ äußert, weil Sie dann bewusst wahrnehmen können, wie Ihnen Energie abgezogen wird. Das sind die sogenannten

Energieräuber. Wenn Sie gelernt haben, auf sich zu achten, werden Sie diesen Menschen in Zukunft aus dem Weg gehen, denn Sie wollen Ihre Energie doch sicherlich für sinnvolle Taten, Gespräche und eigene Ziele einsetzen.

Zur besseren Erkennung und Unterscheidung liste ich Ihnen einen Auszug von negativen und positiven Gefühlen auf:

NEGATIVE GEFÜHLE

- Schuldgefühle
- Groll
- Zorn
- Opferbewusstsein
- Neid
- Eifersucht
- Selbstzweifel
- Minderwertigkeit
- Stolz
- Überheblichkeit
- Selbstmitleid
- Gier
- Machtbestreben
- Ungeduld
- Arroganz

Der effektivere Weg sind positive Gedanken, die uns fröhlich und gesund, friedvoll und harmonisch stimmen, die uns einfach beflügeln:

POSITIVE GEFÜHLE

- Liebe
- Dankbarkeit
- Freude
- Anerkennung
- Achtung
- Wertschätzung
- Friede
- Gesundheit
- Harmonie
- Hoffnung
- Gelassenheit
- Geduld
- Mitgefühl
- Nächstenliebe
- Großzügigkeit

- Einfühlungsvermögen
- Güte
- Nachsicht
- Bescheidenheit
- Selbstvertrauen
- Selbstliebe
- Freiheit

Die zuvor beschriebenen Maßnahmen sind natürlich mit Engagement verbunden, wir müssen raus aus unserer Komfortzone. Wir werden mit unseren Schattenseiten konfrontiert und sind aufgefordert, unser eigenes Leben anzusehen, zu prüfen und auch auszumisten. Wo hänge ich an Altem, was mir nicht mehr gut tut, was ich nur noch aus Bequemlichkeit bei mir habe? Das können ganz banale Dinge sein wie ein altes Paar Schuhe. Es könnte jedoch auch sein, dass es der (Ehe-)Partner ist. Das muss übrigens nicht gleich eine Trennung bedeuten, sondern es könnte der Anlass sein, sich zusammenzusetzen und sich auszutauschen über Ihre Wünsche, die zu Beginn der Beziehung wichtig waren, wie Ihr Leben heute aussieht und was Ihre Wünsche für die Zukunft sind. Vielleicht fühlt Ihr Partner dieselbe Unzufriedenheit und möglicherweise hat er dieselben Wünsche für die Zukunft. Die Voraussetzung für eine gemeinsame Lösung ist ein Austausch, ein Gespräch. Es ist nie zu spät für einen gemeinsamen Neubeginn, wenn die Ziele übereinstimmen.

Es verlangt niemand, dass wir unsere Dinge alle auf einmal klären, aber wenn wir den Entschluss gefasst haben, in unserem Leben aufzuräumen, dann wird Verschiedenes selbst hervorkommen, was wir vielleicht gar nicht so schnell sehen wollten. Unsere geistigen Helfer sind hocherfreut, wenn wir die Selbstverantwortung übernehmen und beginnen, aus unserem Schlaf zu erwachen. Da sie diesen Prozess unterstützen, werden sie uns tatkräftig dabei helfen und uns die Dinge, die es anzusehen gilt, deutlich vor Augen führen. Da kann es dann beispielsweise passieren, dass der Chef besonders ekelhaft zu Ihnen ist und Sie sich endlich aufmachen, eine neue Stelle zu suchen. Daher mein Tipp: Seien Sie neugierig, was auf Sie zukommt, und wundern Sie sich über nichts!

KAPITEL 30: DANKBARKEIT

„Nicht die Glücklichen sind dankbar.
Es sind die Dankbaren, die glücklich sind."[566]

Francis Bacon (1561-1626), englischer Philosoph

Obwohl die Dankbarkeit im hinteren, positiven Teil des Buches immer wieder vorkommt, möchte ich ihr doch ein eigenes Kapitel widmen. Es gibt heutzutage vieles, was uns belastet, und viele Menschen leben wahrlich am Existenzminimum und sind gleichzeitig auf mehrere Arbeitsstellen angewiesen, nur um die Miete und das Nötigste zum Leben bezahlen zu können. Doch gibt es auch vieles, wofür wir dankbar sein können. Wir haben zum Beispiel Frieden in unserem Land, die Sonne geht jeden Morgen auf, die Erde ist stabil, auf den Feldern wächst Nahrung, die Vögel zwitschern und die Blumen blühen. Wir können dankbar sein für unsere Gesundheit (die in jedem Fall noch schlechter sein könnte, egal, wie es uns geht), für unsere Nahrung, für sauberes Wasser und vor allem für die Erfahrungen, die wir in diesem Leben sammeln können, egal, wie sie aussehen. Wir wollten als Seele hierherkommen und diese Erfahrung mitnehmen. Und das tun wir nach bestem Wissen und Gewissen, denn all unsere Erfahrungen formen uns und machen uns zu dem, der wir sind. Doch manchmal gibt es Zeiten, da läuft unser Leben überhaupt nicht so, wie wir uns das wünschen, und wir werden unzufrieden. Wenn wir dann noch jemanden treffen, der ebenso unzufrieden ist, und wir unterhalten uns über die Dinge, die uns widerfahren sind, dann potenziert sich diese Unzufriedenheit. Und ohne es bewusst zu beabsichtigen, manifestieren wir in diesen Momenten unsere Zukunft. Wir erschaffen genau die Zustände, über die wir uns in dem Moment beklagen, über die wir unserem Gegenüber berichten: zu hohe Mieten, Probleme in der Beziehung, Krankheiten usw. In dem Moment, in dem wir unzufrieden sind, klagen wir die göttliche Schöpfung an, weil wir nicht einverstanden sind mit den vorhandenen Gegebenheiten, mit dem, was ist. Unsere Urquelle ist *alles, was ist*, und wenn wir uns über das, was ist, beschweren, dann beschweren wir uns gleichzeitig bei unserem Ur-Schöpfer, und damit auch bei uns selbst, weil auch wir erschaffende Wesen und für unser Sein verantwortlich sind. Diese Gottes- und Selbstanklage erzeugt tief in uns einen Missmut und eine negative Grundstimmung, die nur weiter Negatives erzeugt, weil wir unseren Fokus auf das richten, was uns stört.

In den vorigen Kapiteln wurde bereits erläutert, dass die Aufmerksamkeit sozusagen die Munition darstellt, und die dazugehörige Emotion entspricht dem Zündfunken. Wir haben eine Lunte in Brand gesetzt, die Folgen nach sich ziehen und uns vermutlich in noch größere Not bringen wird. Wenn uns dieser Prozess erst einmal bewusst wird, können wir beobachten, welche Themen in unseren Gedanken und in unseren Gesprächen kreisen, und wir können bei Bedarf gegensteuern – siehe Kapitel *Gedankenhygiene*.

Wenn wir diese Zusammenhänge erkannt haben, können wir den Effekt des Erschaffens für uns nutzen, indem wir negative Gedanken korrigieren und durch unsere Gedanken und Worte mehr Freude, Harmonie, Gesundheit, Fülle und Liebe kreieren. Diese positive Einstellung, gepaart mit *Dankbarkeit*, ist die beste Voraussetzung für die Erschaffung eines glücklichen Lebens. Wenn wir dankbar sind für das, was wir sind und haben, dann wird unsere göttliche Quelle quasi dazu aufgefordert, das, wofür wir uns bedanken, noch mehr in unser Leben zu bringen. Wir erschaffen unsere Welt durch die positive Aufmerksamkeit auf das Gewünschte, und die Dankbarkeit öffnet das Herz, wodurch die Energie in diesen Wunsch hineinkommt. Dankbarkeit verbindet uns mit der höchsten Quelle, weil wir durch die Dankbarkeit unsere Schwingung anheben, und wir kommen der göttlichen Frequenz näher. Die Dankbarkeit beflügelt unseren Geist und unsere Seele und öffnet neue Perspektiven für Lösungen.

Unser Geist ist unvorstellbar machtvoll, und wenn wir dankbar sind, dann sind wir im Frieden mit der Welt, im Frieden mit unserem Schöpfer, und wir öffnen die Schleusen für die Gaben des Lebens. Und auch die Erlebnisse, die uns scheinbar schaden, sind zu unserem Besten: Wenn uns jemand im Straßenverkehr behindert und wir zu spät zu einem Termin kommen, reagieren wir in der Regel ärgerlich, doch vielleicht sind wir genau deshalb knapp einem Unfall entkommen. Wenn wir die Dinge des Lebens genau so, wie sie sind, annehmen, dann sind wir eins mit uns und mit unserer Urquelle, dann sagen wir „*ja*" zu dem, was ist. Und wenn ich „*ja*" sage zu dem, was ist, dann sage ich „*ja*" zur Schöpfung und damit „*ja*" zu mir selbst und zu Gott. *„Indem wir dankbar sind, nehmen wir unsere Göttlichkeit in Besitz und sehen die Dinge, wie Gott sie sieht – durch die Augen liebender Akzeptanz."*

Jeder, der schon einmal eine kinesiologische Behandlung erlebt hat, weiß, dass ein Körpermuskel bei Stress bzw. bei „*nein*" schwach ist, und derselbe Effekt hat auch im Leben Gültigkeit. Wenn ich „*ja*" sage, bin ich stark, und es geht mir gut, weil ich nicht mit meinem Inneren im Stress, sondern frei bin. In meinem Bekanntenkreis gibt es zwei sehr unterschiedliche Frauen, die eine jammert nicht wirklich viel, doch Dankbarkeit ist auch nicht gerade ihr Hauptthema. Die andere ist eine Quirlige, die sich vor drei Jahren selbständig gemacht hat und so viel Freude an ihrem Tun hat, dass sie ständig erzählt, wie dankbar sie ist, dass sie das gefunden hat und dass es ihr so viel Erfüllung und Freude bringt. Ihr Geschäft floriert und hat sich die letzten drei Jahre richtig etabliert. Die erste lebt von staatlicher Unterstützung, und sie weiß nicht so recht, was sie tun will, ein wenig zieht es sie dahin, ein wenig dorthin, und man spürt ihren inneren Zweifel, aber auch ihre Unzufriedenheit und Undankbarkeit. Der zweiten geht es finanziell hervorragend. Diese beiden Frauen sind für mich das Paradebeispiel für die Wirkung der Dankbarkeit. Deshalb meine Empfehlung, jeden Abend und auch bei jeder Gelegenheit „*Danke*" zu sagen – Danke für den Frieden, Danke für unsere Gesundheit (trotz Zipperlein), Danke für unsere Nahrung, Danke für das warme Bett und für das Dach über dem Kopf. Es gibt 1.000 Dinge, für die wir dankbar sein können!

„Dankbarkeit ist ein Fülle-Generator."

KAPITEL 31: FAMILIE

„Es gibt nur eine ganz selbstlose, ganz reine, ganz göttliche Liebe,
und das ist die der Mutter für ihr Kind."[567]

Georg Moritz Ebers (1837-1898), deutscher Ägyptologe und Schriftsteller

Die Familie ist in den letzten 50 Jahren systematisch zerstört worden. Die Finanzelite wollte vor allem die Kinder und Jugendlichen verunsichern und manipulieren, also die jeweils nachfolgende Generation, denn dies war am effektivsten. Ihre Eltern waren bereits so gefestigt, dass eine grundlegende Manipulation nur wenig Erfolg gehabt hätte und vermutlich nicht akzeptiert worden wäre. Auch ist ein junger Mensch noch leichter formbar. Wer jung mit viel Elektronik aufwächst, für den ist sie ein normaler Bestandteil seines Lebens, wohingegen sich ein Mensch in der zweiten Lebenshälfte damit bereits schwertun könnte. Eine relativ schnelle Änderung einer Gesellschaft muss demnach immer bei den jungen Menschen ansetzen. Es waren große und rasche Veränderungen geplant, und deshalb musste ein Weg gefunden werden, den Eltern die Erziehung aus der Hand zu nehmen. Das konnte am besten durch die Gleichberechtigung erreicht werden, die zur Konsequenz hatte, dass die Mütter voll berufstätig geworden sind.

Wenn in einer Familie beide Elternteile berufstätig sind, müssen die Kinder auf andere Weise betreut werden. Zu diesem Zweck wurden die Kitas geschaffen, und immer mehr Mütter vertrauten ihre Jüngsten nun fremden Personen an. Dadurch lernt das Kind zum einen, dass jeder ersetzbar ist – auch die Mama – und zum anderen, dass es selbst nur eines von vielen ist und Individualität zwar geduldet, aber nicht gerade gefördert wird. Es wird von klein auf daran gewöhnt, ein braver, folgsamer und gleichgeschalteter Sklave zu sein. Enge Familienbande werden von Anfang an unterbunden, und so zerfällt die Familie mehr und mehr, sie ist in vielen Fällen nur noch eine Zweckgemeinschaft. Die Patchworkfamilie ist zur Normalität geworden.

Die Eltern sehen sich auch nur noch abends und am Wochenende, und in dieser Zeit müssen der Haushalt und anfallende Arbeiten erledigt werden. Der dadurch erzeugte Druck fördert Streit innerhalb der Familie. So entstehen unter den Eheleuten Konflikte und Zwist, und die Familie bietet nicht mehr die Geborgenheit, die wünschenswert wäre.

Wie verrückt unser System ist, selbst die Kleinsten ab drei Monaten in fremde Hände zu geben, zeigt der Vergleich mit der Natur. Kein einziges Tier würde seinen Säugling den ganzen Tag lang weggeben, um sich anderen Dingen zu widmen. Man würde das Verhalten dieses Muttertieres als „gestört" bezeichnen. Aber bei uns Menschen wird genau dies staatlich gefördert und ist auch finanziell bei vielen Familien notwendig, vor allem bei alleinerziehenden Frauen, die sich diesbezüglich in einem enormen inneren Konflikt befinden. Gerade die ersten Monate und Jahre im Leben eines Kindes sind prägend und beeinflussen das gesamte spätere Leben. Hier werden die Wurzeln gelegt für Urvertrauen, Selbstvertrauen und die Fähigkeit zur Hingabe und liebevollen Partnerschaft. Auch die Basis, selbst ein guter Elternteil zu sein, wird in der ersten Zeit programmiert. Ein Säugling braucht den engen Kontakt speziell zur Mutter, aber auch zur Familie, damit er behütet, getragen und liebevoll begleitet aufwachsen kann, um zu einem selbstverantwortlichen jungen Menschen heranwachsen zu können. Die Natur will es so, dass ein menschlicher Säugling seine Mutter zunächst für sich allein hat, nur in wenigen Fällen werden unter natürlichen Voraussetzungen Zwillinge geboren. Wenn Menschenkinder in einer Schar Gleichaltriger aufwachsen sollten, dann hätte die Natur dafür gesorgt, dass eine Menschenfrau für Mehrlingsgeburten geeignet wäre. Schon allein die Anzahl der Brüste zeigt, dass dies niemals so war. Nach der Geburt eines Kindes vergehen in der Regel mindestens ein paar Monate, bevor die Frau wieder schwanger werden kann. Das bedeutet, dass sich die Mutter mindestens ein Jahr intensiv mit diesem einen Kind beschäftigen kann. Allein von daher kann es nicht in unserem Sinne sein, unsere Säuglinge in fremde Hände zu geben, wo sie mit noch 5 bis 10 weiteren Babys gleichrangig behandelt werden.

Und selbst später, wenn das Baby zum Jugendlichen herangewachsen ist, haben wir verlernt, ihm Halt und eine familiäre Rückendeckung zu geben. Warum sind so viele junge Menschen frustriert, brechen Ausbildungen ab und geraten auf die schiefe Bahn? Weil sie keinen Sinn sehen, sich nicht angenommen und anerkannt, geschweige denn geliebt fühlen.

Schauen wir uns die leider nur noch wenigen auf der Erde geduldeten intakten Naturvölker an. Bei diesen werden zum Beispiel noch Zeremonien abgehalten, wenn der richtige Zeitpunkt gekommen ist, dass ein Kind den Schritt ins Erwachsenenalter vollzieht. Für diesen Zeitpunkt wird ein bestimmter Tag ausgewählt, an dem der junge Mensch weiß, dass er ab sofort nicht mehr zu den Kindern gehört, sondern ein anerkannter Erwachsener ist, der vielleicht noch viel lernen muss, aber er ist in der Gemeinschaft der Erwachsenen aufgenommen. Bei uns trudeln die Jugendlichen jahrelang zwischen Schule, Freunden und Ausbildung oder Studium, und irgendwann verdienen sie ihr eigenes Geld, ziehen aus und leben für sich. Doch wo ist der Punkt, an dem sie unter Anerkennung der Gesellschaft den Schritt vom Kind zum Erwachsenen gehen? Das war in unserer Kultur früher die Firmung oder Konfirmation, doch diese kirchlichen Rituale haben ihre Wirkung mittlerweile verloren bzw. der Kirche liegt nichts daran, die Jugendlichen sinnvoll ins Erwachsenenalter zu führen. Wie auch, wenn ein Pfarrer so viele Pfarreien betreut, dass er keines seiner Schäfchen mehr beim Namen kennt? In vielen Pfarreien wechseln die Priester alle paar Jahre, daher kann keine seelsorgerische Bindung aufgebaut werden. Die Kirchen haben die Reife-Feste von den sog. „Heiden" übernommen, der ursprüngliche Sinn ist jedoch leider verloren gegangen.

Bei den Ur-/Naturvölkern musste ein junger Mann eine Mutprobe bestehen, zum Beispiel ein Tier allein erlegen oder vier Tage und Nächte allein in der Natur verbringen. Er war lange Zeit zuvor aufgeregt und überlegte sich, wie er das am besten bewerkstelligen konnte. Wenn er diese Herausforderung geschafft hatte, wurde ihm zuliebe ein Fest gegeben, in dem *er* der Mittelpunkt war und von seinen Abenteuern erzählte. Und vor allem: Jetzt fühlte er sich auch innerlich als Mann, er hatte die Prüfung bestanden. In unserer heutigen Gesellschaft fehlen die zwei wichtigsten Dinge für den Übergang vom Kind zum erwachsenen Mann:

- Mutprobe
- Anerkennung

Heute bestehen Prüfungen nur noch darin, auswendig gelerntes Wissen wiederzugeben. Doch wo bleibt die Bestätigung, reif für das *Leben* zu sein? Wie soll sich Reife entwickeln, wenn viele Jugendliche nur versuchen, den Schaden durch die Abwertung (der Schule, des Lehrbetriebes usw.) so gering wie möglich zu halten? Wo bleibt die Anerkennung für diese jungen Menschen?

Bei den Mädchen war es ähnlich. Sobald eine Jugendliche in früheren Zeiten ihre erste Monatsblutung hatte, wurde ein Fest für sie gefeiert, denn nun war sie – zumindest körperlich – in den Status der Frau getreten. Das ist ein Thema, das heute totgeschwiegen wird, anstatt die junge Frau bewusst im Kreise der Erwachsenen aufzunehmen und auf künftige Aufgaben als Frau und evtl. Mutter vorzubereiten, was rein biologisch mit einer gewissen Wahrscheinlichkeit kommen könnte. Sich ihrer Weiblichkeit bewusst zu sein, sie wertzuschätzen und sich wohlzufühlen sind wichtige Voraussetzungen für ein glückliches Leben als Frau, unabhängig davon, ob sie Mutter wird oder eine berufliche Karriere einschlägt.

Doch unsere Gesellschaft hat anderes mit uns vor. *Vater* und *Mutter* sollen heute *Elter 1* und *Elter 2* genannt werden, Frauen arbeiten als *Pflasterlegerinnen* und *Soldatinnen*, und *Männer* werden *Hebamme*. Unnormal? Ja!

Der Hintergrund ist, dass wir Menschen durch die vermeintliche „Gleichberechtigung" alle gleichgeschaltet werden sollen. Wenn in einigen Generationen geklonte Babys in Schweinsblasen oder überdimensionalen Reagenzgläsern heranwachsen, gibt es die Bezeichnungen *Vater* und *Mutter* nicht mehr. Aus diesem Grund wird heute bereits damit begonnen, diese Begriffe aus unserem Wortschatz zu eliminieren. Denselben Hintergrund dürften geplante Regelungen haben, dass zwei Frauen bzw. zwei Männer Kinder adoptieren können. Eines Tages wird man nicht mehr wissen, dass zur natürlichen Zeugung eines Kindes weibliche Ei- und männliche Samenzellen benötigt werden. Spätestens dann werden Menschen zum Eigentum des Patentinhabers der geklonten „Ware".

Männer sind nicht mehr glücklich, weil sie keine *Frau* mehr zu Hause haben, sondern eine *Partnerin*, die vielleicht später nach Hause kommt als sie selbst, und die Frauen sind unglücklich, weil sie neben der Kindererziehung und einem Großteil der Hausarbeit auch noch Vollzeit arbeiten gehen müssen, weil es in vielen Familien finanziell nicht anders geht. Die Kinder sind unglücklich, weil ihre Eltern nie Zeit für sie haben und weil ihnen keine klaren Rollen vermittelt werden, sondern ein wenig von da und ein wenig von dort. Wie sollen sie lernen, wo ihre Aufgabe und ihre Stellung in der Gesellschaft ist?

Es stellt sich die Frage, ob von diesem System irgendjemand profitiert! Natürlich profitiert jemand davon – die Finanzelite! Mit jedem arbeitenden Menschen steigt das Bruttosozialprodukt, und so ganz nebenbei werden Chaos und Druck erschaffen, was den Menschen ihre Kraft raubt. Die Hochfinanz verändert die Familienstruktur, und dies ist ein wichtiger Schritt im Umsetzen der von ihnen geplanten Finanzsklaverei.

Ich habe diese geschlechtliche Zuordnung bewusst konservativ und provokant geschrieben, um Ihre eigenen Überlegungen zu diesem Thema zu wecken. Was lassen wir diesbezüglich mit uns machen? Wie weit lassen wir uns manipulieren? Aber auch hier wird nach demselben bekannten Schema vorgegangen: Wenn die Entwicklung langsam genug voranschreitet, fällt sie kaum auf und wird akzeptiert.

Wir können unseren Kindern helfen, selbstbewusste und selbstverantwortliche Menschen zu werden, wenn wir sie so durch das Leben begleiten, dass sie wissen, wo sie hingehören. Dazu gehören zum Beispiel erwähnte Zeremonien/Feste, die *wirklich zu ihren Ehren* stattfinden, in denen nur sie der Mittelpunkt sind, in denen sie die ihnen gebührende Anerkennung erfahren. Wenn wir ihnen den Rücken stärken, wenn wir uns unserer Aufgabe als Vorfahren wieder bewusst werden, haben wir die beste Investition in die Zukunft getätigt, die man sich vorstellen kann. Denn dann wird sich die Gesellschaft wieder menschlicher entwickeln, und es werden wieder Wertvorstellungen geprägt, die das Leben lebenswert werden lassen. Unsere Kinder sind das Wertvollste, was wir haben, und wir haben die Verpflichtung, uns dem Druck zu widersetzen, der uns von unseren Kindern entfernen möchte.

Unsere Kinder sind nicht nur das, was sie mitbringen, sondern auch das, was sie von uns lernen, auch durch unsere Wahl, welche Manipulation wir von außen zulassen. Wir haben die Aufgabe, unseren Kindern die Welt zu erklären und ihre geistige und spirituelle Reife zu fördern! Sie sehen, wie wir Eltern leben und lernen unser Verhalten zunächst als Normalität. Wenn wir eine heilsame Normalität leben, die Raum lässt für die Entwicklung von Geist und Spiritualität, dann haben auch unsere Kinder die Chance, diese Anteile zu entwickeln. Nehmen wir unsere Kinder bei der Hand und geleiten wir sie durch das Leben, immer wissend, dass wir diese Hand eines Tages loslassen können, in dem Bewusstsein, das Beste getan zu haben. Nur so können unsere Kinder wieder lernen, was bei vielen von uns Eltern schon fast verloren war: *„Ich bin anerkannt und geliebt, und ich bin o. k. – so, wie ich bin!"*

> *„Zeremonien sind dafür da, ins Leben zu führen:*
> *das Leben zu leben, statt auf das Leben zu warten.*
> *Sie sind dafür da, unseren Geist aufzurichten –*
> *sodass wir auf gute Weise gehen können:*
> *aufrecht und stark, voller Kraft und in Schönheit.*
> *So, wie es unserer Bestimmung entspricht, jetzt und allezeit."*[568]

Angaangaq, Schamane aus Grönland

KAPITEL 32: VERANTWORTUNG ÜBERNEHMEN

Die meisten Menschen heute sind fremdgesteuert und tun, was der Chef, der Vorgesetzte oder auch der Auftraggeber von ihnen verlangt. Wir lernen dieses System von klein auf, zuerst durch die Eltern, die uns permanent sagen, was wir dürfen und können und was nicht. Im Kindergarten und in den vielen Jahren der Schulzeit wird dies fortgesetzt und vertieft. Wir dürfen nicht kreativ sein und haben die an uns gestellten Aufgaben so zu erfüllen, wie es von uns erwartet wird. Wir haben unsere Geschichte so zu lernen, wie sie im Buch steht, wer wann welchen Krieg gegen wen gewonnen hat usw. Wir dürfen den Wahrheitsgehalt nicht anzweifeln, ohne kritisiert und evtl. sogar abgelehnt zu werden. Dabei wäre dies mehr als berechtigt, so nebenbei bemerkt. Hätte ein Nobelpreisträger seine Ideen bereits als Kind in einer Schulprüfung niedergeschrieben, wäre sie mit Sicherheit mit „ungenügend" bewertet worden, da die Antwort nicht dem Lehrbuch entsprochen hätte. Was also ist richtig?

Die Fremdsteuerung schreitet voran, wenn wir uns in der Ausbildung befinden oder ein Studium absolvieren. Immer haben wir das zu tun, was andere Menschen von uns erwarten. Tun wir das nicht, haben wir stets mit Konsequenzen zu rechnen. Entweder bekommen wir eine schlechte Note oder eine Strafe, oder wir erhalten nicht die Bestätigung, dass wir etwas gelernt haben. Die Anerkennung wird uns stets aberkannt, und wir begegnen Geringschätzung und evtl. Missachtung. Das ist mit Gewissheit nicht das, was wir uns für ein glückliches Leben wünschen.

So werden wir von Kindesbeinen an darauf konditioniert, unsere eigenen Wünsche und Vorstellungen hintenanzustellen und zu gehorchen. Es kommt sogar so weit, dass wir verlernen, unsere Wünsche überhaupt wahrzunehmen.

Irgendwann später, wenn die Unzufriedenheit ein Maß erreicht, das uns überlegen lässt, was wir hier eigentlich tun, oder wenn uns eine Krankheit dazu zwingt, über unser Leben nachzudenken, beginnen wir, das Spiel zu hinterfragen. Spätestens dann ist der Zeitpunkt gekommen, unseren Lebensverlauf bewusst anzusehen und zu hinterfragen. Ab diesem Zeitpunkt wird es uns möglich, die Verantwortung für unser Leben wieder in unsere Hände zu nehmen. Das ist jedoch viel leichter gesagt als getan, denn es ist viel einfacher, jemand anderem die Verantwortung und somit oft auch die *Schuld* zu übertragen. Dann reihen wir uns ein in die Masse der Menschen, die sich als Opfer der Gegebenheiten sehen. *„Was kann ich schon ändern?"*, *„Die Zeiten sind nun mal so!"*, *„Ich bekomme keinen besseren Job!"*, *„Ich muss froh sein, dass sie mich noch nicht entlassen haben!"*, *„Besser den Spatz in der Hand als die Taube auf dem Dach!"*, *„So schlimm ist es doch gar nicht!"*, sind die üblichen Ausreden, die wir uns dann von uns selbst anhören müssen. Diese Haltung zieht sich oft durch das gesamte Leben – vom Beruf angefangen über die Beziehung bis hin zum Wohnort und vielleicht sogar im Freundeskreis. In all diesen Sätzen geben wir die Verantwortung für unser Leben einfach an andere ab. Wir geben diesen *anderen* dadurch die Macht, die eigentlich unsere eigene wäre.

Ich sage nicht, dass wir einfach unsere Arbeitsstelle kündigen sollen, nein, ganz und gar nicht! Wenn wir unsere Stelle kündigen und keinen adäquaten Ersatz haben, sind wir evtl. finanziell von jemandem abhängig oder erwarten vom Sozialsystem unseres Staates, dass es uns trägt. Das wäre ein Schritt vom Regen in die Traufe und bringt überhaupt nichts.

Was wir tun sollten, ist die Verantwortung für unsere jetzige Situation zu 100% zu übernehmen und uns zu fragen: *„Warum habe ich diese Arbeitsstelle bzw. warum gefällt es mir dort nicht?"* Wenn ich diese Stelle angenommen habe, habe ich meinen Teil dazu beigetragen, der Vertrag wurde vom Arbeitgeber und vom Arbeitnehmer unterzeichnet. Zuvor habe ich die Bedingungen ausgehandelt. Es war in der Regel niemand anderer als ich selbst, der den Bedingungen, dem Gehalt usw. zugestimmt hat. Niemand prügelt uns zur Arbeitsstelle, wir begeben uns freiwillig dorthin. Wenn es mir dort nicht gefällt, habe ich die Freiheit, mir eine andere Stelle zu suchen, oder ich versuche, die Arbeit innerbetrieblich zu verändern. Ich spreche mit meinem Vorgesetzten, bringe Verbesserungsvorschläge ein oder bitte um die Versetzung in eine andere Abteilung. Es gibt unzählige Möglichkeiten, Situationen zu verändern. Jede Veränderung ist jedoch erst dann möglich, wenn ich die Verantwortung für meine jetzige Situation voll übernehme und damit eine Verbesserung anstrebe. Wenn Sie die volle Verantwortung für Ihr Berufsleben übernehmen, könnte das unter Umständen auch bedeuten, dass Sie Ihren höchst individuellen Weg einschlagen und damit beginnen, das zu tun, was Sie *schon immer tun wollten* oder was **Sie am liebsten tun würden**. Das kann zu Beginn auch gut nebenbei begonnen werden. Ich selbst schreibe dieses Buch neben meinem 60-Stunden-Berufsalltag, weil es mich so sehr gedrängt hat, meine Erfahrungen und mein Wissen aufzuschreiben, und ich fühle mich nach jedem Kapitel tief zufrieden, auch wenn es nachts um 2 Uhr ist, was des Öfteren vorkommt. Das liegt daran, dass ich meinem Wunsch nachgegangen bin und dieses Buch schreibe. Ich möchte meinen Beitrag zur Aufklärung, zur Wahrheitsfindung, zum Erwachen und Handeln der Menschen leisten. Ich fühle eine Begeisterung in mir, wenn ich schreibe, weil es das ist, was ich tun möchte; weil es das ist, was ich in diesem Leben nicht verpassen möchte. Ich möchte nicht irgendwann auf dem Sterbebett liegen und zu mir selbst sagen: *„Hätte ich doch dieses Buch geschrieben, wie ich es immer tun wollte! Ich kann es mir nicht verzeihen, dass ich das nicht getan habe!"* Und wenn ich mich in diese Situation hineinfühle, spüre ich genau, dass es so wäre. Das gibt mir die Kraft, spätabends oder am Wochenende an diesem Buch zu schreiben. Tun Sie das, was *Sie* begeistert, was für *Sie* Bedeutung hat. Tun Sie genau das, wobei *Ihre* Augen zu leuchten beginnen, wie es *Anja Förster* und *Peter Kreuz* in ihrem Buch *Hört auf zu arbeiten!* schreiben. Sie beschreiben fünf wesentliche Fragen, die uns helfen, absichtsvoll zu leben:

1. *„Gibt mir diese Tätigkeit etwas, das mich am Ende des Tages eine ‚gute Müdigkeit', eine ‚erfüllte Erschöpfung' spüren lässt?*

2. *Ist diese Tätigkeit auf das ausgerichtet, was mir wirklich wichtig ist? Hat diese Tätigkeit Bedeutung für mich?*

3. *Liefert diese Tätigkeit einen Wertbeitrag für andere? Korreliert die Bedeutung für mich also auch mit einer Bedeutung für andere? Bekomme ich dadurch zwischen mir und den anderen eine Form von Resonanz?*

4. *Hilft diese Tätigkeit mir dabei zu wachsen, zu lernen und mich weiterzuentwickeln?*

5. *Bin ich dankbar, dass ich diese Arbeit erledigen kann, und habe ich das Gefühl, dass meine Lebenszeit hier gut investiert ist?"*

Ferner schreiben sie, dass wir uns viel öfter die Frage stellen sollten, welche Dinge es wert sind, getan zu werden. Ich finde diese Fragen großartig, sie helfen uns, den eigenen Sinn unseres Lebens und unserer Arbeit zu finden.

Wenn Sie beginnen, Ihren ureigenen **beruflichen Weg** zu gehen, wenn Sie anfangen, das zu tun, was Sie schon immer wollten, kann es natürlich auch passieren, dass Sie von anderen zunächst einmal für verrückt erklärt werden. Wenn Sie Ihren eigenen Weg gehen, der sich abhebt von der Masse, dann sind Sie plötzlich ein Außenseiter. Das stellt Sie vermutlich vor die nächste Herausforderung, zu sich und Ihren Interessen zu stehen. Es verursacht jede Menge Ängste: Ängste, ausgelacht zu werden; Ängste, sich zu blamieren; Ängste, nicht mehr anerkannt zu werden; die Existenzängste nicht zu vergessen. Und doch ist es der Weg in die Freiheit, der Weg zum Freidenken; der Weg, selbstbewusst und selbstverantwortlich seinen Beruf und alle anderen Belange des Lebens zu betrachten und für sich zu entscheiden.

Ebenso ist es nicht sinnvoll, eine **Partnerschaft** sofort zu beenden, sobald das Gefühl auftritt, dass wir etwas vermissen. Wenn uns eine Partnerschaft etwas wert ist, ist es immer sinnvoll, zuerst zu analysieren, was wir vermissen, im Gegenzug jedoch auch zu prüfen, was wir selbst nicht mehr gerne geben und dies auch mit dem/der Partner/in zu besprechen. Wenn wir in solch einem Gespräch Vorwürfe machen, bedeutet das nichts anderes, als dass wir dem anderen die Verantwortung übergeben, Ursache für unser ungutes Gefühl zu sein. **Damit geben wir unsere gesamte Macht ab!** Wenn wir keine Vorwürfe äußern, behalten wir unsere Macht. Wir sollten stattdessen unser Gegenüber fragen, was er/sie vermisst. Auch wir selbst sollten darüber sprechen, was wir in unserer Beziehung vermissen, so schwierig das auch zu sein scheint. Auf diese Weise kann ein konstruktives Gespräch entstehen, und unser Gesprächspartner muss nicht in Verteidigungshaltung gehen und uns unsere Vorwürfe „zurückwerfen". Wenn die gegenseitige Wertschätzung von beiden Seiten gewahrt wird, ist die beste Voraussetzung für eine Win-Win-Lösung gegeben – ob dies nun einen gemeinsamen Weg bedeutet oder nicht.

Auch in Bezug auf Ihren **Wohnort** können Sie sich fragen: *„Fühle ich mich wohl hier?"* Wenn nein, warum nicht? Kann ich daran etwas ändern? Wenn nein, was hindert mich daran, woanders hinzuziehen? Welche Mittel habe ich zur Verfügung, welche Ansprüche habe ich, wie kann ich beides zusammenbringen? Wenn meine Mittel nicht das erlauben, was ich möchte, vielleicht kann ich die Differenz über Hausmeistertätigkeiten überbrücken. Vielleicht kann ich mich mit jemandem zusammentun, um eine Wohngemeinschaft zu gründen. Es gibt viele Möglichkeiten, um die Wohnsituation dahingehend zu verbessern, dass ich mich wohl fühle. Voraussetzung ist jedoch, dass ich die Verantwortung übernehme und meine Unzufriedenheit nicht dem Wohnungsmarkt oder meinem Vermieter etc. übertrage, sondern bei mir behalte!

Bezüglich unserer eigenen und der **Gesundheit** unserer Kinder müssen wir ebenso die Verantwortung übernehmen. Wir sollten uns bei Erkrankungen fragen: *„Was ist die Information dahinter, was möchte mir die Erkrankung mitteilen, soll ich etwas verändern in meinem Leben?"* Auch bei Impfungen sollten Sie genau überlegen, ob Sie das wirklich möchten. Lassen Sie sich vom Arzt schriftlich bescheinigen, dass er Sie genau untersucht hat, ob Sie vor der Impfung gesund sind. Lassen Sie sich bestätigen, dass die Impfung exakt die entsprechende Krankheit verhindert und dass sämtliche Inhaltsstoffe der Impfung keine Schäden verursachen. Denn am Ende tragen Sie die Verantwortung, und nur, wenn Sie sich in alle Richtungen selbst informieren, können Sie auch richtig abwägen und einschätzen. Überlassen Sie wichtige Entscheidungen nicht jemand anderem. Sie können sich beraten lassen und mehrere Meinungen einholen, aber „ja" oder „nein" zu sagen, ist Ihre Aufgabe, nicht die Ihres Arztes – immer vorausgesetzt, es ist kein Notfall und Sie sind ansprechbar.

Wenn Sie beginnen, die Verantwortung für Ihr Leben selbst zu übernehmen, kann ich Ihnen eines garantieren: Ihr Leben wird erfüllter sein, Sie fühlen sich lebendiger und fröhlicher, Sie können herzhaft lachen und das Leben mehr spüren. Sie verlieren die Abhängigkeit vom Urteil anderer, Sie lernen sich selbst kennen und stehen zu sich und Ihrer Individualität. Und das ist ein unglaublich befreiendes Gefühl. Es zeigt uns, wie es sich anfühlt, wirklich Mensch zu sein.

Und noch ein Tipp: Vermeiden Sie, dass Ihnen ein elektronischer Chip unter die Haut gesetzt wird, damit Sie eine *selbstbestimmte Persönlichkeit bleiben* können.

KAPITEL 33: REAKTIVIEREN UNSERER DNS

Für die Medizin ist der größte Teil der *DNS* (Desoxyribonukleinsäure; engl. *DNA*), die unser Erbmaterial und unsere Einzigartigkeit enthält, nur *Junk-DNS*[569], was meistens mit *Müll-DNS* übersetzt wird. Bis vor kurzem ging die Wissenschaft davon aus, dass 95% der DNS Müll sein müsste, weil sie sich deren Sinn nicht erklären konnte. Besonders bei uns Menschen und anderen hoch entwickelten Lebewesen ist der Anteil der *Junk-DNS* sehr hoch. Mittlerweile haben die Forscher herausgefunden, dass die *Junk-DNS* die Funktion einzelner Zellen steuert, doch noch immer sind große Bereiche ungeklärt. Ganz nebenbei bemerkt, zeigt diese Unkenntnis, wie gefährlich es ist, gentechnisch zu manipulieren und die auf diese Weise entstandenen Pflanzen und Tiere auch noch zu verbreiten und zu verzehren.

Unsere DNS ist „verkrüppelt", wie es manche Autoren bezeichnen, bzw. unvollständig und in Teilbereichen inaktiviert. Um in das volle Potential unserer möglichen Fähigkeiten zu kommen, müsste unsere DNS über 12 Stränge verfügen. Sichtbar und wissenschaftlich erkennbar hat sie jedoch nur zwei Stränge, und es stellt sich die Frage, was wir tun können, damit sie vervollständigt bzw. in all ihren Bereichen aktiviert wird. Und hier kommt ein entscheidender Faktor zum Tragen: Wir können die DNS nicht durch eine Maßnahme oder ein Ritual aktivieren, denn die DNS ist ein heiliges, multidimensionales Konstrukt, das sich nur in direkter Abhängigkeit von unserem Bewusstsein verändern kann. Wir können die DNS demnach nur indirekt aktivieren, indem wir an unserem Bewusstsein arbeiten und nicht nur unser sichtbares Lebensumfeld wahrnehmen, sondern unsere wahre Seelengröße erkennen. Wir sollten lernen, mit dem Herzen zu sehen und uns willentlich mit unserer göttlichen Führung zu verbinden. Wir dürfen lernen, nicht zu verurteilen, sondern andere Menschen anzunehmen wie sie sind, auch wenn wir sie uns anders wünschen. Wir haben die Freiheit, uns von diesen Menschen zurückzuziehen, aber wir haben nicht das Recht, sie nach unserem Gutdünken verändern zu wollen, was ohnehin nicht dauerhaft funktionieren würde. Wenn wir die Weisheit entwickeln können, alles zu akzeptieren, wie es ist, und so zu handeln, wie es für uns das Beste ist, dann sind wir bereits weit gekommen. Wir können unsere DNS nicht durch Übungen etc. verändern, aber wir können sehr wohl an unserer Einstellung, an unserer Denkweise, an unserer Konditionierung, an unserem Umgang mit anderen Menschen arbeiten, und damit ändert sich die Codierung der DNS automatisch mit.

Dann erhalten wir die „Belohnung" von Seiten der DNS, die sich nämlich wie von selbst an unser Bewusstsein anpasst, die sich sozusagen selbständig kalibriert. Die Aktivierung der DNS ist direkt abhängig von unserem Bewusstsein, sie spiegelt sozusagen unseren Bewusstseinsstand wider. Die DNS kann nicht einfach über Chemie oder andere Maßnahmen aktiviert werden, sondern sie reagiert auf unsere Wünsche und Gedanken und hilft uns dabei, unsere Ziele zu erreichen, denn sie kommuniziert mit den Zellen. *„Es ist also unsere Aufgabe, unserer DNS mitzuteilen, was wir brauchen."*[570], schreibt *Lee Carroll* in seinem Buch *Kryon – Die 12 Stränge der DNA*.

Für die Erweiterung unseres Bewusstseins gibt es viele Möglichkeiten. Der erste Schritt ist, sich selbst immer wieder genau zu beobachten und auf diese Weise herauszufinden, wo die eigenen menschlichen Schwächen liegen und diese dann vollverantwort-lich zu akzeptieren und nicht schönzureden. Der zweite Schritt beinhaltet heilende und transformierende Maßnahmen, wie sie zum Beispiel im Kapitel *Alternative Heilungsme-thoden* genannt bzw. beschrieben sind. Auf diese Weise gefördert, kann sich die DNS gemäß dem Gesetz *Materie folgt der Energie* nach und nach wieder in ihren ursprüngli-chen Zustand verwandeln, damit wir unsere göttlichen Fähigkeiten, wie zum Beispiel Manifestation, Telepathie, Levitation, Dematerialisation usw., eines Tages wieder errei-chen können.

Dies geht natürlich nicht von heute auf morgen, doch eine Generation wird damit beginnen, die DNS wieder zu vervollständigen – und das sind wir!

KAPITEL 34: ANNAHME UNSERER GÖTTLICHKEIT

„Erinnere Dich wieder Deiner Göttlichkeit
und sprehe sie aus, wieder und wieder,
Deine Selbstermächtigung, damit der Gott,
das Göttliche in Dir, wieder erwacht."[571]

Michael Elrahim Amira, deutsches Channelmedium

Die großen Religionen und nicht zuletzt die Wissenschaft haben es geschafft, dass viele Menschen glauben, von Gott getrennt zu sein, doch in Wahrheit sind wir alle verbunden mit der Urquelle allen Seins. Wir alle haben den göttlichen Funken in uns, und es ist nun an der Zeit, dass wir uns wieder daran erinnern und uns auch entsprechend verhalten. Nur wenn wir weit entfernt sind von unserem inneren göttlichen Kern, sind wir in der Lage, Kriege zu führen und uns gegenseitig umzubringen. Daher ist es enorm wichtig, wieder den Zugang zu unserer eigenen Göttlichkeit zu finden und uns direkt und ohne Umwege mit der Quelle zu verbinden. Dazu gehört auch, uns selbst zu lieben und uns so zu akzeptieren, wie wir sind, ohne uns für gesellschaftliche Ansprüche oder Erwartungen zu verbiegen. Nur wenn es uns selbst gut geht, kann es auch den anderen gut gehen, wie die Rehmutter, die ihr Kitz nur dann säugen kann, wenn es ihr selbst gut geht. Es hilft niemandem, wenn wir uns aufopfern und selbst zugrunde gehen. Jeder Mensch ist gleichwertig. Vor unserer höchsten Quelle gibt es keine Standesunterschiede, aber auch keine spirituelle Hierarchie. Wir sind nicht besser oder schlechter als jemand, der noch nicht so weit ist, wie wir von uns selbst denken. Wir sollten uns unserer göttlichen Quelle bewusst sein, uns jedoch gleichzeitig hüten vor spirituellem Hochmut!

Die Annahme unserer Göttlichkeit darf nicht falsch verstanden werden. Damit ist nicht gemeint, dass wir uns wie *Götter* fühlen sollen, und alle anderen Menschen sollen unsere Bediensteten und Untertanen sein, sondern damit ist gemeint, dass wir uns bewusst werden sollen, dass wir von der Urschöpfung abstammen und in jedem Moment durch unsere Gedanken und Worte schöpferisch tätig sind. Die Menschheit als Ganzes soll und wird sich dessen bewusst werden, dass wir dadurch die Verantwortung für unser eigenes Schicksal und das Weltgeschehen mittragen.

Damit die Menschheit jedoch wieder erwachen kann, braucht es viele einzelne Menschen, die vorangehen und den Pfad anlegen, auf dem die nächsten folgen können. Wenn der kritische Punkt erreicht ist, dann kippt das System, und es fällt allen Menschen leichter, ihr Potential anzunehmen und danach zu leben.

BEWUSSTHEIT

Der erste Schritt zur Annahme unserer Göttlichkeit ist der, uns bewusst zu sein, dass wir *sind*, dass wir – jeder Einzelne von uns – als Menschen auf dieser Erde inkarniert sind und hier eine unvorstellbare Menge an Erfahrungen sammeln. Doch diese Erfahrungen sind nur dann lehrreich für uns, wenn wir sie bewusst wahrnehmen. Wie viele Handlungen tätigen wir unbewusst und geistig abwesend? Nur wenn wir mit unserer Aufmerksamkeit ganz bei der Sache sind, mit der wir uns gerade beschäftigen, dann erfahren wir diese Zeit und diese Tätigkeit bewusst. In dieser Zeit sind wir glücklicher, weil wir sie bewusst leben. Das können Sie auf jede Aktivität umsetzen, und es gilt nicht nur für eine Meditation, ein Gespräch oder einen schönen Spaziergang, sondern für alle Tätigkeiten, wie zum Beispiel Auto reparieren, Rasen mähen oder die Toilette reinigen. Schauen Sie sich eine Katze an, sie ist eine hervorragende Repräsentantin für Bewusstheit. Egal, ob sie sich putzt, ob sie frisst oder sich räkelt, sie ist deutlich sichtbar mit ihrer vollen Aufmerksamkeit genau und ausschließlich bei der momentanen Tätigkeit. Trotzdem hält sie ihre Ohren offen und könnte bei einer drohenden Gefahr unmittelbar reagieren. Diese vollkommene Bewusstheit sollte auch für uns das Ziel sein. Die heutige moderne Lebensweise, wie zum Beispiel *Coffee to go*, fördert leider genau das Gegenteil und lässt uns immer mehr Dinge gleichzeitig tun (Autofahren, telefonieren, Kaffee trinken…). Und genau diese Angewohnheiten verhindern, dass wir uns auch im Alltag in unserer Mitte, in unserer Kraft fühlen.

Es ist daher immens wichtig, dass wir unsere Aufmerksamkeit genau und uneingeschränkt nur auf das richten, womit wir uns gerade beschäftigen bzw. was wir erleben. Probieren Sie es aus!

SELBSTAKZEPTANZ

Die Schritte zur Annahme unserer Göttlichkeit sind Selbstakzeptanz, das Erkennen und Annehmen unseres Selbstwertes und schließlich Selbstliebe. Solange wir mit uns selbst nicht im Reinen sind und uns selbst immer wieder mit Vorwürfen begegnen, sind wir nicht nur mit uns selbst, sondern mit der gesamten Schöpfung nicht im Reinen. Das bedeutet nicht, dass wir alles gutheißen müssen, was wir in der Vergangenheit getan haben, doch wir können alle unsere Taten und Erlebnisse als Erfahrungen annehmen und sollten uns selbst nicht länger verurteilen. Wir dürfen uns selbst vergeben und die Erfahrungen und damit *uns* annehmen. Wir dürfen mit uns selbst Frieden schließen und uns akzeptieren, wie wir sind, mit allen Ecken und Kanten. Aussagen wie „*Ich werde mich erst akzeptieren, wenn…*" lassen uns auf der Stelle treten und bringen uns nicht weiter. Wir reden uns nur selbst ein, dass wir nicht in Ordnung sind. Ohne unsere Vergangenheit wären wir nicht die Menschen, die wir heute sind, unsere Erfahrungen prägen uns und lassen uns wachsen und reifer werden, sie helfen uns, reife Seelen zu werden. Unsere Erfahrungen helfen uns auch dabei, Erkenntnisse zu sammeln und uns beim nächsten Mal nach Möglichkeit anders zu verhalten oder differenzierter zu entscheiden. Im Rückblick betrachtet, gaben uns viele Erfahrungen die Möglichkeit, einen größeren Weitblick zu entwickeln und zu wachsen.

Wenn uns dann in unserem Leben Schwierigkeiten begegnen, haben wir die Möglichkeit, mit unserem größeren Erfahrungsschatz anders zu reagieren. Wir kommen mit dieser größeren Erfahrung in die Lage zu erkennen, warum uns diese Probleme begegnen und welche eigenen Schwächen sie uns vor Augen halten. Aus dieser Perspektive betrachtet, können wir die Herausforderung als weiteren Lernschritt sehen und uns dabei liebevoll akzeptieren. Somit können wir uns jedes Mal neu entscheiden, wie wir reagieren. Haben wir das Thema gelernt, zum Beispiel nicht mehr wütend zu werden oder besser „*nein*" sagen zu können, dann wird uns diese Problematik kaum noch begegnen. Einige Ausnahmen wird es allerdings geben, damit wir die Gelegenheit haben zu prüfen, ob wir das „Gelernte" auch beherzigen. Durch diese Lernschritte und die Erkenntnisse daraus können wir uns selbst immer mehr wertschätzen. Das zieht als natürliche Folge nach sich, dass uns die Menschen in unserem Umfeld genauso wertschätzen, wie wir sie.

SELBSTWERT

Ausgesprochen viele spirituelle Menschen zweifeln immer wieder an sich selbst, an ihren Fähigkeiten und daran, ob das, was sie den Menschen geben möchten, auch wirklich gebraucht wird. Es sind regelrechte Einbrüche in ihrem Selbstwert festzustellen. Um hierauf eine Antwort zu erhalten, hat das Channeling-Medium *Lee Carroll* die interessante Frage an das Geistwesen *Kryon* gestellt, warum alte Seelen oft solch große Selbstwertprobleme aufweisen. *Kryon* antwortete: „*Weil Ihr seit Jahrhunderten immer wieder geschlagen worden seid!... Wenn sich die Gemüter erhitzten, habt Ihr nach einer **Lösung** gerufen, die meisten anderen dagegen nach einem **Schwert**.*"[572] (H. d. d. A.)

Da die reifen und alten Seelen nicht gehört worden sind, haben sie sich angewöhnt, an sich selbst und ihrer Einstellung zu zweifeln. Diese tiefen Zweifel seien auch in der jetzigen Inkarnation noch aktiv.

Demnach sind spirituelle Menschen über mehrere Leben hinweg dahingehend geprägt worden, dass sie zwar vehemente Verfechter des Friedens, der Lösung und der Heilung waren, doch gleichzeitig wurden ihre Vorschläge von den anderen nicht akzeptiert, weil diese lieber Gewalt eingesetzt haben. Dies verursacht einen erheblichen Selbstzweifel, der ihnen – gemäß dem *Gesetz der Resonanz* – in ihrem Leben von außen gespiegelt wird. Es gilt zu erkennen, dass in ihren Herzen das Licht der Liebe leuchtet und dass die Zweifel von außen nur auf den Lernschritt hinweisen, zu sich selbst zu stehen und sich nicht durch einzelne Menschen verunsichern zu lassen. Auch die eigenen Ängste möchten angesehen und akzeptiert werden, erst dann können sie sich in ein normales und gesundes Maß transformieren.

In den Regierungen und in den höchsten Positionen großer Konzerne finden sich (noch) oftmals junge Seelen, die sich ihre Karriere teilweise durch Ellenbogenmentalität, Rücksichtslosigkeit und Egoismus erkämpft haben. Doch die Weitsicht, das Streben nach Win-Win-Lösungen und guten Arbeitsbedingungen, sind Attribute der alten Seelen. Und genau diese alten Seelen werden in Zukunft zunehmend in wichtigen Schlüsselpositionen zu finden sein, da sich das Bewusstsein der Menschheit und der Erde dahingehend ändert. Frieden ist für alle Menschen möglich und wird kommen, doch zuerst dürfen wir den Frieden in uns selbst und in unseren Gedanken entstehen lassen. Dazu sollten wir jedoch darauf achten, *was* wir denken, denn aus unseren Gedanken werden Worte, und aus unseren Worten werden Taten. Aus unseren Taten werden Gewohnheiten, aus unseren Gewohnheiten wird unser Charakter, und aus unserem Charakter wird unser Schicksal!

SELBSTLIEBE

Die *Selbstliebe* ist eine natürliche Konsequenz, wenn wir erst gelernt haben, uns zu akzeptieren und daraufhin unseren eigenen Selbstwert aufgebaut haben. Wir dürfen uns selbst lieben, wie auch Jesus dies schon sagte: *„Liebe Deinen Nächsten, **wie Dich selbst**.“* Darunter ist nicht zu verstehen, dass wir uns für die Größten, die Tollsten und die Besten halten sollen. Das sind Einstellungen von sehr jungen Seelen, die uns oft genug in Schwierigkeiten gebracht haben, sei es im Finanzwesen oder in der Politik. Nein, hier ist dieses Ruhen in uns selbst gemeint und das Stehen zu den eigenen Wünschen und Bedürfnissen, die bei der reifen Seele keine großen Ego-Wünsche mehr sind, sondern mehr die Wünsche nach den Grundbedürfnissen des Lebens, nach Frieden, nach Harmonie, nach der Verwirklichung des eigenen Lebenssinns und vor allem der Wunsch nach Freiheit. Je nach Persönlichkeit können die Wünsche natürlich anders aussehen, doch es sind keine Wünsche nach Macht oder Reichtum, sondern es sind vorrangig Wünsche, die sich am Wohl der gesamten Menschheit und unserer Mutter Erde orientieren.

Das Streben der reiferen Seele geht in die Richtung, eine harmonische Gemeinschaft zu bilden, sich über das Leben an sich zu freuen, die Vielfalt des Lebens interessiert zu beobachten und sich mit der Urquelle allen Seins verbunden zu fühlen, ohne sich selbst als Nabel der Welt wahrzunehmen. Das ist nicht zu verwechseln mit *Selbstaufopferung*, denn hierbei sehen wir wiederum uns selbst als die wichtigste Person an, indem wir uns für andere „opfern“ und auf diese Weise unbewusst deren Anerkennung einfordern. Je mehr wir unsere einschränkenden Glaubenssätze und Verhaltensmuster transformieren, desto weniger stellen wir uns in den Mittelpunkt, weil wir schlichtweg nicht mehr das Bedürfnis danach haben.

Die Selbstliebe verhilft uns dazu, zu uns zu stehen und in unserer Mitte zu ruhen. Erst wenn wir nicht mehr mit der Befriedigung unseres Egos und unserer Bedürfnisse nach Anerkennung und Liebe beschäftigt, sondern mit uns selbst im Frieden sind, können wir unseren Fokus nach außen auf andere Menschen richten. Erst dann sind wir wirklich in der Lage, unser Gegenüber mit derselben Liebe anzunehmen, mit der wir zuvor uns selbst angenommen haben. Wenn jeder Mensch in der Lage ist, so zu fühlen, dann leben wir in Frieden zusammen auf unserem wunderschönen Planeten und können uns an unserer Unterschiedlichkeit und an der Schönheit der Erde erfreuen.

Parallel zur Transformation und Aufarbeitung, beispielsweise unserer Verletzungen, die wir erlebt haben und die uns auch im Erwachsenenalter noch einschränken, können wir mit einfachen Schritten beginnen, uns selbst anzunehmen. Hilfreich sind Übungen, wie zum Beispiel am Morgen vor dem Spiegel zu stehen und zu sagen: *„Ich liebe mich.“* Wenn Sie das können, sind Sie bereits ein gutes Stück weit vorangekommen. Der nächste Schritt ist zu sagen: *„Ich liebe mich selbst und alle Menschen.“*, und dies auch zu fühlen. Damit ist nicht gemeint, dass Sie alles, was andere Menschen tun, für gut befinden sollen, sondern damit ist gemeint, dass Sie die Seelen der Menschen lieben, auch wenn uns manche ziemlich auf die Nerven gehen. Doch wenn wir damit beginnen, uns selbst zu lieben und reinen Herzens sind, dann strahlen wir eine Reinheit und einen Frieden aus, der andere Menschen dazu animiert, dasselbe zu tun. Wenn jeder sich selbst, Mutter Erde, die Natur und die Menschheit an sich liebt, sind sämtliche Kriege schlagartig beendet.

Eigenschaften, die uns selbst oder anderen schaden, wollen zuerst gesehen und erkannt werden, und im zweiten Schritt sollten wir akzeptieren, dass sie noch zu uns gehören, denn das ist Fakt. Erst wenn wir dies anerkennen, können wir beginnen, die Eigenschaften, die uns einschränken, zu transformieren. Etwas zu verdrängen oder nicht hinzusehen, veranlasst diese Eigenschaften nur, noch mehr in Erscheinung zu treten, um endlich gesehen, anerkannt und dann transformiert zu werden. Daher ist es von Vorteil, sie genau zu betrachten, sobald sie uns bewusst geworden sind.

Wenn Sie mit der einen oder anderen Methode an Ihre Themen herangegangen sind, werden Sie möglicherweise zunächst *scheinbar* keine Veränderung feststellen. Doch irgendwann werden Sie wieder in eine Situation geraten, in der Sie zuvor nach konditioniertem Muster reagiert haben. Und plötzlich bemerken Sie, dass Sie anders reagieren als es noch das letzte Mal der Fall war. Diese überraschende Erkenntnis, in einer Ihnen durchaus bekannten Situation anders zu reagieren und gelassener mit der Thematik umgehen zu können, verursacht ein befreiendes und glückliches Gefühl.

Sollten Sie einen kleinen Rückfall erleben, müssen Sie sich nicht ärgern, denn wie so oft im Leben gilt auch hier: zwei Schritte vor, einer zurück. Vielleicht können Sie ja sogar über sich selbst schmunzeln, wenn Sie erkennen, dass Sie wieder in ein altes Muster getappt sind und sich sagen: *„Ich habe nicht aufgepasst, habe es jedoch im Nachhinein erkannt und werde das nächste Mal gemäß der erlösten Form reagieren."* Egal, ob es sich um cholerisches Verhalten handelt, um übertriebene Schüchternheit, um „nicht-nein-sagen-können", um Ängste oder was auch immer – alle Verhaltensweisen, die uns einschränken oder sogar uns selbst oder anderen schaden, können transformiert werden. Wir können uns täglich neu entscheiden, unser Verhalten zu ändern. Dran bleiben, lautet die Devise.

Im Kapitel *Alternative Heilungsmethoden* sind unter *energetische Heilweisen* einige Möglichkeiten aufgezählt, die uns dabei unterstützen können. Es bedarf zuerst des Erkennens, dann der Entscheidung und anschließend der Durchführung. Und das Schöne dabei ist, wir müssen dies nicht alles alleine bewältigen, sondern wir können die Kraft unserer Seele um Hilfe und Unterstützung bitten. Und es ist die höchste Priorität unseres *Höheren Selbstes*, uns bei unserer Weiterentwicklung zu helfen. Also schieben wir es nicht länger auf, sondern beginnen – jetzt!

MITGEFÜHL

Wenn wir unsere Schwächen erkannt und unsere Selbstliebe entwickelt haben, dann sind wir in der Regel immer toleranter gegenüber den Schwächen und Themen anderer Menschen, denn wir wissen darum, wie schwierig es ist, aus den gewohnten Verhaltensmustern auszusteigen. Wir fühlen uns angesichts unserer eigenen Erfahrungen nicht besser als ein anderer, sondern können seine Schwächen mitfühlen.

Wenn wir gelernt haben, uns selbst zu lieben, können wir wirkliches *Mitgefühl* entwickeln, denn dann können wir unsere Aufmerksamkeit auf den anderen richten, ohne ständig mit uns selbst beschäftigt zu sein. Erst dann sind wir in der Lage, Mitgefühl für unsere Umwelt zu empfinden. Damit ist nicht *Mitleid* gemeint, gepaart mit dem Bestreben, dem anderen sofort dabei zu helfen, sein Leben zu ändern oder ihn gar dazu zu drängen, sondern damit ist in erster Linie gemeint, den anderen so anzunehmen, wie er fühlt, *„mit ihm zu fühlen"*. Wenn der andere sein Leben ändern möchte – und nur dann – und wir ihm dabei helfen können und wollen, dann können wir dies selbstverständlich tun. Doch wir dürfen nicht beginnen, im Alleingang die ganze Welt retten zu wollen. Was wir unter „retten" verstehen würden, wäre ohnehin nur unsere eigene Vorstellung von Veränderung. Wir haben die Aufgabe, bei uns selbst aufzuräumen und können durch unser gemeistertes Leben anderen Vorbild sein, selbst ihr Leben in die Hand zu nehmen. Ob und wie andere Menschen dies tun, liegt nicht in unserer Verantwortung. Allerdings liegt es sehr wohl in unserer Verantwortung, jemanden, der andere gefährdet, wegzusperren. Ob dieser jedoch sein Leben wirklich ändern möchte, obliegt allein seiner Entscheidung.

Viele Menschen engagieren sich sehr in verschiedenen Ehrenämtern, Vorständen usw. Bei einigen dieser Menschen – wohlgemerkt: bei einigen, nicht bei allen(!) – verbirgt sich dahinter jedoch eine Falle, denn wir sollten nicht durch übertriebenen Aktionismus von unseren eigenen inneren Baustellen ablenken. Ich kenne einige Menschen, bei denen dieser Mechanismus greift. Das sind Menschen, die die Anerkennung von außen suchen. Sie können sich selbst nur aushalten, wenn sie permanent beschäftigt sind. Das ist ein bedauernswerter Zustand, denn nur wenn innere Ruhe einkehrt, wenn man in die Stille gehen kann, dann können Muster und Glaubenssätze erkannt werden. Das kann so schmerzhaft sein, dass manche Menschen diese innere Stille um jeden Preis vermeiden. Doch erst wenn Ihre Aufmerksamkeit in Ihr Herz gehen kann und Sie sich dabei wirklich wohl fühlen, sind Sie nicht mehr abhängig von der Ablenkung von außen. Wenn Sie sich und Ihre eigenen Schwächen voll akzeptiert (und anschließend möglichst transformiert) haben, wenn Sie sich selbst annehmen und lieben, dann sind Sie wirklich in der Lage, sich auf Ihre Mitmenschen und Ihre Umwelt voll einzulassen. Dann können Sie sich mit Freude und Engagement Ihrem Ehrenamt widmen, mit dem Fokus auf das Wohl der Gemeinschaft und nicht um der Anerkennung willen. Wenn Sie beginnen, Ihre eigenen Themen anzusehen, können Sie sich viel kraftvoller, energiereicher, zielstrebiger und erfolgreicher für einen Verein, die Natur, die Menschlichkeit etc. einsetzen, denn dann können Sie echtes, tiefes Mitgefühl empfinden.

SCHÖPFUNGSKRAFT

„Am Anfang war das Wort, und das Wort war bei Gott.", heißt es in der Bibel. Das bedeutet: Am Anfang aller Schöpfung war das gesprochene Wort. Ein Wort entsteht aus unseren Gedanken, und daher ist es so wichtig, dass wir immer beobachten, was wir denken und aussprechen. Auch hier ist Selbstbeherrschung gefragt, denn viel zu leicht sprechen wir etwas aus, was wir zwar im Affekt spontan äußern, aber nicht wirklich meinen.

Gehen wir nun zum bewussten Erschaffen: Viele von uns haben das Visualisieren geübt und geübt und geübt, doch die Vision kam nicht zustande. Warum nicht? Im Grunde ist es ganz einfach und durchaus nachvollziehbar. Unsere Vision ist wie ein Auto, das uns an eine bestimmte Stelle bringen soll. Doch wir können im Auto sitzen und Gas geben, schalten und lenken und kommen doch keinen einzigen Meter voran, wenn wir keinen Treibstoff in den Tank geben. Da kann die Vision des Autos noch so schön sein, wir können im tollsten Ferrari sitzen, wenn er keinen Sprit hat, fährt er nicht. Was braucht unser Ferrari, damit er losfährt, was benötigt die Vision, damit sie beginnt, Wirklichkeit zu werden? Es ist unser *Gefühl*! Das Gefühl ist der Treibstoff für unsere Visionen. Stellen Sie sich vor, Sie möchten ein Buch schreiben und denken immer wieder an das Buch. Das ist der Wunsch. Und nun visualisieren Sie vor Ihrem geistigen Auge bereits, wie es im Regal des Buchhandels um die Ecke steht, wie Leute im Café sitzen und Ihr Buch lesen und wie Sie Ihre eigenen Bücher signieren. Stellen Sie sich die Dinge so vor, als wären Sie in diesem Film die Hauptrolle. *Fühlen Sie*, wie es Ihnen geht, wenn Sie dies beobachten, spüren Sie die Empfindung der Freude und der Erfüllung. *Fühlen Sie*, was Sie sich vorstellen, und bitten Sie Ihre Seele, Ihre Engel oder Gott um Unterstützung. Je mehr Sie dort eintauchen und Ihre Vorstellung *fühlen* können, desto mehr rückt Ihre Vision in erreichbare Nähe. Und wenn Ihr Wunschprojekt nicht nur Sie selbst bereichern, sondern auch noch dem Wohl vieler Menschen dienen soll, dann werden Ihre Helfer im geistigen Reich bereits aktiv, um die Dinge zu organisieren. Wenn Ihre Vision Teil Ihres Lebensplanes ist, können Sie sie durch Gedankenkraft und Gefühl fördern.

Was Sie bei Ihren Visionen beachten sollten: Sie können und dürfen andere Menschen nicht ändern, daher sollten Sie bei Ihren Visionen stets bei sich bleiben. Wenn Sie einen Partner haben, ist es manchmal verlockend, sich zu wünschen, er sollte dies oder jenes tun oder lassen, doch das ist Manipulation und entspricht genau dem, was wir unseren Regierungen, den Banken, den Medien usw. vorwerfen. Wir sollten es besser wissen und anders handeln. Wenn Sie mit Ihrem Partner unglücklich sind, dann können Sie sich eine glückliche Beziehung vorstellen. Wenn Ihr Lebensplan es vorgesehen hat, dass Sie zusammenbleiben, dann muss sich nicht zwangsläufig Ihr Partner ändern, vielleicht können Sie Ihre eigene Einstellung Ihrem Partner gegenüber ändern. Eventuell ist es sinnvoll, bestimmte Eigenheiten zu tolerieren, und Sie können auf diese Weise glücklich sein. Sie können sich auch fragen, was es in Ihnen auslöst, wenn Sie sich über Ihren Partner ärgern. Was in Ihnen geht in Resonanz damit? Vielleicht können Sie Ihre eigene Reaktion ändern. Das soll nicht heißen, dass alle unglücklichen Partnerschaften oder Ehen zu retten sind. Keinesfalls dürfen Sie sich um des Friedens willen aufgeben, geschweige denn alles über sich ergehen lassen. Hier ist nur eine Möglichkeit beschrieben, zu visualisieren und an sich selbst zu arbeiten. Wenn jedoch ein harmonisches Zusammenleben nicht möglich sein sollte, sind Sie es sich selbst schuldig, eine Änderung herbeizuführen. Und auch diese können Sie durch Ihre Vorstellung und Ihr Fühlen manifestieren. Sie sehen: Es sind alle Möglichkeiten offen.

Unsere Geisteskraft ist dazu fähig, Einstellungen, Systeme und Dinge zu verändern. *„Thomas Edison hat es geliebt, sich etwas vorzustellen… Nikola Tesla war selbstverständlich ein großer Imaginierer. Albert Einstein, Beethoven, Mozart – alle diese Größen haben aktiv imaginiert."*, schreiben *Geoffrey* und *Linda Hope* in ihrem Buch *Lebe Deine Göttlichkeit*.[573] Wir sind geistige Wesen mit einem enormen Potential, und wenn wir uns in voller Verantwortung dieser Kräfte wieder bewusst werden und sie immer wieder anwenden, dann können wir diese Erde wieder zu einem Paradies werden lassen.

„Der Zufall ist das Pseudonym,
das der liebe Gott wählt,
wenn er inkognito bleiben will."[574]

Albert Schweitzer (1875-1965), deutsch-französischer Arzt

FOKUS

Es ist wichtig, bei einem Thema zu bleiben, sonst verzetteln wir uns zu sehr, und die Geistige Welt weiß nicht, wo sie beginnen soll, uns zu unterstützen. Überlegen Sie gut, was für Sie zunächst das wichtigste Thema ist. Investieren Sie Ihre Energie dort, wo Ihr größter Wunsch besteht. Das sollte zu Beginn Ihre eigene Entwicklung sein. Auch wenn Sie schon einige Ihrer Schwächen näher angesehen haben, kann es sein, dass Sie immer wieder über sich selbst stolpern und Ihre Schwächen Sie einholen. Lassen Sie sich nicht entmutigen, und bleiben Sie bei dem ausgesuchten Thema. Zur Unterstützung können Sie auch kleine Erinnerungszettelchen an den Spiegel oder die Kühlschranktüre kleben, damit Sie sich selbst etwas auf die Finger sehen und den Fokus beibehalten.

DANKBARKEIT

Obwohl ich der *Dankbarkeit* bereits ein eigenes Kapitel gewidmet habe, möchte ich sie an dieser Stelle nochmals erwähnen, da sie ein grandioser Beschleuniger ist, unserer eigenen Göttlichkeit näher zu kommen. Dankbarkeit ist ein großer Transformator, der in der Lage ist, unsere eigene Schwingung enorm anzuheben. Wenn wir uns der göttlichen Schwingung näher fühlen, kommen wir automatisch in eine positive Grundstimmung, die unsere Wünsche und Visionen schneller Wirklichkeit werden lässt, die uns aber vor allem der göttlichen, friedlichen, harmonischen Schwingung näherbringt. Wir fühlen uns besser, wir lächeln und sind mit der Welt in Frieden. Dankbarkeit lässt uns das Positive im Leben wahrnehmen, und das Schwere rückt in den Hintergrund. Wenn wir dankbar sind, haben wir unseren Fokus auf den Dingen, die uns Freude bereiten, die uns heilen, die uns trösten, die uns gut tun. Und dies ist einer der Schlüssel, dies alles in uns zu wecken, zu aktivieren und unserer Göttlichkeit ein Stück näher zu kommen. Ein „Danke" an die Dankbarkeit!

KAPITEL 35: BILDUNGSWESEN NEU

Nachdem die Nachteile des bestehenden Bildungssystems bereits im ersten Teil des Buches erläutert wurden, möchte ich hier einige Sätze zu der *not-wendigen* wirklichen Reform unseres Schulwesens schreiben.

Es wäre wünschenswert, wenn die Schulen einen neuen Auftrag erhielten, nämlich die mitgebrachten Talente der jungen Menschen zu fördern, anstelle der Bildung von *Einheitsmenschen*. Wie schon der Name sagt, die Bildung *bildet* etwas. Wie der Bildhauer, der aus einem Stein etwas formt, was in seinem Kopf bereits fertig ist: Er formt etwas nach seinen Vorstellungen. Genau so ist es mit unserem Bildungswesen, das aus den Kindern in gewisser Weise Einheitsmenschen bilden möchte, die in der Lage sind, folgsam und fleißig zu sein.

Die bessere Lösung wäre, dass in den Schulen herausgefunden wird, welche Gaben und Talente die Kinder mitbringen und diese dann gefördert werden. Jeder Mensch hat seine individuelle Art sowie Begabungen und Talente, die ihm besondere Freude bereiten. Es ist die Aufgabe der Gesellschaft, zusammen mit dem Kind diese Begabungen herauszufinden, anzuerkennen und weiterzuentwickeln. Nicht jedes Talent kann im heutigen Sinne kommerziell verwertet, sprich „vermarktet" werden, doch in der kommenden Zeit wird dies auch nicht mehr erforderlich sein. Denn besonders die derzeit nur gering honorierten Talente sind wichtig. Wer heute zum Beispiel über viel Hilfsbereitschaft oder Mitgefühl verfügt, kann sein Talent vermutlich nicht gut verkaufen. Im Gegenteil: Er wird von unserer Gesellschaft ausgenommen wie eine Weihnachtsgans, weil er gutmütig ist. Und genau dieser Zustand muss sich gravierend ändern! Es ist höchste Zeit, dass diesen Menschen Wertschätzung entgegengebracht wird und ihre Talente erkannt, anerkannt und gefördert werden.

Parallel sollte natürlich jedem Menschen lesen und schreiben und ein bestimmtes Grundwissen vermittelt werden. Doch vieles von dem, was an unseren Schulen gelehrt wird, ist ideologisch gefärbt (*Die Geschichte wird von den Siegern geschrieben!*), und vieles wird für unser individuelles und praktisches Leben nicht benötigt.

Wenn wir bei unseren Kindern ihre einzigartige Individualität und ihre Stärken fördern, statt ihre Schwächen zu bewerten, erziehen wir eine Generation, die stark ist, ein gesundes Selbstbewusstsein und Selbstwertgefühl hat und weiß, was gut für sie ist. Diese Generationen werden auch wieder mehr Herzenswärme entwickeln und sich liebevoll umeinander und um die Tier- und Pflanzenwelt – um Mutter Erde – kümmern.

Das ausschließlich rationale Denken hat uns in den Zustand gebracht, den wir heute vorfinden. Alles wird nur noch nach Tabellen, Diagrammen, Prozenten, Gesetzen, Statistiken und Beweisen beurteilt. Selbst die Banane darf keine Banane mehr sein, wenn die Krümmung nicht den Vorschriften entspricht. Wir haben uns fast zu Tode reglementiert, und unser Verwaltungsapparat und die Bürokratie verursachen heute einen Großteil der Kosten jedes Konsumproduktes. Die Kreativität, die Ideen, aber vor allem die Lebensfreude sind dabei fast gänzlich auf der Strecke geblieben, und viele Menschen sind nicht mehr glücklich, weil ihnen die Zuversicht abhandengekommen ist. Wir haben uns verrannt in ein verstandesorientiertes Leben und dabei verlernt, Eigenschaften wie Mitgefühl, zuhören können, Herzenswärme usw. wertzuschätzen. Jetzt, in dieser Zeit befinden wir uns am Zenit dieses Zustandes, und so langsam wird uns gewahr, dass unser Leben nicht so lebenswert ist, wie man uns das einreden möchte. Die wirkliche Lebensqualität liegt nicht in Berechnungen, Fakten und Zahlen, sondern ist nur zu finden in mitmenschlichen Qualitäten, in emotionaler Kompetenz und Empathie.

Dies zu erkennen und der Menschlichkeit in allen Bereichen des Lebens mehr Raum zu geben, erlaubt uns, in ein neues, Lebensfreude spendendes Zeitalter einzutreten. Die vielen Kinder, die unter *Legasthenie* oder *Dyskalkulie* leiden, sind die ersten Boten, die uns klarmachen möchten, dass wir mit unserer Überbewertung der linken Gehirnhälfte in einer Sackgasse gelandet sind. Diese Kinder haben eine starke, intensive und voll einsatzfähige rechte Gehirnhälfte und sind stark in Bereichen wie Kreativität, Bilder, Musik, Farben usw., während das logische Denken, die Analyse, Zahlen, Details und alle rationalen Vorgänge nicht so gut beherrscht werden. Unsere Kinder scheitern an diesem Schulsystem, denn sie benötigen einen völlig neuen Ansatz der Wissensvermittlung, und den können unsere Lehrpläne nicht liefern. Das Bildungssystem muss sich in Zukunft an die Kinder anpassen, nicht die Kinder an das starre System, wie es bisher war. Und in einer kreativen „Lebensbildung", die mit weniger „System" auskommt, werden die rechtshirnorientierten Kinder auch leicht und ausreichend lesen und schreiben lernen, weil sie es auf eine andere Art und Weise lernen. Vielleicht haben manche von ihnen gar nicht wirklich eine Dyskalkulie oder eine Legasthenie, sondern die Schule hat nur das falsche System, eine „Schul-Asthenie". Hier sollte angesetzt und eine Veränderung herbeigeführt werden!

Daher meine Empfehlung: Sprechen Sie mit den Lehrern und den Schuldirektoren, senden Sie Unterschriftslisten an die Kultusministerien, wenn Sie der Meinung sind, dass Ihre Kinder mit dem bisherigen Schulsystem nicht mehr zurechtkommen. Es sind wesentlich mehr Schüler betroffen, die nicht mehr in das bisherige System passen, als Sie sich vorstellen können, und es werden immer mehr. Nur wenn Sie sich offen mit anderen Eltern austauschen, erfahren Sie, wie groß die Zahl tatsächlich ist, und je mehr Eltern sich gegen das starre System wehren, desto schneller ist mit einer Veränderung zu rechnen. Treten Sie für sich und Ihre Kinder ein, lassen Sie sich nicht einschüchtern!

Wenn das Bildungssystem an die Bedürfnisse und Neigungen der Schüler angepasst wird und diese gefördert und unterstützt werden, statt des heutigen Beurteilens, wird jeder Schüler von sich aus mit Freude und Begeisterung lernen. Vermutlich müssen wir unsere Kinder in Zukunft mit Tricks vom Lernen weglocken, wenn die Schlafenszeit naht, weil es ihnen so unendlich viel Spaß bereitet und sie ihren Wissensdurst nicht schnell genug füttern können. Wenn wir unseren Kindern mit der Wertschätzung und Achtung begegnen, die ihnen zusteht, dann werden sie auch uns mit derselben Wertschätzung begegnen.

Wirklich wichtige Themen wie *emotionale* und *soziale Kompetenz*, werden sicherlich im Bildungswesen der kommenden Zeit Bestandteil des Unterrichts. Wenn Kinder von klein auf lernen, wie man adäquat Gefühle äußert und wie man achtsam und respektvoll

Konflikte lösen kann, dann ist die beste Basis für ein friedvolles Miteinander geschaffen. Auch das regionale Wissen wird vermutlich mehr Beachtung finden. Tatsächlich stellt sich die Frage, ob es wirklich wichtiger ist zu wissen, wie die historischen Politiker verschiedener Staaten hießen oder ob es nicht sinnvoller wäre, jedem Kind zu erläutern, welche einheimischen Pflanzen gegen welche Krankheiten helfen. Vielleicht wird die Bezeichnung *Unterricht* umbenannt in *Lebensbildung*.

Es wäre ein Segen für unser Familien- und Gesellschaftsleben, ja sogar für unser Geschäftsleben, wenn Kindern diese Werte vermittelt und vorgelebt würden. Das wäre die Basis für ein wahrhaft lebenswertes Miteinander, sowohl privat als auch geschäftlich.

KAPITEL 36: BERUF – BERUFUNG

„Es ist nie zu spät, so zu sein,
wie man gerne gewesen wäre."[575]

George Eliot (1819-1880), englische Schriftstellerin

Das Wort *Beruf* geht auf den Begriff *Berufung* zurück, was verdeutlicht, dass unser Beruf auch eine erfüllende Lebensaufgabe sein sollte. Berufung ist das, was wir tief in unserem Innersten tun möchten, was uns ruft und mit Freude erfüllt. Wer seiner Berufung folgt, freut sich jeden Tag darauf, seine Aufgabe auszuführen; fühlt sich durch seine Tätigkeit befriedigt und verfeinert seinen Bereich immer mehr, um das Beste zu geben.

Was wir heute unter *Beruf* verstehen, steht bei *wikipedia* gut beschrieben: *„Beruf ist die im Rahmen einer arbeitsteiligen Wirtschaftsordnung aufgrund besonderer Eignung und Neigung systematisch erlernte und mit Qualifikationsnachweis versehene, dauerhaft gegen Entgelt ausgeübte spezialisierte Betätigung eines Menschen. Der Begriff ist abzugrenzen vom häufig als Synonym benutzten Wort ‚Job', das zwar auch auf eine Erwerbstätigkeit hinweist, jedoch in der Regel nicht an eine besondere Eignung oder Ausbildung gebunden ist."*[576]

Heute geht es primär um Wirtschaft, Ausbildung, Qualifikationsnachweis, Spezialisierung und um Geld. Geld ist in den meisten Fällen die Hauptantriebskraft für die Ausübung einer beruflichen Tätigkeit. Unser System fordert von uns regelmäßige Abgaben in Form von Steuern, Rundfunkgebühren, Pflichtversicherungen, Nahrung, Strom, Heizung, Kleidung, Miete, Darlehensrückzahlung, schlicht für fast alles. Nicht einmal Trinkwasser ist heutzutage mehr frei erhältlich. Diese Forderungen erzeugen in uns einen Druck, der uns dazu veranlasst, nach einer Tätigkeit zu suchen, die uns immer noch mehr Geld verdienen lässt.

Dass das nicht zwingend so sein *muss*, können wir daran sehen, dass es Naturvölker gibt, die ohne Geldsystem von den Früchten der Erde leben und die sich vermutlich glücklicher fühlen als wir, auch wenn sie kein Haus (in unserem Sinne), kein Auto, keine Elektrizität usw. ihr Eigen nennen. Für uns ist das unvorstellbar, doch wie man an funktionierenden Beispielen sieht, ist das durchaus möglich. Ihre Krankheiten heilen sie auf natürliche Art und Weise, und sie leben im Einklang mit der Natur. Ich möchte hier an dieser Stelle nicht dafür plädieren, dass wir alle in den Busch gehen und mit Lendenschurz umherlaufen sollen. Es geht mir nur darum aufzuzeigen, dass unsere Zivilisation, wie wir sie heute leben, viel von uns fordert und in der Intensität, wie sie sich heute zeigt, für viele Menschen nicht mehr erstrebenswert ist. Dadurch leiden sie an zivilisationsbedingten Gesundheitsstörungen, wie zum Beispiel Burnout, Depression und Essstörungen, um nur einige zu nennen. Man könnte unser System auch als „degeneriert" bezeichnen.

Wir sind weit davon entfernt, unsere Berufung zu leben. Mittlerweile sind der Druck und die Anforderungen so groß geworden, dass viele Menschen diesen Weg nicht mehr gehen wollen und können! Immer mehr Menschen steigen aus ihren erlernten Berufen aus, weil sie sich sagen: *„Auch wenn ich alles verliere, so kann ich nicht mehr weitermachen, sonst sterbe ich. Es wird sich ein anderer Weg öffnen, ich glaube wirklich daran und* *werde nicht unter der Brücke landen!"* Wenn also die Grenze der Belastbarkeit erreicht worden ist, dann sendet der Körper in der Regel Zeichen, die nicht zu übersehen sind: Konzentrationsstörungen, Erschöpfung, unklare Schmerzzustände, Verdauungsstörungen, Schlaflosigkeit, Herzbeschwerden usw. Wer auf diese Zeichen noch immer nicht reagiert, könnte massivere Hinweise erhalten, wie beispielsweise Herzinfarkt, Schlaganfall, Krebs. Unser Körper macht schlapp, weil er einfach nicht mehr kann und sein Maß voll ist.

Wer auf die Vorzeichen achtet, auf die leise Stimme in seinem Inneren hört und die langsam wachsende Unzufriedenheit beachtet, der kann sich fragen: *„Was fehlt mir, was wünsche ich mir in meinem Leben wirklich?"* Dann rückt so langsam der Moment näher, in dem man sich fragen kann: *„Was würde ich am liebsten tun?"* Anfangs, wenn unser Verstand diese Frage erstmals hört, kommt er mit lautstarken Gegenargumenten: *„Davon kann man nicht leben, man muss etwas Ordentliches arbeiten! Arbeit ist hart wie das Leben an sich überhaupt. Arbeit ist Anstrengung! Wo kein Fleiß, da kein Preis!"* Doch wenn Sie sich immer wieder fragen: *„Was würde ich am liebsten tun?"*, und wenn Sie diese Frage noch ergänzen mit dem Satz: *„...wenn ich im Lotto gewinnen würde!"*, dann kommen so langsam die Antworten des Herzens, denn dann gibt der Verstand Ruhe. Er weiß, dass es eine Frage im Konjunktiv ist. Da es nur eine Möglichkeit ist, braucht er keine Argumente zu liefern.

Wer seine Neigungen noch nicht kennt, sich diese Frage aber immer wieder stellt, dem wird nach und nach immer klarer werden, was ihn wirklich glücklich machen und erfüllen würde. Was hindert Sie daran, dies zu tun? Fühlen Sie in sich hinein, wie es Ihnen geht. Eventuell werden noch Veränderungen oder weitere Umorientierungen erforderlich sein, bis Sie das Gefühl haben, dass Sie das gefunden haben, was Sie am liebsten tun möchten. Dann tun Sie es! Wenn Sie eine gewisse Routine entwickelt haben, können Sie bei Ihren Bekannten nach deren Meinung fragen, vielleicht Ihre Leistungen bereits anbieten. So kann nach und nach ein Leben nach Ihrer Berufung entstehen.

Wenn Sie materielle Ängste haben, dann beginnen Sie in Ihrer Freizeit damit, das zu tun, wonach sich Ihr Herz sehnt. Vielleicht möchten Sie gerne malen, dann tun Sie es, wenn es Sie erfüllt. Wenn Sie gerne singen, obwohl Sie meinen, Sie können es nicht, tun Sie es! Was glauben Sie, wie viele berühmte Sänger es gibt, die von sich sagen, dass sie eigentlich gar nicht singen können, die jedoch gerade *wegen* ihrer besonderen Stimme bekannt geworden sind. Und wer sagt, dass Sie berühmt werden sollen? Vielleicht ist Berühmtheit nicht Ihr Weg. Wenn Sie gerne zuhören oder gerne reden, dann gehen Sie in ein Altenheim und besuchen einsame Menschen. Wenn Sie gerne Landwirt geworden wären, gehen Sie auf einen Vieh-, Gemüse oder Kleintiermarkt, und sprechen Sie die Menschen an, vielleicht können Sie irgendwo aushelfen und somit Kontakte knüpfen. Es gibt für jede Neigung eine Möglichkeit, sie zu leben. Sie sollten nur beginnen und die ersten Schritte *tun*.

Vernetzen Sie sich mit gleichgesinnten Menschen, bilden Sie regionale Gruppen. Auf diese Weise werden die Menschen auch wieder unabhängig von der großen Industrie. So können wir auch Krisenzeiten überstehen. Lernen Sie evtl. ein (altes) Handwerk, wenn es Ihnen zusagt. Suchen Sie nach Ihren Talenten, und bauen Sie diese aus, und ich garantiere Ihnen: Sie werden ein erfüllteres Leben führen! Wenn Sie dranbleiben, könnte dies später eventuell eine Veränderung in Ihrer beruflichen Tätigkeit mit sich bringen.

Ihr innerer Zweifler findet immer neue Argumente, um Sie in Ihrem alten Trott zu halten, nur weil er Angst hat – Angst, die Sicherheit zu verlieren; Angst vor Veränderung; Angst, falsche Entscheidungen zu treffen; Angst, Ihre gesamte Existenz könnte zerstört werden. Doch denken Sie daran: Wenn ein kleines Kind Angst davor hat, laufen zu lernen, bleibt es immer am Boden sitzen! Ein Kleinkind fällt Hunderte Male immer wieder hin, bis es endlich stehen bleibt und seine ersten Schritte geht. Haben Sie Mut! Seien Sie Sie selbst!

> *„Wenn Du eines Tages auf dem Sterbebett liegst*
> *und auf Dein Leben zurückschaust,*
> *könntest Du glücklich loslassen, wenn Du wüsstest,*
> *dass Du Deine Aufgabe, das, was Du immer tun wolltest,*
> *nicht getan hast, weil Dir die Meinung anderer so wichtig war?"*

Autor unbekannt

KAPITEL 37: NEUE MEDIEN

Die heute übliche Vorgehensweise der Medien, uns Informationen vorzuenthalten und sogar falsche bzw. einseitige Meldungen zu veröffentlichen, wird sich in der kommenden neuen Zeit ändern müssen, wenn sie einem totalen Zusammenbruch entgehen wollen.

Wenn ich mich hineinspüre in die neuen Energien, die bereits mit großen Schritten im Anmarsch sind, fühle ich eine Integrität, wie wir sie heute leider noch sehr vermissen. Je mehr unlautere Machenschaften aufgedeckt werden, desto mehr werden die Menschen nach der Wahrheit verlangen. Die Medien werden nicht umhin können, in naher Zukunft mehr und mehr wirklich informativ und sachlich über das Weltgeschehen zu berichten. Immer mehr Menschen zeigen, dass sie nicht länger gewillt sind, meinungsbildende Informationen zu konsumieren, vor allem unter dem Gesichtspunkt, dass sie diese (Des-)Information auch noch selbst über Gebühren bezahlen müssen. Wenn sich die großen Medien weigern, dem Wunsch der Allgemeinheit zu entsprechen, werden sich kleine Sender formieren, die Wert auf integre Übermittlung von Fakten legen. Diese kleinen Sender leben anfangs vielleicht am Existenzminimum, aber das Engagement der Betreiber wird so groß sein, dass sie ihren Weg trotzdem gehen und erfolgreich sein werden. Die Menschen werden dies erkennen und ihnen Glauben schenken. Die Menschen werden sich von den großen Medien abwenden und die TV-Sender, die Zeitungen und die entsprechenden Infoseiten im Internet nicht mehr nutzen. Die Medien der alten Energie werden sang- und klanglos verschwinden, weil sie nicht mehr konsumiert werden.

Aber es steht uns neben der wahrheitsgetreuen Informationsübermittlung noch eine weitere gravierende Änderung der Medienwelt bevor: Es wird sich ein Wandel in der Qualität der Unterhaltungssendungen abzeichnen. Heute werden in bestimmten Sendern noch Shows mit Situationen gezeigt, in denen sich Menschen blamieren und wo sie vor laufender Kamera in unmöglichen Situationen bloßgestellt werden. Auch dies wird aufhören, die Zuschauer werden zunehmend weniger Interesse daran haben, solchen Blödsinn anzusehen und ihre Zeit für sinnvollere Dinge nutzen.

Genauso wird sich die Gewalt im TV, Internet, Kino usw. nach und nach verabschieden. Dies wird vielleicht noch etwas länger dauern, doch ist es nicht aufzuhalten. Heute ist es noch so, dass nahezu in jeder zweiten Unterhaltungssendung Erschossene, Überfahrene oder sonstige Tote zu sehen sind. Im Extremfall – besonders auch in Videospielen – werden Menschen zerstückelt, gesprengt, von Robotern zerfetzt oder von Monstern gefressen. Wenn tagtäglich derartige Szenen gezeigt und vor allem *angesehen* werden, erzeugt dies ein Feld des Leidens, der Angst und des Tötens auf unserer Erde, und somit auch in unserem kollektiven menschlichen Energiefeld. Mit jedem Toten, den wir auf der Leinwand oder auf dem Bildschirm sehen, vergrößern wir dieses Feld. Doch es gibt immer mehr Menschen, die sich dieser Flut verweigern und sich sogar ganz bewusst gegen den Besitz eines TV-Gerätes entscheiden. Unser Bewusstsein verändert sich zusehends und immer schneller, und über kurz oder lang bleibt den Sendern nichts anderes übrig als auf die neuen Bedürfnisse einzugehen. Der Wunsch nach Erfreulichem wird immer größer, und es wird eine Zeit kommen, in der die meisten Sender Berichte zeigen, die unserer Seele gut tun, die unsere Verbindung mit unserer Urquelle fördern, die uns helfen, in unsere Mitte zu kommen, um in Frieden, Liebe und Harmonie zu leben. Die neuen Sendungen helfen uns, in unsere Kraft zu kommen, uns mit Freier Energie, Heilungsmethoden und Lichtnahrung zu befassen. Auch wird es Berichte über die schönen und angenehmen Dinge des Lebens geben, wie einen Friedensschluss oder geglückte Notlandungen oder die Rettung von Tieren in Not, von befreiten Delphinen, geglückten Operationen etc. Große Meditationen werden evtl. im TV übertragen, statt pompöse satanisch anmutende Eröffnungsfeiern von Olympischen Spielen.

Dokumentationen werden Errungenschaften der Technik zeigen, die uns Segen bringen, zum Beispiel, wie wir die Freie Energie nutzen können, wie wir dauerhaft Krankheiten heilen oder was wir zu einer echten Gemeinschaft beitragen können. Forschungsergebnisse werden gezeigt, damit die Allgemeinheit darüber informiert ist, was bereits alles möglich ist und jeder für sich entscheiden kann, ob er diese Neuerungen ausprobieren möchte. Die Medien werden zu einer zentralen Stelle der echten Informationsübertragung werden, und jeder, der etwas Neues erfindet, wird seine Erfindungen dort vorstellen können, damit alle davon profitieren und das gemeinsame Leben einfacher und schöner wird – und das alles unter Bewahrung und Achtung unserer Individualität, unserer Einzigartigkeit. Auf die Medien wartet eine neue und großartige Aufgabe, die von den alternativen Medien bereits begonnen und wahrgenommen wird.

Ob ich diese Zeit noch erleben werde, weiß ich nicht, doch ich bin mir sicher, dass diese Veränderungen kommen werden, und ich freue mich darauf!

KAPITEL 38: NEUE POLITIK

Im Laufe der Jahre sind wir der Lügen und leeren Versprechungen der führenden Politiker so überdrüssig geworden, dass sich immer mehr Menschen weigern, zu den Wahlen zu gehen. Immer mehr Menschen erkennen, dass es Scheinwahlen sind, denn egal, wer gewählt wird, die Entscheidungen werden auf anderer Ebene getroffen, wie unsere Bundeskanzlerin auch bestätigt hat:

> *„Man kann sich nicht darauf verlassen,*
> *dass das, was vor den Wahlen gesagt wird,*
> *auch wirklich nach den Wahlen gilt.*
> *Und wir müssen damit rechnen,*
> *dass das in verschiedenen Weisen sich wiederholen kann.“*[577]

Bundeskanzlerin Angela Merkel, 2008

Was gibt es demnach für einen Grund, dass wir wählen sollen?

Heutige Politiker beschimpfen sich wie Dreijährige im Kindergarten, und selbst diesen wird bereits Kollegialität vermittelt. Doch in politischen Kreisen hat man manchmal den Eindruck, dass hier Narrenfreiheit herrscht. Wer in seiner Art, sich zu artikulieren, im Stadium eines Dreijährigen stecken geblieben ist, sollte seine fehlenden Entwicklungsschritte nachholen, denn *Du-Sätze* (in der Politik sind es in der Regel *Sie-Sätze*) sind kontraproduktiv, da sie in der Regel einen Vorwurf beinhalten und im Streit enden. Im Privatleben sieht das beispielsweise so aus, dass man zu seinem Partner sagt: *„Du hast schon wieder das Licht brennen lassen.“* In der Politik kommt mir *Peer Steinbrück* in den Sinn, der 2013 Bundeskanzlerin *Merkel* im Bundestag vorwarf: *„Sie können nicht mit Geld umgehen!“* In beiden Fällen wäre es sinnvoller, einen sinnvollen Lösungsansatz vorzuschlagen.

Wer sich nur ein klein wenig um eine gute Beziehung zu seinem Lebenspartner bemüht, weiß, dass eine konstruktive Diskussion nur dann möglich ist, wenn man seinen eigenen Standpunkt erläutert, anstatt dem Gegenüber etwas vorzuwerfen. Doch in der großen Politik, die das Weltgeschehen bestimmt, ist diese Gesprächsform noch immer üblich. Aber wie wir mittlerweile wissen, handelt es sich hierbei ohnehin nur um ein Theaterstück, und im Laufe der sich erhöhenden Schwingung und der zunehmenden Bewusstheit haben wir an solch unsinnigen Theaterstücken bald kein Interesse mehr.

In dieser Hinsicht wird sich eine große Veränderung vollziehen, denn die Politiker der nachfolgenden Generationen werden zunehmend hinter dem stehen, was sie sagen. Alte und reife Seelen werden sich unter die Politiker mischen, und sie werden nicht mehr bereit sein, Showman zu spielen. Sie werden sich nicht mehr vorschreiben lassen, was sie zu sagen und wie sie zu entscheiden haben. Ferner wird es eine neue Art der Kommunikation geben, ohne gegenseitige Beschuldigungen. Stattdessen werden eigene gute Argumente vorgestellt, die fair zum Wohle der Bevölkerung abgestimmt werden. Es wird nicht mehr darum gehen, ob die eine oder andere Partei an der *Macht* ist, sondern es wird darum gehen, Konzepte zu finden, die dem *Allgemeinwohl* dienen. Dabei ist es völlig irrelevant, von welcher Partei ein Vorschlag kommt. Vermutlich wird es so etwas wie „Parteien" in Zukunft nicht mehr geben. Oberstes Ziel wird sein, dem Volk, den Menschen zu *dienen*. Auch wenn es in der Übergangsphase vermutlich zu ernsten Gegenreaktionen der „alten Energie" kommen dürfte, lässt sich ein tiefgreifender Wandel langfristig nicht mehr aufhalten.

Es wird unter den jungen Politikern Menschen geben, die aus der bisherigen Umgangsweise aussteigen werden. Und wenn Sie das erste Mal in Ihrem Leben eine politische Debatte hören, bei der ein Politiker *sachlich* zu seinem Kollegen aus dem anderen Lager sagt: *„Lieber Kollege aus der gegnerischen Partei, ich kann Ihre Argumentation in manchen Punkten nachvollziehen, doch ich bin aus dem und dem Grunde anderer Meinung."*, dann können Sie sicher sein, dass eine neue Ära begonnen hat. Dann nämlich sind die Zeiten bald vorbei, in denen sich junge Seelen eine verbale Schlammschlacht auf politischer Ebene liefern. Die neue gegenseitige Wertschätzung trotz unterschiedlicher Ansichten wird zunächst Zynismus von den Kollegen ernten, doch bald wird klar erkennbar sein, dass sie bei den Wählern sehr gut ankommt. Dieser Wandel wird daran beteiligt sein, dass Politiker wieder ernst genommen werden können. Durch diese Veränderung werden auch Menschen in die Politik eintreten, die reife Seelen sind und daher über einen größeren Weitblick verfügen und verantwortungsvolle Entscheidungen treffen können.

Ich freue mich auf diese Zeit, denn sie ist längst überfällig.

KAPITEL 39: GESUNDHEITSWESEN

Das Gesundheitswesen wird eine völlige Neuorientierung erhalten in dem Sinne, dass symptomatische Behandlungen nur noch als begleitende Maßnahmen durchgeführt werden, um zum Beispiel einem Verletzten seine starken Schmerzen zu lindern. Die eigentliche Therapie wird mit dem Ziel der Heilung durchgeführt werden, so wie es jetzt bei den meisten Heilpraktikern bereits der Fall ist. Diese Vorgehensweise erfordert als erste Maßnahme eine eingehende Diagnostik, damit die entsprechende Behandlung ausgewählt werden kann, die jedoch in der neuen Zeit alle Ebenen unseres Seins berücksichtigen wird. Der Mensch besteht nicht nur aus seinem Körper, sondern aus mehreren energetischen Anteilen. Demnach werden in Zukunft alle Bereiche in die Therapie mit einbezogen, die in folgende übergeordnete Themenbereiche unterteilt werden können:

- Körper
- Psyche – Verhaltensmuster
- Belastungen aus früheren Inkarnationen
- Belastungen aus der Ahnenreihe
- belastende Konditionierungen aus der frühen Kindheit
- erlittene Traumata in diesem Leben usw.

In der Übergangsphase werden wir uns nach und nach umstellen, nicht nur was die Gesundheit betrifft, sondern es wird ein ganzheitliches Umdenken stattfinden, das grundlegende Veränderungen mit sich bringt. Dazu gehören unter anderem auch folgende Themen:

HEILUNG UNSERES KÖRPERS

Die Heilung unseres Körpers geht einher mit der Heilung aller anderen Bereiche, wie sie zuvor bereits aufgezählt wurden. Für die körperlichen Erkrankungen werden schonende Methoden und Heilmittel aus der Natur verwendet werden. Es kommt ein Wandel von der Behandlung einzelner Erkrankungen dahingehend, dass der Körper als eine systemische Einheit erkannt und auch als solche behandelt wird. Wenn Ihr Kopf schmerzt, weiß Ihre kleine Zehe dies ebenso, da die Intelligenz der Zellen eine Kommunikation untereinander ermöglicht.

Die Heilung des Körpers wird auch mit einer Entgiftung und Harmonisierung einhergehen, weil man erkennt, dass der Körper nicht in allen Fällen etwas *braucht*, sondern meistens *etwas zu viel hat*. So vertritt zum Beispiel die russische Ärztin *Galina Schatalova* die Meinung, dass viele Erkrankungen durch Überernährung ausgelöst werden und hat zu diesem Thema 2002 das Buch *Wir fressen uns zu Tode* geschrieben. Sie ging bei einer natürlichen Ernährung mit nicht denaturierten Nahrungsmitteln von einem Energiebedarf von rund 250 bis 400 kcal aus. Auch *Pfarrer Kneipp* lehrte bereits, dass es gesünder ist, sich zu bewegen und Völlerei zu vermeiden. Und tatsächlich sind die Menschen in der Regel gesünder, wenn sie spartanisch leben, obwohl sie laut Schulmedizin unter einer Mangelernährung leiden müssten. Wenn die wirtschaftlichen Interessen der Pharmaindustrie eines Tages nicht mehr im Vordergrund stehen werden, wird sich diese

Erkenntnis verbreiten, und die Menschen werden durch natürliche Pflanzenkost, Fasten und Ausleiten ihre Heilung fördern.

SÜCHTE HEILEN

Ein sehr weit verbreitetes Phänomen ist das Thema *Sucht*, das im Grunde nur ein Zeichen unserer *Sehnsucht* ist – eine Sehnsucht nach einem glücklichen Zustand, nach Entspannung. Und gleichzeitig ist es eine Flucht vor der Realität. Betroffene flüchten vor negativen Gefühlen, vor dem Alltag, vor Problemen, aber auch vor ihrer eigenen Hilflosigkeit.

Das ist ein sehr komplexes Thema, das ich hier nur kurz anschneiden kann. Eines der Ziele ist, eine tiefe innere Zufriedenheit zu finden, die diese innere Suche ersetzen kann. Unterstützend für diesen Prozess kann das Erlernen von Meditation sein, die uns hilft, in uns zu kehren, in unsere Mitte zu kommen und dort – bei entsprechender Übung – einen Zustand der inneren Glückseligkeit und Freude zu finden, der uns entspannt wieder zurückkommen lässt. In diesem Zustand können wir uns selbst erkennen und die Stille in uns finden. Auf diese Weise können wir lernen, auch die Stille im Außen zu ertragen und wertzuschätzen.

TRANSFORMATION UNSERER ÄNGSTE

Die Transformation unserer Ängste ist ein wichtiger Punkt bei dem Prozess der Bewusstwerdung. Dabei geht es nicht darum, keine Ängste mehr zu haben, denn diese sind lebensnotwendig. Wenn wir in den Bergen unterwegs sind, ist die Angst vor einem Absturz dringend erforderlich, wenn wir an einer gefährlichen Stelle nicht hinunterstürzen wollen. Wir reagieren sehr empfindlich auf Ängste, und das ist auch gut so, auch wenn es so manchen „Fehlalarm" gibt.

Was an dieser Stelle gemeint ist, sind die Ängste, die uns lähmen, die uns zum Beispiel daran hindern, Entscheidungen zu treffen. So wird das Leben vieler Menschen von anderen bestimmt, was sie unzufrieden werden lässt. Sie bringen jedoch nicht die Energie auf, ihr Leben selbst in die Hand zu nehmen. Mit solchen Ängsten ist die Opfer-Identität eng verknüpft. Wer Angst hat, selbst Entscheidungen (Berufswahl, Wohnort, Partner, Freunde, Freizeitaktivitäten etc.) zu treffen, über den entscheiden andere Menschen, und als direkte Folge stellt sich ein Gefühl der Ohnmacht und des Ausgeliefertseins ein.

Hierbei handelt es sich meist um Ängste, die wir in früher bis frühester Kindheit in uns angelegt haben. Wenn beispielsweise ein kleines Kind unbedingt etwas haben möchte, was aus der Sicht der Eltern jetzt nicht möglich ist, so kann es sein, dass ein „Nein" der Eltern dazu führt, dass sich das Kind ungeliebt fühlt und den Schmerz der Ablehnung spürt. Und schon ist der Glaubenssatz entstanden: *„Ich will nicht mehr meinem Bedürfnis folgen und zeigen, was ich möchte, weil ich sonst abgelehnt und nicht mehr geliebt werde!"* So schnell geht das. Wenn dies oft passiert oder in entsprechender Gefühlsintensität, dann ist dieser Glaubenssatz tief in uns gespeichert und noch dazu unbewusst, denn an die Dinge aus der frühen Kindheit können wir uns in aller Regel nicht erinnern und haben somit keinen bewussten Zugang. Diese Zugangstüre werden wir, wenn überhaupt, vermutlich erst im Erwachsenenalter suchen, wenn uns die Einschränkungen dieser Glaubenssätze bewusst werden und wir uns davon befreien möchten.

Daher ist es enorm wichtig, die Ängste, die uns in unserer Handlungsfähigkeit einschränken und uns blockieren, ausfindig zu machen bzw. zu erkennen. Diese Ängste wollen zunächst einmal akzeptiert werden, damit sie in einem weiteren Schritt geheilt werden können. Nur so sind wir fähig, unser Leben unbeeinflusst anzusehen und bei Bedarf manche unserer Lebensumstände zu ändern. Nur wenn wir uns nicht von unseren Ängsten beherrschen lassen, können wir frei entscheiden und die Verantwortung für unser Leben übernehmen. Meist ist das Trauma, das unsere Ängste und Glaubenssätze verursacht hat, nur halb so schlimm wie die Angst, die geblieben ist, besonders in Anbetracht dessen, dass wir heute erwachsen sind. Wir brauchen also nicht Angst davor zu haben, die Angst zu betrachten. Wenn ich diese alte Angst nun ansehe, meine Aufmerksamkeit auf sie richte, sie nicht bewerte, sondern sie einfach nur sehe, spüre und zulasse, dann kann die Gnade der Heilung geschehen. Wenn die Angst bemerkt, dass sie nicht mehr gefürchtet wird, gibt es keinen Grund, länger zu bleiben, und sie kann sich umwandeln.

Wenn wir unsere Ängste nach und nach transformieren, sind wir in der Lage, unsere Verantwortung zu uns zurückzunehmen. Nur wenn wir die Verantwortung für unser Leben selbst übernehmen, können wir in unsere Kraft kommen. Wenn wir uns als Opfer anderer Menschen sehen, geben wir auch die Verantwortung für unser Leben an diese Menschen ab. Damit geben wir ihnen die Macht, über unser Leben zu entscheiden. Ist Ihnen die Tragweite dieser Tatsache bewusst? Wenn wir davon ausgehen, dass wir Opfer sind, gehen wir davon aus, dass andere Menschen über unser Leben bestimmen, und wir selbst geben ihnen durch unsere Gedanken und Einstellungen die Ermächtigung dazu! Durch dieses Denken sind wir handlungsunfähig. Deshalb sollten wir schleunigst aus dem Opferbewusstsein herauskommen, das uns einen großen Teil unseres Potentiales nimmt.

Ängste, die uns daran hindern, unser Leben frei zu leben, können zum Beispiel sein:

- Angst vor dem Tod
- Angst vor Ablehnung
- Angst vor Liebesentzug
- Angst davor, das Gesicht zu verlieren
- Angst vor Strafe
- Angst vor finanziellem Verlust
- Angst vor Arbeitslosigkeit
- Angst vor Verantwortung
- Angst vor unserer eigenen Größe

Zur Linderung und schließlich Heilung unserer Glaubenssätze und Ängste gibt es mittlerweile unzählige Möglichkeiten. Empfehlen kann ich aus eigener Erfahrung beispielsweise diese:

- **Hooponopono** – Was so unaussprechlich klingt, ist ein einfaches hawaiianisches Vergebungsritual, das in Kurzform auf gegenseitige Vergebung hinausläuft: *„Es tut mir leid. Bitte verzeihe mir. Ich danke Dir. Ich liebe Dich."* Dieses Vergebungsritual ist leicht selbst durchzuführen, doch sollten Sie dazu ein Buch lesen, in dem die Vorgehensweise gut beschrieben ist. Wichtig ist die Vergebung in alle möglichen Richtungen, also nicht nur *„ich vergebe"*, sondern auch *„ich bitte um Vergebung"* und *„ich vergebe mir selbst"*.

- **EFT** (Emotional Freedom Techniques) – Das ist eine Klopf-Akupressur, die Sie selbst ausführen können, wenn Sie die Methode auf einem Seminar gelernt haben. Oder Sie gehen zu einem Therapeuten, der diese Methode mit Ihnen ausführt.

- **QCT** (Quantum Consciousness Transformation) – Quantenheilung nach *Andrew Blake*. Diese Methode ist nach einem Seminar leicht selbst auszuführen.

- **Kinesiologie** – Hierfür benötigen Sie einen ausgebildeten Kinesiologen Ihres Vertrauens. Dann hilft diese Behandlung, Ihre Themen Schale für Schale zu lösen.

- **Rückführung** – Heilungsreise, wenn die Ursache in einem früheren Leben zu finden ist.

- **Systemische Aufstellung** – auch *Familienstellen* genannt, ist eine Methode, die durch *Bert Hellinger* bekannt wurde. Hierfür ist ein sehr einfühlsamer Therapeut oder Leiter erforderlich, und Sie sollten bereits im Vorgespräch ein gutes Gefühl bei ihm haben.

- **Schamanische Heilungsreise** – Auch hierfür benötigen Sie jemanden, der gut ausgebildet wurde und zu dem Sie Vertrauen haben. Dann ist diese sehr effektiv.

- **The Journey** (nach *Brandon Bays*) – Es ist eine Art geistiges Gespräch mit Personen, die an dem Thema beteiligt sind.

- **Healing Code** – Eine einfach anzuwendende, energetische Heilungsmethode, die Sie selbst durchführen können und die nur wenig Zeit beansprucht.

Einige dieser Möglichkeiten sind später im Kapitel *Alternative Heilungsmethoden* näher erläutert.

Wie oben bereits erwähnt, ist es sehr effektiv, sich seiner Angst zu stellen, auch wenn sie uns anfänglich unüberwindbar scheint. Aus eigener Erfahrung und aus meinen Seminaren weiß ich, dass oft gerade in den Bereichen, wo wir uns nicht trauen, aktiv zu werden, großes Potential schlummert. Wer zum Beispiel schon als Schulkind Panik davor hatte, vor anderen Mitschülern etwas zu sagen oder gar ein Referat zu halten, in dem schlummert oftmals das Talent, vor anderen Menschen zu sprechen. Das klingt paradox? Ja, tut es. Doch wer die Angst ansieht, sich immer wieder dieser Situation stellt und sich sagt: *„Und ich schaffe das!"*, wird sie transformieren können. Das bedeutet nicht, dass kein Lampenfieber mehr auftritt, doch die meisten Ängste können ihren Schrecken verlieren und vielleicht sogar ihre Begabung aufdecken, wenn wir uns intensiv mit ihnen auseinandersetzen.

Wenn wir beschlossen haben, unsere Ängste anzusehen und zu transformieren, und wenn wir bereit sind, unsere Gedanken zu prüfen und zu lenken, dann ist schon ein großer Schritt getan. Nun prüfen wir noch unsere Einstellung und überlegen: Was ist erforderlich für einen Austritt aus dieser Sklaverei und den Weg hin zum *Goldenen Zeitalter*?

Wichtig ist, nicht mit den alten Mitteln zu „kämpfen", sondern den inneren Friedensweg zu wählen. Dazu sind einige Veränderungen an uns selbst erforderlich. Für eine Veränderung unserer Gesellschaft sind keine umwälzenden großen Eingriffe erforderlich, es genügen schon die kleinen Veränderungen in uns selbst. Dazu ist weder Terrorismus erforderlich noch der Einsatz von Waffengewalt. Wir brauchen nur so zu sein, wie wir sind und gleichzeitig auch jeden anderen so sein zu lassen, wie er ist. Wenn wir das Recht eines jeden, einmalig zu sein, respektieren und anderen nichts aufdrängen, nur weil wir etwas wollen, dann sind wir auf dem richtigen Weg. Wir sollten heraustreten aus unserer Komfortzone und aus der Schafherde und uns trauen, auch mal das schwarze Schaf zu sein und nicht so zu handeln, wie es von uns erwartet wird, sondern so zu handeln, wie es sich für uns richtig anfühlt. Es ist ein wichtiger Schritt, uns selbst zu lieben und uns selbst treu zu sein! Und auf diese Weise können wir es schaffen, unser Leben in ein lebens- und liebenswertes Paradies zu verwandeln.

In den letzten Jahren kam eine große Welle an Freiheit, Wahrheit, Bewusstsein und globalem Erwachen auf der Erde an, und diese Energien helfen uns, wir selbst zu sein und diese schwierige Zeit zu überstehen, damit wir danach gemeinsam eine Welt voller Freiheit, Frieden und Zusammenhalt gestalten können. Das Gesundheitswesen wird sich so gravierend ändern, dass man von der heutigen Medizin rückblickend als der barbarischen oder Sklaven-Medizin oder ähnlich sprechen wird. Künftige Generationen werden ihren Schwerpunkt nicht in der Bekämpfung von Krankheiten sehen, sondern im Erhalt der Gesundheit, und dazu zählen auch Massagen, Wasserbehandlungen, Aufenthalte in künftigen Verjüngungs- und Aktivierungszentren, evtl. bestimmte elektrische Felder (anders als unsere heutigen belastenden Energiefelder), besondere Hautöle und vieles mehr. Es werden die Gesundheit, das Gleichgewicht, die Harmonie im Mittelpunkt von Behandlungen stehen und nicht die Krankheit.

KAPITEL 40: ALTERNATIVE HEILUNGSMETHODEN

„Die Medizin kümmert sich um Ihre Krankheiten.
Von diesen lebt sie.
Um Ihre Gesundheit müssen Sie sich selber kümmern.
Von dieser leben Sie.“[578]

Dr. Johann Georg Schnitzer, deutscher Zahnarzt und Buchautor

Da ich keine Medizinerin bin, muss und möchte ich darauf hinweisen, dass die folgenden Informationen in diesem Kapitel auf eigenen Erfahrungen beruhen bzw. aus den angegebenen Quellen stammen.

Die folgenden Angaben ersetzen nicht die Diagnose eines Arztes oder Heilpraktikers!

Bitte wenden Sie sich bei Beschwerden an einen Arzt oder Heilpraktiker! Er wird Sie entsprechend beraten. Es liegt in Ihrer eigenen Verantwortung, die erwähnten Methoden, Tinkturen, Rezepte oder Mittel auszuprobieren, und ich kann hierfür keine Haftung übernehmen.

Krankheiten, die uns beeinträchtigen, sind auch auf **energetischer Ebene** vorhanden, und viele Krankheiten entstehen im Energiefeld, lange bevor sie körperlich spürbar sind. Wenn wir sie dort bereits wahrnehmen, können sie energetisch behandelt werden, noch bevor sich ein körperliches Leiden zeigt. Es gibt Krankheiten und körperliche Beschwerden, die ein ganzes Volk oder eine bestimmte Bevölkerungsgruppe betreffen, wie zum Beispiel eine Strahlenkrankheit nach einem Atomunfall oder auch Fettleibigkeit in der westlichen Fastfood-Gesellschaft, aber auch die Hungersnot von afrikanischen Völkern. Von diesen Krankheiten ist natürlich nicht jeder betroffen, der dort wohnt, doch bei den Menschen, die darunter leiden, ist es eine Gemeinsamkeit, die ein Volk in einer anderen Gegend nicht betrifft. Wenn man auf dieser **kollektiven Ebene** helfend eingreifen möchte, sind *Heilungs-Meditationen* oder *Gebete* für diese Menschen eine hilfreiche Maßnahme.

Ist die Krankheit auf einen individuellen Menschen bezogen und tief im Unbewussten verankert, dann kann es sein, dass die **Seele** ein bestimmtes Thema über diese Erkrankung verarbeiten möchte. In diesen Fällen können zum Beispiel *Familienstellen* oder *systemische Aufstellungen* helfen, aber auch *Hypnose*, *Rückführungen*, *Gebete* oder *Kinesiologie*. Häufig mitverursachend für eine Krankheit ist mangelnde **Gedankenhygiene**, das bedeutet, dass jemand oft negativ denkt oder ständig andere Menschen kritisiert, was meist unbewusst geschieht. Dadurch entsteht eine Resonanz mit Kritik und Destruktivität, und diese fördert die Entstehung von Krankheiten. Heilung kann dann erfolgen, wenn wir die Negativität unserer eigenen Schwingung erkennen und unsere Denkmuster verändern. Was fast aussichtslos klingt, ist eine Frage der Entscheidung und der Konsequenz. Hierbei können uns die o. g. Heilungssysteme hilfreich zur Seite stehen.

Auch unser **emotionaler Körper** ist mit am Krankheitsgeschehen beteiligt. Wenn jemand zum Beispiel ständig wütend, traurig, depressiv oder auch extrem empfindsam ist, dann steht er ständig unter Stress, was sich krankheitsfördernd auswirkt. Über *Ent-*

spannungstechniken, *Kinesiologie* und *Gebete* kann dieser Bereich gut erreicht werden. Sehr hilfreich sind hier auch *Vergebungs-Übungen* und die Heilung der Beziehungen zu nahen Menschen, was auch möglich ist, wenn sie bereits verstorben sein sollten.

Es ist selten ausreichend, nur die *energetischen Körper* zu heilen, meist sind auch Maßnahmen auf **körperlicher Ebene** erforderlich, wie zum Beispiel durch *Heilkräuter*, *gesunde Ernährung*, *Bewegung* oder im Extremfall auch eine *Operation*.

Wenn eine Krankheit, wie beschrieben, auf allen Ebenen angesehen wird, dann ist die Chance auf Heilung am größten. Wenn ein Patient hingegen sagt: „*Der Arzt wird das schon richten, Hauptsache, meine Beschwerden sind weg.*", dann übergibt er die Verantwortung für seinen Zustand an den Arzt. Eine Krankheit ist jedoch ein Anreiz, sich mit sich selbst und seinem Leben zu beschäftigen. Dauerhafte Heilung ist am ehesten dann zu erwarten, wenn sich ein Patient mit den auslösenden Faktoren seiner Krankheit auseinandersetzt, wenn er sich fragt, warum er krank ist, was ihm die Beschwerden sagen möchten und was er in seinem Leben verändern sollte. Das muss gar nichts Gravierendes sein, es genügt oft schon, sich ein wenig mehr Zeit für sich selbst zu nehmen oder hin und wieder „*nein*" zu sagen, mehr Demut zu entwickeln, dankbar zu sein oder Unverträglichkeiten von Nahrungsmitteln zu erkennen und zu beachten. Der Beginn einer Erkrankung bzw. das Auftreten von Beschwerden ist stets ein Warnsignal. Wenn wir es nicht beachten, kommt die nächste Stufe, und das geschieht so lange, bis wir die Lektion begreifen. Das Leben ist lang und geduldig. Wenn wir etwas lernen sollen, wird es uns immer wieder präsentiert.

Die **Pharmaindustrie** hat mittlerweile viele Medikamente auf den Markt gebracht, deren Nebenwirkungen so gravierend sind, dass viele Menschen nicht mehr bereit sind, kommentarlos alles anzunehmen, was ihr Arzt ihnen verschreibt. Wenn man die Werbetrommel der Pharmaindustrie beobachtet, muss man sich fast wundern, wie die Menschheit bis vor einigen Jahrzehnten ohne Medikamente überleben konnte! Wir dürfen nicht vergessen, dass unsere Mutter Erde nicht nur nährt, sondern auch heilt. Und in der Tat: Die Natur hält so viele heilsame Kräuter, Pflanzen, Steine etc. für uns bereit, und es gibt so viele nebenwirkungsfreie bzw. -arme alternative Heilmittel und -methoden, dass ich einige davon vorstellen möchte. Es kann jedoch aus Platzgründen wirklich nur ein kleiner Auszug sein.

HEILKRÄUTERTEES

Immer wieder werde ich gefragt, ob denn Heilpflanzen in unserer heutigen Zeit noch angebracht sind, wo doch einerseits die Pharmaindustrie so viele Medikamente präsentiert und uns andererseits immer mehr energetische Heilweisen zur Verfügung stehen. Heilpflanzen haben ein sehr lichtes, hochschwingendes Energiefeld, das gleichzeitig tief in der materiellen Erde verwurzelt ist. Diese hohe Schwingung ist für uns Menschen sehr hilfreich und kann auch sehr spirituellen Menschen gut helfen. Alle Wesen, die hier auf der Erde inkarniert sind, sind mit dem Energiefeld von Mutter Erde verbunden und somit über die Energie der Heilpflanzen erreichbar – das gilt sowohl für Menschen als auch für Tiere, ja sogar für Pflanzen. Deshalb ist es wirkungsvoll, wenn man aus Heilpflanzen einen Sud herstellt und seine Nutzpflanzen bei Bedarf damit gießt oder besprüht. Jede Heilpflanze hat eine eigene Schwingung, die sich über ihr materielles Aussehen und ihre Wirkung darstellt. Und ja, auch eine Brennnessel hat ein hochschwingendes Energiefeld, das von großer und kräftiger Heilkraft ist. Im Vergleich dazu wirkt eine Schlüsselblume sehr leicht und zart, denn sie hat ein völlig anderes Wirkungsspektrum. Mutter Erde lässt Heilpflanzen wachsen, damit sie von Mensch und Tier aufgesucht und angewendet werden. Kranke Tiere fressen instinktiv die richtige Heilpflanze, sofern sie nicht eingezäunt leben müssen. Auch wir Menschen tun gut daran, Heilpflanzen anzuwenden, obwohl die Pharmaindustrie sie am liebsten ganz verbieten lassen würde. Unser Körper kommt von der Erde, und die Erde hilft uns zu heilen.

Eine sehr einfache Methode, Ihrem Körper etwas Gutes zu tun, sind Heilkräutertees, besonders jene, die in Ihrer Gegend wachsen und die Sie selbst sammeln können. Beim Sammeln von Heilkräutern bitte darauf achten, dass Sie die Heilpflanzen nicht mit giftigen Pflanzen verwechseln. Bei den Heilkräutertees gilt: Die Anwendung darf nur eine gewisse Zeit erfolgen, dann sollte eine Pause eingelegt werden. Die empfehlenswerte Dauer erfahren Sie über gute Fachliteratur bzw. über einen Heilpraktiker.

ORIGINAL SCHWEDENKRÄUTER NACH MARIA TREBEN

Eine gute und bewährte Naturmedizin sind die *Original Schwedenkräuter* nach *Maria Treben*. Die Zutaten, die in $1^{1}/_{2}$ l Doppelkorn angesetzt werden, sind in Apotheken erhältlich. Bitte achten Sie darauf, dass Sie die Zutaten aus dem Originalrezept erhalten. Die Schwedenkräuter können äußerlich hilfreich sein bei Ausschlägen, Wunden, Venenentzündungen, Ohrenschmerzen, rheumatischen Schmerzen usw., wenn die Stellen betupft werden oder ein Umschlag auf die zuvor eingecremte Haut gelegt wird. (Achtung: nicht zu lange, die Schwedenkräuter sind scharf) Innerlich können die Schwedenkräuter bei Halsentzündungen, Magen-Darmbeschwerden und vielem mehr angewendet werden, max. ½ Teelöffel auf 1 Tasse Tee, entsprechend den Angaben in dem Heftchen *Gesundheit aus der Apotheke Gottes*.[579]

HOMÖOPATHIE

Über die *Homöopathie* brauche ich nicht viel zu schreiben, sie ist mittlerweile fast jedem bekannt. Der Grundgedanke hinter der Homöopathie ist der, dass der Körper mit einem viele Male verdünnten (potenzierten) Stoff – dem homöopathischen Mittel – gereizt wird, der im Urzustand dieselben Symptome verursacht, unter denen der Patient bereits leidet. Durch den plötzlichen Reiz reagiert der Körper mit einer entsprechenden Heilungsreaktion, die gleichzeitig auch die schon zuvor vorhandenen Beschwerden günstig beeinflusst. Dass der Gedanke des Entdeckers *Hahnemann* richtig war, zeigen die vielen Anhänger der Homöopathie, denen auf diese Weise bereits geholfen wurde. Übrigens: *Samuel Hahnemann* starb 1843 im Alter von 88 Jahren, für damals doch ein stolzes Alter. Seine eigene Entdeckung hat wohl auch ihm selbst geholfen.

Schüßler-Salze

Dr. Schüßler (1821-1898) stellte fest, dass gesunde menschliche Zellen 12 Mineralstoffe benötigen, um optimal zu funktionieren.[580] Diese homöopathischen Mineralien sind nummeriert, zum Beispiel *Schüßler-Salz Nr. 1* (Calcium fluoratum), und gleichen in einer Art „Feintuning" Mangelzustände aus. Die Zuordnung der Salze kann wie bei den homöopathischen Mitteln nach Symptomen oder auch nach Antlitzdiagnose erfolgen, diese sollte jedoch von einem erfahrenen Therapeuten durchgeführt werden. Zu den Schüßler-Salzen gehört zum Beispiel auch die *Heiße Sieben*. Hierfür werden 10 Tabletten des *Schüßler-Salzes Nr. 7* (Magnesium phosphoricum) in eine Tasse gegeben und mit frisch aufgekochtem Wasser übergossen. Mit einem Holz- oder Kunststofflöffel (kein Metall!) wird bis zum vollständigen Auflösen gerührt. Schlückchenweise einige Sekunden im Mund behalten und dann erst schlucken. Die *Heiße Sieben* soll bei Krämpfen, Schlafstörungen und Schmerzen helfen. (Gute Tipps sind z. B. im Buch „Tatort Gifte im Körper" von Monika Held zu finden.)

Bachblüten

Obwohl auch die *Bachblüten* schon viele Jahre bekannt sind, möchte ich sie hier doch erwähnen, weil sie über ihre energetischen „Eigenschaften" wirken, was völlig konträr zur heutigen Schulmedizin anzusehen ist. Als Bachblüten werden 38 Blüten bezeichnet, deren Wirkung etwa um 1930 von *Dr. Edward Bach* entdeckt wurde. *Dr. Bach* arbeitete jahrelang schulmedizinisch und homöopathisch und gelangte zu der Erkenntnis, dass *„das Wesen der Krankheit weniger mit den zahlreichen Krankheitskategorien ... zu tun hat, als vielmehr mit den seelischen oder psychologischen Zuständen, aus denen diese Leiden hervorgegangen sind."*[581] Im Laufe der Jahre erkannte er diese typischen psychologischen Zustände und fand in der Natur die entsprechenden Heilmittel, die nach ihm benannt wurden. In fast allen Apotheken findet man mittlerweile die sogenannten *Rescue-Tropfen*, die als „Erste-Hilfe-Tropfen" nach Unfällen oder sonstigen Notfällen gegeben werden können. Die *Rescue-Tropfen* sind eine Mischung aus *Cherry Plum, Clematis, Impatiens, Rock Rose* und *Star of Betlehem*. Viele Therapeuten verwenden die Bachblüten nicht als Essenz, sondern als Bild-Karten mit entsprechendem Text und Affirmationen wie zum Beispiel *Lärche* (Selbstwertgefühl): *„Ich vertraue mir und meinen Fähigkeiten und bin erfolgreich in meinem Tun."*[582] Über Bachblüten gibt es sehr gute Literatur.

Spagyrik

Spagyrik ist die Bezeichnung für bestimmte Mittel, die durch eine Art von „trennen" und „wieder zusammenfügen" über Gärung, Destillation, evtl. Zirkulation etc. aus natürlichen Substanzen hergestellt werden. Diese Mittel können fertig gekauft werden und unterstützen die Selbstheilungskräfte des Körpers.

Heilerde

Ein altes, einfaches und sehr wirksames Mittel ist die *Heilerde*.[583] Hierbei handelt es sich um fein vermahlenen eiszeitlichen Löss. Heilerde ist als Pulver oder in Kapselform erhältlich. Bei innerlicher Anwendung hat Heilerde die Fähigkeit, Fette, Säuren und Schadstoffe aus der Nahrung zu binden und entgiftet den Körper. Sie hilft nach meiner eigenen Erfahrung sowohl bei Durchfall als auch bei Verstopfung. Achtung: Sie kann auch die Wirkstoffe von Medikamenten binden und damit deren Wirksamkeit einschränken. Nach der Einnahme von Medikamenten sollte daher immer ein Abstand von mindestens zwei Stunden eingehalten werden bis zur Einnahme von Heilerde. Äußerlich kann Heilerde in Form von Umschlägen bei Muskel- und Gelenkbeschwerden wie zum Beispiel auch Rheuma und Gicht verwendet werden, auch bei Akne, Prellungen, Venenentzündungen usw. Eine besondere Art der Heilerde sind *Bentonit* und *Zeolith*. „*Bentonit bindet schädliche Bakterien, Schwermetalle, Pestizidrückstände, Schimmelpilzgifte sowie radioaktive Partikel.*"[584], schreibt das *zentrum-der-gesundheit.de*, und auch *Zeolith* liefert ein wichtiges Mineral für unseren Körper, nämlich Silizium. Der deutsche Professor *Dr. Karl Hecht* hat herausgefunden, „*dass der Körper imstande ist, aus Magnesium, Kalium und Silizium Kalzium herzustellen.*" (*ZeitenSchrift*)[585] Diese Erkenntnis spricht dafür, dass der erwachsene Mensch keine Milch benötigt, um seinen Kalziumspiegel aufrechtzuerhalten. Wenn der Mensch bis zu seinem Lebensende Milch bräuchte, würde aus den Quellen der Erde Milch statt Wasser sprudeln. Stattdessen ist eine ausreichende Mineralienversorgung erforderlich und sinnvoll. Wenn man bedenkt, dass unsere Böden ausgelaugt und von Dünger und Pflanzen„*schutz*"mitteln vergiftet sind, wird klar, dass hierin eine mitverursachende Wirkung an verschiedenen chronischen Erkrankungen zu finden ist.

KNOBLAUCH

Knoblauch wirkt im Körper wie ein Generalreiniger, und man sagt ihm eine antibakterielle, blutdruckregulierende Wirkung nach. In Asien haben mein Mann und ich in der Arzneimittelabteilung eines Geschäfts Honig mit Knoblauch gemischt in Gläsern abgefüllt entdeckt, das allgemein gesund und lebensverlängernd wirken soll. Auch *Maria Nestler* beschreibt in ihrem Buch *Kräuter, Stein und Gottes Segen* einen Sirup, der aus Knoblauch, Honig und Wein hergestellt wird. Dieser Sirup soll bei Heiserkeit, chronischer Bronchitis und trockenem Katarrh hilfreich sein.

> „*Also esset Knoblauch und Bibernell,*
> *dann sterbet Ihr nicht so schnell.*
> *Vor allem steht mit dem Herrgott gut,*
> *das ist die allerbeste Hut.*"[586]

Maria Nestler, Buchautorin

Allgemein ist Knoblauch ein bekanntes Heilmittel, das bei erhöhtem Blutdruck hilfreich sein kann und „blutverdünnend" wirkt. Daher der Durst nach Knoblauchgenuss, denn der Körper verlangt nach Wasser.

CAYENNE-PFEFFER

Eines der besten Naturheilmittel ist *Cayenne-Pfeffer* bzw. das darin enthaltene *Capsaicin*, das wir in Cayenne-Pfeffer und in Chilischoten finden. Auch bei Herzbeschwerden und Krebserkrankungen ist Cayenne-Pfeffer sinnvoll, wie der Studienleiter *Dr. Timothy Bates* in diversen Studien herausgefunden hat. *„Weshalb auch wir Europäer öfter zur scharfen Schote greifen sollten, zeigen diverse Studien zu den antioxidativen, entzündungs-hemmenden, schmerzlindernden, immunstärkenden und appetitzügelnden Eigenschaften des Chili-Scharfmachers Capsaicin. Seinen bisher größten Triumphzug könnte Chili jedoch in Sachen Herzgesundheit und Krebsheilung beschreiten!"*[587], kann man bei *zentrum-der-gesundheit.de* lesen.

Eine Studie der britischen *Nottingham University* hat bereits 2007 gezeigt, dass die antioxidative Wirkung *Capsaicin* zu einer Waffe gegen Krebs macht. Interessant ist da-bei das krebshemmende Potential dieser Substanz, die gezielt gegen krebserregende Giftstoffe im Körper vorgeht, ohne dabei gesunde Zellen zu schädigen. *„Die Untersu-chungen bestätigten in diesem Fall die Effektivität von Capsaicin gegen laborgezüchtete Krebszellen in der Lunge und in der Bauchspeicheldrüse, die als besonders aggressiv gelten. Das sind bahnbrechende Erkenntnisse, die erklären könnten, weshalb Menschen in Ländern wie Mexiko und Indien, deren Ernährung traditionell viel Chili enthält, seltener an Krebs erkranken."*, erklärt die Studie der *Nottingham University*.

KOKOSÖL

Das *Kokosöl*, das ich hier meine, ist nicht zu verwechseln mit dem Kokosfett, das es in Plattenform im Supermarkt zu kaufen gibt. Nur dem kalt gepressten, nativen Kokosöl werden heilende Kräfte zugesprochen. Es hat bei unseren mitteleuropäischen Tempera-turen meist eine feste Form und duftet angenehm nach Kokos. Erhältlich ist es im Na-turkost- oder Bioladen. Kokosöl soll eine lindernde Wirkung bei Alzheimer sowie bei bestimmten Virus- und bakteriellen Infektionen zeigen.[588] Da es einen sehr feinen Ge-schmack liefert, ist es für die asiatische Küche wunderbar geeignet. Ich verwende es so-gar hin und wieder zur Gesichtspflege oder verteile ganz wenig(!) in meine Hände, um damit meinem Haar einen schönen Glanz zu geben.

OPC – TRAUBENKERNEXTRAKT

OPC (Oligomere Proanthocyanidine) sind sekundäre Pflanzenstoffe, die man vor allem in roten Traubenkernen finden kann, aber auch in den roten Häutchen von Erdnüssen, in Kokosnüssen, Ginkgoblättern, Äpfeln und Rotwein.[589] In hoher und gut verwertbarer Konzentration ist es aber vor allem in Traubenkernen vorhanden. Neben antioxidativen und entzündungshemmenden Eigenschaften wird in verschiedenen Quellen auch eine *„dosisabhängige Wachstumshemmung von Dickdarmkrebszellen beobachtet... Eine Exper-tengruppe der Mount Sinai School of Medicine, New York, fand in Tierversuchen heraus, dass Polyphenole in Traubenkernextrakt die Plaquebildung als Vorstufe für Alzheimer und somit die typischen Gedächtnisausfälle verhindern oder wenigstens hinauszögern könnten"*, kann man bei *wikipedia* lesen.[590]

OPC wirken auch auf die Haut, die Augen, das Immunsystem und sogar auf den Hormonhaushalt.[591] OPC gibt es als Kapseln zur Nahrungsergänzung. Der bekannteste Verfechter für die regelmäßige Einnahme von OPC ist Robert Franz, der aufgrund sei-ner impulsiven Vorträge inzwischen europaweit bekannt ist (www.opc-franz.de).

YAMSWURZ

Die *Yamswurz* ist ein Gemüse, das ursprünglich aus Nord- und Mittelamerika kommt und einen hohen Anteil des Steroids *Diosgenin* aufweist. Dem menschlichen Organismus können Steroide zum Aufbau körpereigener Progesterone dienen.[592] Nach meinen eigenen Erfahrungen helfen Kapseln aus der mexikanischen Yamswurz bei östrogendominanten Endometriumhyperplasien. Als *Endometriumhyperplasie* bezeichnet man eine zu dicke Schleimhaut in der Gebärmutter, die der Körper bei der Regelblutung zu wenig oder gar nicht abstoßen kann. Diese wird daher von Monat zu Monat immer dicker. Der Körper versucht, sie trotzdem zu lösen, und dies kann schwere und lange Blutungen verursachen. Mögliche Ursache kann ein hormonelles Ungleichgewicht während der Wechseljahre sein. Die Yamswurz, die ausgleichend wirken soll, ist sozusagen ein „Frauenmittel". Man muss sie allerdings über eine längere Zeit einnehmen und Geduld mitbringen.

BITTERSTOFFE

Bitterstoffe sind Stoffe, die seit Jahrhunderten wegen ihrer gesundheitsfördernden Eigenschaften sehr geschätzt wurden, heute hingegen werden sie stiefmütterlich behandelt. Nur langsam erfahren sie durch die Alternativmedizin wieder die Anerkennung, die ihnen gebührt. Bitterstoffe bewirken ein Zusammenziehen und anschließendes Normalisieren der Darmschleimhaut, dies wirkt wie ein „Training". *„Stoffwechselrückstände, Viren, Bakterien, Pilze und Parasiten können dadurch leichter wieder ausgeschieden werden."* Sie haben eine basische Eigenschaft, wirken dadurch einer Übersäuerung entgegen und *„fördern auf sanfte Weise den Ausscheidungsprozess von Giftstoffen, Wasseransammlungen, Schlacken und Verschleimungen"*.[593] Bekannte Pflanzen mit Bitterstoff sind zum Beispiel der Gelbe Enzian, Kurkuma, Mariendistel oder Schafgarbe, aus denen man Tees bzw. auch Tinkturen herstellen kann. Aber auch in Gemüse- und Salatpflanzen finden sich Bitterstoffe, wie bei Chicorée, Artischocke, Rosenkohl, Radicchio und Endiviensalat.

STROPHANTHIN BEI HERZINFARKT

Nun komme ich zu einem in der Schulmedizin höchst umstrittenen Thema: *Strophanthin*. Strophanthin ist ein Mittel, das bereits 1859 in Afrika entdeckt wurde. In der internationalen Literatur wird es *Ouabain* (Aussprache [wa:bain]) genannt. Von ca. 1924 bis 1975 wurde Strophanthin mit bestem Erfolg intravenös an fast allen Krankenhäusern und Universitätskliniken verwendet und müsste auch heute noch jedem älteren Arzt in seiner Wirkung wohlbekannt sein. Ab 1947 wurde es oral eingenommen und zeigte auch so überragende Wirkungen, wie in *strophantus.de* zu lesen ist: *„Dr. Berthold Kern legte eine Statistik vor, nach der sich in seinen 40 Behandlungsjahren bei seinen ungefähr 15.000 Patienten bei konsequenter Anwendung von Strophanthin kein Todesfall durch Herzinfarkt mehr ereignete... Strophanthin rüttelt an der Herzinfarktursachentheorie, da Strophanthin überhaupt nicht an der Koronararterien ansetzt, sondern nur an der Verbesserung des Metabolismus, der biochemischen Vorgänge zur Entsäuerung des Herzmuskels... Eine placebokontrollierte, doppelblinde Studie stellt eine hochsignifikante positive Wirkung des oral eingenommenen Strophanthins fest. Alle Angina-pectoris-Patienten erfahren eine Besserung ih-*

res EKGs und ihres Befindens, die allermeisten sogar eine wesentliche Besserung. Prof. Dohrmann verwendete die Strophanthin-Kapseln 12 Jahre lang in einem großen öffentlichen Krankenhaus in West-Berlin: Bei 99% der Patienten mit schwerer Angina pectoris ergab sich nach Einnahme der magensaftresistenten Kapseln eine komplette Beschwerdefreiheit nach zwei Wochen (82% nach einer Woche), wobei alle anderen vorigen Medikamente mitsamt Nebenwirkungen weggelassen wurden... Auch bei akutem Herzinfarkt wurde in dieser Klinik zusätzlich zu damals üblichen Medikamenten Strophanthin gegeben (sowohl intravenös als auch oral), mit dem Ergebnis, dass so die damals weltbesten Überlebensraten erzielt wurden. 1987 lagen Erfahrungen mit über 1.000 Patienten vor. Auch in Mailand (Prof. Agostoni) kam man zum selben sensationellen Ergebnis.*[594]

„Weltbeste Überlebensraten", da frage ich Sie: Gibt es ein besseres Medikament? Als ich dies las, fand ich es unfassbar, dass dieses Mittel nicht mehr erhältlich ist, wenn es bei einem lebensbedrohlichen Geschehen wie einem Herzinfarkt in so hohem Maße wirksam gewesen ist. Und trotzdem musste es vom Markt verschwinden, denn nichts ist der Pharmaindustrie so sehr ein Gräuel wie ein geheilter Patient. Zuerst wurde es verschreibungspflichtig, dann wurde es in der Fachwelt denunziert und schließlich nur noch von ganz wenigen Ärzten verwendet, weil die Pharmaindustrie versprach, dass die neuen Medikamente ja viel besser seien. Und ein Patient, der nach einem Herzinfarkt operiert wurde, bleibt Patient. *„Wer heute als Lehrmediziner über Strophanthin reden oder es anwenden würde, wäre sofort wissenschaftlich erledigt und seiner Karriere beraubt. Die Lehrmedizin kann sich aus ihrer selbst zementierten Infarkthypothese (Schwerpunkt: verstopfte Arterien) nicht mehr befreien."*, kann man in der o. g. Quelle lesen.

Meines Wissens ist *Strophanthin* in Kapselform vom Markt genommen worden, doch es ist noch als homöopathisches Mittel erhältlich. Wenn Sie Ihren (jüngeren) Arzt daraufhin ansprechen, wird er Ihnen vermutlich einen Vortrag halten, wie gefährlich das Mittel sei. Trotzdem könnte man bei genügend großer Nachfrage evtl. erreichen, dass es wieder auf den Markt kommt.

DIE FORM VON PFLANZEN UND IHRE WIRKSAMKEIT

Schon frühere Kulturen stellten fest, dass es einen Zusammenhang zwischen dem Aussehen bestimmter Pflanzen und der Erscheinungsform der menschlichen Organe gibt, was mittlerweile auch wissenschaftlich nachgewiesen werden konnte. Das bedeutet, dass die Form der Pflanze, das Aussehen des Pflanzeninneren etc. oft Rückschlüsse darauf erlauben, in welchem Organ sie heilsam wirken kann. Nachfolgend einige Pflanzen bzw. Früchte, bei denen dies gut nachvollziehbar ist (*enominepatris.com*)[595]:

1. **Tomate – Herz**: Quer aufgeschnitten sieht man vier Kammern entsprechend dem menschlichen Herz. Tomaten scheinen eine Herz- und Blutnahrung zu sein.
2. **Karotte – Auge**: Quer durchgeschnitten sieht man einen runden Querschnitt mit einer *Iris* in der Mitte. Möhren enthalten bekanntlich Provitamin A, das als günstig für die Augen bekannt ist.
3. **Walnuss – Gehirn**: Die geknackte Nuss sieht aus wie die zwei Hälften eines Gehirnes. Walnüsse helfen, für das Gehirn nötige Überträgersubstanzen zu bilden.

4. **Feige – Hoden**: Feigen mit den kleinen Samenkörnchen ähneln den männlichen Hoden. Sie sollen die Beweglichkeit und Anzahl männlicher Spermien steigern.

5. **Avocado – Gebärmutter**: Es zeigt sich eine deutliche Ähnlichkeit mit der Gebärmutter, sogar der Avocado-Kern ähnelt der Fruchtblase einer schwangeren Frau. Die Avocado soll die Hormonlage ausgleichen, wenn eine Frau wöchentlich 1 Avocado isst. Erstaunlich: Es dauert neun Monate für eine Avocado, von einer Blüte zur reifen Frucht heranzuwachsen.

6. **Feuerbohnen – Niere**: Bohnen sollen helfen, die Nierenfunktionen zu erhalten.

7. **Sellerie – Knochen**: Stangensellerie sieht aus wie ein Knochen und soll Natrium für die Knochensubstanz liefern.

8. **Süßkartoffeln – Bauchspeicheldrüse**: Süßkartoffeln gleichen der Bauchspeicheldrüse. Sie sollen den Blutzuckerspiegel regulieren.

9. **Oliven – Eierstöcke**: Oliven fördern die Funktion der Eierstöcke.

10. **Orangen – weibliche Brust**: Pampelmusen, Apfelsinen und andere Zitrusfrüchte scheinen der Gesundheit der Brustdrüsen förderlich zu sein.

11. **Erdnüsse – Hoden**: Erdnüsse wurden Männern im Mittelalter seitens der Kirche verboten; *Arginin*, der Hauptbestandteil von *Viagra*, kommt aus Erdnüssen.

12. **Gingko Biloba – Gehirn**: Das Blatt des Gingko-Baumes ist zweigeteilt und ähnelt dem Gehirn mit seiner Verlängerung des Rückenmarks. Es soll für die Durchblutung des Gehirns und des Zentralnervensystems hilfreich sein.[596]

Ich finde diese Zusammenhänge höchst interessant, und wie so oft, passt auch hier der Spruch:

„Die Wahrheit ist immer einfach!"

NEO-BALLISTOL

Ballistol ist eigentlich ein Waffenöl, doch an dieser Stelle ist das verfeinerte *Neo-Ballistol* gemeint, das früher als Arzneimittel zugelassen war. Heutige Zulassungsverfahren für Arzneimittel kosten Millionen, deshalb ist es kleinen Firmen wie *Klever* nicht möglich, eine Zulassung zu beantragen, weil sie schlicht die Mittel dazu nicht haben. Big Pharma hingegen ist finanzkräftig, hat jedoch nur Interesse an der Zulassung von patentierbaren Mitteln, da diese maximalen Gewinn versprechen. Aus diesem Grund darf die Firma *Klever* bei *Neo-Ballistol* nicht mehr alles schreiben, wogegen es hilft. Früher durfte der Hersteller schreiben: *„So werden die Krankheitserreger Staphylococcus aureus durch unverdünntes Ballistol in einem Zeitraum von 3-10 Minuten abgetötet, Typhus-, Paratyphus- und Tuberkuloseerreger innerhalb von einer Minute, Kolibakterien in drei Minuten. Keimzahltests bewiesen sogar, dass in Ballistol weder Bakterien noch Hefen oder Pilze vermehrungsfähig sind."*[597]

Aber wie gesagt, das war früher der Fall und ist heute nicht mehr erlaubt. Heute wird es als Massage- und Hautpflegeöl vertrieben, doch laut Herstellerangaben wird *Neo-Ballistol* seit über 50 Jahren in der ursprünglichen Zusammensetzung produziert. Ich selbst verwende es bei entzündeten Schürfwunden, Hautläsionen, Herpes, Zahnfleischentzündung usw. und nehme auch mal einen Teelöffel davon ein, wenn es mir nicht gut geht. Aber der Geschmack ist doch etwas streng. Ich möchte betonen, dass dies meine persönliche Entscheidung ist – im Beipackzettel des Mittels darf auf die Möglichkeit der innerlichen Anwendung leider nicht mehr hingewiesen werden.

EAV – Elektroakupunktur nach Voll

Wenn Sie unklare Beschwerden haben, ist *EAV* eine Möglichkeit, um herauszufinden, wo in Ihrem Körper Schwächen oder Blockaden vorhanden sind. Es handelt sich hierbei um ein Gerät mit zwei Polen. Einen Pol nehmen Sie in Form eines Metallstabes in die Hand, der andere Pol bildet eine Metallspitze, mit der der Therapeut bestimmte Meridianpunkte an Händen und Füßen antippt. Auf einem Bildschirm wird der Durchfluss dargestellt, anhand dessen der Arzt oder Heilpraktiker ablesen kann, wo eine Stärkung empfehlenswert ist. Auch Medikamente können genau auf Sie abgestimmt werden, indem man ihre Wirkung testet. Selbst die Untersuchung allein ist bereits eine Behandlung, da die Meridiane angeregt werden. Meistens spürt man dies in Form einer Müdigkeit nach der Testung. EAV wird von entsprechend geschulten Heilpraktikern und Privatärzten angeboten.

Dorn-Methode

Dieter Dorn hatte bei seiner Arbeit in seinem Sägewerk einen plötzlichen, heftigen Schmerz im Rücken und konnte sich nicht mehr aufrichten. Er ging zu einem Mann im Dorf, der dafür bekannt war, dass er in solchen Situationen helfen konnte – und auch Herrn *Dorn* wurde dort geholfen. Er wollte deshalb wissen, wie das geht, doch leider verstarb der Mann, bevor *Dieter Dorn* bei ihm in die Schulung gehen konnte. Doch er wusste aus seiner eigenen Behandlung und einigen Gesprächen in etwa, wie die Technik funktioniert. Herr *Dorn* hat sich intensiv mit der Thematik befasst und sich die Methode selbst erarbeitet. Seine erste Patientin war seine Frau, dann die Nachbarin usw., und schließlich wurde diese Technik der Wirbelkorrektur nach ihm benannt.

1985 lernte er den früheren Chirurgen und Orthopäden *Dr. med. Thomas Hansen* kennen, der ihm viel Wissen über die Theorie vermittelte. So wuchsen seine Erfahrung und sein Wissen, und schließlich kamen viele Menschen zu ihm. Der Grundgedanke der *Dorn-Methode* liegt darin herauszufinden, ob ein Wirbel verschoben ist und wenn ja, diesen mit sanftem Druck in seine richtige Position zu schieben. Während der Behandlung schwenkt der Patient einen Arm bzw. ein Bein, damit die Muskeln an der Wirbelsäule in Bewegung sind. So fällt es leichter, dass in einem Moment der Lockerung der Wirbel fast wie von selbst an die richtige Stelle rutscht. Auch ist der Schmerz mit Pendelbewegung kleiner.

Doch die *Dorn-Methode* allein wirkt nur bedingt. Es kommt auch darauf an, dass sich der Patient von nun an richtig bewegt, zum Anheben von Lasten in die Knie geht sowie einseitige Bewegungen und langes Sitzen vermeidet. In seinem Buch *Die ganzheitliche Methode Dorn* schreibt *Dieter Dorn*: „*...spielt die Mitarbeit des Patienten eine entscheidende Rolle für den langfristigen Erfolg oder Misserfolg einer Behandlung nach der Methode Dorn.*"[598]

Viele Heilpraktiker und einige Ärzte bieten die *Dorn-Methode* an und haben bei einfachen Verrenkungen gute Erfolge damit – ohne Medikamente.

YOGA – QI GONG – TAI CHI

Bei diesen drei Techniken aus Fernost handelt es sich um aktive Übungen, die – obwohl in der Gruppe möglich – in der Regel jeder für sich ausführt. Es sind verschiedene Formen von Körper-Atem-Bewusstseins-Übungen, die eine Gemeinsamkeit aufweisen. Bei ihnen wird nicht einfach nur der Körper bewegt, sondern jede Übung erfordert ein gewisses Maß an Konzentration und Bewusstheit darüber, was diese Übung bewirkt bzw. bedeutet. Es werden nicht nur Muskeln aufgebaut und die Gelenkigkeit trainiert, nein bei diesen drei Lehren wird auf das Zusammenspiel von Muskeln, Atem und Bewusstsein geachtet. Durch die Langsamkeit der Bewegungen ist man mit der vollen Aufmerksamkeit dabei, was dazu beiträgt, den Alltag hinter sich zu lassen, den Körper besser zu spüren und im Geiste zur Ruhe zu kommen. Damit ist auch schon beschrieben, wofür diese Übungen stehen: zu sich zu kommen, den Fokus weg von der Außenwelt und hin zu unserem Inneren zu lenken. Schon das allein bereitet den Weg zur Heilung vor.

SHIATSU

Shiatsu ist eine Behandlungsweise, die in Japan entwickelt wurde und bei der der Therapeut mit seinen Händen die Meridiane entlangstreicht. Dabei verlässt er sich auf sein Gespür für den Klienten und bearbeitet die Bereiche, die ihm wichtig erscheinen. Shiatsu enthält auch Mobilisierungsübungen.

Bei der Behandlung liegen Sie in der Regel entspannt auf einer Matte am Boden, der Therapeut kniet meist neben Ihnen und arbeitet mit Ihrem Körper. Shiatsu ist eine Methode, die sowohl auf der körperlichen als auch auf der energetischen Ebene wirkt.

ENERGETISCHE / GEISTIGE HEILWEISEN

Wie und warum funktioniert *energetisches / geistiges Heilen*? Die Materie folgt stets der Energie. Das bedeutet: Es entsteht zuerst etwas im Kopf, in der Vorstellung. Wenn dies intensiv wiederholt wird, dann folgt die Veränderung in der Materie. Jede Erfindung, jedes Bauwerk, jedes Möbelstück, jedes Auto entsteht zuerst in der Vorstellung des Planers, erst dann wird es umgesetzt und zur materiellen Realität. Es sind jedoch auch andere Faktoren am Gesundheitszustand eines Menschen mit beteiligt: seine Ernährung, seine eigene Einstellung und – ganz wichtig – seine Gedanken und Worte. Aber auch karmischer Ausgleich und Resonanzen sind am Krankheitsgeschehen beteiligt. Auch manche Reifeprozesse können am besten durch eine Krankheit erfahren werden. Wichtig ist es meines Erachtens, dass ich mich mit meiner Krankheit selbst auseinandersetze, in mich gehe und mit meinem Innersten kommuniziere: *„Was wollen mir die Beschwerden mitteilen? Bin ich glücklich? Ginge es mir besser, wenn ich etwas an meinem Leben verändern würde? Was wünsche ich mir wirklich? Wie ernähre ich mich? Welche Giftstoffe habe ich zu mir genommen?"* Es gibt jede Menge Fragen, die man sich bei einer Erkrankung stellen kann, um den Heilungsweg zu fördern.

Es gibt verschiedene Methoden, die zu den geistigen Heilweisen zählen, einige davon möchte ich hier kurz beschreiben:

GEBETSHEILUNG

Bei der Gebetsheilung spricht der Therapeut (in der Regel leise) bestimmte Gebete, meistens hält er dabei die Hände über die erkrankte Stelle des Patienten und streicht darüber hinweg. Die Gebetsheilung ist im Allgäu verbreitet zu finden, und bei den dabei angewendeten Gebeten wird *Jesus*, *Maria*, die *Dreifaltigkeit* oder *Gott* direkt angerufen und um Heilung gebeten. Es gibt verschiedene Gebete für verschiedene Krankheiten. Ich selbst habe die Gebetsheilung 1990 von *Ludwig Forster* aus Stöttwang-Thalhofen gelernt und wende sie seitdem an.

Interessant ist, dass die Menschen den Weg zur Gebetsheilung finden, wenn sie sich nicht operieren lassen möchten oder die Schulmedizin nicht mehr weiter weiß. Beispiele: Eine Frau kam mit einem deutlichen Überbein am Handgelenk, das sie nicht operieren lassen wollte. Zwei Wochen nach dem Abbeten war es bereits vollständig verschwunden. Eine betagte Dame kam alle paar Monate wegen ihres sehr starken Asthmas. Dieses konnte durch die Gebetsheilung nicht geheilt werden, doch verschaffte es ihr jedes Mal etwas Erleichterung. Mit der Gebetsheilung kann man Heilungsprozesse fördern, doch man kann die Erfolge nicht abschätzen. Bei dem einen hilft es, bei dem anderen nicht. Das Thema *Gebetsheilung* ist insgesamt sehr umfangreich, eine nähere Erläuterung bedürfte eines eigenen Buches.

Zum Ausprobieren hier ein kleines **Gebet gegen Warzen**:
„*Frehne, Frehne dorra weg, im Namen des Vaters* (Kreuzzeichen über der Warze), *Frehne, Frehne dorra weg, im Namen des Sohnes* (Kreuzzeichen über der Warze), *Frehne, Frehne dorra weg, im Namen des Heiligen Geistes* (Kreuzzeichen über der Warze)." Halten Sie Ihre Hände über die Warze, und sprechen Sie das Gebet in Gedanken. Dann über die Warze hinwegstreichen, als ob Sie sie wegwischen wollen (bei Warzen am besten ohne Hautberührung). Das Ganze wiederholen Sie jeweils dreimal hintereinander an drei Tagen im Abstand von zwei bis drei Tagen bei abnehmendem Mond. Dann die Warze am besten vergessen, um ihr keine erneute Energie zu geben.

AURA-CHIRURGIE

Mit *Aura-Chirurgie* bezeichnet man Behandlungen des Energiefeldes eines Patienten. Der physische Körper jedes Lebewesens existiert auch in energetischer Form. Wenn nun Operationen und Behandlungen im Energiekörper vorgenommen werden, kann sich der physische Körper durch diese Energieveränderung ebenfalls verändern. Die Aura-Chirurgie habe ich selbst in etlichen Seminaren im Jahr 2001 gelernt und wende sie seitdem an. Es ist von Vorteil, wenn Sie über die Anatomie Bescheid wissen, damit Ihnen bewusst ist, wo Sie sich mit Ihrem Fokus im Körper befinden. Aus eigener Erfahrung kann ich Ihnen empfehlen, eine Heilpraktikerschule zu besuchen, um hier ein gewisses Grundwissen zu erhalten, oder sich durch Grafiken über den Körper zu informieren.

ANGSTKLOPFEN

Dies ist eine einfache Methode, mit der man Ängste transformieren oder auch Gewohnheiten verändern kann. Zusammen mit dem Behandler sucht man nach einer passenden Formulierung des eigenen Themas, und durch Aussprechen dieser Sätze und gleichzeitiges Klopfen auf bestimmte Meridianpunkte und kleine Übungen können Verhaltens- und Denkmuster, Ängste und Gewohnheiten etc. verändert werden. Auch akute Stresssituationen können schnell wieder normalisiert werden. *Silvia Hartmann* hat diese Methode in ihrem Buch *Emotionale Freiheit*[599] gut beschrieben.

ENERGETISCHE WIRBELSÄULENAUFRICHTUNG

Hierbei werden die aufrechte Haltung und der Energiefluss der Wirbelsäule aktiviert. Diese visuelle Übung wird in der Regel mit Hilfe eines Therapeuten durchgeführt. Sie bereitet die energetische Grundlage im Energiefeld für eine leichtere Heilung von Beschwerden. Wie so oft, kommt es auch hier darauf an, wie wir anschließend damit umgehen, ob wir uns unserer Kräfte und unserer Gedanken bewusst sind und uns aufrecht halten oder wieder in alte Gewohnheiten zurückfallen.

Natürlich ist es, wie bei allen Krankheiten, auch bei der Wirbelsäule so, dass ebenso andere Ursachen, wie zum Beispiel bestimmte persönliche Themen, Ahnengeschichten etc. mit verursachend sein können.

QUANTENHEILUNG / 2-PUNKT-METHODE

Bei dieser Methode wird durch Denken an das zu lösende Thema und Handbewegungen des Behandlers ein Lösungspunkt gefunden. Wir sind dabei in der Rolle des Beobachters. *„Praktizieren Sie einfach QE, ohne etwas zu erwarten; Sie werden staunen, wirklich staunen!"*, schreibt *Dr. Frank Kinslow* über seine Methode *Quantum Entrainment®.*[600] Dadurch kommt blockierte Energie wieder in den Fluss, und die Thematik kann sich transformieren. Hierbei werden Veränderungen besonders im Emotionalbereich sofort spürbar, und es *„zeigt sich schon nach wenigen Sekunden eine Veränderung im Energiefeld der Emotionen"*[601], schreibt *Andrew Blake* in seinem Buch *QCT – Quantum Consciousness Transformation*.

Beide Autoren stellen ihre Methode der Quantenheilung vor. Diese Methoden können bei körperlichen Beschwerden, aber auch bei Ängsten und anderen Nöten angewendet werden. (Zum Thema *Quantenheilung* ist auch das Buch *Das Geheimnis intelligenter Zellen* von *Klaus Medicus* erwähnenswert.)

FAMILIENSTELLEN / SYSTEMISCHES AUFSTELLEN / ZELLAUFSTELLUNGEN

Bei sog. *Aufstellungen* werden zuerst die betreffenden Personen, Organe, Themen etc. festgestellt, die mit dem Thema der hilfesuchenden Person zu tun haben und durch Stellvertreter aufgestellt. Diese fühlen sich in die jeweilige Position ein und sagen, wie es ihnen geht. Durch verschiedene heilende Sätze und „Wiederzurückgeben" von alten Lasten, übernommenen Aufgaben etc. wird erleichternde Heilung im System hergestellt, die sofort spürbar ist. Ich kenne einen Fall, in dem ein Junge sich weder von der Mutter noch von einer Kindergärtnerin oder Lehrerin etwas sagen ließ. Er war bei einer weiblichen „Autorität" grundsätzlich in Verweigerungshaltung. Bei einer systemischen Aufstellung hat sich herausgestellt, dass er in einem früheren Leben in einem Heim gelebt hat und dort von einer hysterischen Erzieherin im Affekt erschlagen wurde. Im Moment des Todes dachte er: *„Wegen dieser dämlichen Ziege muss ich jetzt sterben!"*

Mit dem Wissen um diese Erfahrung aus einer früheren Existenz ist es im Grunde kein Wunder, dass er gegen jede Frau, die ihm etwas sagen wollte, rebellierte. Sein Innerstes hatte gespeichert, dass von Frauen eine Todesgefahr ausgeht, solange er klein ist. Für diese Art der Behandlung ist es besonders wichtig, einen erfahrenen Therapeuten zu finden, zu dem man eine gute Beziehung hat.

RÜCKFÜHRUNGEN

Viele Krankheiten, psychische Belastungen oder immer wiederkehrende (scheinbar) äußere Umstände haben oft mit früheren Leben zu tun. Ein Tod, bei dem die letzte Empfindung zum Beispiel ein tiefes schlechtes Gewissen, Vorwurf oder Wut war oder dem ein Schwur oder traumatisches Ereignis vorausging, kann so intensiv gespeichert sein, dass eine Beeinflussung auch in diesem Leben möglich ist. Durch einfühlsames Zurückführen in diese Zeit kann das Erlebte verändert und die neue Emotion zusammen mit der gewonnenen Erkenntnis in das jetzige Leben mitgenommen werden. (Sollten Sie ein ungutes Gefühl haben, verlassen Sie besser die Sitzung, bevor sie begonnen hat. Vollkommenes Vertrauen in den Therapeuten ist ein MUSS bei einer Rückführung.)

KINESIOLOGISCHE BEHANDLUNGEN

In der *Kinesiologie* wird über den sog. *Muskeltest* abgefragt, was bei uns Stress verursacht. *„Stress bringt uns aus dem Gleichgewicht. Findet der Organismus nicht mehr aus eigener Kraft wieder in die Balance zurück, kann es zu Energieblockaden und langfristig zu Krankheit kommen.",* schreiben *Gabriele Förder* und *Gabriele Neuenfeld* in ihrem Buch *Kinesiologie – Leben mit ganzer Kraft.*[602] Man geht davon aus, dass Körper, Geist und Seele eine Einheit bilden und dass einzelne Muskeln stellvertretend für das gesamte System *Mensch* reagieren. Der Muskel repräsentiert das Unterbewusstsein. Dadurch ist eine Kommunikation mit den Ursachen unserer Verhaltensweisen und angelernten Muster möglich. Durch den Muskeltest kann das ursächliche Thema für unseren Stress ermittelt werden, und über verschiedene Behandlungsweisen wird das ursächliche Thema transformiert.

Mit kinesiologischen Selbsttests können wir mit ein wenig Übung zum Beispiel beim Einkaufen herausfinden, ob ein bestimmtes Nahrungsmittel momentan gut für uns ist. Ist das Nahrungsmittel ungünstig, signalisiert der Körper Stress, was sich in einem schwachen Muskel zeigt. Ich habe durch kinesiologische Sitzungen bei einer Freundin sehr gute eigene Erfahrungen gesammelt, sie konnte schon manch blockierendes Hindernis in meinem Leben lösen.

Krankheiten werden unter anderem durch unsere Gedanken, Glaubenssätze und Verhaltensmuster verursacht. Und genau diese sind stark abhängig davon, ob wir Frieden in uns selbst und mit anderen fühlen. Wenn es Menschen gibt, mit denen wir in Unfrieden sind – und mag es nur auf sehr subtile Weise sein –, dann stehen wir ständig unter Stress. Dauerstress verursacht Krankheit, wie wir soeben gelesen haben. Daher ist es elementar wichtig, dass wir unserem Umfeld verzeihen! Oft sind es die eigenen Eltern, denen wir etwas zu verzeihen haben, aber auch uns selbst sollten wir verzeihen, denn Gedanken wie *„Hätte ich doch…"* oder *„Wenn ich damals…"* sind reine Selbstvorwürfe und bringen uns nicht weiter. Auch ehemaligen Partnern gibt es meist viel zu verzeihen, und irgendwann kommt die Erkenntnis:

> *„Die Menschen, die uns am meisten verletzen,*
> *sind diejenigen, die uns auf Seelenebene am meisten lieben!"*

Wenn ich dies sage, sind viele Menschen zunächst entsetzt, doch es ist so. Es geht uns wesentlich besser, wenn wir erkennen, was uns eine Verletzung zeigen soll. Geht es darum, *„nein"* sagen zu lernen oder demütiger zu werden oder darum zu erkennen, was ich im Leben will und was nicht? Es gibt unzählige Möglichkeiten, und sobald wir sehen können, was für eine Information hinter einer Verletzung steht, braucht sie sich nicht mehr zu wiederholen. Dann haben wir aus unserer Erfahrung gelernt. Manchmal mangelt es an der Erkenntnis, weil wir alle mit Scheuklappen gegenüber unseren eigenen Themen ausgestattet sind. Doch wenn Sie intensiv nachfragen oder auch mit anderen darüber sprechen, wird Ihnen nach und nach klar werden, warum Ihnen Ihre Erfahrungen genau so begegnen, wie es geschieht. Dann wird Vergeben leichter, und Heilung kann stattfinden.

Wir können durch Verzeihen unseren Seelenfrieden wiedererlangen, auch wenn es uns anfangs schwerfällt, aktiv zu verzeihen. In der Regel hat eine Verletzung durch jemand anderen auch mit uns selbst zu tun. Wir können nur verletzt werden, wenn wir uns angesprochen fühlen, wenn wir einen wunden Punkt haben.

Eine einfache Methode, mit der ich bei mir selbst bereits vieles auflösen konnte, ist zum Beispiel *Ho'oponopono*.[603]

> *„Wenn wir anderen vergeben müssen,*
> *könnte etwas in uns selbst sein,*
> *das wir aus unserem Bewusstsein getilgt haben."*[604]

Gerald G. Jampolsky, amerikanischer Arzt und Buchautor

THE JOURNEY®[605]

Diese Methode kann sehr hilfreich sein, weil die Ursache von psychischen oder körperlichen gesundheitlichen Problemen auch in unserem Verhältnis zu anderen Menschen, zum Beispiel einem Elternteil, zu finden ist. Bei einer *The Journey*®-Sitzung begibt man sich in seiner Vorstellung an einen bestimmten Ort und spricht virtuell mit der Person, mit der Konflikte bestehen, als ob sie vor einem sitzen würde – wobei das Gespräch von einem *The Journey*®-Therapeuten geleitet wird. Bei diesem Gespräch auf Seelenebene hat der Klient die Möglichkeit, auch die Sichtweise des anderen zu hören und zu verstehen, wodurch meist eine Klärung und Bereinigung des Konfliktes möglich ist. Ich habe selbst schon *The Journey®*-Sitzungen erlebt und sie als sehr heilsam empfunden, weil mein Verhältnis zu einer Bezugsperson bereinigt wurde und mehr Verständnis für deren Handlungen entstanden ist. Viele Konflikte können am besten über die Seelenebene gelöst werden, und *The Journey®* bietet hierzu eine gute Möglichkeit.

DER HEALING CODE[606]

Eine sehr einfach anzuwendende Heilungsmethode ist *Der Healing Code,* eine Kombination von Gebet und Einsatz der Hände, wobei man davon ausgeht, dass wir mit unserer Intention und der Heilkraft unserer Hände eine Veränderung bewirken können. Erinnern Sie sich beispielsweise an eine Situation, bei der Sie sich heftig gestoßen haben. Es wird Ihnen auffallen, dass Sie bei plötzlichem Schmerz spontan eine Hand oder beide Hände auf die betroffene Stelle legen, egal, ob es sich um den Kopf, die Hand oder den Fuß handelt oder auch um Bauchschmerzen. An manchen Kliniken werden Krankenschwestern bereits darin ausgebildet, die Hände aufzulegen.

Diese Kraft unserer Hände kann *gebündelt über die Fingerspitzen* auf Heilungszentren in unserem Kopf gerichtet werden, verbunden mit einem Gebet und einer positiven Affirmation. Dadurch werden negative Programmierungen und die daraus folgenden Probleme beeinflusst. Die Behandlung dauert jeweils nur sechs Minuten und sollte dreimal täglich an sich selbst durchgeführt werden. *Alex Loyd* und *Ben Johnson* haben diese Methode gut nachvollziehbar in ihrem Buch *Der Healing Code* beschrieben.

In meinem eigenen Leben habe ich diese Methode bereits erfolgreich angewendet, daher kann ich Ihnen diese Übung sehr empfehlen.

DACHVERBAND GEISTIGES HEILEN

Der *Dachverband Geistiges Heilen* (DGH)[607] führt eine Liste, in der Heiler eingetragen sind, die im geistigen Bereich arbeiten. Die in dieser Liste eingetragenen Heiler mussten Heilungserfolge nachweisen und haben mindestens ein längeres Gespräch mit einem Prüfungsmitglied des DGH geführt. Das gibt Ihnen natürlich keine Garantie für eine fachlich und ethisch einwandfreie Behandlung, denn es kommt immer auch auf die Chemie zwischen Klient und Behandler an, doch eine gewisse Souveränität können Sie bei den gelisteten Heilern erwarten.

Und noch eines: Wer bei Ihrem besten Freund geholfen hat, muss bei Ihnen nicht auch der Beste sein. Hören Sie auf Ihre innere Stimme – wenn Sie ein gutes Gefühl haben, ist es einen Versuch wert. Auch mehrere Therapeuten aufzusuchen, ist generell möglich, nur wenn Sie Medikamente einnehmen, sollten Sie dies auch den anderen Therapeuten mitteilen, damit keine ungünstigen Wechselwirkungen entstehen. Energetische Heilweisen hingegen schränken einander nach meiner Erfahrung nicht ein, sondern sie ergänzen sich.

Es kommt im Nachhinein nicht darauf an, welche Heilungsmethode gewirkt hat, sondern dass Sie heil wurden!

HEILSTEINE

Es gibt viele *Edelsteine* und *Halbedelsteine* mit heilungsfördernder Wirkung, die aufgelegt, an einem Band getragen oder ins Trinkwasser gelegt werden können. Auch im Raum aufgestellt, können sie ihre Wirkungskraft verströmen. Das Thema ist jedoch so umfangreich, dass ich die Heilsteine hier nur erwähnen und auf die zahlreich vorhandene Literatur verweisen möchte.

Bei Heilsteinen unbedingt darauf achten, dass sie sowohl mit Wasser als auch energetisch gereinigt werden, da sie sonst die Schwingungen der Bearbeitung, die Transport- und Ladenenergien usw. enthalten, die nicht förderlich für uns sind.

FARBEN

Auch Farben beeinflussen unser Wohlbefinden durch ihre Schwingung. Raumfarben sind ebenso wirkungsvoll wie Farblicht und alle Farben, die uns umgeben. Die Farben unserer Erde sind überwiegend blau (Himmel) und grün (Vegetation) und haben eine beruhigende und heilende Wirkung. Nachfolgend nur ein kleiner Ausschnitt aus dem Buch *Das Farben Energiebuch* [608] über die Wirkung von Farben auf uns:

Violett: fördert Intuition, unterstützt Meditation und die Verbindung zur göttlichen Quelle

Indigo: anregend auf Nebenschilddrüse, beruhigend auf Schilddrüse, kühlt, fördert Wundheilung

Blau: beruhigt, lindert Entzündungen von Hals, Ohren, Nase, Augen, lindert entzündliche Hitze, zentriert

Grün: harmonisiert, beruhigt Herz und Nerven, heilungsfördernd

Gelb: aktiviert die Leber, Galle und Bauchspeicheldrüse, regt das Denken an, fördert Heiterkeit und Lebensfreude

Orange: aufmunternd, entkrampfend, stimuliert Verdauung

Rot: regt an, aktiviert Urvertrauen und Sexualität, erhöht die Körpertemperatur

Farben wirken sehr kraftvoll im unbewussten Bereich. Nicht umsonst sind viele Restaurants appetitanregend orange gestrichen, und in Schulen wird gerne das beruhigende Blau verwendet. Auch das Rotlicht-Milieu hat seinen Namen nicht unbegründet. Oft genügt bereits ein Kissen, ein Obstschale oder Gardinen, um eine fehlende Farbe zu ergänzen, damit wir uns besser fühlen. Probieren Sie es aus, vermutlich werden Sie die Wirkung in Ihrem Gemüt unverzüglich spüren.

In diesem Zusammenhang möchte ich auf *Feng Shui* hinweisen. Jeder Mensch verfügt über ein persönliches Geburts- und ein Trigrammelement. Diese können in Harmonie oder in Konflikt zueinander sein, und eine Förderung bzw. ein Ausgleich ist über Farben (und Formen) möglich. [609]

Sie können Farben auch mit geschlossenen Augen visualisieren und/oder sich vorstellen, Sie würden „farbige Luft" einatmen. [610] Wenn Sie dies ganz bewusst durchführen, verstärkt sich die Wirkung.

INNERES KIND

Als *inneres Kind* wird das Abbild unseres eigenen Emotionalkörpers bezeichnet. Es ist sozusagen unsere eigene Weltanschauung, die wir als kleines Kind erlebt und gespeichert haben. Erfahrungen, besonders emotionale Verletzungen und Zurückweisungen, aber auch Anerkennung, Lob und ein liebevolles Umfeld in unseren ersten Lebensjahren, prägen uns und sind in dem sogenannten *inneren Kind* gespeichert. Diese Erinnerungen beeinflussen unbewusst und dadurch enorm kraftvoll unser Leben. Der Zustand des inneren Kindes ist verantwortlich für unsere Fähigkeit zur Eigenliebe und auch für unser Selbstwertgefühl. Hat ein Kind eine lieblose Kindheit oder Zurückweisung erfahren, zieht es sich zurück und baut eine Mauer um sich auf. Als Erwachsene wirken diese Menschen dann entweder unnahbar, distanziert oder sie leben das Gegenteil und begeben sich in eine Opferhaltung. Eine weitere Reaktion kann sein, andere zu unterdrücken, um nicht mehr selbst beherrscht zu werden. Wenn die Verletzungen des inneren Kindes geheilt werden, wird direkt an der Schaltstelle zu unserer Selbstliebe gearbeitet. Wir bekommen Zugang zu uns selbst, können mehr und mehr für uns einstehen und leben nicht mehr das Leben der anderen. Wir sind nicht mehr fremdgesteuert. Die Verbindung zu unserer Seele wird wieder deutlicher wahrgenommen, und somit wird auch die Intuition gefördert. Kurz gesagt, der heile Zustand unseres *inneren Kindes* ist essentiell wichtig für unser emotionales Wohlbefinden. Hilfreiche Methoden hierfür sind zum Beispiel *Systemische Aufstellungen*, *Angstklopfen*, *Kinesiologie*, *The Healing Code* oder Sitzungen bei einem energetischen Therapeuten Ihres Vertrauens.

GESUNDES UMFELD

ERDHEILUNG / LANDREINIGUNG

Unser Wohlbefinden wird in erheblichem Maße auch von unserem Wohn- und Arbeitsumfeld beeinflusst, und dies nicht nur durch Räume, Farben, Formen usw., sondern ebenso von dem, was dort in früheren Zeiten schon geschehen ist – nicht nur die letzten 100 Jahre, sondern oftmals noch wesentlich früher. Wenn an der Stelle unseres Wohngebäudes emotional sehr belastende Dinge geschehen sind, wirkt sich dies noch heute aus, auch wenn unser bewusster Verstand derartige Dinge vorerst nicht akzeptieren kann, da unsere westliche Erziehung unsere feinen Antennen für subtile Informationen leider unterdrückt statt fördert.

Diese Erinnerungen im Grundstück oder in einem Gebäude können transformiert und geheilt werden. Ich habe bei meinem Feng-Shui-Meister *Dr. Jes Lim* im Laufe von etlichen Jahren in Deutschland, in der Schweiz, in Österreich, Spanien, Sri Lanka und Malaysia sehr hilfreiche Methoden gelernt, sowohl die positiven als auch die negativen Energien von Gebäuden und Grundstücken herauszufinden, zu transformieren, zu verändern, neu zu programmieren und zu aktivieren. Es ist immer wieder erstaunlich, was bei einer Erdheilung zutage kommt. Ein interessantes Erlebnis hatte ich kürzlich: Eine Maklerin rief mich an und fragte, ob ich ihr helfen könnte, damit ein Haus verkauft werden kann, denn sie habe seit anderthalb Jahren einen Ladenhüter, der unverkäuflich sei. Am 8.4.2014 führte ich in dem Gebäude eine kleine Erdheilung durch mit dem Ziel, dass das Gebäude für einen neuen Besitzer frei wird. Bereits am 15.5.2014, also fünf Wochen später, rief sie mich an und berichtete hocherfreut, dass sie einen Notartermin vereinbart hatte. Drei Interessenten wollten das Gebäude erwerben, sie konnte sich nun aussuchen, wer es bekam. Über die rasant schnelle Umsetzung war ich selbst erstaunt.

Mein eigenes Wohnhaus ist ebenfalls ein gutes Beispiel für grundlegende Veränderungen durch eine Erdheilung. Mein Haus habe ich 2003 gekauft, die Vorbesitzer mussten es aus finanziellen Gründen veräußern. Sie hatten drei verschiedene Geschäfte gegründet, doch leider mussten sie alle drei wegen Umsatzmangel wieder schließen. Nachdem ich das Gebäude gekauft und bezogen hatte, registrierte auch ich in meinem Büro, das ich im Haus eingerichtet hatte, einen Auftragsrückgang und dadurch natürlich einen Einbruch meiner Einnahmen. Es ging so weit, dass ich überlegte, wieder zu verkaufen, wenn sich die Lage nicht schnell änderte. *Zufällig* zur selben Zeit habe ich mich auf einer Messe näher nach Feng Shui erkundigt und wollte diese Methode lernen, denn das Wissen aus verschiedenen Büchern schien mir zu oberflächlich. Nach den Feng-Shui-Basis- und Beraterkursen habe ich das erste Seminar für Erdheilungen *TAO 1* in Sri Lanka besucht und danach zusammen mit einer Feng-Shui-Kollegin eine Erdheilung für mein Haus durchgeführt. Es zeigte sich, dass auf dem Grundstück vor Jahrhunderten einige heftige Dinge geschehen waren, die immer noch wirkten. Die Erfahrungen der Vorbesitzer waren ebenso gespeichert, und auch geologisch war das Grundstück belastet. Die Versorgung mit der universellen Energie *Qi* sowie der Energiefluss waren katastrophal. Nachdem wir die alten Erinnerungen transformiert hatten, haben wir das Gebäude energetisch vollkommen umgepolt und den gesamten Energiezufluss verändert. Und es war kaum zu fassen: Kurz darauf hat sich meine Auftragslage wieder normalisiert. Das ist mittlerweile Jahre her, und die Probleme sind seit damals verschwunden.

Ein deutliches Zeichen dafür, dass eine Erdheilung hilfreich sein kann, ist eine negative Veränderung nach einem privaten oder geschäftlichen Umzug. Wenn Sie nach der räumlichen Neuorientierung feststellen, dass nachteilige Veränderungen stattgefunden haben, zum Beispiel im Bereich Gesundheit, Partnerschaft, Familie, Erfolg etc., obwohl alle anderen Lebensbereiche konstant geblieben sind, kann man davon ausgehen, dass in den neuen Räumen Energien oder Erinnerungen vorhanden sind, die sich negativ auswirken. Doch diese Energien und Erinnerungen können transformiert werden (siehe z. B. *Fengshui.Bayern*).

FENG SHUI

Das klingt für manche Menschen immer noch nach fernöstlichen Klangspielen, Wasserfallposter und Buddha-Statuen, doch *Feng Shui* beinhaltet noch viel mehr. So werden wir wesentlich davon beeinflusst, wie unsere Wohnung/unser Haus geschnitten ist, welchen Grundriss es aufweist, sogar die Form unseres Grundstücks beeinflusst uns grundlegend. An welcher Stelle befinden sich Türen und Fenster, die das Energiepotential erheblich beeinflussen? Gibt es Fehlbereiche, die den Reichtum, die Gesundheit, die Partnerschaft, die Familie etc. beeinträchtigen? Wie ist die Position unseres Bettes? Welche Farben haben die Wände, Gardinen und Böden? Sind die männlichen und weiblichen Energien ausgeglichen bzw. was bedarf der Unterstützung? Wie sind die Straßen und die umgebende Bebauung angeordnet? Wo ist ein Berg, ein Tal, ein See oder Fluss usw.? Für ungünstige Gegebenheiten gibt es oft einfache Lösungen, und durch bewährte Abhilfen können die Energiezufuhr, der Energiefluss usw. günstig beeinflusst werden. Die Programmierung von Kraftplätzen und Bereichen sowie die Harmonisierung und Vitalisierung des gesamten Wohn- bzw. Arbeitsbereiches runden eine Feng-Shui-Maßnahme ab.[611]

HEILIGE GEOMETRIE

Wenn Gebäude, Straßen, Plätze etc. nach harmonischen Grundsätzen gebaut würden, wären die Bewohner kraftvoller und könnten leichter in friedlichem Miteinander leben. Die *Heilige Geometrie* wird von der Weltelite seit Jahrhunderten genutzt, doch ist der Allgemeinheit nicht bekannt, dass diese Formen zum Erreichen von deren Zielen dienen. So sind sämtliche Obelisken ein Phallussymbol, und damit eine Huldigung der männlichen Energie, was heutzutage (noch) mit Macht gleichgesetzt wird. Typische Beispiele können wir in Washington D.C. und dem Vatikan sehen. Übrigens ist Rom die Stadt mit den meisten Obelisken.[612] Auch die Pyramide ist ein kraftvolles Symbol, sie ist Teil des Sterntetraeders, das die Verbindung von oben und unten darstellt.

Die Stadt Karlsruhe ist streng nach geometrischen Vorgaben gebaut worden, es wird offiziell von „Fächerform" gesprochen. In Wahrheit ist es natürlich die Pyramide, die hier nachempfunden wird, und das Schloss, das früher die regional Herrschenden beherbergt hat, ist an die Spitze der Pyramide gesetzt worden, um die Macht zu demonstrieren und zu erhalten. Wenn parallel zu dieser heiligen Geometrie eine gleichwertige Anerkennung der weiblichen und männlichen Energie ohne Unterdrückung des Weiblichen stattfinden würde, könnten wir in unseren Gebäuden mehr Kraft schöpfen, als dies in unseren rechteckigen, vielfach sogar würfelförmigen Gebäuden der Fall ist, die uns einschränken und eingrenzen.

BAUBIOLOGIE

Wenn wir nun das Grundstück und unsere Wohnung bzw. Haus von energetischen Altlasten bereinigt und durch Feng-Shui-Maßnahmen harmonisiert haben, dann sollten wir auch auf die Materialien achten, die uns umgeben. In unserer Freizeit sind wir entspannt und empfänglich, daher ist es wichtig, darauf zu achten, dass in unserem Heim möglichst keine giftigen Stoffe vorhanden sind, sei es im Bodenbelag, im Wandanstrich, bei den Gardinen, Möbeln usw.

Auch die elektrischen Leitungen verursachen ein Feld, das uns beeinflusst. Wenn man bedenkt, dass die Meldungen der Nerven, die von den Fingerspitzen zum Gehirn gehen, und auch die Steuerung des Herzschlages durch feinste elektrische Impulse verursacht werden, dann kann man sich vorstellen, wie leicht beeinflussbar diese Systeme sind. Eine Netzfreischaltung, die meist auch nachträglich von Ihrem Elektriker installiert werden kann, befreit zum Beispiel Ihr Schlafzimmer wesentlich von Elektrosmog. Sobald Sie die Nachttischleuchte einschalten, ist der Stromkreis wieder aktiv.

UNVERTRÄGLICHKEITEN

In unserer heutigen Zeit, in der wir Menschen einerseits immer empfindlicher und feinfühliger werden, sind wir andererseits mit immer mehr verarbeiteten und veränderten Nahrungsmitteln konfrontiert. Die Folge davon ist, dass wir immer mehr auf Zusatzstoffe, aber auch auf „ganz normale" Lebensmittel reagieren. Unklare Schmerzen und Beschwerden, rheumatischer Formenkreis, Fibromyalgie, Wirbelsäulenbeschwerden und Arthrose sind immer öfter Themen in Arztpraxen. Außer dem Verschreiben von schmerzstillenden Medikamenten sind die Mediziner meist ratlos. Nach meiner eigenen Erfahrung lohnt es sich, selbst auf die Suche nach Unverträglichkeiten zu gehen. In vielen Fällen können die Beschwerden nachlassen, wenn Weißmehl, Zucker, Kaffee, Alkohol und tierisches Eiweiß eingeschränkt wird. Wenn dem so ist, könnte es sein, dass Sie *übersäuert* sind oder evtl. einen *Candida* (albicans oder einen anderen Pilztyp) im Verdauungsbereich beherbergen. Ihr Befinden könnte sich erheblich bessern, wenn ein Heilpraktiker diesbezügliche Belastungen feststellt und Sie entsprechende Lebensmittel meiden.

Wenn Sie auf Vollkorn umgestiegen sind und trotzdem keine Besserung erfahren, könnten Sie ausprobieren, jede Form von Getreide wegzulassen, denn vielleicht haben Sie eine *Glutenunverträglichkeit*. Es gibt gute glutenfreie Brote im Naturkostladen oder beim Biobäcker. Begeben Sie sich selbst auf die Suche nach der Ursache. Zum Beispiel hat meine Mutter wesentlich weniger Beschwerden, seit sie Käse weglässt. Möglicherweise hat sie eine *Histaminintoleranz*. Wenn Sie diesen Verdacht bei sich selbst hegen, dann dürften Sie vermutlich auch Rotwein nicht besonders gut vertragen. Ein weiterer Hinweis auf eine Unverträglichkeit können Schmerzen aufgrund von Entzündungsreaktionen sein. Ein guter Arzt oder Heilpraktiker wird mit Ihnen zusammen einen individuellen Heilungsweg zusammenstellen. Die bereits beschriebene *Elektroakupunktur nach Voll* (EAV) kann ebenso eine Hilfe sein, Unverträglichkeiten herauszufinden.

ERSCHÖPFUNG – BURNOUT – NEBENNIERENSCHWÄCHE

Burnout ist eine Bezeichnung, die mittlerweile zum Alltagsvokabular gehört, doch tatsächlich sind bei einem oft jahrelang bestehenden beruflichen Termindruck viele Menschen irgendwann an der Grenze ihrer Leistungsfähigkeit angelangt. Wenn man nicht darauf achtet, sich regelmäßige Auszeiten zu nehmen und seinen Adrenalinspiegel durch Bewegung wieder auf Normalniveau zu bringen, entsteht ein Dauer-Dysstress, der krank macht. Wenn der Körper diese Belastung nicht mehr kompensieren kann, sendet er immer dringendere Signale von Schlaflosigkeit, Tagesmüdigkeit und Konzentrationsstörungen bis hin zu Schmerzzuständen, Entzündungen und schließlich Schlimmeres. Während die Anfangssymptome von der Schulmedizin entweder nicht ernst genommen werden oder Empfehlungen zu hören sind, wie kürzer zu treten, Entspannungstechniken zu lernen oder Sport zu treiben, kann es durchaus sein, dass durch eine jahrelange dauerhafte Anspannung bereits eine Nebennierenschwäche[613] entstanden ist. *Dr. med. James L. Wilson* hat diesem Thema ein ganzes Buch gewidmet: *Grundlos erschöpft? – Nebennieren-Insuffizienz – Das Stress-Syndrom des 21. Jahrhunderts*, das ich jedem Betroffenen empfehlen kann, denn darin sind auch Empfehlungen für unser eigenes Verhalten beschrieben.

Als hauptsächliche Verursacher einer Nebennierenschwäche gelten chronischer Stress (beruflich, privat oder auch durch chronische Krankheiten) und/oder persistierende Mikroorganismen.[614] Die Nebenniere musste in diesen Fällen meist jahrelang erhöhte Mengen an Cortisol bilden und ist aufgrund dessen erschöpft. Es ist derselbe Effekt wie bei der Bauchspeicheldrüse, die bei einem Typ-2-Diabetiker ebenfalls jahrelang vermehrt Insulin bilden musste und irgendwann am Ende ihrer Leistungsfähigkeit ist bzw. die Rezeptoren nicht mehr funktionieren. Diese Diabetesform ist daher die Erkrankung der Wohlstandsgesellschaft. Die Erkrankung der heutigen Zeit heißt *Nebennierenschwäche*, denn die Menschen werden zunehmend unter Druck gesetzt durch Forderungen des Arbeitgebers, aber auch durch eigene und systembedingte Anforderungen bei Freiberuflern und Selbstständigen, aber auch bei Angestellten, wodurch ein gesundes Maß der Anforderung überschritten wird.

Die ermüdete Nebenniere ist nicht mehr in der Lage, ausreichend Cortisol zu bilden, und es folgt eine zunehmende Erschöpfung. Wer dies nicht selbst erlebt hat, kann diesen Zustand nicht nachvollziehen. Unter anderem lässt die Konzentration so sehr nach, dass Sie für Tätigkeiten, bei denen Sie denken müssen, die dreifache Zeit benötigen und enorm darauf achten müssen, dass Sie nichts vergessen und sich keine Fehler einschleichen.

Eine Nebennierenschwäche wird von der allgemeinen Schulmedizin (noch) kaum beachtet, da die Blutwerte zunächst keine Abweichungen des Cortisolspiegels zeigen, während ein Speicheltest als Tagesprofil (morgens, mittags und abends) sehr wohl eine eindeutige Diagnose ermöglicht. Sollte sich der Verdacht auf eine Nebennierenschwäche bestätigen, ist es höchste Zeit, den Lebensstil etwas zu ändern und/oder sich gegebenenfalls auf die Suche nach eventuellen persistierenden Erregern zu machen. Den o. g. Speicheltest können Sie übrigens per Internet bei verschiedenen Labors anfordern und dort auswerten lassen. Wenn Sie nachts oder sehr früh aufwachen und nicht mehr schlafen können, dann ist die Wahrscheinlichkeit hoch, dass die Nebenniere durch ein Krankheitsgeschehen (Erreger, chron. Krankheit etc.) in Stress versetzt wird und zu früh Cortisol produziert, das Sie aufwachen und nicht wieder einschlafen lässt. Dieser Zustand erschöpft die Nebenniere auf Dauer, deshalb sollten Sie die Ursache finden und behandeln.

Es gibt einige Zeichen, die eine Nebennierenschwäche von einer kurzfristigen Müdigkeit unterscheiden, dazu gehört zum Beispiel eine niedrige Körpertemperatur (um 36,5°C oder weniger), Kälteempfindlichkeit, Absinken der Körpertemperatur nach Sport, verbunden mit dem Gefühl der völligen Erschöpfung, Morbus Raynaud (Finger/Zehen werden blutleer und weiß), vernebeltes Denken, Schwindel, schlechte Wundheilung, bräunliche Hautverfärbungen (oft am Kieferwinkel), trockene Haut, geglättete Fingerabdrücke, Schlaflosigkeit usw.[615, 616] Dies sind nur einige Symptome der Nebennierenschwäche, die einzeln natürlich auch einen völlig anderen Hintergrund haben können. Doch wenn Sie mehrere dieser Symptome an sich beobachtet haben, könnte es sich durchaus um eine Schwäche handeln, die Sie von einem geeigneten Heilpraktiker oder Arzt Ihres Vertrauens abklären lassen sollten. Lassen Sie sich nicht einreden, dass es nur funktionierende oder nicht funktionierende Nebennieren gäbe. Als Metapher hierzu können Sie sich einen Autoreifen vorstellen. Es gibt zwischen einem voll aufgepumpten Reifen und einem Plattfuß ebenfalls viele Variationen. Je eher Sie entdecken, dass wenig Luft darin ist, desto größer ist die Chance, dass der Reifen keinen Schaden nimmt, wenn Sie ihn wieder aufpumpen. Genauso ist es mit den Nebennieren: Je schneller Sie heilend eingreifen, desto größer ist die Chance, dass sie sich wieder ganz erholen und Sie keinen dauerhaften Schaden erleiden.

Dr. med. James L. Wilson schreibt in seinem o. g. Buch, dass Sie auf *schnelle* Kohlenhydrate verzichten sollten, zu denen vor allem Weißmehl und Zucker gehören. Er empfiehlt für morgens ein lang anhaltendes kohlenhydrathaltiges Frühstück (Vollkorn) und mehrere Mahlzeiten am Tag, die mit Eiweiß und gesunden Fetten kombiniert sein sollten. Anregende Mittel wie Kaffee oder Schwarztee sollten gemieden werden. Hilfreich ist auch, sich mehrmals täglich kurz hinzulegen, meist reichen wenige Minuten.

Um die Problematik noch besser zu verdeutlichen, zeige ich Ihnen einen beispielhaften Werdegang einer Nebennierenschwäche auf:

- Notoperationen (z. B. Kaiserschnitt oder Blinddarmdurchbruch)
- schwierige partnerschaftliche Situation
- Belastung durch gleichzeitige Herausforderungen: Kinder, Beruf, familiäre Pflegesituation
- beruflicher Termindruck
- Trennung
- chronische Erkrankungen (z. B. Rückenschmerzen)
- persistierende Mikroorganismen
  - ➔ Schmerzzustände, Schlafstörungen, Schwindel, Konzentrationsstörungen, Erschöpfung usw.

Die Schulmedizin empfiehlt in derartigen Fällen oft diverse Medikamente. Um einer wirklichen Heilung näher zu kommen, empfiehlt es sich jedoch zusätzlich, belastende Lebensbedingungen zu verändern. Hilfreich können folgende Maßnahmen sein:

- Amalgam entfernen lassen und nach Erregerherden suchen (frühere Wurzelbehandlungen?)
- regelmäßig walken oder spazieren gehen in der Natur
- Meditation oder Yoga
- Reduktion von beruflichem Termindruck
- transformieren von Glaubenssätzen und Verhaltensmustern durch verschiedene Methoden
- weglassen von Weißmehl und Zucker
- TCM-Kräuter (TCM-Arzt)
- Stärkung der Nieren (z. B. Homöopathie)
- Stärkung der Leber (z. B. Mariendistel)
- Stärkung des Lymphflusses

- hochwertiges Leinöl zur Versorgung mit Omega-3-Fettsäuren (Achtung, es muss gekühlt werden, sollte nicht bitter schmecken)
- Kurkuma, Pfeffer und Koriander zum Lösen von Schwermetallen und als Antioxidans
- Chlorella-Algen zum Binden und Ausleiten der gelösten Schwermetalle und zur allgemeinen Entgiftung
- Nebennierenrindenextrakt
- Mineral- und Vitaminmischung
- natürliches Vitamin C
- Magnesium
- MMS (nach *Jim Humble* gegen persistierende Erreger)
- Kolloidales Silber (gegen persistierende Erreger)
- Homöopathie
- Bachblüten etc.

Dies sind einige alternative Möglichkeiten. Ihr persönlicher Weg sieht mit Sicherheit anders aus, falls Sie betroffen sein sollten. Dieses Beispiel möchte Ihnen nur aufzeigen, wie vielschichtig das Thema *Nebennierenschwäche* sein kann. Mein dringender Rat: Lassen Sie sich von einem guten Heilpraktiker oder Arzt begleiten, der Sie berät, Ihre Werte kontrolliert und Ihnen gute Hilfsmittel empfiehlt. Er kann Sie dabei unterstützen herauszufinden, was Ihnen helfen kann und was für Sie ungünstig ist. Es gibt zum Glück immer mehr Ärzte, die sich für ganzheitliche Komplementärmedizin interessieren. Diesen möchte ich an dieser Stelle meinen Dank für ihren Mut aussprechen!

Eines ist gewiss: Die Verantwortung dafür, was mit Ihrem Körper geschieht, legt schlussendlich bei Ihnen! Informieren Sie sich und entscheiden Sie selbst. Denn nur Sie fühlen, wie Ihr Körper reagiert, und Sie haben die Folgen zu tragen, nicht ein Arzt.

Ich gehe übrigens davon aus, dass bestimmte Persönlichkeitstypen anfälliger für eine Nebennierenschwäche sind als andere. Wenn Sie bei besonderen Herausforderungen oder bei immer mehr werdenden Pflichten zum Beispiel denken: *„Mir ist das alles zu viel, aber ich muss es schaffen."* oder im Extremfall: *„Am liebsten würde ich einschlafen und erst wieder in einem Jahr aufwachen."* oder Ähnliches, sind Sie meiner Erfahrung nach viel mehr gefährdet als jemand, der *„nein"* sagen oder gut delegieren kann.

„Nein" zu sagen, kann man lernen, wobei es nicht darum geht, jemandem eine Abfuhr zu erteilen, sondern vor allem geht es darum, für sein eigenes Wohlbefinden zu sorgen und seine eigenen Grenzen kennenzulernen. Wir dürfen lernen, auf die sanften Signale des Körpers und der Seele zu hören, die uns in Stresssituationen sehr wohl darauf hinweisen, auf uns selbst zu achten. Doch aus Angst – meistens die Angst, sonst nicht akzeptiert (bzw. geliebt) zu werden – übernehmen wir zu viele Arbeiten und Pflichten, die uns schließlich überfordern. Es sind demnach nicht nur die Umstände, die uns krank machen, sondern es ist ein Lernziel hinter den Beschwerden verborgen. Es geht darum, zu uns und zu unseren Bedürfnissen zu stehen. Wenn wir *alle* Wünsche und Aufgaben, die an uns herangetragen werden, erledigen wollen, leben wir nicht *unser* Leben, sondern

das Leben anderer. Für viele Menschen, speziell in unserer Kultur, ist es nicht einfach, auf sich selbst zu achten, da wir es von unseren Eltern und vorhergehenden Generationen nicht gelernt haben. Je mehr wir uns mit diesem Thema auseinandersetzen, desto besser geht es uns!

Doch trotzdem benötigen wir, wenn wir eine Nebennierenschwäche entwickelt haben, Hilfe und Unterstützung für unsere Nebenniere. Die Schulmediziner sind derzeit leider zu wenig auf die Symptome einer Nebennierenschwäche ausgerichtet und vorbereitet, wie auch ein Leserbrief in der Zeitschrift *Naturarzt* zeigt. Dort schreibt ein Leser, als Reaktion auf einen zuvor veröffentlichten Artikel, dass ihm vor ca. 20 Jahren ein Nebennierenrindentumor entfernt worden war. Wenige Jahre später erlitt er seinen ersten körperlichen und seelischen Zusammenbruch, woraufhin eine Depression diagnostiziert wurde. Eine Odyssee von Psychopharmaka, Psychotherapien und Aufenthalten in psychosomatischen Kliniken war die Folge. Sein wiederholter Hinweis, dass er nur noch eine Nebenniere habe, wurde nicht ernst genommen. *„Die andere Nebenniere macht die Arbeit mit. Das ist alles psychisch!"*, war die Antwort der Ärzte. Vor kurzem erst hat er bestätigt bekommen, dass er unter einer Nebennierenrindeninsuffizienz leidet. Seitdem er Hydrocortisol einnimmt, sind sämtliche Beschwerden verschwunden, und er hat, wie er schreibt, *„sein Leben wieder... schade um die verlorenen Jahre"*.[617] Auch wenn die Ursache bei ihm die Entfernung einer Nebenniere war, ist anhand seiner Geschichte deutlich zu erkennen, dass die Schulmedizin die für unser Wohlbefinden so wichtige Nebennierenrinde nicht ernst nimmt – von der Meinung des Patienten ganz zu schweigen.

Lassen Sie sich daher nicht beirren, wenn Sie sich aufgrund Ihrer Recherchen und Laborergebnisse sicher sind, dass Sie unter einer Schwäche der Nebennieren leiden und Sie sich von Ihrem Hausarzt nicht ernst genommen fühlen. Sie können sich durchaus selbst helfen, indem Sie recherchieren, an sich arbeiten und lernen, *„nein"* zu sagen. Reduzieren Sie Stress so gut wie möglich, nehmen Sie Hilfe an und sanieren Sie Ihre Beziehungen. Wenn dazu noch versteckte Erregerherde (Zähne) aufgespürt und geheilt werden, haben Sie schon viel für Ihre geschwächten Nebennieren getan. Es lohnt sich! Auch Sie können – wie der Schreiber des o. g. Leserbriefes – *„Ihr Leben wiederhaben"*.

Neurodermitis, Darm-, Haut- und Lungenprobleme

Wenn Sie mit der Haut, der Lunge und dem Darm Probleme haben, sollten Sie sich Ihr Verhältnis zu den Menschen in Ihrer Umgebung ansehen. Haut, Darm und Lunge gehören zur Hautoberfläche und haben mit der Abgrenzung zur Außenwelt zu tun. Könnte es sein, wie bei der Nebennierenschwäche, dass Sie schlecht *„nein"* sagen können oder alles für andere tun, Ihre eigenen Bedürfnisse jedoch stets zurückstellen und sich damit selbst nicht genügend wertschätzen? Wenn dem so ist, dann fangen Sie an, in kleinen Situationen zu üben. Zum Beispiel im Supermarkt, wenn sich wieder einmal jemand vordrängen möchte und Sie denken: *„Warum immer bei mir?"* Sagen Sie freundlich *„nein"* oder *„nein, heute nicht"*. Sie brauchen das nicht zu begründen, damit fördern Sie nur ein schlechtes Gewissen bei sich selbst. Wenn Sie sicherer sind, für sich selbst gut zu sorgen, dann entwickeln Sie auch ein Gespür dafür, wann Sie wirklich jemanden vorlassen, weil Sie fühlen, dass sich jemand echt in Terminnöten befindet. Aber achten Sie auf sich selbst – stehen Sie vielleicht selbst gerade unter Termindruck? Spüren Sie bei jeder Anfrage von anderen zuerst in sich hinein. Sagt es in Ihnen *„ja"* oder kommt ein *„nein"*? Ein *„nein"* ist anfangs oft nur als *„jein"* oder als *„eigentlich nicht"* zu spüren, bedeutet aber ebenfalls *„nein"*. Dieses Gespür lässt sich üben und dient Ihrem eigenen Wohlbefinden und Ihrer Gesundheit.

Probleme mit der Hautoberfläche oder auch mit der Nebenniere werden oft von dem Verhaltensmuster, nicht auf sich selbst zu achten, mit verursacht.

Krebserkrankungen allgemein

Die Diagnose *Krebs* ist zunächst einmal eine schockierende Erfahrung. Doch lassen Sie sich nicht verunsichern, grundsätzlich ist alles möglich, auch Heilung!

Der Arzt, der Ihnen diese Diagnose mitteilt, wird Ihnen vermutlich eine Operation, eine Chemotherapie, eine Bestrahlung oder eine Kombination davon empfehlen. Überlegen Sie sich in Ruhe, was Sie tun möchten. Denken Sie daran: Es ist Ihr Körper, Sie allein sind verantwortlich für sich. Sie allein entscheiden, ob Sie den schulmedizinischen, einen alternativen Weg oder parallel beide Wege gehen möchten. Egal, was Ihnen Ihr Arzt vorschlägt: Holen Sie sich eine zweite Meinung ein, und informieren Sie sich über verschiedene Quellen über empfohlene Behandlungen. Entscheiden Sie selbst, welchen Weg Sie gehen möchten. Bedenken Sie, dass es Ihr Prozess ist, nicht der Prozess des Arztes. Es geht um Ihren Körper, die Verantwortung dafür können Sie nicht abgeben, denn es ist auch Ihr Körper, in dem die Erkrankung entstanden ist. Ein Arzt kann Sie operieren, Ihnen Medikamente verschreiben und begleiten, aber der Heilungsprozess wird allein in Ihnen stattfinden, und nicht nur Ihr Körper, sondern auch Ihre Seele braucht Heilung.

Krebserkrankungen sind meines Erachtens Zeichen des Körpers, dass er nicht mehr in der Lage ist, die Summe der **schädigenden Einflüsse**, denen wir tagtäglich ausgesetzt sind, zu kompensieren. Daher gilt es, alles, was uns schadet, sofort zu reduzieren bzw. auszuleiten, den Körper zu stärken und zu stabilisieren und sich parallel dazu mit sich selbst und den eigenen Verhaltensmustern und Glaubenssätzen zu befassen. Krebserkrankungen sind den ganzen Körper umfassende Erkrankungen, denen man auf mehreren Ebenen begegnen sollte. Nachfolgend zähle ich einige Möglichkeiten auf, was bei dieser Diagnose zusätzlich zur Behandlung getan werden kann:

KÖRPER ENTGIFTEN

Zuerst sollte der Körper entgiftet werden. Was sehr kanzerogen wirkt, ist Aluminium[618], das wir unserem Körper vor allem in Form von Deodorants, Kochsalz, Magensäureblockern und Impfstoffen zuführen. In unserem Körper sammeln sich über die Jahre so viele Giftstoffe an, dass es nicht verwundert, wenn das „Fass" eines Tages überläuft. Es empfiehlt sich, eine Entgiftung von Aluminium, aber auch von Quecksilber durchzuführen. Diese Stoffe können mit einer Kurkuma-Pfeffer-Mischung und Chlorella-Algen reduziert werden, die die gelösten Schwermetalle im Darm binden und ausleiten.[619] Die Schwermetallentgiftung wird später nochmals genauer erklärt.

ERNÄHRUNG

Neben der Entgiftung ist es ganz wichtig, dem Körper über die Ernährung keine Gifte mehr zuzuführen. Hier spreche ich vor allem die Pflanzenschutzmittel der konventionellen Landwirtschaft und die gentechnisch veränderten Pflanzen an. Interessant ist, dass auch Ratten, die nur mit genverändertem Mais gefüttert wurden, ebenfalls Krebsgeschwüre bekamen, *„ein Anzeichen dafür, dass neben Roundup auch ein Bestandteil des Genmaises selbst krebsauslösend wirkt".*[620] Der genveränderte Mais *NK 603*[621] ist beispielsweise resistent gegen das Mittel *Roundup* und wird in der Regel zusammen mit dem Herbizid verwendet.

Ich möchte Sie sensibilisieren, auf die Qualität Ihrer Lebensmittel zu achten. Die Art des Anbaues ist verantwortlich für die Menge an Gift, die Sie Ihrem Körper über die Ernährung zuführen. Selbst wenn Sie keinen Mais verzehren, so werden doch Schlachttiere damit gefüttert, und der Mensch nimmt diese genveränderten Pflanzen über den Umweg des Nutztieres auf. Daher meine dringende Empfehlung, sich mit Lebensmitteln aus ökologischer Erzeugung zu ernähren, und zwar jetzt und nicht erst, wenn Sie bereits erkrankt sind.

ÜBERSÄUERUNG

Auch wenn die Schulmedizin meist darüber lächelt, ist eine Übersäuerung des Körpers zu vermeiden, da sie das Wachstum von Krebszellen begünstigt. Einer Übersäuerung kann durch die Reduktion oder noch besser Vermeidung von Fleisch, Wurst, Zucker, Weißmehl, Kaffee und Alkohol entgegengewirkt werden. Günstig sind bis auf wenige Ausnahmen Gemüse und Obst. Es kommt nicht darauf an, nichts Saures zu sich zu nehmen, sondern es kommt darauf an, wie der Körper die Nahrungsmittel verstoffwechselt. Hierzu gibt es Listen, in denen die Nahrungsmittel unterteilt sind in säurebildend, basenbildend und neutral.

Gut für eine Entsäuerung sind folgende Maßnahmen:
1. **basische Ernährung**
2. genügend trinken; am besten **Trinkwasser**
3. **tiefe Atmung**; Säuren werden auch über die Lunge ausgeschieden.
4. moderate Bewegung

5. basische Bäder, zum Beispiel *Natron* mit ins Badewasser geben, hierzu können Sie Backnatron verwenden (bitte kein Backpulver)
6. Basenpräparate mit basischen Mineralstoffen (nach Rücksprache mit Ihrem Arzt oder Heilpraktiker)

Der tiefen Atmung wird meines Erachtens viel zu wenig Aufmerksamkeit geschenkt. Nicht umsonst erhielt *Dr. Otto Warburg* bereits 1931 den Nobelpreis *„für die Entdeckung der Natur und der Funktion des Atmungsferments"*. Heute werden die Atmung und die Übersäuerung von der klassischen Schulmedizin nicht mehr berücksichtigt. Im Gegenteil: Der Mensch wird mit Chemie behandelt, um die Symptome zu bekämpfen, denn Chemotherapien sind ein Milliardengeschäft. *Dr. Leonard Coldwell* beispielsweise berichtet hierzu ausführlich in Vorträgen, die im Internet abrufbar sind, und ebenso in seinen Büchern über die wirklichen Ursachen von Krebs und wie man diese verändern kann.

Auch Dysstress und Ärger wirken sich ungünstig auf den Säure-Basen-Haushalt aus. Überprüfen können Sie Ihren pH-Wert mit Urin-Teststreifen, die Sie in Apotheken günstig erhalten. Der Heilpraktiker und Dozent *Harald Hosch* schreibt, dass über die Therapie einer konsequent vorbeugenden Entsäuerung die drei schlimmsten Todesursachen der Gegenwart – Herzinfarkt, Schlaganfall und Krebs – besser beherrschbar geworden sind.[622] Übrigens: Auch die Schulmedizin kümmert sich intensiv um den Säurewert des Blutes, aber nur bei einer Operation! Der Anästhesist achtet über die Kontrolle des Blut-pH-Wertes genau darauf, dass der Patient nicht in eine Azidose oder eine Alkalose kommt.

VITAMIN B17

Seit Jahrzehnten mehren sich die Erfolgsberichte über die Einnahme von *Vitamin B17* bzw. von bitteren Aprikosenkernen bei Krebserkrankungen. Die Schulmedizin erkennt dies nicht an, doch es gilt auch hier: *„Wer heilt hat Recht."*. Schon 1950 hat *Dr. Krebs jr.* in bitteren Aprikosenkernen die Substanz *Laetril/Amygdalin* entdeckt, die er *Vitamin B17* genannt hat. Er hat die bitteren Aprikosenkerne bei krebskranken Menschen eingesetzt und gleichzeitig die Enzymproduktion der Bauchspeicheldrüse angeregt, und damit phantastische Heilerfole erzielt. Vitamin B17 setzt sich unter anderem aus *Benzaldehyd* und *Zyanid* zusammen – beide giftig –, doch es handelt sich um eine stabile Verbindung, die im Körper nur durch ein Spaltenzym gelöst werden kann. Allerdings findet sich das Enzym nur in Krebszellen.[623] Dort können die giftigen Bestandteile dann ihr Werk tun und die Krebszellen zerstören. Damit noch nicht genug: Im gesunden Gewebe gibt es ein weiteres Enzym, das wiederum die Eigenschaft hat, das Gift in nützliche Nebenprodukte umzuwandeln. Dieses Schutzenzym kommt angeblich nur in gesunden Zellen vor, und dort reichlich, jedoch nicht in Krebszellen.[623] Genial, wie die Natur dies geregelt hat. Es ist ein Krebsheilungssystem ohne Nebenwirkungen. Ich habe selbst eine ganze Zeit lang täglich fünf bittere Aprikosenkerne zu mir genommen, weil ich wissen wollte, ob Nebenwirkungen auftreten. Bittere Aprikosenkerne gibt es im gut sortierten Naturkostladen oder im Internet. Ich habe gelesen, dass man keine US-Ware bestellen soll, da diese angeblich bestrahlt ist. Also sollten Sie vielleicht besser Kerne von einem anderen Erdteil wählen, am besten aus ökologischem Anbau.

SCHWARZKÜMMEL

Ein weiteres Mittel gegen zahlreiche Krebsformen, wie Bauchspeicheldrüsen-, Prostata-, Darm- und Brustkrebs, ja sogar gegen bösartige Gehirntumore, ist laut *info.kopp-verlag.de* Schwarzkümmel. *„Am Kimmel-Krebszentrum der Jefferson University in Philadelphia entdeckten Forscher bei einer Studie, dass 80 Prozent der Bauchspeicheldrüsenkrebszellen durch den Zusatz von Nigella sativa zerstört wurden… Bei schulmedizinischer Behandlung liegt die Fünfjahres-Überlebensrate bei nur vier Prozent."* Auch bei Darm- und Brustkrebs sind in Studien Erfolge verzeichnet worden.[624]

VITAMIN D

Auch *Vitamin D* ist ein Mittel, das die Schulmedizin kaum beachtet und das die Pharmaindustrie am liebsten verdammen würde, da es eine Vielzahl an Beschwerden lindern kann. Viele Menschen leiden an Vitamin-D-Mangel, ohne es zu wissen, da der Wert normalerweise nicht untersucht wird. Es mehren sich jedoch die Hinweise, dass Vitamin D den Verlauf vieler Krankheiten positiv beeinflussen kann.

*„Vitamin-D-Mangel ist eine häufige Ursache von Brustkrebs bei Frauen, wie eine neue Studie ergab, die im American Journal of Clinical Nutrition veröffentlicht wurde. Die Studie, die von einem Wissenschaftlerteam verschiedener Organisationen durchgeführt wurde, zeigt, dass bei Frauen in Saudi-Arabien, deren Vitamin-D-Werte erniedrigt sind, ein **sechs Mal höheres Brustkrebsrisiko** besteht als bei Frauen mit höheren Werten.",* schreibt *B. Pierson*.[625] (H. d. d. A.)

Nun rächt sich die Propaganda, die Sonne zu meiden und Lichtschutzfaktoren von 50 oder noch mehr zu verwenden. Von der chemischen Belastung einmal abgesehen... Ich habe die Erfahrung gemacht, dass ich nicht nur auf die Schulmedizin oder deren Empfehlungen hören darf, wenn ich gesund bleiben bzw. werden möchte, sondern vor allem auf meine innere Stimme. Rückblickend betrachtet, kann ich sagen, dass es stets gut für mich war, wenn ich auf meine Intuition gehört habe. Immer wieder stellen sich Medikamente und Therapien als schädlich und Diagnosen als falsch heraus. Fühlen Sie daher selbst in sich hinein, was Ihnen gut tut. Oftmals hilft auch die Kombination eines wohlüberlegten Medikaments und der Alternativmedizin. Wichtig ist, dass Sie einen Arzt oder Heilpraktiker Ihres Vertrauens finden, der Sie begleitet.

„Unsere Studie, die im Juli 2009 in der Zeitschrift Annals of Epidemiology veröffentlicht wurde, ergab, dass eine Erhöhung der 25(OH)D-Werte im Blutserum der Frauen auf 100 bis 150 nmol/l (40-60 ng/ml) in den USA pro Jahr 58.000 Brustkrebserkrankungen und drei Viertel der Todesfälle durch die Erkrankung verhindern würde.', betonte Dr. Garland. ,Wir brauchen die Hilfe und Unterstützung der Mediziner, besonders der Hausärzte, um diese Information an ihre Patientinnen weiterzugeben und die Brustkrebsprävention durch die Einnahme von Vitamin D zur täglichen Routine zu machen.'", schreibt *B. Pierson*.[626]

Diese Studien und Empfehlungen werden jedoch in den wenigsten Fällen propagiert, und selbst unter den Medizinern erfährt dies nur derjenige, der explizit danach sucht oder sie zufällig liest. Oder ist Ihnen schon mal empfohlen worden, Ihren Vitamin-D-Spiegel messen zu lassen? An dieser Stelle wiederum ein Appell an unsere Eigenverantwortung! Wir haben uns selbst gegenüber eine Informationspflicht!

VITAMIN C

Vitamin C wird meist bei Erkältungskrankheiten empfohlen. Doch *Vitamin C* hat noch ein ganz anderes Potential. Es scheint – hochdosiert – in der Lage zu sein, Krebserkrankungen zu verhindern und zu verringern. So schreibt das *zentrum-der-gesundheit.de*: „*Vor einem halben Jahrhundert begann der berühmte Wissenschaftler und zweifache Nobelpreisträger Linus Pauling seine letztendlich bahnbrechenden Forschungen über die gesundheitlichen Auswirkungen von Vitamin C. Insbesondere für die Krebsprophylaxe und Krebsbekämpfung waren seiner Meinung nach ungewöhnlich hohe Vitamin-C-Dosen höchst hilfreich und unumgänglich… Jetzt, mehr als 15 Jahre nach seinem Tod, fanden Forscher heraus, inwiefern Vitamin C das Wachstum von Krebszellen tatsächlich stoppen könnte…, Unsere Forschungsergebnisse ermöglichen eine vielversprechende und einfache Behandlungsmethode für unseren Kampf gegen den Krebs – sowohl in der Prävention als auch bei der Heilung.*', sagte Dr. Margreet Vissers in einer Presseerklärung. Dr. Vissers ist außerordentliche Professorin der Free Radical Research Group an der University of Otago in Neuseeland und leitete eine erkenntnisreiche Vitamin-C-Studie, deren Ergebnisse kürzlich im Fachmagazin Cancer Research(1) veröffentlicht wurden… In der Krebstherapie wird Vitamin C normalerweise in Form von hochdosierten Infusionen (7,5 bis 45 Gramm und mehr Vitamin C pro Infusion) verabreicht. Vorbeugend kann Vitamin C auch oral eingenommen werden.*“[627]

Linus Pauling empfahl ein Vielfaches der von der *Deutschen Gesellschaft für Ernährung* empfohlenen Dosis. „*Er selbst soll jahrelang um die 18 Gramm Vitamin C eingenommen haben – und wurde immerhin 93 Jahre alt.*“ In verschiedenen Schriften wird beschrieben, dass Vitamin C teilweise direkt in den Tumor gespritzt wird.

Ähnliche Ergebnisse seien auch in der medizinischen Fachzeitschrift *Science Translational Medicine* berichtet worden, schreibt *Ethan A. Huff*. „*Aufbauend auf wissenschaftlichen Untersuchungen des Chemikers Linus Pauling von der Oregon State University… wurden im Rahmen dieser neuen Studie hohe Dosen von Vitamin C in menschliche Eierstockzellen injiziert… Nach einem Bericht von BBC News brachten die Versuche in allen drei Modellen positive Ergebnisse: Das Vitamin C ging sehr effektiv gegen den Eierstockkrebs vor, ließ aber gleichzeitig die gesunden Zellen unangetastet. Der Nutzen des hochdosierten Vitamin C wurde auch im Vergleich mit dem einer konventionellen chemotherapeutischen Behandlung untersucht, bei der bösartige und gutartige Zellen gleichermaßen zerstört werden, was letztendlich zum Tod des Patienten führt.*“[628]

Nur schade, dass dieser Ansatz keine Studien der Pharmaunternehmen nach sich ziehen dürfte, denn: „*Weitere Humanstudien über intravenös verabreichtes Vitamin C sind unwahrscheinlich, weil Pharmafirmen Vitamine nicht patentieren lassen können.*“ Die Schulmedizin reagiere seit Jahren geradezu verächtlich auf diese und ähnliche Ergebnisse. Es wird in dem o. g. Artikel auch darauf hingewiesen, dass Vitamin C sehr unterschiedlich wirkt, je nachdem, ob es oral eingenommen oder intravenös verabreicht wird.

CAYENNE-PFEFFER

Bei den Heilpflanzen gegen Krebserkrankungen ist der Cayenne-Pfeffer nicht zu vergessen, den ich weiter oben bereits beschrieben habe.

GERMANISCHE HEILKUNDE (EHEMALS *NEUE MEDIZIN*)

Ich möchte nicht versäumen, die äußerst umstrittene Methode *Germanische Heilkunde*, die auch die *Neue Medizin* genannt wird, von *Dr. med. Mag. theol. Ryke Geerd Hamer* zu erwähnen. Die *Germanische Heilkunde* geht – in sehr vereinfachten Worten formuliert – davon aus, dass ernste Erkrankungen wie Krebs die Folge eines *dramatischen Konflikts* sind. Mit Konflikt ist in diesem Fall ein erschütterndes Ereignis gemeint, das von mehreren Gefühlen begleitet wird:

1. Ich fühle mich ausgeliefert.
2. Ich bin allein und erhalte keine Unterstützung.
3. Ich sehe keine Perspektive.

Das kann ein Todesfall sein, eine Trennung oder eine Kündigung. Aber auch eine Diagnose kann ein persönliches Drama auslösen. Im Moment der Konfliktentstehung bildet sich laut *Dr. Hamer* ein sog. *Hamerscher Herd*, eine Erscheinung, die im CT dargestellt werden kann und aussieht wie konzentrische Kreise – wie die Wellen, nachdem Sie einen Stein ins Wasser geworfen haben. Wenn es zur Lösung des Konfliktes kommt, kann der Patient in die Heilungsphase eintreten. Mit Beginn der Konfliktlösung schaltet der Organismus wieder um von Stress auf Ruhe, und der Körper kann mit seiner Heilung beginnen.

Daher ist der springende Punkt seiner Methode, den ursprünglichen Konflikt herauszufinden, zu lösen und den Patienten in der Heilungsphase zu begleiten.[629] Die Schulmedizin lehnt *Hamers* Theorien vollkommen ab und würde ihn am liebsten steinigen, so groß ist die Aversion gegen ihn. Doch für mich klingen seine Erklärungen durchaus nachvollziehbar. Wie bei allen bahnbrechenden neuen Theorien könnte es auch hier so sein: „*Zuerst wird er ignoriert, dann belächelt, später bekämpft, und irgendwann wird seine Theorie zum Standard.*"

6-6-5-POWER-ATMUNG

Von meinem Feng-Shui-Großmeister *Dr. Jes Lim* habe ich die *6-6-5-Power-Atmung* gegen Krebserkrankungen gelernt. Diese Atemübungen stellen eine Provokation für den Körper dar und sollen zur Selbstheilung anregen. Die *6-6-5-Power-Atmung* funktioniert wie folgt:

1. Tief *einatmen* und dabei langsam bis 6 zählen.
2. Tief *ausatmen* und dabei langsam bis 6 zählen.
3. *Nicht atmen* und dabei langsam bis 5 zählen, anschließend nochmals zirka 5 Mal wiederholen.

Bitte testen Sie Ihre eigene Zähl-Geschwindigkeit! Sie sollen nicht blau anlaufen und umfallen, sondern nur einen gewissen Widerstand bzw. einen Drang nach Luft verspüren. Diese Atmung zeigt dem Körper zunächst, dass er genügend Sauerstoff erhält, anschließend wird ihm jedoch durch das Nicht-Atmen eine Notsituation durch Ersticken simuliert. Dadurch wird der Körper dazu animiert, sofort auf die Sauerstoffversorgung seiner Zellen zu achten und diese zu gewährleisten. Durch den kurzzeitigen Stress wird die Sauerstoffversorgung und damit der Selbstheilungsprozess angeregt. Diese Übung sollte mehrmals täglich durchgeführt werden. Diese Power-Atmung sollte nicht unterschätzt werden, sie ist sehr kraftvoll.

Die Atmung hat den wichtigsten Einfluss auf unser Leben. Ohne Nahrung kann der normale Mensch einige Wochen überleben, ohne Wasser immer noch einige Tage, aber ohne Atmung können wir nur wenige Minuten überleben. Diese Tatsache sollte uns bewusst machen, dass die Sauerstoffversorgung der Zellen und der Abtransport der Kohlensäure aus den Zellen das Wichtigste überhaupt ist. Das ist der Grund, warum die tiefe Atmung so wichtig ist.

GUOLIN-QI-GONG

Wer sich mit der Atmung bei Krebserkrankungen näher befassen möchte, kann sich auch mit *Guolin-Qi-Gong* befassen, das seit 1984 vom *Chinesischen Gesundheitsministerium* als medizinische Qi-Gong-Übung anerkannt ist.[630] Auch hier geht es darum, den Körper mit mehr Sauerstoff zu versorgen und von belastenden Stoffen zu reinigen. Die Übungen regen den Energiefluss und den Kreislauf an und fördern die Selbstheilungskräfte.

INNENLEBEN

Bei vielen Krebspatienten ist mir aufgefallen, dass sie wenig Bezug zu sich selbst haben. Viele sind mit ihrer Aufmerksamkeit sehr im „Außen". Sie interessieren sich mehr für das politische Geschehen, Kollegen, Nachbarn, das Auto oder Sonstiges, aber hören selten in sich hinein. Für eine Heilung ist es wichtig, eine gute Verbindung zu sich selbst zu haben und mit seiner eigenen Seele, seinem Herzen, zu kommunizieren. Es ist von Bedeutung, seine eigene Gefühlslage zu spüren und zu erkennen, wie es einem selbst geht. Wie steht es um Ihre eigenen Bedürfnisse? Sind Sie nur für die anderen da? Wo bleiben Sie selbst? Können Sie sich adäquat äußern, wenn Ihre Wünsche von denen Ihrer Umgebung oder Ihrer Familie abweichen?

Ein Mann mit Metastasen kommt öfters zu mir, und ich habe ihm empfohlen, über seine Gefühle zu sprechen und zu sagen, wenn er etwas nicht möchte. Ich war ziemlich erschüttert, als er mir antwortete, dass ihm das von seiner Frau abgewöhnt worden sei. Ich kenne seine Frau, und ich weiß, dass sie sich ein paar seiner Eigenschaften anders wünscht. Aus diesem Grund kommt oft der Satz: *„Du musst...!"* oder *„Du kannst doch nicht...!"* Diese ständigen Gängeleien zermürben jedoch und tragen indirekt zur Erkrankung bei. Einen Partner sollte man so nehmen, wie er ist! Oft ist es jedoch so, dass uns am Partner genau das stört, was unser eigenes Thema ist, weil wir zum Beispiel genau das Gegenteil leben möchten oder aber, weil der Partner sich traut, so zu sein, wie er ist, was wir uns selbst aber nicht zugestehen. Sprechen Sie Ihre Wünsche aus, sagen Sie, wenn Sie sich nicht akzeptiert fühlen, treten Sie für sich ein. Fühlen Sie in sich hinein, und sprechen Sie aus, was Sie bewegt!

Haben Sie Ängste? Vor was haben Sie Angst? Gab es eine Veränderung in Ihrem Leben, woraufhin Sie dachten oder sagten: „*So will ich nicht leben!*"? Welches Thema gibt es, das Sie unglücklich macht oder zermürbt? Klären Sie diese schwächenden Einflüsse, es ist nie zu spät, sein Leben, seinen Wohnsitz oder seine berufliche Situation zu verändern.

Sehr hilfreich ist es, mit den eigenen Zellen zu kommunizieren. Sprechen Sie mit Ihren Abwehrzellen, stellen Sie sich vor, wie diese eine Kriegsarmee aufstellen, die Krebszellen umzingeln und sie unschädlich machen. Sie sehen, es gibt viele Möglichkeiten, dem Krebs zu begegnen. Wichtig ist, selbst das Geschehen zu beeinflussen und aktiv mit dem Arzt Ihres Vertrauens zusammenzuarbeiten. Hören Sie in sich hinein, ob es etwas in Ihrem Leben gibt, was Sie belastet. Klären Sie verdrängte Themen, und schließen Sie Frieden mit Ihrem Umfeld, aber auch mit sich selbst. Es ist *Ihr* Leben, *Ihre* Gesundheit und *Ihre* Geschichte, und nur *Sie* können *Ihre* Geschichte ändern!

BORRELIOSE (ZECKENBISS)

Viele Menschen leiden unter *Borreliose*, die oft nicht nachgewiesen werden kann. Aber auch wenn sie diagnostiziert wurde, ist sie manchmal trotz intensiver antibiotischer Behandlung nicht zu heilen. In diesen Fällen, oder auch begleitend zur ärztlichen Behandlung (bitte mit dem Arzt besprechen), lohnt sich ein Versuch mit Kardentinktur, die aus den Wurzeln der Karde hergestellt wird, wie zum Beispiel *Wolf-Dieter Storl* empfiehlt.[631] Hierzu die Wurzeln im Herbst ausgraben, sauber waschen (evtl. bürsten) und in kleine Stücke schneiden, falls nötig mit der Gartenschere. Dann die Wurzelteilchen in ein Schraubglas füllen, etwa halb voll. Darüber einen Doppelkorn mit ca. 40% gießen, bis alles bedeckt ist, und das Glas schließen. Anschließend die Tinktur an einem warmen Ort ca. sechs Wochen ziehen lassen, danach filtern und in eine dunkle Flasche füllen. Von der Tinktur etwa drei Wochen lang 2 bis 3 Mal täglich 10 bis 50 Tropfen nehmen – Achtung, nicht für Lebererkrankte geeignet.[632]

FIBROMYALGIE

Das Wort *Fibromyalgie* bedeutet lediglich *Faser-Muskel-Schmerz* und ist im Grunde nur eine Kurzbezeichnung für ein umfangreiches Paket an Symptomen. Diese reichen von chronisch-generalisierten Schmerzen bis zu Morgensteifigkeit, Rückenschmerzen, Schwellungsgefühl an den Händen, Konzentrationsstörungen, Stressintoleranz, Migräne, Müdigkeit, Schlafstörungen usw. Den Patienten wird u. a. geraten, Entspannungsübungen zu erlernen, ein vorsichtiges Herz-/Kreislauftraining, psychologische Maßnahmen zu ergreifen sowie ein Antidepressivum und schmerzlindernde Medikamente zu nehmen. Ursachenforschung wird hier in der Regel nicht betrieben.

Jetzt gibt es jedoch verstärkte Hinweise, dass Ernährungsunverträglichkeiten ursächlich für diese Beschwerden sein könnten. Zum Beispiel ist in einer Studie nachgewiesen worden, dass sich die Beschwerden bei veganer Ernährung verringern.[633] *Mario Krause* belegt in seiner Doktorarbeit *IgG-vermittelte Nahrungsmittelallergie als Auslöser von Fibromyalgie-Beschwerden und der Einfluss einer Eliminationsdiät*[634] aus dem Jahr 2005 an der *Medizinischen Fakultät der Ludwig-Maximilians-Universität* in München, dass die Symptome durch Weglassen bestimmter Nahrungsmittel verringert werden können. Er hat dies in einer Versuchsgruppe von 68 Personen nachgewiesen, bei denen Nahrungsmittel, die den *IgG-Spiegel* erhöht hatten, weggelassen wurden. Der *IgG-Spiegel* gibt Aufschluss darüber, ob das Immunsystem einen Stoff als „fremd" einstuft und Antikörper dagegen bildet. Dies kann mit einem *ELISA-Test* nachgewiesen werden. *„Die größte Herausforderung in der Handhabung von Nahrungsmittelallergien und Nahrungsmittelintoleranzen ist die Identifizierung der verantwortlichen Nahrungsmittel."*, schreibt *Krause*. Untersucht wurden unter anderem Fleischsorten, Hefen, Obstsorten, Nüsse, Gemüsesorten, Milcherzeugnisse, Getreide, zuckerhaltige Produkte und vieles mehr. Das Ergebnis seiner Studie ist höchst interessant: Sämtliche Beschwerden haben sich innerhalb von 8 Wochen um ca. 50% verbessert.

Für Menschen, die unter *Fibromyalgie* leiden, besteht hier eine reelle Chance, ihre Beschwerden zu verringern. Sie könnten zum Beispiel die Wirkung von Nahrungsmitteln bei sich testen lassen, ob eine Intoleranz besteht, oder sich selbst auf die Suche nach auslösenden Nahrungsmitteln machen wie zum Beispiel glutenhaltiges Getreide (Weizen, Dinkel, Kamut, Gerste, Roggen), da dieses zu den häufigsten Allergenen zählt. Auch Milchprodukte werden von vielen Menschen nicht gut vertragen, hier lohnt sich ebenfalls ein Versuch. Interessant ist in diesem Zusammenhang jedoch, dass *„solche Tests auf nahrungsmittelspezifisches IgG für die Diagnostik von Nahrungsmittelallergien von den US-amerikanischen und europäischen Allergie- und Immunologie-Gesellschaften nicht anerkannt sind"*, schreibt die Kinderärztin *Dr. Elana Lavine* von der *Humber River Regional Klinik* in Toronto *(Ärztezeitung)*.[635] Wem durch Weglassen bestimmter Nahrungsmittel geholfen ist und dessen Beschwerden wesentlich verbessert werden können, den dürfte es allerdings wenig interessieren, ob die *IgG-Testung* für die Diagnose anerkannt ist oder nicht – Hauptsache, das Befinden bessert sich! Ich finde, ein Versuch lohnt sich.

SCHWERMETALL-AUSLEITUNG

Durch verschiedene Ursachen, wie zum Beispiel Zahnfüllungen, kann unser Körper mit Schwermetallen belastet sein. Zur Entgiftung stehen verschiedene Mittel zur Verfügung:

CHLORELLA-ALGE

Die *Chlorella-Alge* mobilisiert und bindet Schwermetalle, zum Beispiel auch Quecksilber, das im gasförmigen Zustand besonders gefährlich ist und zum Beispiel aus Amalgam-Zahnfüllungen oder zerbrochenen Energiesparlampen entweichen kann.
„Laut Dr. med. Joachim Mutter entgiftet die Leber 90 Prozent des Quecksilbers aus dem Blut und transportiert es in den Darm. Leider wird es hier nicht, wie man glauben möchte, ausgeschieden, sondern in den letzten Dünndarmabschnitten wieder ins Blut resorbiert, gelangt aufs Neue in die Leber und zirkuliert auf diese Weise endlos durch den Körper. Doch zirkuliert das Quecksilber bekanntlich nicht nur. Es kann auch richtig ‚sesshaft' werden, das heißt, es lagert sich im Gewebe ab. Landet es in schwach durchblutetem Gewebe (z. B. Knorpelgewebe) oder im Gehirn, kann es ohne Entgiftungsmaß-

nahmen (also allein vom Körper) nicht oder kaum mehr entfernt werden. Die Chlorella-Alge kann Schwermetalle im Verdauungssystem binden und zur Ausscheidung bringen. Damit unterbricht sie den oben beschriebenen Teufelskreis und verhindert, dass im Darm befindliches Quecksilber wieder ins Blut und von dort ins Gewebe gelangen könnte." (zentrum-der-gesundheit.de)[636]

Es ist demzufolge wichtig, das Quecksilber zu binden, damit es den Körper wieder verlassen kann. Hierbei kann die Chlorella-Alge hilfreich sein.

KURKUMA

Auch *Kurkuma* kann, wie eine Studie aus dem Jahr 2010 gezeigt hat, als Mittel zur Quecksilberausleitung eingesetzt werden. So steht in der o. g. Quelle: „*Kurkuma schützt nicht nur vor quecksilberbedingtem oxidativem Stress, sondern reduziert auch schädliche Auswirkungen des Quecksilbers auf die Leber und die Nieren und senkt die Quecksilberkonzentration im Gewebe. Die an der Studie beteiligten Forscher empfahlen Kurkuma als Therapeutikum bei Quecksilberbelastungen… Der entscheidende Wirkstoff des Kurkuma – das Curcumin – kann gemeinsam mit Piperin (einem Extrakt aus schwarzem Pfeffer, der die Bioverfügbarkeit des Curcumins erhöht) als Kapsel zur Quecksilberausleitung eingenommen werden. Dazu nimmt man beispielsweise drei Mal täglich eine Kapsel (à ca. 350-400 mg) oder bespricht die passende Dosis mit seinem Therapeuten.*"[637]

Kurkuma ist aus der vielseitigen Küche nicht mehr wegzudenken. Es färbt nicht nur unsere Speisen sattgelb, sondern hat auch einen angenehmen, sanften Eigengeschmack.

KORIANDER

Nun stellt sich die Frage, was wir tun können, wenn sich das Quecksilber bereits abgelagert hat. Auch hier hat uns die Natur laut o. g. Quelle ein feines Mittel zur Verfügung gestellt: *Koriander*. „*Wirkstoffe aus dem frischen Korianderkraut sollen in der Lage sein, Quecksilber aus dem Gehirn zu mobilisieren. Da der Koriander jedoch das mobilisierte Quecksilber nicht binden kann, darf er nie allein eingenommen werden. Es könnte sonst zu einer Quecksilberüberschwemmung im Bindegewebe kommen, was regelrechte Vergiftungssymptome auszulösen in der Lage wäre. Genauso wenig sollte Koriander eingesetzt werden, wenn noch Amalgamfüllungen im Mund sind… Ansonsten gilt: Koriander immer gemeinsam mit Chlorella und Bärlauch… nehmen, damit die mobilisierten Quecksilbermengen auch gebunden und ausgeschieden werden können und nicht blind durch den Körper wandern und dort neue Schäden verursachen.*"[638]

Ich persönlich würze gerne mit Kurkuma, Pfeffer und Koriander und nehme danach Chlorella-Algen-Presslinge ein, damit kann abgelagertes Quecksilber gelöst, gebunden und ausgeleitet werden. Der Geschmack dieser Gewürze ist angenehm und erinnert leicht an die asiatische Küche. (Kräuter, Nahrungsergänzungsmittel und Bio-Kokosöl können Sie zum Beispiel über www.natuerlich-quintessence.de beziehen, die besonders auf deren Qualität achten.)

NATUR

Allgemein heilungsfördernd ist die Natur, und ein Aufenthalt an einem Wasserfall, einem See, im Wald oder in den Bergen öffnet unseren Blickwinkel, lässt uns tiefer durchatmen und lässt uns die Alltagsthemen vergessen. Im Sommer 2013 habe ich (leider nur) eine Woche allein in einer kleinen Berghütte gelebt, ca. 3 x 3 m groß, mit Bett, Tisch, Stuhl, Ofen, fließend kaltem Wasser und ohne Strom. Es war herrlich. Ich hätte den ganzen Sommer dort verbringen mögen. Es ist eine gute Möglichkeit, sich selbst zu begegnen, sich zu spüren und in seine Mitte zu kommen. Ich hatte das Gefühl, eins mit dem gesamten Universum zu sein.

Nun ist eine Fülle von alternativen Heilungsmethoden beschrieben worden, wobei hier nur eine Auswahl an Möglichkeiten erwähnt werden kann. Es gibt noch viel mehr bewährte Möglichkeiten, auf unser Wohlbefinden einzuwirken. Doch diese alle aufzuführen, würde dieses Kapitel sprengen und einen eigenen Buchband erfordern. Ob überhaupt und welche Methoden für Sie geeignet sind, das dürfen Sie selbst herausfinden. Die Entscheidung, ob nur die Schulmedizin, die Kombination von Schul- und Alternativmedizin oder eventuell sogar nur die Alternativmedizin in Frage kommt, sollten Sie im Bedarfsfalle mit einem Arzt oder Heilpraktiker Ihres Vertrauens besprechen und die Vor- und Nachteile erörtern.

Es werden sicherlich noch unzählige alternative Heilungsmethoden entdeckt und angewendet werden. Wir dürfen uns hierzu von unserer manchmal starren Denkweise lösen und völlig neue Wege gehen. Einen neuen Weg zeigt die *Max-Planck-Gesellschaft*, die schreibt, dass sich viele **Schlaganfallpatienten** mit Sprechschwierigkeiten durchaus äußern konnten, wenn sie ihre Sätze singend vorbrachten.[639] Wenn der Defekt im Sprachzentrum der linken Gehirnhälfte vorliegt, aber die rechte Seite unbeschadet ist, dann könne diese den Text in Gesangsform äußern. Diese Möglichkeit finde ich genial und sie könnte vielen betroffenen Menschen das Leben erleichtern. *„Neue Wege gehen und nicht in vorgegebenen Bahnen denken."*, das ist das Motto der Medizin in dieser neuen Zeit.

Als Abschluss dieses Kapitels möchte ich Ihnen noch die Empfehlung mit auf den Weg geben, dass Sie sich hüten sollten vor Therapeuten und Heilern, die Ihnen Heilungsversprechen geben. Heilungsversprechen können weder im schulmedizinischen noch im alternativmedizinischen Bereich eingehalten werden. Auch sollten Sie sich vor Menschen in Acht nehmen, die alle anderen Therapeuten oder Methoden als unwirksam hinstellen und nur die eigene Methode als die „richtige" anpreisen.

Das klingt vielleicht selbstverständlich, doch es gibt tatsächlich auch im alternativen und energetischen Heilbereich Therapeuten, die mit der Angst arbeiten. Wenn Ihnen also jemand androht, dass Ihnen dies oder jenes passieren wird, wenn Sie nicht seine Anweisungen befolgen, dann sollten Sie mehr als vorsichtig sein – Notfälle natürlich ausgenommen! Einen guten Therapeuten erkennen Sie daran, dass er auch andere Therapieformen neben seiner eigenen akzeptiert und andere nicht schlechtredet. Seien Sie besonders kritisch, wenn ein Therapeut ständig von sich und seinen tollen Erfolgen erzählt. Muss er sich etwa selbst davon überzeugen, dass er gut ist? Schwarze Schafe gibt es überall, sowohl bei den Schulmedizinern als auch bei den Alternativen. Doch die meisten Therapeuten, die ich kennengelernt oder auch aufgesucht habe, waren bemüht und sind durchaus empfehlenswert.

HUMAN DESIGN SYSTEM

In diesem Kapitel möchte ich noch auf ein System hinweisen, das nicht direkt mit Erkrankung und Heilung zu tun hat, doch es kann uns helfen, unsere eigenen Verhaltens- und Reaktionsweisen besser zu verstehen, was indirekt eine heilende Wirkung hat. Wir können uns mit dem Wissen des *Human Design Systems* (HDS) so manche Frage nach dem „Warum" ersparen.

In diesem System wird anhand des Geburtsdatums, der Uhrzeit und des Geburtsortes festgestellt, welche Neigungen und Reaktionsweisen zu uns gehören. Wir erfahren durch dieses System, wer wir sind und auch – ganz wichtig – wer wir *nicht* sind. Meist glauben wir, jemand zu sein, der wir nicht sind. Das klingt zunächst verwirrend, doch hierzu ein kleines Beispiel: Ein sog. Projektor glaubt, dass er durch viel Arbeit etwas erreichen kann. Das *HDS* zeigt ihm, dass er dazu jedoch gar keine Kraft hat und sich schnell bis zur Erschöpfung verausgabt. Wer Projektor ist, kennt dieses Gefühl, zweifelt oft an sich und versucht, sich zu trainieren und leistungsfähiger zu werden. Doch erst wenn er erfährt, dass er einfach nicht der Typ ist, der viel Kraft zur Verfügung hat, kann er es akzeptieren und muss nicht länger an sich zweifeln.

Es gibt Menschen mit der Anlage, dass andere ihnen gerne ihre Geschichten erzählen. Wer darum weiß, kann dies vielleicht für seine berufliche Orientierung verwenden, denn es gibt Berufe, in denen es erforderlich ist, gut zuhören zu können. Andererseits sollten Sie evtl. lernen, sich abzugrenzen. Wenn Sie erfahren, dass Sie ein überzeugender Verkäufer und Übermittler sind, wird Ihnen vielleicht erstmals auffallen, dass dem so ist, sobald Sie darauf achten. Auch dies kann für Ihre berufliche Entscheidung wichtig sein. Manche Menschen erfahren, dass sie Abwechslung brauchen, ob sie dies wollen oder nicht. Dieses Wissen kann für Lebensgefährten wichtig sein, damit sie die Handlungsweise ihres Partners besser verstehen können. Sie sehen, dass das *HDS* alle Lebensbereiche betrifft, und ich selbst schätze diese Erkenntnisse sehr.

Nun stellt sich die Frage, wie Sie Zugang zu diesem Wissen erhalten. Sie können sich zum Beispiel bei einem der *HDS*-Analytiker Ihr Profil auswerten lassen oder bei einem *HDS*-Lehrer selbst Seminare besuchen, um diese Technik zu erlernen. Alternativ können Sie das Buch *Hilf Dir Selbst zur richtigen Entscheidung! – Das Human Design System*[640] von *Marie-Luise Kreisz* lesen. In dem Buch sind auf S. 13 zwei Internetquellen angegeben, unter denen Sie sich Ihr persönliches *Rave Chart* erstellen und ausdrucken lassen können. Das ist Ihre spezielle Körpergrafik, anhand derer Sie sehen, welche energetischen Zentren bei Ihnen definiert und welche Kanäle angelegt sind. Diese Grafik können Sie mit Hilfe des o. g. Buches auswerten. Ich bin mir sicher, Sie werden manchen Aha-Effekt erleben und sich selbst besser kennenlernen. Dieses System war für mich ein Beweis, dass wir bestimmte Anlagen mitbringen und demzufolge zwar viel, aber nicht alles in unserem Leben verändern können.

KAPITEL 41: NATUR – ERDE

ACHTSAMER UMGANG MIT DER ERDE UND DER NATUR

Ein gesunder Mensch braucht gesunde Nahrung. So lange der Mensch noch nicht von Licht leben kann, ist es wichtig, gesunde, frische und unbelastete Früchte und Pflanzen zu sich zu nehmen. Das setzt insgesamt einen rücksichtsvollen Umgang mit der Natur und unserer Mutter Erde voraus. Nur wenn wir darauf achten, dass es auch der Natur, den Tieren, den Pflanzen und der gesamten Mutter Erde gut geht, kann es auch uns selbst wirklich gut gehen, denn wir sind abhängig von ihrer Nahrung und direkt verbunden mit der Erde. Wir sind keine Wesen, die von der Chemie der Pharmaunternehmen und von künstlicher Nahrung gesund leben können, auch wenn manche Menschen diese Meinung vertreten. Erst wenn wir das Bewusstsein dafür entwickelt haben, dass alles untrennbar zusammengehört und miteinander verbunden ist, finden wir einen Weg heraus aus der momentanen Zerstörung und Ausbeutung, mit der wir uns selbst vergiften.

Tiere und Pflanzen sind ebenso Ausdrucksformen des Lebens wie wir Menschen. Und dies allein ist Grund genug, diese Lebensformen wertzuschätzen und sie zu hegen und zu pflegen, wenn sie unserer Obhut bedürfen. Mit derselben Achtsamkeit wollen auch die freilebenden Tiere und Pflanzen behandelt werden, denn es steht uns nicht zu, Tieren ihren Lebensraum zu entziehen, sie zurückzudrängen oder zu unserem vermeintlichen Vorteil auszurotten. Sollten Tiere unsere Gärten zerstören (Wildschweine) oder uns gefährden (Wölfe und Bären in Siedlungsnähe), sind natürlich Schutzmaßnahmen erlaubt. Ein Bär verteidigt ebenso sein Territorium, und wir Menschen dürfen das auch. Was ich hier meine, sind Ausrottungen ganzer Herden, Tötungen wegen Elfenbein oder Fell oder auch Waldrodungen, Entfernung von Schutzhecken, Verschmutzung der Meere etc. Es zeugt von sehr niedrig schwingendem Bewusstsein, wenn wir dem Wohlbefinden unserer Erdmitbewohner keine Beachtung schenken oder sogar mit Missachtung begegnen. Genauso ist es mit Mutter Erde selbst, die bis kurz vor dem Kollaps geschunden und ausgelaugt wird. Wenn wir hier auf der Erde gesund überleben wollen, dann führt kein Weg daran vorbei, die Erde samt allem, was zu ihr gehört – Meere, Wälder, Tiere, Wüsten, Felsen, Luft usw. –, zu achten und liebevoll zu behandeln. Wir sind die Kinder der Erde, und wenn wir unsere Erd-Mutter töten oder zu sehr schwächen, dann kann und wird sie uns nicht mehr nähren. Es liegt an uns Menschen, ob wir hier überleben werden, und es ist an der Zeit, unserer großen *Mutter Erde Gaia* die Liebe und Achtsamkeit zu gewähren, die ihrer würdig ist.

„Dankbarkeit und Liebe sind die größten Transformatoren dieser Welt."

ELEMENTARWESEN

Unsere Mutter Erde ist nicht nur von physischen Wesen bewohnt, sondern auch unzählige Geistwesen, sog. *Elementarwesen*, tummeln sich hier. Wer dieses Buch bis zu diesem Kapitel gelesen hat, dürfte dieses Thema nicht belächeln, sondern sich dessen bewusst sein oder es zumindest nicht ausschließen. Doch sollte noch ein Zweifler unter den Lesern sein, so sei diesem gesagt, dass in Island eine *Elfenbeauftragte* vor Baubeginn vieler

Projekte prüft, ob an der entsprechenden Stelle eventuell Naturwesen leben, die durch den Bau beeinträchtigt werden könnten. Die eine oder andere Straße musste daher bereits ein Gebiet umgehen, damit die Elementarwesen dort ungestört bleiben konnten – zum Beispiel in der Gemeinde Kópavogur, unweit der Hauptstadt. *„Dort musste man eine breite Straße um einen Felsen herum führen, der Elfenwohnsitz ist… Heute heißt die Straße sogar nach dem Felsen Álfshólfsvegur – Elfenhügelweg.“*[641], schreibt die *ZeitenSchrift*. *Erla Stefánsdóttir* ist ihr Name, und sie wurde schon mehrfach von der Stadt Reykjavik offiziell beauftragt, um zu prüfen, ob ein geplantes Baugebiet von Elfen bewohnt wird. Die hellsichtige Klavierlehrerin wird auch zu Hilfe gerufen, wenn auf einer Baustelle unerklärliche Dinge geschehen, wie zum Beispiel beim Bau einer Feriensiedlung, bei dem völlig ungeklärt ein fünfzig Tonnen schwerer Schaufelbagger zweimal hintereinander einfach umgekippt war. Man sollte die Naturwesen eben nicht unterschätzen. Bei *wikipedia* wird beschrieben, dass bei isländischen Baugenehmigungsverfahren zu prüfen ist, *„ob durch ein Bauvorhaben Kulturgut beschädigt wird. Zu den Kulturgütern zählen auch Geländeformationen wie große Steine oder Felsen, die von der lokalen Bevölkerung als ‚von Elfen bewohnt‘ angesehen werden. Das kann der Fall sein, wenn zum Beispiel alte Märchen oder Erzählungen existieren, die dies behaupten.“.*[642]

Auch *Marco Pogacnik*, ein weltbekannter Geomant und Autor, schreibt, dass der Prozess des Erdwandels bereits begonnen hat und viele neue Naturwesen auf der Erde sind, die zuvor nicht hier waren. Die vielen Naturkatastrophen seien Warnungen der Elementarwesen vor der bevorstehenden Erdwandlung.[643] Sie möchten, dass wir auf diese Weise erkennen, dass sich eine Veränderung vollzieht und dass wir uns *„von den alten Weltstrukturen bewusstseinsmäßig abkoppeln“* und dem *„Strom der Wandlungen folgen sollen“*. Er beschreibt das Erwachen der Erdseele als einen Prozess, der ein vollständiges Erwachen der Erde bewirkt.

Es sind in dieser Zeit viele Naturwesen in, auf und über der Erde, um sowohl der Erde selbst als auch den Menschen bei diesem Wandlungsprozess zu helfen. Wenn wir in der Lage sind, für eine Weile aus dem alltäglichen Druck auszusteigen, wenn wir uns im Freien niederlassen und mit Ruhe und Frieden im Herzen die Natur beobachten, am besten leicht schläfrig, dann können wir hin und wieder Naturwesen sehen oder zumindest fühlen. Wenn die Naturwesen erkennen, dass wir mit liebevollem Herzen den Kontakt wünschen, dann kommen sie uns entgegen und unterstützen uns, wenn wir es zulassen – und wenn sie selbst es wünschen.

HEILUNG FÜR DIE ERDE

Um der Erde zu helfen, sich wieder zu erholen und heil zu sein, werden sich die Menschen des jetzt beginnenden Zeitalters immer wieder treffen, um für die Erde gemeinsam Heilungszeremonien durchzuführen. Dazu gehören Gesänge und Tänze, aber vor allem die ganz bewusste Verbindung unserer Herzen mit dem Herzen der Erde. Unser Herz steht in Resonanz mit dem Herzen der Erde, die Schumann-Frequenz gibt uns unsere Schwingung vor, und unser Bewusstseinszustand ist direkt abhängig vom Bewusstseinszustand der Erde. Wenn wir uns mit dem Herzen der Erde verbinden, können wir spüren, wie es der Erde geht, wir können ihre Schwingung und auch ihren Schmerz fühlen. Indem wir bewusst diese Verbindung erschaffen, können wir unsere Liebe zum Herzen der Mutter Erde fließen lassen und ihr mitteilen, dass wir sie lieben, achten und ehren. Sie ist es, die uns trägt, die uns nährt, die uns unseren Körper als Heim für uns als Seelenwesen zur Verfügung stellt. Sie ist es, die uns schützt vor Kälte und Regen, indem sie uns Holz und Baumaterialien liefert. Sie ist es, die uns liebt als ihre Kinder, und wir – ihre Kinder – sind es, die sie so sehr verletzten, die ihr so viele Narben zufügen. Und es ist nun unsere Aufgabe, ihr unsere Liebe und unsere Pflege zukommen zu lassen. Bis jetzt hat sie uns geschützt und genährt, jetzt liegt es an uns, sie zu nähren, indem wir ihr unsere Liebe und unsere Aufmerksamkeit schenken, damit ihr verletztes Herz wieder heilen kann. Wir nehmen sie visuell in den Arm, wiegen sie und senden ihr unsere Energie.

MEDITATION FÜR MUTTER ERDE

„Wir schließen die Augen und atmen tief ein und aus. Wir sind verbunden mit unserer geistigen Führung, mit der Urquelle allen Seins. Von dort fließt eine Energie zu uns, in unser Herz. Der Energiekanal fließt durch uns hindurch nach unten zum Herzen von Mutter Erde, von Mutter Erde fließt ein Energiekanal zurück und verbindet sich über unser Herz mit der Energie der Urquelle. Diese beiden Energien fließen ineinander und miteinander. Wir sind eingehüllt in eine Schutzhülle aus Licht. Wir stellen uns vor, dass wir die Erde wie einen Energieball in unseren Händen halten, sie schwebt in einem Abstand von einigen Zentimetern über unseren Händen in der Luft.

Wir sehen diese kleine Erde liebevoll an, wie eine Mutter ihren Säugling, und senden ihr unsere Liebe. Von unserem Herzen strömt ein Lichtkanal zum Herzen von Mutter Erde. Wir stellen uns vor, dass ihr außer uns noch weitere Millionen Menschen ihre Liebe senden. Von jedem dieser Menschen strömt ebenfalls ein Lichtkanal von ihren Herzen zum Herzen der Erde.

Jetzt beginnt unsere Mutter Erde, selbst von innen heraus zu strahlen und zu leuchten. Sie vibriert und bebt, und es beginnt ein Pulsieren aus ihrer Mitte heraus. Es ist ihr Herzschlag, und er beginnt, zuerst zaghaft, dann immer kräftiger und sehr gleichmäßig zu schlagen. Wir spüren, wie das Leben in Mutter Erde wieder erwacht.

Unser Planet wurde zu neuem Leben erweckt, zu einem neuen Leben in einem neuen Zeitalter – in dem Zeitalter, das die Menschen miteinander, mit dem Licht, mit der Erde und mit unserer Urquelle verbindet.

Wir halten die Erde noch eine Zeitlang so in unseren Händen und senden ihr unsere Liebe, auch sie sendet ihre Liebe an uns zurück. Wir fühlen tiefe Dankbarkeit in unseren Herzen. Es ist eine Symbiose, eine Verbindung, von tiefer Liebe und Achtung geprägt.

Nun nehmen wir langsam unsere Hände zurück, und die Erde schwebt weiterhin an dieser Stelle.

Wir segnen sie und alle anderen Wesen, die an dieser Wiedererweckung beteiligt waren. Wir atmen einige Male tief durch, strecken uns und öffnen unsere Augen. Danke!"

Durchgabe von der Geistigen Welt, 14.9.2014

Kapitel 42: Lichtnahrung

Wenn wir uns ansehen, wie die Nahrungskette in der Natur aussieht, dann passt der Mensch auf den ersten Blick mit seinem üblichen Ernährungsverhalten dazu, nach der Regel: Vogel frisst Wurm, Katze frisst Vogel, Hund frisst Katze. Es scheint so, dass es normal wäre, sich gegenseitig zu fressen, und der Größere/Stärkere überlebt. Doch dieses *fressen oder gefressen werden* ist alles andere als normal – und schon gar nicht göttlich. Ich denke, dieses Verhalten ist nur jetzt in diesem Abschnitt des *Kali Yuga* (dem *dunklen Zeitalter*, wie es in den indischen *Veden* geschrieben steht) möglich, in dem wir uns am weitesten von der Urquelle entfernt haben. Dieses System betrifft nicht nur die Menschen, sondern auch die Tiere und die gesamte materielle Welt, und ich möchte fast behaupten, dass wir uns momentan in einem satanischen System befinden. Nur jetzt, in dieser Zeit, ist es möglich, dass wir in der konventionellen Landwirtschaft Tiere in einer Art und Weise halten, die einem Horrorfilm entnommen sein könnte.

Tierhaltung

Tiere werden nicht mehr als Tiere, sondern als „Sache", als „Nahrungsmittellieferanten" gesehen, und man überlegt, ihnen ihre Empfindungen wegzuzüchten, damit sie in dieser quälenden Tierhaltung keine Schmerzen mehr erleiden müssen. Um den Gewinn zu maximieren bzw. um konkurrenzfähig zu bleiben, werden die Empfindungen der Tiere auf extremste Art und Weise missachtet, und es steht nur die schnelle und profitable Produktion im Blickfeld des Betreibers. Es gibt Pläne, emotionslose Tiere zu züchten, damit die kritischen Stimmen entkräftet werden und damit man noch roher mit den Tieren umgehen kann. *Animal Microencephalic Lumps*[644] (AML) nennt sich das dann, „*Tiere mit winzigem Gehirn*".

Manche Menschen bezeichnen ein Schwein auf makabre Weise manchmal als „*lebendes Schnitzel*". Wenn sie wüssten, wie nahe sie der Wirklichkeit sind… Es gibt tatsächlich schon Spekulationen darüber, wie diese armen AML-Tiere genutzt werden könnten, und dabei kommen auch Gedanken auf, dass man dem Tier Schnitzel herausschneidet und wieder nachwachsen lässt! Wie krank muss ein Gehirn sein, so etwas in Erwägung zu ziehen?

Wer jemals eine Dokumentation gesehen hat, was mit Geflügel aus großen Mästereien geschieht, wenn es geschlachtet wird, dürfte normalerweise kein Geflügel mehr essen. Wer eine Schweinezucht gesehen hat, in welcher der Strom ausgefallen ist und wo demzufolge die Lüftung nicht mehr funktioniert, wird sich überwinden müssen, weiterhin Schweinefleisch zu verzehren, weil die Tiere so degeneriert sind, dass sie ohne Lüftung reihenweise tot umfallen. Wer gesehen hat, wie Gänse gestopft werden, damit sie eine pathologische Fettleber für eine Gänseleberpastete entwickeln, wird diese nicht mehr verzehren.

Die Wurst hinter der Theke wird zum Teil mit dem Aussehen eines lächelnden Schweinegesichtes hergestellt, damit schon die Kleinen sagen: „*Diese Wurst will ich haben!*" Somit werden sogar die Kleinsten schon missbraucht und getrimmt, damit sie gute und brave Konsumenten werden. Würden sie wissen, wie das nette Schweinchen gelitten hat, bis es lächelnd hinter der Theke landet, würden die Kinder vermutlich weinen und sagen: *„Nein, Mama, bitte nicht!"* Denn Schweine sind intelligente, lernfähige Tiere mit ausgeprägtem Sozialverhalten.

Ich bin mir sicher, dass sich die Art, wie wir mit Tieren umgehen, in Zukunft gravierend ändern wird. Je bewusster die Menschheit wird, desto weniger oft wird sie Fleisch verzehren und bis dahin darauf achten, wie es gehalten, gefüttert und geschlachtet wird. Und nach und nach wird der **Fleischkonsum** ganz verschwinden, auch wenn es momentan nicht danach aussieht. Trotzdem gibt es immer mehr Menschen, die der artgerechten Tierhaltung und ökologisch erzeugten Lebensmitteln den Vorzug geben. Je schneller und je mehr Menschen über die Tierhaltung nachdenken und entsprechend reagieren, desto schneller wird dieser Wandel stattfinden. Es gibt Verfechter von Blutgruppenernährung etc., wonach manche Menschen Fleisch benötigen, um gesund zu bleiben. Doch mit unserer Schwingungserhöhung verändert sich auch unser Bewusstsein, und damit auch unser Körper. Bis dahin sollten Fleischesser zumindest darauf achten, dass das verzehrte Tier artgerecht gehalten und ökologisch-biologisch ernährt wurde.

Die Tiere werden eine andere Funktion erhalten, sie sind Mitgeschöpfe auf der Erde und werden mit uns zusammen diesen schönen blauen Planeten bewohnen. Wir werden einander akzeptieren, achten und wertschätzen, und mit manchen Arten werden wir befreundet sein, wie dies bereits jetzt der Fall ist. Wir werden den Tieren ihre Lebensräume zurückgeben und bewahren, und auch sie werden unsere Lebensräume akzeptieren. Durch diese Veränderungen werden die Tiere, genauso wie wir, ein anderes Bewusstsein erhalten.

Nahrung der Zukunft

Wenn der erste Schritt vom Fleischesser zum Vegetarier oder vielleicht sogar zum Veganer getan ist, dann ist der nächste Schritt zur direkten Energieaufnahme nicht mehr weit, dann können wir die Energie anzapfen, die uns in Hülle und Fülle umgibt, und müssen die Energie nicht mehr über den Umweg der Pflanze zu uns zu nehmen, sondern können sie direkt über unser energetisches Chakra-System absorbieren. Wir nehmen über die Pflanzen in erster Linie Lichtenergie zu uns, und unser Körper vermag aus dieser Kraft alles herzustellen, was er benötigt. Und diese Lichtaufnahme ist auch direkt möglich. Dass es funktioniert, zeigen uns die Menschen, die bereits von Lichtnahrung leben, siehe den Film *Am Anfang war das Licht*.[645] Noch fällt es uns schwer, auf den Genuss von Speisen zu verzichten, doch auch dies ist eine Frage des Bewusstseins und der Zeit.

Immer mehr Menschen stellen ihr Energiesystem auf Lichtnahrung um, und eines Tages werden sie so verbreitet sein wie heute Vegetarier oder Veganer. Jedes Restaurant, das auch nur ein bisschen Wert auf gepflegte Küche legt, hat mittlerweile mehrere vegetarische oder vegane Gerichte anzubieten, die über tiefgefrorene Gemüsebratlinge mit Kroketten hinausgehen. Noch fällt es uns schwer, auf den Genuss von Speisen zu verzichten, doch auch dies ist eine Frage des Bewusstseins und unserer weiteren Entwicklung.

Der Inder *Prahlad Jani* ist einer der wenigen bekannten Menschen, die bewusst auf Nahrung und in seinem Falle auch auf Flüssigkeitszufuhr verzichten – und das, seit er 11 Jahre alt ist.[646] Zum Zeitpunkt der Entstehung dieses Buches war er bereits 84 Jahre alt.

Prahlad Jani wurde 2010 in einer Klinik in Ahmedabad im westindischen Bundesstaat Gujarat zwei Wochen lang untersucht und vor allem: *überwacht.* In dieser Zeit hat er weder gegessen noch getrunken. *„Wir wissen immer noch nicht, wie er überlebt.“*, sagte der Neurologe *Sudhir Shah* nach dem Ende der Rund-um-die-Uhr-Überwachung und: *„Es bleibt ein Rätsel, was für ein Phänomen er ist.“* Es gibt eben mehr zwischen Himmel und Erde, als die Wissenschaft glauben mag. Weitere Vertreter der aktiven Lichtnahrung sind: *Gaby Teroerde, Jasmuheen, Ram Bahadur Bomjon, Jenny Solaria Postatny, Therese Neumann* (genannt *Resl von Konnersreuth*) und viele weitere.

Hira Ratan Manek beschreibt in seinem Buch *Sun Gazing*[647] genau, wie man beginnen kann, Lichtnahrung aufzunehmen. Er verfolgt jedoch nicht vorrangig das Ziel, auf normale Nahrungsaufnahme zu verzichten, sondern sein Fokus liegt auf der Transformation des Körpers und der Heilung von Krankheiten durch das Sonnenlicht. Als ganz natürliche Begleiterscheinung beschreibt er ein Nachlassen des Hungergefühls, je länger seine Lichtmeditationen durchgeführt werden. Ich selbst habe diese Sonnenmeditationen durchgeführt und gemäß seiner Beschreibung direkt ohne Brille in die auf- bzw. untergehende Sonne geblickt. Die Dauer wird jedes Mal geringfügig gesteigert, bis die Maximalzeit von 44 Minuten erreicht wird. Für diese Entwicklung habe ich in den klimatischen Verhältnissen, in denen ich wohne, 2 Jahre und 8 Monate gebraucht. Die meisten Menschen, die davon wussten, haben mir dringend davon abgeraten und versuchten, mich von der Schädlichkeit meines Vorhabens zu überzeugen, doch ich wusste, dass ich das wollte und dass es funktioniert. Ich habe dieses Blicken in die Sonne jeweils mit einer Meditation verbunden und tiefgreifende Erkenntnisse erhalten. Meine Sehkraft hat sich weder verbessert noch verschlechtert, doch diese Empfindungen der tiefen Verbindung mit der Sonne und dem gesamten Universum während dieser Sonnenmeditationen möchte ich nicht missen.

Wer diese Methode anwenden möchte, dem sei angeraten, keinen falschen Ehrgeiz zu entwickeln, immer auf seinen Körper und seine innere Stimme zu hören und die Anleitungen zum Beispiel in dem Buch von *Hira Ratan Manek* genauestens zu befolgen, um keinen Schaden an seinen Augen zu erleiden. Die Verantwortung dafür muss wirklich jeder für sich selbst übernehmen.

SONNE

Die Sonne ist der Lebensspender für die Erde, einschließlich allen Lebens auf ihr. Ohne Sonne wäre unser Planet tot. Und auch wir benötigen die Sonne, die einerseits als Antidepressivum wirkt, aber auch für ganz reelle Funktionen erforderlich ist, wie zum Beispiel für die Bildung von Vitamin D. Darüber hinaus hat die Sonne auch noch spirituelle Aufgaben. So ist sie mit dafür verantwortlich, dass wir uns spirituell weiterentwickeln können. Dazu sendet sie uns Informationen, Schwingungen und Photonen. *„Die Energie eines Photons ist proportional zur Frequenz der Lichtwelle (E = h.v).“*[648] Das bedeutet, je höher die Sonne schwingt, desto mehr Energie bringen uns die Photonen. Nachdem Photonen im Versuch durch die Erwartungshaltung der Physiker beeinflusst werden können, sind sie durch das Bewusstseinsfeld manipulierbar. Dies können wir – meiner

Meinung nach – nutzen, indem wir beim Sonnenbad unseren Fokus auf ein Geschehen, ein Ziel oder was auch immer richten. So geben wir den Photonen die Möglichkeit, uns bei einem bestimmten Thema zu unterstützen. So können wir zum Beispiel plötzlich eine Idee, eine Lösung etc. erhalten, die uns weiterhilft. Die Sonne hat ein unvorstellbar großes Bewusstsein, so wie auch unsere Erde über ein Bewusstsein verfügt. Und die Sonne steht mit der Erde, und somit auch mit uns, in ständiger Kommunikation. Wir können dies durch unsere Intention fördern und uns von der Sonne inspirieren lassen.

Immer mehr Wissenschaftler kommen zu der Erkenntnis, dass Licht eine Lebensessenz ist, die lange unterschätzt wurde. Nachdem die Sonne jahrzehntelang als krebsauslösende Strahlungsquelle angesehen wurde, wird von einigen Forschern heute bestätigt, dass die Sonne für gesunde Funktionen im Körper notwendig ist und dass sie vor allem auch auf die Psyche wirkt. So wird Vitamin D, ein wichtiger Regulator für den Knochenstoffwechsel und ein wichtiges Vitamin zur Osteoporose-Vorbeugung, durch die Einwirkung der Sonne auf die Haut gebildet. Auch der „Wohlfühlstoff" *Serotonin* wird auf natürliche Weise durch das Sonnenlicht gesteuert, ebenso wie der Schmerzkiller *Beta-Endorphin*.

Wie wichtig die Sonne für uns ist, ist auch daran erkennbar, dass es eine *Winterdepression*, auch *Seasonal Affective Disorder* (SAD) genannt, gibt. Das ist eine Krankheit, die ausschließlich in den Wintermonaten auftritt und im Frühjahr wieder verschwindet. *Prof. Dr. med. Volker Faust* bezeichnet sie daher auch als *Lichtmangel-Depression* und empfiehlt, in den Wintermonaten *„einstündige Gesundmärsche bei Tageslicht"* durchzuführen. Auch eine Kunstlichttherapie hält er für möglich, allerdings ist auch er der Meinung, dass das Licht die Netzhaut der Augen erreichen muss und eine Anwendung mit abgedeckten Augen deshalb unwirksam ist.[649] Er bestätigt damit meine Annahme, dass uns Sonnenbrillen in erster Linie vom Sonnenlicht und der heilsamen Kraft der Sonne trennen und wir nur bei starker Blendung, wie zum Beispiel bei Schnee, am Meer und evtl. in den Bergen, eine Sonnenbrille tragen sollten.

Dieses Thema beschäftigte auch die Bewohner des von Bergen umschlossenen norwegischen Dorfes *Rjukan*. Dort schien sieben Monate im Jahr keine Sonne, was sich sehr ungünstig auf den Gemütszustand der Bewohner ausgewirkt hat, daher wurden 2013 riesige Spiegel montiert, die das Sonnenlicht auch in den Wintermonaten in das Dorf reflektieren. Die Realisierung dieses Projektes war dem Ort und den Sponsoren laut der Zeitschrift *Bio* 600.000 € wert.[650] Eine Computeranlage sorgt dafür, dass sich die drei Spiegel entsprechend dem Sonnenstand ausrichten und eine ca. 600 m² große Fläche auf dem Marktplatz besonnen. So können sich die Bewohner in diesen sieben Schattenmonaten auf den Marktplatz begeben und dort ein wenig Sonne tanken.

Eine gute Alternative für Menschen, die sich viel in Räumen aufhalten, sind Vollspektrumleuchten, die das natürliche Sonnenlicht weitmöglichst nachahmen. Ein Ersatz für die Sonne können sie natürlich nicht sein, doch sie verfügen über ein weit größeres Lichtspektrum als herkömmliche Leuchtmittel. Besonders wichtig ist dies für bettlägerige Menschen.

KAPITEL 43: RESILIENZ

Ein wichtiger Aspekt in diesem hinteren, „positiven" Buchteil ist auch das Thema *Resilienz*, das in unserer heutigen Zeit genauso wichtig ist wie in akuten Kriegszeiten. Resilienz ist die Fähigkeit, speziell in Krisen- und Stresssituationen besonders belastbar zu sein und die Kraft aufzubringen, die Gegebenheiten zu verändern. Es hat sich gezeigt, dass manche Menschen über ein außergewöhnliches Maß an Resilienz verfügen. Während die einen resignieren, sich aufgeben, sich durch Süchte betäuben oder die Schuld im Außen suchen, finden andere eine Kraftquelle in sich, die sie aufstehen und für sich einstehen lässt. Sie sind aktiv, suchen Gespräche oder Diskussionen, bewerben sich zum 100. Mal in dem Wissen, dass sie die richtige Stelle erhalten werden, und sie sind sich ihrer selbst bewusst. Sie suchen nach konstruktiven Veränderungsmöglichkeiten, und ihr Denken fokussiert sich auf Lösungen, statt auf Dramen, Jammern und Selbstmitleid.

Wenn man genau hinsieht, sind das oftmals die Erwachsenen, die als Kinder schon kleine *Rebellen* waren, die sich hingestellt und diskutiert haben, wenn sie etwas als ungerecht empfanden. Die anderen, die schnell aufgeben, an sich selbst zweifeln, nicht den Mut für einen zweiten Anlauf finden, erzählen manchmal, dass sie als Kind immer gemaßregelt wurden und gelernt haben, dass sie nie etwas recht machen können. Es sind Menschen, die in der Kindheit zu oft gehört haben: *„Das kannst Du nicht.", „Nein, das musst Du anders machen.", „Stell Dich nicht so an!"* usw.

Natürlich gibt es auch Persönlichkeiten, die in ihrer ganzen Art eher zurückhaltend sind. Es ist sicherlich nicht so, dass uns nur die frühkindlichen Erfahrungen prägen, doch wenn Eltern um diese Zusammenhänge wissen, können sie ihr Bestes tun, um ihren Kindern einen selbstbewussten Start ins Leben zu ermöglichen. Noch vor wenigen Jahrzehnten war es nicht üblich, auf Kinder so einzugehen. Diese Defizite tragen wir mehr oder weniger ein Leben lang mit uns herum, doch wir sollten die Verantwortung für unser Leben nicht auf das Unwissen unserer Eltern schieben, sondern eine Veränderung zum Positiven anstreben und uns selbst auf die Suche nach dem Weg begeben.

Egal, woher die Selbstzweifel und die Resignation kommen, ob angeboren, in der Familie erlernt oder in der Schule aufgezwungen, wir haben immer die Möglichkeit, unser eigenes Handeln zu beobachten und zu erkennen, und wir können jeden Tag beginnen, anders zu agieren und zu reagieren. Wir können uns selbst trainieren und uns beobachten, was es mit uns und mit unseren Mitmenschen macht, wenn wir uns anders verhalten. Wir können daran arbeiten, Kritik nicht persönlich zu nehmen, sondern sie als Anregung zu sehen. Wer uns kritisiert, möchte uns womöglich zeigen, was wir besser machen könnten. Das können wir aber nur dann wirklich annehmen, wenn wir uns nicht verletzt fühlen. Wenn wir in die Beobachterposition gehen und uns die Kritik neutral anhören, sind wir in der Lage, eine Wertung konstruktiv in Verbesserung umzusetzen und müssen nicht reaktiv in Verteidigungshaltung gehen.

Andererseits gibt es auch Menschen, die uns kritisieren (und dadurch herabsetzen wollen), damit sie sich selbst besser fühlen. Auch hier haben wir die Wahl, uns verletzt zu fühlen oder das Problem bewusst bei dem anderen zu lassen, denn es ist tatsächlich seines. Wenn wir gelernt haben, uns selbst zu lieben, uns selbst so anzunehmen, wie wir sind, mit all unseren Schwächen und Stärken, dann erkennen wir schnell, ob uns unser Gegenüber nur verletzen möchte, um sich selbst besser zu fühlen. Je klarer wir in uns sind, desto eher erkennen wir dies, und dann können wir – bestenfalls mit einem Schmunzeln im Gesicht – die Schwäche bei dem anderen lassen. Falls es die Situation erlaubt, können Sie zum Beispiel erwidern: *„Oh, ich wusste gar nicht, dass es Dir heute so schlecht geht."* oder *„Kopf hoch, morgen ist ein neuer Tag."* Was hier so leicht klingt, könnte das Ergebnis intensiver Auseinandersetzung mit sich selbst sein, mit der Annahme unserer eigenen Schwächen, mit der Selbsterlaubnis, so sein zu dürfen, wie man ist; aber auch mit dem Wunsch, sich weiter zu entwickeln, bewusster zu werden und sich selbst nicht so wichtig zu nehmen. Wir sind alle Teile der göttlichen Schöpfung und kommen aus derselben Urquelle, mit der wir alle verbunden sind.

Resilient zu sein bedeutet nicht, dass man über allem steht, einen nichts berührt und man sozusagen unverletzlich ist. Resilient zu sein bedeutet vielmehr, dass man aus Krisen schneller herauskommt und keinen dauerhaften Schaden davon trägt. Diese Menschen lernen aus ihren Erfahrungen und fallen immer wieder auf die Füße, im Volksmund nennt man sie *Stehaufmännchen*.

Wie können wir unsere eigene *Stresskompetenz* erhöhen, wie es *Christina Berndt* in ihrem Buch *Resilienz* nennt? In akuten Stresssituationen ist es wichtig, das Atmen nicht zu vergessen, was viele Menschen tun. Tief zu atmen ist sozusagen die erste Notfallmaßnahme, wenn wir uns stark unter Druck fühlen. Dadurch wird das Blut mit Sauerstoff angereichert, und das Stresshormon *Adrenalin* wird schneller abgebaut. Adrenalin ist normalerweise der Stoff, der uns schnell enorme Kraftanstrengung erlaubt und uns ermöglicht, entweder zu kämpfen oder zu fliehen. Wenn wir uns in unserer heutigen Welt in einer Stresssituation befinden, wurde diese jedoch meist nicht durch einen Bär oder einen Feind ausgelöst, sondern durch Termindruck oder eine Aufgabenstellung, der wir uns nicht gewachsen fühlen. Eine körperliche Anstrengung, die das Adrenalin auf natürliche Weise abbauen würde, ist dann in der Regel meist nicht möglich bzw. nicht angemessen. Der Körper muss das Adrenalin jedoch loswerden, denn es lässt uns aggressiv reagieren. Daher ist tief durchatmen die erste Notfallmaßnahme.

Über **Qi Gong** oder **Tai Chi** können wir lernen, innere Ruhe und unsere Mitte zu finden. Qi-Gong- und Tai-Chi-Übungen stärken unsere Atmung, die Körperkonzentration und die Körperbeherrschung, und sie haben eine energetisch-spirituelle Komponente. Kurse hierzu finden sich unter anderem bei den Volkshochschulen.

Für viele Menschen ist **Tanzen** ein idealer Ausgleich, um Stress abzubauen. Bei rhythmischen Bewegungen, Musik und Spaß können Hektik und Termindruck gut transformiert werden.

Singen ist ebenfalls eine gute Methode, um abzuschalten. Selbst gesungene Lieder erhöhen unsere Eigenschwingung und unser Wohlbefinden. Mitglieder von Kirchenchören oder sonstigen Singgemeinschaften freuen sich gemeinsam an ihrem Hobby und erhöhen dadurch ihre Schwingung. Vielleicht wäre das auch etwas für Sie! Wenn Sie der Meinung sind, Sie könnten nicht singen, dann tun Sie es, wenn Sie allein im Auto unterwegs sind oder unter der Dusche.

Sport ist bekannt für erfolgreichen Stressabbau und fördert dazu noch unsere Gesundheit. Sport sorgt für raschen Adrenalinabbau und ist das ideale Mittel gegen jeglichen Druck.

Auch die *Natur* lässt uns zur Ruhe kommen. Beim Einatmen von frischer Luft, beim Spüren von Sonnenstrahlen oder Regentropfen auf der Haut fühlen wir uns mit der Erde verbunden. Wenn wir einen Schmetterling oder ein Eichhörnchen beobachten, können wir die Lebensfreude dieser Tiere spüren und sie dadurch auch in uns wieder neu wecken. Das löst unsere Gedanken von den Alltagsthemen und führt uns in unsere Mitte und in unser Herz.

Sie finden sicherlich noch weitere Möglichkeiten, dem Alltagsstress zu entfliehen.

Wie können wir unseren Kindern die Potentiale der Resilienz übermitteln? Das Wichtigste ist, unsere Kinder so anzunehmen, wie sie sind, mit all ihren Eigenheiten. Die beste Basis für ein Kind ist, vom ersten Moment an liebevoll erwartet und angenommen zu werden: 100% Akzeptanz, 100% Annahme, 100% Liebe. Wobei damit nicht gemeint ist, das Kind in Watte zu packen und vor jeder Erfahrung zu bewahren. Ein Kind braucht sehr wohl Herausforderungen, um innerlich stark zu werden. Doch es kann nur psychisch gedeihen, wenn es fühlt, dass es geliebt wird. Ich habe selbst als Kind gelernt, dass es „normal" ist, allein gelassen zu werden und folgsam zu sein, daher war ich der Annahme, dass es „normal" ist, Kindern nicht so viel Aufmerksamkeit zu schenken. Heute weiß ich, dass ein Säugling die Nähe einer Bezugsperson, besonders der Mutter, genauso dringend braucht wie Nahrung und Pflege.

Meine eigenen belastenden Pakete habe ich über schamanische Heilrituale, kinesiologische Sitzungen, systemische Aufstellungen usw. an meine Ahnen zurückgegeben und die familiäre Last, so weit es möglich war, aufgelöst. Meine eigenen Anteile habe ich mit der Unterstützung verschiedener Menschen und ihrer Heilmethoden transformiert. Es ist wichtig, seine eigenen Defizite nicht alle alleine lösen zu wollen, sondern sich an andere Menschen, Therapeuten etc. zu wenden, denn bei uns selbst haben wir die typischen Scheuklappen. Wir können unsere eigenen Themen nur bis zu einem gewissen Grad erkennen und transformieren.

Bei einem Schicksalsschlag, dem Verlust des Arbeitsplatzes, nach einem Unfall oder was auch immer, verfällt der nicht resiliente Mensch ins Jammern. Er bleibt bei der Frage nach dem „Warum?" stecken und dreht sich im Kreis. Damit fokussiert er seine Energie auf das traumatisierende Ereignis. Der widerstandsfähige Mensch wird sich nach einer emotionalen Akutzeit der Lösung widmen und nach Veränderungen suchen, die die Situation wandeln können. Sein Fokus liegt auf der Verbesserung der Situation.

Ein deutliches Fallbeispiel: Ein Boxer geht bei einem starken Gegner zu Boden. Hat er eine hohe Resilienz, steht er wieder auf und ändert seine Strategie. So steigen seine Gewinnchancen erheblich. Ein Boxer mit einer geringeren Resilienz steht vielleicht auch wieder auf und kämpft zwar verbissen, jedoch mit derselben Strategie. Es dauert vermutlich nicht lange, und der Boxer wird besiegt.

Wie können wir unsere eigene Resilienz erhöhen? Was können wir unternehmen, um dem Leben mit mehr Konstruktivität zu begegnen, auch wenn wir nicht zu den geborenen Stehaufmännchen gehören?

Die Resilienz lässt sich verändern. Nehmen wir als Beispiel einen Muskel. Wenn ein durchtrainierter Mensch einen Gipsverband erhält, baut sich der Muskel innerhalb weniger Wochen auf ein Minimum ab. Wenn jemand andererseits mit regelmäßigem Sport beginnt, kann er zusehen, wie sich seine Muskeln aufbauen. Ähnlich verhält es sich auch mit der Resilienz. *Christina Berndt* fasst in ihrem Buch *Resilienz* zehn Wege zur Resilienz zusammen:

1. *„Bauen Sie soziale Kontakte auf, nehmen Sie Hilfe in Anspruch, helfen Sie selbst anderen.*
2. *Sehen Sie Krisen nicht als unlösbare Probleme, sondern als Erfahrung, bei der Sie das nächste Mal evtl. anders reagieren können.*
3. *Akzeptieren Sie, dass Veränderungen zum Leben gehören.*
4. *Versuchen Sie, Ziele zu erreichen.*
5. *Handeln Sie entschlossen. Ergreifen Sie Initiative.*
6. *Finden Sie zu sich selbst.*
7. *Entwickeln Sie eine positive Sicht auf sich selbst.*
8. *Behalten Sie die Zukunft im Auge.*
9. *Erwarten Sie das Beste.*
10. *Sorgen Sie für sich selbst.“*[651]

Auf einen Nenner gebracht, kann man sagen: **Der resiliente Mensch schaut nicht zurück, sondern nach vorn!** Machen Sie mit!

KAPITEL 44: NEUE FÄHIGKEITEN

WAHRHEIT ERKENNEN

Es werden sich „wie von selbst" – durch die Schwingungserhöhung und durch unsere aktive Unterstützung – neue Fähigkeiten entwickeln. Wir werden zunehmend spüren und wissen, was unser Gegenüber wirklich denkt bzw. fühlt. Wo wir uns heute noch relativ oft von Worten blenden lassen, werden wir in Zukunft mehr und mehr die Wahrheit erkennen, weil wir wie durch einen 7. Sinn spüren, ob es wahr ist oder nicht, was man uns gerade erzählt. Viele von uns bemerken diese Entwicklung bereits seit geraumer Zeit, ohne dass wir eine Technik dafür erlernen müssten. Aus diesem Grunde werden Lügen von manchen Politikern schneller entlarvt, weil wir es sofort spüren, wenn Versprechungen nicht stimmen und wenn der Redner nicht das ausspricht, was er tief im Inneren denkt. Denken Sie über Ihre eigenen Erfahrungen nach: Spüren Sie nicht auch schneller als früher, wenn Sie von Ihrem Kollegen, Chef, Partner, Kind, Nachbarn oder wem auch immer, angelogen werden? Oder Sie sind zum Geburtstag eingeladen und bringen ein Geschenk mit. Sie spüren sofort, ob das Geschenk Freude bereitet oder nicht. Diese Art von Empfindung von innerer Wahrnehmung wird stärker und deutlicher werden, weil sich unser Bewusstsein erweitert, die Schwingung auf der gesamten Erde erhöht und wir parallel dazu neue Fähigkeiten entwickeln, wie zum Beispiel die **Telepathie**. Am einfachsten können Sie dies mit Ihren Haustieren üben, sie sind uns diesbezüglich einen Schritt voraus. Sagen Sie Ihrem Hund gedanklich, dass Sie gleich mit ihm Gassi gehen und warten Sie ab. Lassen Sie ihm Zeit, es ist auch für ihn neu, dass Sie auf diese Weise mit ihm kommunizieren. Auch Katzen sind hier sehr empfänglich. Beobachten Sie Ihren Stubentiger, nachdem Sie ihm den Gedanken gesendet haben, dass er gestreichelt wird, wenn er kommt, oder dass er sein Lieblingsfutter erhält. Es kann einige Minuten dauern, bis sie reagieren, doch nach und nach werden Ihre Tiere (und Sie!) lernen, telepathisch miteinander zu kommunizieren.

ENERGIEN SEHEN

Künftig wird sich unsere Wahrnehmung nicht nur in Bezug auf des Erkennen der Wahrheit verändern, sondern auch dahingehend, dass wir die Energien von anderen Lebewesen einschließlich Pflanzen fühlen oder sehen können. Anhand dieser Energien werden wir erkennen, wie es dem Mensch, Tier oder der Pflanze geht, die wir sehen. Wir können immer besser Stimmungen interpretieren und wissen bzw. spüren, wie sich unser Gegenüber fühlt. Das birgt unglaubliche Möglichkeiten, wir können viel besser aufeinander eingehen und unsere Bedürfnisse erkennen. Wir sehen genau, wenn wir jemanden mit einem Kommentar verletzen und können die Situation sofort bereinigen. Auf der anderen Seite spüren wir auch sofort, ob es unser Gegenüber gut mit uns meint. Ein Verbrecher wird auf diese Weise schnell entlarvt werden.

Wir können u. a. unserem Haustier viel schneller helfen, wenn wir feststellen, dass es Schmerzen hat oder sich nicht wohl fühlt. Es kann uns erfolgreich mitteilen, was es möchte, denn wir können es wahrnehmen. Ein angriffslustiges Tier wird sich durch seine Energie verraten, und wir können rechtzeitig reagieren und uns gegebenenfalls entfernen. Ein Tier wird allerdings ebenfalls noch deutlicher als bisher spüren, ob wir Angst vor ihm haben, was ihm zusätzliche Stärke verleihen könnte. Auch das Energiefeld einer Pflanze zeigt uns an, ob sie durstig ist oder zu hell oder zu warm steht. Womöglich wünscht sie sich mehr Aufmerksamkeit.

Wir sehen, wir müssen uns langsam an die erweiterte Wahrnehmung herantasten, und es ist sinnvoll, dass sie uns nach und nach zur Verfügung steht und nicht plötzlich von heute auf morgen.

Stellen Sie sich vor, wie leicht das Leben durch diese Fähigkeiten wird, aber bedenken Sie auch, wie durchschaubar wir selbst werden. Sie sehen, es ist wirklich von Vorteil, wenn dieser Prozess langsam stattfindet, denn wir brauchen sicherlich eine geraume Zeit, uns auf diese Art der Ehrlichkeit einzustellen und uns gegenseitig einzuschätzen. Wir brauchen Zeit, um uns daran zu gewöhnen, immer auf unsere Gedanken zu achten, denn wir wollen doch nicht aus Unachtsamkeit unser Gegenüber verletzen. Unser Freundeskreis wird sich mit ziemlicher Sicherheit verändern, und das Leben wird reicher werden. Stellen Sie sich vor, Sie gehen zur Bank und wollen Geld anlegen. Sie werden sofort erkennen, ob die Anlage, die die Bank Ihnen vorschlägt fair ist, oder ob man Sie über den Tisch ziehen möchte.

KRANKHEITEN ERKENNEN

Auch im Bereich *Heilung* wird sich neues Wissen auftun. Ein Arzt wird sich auf einen Patienten einstimmen und mental mit seinem Körper, seinen Zellen und seiner Seele kommunizieren und wird erfahren, was dem Menschen oder dem Tier fehlt. Auf diese Weise erfahren auch die heute vernachlässigten Bereiche wie Seelenwünsche, unerfüllte Sehnsüchte, destruktive Verhaltensmuster etc. Beachtung, und so kann Heilung am wirklichen Ursprung ansetzen und nicht an den Symptomen.

Energetische Heilweisen werden an der Tagesordnung sein, und es muss kein Körper mehr unnötig mit Chemie gefüllt werden. Alles wird mental geheilt, der Körper folgt der Energie und heilt ohne Nebenwirkungen nach.

WESENHEITEN WAHRNEHMEN

Wir sind umgeben von Energiewesen, die jedoch von der Mehrzahl der Menschen nicht wahrgenommen werden. Wir werden die Fähigkeit entwickeln, diese Wesen zu sehen oder anderweitig zu erkennen. Es gibt viele Arten von Wesen, die die unterschiedlichsten Aufgaben erfüllen. Die einen sind für die Pflege von Pflanzen zuständig, andere kümmern sich um Steine, wieder andere halten die Höhe der Schwingung in der Landschaft, in der Luft, in der Erde oder im Wasser. Auch Feuerwesen gibt es.

Wenn wir in der Lage sind, diese Wesen zu sehen und zu erkennen, können sie mit uns kommunizieren. Wir nehmen künftig auch den Zustand unserer Umgebung, der Landschaft, der Pflanzen und Tiere wahr. Wir können erkennen, welchen Schaden chemische Mittel im Garten sowie in der Landwirtschaft anrichten. Die Naturwesen können uns hilfreiche Informationen übermitteln, wie wir die Schäden wieder rückgängig machen können. Wir werden dann ganz bewusst gegensteuern und gesündere Maßnahmen ergreifen. Sie werden uns mitteilen, welche Maßnahmen wir zum Schutz der Natur und aller Wesen durchführen sollen.

Wir werden mit den Wesen kommunizieren, sie um ihre Hilfe bitten und fragen, ob sie uns helfen, den Gartenertrag nicht vollständig an die Schnecken abzutreten, damit wir selbst etwas ernten können. Diese Wesen werden uns mitteilen, was wir im Garten verbessern sollten, welche Pflanzenarten und -nachbarschaften sinnvoll sind. Im Gegenzug dazu können wir ihnen helfen, indem wir einen kleinen Teich anlegen, eine Feuerstelle errichten oder ein paar Steine schön platzieren.

KAPITEL 45: SONSTIGE LÖSUNGEN

FUNKTURM

Wenn Sie sich durch einen Funkturm oder einen Sendemasten gestört fühlen bzw. immer wenn Sie einen solchen sehen, können Sie ihn in einen Multiplikator für Friede, Heilung und Liebe verwandeln. Schließen Sie hierzu die Augen, gehen Sie in Ihre Mitte und stellen Sie sich die Sendeenergie vor. Bei mir zeigt sie sich als zackige Energie, so ähnlich wie Blitze in einem Comic, allerdings sind die Spitzen in kürzerer Frequenz und nicht gelb sondern hellbeige-grau mit aggressiver Note. Wenn Sie die Sendeenergie spüren, visualisieren Sie bzw. stellen Sie sich nun deutlich vor, wie diese aggressive Energie von einer harmonischen Schwingung des Friedens, der Heilung und der Liebe überlagert wird. Bitten Sie Ihre geistige Führung oder eine andere liebevolle Kompetenz Ihrer Wahl um Unterstützung. Wenn Sie das Gefühl haben, die harmonische Schwingung ist stärker als die Ursprungsschwingung oder hat die anfängliche Schwingung sogar ganz überdeckt, dann können Sie sich bei Ihrer geistigen Führung bedanken. Kommen Sie danach wieder zurück in das Hier und Jetzt.

Am effektivsten ist es, wenn Sie in Gruppen arbeiten, denn die Energien von mehreren Menschen potenzieren sich. Diese Meditationen und Visualisierungen sind sehr kraftvoll. Es soll schon vorgekommen sein, dass zur Kontrolle schwarze Hubschrauber über Meditierenden hinweggeflogen sind, um zu sehen, woher die Energie kommt. Sollten Sie dies beobachten, wäre es sinnvoll, sich zu zerstreuen und ein andermal wieder zu treffen.

QUANTENENERGIE

> *„Der erste Trunk aus dem Becher*
> *der Naturwissenschaft macht atheistisch,*
> *aber auf dem Grund des Bechers wartet Gott."*[652]

Werner Heisenberg (1901-1976), deutscher Quantenphysiker und Nobelpreisträger

Nicht wenige Physiker befassen sich mit der Frage, woher die Energie in allem, was ist, eigentlich kommt. Der Quantenphysiker *Dr. Michael König* kommt in seinen Büchern und Vorträgen zu dem Schluss, dass die heutige Quantenphysik das *„Ende des Materialismus bedeutet"*. Es gibt Modelle, die *„Geist und Materie wieder zusammenbringen, was im 16./17. Jahrhundert getrennt wurde"*. Mit Hilfe von 12 Dimensionen, Quarks und Antiquarks erläutert er die Lösung des Körper-Seele-Geist-Problems. *„Die Lebendigkeit eines organischen Materials hängt von der Biophotonenkonzentration ab."* Er macht die Menge von Biophotonen abhängig von der Ernährung, aber auch vom Denken und Fühlen eines Menschen. Und nicht zuletzt erwähnt er die Liebe, die ein Mensch in sich trägt. Ein liebloser Mensch wirkt wie abgestorben.

Dr. König spricht von der *„Essenz-Elektronengemeinschaft"*, die die Essenz eines Menschen ausmache, und dass diese den Körper im Moment des Sterbens verlassen würde. Sie würde den Persönlichkeitskern eines Menschen ausmachen, der aus Erinnerungen, Erfahrungen, Meinungen usw. bestehe. Der spirituelle Lehrer und Philosoph *Parama-*

hansa Yogananda habe vor seinem Tod darum gebeten, sein Gewicht zu kontrollieren, und er habe nach seinem Tod 100 g weniger gewogen als nur wenige Momente zuvor.

Eine Zelle wirke wie ein Klangkörper, wenn sie schwingt, erläutert *Dr. König*. Der darin enthaltene Zellkern enthalte die DNS, die wie eine Antenne für elektromagnetische Energie wirke. Mit dieser Voraussetzung wäre für jeden Menschen Regeneration und ewiges Leben möglich, und es wäre nun die Aufgabe von jedem Einzelnen von uns, eine Transformation, eine innere Wandlung und eine Reinigung von Körper (Nahrung) und Geist (Denken, Fühlen) zu vollziehen. So würden wir erkennen, dass wir nicht getrennt sind von Gott.

Und das Gegenteil von Trennung ist Einheit. Wir sind eins mit Gott!

Wissen teilen

Heute wäre es undenkbar, Wissen sogleich mit allen Mitmenschen zu teilen. Jeder wirtschaftlich denkende Forscher möchte von seinen Errungenschaften profitieren. Der Grund dafür ist unser Geldsystem.

Es könnte jedoch auch ganz anders sein: Stellen Sie sich ein weises Volk vor, bei dem jeder in die Gesellschaft das einbringt, was er kann und nur das entnimmt, was er tatsächlich braucht. Welch eine Fülle würde uns umgeben, die für alle zur Verfügung stünde. In so einer Gesellschaft wäre es eine Ehre, sein neues Wissen allen zur Verfügung zu stellen, denn es würden sofort alle davon profitieren. Es würde für alle eine Erleichterung, eine Freude und eine Bereicherung bedeuten. Keiner bräuchte mehr ein großes Ego, für das es wichtig wäre, eine Erfindung oder Entdeckung als erster zu finden, sondern man würde zusammen forschen, mit dem Ziel, eine Verbesserung für die gesamte Gesellschaft zu erreichen. Das wird eine Zeit, in der den Wissenschaftlern wieder das Herz hüpfen kann, wenn sie etwas Neues entdecken.

Ich freue mich auf diese wunderbare, harmonische und friedvolle Welt!

SCHLUSSWORT

Wenn wir nun beschlossen haben, unsere Ängste anzusehen und zu transformieren und wir bereit sind, unsere Gedanken zu prüfen und zu lenken, dann ist schon ein großer Schritt getan. Nun prüfen wir noch unsere Einstellung und überlegen, was erforderlich ist für einen Austritt aus dieser Sklaverei und den Weg hin zum Goldenen Zeitalter.

Wichtig ist, nicht mit den alten Mitteln zu „kämpfen", sondern den inneren Friedensweg zu wählen, dazu sind einige Veränderungen an uns selbst erforderlich

Für eine Veränderung unserer Gesellschaft sind keine umwälzenden großen Eingriffe erforderlich, es genügen NUR die kleinen Veränderungen in uns selbst. Dazu ist weder Terrorismus erforderlich noch der Einsatz von Waffengewalt. Wir brauchen nur diejenigen zu sein, die wir sind, dabei auch jeden anderen so sein zu lassen, wie er ist, das Recht eines jeden, einmalig zu sein, zu respektieren und anderen nichts aufzudrängen, nur weil WIR etwas wollen. Andererseits dürfen wir auch uns nichts aufdrängen lassen, was wir nicht wollen. Wir sollten heraustreten aus unserer Komfortzone und aus der Schafherde und uns trauen, auch mal das schwarze Schaf zu sein. Das Wichtigste ist, uns selbst zu lieben und uns selbst treu zu sein!

Und auf diese Weise können wir es schaffen, unser Leben in ein lebens- und liebenswertes Paradies zu verwandeln.

Zurzeit kommt eine große Welle auf die Erde, bestehend aus:
- Freiheit
- Wahrheit
- Erkenntnis
- Bewusstsein
- globalem Erwachen
- Herz- und Liebesschwingung

für jeden Einzelnen von uns. Es gibt viel zu tun, fangen wir an!

„Sei selbst die Veränderung,
die Du in der Welt sehen willst!"

Mahatma Gandhi (1869-1948), indischer Pazifist und Widerstandskämpfer

Wir sind diejenigen,
die diese Veränderung durchführen werden!

Danke für Ihr Interesse. Ich wünsche Ihnen alles Gute!

Ihre

Gabriele Schuster-Haslinger

DANKE

Da beim Schreiben eines Buches auch immer andere Menschen mit beteiligt sind, möchte ich an dieser Stelle diesen meinen Dank zukommen lassen:

Zuerst möchte ich meinem Mann und meiner Familie danken, die mich bei der Entstehung dieses Buches in allen Phasen unterstützt haben.

Danke auch an *Franziska Loibner*, die mir gestattete, ihre besondere Art der „Impfbescheinigung" im Anhang zu veröffentlichen.

Ebenso möchte ich meinen Freunden, besonders meiner Freundin *Marianne* danken.

Vor allem möchte ich jedoch den Lesern dafür danken, dass sie sich für diese Thematik interessieren, sich informieren und eventuell bereit sind, ihr Leben mehr und mehr eigenverantwortlich in die eigenen Hände zu nehmen, denn es hängt von uns allen ab, ob wir die Veränderungen dieser Welt ins Positive gestalten. Wir sind es unseren Nachkommen schuldig, eine liebens- und lebenswerte Welt zu hinterlassen.

BOTSCHAFT AUS DER GEISTIGEN WELT

Eine Frage an meine Seele, die Geistige Welt, meine geistige Führung (29. August 2014):
„Wie sollen wir uns in dieser Zeit des Übergangs verhalten, in einer Zeit, in der das Dunkle immer mächtiger zu werden scheint, in einer Zeit, in der wir unendlich kontrolliert werden, in einer Phase des Wechsels von der Dunkelheit ins Licht? Was kann jeder Einzelne von uns tun?"

„Meine Lieben,
dies ist eine Zeit der Herausforderung für die gesamte Menschheit. Vor allen Dingen für diejenigen, die diese Tendenz bewusst wahrnehmen, erkennen und sehen, was hier noch auf die Menschen zukommt. Und wie Du weißt, kommen noch etliche Dinge, die für Euch zunächst unangenehm sind. Doch diese werdet Ihr meistern. Es bleibt Euch nichts anderes übrig als sie anzunehmen, da Ihr dem nicht ausweichen könnt. Dies ist eine sehr wichtige Zeit, und aus diesem Grunde sind so viele Menschen hier auf der Erde inkarniert, denn sie alle wollten diesem Wandel beiwohnen, diesem Prozess, der sich auf das gesamte Universum auswirkt. Das klingt für Euch futuristisch und abstrakt, doch es ist tatsächlich so. Das, was hier auf der Erde mit Euch Menschen geschieht, dieser Prozess, der zur Zeit in Euch vorgeht, der auch mit der Erde geschieht, auch mit der Sonne, betrifft das gesamte Universum. Er hat Einfluss auf alles, was ist, auf das gesamte Geschehen rings um Euch – mit Eurer Mutter Erde und in Euch. Und dieses zu erkennen, dass bereits große Veränderungen im Gange sind und noch kommen werden, erweckt in Euch so etwas wie ein Gefühl der Angst. Es kommt Angst auf, weil Ihr Euch hilflos und ausgeliefert seht in einem Prozess, den Ihr vermeintlich nicht beeinflussen könnt. Doch dem ist nicht so. Jeder von Euch, der bewusst sieht, was um ihn herum geschieht, kann sich verbinden mit dem morphischen Feld der Liebe, mit der Urquelle, kann sich verbinden mit seiner eigenen Urquelle, denn Ihr alle seid Abkömmlinge von einer Urquelle der Liebe. Dieses hat nichts zu tun mit manchen ‚Göttern' aus antiken Zeiten, die heute noch verehrt werden, die in physischer Gestalt zur Erde gekommen sind, mit Ausnahme einiger Propheten, die sehr verbunden waren mit dieser Urquelle und Euch lichtvolle Informationen gebracht haben – Informationen der Liebe. Doch die Götter, die in Euren alten Büchern stehen, die strafend und rachsüchtig waren, die Kriege geführt haben, diese sind hier nicht gemeint, sondern es ist die Urquelle der Liebe gemeint. Dies ist die Urquelle Eurer Herzensverbindung, und wenn Ihr diese wiederherstellt, wenn Ihr diese wieder fühlen könnt, wenn Ihr Euch ganz bewusst entscheidet, Euch zu verbinden von Eurem Herzen zur Urquelle der Liebe, dann seid Ihr verbunden mit dieser Kraft, nicht nur mit der Liebe, sondern mit der Kraft, die Euch trägt durch diese schwierige Zeit, die bereits angebrochen ist. Diese Liebe in Eurem Herzen trägt Euch über alle Schmerzen hinweg, über alles, was geschehen muss, damit sich die dunkle Energie, wie Ihr sie nennt, von Eurem Planeten trennen kann und sich damit auch etwas vom Universum zurückziehen wird. Dieses zu tun, braucht enorm viel Energie, enorm viel Kraft, enorm viel Urvertrauen, und das alles könnt Ihr erhalten in Eurer Rückverbindung zu Eurer Urseele, die wiederum mit der Urquelle allen Seins verbunden ist, mit der Urquelle der Liebe. Und wie geht das am besten? Indem Ihr in Eure Mitte geht, indem Ihr Eure Konzentration

lenkt und senkt in Eure Mitte, in Euer Herz. Das bewirkt, dass Ihr das Außen draußen lasst und all die Dinge, die um Euch herum geschehen, die man Euch zeigt und erzählt, die man schreibt und die in Euch die Angst verursachen. Diese verlieren an Wichtigkeit, diese verlieren an Präsenz, wenn Ihr die Augen davon abwendet und nach innen richtet. Und wenn Ihr Eure Aufmerksamkeit ganz in Eurem Inneren habt, dann seid Ihr verbunden mit diesem Licht, mit dieser Liebe, die die Urquelle Eures Seins ist. Und wenn Ihr versunken seid in Euch und diesen Frieden spüren könnt, wenn Ihr das Außen draußen lassen könnt und die gesamte Aufmerksamkeit von außen abzieht und nach innen richtet, dann fühlt Ihr einen Frieden in Euch, dann fühlt Ihr eine Liebe, eine Zufriedenheit, eine Harmonie – und Ihr seid eins mit allem, was existiert. Ihr fühlt, dass Ihr nicht getrennt seid, Ihr fühlt, dass Ihr eins seid mit jedem Einzelnen Eurer Familie, mit Euren Nachbarn, mit Eurem Haustier, mit den Tieren in der Natur, mit den Vögeln, mit den Bäumen und allen Pflanzen und schließlich mit Mutter Erde. Und wenn Ihr diese Einheit mit Mutter Erde fühlen könnt, dann könnt Ihr auch die Einheit fühlen mit der Sonne Eures Sonnensystems, mit den anderen Planeten und auch mit dem gesamten Universum. Dann seid Ihr vollkommen EINS. Und plötzlich könnt Ihr spüren, wie unendlich groß Ihr seid. Ihr seid nicht hineingezwängt in diese kleine Menschenfigur, nein, Ihr seid unendlich groß. Vor allem in der Einheit seid Ihr unendlich groß. Ihr seid so groß wie das Universum, wenn Ihr Euch in Eurer Liebe vereint. Und wenn Ihr Euch nun in diesem Zustand des Versunkenseins verbindet mit anderen, die ebenfalls anwesend sind, wenn Ihr dies praktiziert, dann fühlt Ihr, wie Ihr auch in dieser Gruppe enorm groß werdet. Wenn Ihr Euch dann auch noch verbindet mit dem Universum, seid Ihr nochmals größer. Das will sagen und will zeigen, dass Ihr, wenn Ihr Euch verbindet mit Euren Freunden, mit Euren Herzensverwandten, dass Ihr dann über enorm viel Energie verfügt. Ihr könnt Kraft schöpfen aus dieser Verbindung, Ihr könnt Kraft schöpfen aus diesen Treffen, aus diesem Versunkensein in Euer Herz. Das ist es, was Euch auf der Seelenebene nährt. Im Gegensatz zu der dunklen Seite nährt Ihr Euch von der Liebe, von der Harmonie, von der inneren Einheit, und damit nährt Ihr auch ein sogenanntes morphisches Feld. Und dieses morphische Feld wird gerade jetzt genährt, in diesem Moment, von ganz vielen, vielen Menschen auf Eurem Planeten, die sich ebenfalls den Frieden wünschen, die sich versenken in sich selbst, in ihre eigene Herzenergie. Dort spüren sie, dass sie eins sind mit Mutter Erde, mit dem Universum. Und wenn dieses Feld mehr und mehr gestärkt wird, dann gewinnt dieses Feld an Kraft, und umso mehr haben andere Menschen – die jetzt noch im Dunklen verweilen und noch nicht sehen können, um was es geht, die noch nicht ihre Liebe, ihre Größe sehen können – die Möglichkeit, durch die Energie des morphischen Feldes in ihre Herzensenergie, in ihre Größe, in ihre Verbindung zu kommen. Mit jeder Sekunde, in der Ihr verbunden seid mit Eurem inneren Selbst, mit der Kraft der Liebe, nährt Ihr dieses Feld und stärkt durch Eure eigene Verbindung die Möglichkeit, dass auch andere Menschen in diesen Zustand kommen und dieses Feld der Liebe ebenfalls nähren können, so wie Ihr es tut. Je mehr Menschen dieses Feld nähren, umso mehr Menschen können in dieses Feld eintreten, können die Liebe in sich spüren. Und was glaubst Du, der, der die Liebe in sich spürt, wird er zu einem Krieg gehen, wird er einem Kriegsherrn folgen und andere Menschen töten? Nein, er wird sagen: ,Nein, ich mache hier nicht mit.' Und stellt Euch vor, wenn weltweit 90% aller Sol-

daten sagen würden: ‚Nein, ich mache hier nicht mit!', dann könnten die restlichen 10%
nichts ausrichten. Und so wäre Frieden auf Erden. Und auf diese Weise ist jeder Einzel-
ne von Euch Menschen in der Lage, durch Schaffung des Friedens in seinem eigenen
Herzen, den Weltfrieden zu fördern. Verfallt nicht in Resignation und sagt: ‚Was kann
ich kleines Menschlein schon tun, ich bin doch so unwichtig, ich bin ein Sandkorn?' Na-
türlich bist Du ein Sandkorn, wie auch Eurer Planet im Universum ein Sandkorn ist,
und doch ist jedes einzelne Sandkorn wichtig. Denn wenn jedes einzelne der vielen
Sandkörner nicht mehr da wäre, gäbe es keinen Sand. Stellt Euch vor, es gäbe Euch und
alle anderen, die sich ebenfalls für so klein halten, nicht. Dann wäre die Erde leer, dann
gäbe es keine Menschen hier. Und so seht Ihr, wie wichtig es für jeden Einzelnen von
Euch ist, in seine Mitte zu gehen, wie wichtig es ist, Euch mit der Liebe zu verbinden, die
Liebe in Eurem Herzen zu fühlen, denn durch das Gefühl nährt Ihr dieses Feld. Wenn
Ihr dieses Gefühl spüren könnt in Euch, in Eurer Mitte, dann seid Ihr in einer Situation
der Verbindung und der Liebe, und wenn Ihr Euch in diesem Zustand befindet, dann
stärkt Ihr dieses Feld, dann stärkt Ihr den Frieden auf der Erde, ja dann stärkt Ihr den
Frieden auf allen Planeten, die ebenfalls noch keinen Frieden haben, so wie Euer Planet.
Ihr, jeder Einzelne von Euch, stärkt durch seine Meditation, durch sein Versenken in
sein Herz, in sein Inneres, durch das Wahrnehmen Eurer Gaben, Eurer Größe, Eures
Seins, dadurch stärkt Ihr den Frieden im gesamten Universum.
Ist das nicht großartig?"

Danke!

ÄRZTLICHE IMPFERKLÄRUNG

Ich, der unterzeichnende Arzt, erkläre verbindlich, dass der Impfstoff:

_____

Name des Herstellers:

_____

als Vorbeugung gegen folgende Erkrankung(en):

_____

gegeben wurde, aus folgenden Inhaltsstoffen besteht:

_____

_____

und dass dieser Impfstoff frei von Verschmutzungen jeglicher Art ist.

Diesen Impfstoff verabreichte ich heute an
Name des zu Impfenden:

_____

PLZ, Wohnort, Straße:

_____

Geburtsdatum:

_____

Zum Zeitpunkt der Impfung war der zu Impfende gesund, wovon ich mich durch eine ausführliche Untersuchung überzeugt habe. Ich versichere, dass er vor der Impfung keinerlei Krämpfe oder sonstige neurologischen Störungen oder Allergien hatte.

Ich versichere, dass der verabreichte Impfstoff völlig ungefährlich für das Leben und die Gesundheit des Geimpften ist und keine direkten oder indirekten Schäden oder Folgekrankheiten verursachen wird, wie beispielsweise Lähmungen, Gehirnschäden, Blindheit, Tuberkulose, Krebs an der Impfstelle oder anderen Orten, Nierenschäden, Leberentzündungen, Diabetes usw. mit oder ohne Todesfolge.

Ich versichere weiter, dass der verabreichte Impfstoff ___ Jahre lang die Krankheit verhütet, gegen die er gegeben wird. Sollte die Krankheit, gegen die geimpft wurde, dennoch in dieser Zeit auftreten, so werde ich freiwillig und ohne vorherigen gerichtlichen Prozess vollumfänglich für den entstandenen Schaden aufkommen.

Wenn irgend ein physischer oder psychischer Schaden durch die heutige Impfung entsteht, verpflichte ich mich, dem Opfer oder dessen Familie oder Angehörigen ebenfalls ohne jegliche Verzögerung oder Anrufung eines Gerichts, vollumfänglich für den Schaden aufzukommen.

Vor der Impfung wurde der zu Impfende oder dessen Verantwortliche wie Eltern, Vormund usw. genauestens über die Zusammensetzung des Impfstoffes, alle möglichen Nebenwirkungen und unter Aushändigung des zum Impfstoff gehörenden Beipackzettels informiert.

_____

Ort und Datum

_____

Name und rechtsverbindl. Unterschrift des Arztes   (Stempel des Arztes)

Kopieren und Weitergeben erwünscht
AEGIS Österreich
Aktives Eigenes Gesundes Immun **System**
www.aegis.at

AEGIS: Franziska Loibner
A - 8563 Ligist 89
Tel.: (+43) 03143 2973-13
E-mail: info@aegis.at

ÜBER DIE AUTORIN

Gabriele Schuster-Haslinger ist Architektin und gelernte Feng-Shui-Expertin. Sie begann ihre berufliche Karriere 1984 als angestellte Architektin, 1990 eröffnete sie ihr eigenes Architekturbüro und arbeitet vor allem im Bereich Sanierung/Renovierung sowie im Denkmalschutz. Aber auch Grenzbereiche wie Feng Shui und Geomantie sind Schwerpunkte ihrer Tätigkeit.

Seit Jahren interessiert sie sich für alternative und energetische Heilweisen. Die intensive Auseinandersetzung mit Spiritualität, persönlichem Wachstum und Bewusstseinsentwicklung führte sie unweigerlich zur Gesellschaftspolitik. Sie stellte fest, dass es zwar zu den Themen *Politik*, *Finanzwesen* und *Pharmaindustrie* umfangreiche Literatur gibt, doch all die anderen, ebenfalls wichtigen Bereiche des Lebens, in denen die Menschen manipuliert werden, wurden selten erwähnt. Es drängte sie, ein Buch zu schreiben, das wie eine Art Lexikon alle Aspekte beschreibt, in denen der Mensch in eine bestimmte Richtung gedrängt wird. Doch sollte dem Leser nicht nur ein neuer Blickwinkel erschlossen werden, sondern er sollte auch einen Schlüssel an die Hand bekommen, wie er mit dem neuen Wissen umgehen kann. Daher werden im hinteren Teil des Buches Lösungsansätze beschrieben.

So entstand dieses Standardwerk, das dem Leser eine umfassende Kenntnis über die heutigen Zustände in der Welt vermittelt und gleichzeitig einen Weg aufzeigt, zur eigenen Stärke zu finden.

Kontakt

Gabriele Schuster-Haslinger
schuster@phoenix-verlag.de
www.phoenix-verlag.de

Literatur- und Quellenverzeichnis

[1] http://gutezitate.com/zitat/153874

[2] http://herh.de/page/quotes?quote=539

[3] http://krisenfrei.de/zitate/

[4] www.yoice.net/2010/11/freimaurer-und-bilderberger-zitate/

[5] www.zeit.de/2002/45/200245_stimmts_gekochte.xml

[6] www.krisenfrei.de/zitate_1.html

[7] http://pravdatvcom.wordpress.com/2014/06/01/911-ex-cia-pilot-sagt-unter-eid-aus-das-die-zwillingsturme-nicht-von-flugzeugen-getroffen-wurden-video/

[8] http://pravdatvcom.wordpress.com/2014/06/01/911-ex-cia-pilot-sagt-unter-eid-aus-das-die-zwillingsturme-nicht-von-flugzeugen-getroffen-wurden-video/

[9] www.eike-klima-energie.eu/klima-anzeige/neuer-bericht-klimapolitische-implikationen-des-stillstands-der-globalen-erwaermung/

[10] www.dimagb.de/info/umwelt/klimafakten.html

[11] wetteronline.de/wotexte/redaktion/rueckblick/2013/02/0227_wr_Extrem-trueber-Winter-201213.htm

[12] http://de.wikipedia.org/wiki/Roger_Angel

[13] http://www.spiegel.de/wissenschaft/natur/konfetti-im-all-ein-sonnenschirm-fuer-die-erde-a-446795.html

[14] http://en.wikipedia.org/wiki/Rotor_ship

[15] http://de.wikipedia.org/wiki/Flettner-Rotor

[16] www.klima-sucht-schutz.de/mitmachen/beitrag/article/waechst-das-eis-am-suedpol.html

[17] http://de.wikipedia.org/wiki/Silberiodid

[18] www.klimaforschung.net/silberjodid

[19] www.klimaforschung.net/silberjodid

[20] www.klimaforschung.net/silberjodid

[21] http://de.wikipedia.org/wiki/Vulkanisches_Gas

[22] www.spiegel.de/spiegel/a-425979.html

[23] www.spiegel.de/wissenschaft/technik/klimaschutz-konzept-kuenstliche-baeume-sollen-co2-aus-der-luft-filtern-a-645968.html

[24] www.kiel-earth-institute.de/sondierungsstudie-climate-engineering/articles/sondierungsstudie-climate-engineering-25.html

[25] www.t-online.de/wetter/klimawandel/forscher-manipulation-am-weltklima-wenig-effizient-und-gefaehrlich-/68271952

[26] www.destatis.de/DE/ZahlenFakten/Wirtschaftsbereiche/Energie/Erzeugung/Tabellen/Bruttostromerzeugung.html

[27] Buch: *Sungazing – von Sonnenlicht leben* von Hira Ratan Manek

[28] www.bmbf.de/pubRD/infographik_climate_engineering.pdf

[29] www.ausbildung-pilot.de/kondensstreifen-entstehung-und-verbreitung/

[30] www.rainforest-newsletter.de/public/

[31] www.zeitenschrift.com/artikel/chemtrails-unheimliche-wolken-der-dritten-art#.VCuurBZQSs0

[32] www.zeit.de/2012/12/U-Interview-Robock

[33] www.upi-institut.de/_handschuhsheim/quellwasser.htm

[34] www.nzz.ch/wissen/wissenschaft/sonnenschutz-fuer-die-erde-1.17282213

[35] www.upi-institut.de/_handschuhsheim/quellwasser.htm

[36] www.nzz.ch/wissen/wissenschaft/sonnenschutz-fuer-die-erde-1.17282213

[37] www.sauberer-himmel.de/2012/07/06/aluminium-investment-unser-tagliches-aluminium-gib-uns-heute/

[38] http://climate.envsci.rutgers.edu/pdf/20Reasons.pdf

[39] www.sauberer-himmel.de/2013/12/11/prof-alan-robock-20-grunde-warum-geo-engineering-keine-gute-idee-ist/

[40] www.hagelabwehr-rosenheim.de/

[41] http://de.wikipedia.org/wiki/Silberiodid

[42] http://de.wikipedia.org/wiki/Silberiodid

[43] www.chemtrails-forum.de

[44] www.energiekegel.de/chemtrails.htm

[45] http://derhonigmannsagt.wordpress.com/2011/11/04/deutsche-bundesregierung-%E2%80%9Cchemtrails-sind-geoengineering-experimente-wahrscheinlich-mit-erheblichen-okologischen-risiken-und-nebenwirkungen%E2%80%9D-wie-morgellons/

[46] www.gandhi-auftrag.de/chemtrailsbericht.htm

[47] www.energiekegel.de/chemtrails.htm

[48] http://de.wikipedia.org/wiki/Barium

[49] http://gestis.itrust.de/nxt/gateway.dll/gestis_de/000000.xml?f=templates$fn=default.htm $vid=gestisdeu:sdbdeu$3.0

[50] wie (49)

[51] http://info.kopp-verlag.de/hintergruende/enthuellungen/jonathan-benson/schwedische-abgeordnete-gibt-zu-giftige-chemtrails-sind-keine-verschwoerungstheorie.html

[52] http://politaia.org/umwelt-und-gesundheit/chemtrails/chemtrail-interview-mit-pernilla-hagberg.html

[53] www.chemtrail.de/?cat=18

[54] www.radarvirtuel.com

[55] www.google.com/patents/US20120251502

[56] www.rf-news.de/2014/kw33/Natural%20News%20USA%20und%20Ebola.pdf

[57] www.chemtrails-info.de/chemtrails/ziele.htm

[58] www.tz.de/muenchen/stadt/egling-verzweiflungstat-wegen-raetselhafter-krankheit-mein-soll-nicht-umsonst-sein-tz-878295.html

[59] www.rosenheim24.de/news/bayern/monikas-b-tod-heissluftballon-sturz-patientin-krankheit-morgellons-vermaechtnis-877967.html

[60] www.morgellons-research.org/morgellons2/morgellons_krankheitsfaktoren.htm

[61] wie (59)

[62] www.morgellons-faserkrankheit.de/allgemein/was-denn-nun.html

[63] www.feelgreen.de/-ndr-markt-findet-plastikfasern-in-bier-und-mineralwasser/id_69683406/index

[64] http://de.wikipedia.org/wiki/Mammatus

[65] www.gesundheitlicheaufklaerung.de/eugeniker-bill-gates-impfungen-zur-bevolkerungsreduktion

[66] http://reset.org/wissen/agrarhandel-0

[67] www.epo.de/index.php?option=com_content&view=article&id=9843:eu-abkommen-gefaehrden-kleinbauern-in-den-akp-staaten&catid=46&Itemid=115

[68] http://reset.org/wissen/agrarhandel-0

[69] http://de.wikipedia.org/wiki/High_Frequency_Active_Auroral_Research_Program

[70] http://de.wikipedia.org/wiki/Extremely_Low_Frequency

[71] www.spiegel.de/spiegel/print/d-39257694.html

[72] Buch: *Angels Don´t Play this HAARP*, Nick Begich und Jeane Manning

[73] www.gesundheitlicheaufklaerung.de/elf-wellen

[74] www.youtube.com/watch?v=KahJH5S0yMg

[75] www.youtube.com/watch?v=2t66jj224tw

[76] www.mpifr-bonn.mpg.de/lofar

[77] http://de.wikipedia.org/wiki/High_Frequency_Active_Auroral_Research_Program

[78] http://de.wikipedia.org/wiki/Elektroenzephalografie

[79] http://de.wikipedia.org/wiki/Extremely_Low_Frequency

[80] www.aip.de/groups/osra/german/de_lofar.html

[81] ww.mpifr-bonn.mpg.de/lofar

[82] www.gesundheitlicheaufklaerung.de/elf-wellen

[83] www.science-explorer.de/reports/haarpprojekt.htm

[84] https://de.wikipedia.org/wiki/Cyberkrieg

85 www.spiegel.de/gesundheit/psychologie/traumatisierte-bundeswehrsoldaten-psychologen-warnen-vor-dunkelziffer-a-856440.html

86 http://info.kopp-verlag.de/hintergruende/geostrategie/steve-watson/pentagon-entwickelt-eigenstaendige-menschenaehnliche-roboter-fuer-evakuierungsoperationen-.html

87 http://icrac.net/

88 https://de.finance.yahoo.com/fotos/human-rights-watch-fordert-verbot-photo-140904186.html

89 http://info.kopp-verlag.de/hintergruende/geostrategie/paul-joseph-watson/experte-warnt-vor-mit-elektroschockpistolen-bewaffneten-robotern.html

90 www.gegenfrage.com/usa-und-israel-entwickeln-insekten-und-fisch-drohnen/ - Bürgender

91 http://info.kopp-verlag.de/hintergruende/geostrategie/f-william-engdahl/mehr-als-nur-ein-bisschen-verdaechtig-pentagon-entwickelt-ebola-impfstoff-gemeinsam-mit-monsanto.html

92 http://usaerklaert.wordpress.com/2007/09/09/fluoride-im-trinkwasser/

93 www.bundesanzeiger.de/ebanzwww/wexsservlet?page.navid=to_bookmark_official&bookmark_id=8syN98tL9gF32P4nkOn

94 http://info.kopp-verlag.de/neue-weltbilder/neue-wissenschaften/steve-watson/us-militaerische-forschungseinrichtung-draengt-weiter-auf-entwicklung-implantierbarer-gehirn-chips-.html

95 www.gesundheitlicheaufklaerung.de/elf-wellen

96 www.interessantes.at/dollartrick/dollar-symbol.htm

97 http://gutezitate.com/zitat/116682

98 http://de.wikipedia.org/wiki/George_Orwell

99 Fachzeitschrift: "ADAC Motorwelt" Heft 4/2014

100 www.adac.de/infotestrat/adac-im-einsatz/motorwelt/Blackbox.aspx

101 http://derhonigmannsagt.wordpress.com/tag/marlow/

102 www.vtf.de/p63_1.shtml

103 Buch: *1984*, George Orwell

104 http://deutsche-wirtschafts-nachrichten.de/2013/11/13/eu-will-fussgaenger-ueberwachen-die-bei-rot-ueber-die-kreuzung-gehen/

105 www.spiegel.de/wissenschaft/mensch/ueberwachung-blair-setzt-satelliten-auf-5000-kriminelle-an-a-309340.html

106 http://media.freescale.com/phoenix.zhtml?c=196520&p=irol-newsArticle&ID=1907348&highlight=

107 http://derhonigmannsagt.wordpress.com/2014/04/14/zwischenruf-zum-flug-mh370/

108 www.sprueche.tv/niemand-ist-hoffnungsloser-versklavt-als-jene-die-falschlicherweise-glauben-frei-zu-sein-%E2%80%9C/

109 www.buergerstimme.com/Design2/2013-11/gender-mainstreaming-die-abschaffung-der-geschlechter/

110 http://silent-subliminals.de/?gclid=CJuixvuw2r4CFQgKwwode2IA-g#a_aid=4f4e445a43b55&a_bid=7b553c42

111 http://silent-subliminals.de/?gclid=CJuixvuw2r4CFQgKwwode2IA-g#a_aid=4f4e445a43b55&a_bid=7b553c42

112 www.handelsblatt.com/technologie/forschung-medizin/forschung-innovation/ultraschall-us-militaer-will-gedanken-von-soldaten-manipulieren/3536782.html

113 http://de.wikipedia.org/wiki/Lobotomie

114 Buch: "Alternative 3 – Die Beweise" von Jim Keith

115 www.spiegel.de/spiegel/print/d-46273422.html

116 http://deutsche-wirtschafts-nachrichten.de/2013/11/21/cyborgs-brite-kann-mit-implantat-im-kopf-farben-hoeren/

117 http://motherboard.vice.com/de/read/der-kurze-leben-eines-ersten-prototypen

118 www.sein.de/gesellschaft/zusammenleben/2013/transhumanismus-die-groesste-gefahr-fuer-die-menschheit.html

119 www.sein.de/gesellschaft/zusammenleben/2013/transhumanismus-die-groesste-gefahr-fuer-die-menschheit.html

120 https://de.wikipedia.org/wiki/MKULTRA

[121] https://de.wikipedia.org/wiki/MKULTRA

[122] http://info.kopp-verlag.de/hintergruende/deutschland/redaktion/angriff-der-killermaschinen-toedliche-attacken-und-verdeckte-operationen.html

[123] www.chemtrails-info.de/chemtrails/ziele.html

[124] Buch: *Geheimgesellschaften 3 – Krieg der Freimaurer*, Jan van Helsing

[125] www.destatis.de/DE/Publikationen/Thematisch/Gesundheit/Gesundheitsausgaben/Ausgaben GesundheitPDF_2120711.pdf?__blob=publicationFile

[126] http://info.kopp-verlag.de/hintergruende/enthuellungen/mike-adams/von-wegen-verschwoerungstheorie-kriminelle-machenschaften-von-big-pharma-schmiergelder-betrug-und.html

[127] www.naturalnews.com/036416_GlaxoSmithKline_fraud_criminal_charges.html#

[128] www.umweltbundesamt.de/presse/presseinformationen/arzneimittel-in-der-umwelt-sind-eine-globale

[129] www.zentrum-der-gesundheit.de/tod-durch-medikamente-ia.html

[130] Buch: *Pschyrembel – Klinisches Wörterbuch*, 258. Auflage 1998

[131] www.naturalnews.com/036417_Glaxo_Merck_fraud.html

[132] http://info.kopp-verlag.de/hintergruende/enthuellungen/ethan-a-huff/fast-alle-pharmakonzerne-in-den-letzten-drei-jahren-wegen-krimineller-machenschaften-ueberfuehrt-g.html

[133] www.spiegel.de/gesundheit/diagnose/diclofenac-eu-behoerde-warnt-vor-schmerzmittel-wie-vor-vioxx-a-905809.html

[134] www.umweltbundesamt.de/presse/presseinformationen/arzneimittel-in-der-umwelt-sind-eine-globale

[135] Buch: *Symbiose der Macht – Das Kartell der medizinischen Irrtümer*, Michael von Dexheim

[136] Fachzeitschrift: *Der Naturarzt*, Heft 3/2014

[137] www.berliner-zeitung.de/archiv/konzerntochter-knoll-soll-us-verbraucher-mit-fehlaussagen-und-ueberhoehten-medikamentenpreisen-geschaedigt-haben-basf-auf-milliarden-dollar-schadenersatz-verklagt

[138] www.heilpflanzen-welt.de/2006-05-Toedliche-Medizin-Alternative-Eigenverantwortliche-Selbstmedikation/

[139] Buch: *Symbiose der Macht – Das Kartell der medizinischen Irrtümer*, Michael von Dexheim

[140] www.aerzteblatt.de/archiv/64101/Wissenschaftsbetrug-Pure-Imagination

[141] www.sueddeutsche.de/wirtschaft/wegen-druck-auf-glaxo-smithkline-pharmakonzern-will-zahlungen-an-aerzte-einstellen-1.1845507

[142] www.biokrebs.de/

[143] Fachzeitschrift: *Der Naturarzt*, 11/2014

[144] www.die-welt-ist-im-wandel.de/Otto-Warburg-Victoria-Boutenko.htm

[145] www.zentrum-der-gesundheit.de/krebs.html

[146] www.zentrum-der-gesundheit.de/wie-krankheit-entsteht-ia.html#hide

[147] www.biokrebs.de/images/stories/download/Therapie_Infos/Saeure_Basen_Haushalt.pdf

[148] www.germanische-heilkunde.at/

[149] www.zentrum-der-gesundheit.de/amalgam-entfernen-ia.html

[150] www.abfall-kreis-tuebingen.de/fileadmin/pdf/Infobroschueren/Infoblatt_Umweltlexikon_Quecksilber.pdf

[151] www.zentrum-der-gesundheit.de/amalgam-entfernen-ia.html

[152] www.gapinfo.de/gesundheitsamt/alle/umwelt/chemie/met/hg/koerper.htm

[153] www.zentrum-der-gesundheit.de/amalgam-entfernen-ia.html

[154] www.jameda.de/gesundheit/gesundheit-allgemein/schwedische-regierung-spricht-totales-quecksilber-und-amalgamverbot-zum-1-juni-2009-aus/

[155] Buch: *Entgiften statt vergiften*, Uwe Karstädt

[156] www.amalgam-informationen.de/kopfseit.htm

[157] www.zentrum-der-gesundheit.de/schaedliche-impfungen-ia.html

[158] www.individuelle-impfentscheidung.de/index.php/impfen-mainmenu-14/aktuelles-mainmenu-42/51-die-impfung-gegen-schweine-nutzen-bisher-nur-fuer-die-impfstoffhersteller-belegt

[159] http://de.wikipedia.org/wiki/Thiomersal

[160] www.impfschaden.info/impfungen-allgemein/impfstoffe/zusatzstoffe.html

[161] http://info.kopp-verlag.de/medizin-und-gesundheit/was-aerzte-ihnen-nicht-erzaehlen/ethan-a-huff/kinder-sterben-durch-pentavalenten-impfstoff.html

[162] http://info.kopp-verlag.de/medizin-und-gesundheit/gesundes-leben/jonathan-benson/die-eierstoecke-junger-frauen-durch-gardasil-zerstoert-merck-hat-vergessen-die-wirkung-des-impfs.html

[163] www.spiegel.de/wissenschaft/mensch/krebs-impfung-heftiger-disput-zwischen-nobelpreistraeger-und-aerztekammer-chef-a-636343.html

[164] http://info.kopp-verlag.de/hintergruende/enthuellungen/ethan-a-huff/us-gesundheitsbehoerde-gibt-zu-98-millionen-amerikaner-erhielten-polioimpfstoff-der-mit-krebsauslo.html

[165] http://info.kopp-verlag.de/medizin-und-gesundheit/gesundes-leben/mike-adams/entwickler-von-merck-impfstoff-gibt-zu-dass-impfstoffe-regelmaessig-verborgene-krebsviren-kranker-a.html

[166] wie (165)

[167] www.gesundheit.de/medizin/gesundheit-und-umwelt/umweltmedizin/trinkwasserbelastung-durch-medikamente-nichts-geht-verloren

[168] www.bilderbergmeetings.org/participants_2010.html

[169] www.gesundheitlicheaufklaerung.de/eugeniker-bill-gates-impfungen-zur-bevolkerungsreduktion

[170] www.nexus-magazin.de/artikel/lesen/impf-industrie-ein-insider-packt-aus/6

[171] www.aegis.at/wordpress/

[172] www.initiative.cc/Impfbescheinigung.PDF

[173] www.gesundheitlicheaufklaerung.de/fluor-und-jod-sondermuell-fuer-die-gesundheit

[174] www.osteoporosezentrum.de/fluoride-bei-osteoporosebehandlung-fluoridbehandlung-fluoridtherapie-bei-der-osteoporose-oestrogene.html

[175] Berufsgenossenschaft Rohstoffe und chemische Industrie

[176] http://fluorid-info.beepworld.de/

[177] www.zentrum-der-gesundheit.de/fluorid.html

[178] www.naturalnews.com/030819_fluoride_brain_damage.html

[179] http://derhonigmannsagt.wordpress.com/2014/04/27/zahnpasta-zerstorung-und-vergiftung-auf-raten/

[180] http://fluorid-info.beepworld.de/

[181] www.zentrum-der-gesundheit.de/fluoridierung-ia.html

[182] www.wiesenfelder.de/themen/074fluor.pdf

[183] www.bfr.bund.de/cm/343/durchschnittlicher_fluoridgehalt_in_trinkwasser_ist_in_deutschland_niedrig.pdf

[184] www.zentrum-der-gesundheit.de/curcumin-schutz-vor-fluoride-ia.html

[185] www.lehrerfreund.de/schule/1s/methylphenidat-verbrauch-deutschland-1993-2011/4229

[186] www.big.novartispharma.at/ejbfile-6034/at-default/de/productlist/pub/935573_F_GI_13_02_01_Ritalin%2010mg%20Tabl%20CSP.pdf

[187] www.spiegel.de/spiegel/print/d-83865282.html

[188] www.faz.net/aktuell/politik/inland/ritalin-gegen-adhs-wo-die-wilden-kerle-wohnten-11645933.html

[189] www.zeitenschrift.com/artikel/organspenden-moderner-kannibalismus#.U-hxVKMa5GZ

[190] http://de.wikipedia.org/wiki/Hirntod

[191] www.nexus-magazin.de/artikel/drucken/was-es-wirklich-bedeutet-organe-zu-spenden-ein-blick-auf-die-dunkle-seite

[192] www.merkur-online.de/aktuelles/welt/tote-frau-wacht-sekunden-organentnahme-op-saal-2997459.html

[193] www.badische-zeitung.de/elsass-x2x/fuer-hirntot-erklaert-und-wieder-aufgewacht-die-strassburgerin-ang-le-lieby--79253827.html

[194] www.zeitenschrift.com/artikel/organspenden-moderner-kannibalismus#.U-il9WOvhnU

[195] www.spiegel.de/spiegel/print/d-87907970.html

[196] www.netdoktor.at/therapie/abstossungsreaktion-6678783

[197] Buch: *Pschyrembel – Klinisches Wörterbuch*, 258. Auflage

[198] www.zeitenschrift.com/artikel/organspenden-moderner-kannibalismus#.U-il9WOvhnU

[199] www.test.de/Magenmittel-Hilfe-gegen-Sodbrennen-1744026-2744026/

[200] http://web.de/magazine/gesundheit/krankheiten/krebs/17668150-gefaehrlich-aluminium-gesundheit.html#.A1000145

[201] wie (200)

[202] Film: *Die Akte Aluminium*, Bert Ehgartner

[203] www.wasserklinik.com/wasser-forschung/aluminium-im-trinkwasser/

[204] www.wasserklinik.com/wasser-forschung/aluminium-im-trinkwasser/

[205] www.zentrum-der-gesundheit.de/alzheimer-aluminium-trinkwasser-ia.html

[206] www.dr-schnitzer.de/vegetarisch-essen.html

[207] www.planet-wissen.de/natur_technik/atomkraft/atommuell/salzstoecke.jsp

[208] www.welt.de/dieweltbewegen/article106483214/Oekostrom-Milliarden-sind-selbst-Erzeugern-zu-viel.html

[209] wie (208)

[210] www.teslasociety.ch/TES_DOKU/Manuskript%20von%20Benjamin%20Seiler%20-%20Nikola-Tesla-kosmische-Energie-im-ueberfluss.doc.pdf

[211] www.geldsystem-verstehen.de/zitate/

[212] www.zitate-online.de/literaturzitate/allgemein/133/der-bankraub-ist-eine-initiative-von-dilettanten.html

[213] www.john-f-kennedy.net/executiveorder11110.htm

[214] http://de.ria.ru/comments_interviews/20060629/50690015.html

[215] www.sueddeutsche.de/politik/rohstoffhandel-oel-nur-noch-gegen-euro-1.873520

[216] www.bild.de/news/ausland/malaysia-airlines/mh370-iran-35107848.bild.html

[217] www.klarsicht-tv.de/index.php/manipulation/die-libyen-krieg-luege

[218] www.faz.net/aktuell/finanzen/krisenregion-osteuropa/rohstoffboerse-spimex-russland-will-sein-erdoel-in-rubel-handeln-1815925.html

[219] http://deutsche-wirtschafts-nachrichten.de/2014/05/14/gazprom-eu-staaten-muessen-kuenftig-in-rubel-zahlen/

[220] http://schnittpunkt2012.blogspot.de/2012/06/zitate-zum-geldsystem.html

[221] www.youtube.com/watch?v=9BrLrwbkQWQ

[222] Buch: *Crashkurs – Weltwirtschaftskrise oder Jahrhundertchance?*, Dirk Müller

[223] http://www.krisenfrei.de/zitate_1.html

[224] Buch: *Alois Irlmaier – ein Mann sagt, was er sieht*, Stephan Berndt

[225] http://deutsche-wirtschafts-nachrichten.de/2013/10/17/die-grosse-enteignung-zehn-prozent-schulden-steuer-auf-alle-spar-guthaben/

[226] www.finanznewsonline.de/die-us-immobilienkrise-und-ihre-folgen-fuer-deutsche-immobilienkaeufer/

[227] http://schnittpunkt2012.blogspot.de/2012/06/zitate-zum-geldsystem.html

[228] www.manager-magazin.de/unternehmen/banken/szenen-der-wall-street-geheimgesellschaft-kappa-beta-phi-a-954885.html

[229] www.focus.de/finanzen/news/versicherungen-aig-chef-verabschiedet-sich-mit-milliardengewinn_id_4038706.html

[230] http://deutsche-wirtschafts-nachrichten.de/2013/01/01/feudalismus-investment-banker-werden-us-diplomaten/

[231] www.wiwo.de/unternehmen/industrie/investor-wilbur-ross-retter-fuer-schifffonds-in-not/6277456.html

[232] www.faz.net/aktuell/wirtschaft/wirtschaftspolitik/bank-fuer-internationalen-zahlungsausgleich-die-diskrete-superbank-12722457.html

[233] www.kopp-verlag.de/BIZ:-Der-Turmbau-zu-Basel.htm?websale8=kopp-verlag&pi=936700

[234] www.faz.net/aktuell/wirtschaft/wirtschaftspolitik/bank-fuer-internationalen-zahlungsausgleich-die-diskrete-superbank-12722457.html

[235] www.spiegel.de/wirtschaft/unternehmen/biz-jahresbilanz-grosse-risiken-bei-europas-banken-a-978166.html

236 http://schnittpunkt2012.blogspot.de/2012/06/zitate-zum-geldsystem.html

237 www.welt.de/wirtschaft/energie/article107270617/800-000-Deutsche-koennen-Strom-nicht-bezahlen.html

238 Buch: *Die Gesellschaft 2015 – Eine Anleitung zur Bildung einer neuen Gesellschaft in der 5. Dimension*, Christoph Fasching

239 http://krisenfrei.de/zitate/

240 http://dejure.org/gesetze/GG/146.html

241 http://dejure.org/gesetze/GG/25.html

242 www.gesetze-im-internet.de/einigvtr/BJNR208890990.html

243 www.bundestag.de/bundestag/aufgaben/rechtsgrundlagen/grundgesetz/

244 http://dejure.org/gesetze/GG/20.html

245 http://dejure.org/gesetze/GG/120.html

246 www.goldseiten.de/artikel/215315--Deutschland~-Aktuelle-Besatzungskosten-belaufen-sich-geschaetzt-auf-ueber-30-Mrd.--jaehrlich-.html

247 www.handelsblatt.com/politik/konjunktur/nachrichten/stimmt-es-dass-uebt-schaeuble-busse-fuer-den-weltkrieg/6700550.html

248 http://krisenfrei.de/zitate/

249 www.focus.de/finanzen/news/staatsverschuldung/gauck-unterzeichnet-esm-vertrag-deutschland-sitzt-nun-endgueltig-in-der-esm-falle_aid_828232.html

250 www.bundesfinanzministerium.de/Content/DE/Standardartikel/Themen/Europa/Stabilisierung_des_Euro/Finanzhilfemechanismen/ 2012-01-27-esm-anl.html

251 http://krisenfrei.de/zitate/

252 www.juris.de/jportal/portal/t/1tkj/page/homerl.psml?nid=jnachr-JUNA140300812&cmsuri=%2Fjuris%2Fde%2Fnachrichten%2Fzeigenachricht.jsp

253 www.deutsche-finanzagentur.de/foot-navigation/impressum/

254 http://firmen.sofortauskunft.info/search_dnb#.U_MMUaM1R7U

255 http://firmen.sofortauskunft.info/showdetail.cfm?DUNS_NBR=332619956&CC=276#.U_MPGaM1R7U

256 wie (55)

257 wie (55)

258 www.justiz.bayern.de/organisatorisches/impressum/

259 www.km.bayern.de/impressum.html

260 www.stmas.bayern.de/wir/impressum.php

261 www.handelsblatt.com/unternehmen/handel-dienstleister/lebensmittelkonzern-wem-nestle-das-wasser-abgraebt/7782074.html

262 http://netzfrauen.org/2014/01/21/trinkwasser-nestl-danone-coca-cola-und-pepsi-multinationale-konzerne-beherrschen-weltmarkt/

263 http://deutsche-wirtschafts-nachrichten.de/2014/05/25/geheim-verhandlungen-wasser-versorgung-soll-international-privatisiert-werden/

264 http://www.servat.unibe.ch/dfr/bv036001.html

265 http://www.servat.unibe.ch/dfr/bv036001.html

266 www.2plus4.de/chronik.php3?date_value=01.07.89&sort=005-000

267 www.gesetze-im-internet.de/einigvtr/art_4.html

268 www.lexexakt.de/glossar/gg023af.php

269 www.bmi.bund.de/DE/Themen/Gesellschaft-Verfassung/Staatliche-Ordnung/Staatsgebiet/staatsgebiet_node.html

270 www.bundestag.de/bundestag/aufgaben/rechtsgrundlagen/grundgesetz/

271 www.duden.de/rechtschreibung/Staat

272 http://equapio.com/de/politik/ist-deutschland-ein-staat-oder-ist-die-brd-eine-gmbh/

273 www.der-runde-tisch-berlin.info/images/hra_finanzagentur_gmbh.jpg

274 http://en.wikipedia.org/wiki/Capitis_deminutio

275 ichr.at/Namensschreibung.pdf

276 www.spruch-archiv.com/list/?autor=George+Orwell&id=6679

277 http://de.wikipedia.org/wiki/UN-Feindstaatenklausel
278 www.unric.org/de/aufbau-der-uno/89#25
279 www.un.org/depts/german/un_charta/charta.pdf
280 www.duden.de/rechtschreibung/obsolet
281 http://de.scribd.com/doc/226846419/Analyse-des-Systems-Deutschland-2014-05-28V1-pdf
282 www.zeit.de/2009/21/D-Souveraenitaet
283 www.focus.de/finanzen/banken/milliardenschatz-im-ausland-bundesbank-holt-700-tonnen-deutsches-gold-heim_aid_899429.html
284 www.2plus4.de/chronik.php3?date_value=17.07.90&sort=001-002
285 www.youtube.com/watch?v=vGuXVzgZ1uA&NR=1
286 www.spiegel.de/wirtschaft/soziales/klinikaufenthalte-zahl-der-depressionskranken-steigt-dramatisch-a-776666.html
287 http://krisenfrei.de/zitate/
288 Buch: *Die Bibel*, Übersetzung von Prof. Dr. Vinzenz Hamp Prof Dr. Meinrad Stenzel
289 www.gottwein.de/LaWk/La01.php?qu=religo&ab=Hui
290 www.kirchenopfer.de/dieopfer/kreuzzuege
291 http://de.wikipedia.org/wiki/Geschichte_des_Islam
292 https://dokumentx.wordpress.com/tag/bohemian-grove/
293 Buch: *Die TranceFormation Amerikas* von Cathy O´Brien und Mark Phillips
294 http://en.wikipedia.org/wiki/Bohemian_Grove
295 www.uni-muenster.de/PeaCon/global-texte/g-a/g-ss/Geheimbuende/Bohemian.htm
296 https://derhonigmannsagt.wordpress.com/tag/nimrod/
297 http://universal_lexikon.deacademic.com/210231/babylonische_Kultur
298 Buch: *Die Bibel*, Einheitsübersetzung 1980
299 http://de.wikipedia.org/wiki/Fisch_%28Christentum%29
300 www.ichthyose.de/
301 http://de.wikipedia.org/wiki/Cherub
302 http://de.wikipedia.org/wiki/Seraph
303 www.politik-lexikon.at/print/aristokratie/
304 www.spiegel.de/panorama/gesellschaft/papst-ruecktritt-benedikt-xvi-legt-sein-amt-am-28-februar-nieder-a-882629.html
305 http://itccs-deutsch.blogspot.de/2013/02/papst-benedikt-dankt-ab-um-verhaftung.html
306 www.postswitch.de/wissenswertes/ex-papst-ratzinger-ein-kindermoerder.htm
307 www.fundinguniverse.com/company-histories/n-m-rothschild-sons-limited-history/
308 www.theologe.de/maria.htm
309 www.ardmediathek.de/tv/Reportage-Dokumentation/Vergelt-s-Gott-Der-verborgene-Reichtum/Das-Erste/Video?documentId=23370618&bcastId=799280
310 www.spiegel.de/kultur/tv/kirche-und-finanzen-vergelt-s-gott-ueber-den-reichtum-von-bischoefen-a-990374.html
311 http://info.kopp-verlag.de/hintergruende/enthuellungen/manfred-boeckl/der-neue-papst-ist-petrus-romanus-die-papstprophezeiungen-des-malachias-bestaetigen-sich-auch-in-.html
312 http://de.wikipedia.org/wiki/Transatlantisches_Freihandelsabkommen
313 http://konjunktion.info/2014/05/geheimverhandlungen-ttip-war-gestern-heute-ist-tisa/
314 http://konjunktion.info/2014/05/geheimverhandlungen-ttip-war-gestern-heute-ist-tisa/
315 www.umweltinstitut.org/themen/verbraucherschutz-ttip/freihandelsabkommen/ttips-geschwister.html
316 www.zitate.eu/de/autor/1591/hippokrates
317 http://de.wikipedia.org/wiki/Codex_Alimentarius
318 www.bmel.de/DE/Ernaehrung/SichereLebensmittel/Codex-Alimentarius/_Texte/CodexInfo.html
319 www.codexalimentarius.org/members-observers/en/
320 ftp://ftp.fao.org/codex/forms/Member_Application_Form_e.pdf
321 www.bmel.de/DE/Ernaehrung/SichereLebensmittel/Codex-Alimentarius/_Texte/CodexInfo.html
322 www.zeitenschrift.com/artikel/patente-der-totale-griff-nach-dem-leben#.U6Fup7Gomih

323 http://dipbt.bundestag.de/extrakt/ba/WP17/530/53041.html

324 www.sueddeutsche.de/wirtschaft/saatgutverordnung-der-eu-tiefschlag-fuer-hobbygaertner-1.1666512

325 www.agrarheute.com/saatguthersteller-welt

326 http://deutsche-wirtschafts-nachrichten.de/2013/05/07/saatgut-drei-konzerne-bestimmen-den-markt-fuer-lebensmittel/

327 www.fr-online.de/wirtschaft/saatgutverordnung-eu-parlament-rettet-artenvielfalt

328 www.gesetze-im-internet.de/bundesrecht/saatv/gesamt.pdf

329 www.global2000.at/sites/global/files/Analyse_Saatgutverordnung_AN_GN.pdf

330 www.bund.net/themen_und_projekte/chemie/pestizide/gefahr_fuer_die_natur/tiere/bienen/

331 http://de.wikipedia.org/wiki/Bayer_CropScience

332 www.zeitenschrift.com/artikel/patente-der-totale-griff-nach-dem-leben#.U5s5SrGomig

333 www.shortnews.de/id/924101/hohe-selbstmordrate-in-indien-pro-stunde-gibt-es-15-suizide

334 http://info.kopp-verlag.de/medizin-und-gesundheit/gesundes-leben/jon-rappoport/die-wahrheit-ueber-s-ralinis-ratten-tumor-gvo-studie-bricht-sich-bahn.html

335 www.loe.org/shows/segments.html?programID=13-P13-00049&segmentID=2

336 www.epi-gen.de/themen/oekologie/monsanto-neue-belege-fuer-schaedlichkeit-von-roundup-fuer-umwelt-und-gesundheit

337 www.epi-gen.de/themen/gesundheit/glyphosat4

338 http://deutsche-wirtschafts-nachrichten.de/2014/03/03/studie-monsanto-roundup-koennte-zu-toedlichem-nieren-versagen-fuehren/

339 www.zeitenschrift.com/artikel/patente-der-totale-griff-nach-dem-leben#.U5s5SrGomig

340 www.yogan-om.de/vegan/die-7-grunds%C3%A4tze-einer-ganzheitlich-gesunden-ern%C3%A4hrung/%C3%B6kologisch-erzeugte-lebensmittel/

341 www.boelw.de/boelw-mitglieder.html

342 www.lebensmittellexikon.de/g0002110.php

343 www.zentrum-der-gesundheit.de/glutamat-ia.html#hide

344 www.wahrheitssuche.org/aspartam.html

345 http://de.wikipedia.org/wiki/Aspartam

346 http://archive.gao.gov/d28t5/133460.pdf

347 www.aerzteblatt.de/archiv/52159

348 www.diabetes-ratgeber.net/Ernaehrung/Stevia-Ein-Suessstoff-wie-jeder-andere-211635.html

349 www.salz-kontor.de/rieselhilfe-salz.php

350 Buch: *Pschyrembel - Klinisches Wörterbuch*, 258. Auflage, 1998

351 http://stevenblack.wordpress.com/tag/viewzone/

352 www.fasten-heilt-karies.de/fluoride.html

353 www.hannes-pharma.de/index.php?page=categorie&cat=204&xd39a2=oil45cn6d6u9vh9k5vd3tnrog2

354 www.tu-braunschweig.de/Medien-DB/sicherheit/m005_hfund_anorganische_flouride.pdf

355 www.mbm-lehrmittel.de/downloads/Sicherheitsdatenblaetter/N/S36500_Natriumfluorid.pdf

356 www.zahn-lexikon.com/index.php/f/27-faqs/languages/2760-fluorose-beim-zahn-schmelz

357 www.ausfuhrkontrolle.info/ausfuhrkontrolle/de/vorschriften/eg_dual_use_vo/vo2009_428.pdf

358 www.ausfuhrkontrolle.info/ausfuhrkontrolle/de/gueterlisten/anhaenge_egdualusevo

359 www.ausfuhrkontrolle.info/ausfuhrkontrolle/de/gueterlisten/anhaenge_egdualusevo/anhang_1_kat_1.pdf

360 www.seilnacht.com/Chemie/ch_naf.html

361 www.uni-hamburg.de/beschaeftigtenportal/services/arbeitssicherheit-umweltschutz/gefahrstoffe/betriebsanweisungen/natrium.pdf

362 www.fasten-heilt-karies.de/fluoride.html

363 www.bfr.bund.de/de/a-z_index/jod-4600.html

364 www.lfl.bayern.de/mam/cms07/publikationen/daten/informationen/p_36967.pdf

365 http://jod-kritik.de/

366 http://lobbypedia.de/index.php/Bundesinstitut_f%C3%BCr_Risikobewertung

367 www.testbiotech.de/sites/default/files/Testbiotech_Schlecht_Beraten_2_0.pdf
368 Buch: *Symbiose der Macht – Das Kartell der medizinischen Irrtümer*, Michael von Dexheim
369 wie (368)
370 www.salz-kontor.de/spurenelemente-mineralien-meersalz.php
371 www.gesetze-im-internet.de/lfgb/__2.html
372 www.zusatzstoffe-online.de/information/674.doku.html
373 www.code-knacker.de/lebensmittelzusatzstoffe.htm
374 www.zusatzstoffe-online.de/information/680.doku.html
375 www.zusatzstoffe-online.de/zusatzstoffe/11.e120_echtes_karmin.html
376 www.zusatzstoffe-online.de/information/668.doku.html
377 www.foodwatch.org/de/informieren/schutzatmosphaere/2-minuten-info/
378 www.keine-gentechnik.de/dossiers/roundup-und-gentechnik-pflanzen.html
379 www.mlhb.de/28.html?&cHash=01775557bf542d78eeb13738594c93d3&tx_ttnews
[backPid]=1&tx_ttnews[tt_news]=113
380 www.umweltinstitut.org/themen/gentechnik/gentechnik-uebersicht.html
381 www.bund.net/themen_und_projekte/gentechnik/kommerzieller_anbau/europa/nationales_
anbauverbot/
382 www.bund.net/themen_und_projekte/gentechnik/risiken/gesundheit/
383 www.bund.net/themen_und_projekte/gentechnik/risiken/gesundheit/
384 www.transgen.de/pdf/recht/VO-EU-Nr-503-2013_zu_1829-2003.pdf
385 wie (368)
386 www.lifesciences.de/referenzen/kunden.php
387 www.gen-ethisches-netzwerk.de/lexikon/ggg
388 www.lifesciences.de/unternehmen/index.php
389 www.wgg-ev.de/aktuell.html
390 wie (368)
391 www.br.de/mediathek/video/kontrovers-extra-112.html
392 http://deutsche-wirtschafts-nachrichten.de/2014/01/20/fukushima-mysterioese-erscheinungen-an-amerikanischer-west-kueste/comment-page-2/
393 http://deutsche-wirtschafts-nachrichten.de/2014/01/20/fukushima-mysterioese-erscheinungen-an-amerikanischer-west-kueste/comment-page-2/
394 www.t-online.de/nachrichten/panorama/tiere/id_67757908/delfine-an-kueste-von-peru-angeschwemmt-400-tote-tiere-im-januar-.html
395 www.umweltbundesamt.de/daten/private-haushalte-konsum/wasserverbrauch-der-privaten-haushalte
396 www.focus.de/wissen/natur/studie-warnt-chemikalien-belasten-europaeische-gewaesser-duengemittel-pestizide-medikamente-wie-sauber-ist-unser-trinkwasser_id_3929402.html
397 www.wdr.de/tv/monitor/sendungen/2010/1118/wasser.php5
398 www.zentrum-der-gesundheit.de/fracking-chemikalien-ia.html
399 www.spiegel.de/wissenschaft/weltall/neuer-nasa-rover-soll-produktion-von-sauerstoff-auf-dem-mars-testen-a-984087.html
400 www.spiegel.de/einestages/projekt-biosphaere-2-a-947336.html
401 www.elektrobiologie.com/html/mikrowelle.html
402 www.bfs.de/SharedDocs/Downloads/BfS/DE/broschueren/emf/info-mikrowellengeraete.pdf?__blob=publicationFile&v=3
403 www.elektrobiologie.com/html/mikrowelle.html
404 www.lebensmittellexikon.de/f0002240.php
405 www.wodanserben.de/board/fleischkonsum-vegetarismus-veganismus/thema4055-21.html
406 www.med-serv.de/medizin-buch-kuhne_heilwissenschaft-0-7-2.html
407 www.rohkost1x1.de/fleisch-oder-pflanzenfresser/
408 www.grundrecht-leben.de/fotos/fotos_kueken_sexen.html
409 www.peta.de/eier#.U95me6Ma5GY

[410] http://panyes.com/watch-huhner-erntemaschine-effektiv-oder-grausam-e-z-catch-chicken-harvester/tnyyudiIuQI.html

[411] Buch: *4 Blutgruppen – Die Strategien und das Kochbuch für ein gesundes Leben*, Peter D´Adamo

[412] www.reformhaus-fachlexikon.de/alternative_ernaehrung/Analogkaese.php

[413] http://eur-lex.europa.eu/LexUriServ/LexUriServ.do?uri=OJ:L:2007:299:0001:0149:DE:PDF

[414] www.reformhaus-fachlexikon.de/alternative_ernaehrung/Analogkaese.php

[415] www.wissensmanufaktur.net/wissensforum

[416] Fachzeitschrift: *Der Naturarzt*, Heft 4/2014 und foodwatch

[417] http://de.wikipedia.org/wiki/Bildungssystem_in_Deutschland

[418] www.spiegel.de/schulspiegel/wissen/kritik-am-schulsystem-huether-will-gymnasium-und-lehrplaene-abschaffen-a-850405.html

[419] www.km.bayern.de/impressum.html

[420] www.hs-augsburg.de/impressum/index.html

[421] www.uni-muenchen.de/funktionen/impressum/index.html

[422] http://de.wikipedia.org/wiki/Spiel

[423] Buch: *Die Bibel*, Matthäus 18-3 Einheitsübersetzung 1980

[424] www.spieletipps.de/n_30450/)

[425] Buch: *Geheimgesellschaften 3 – Krieg der Freimaurer*, Jan van Helsing

[426] http://de.wikipedia.org/wiki/Panem_et_circenses

[427] http://de.wikipedia.org/wiki/Mode

[428] www.umweltinstitut.org/fragen-und-antworten/bekleidung/baumwolle-anbau.html

[429] www.ndr.de/ratgeber/verbraucher/kinderkleidung101.html

[430] www.keine-gentechnik.de/dossiers/bt-baumwolle.html

[431] www.umweltinstitut.org/fragen-und-antworten/bekleidung/baumwolle-anbau.html

[432] www.deutsche-gesundheits-nachrichten.de/2014/03/21/ungesunde-zahnpasta-fluorid-kann-adhs-verursachen/

[433] http://toxcenter.org/artikel/Nervenschaeden-durch-Amalgam-durch-AOK-gerichtlich-anerkannt.php

[434] Buch: *Bis zum Jahr 2012*, Johannes Holey 5. Auflage 2005 S. 101

[435] www.dermaviduals.de/deutsch/publikationen/inhaltsstoffe/polyethylenglykole-co-von-wirkungen-und-nebenwirkungen.html

[436] Buch: *Giftcocktail Körperpflege*, Marion Schimmelpfennig

[437] www.vis.bayern.de/produktsicherheit/herstellerinfos/herstellerinfos2012.htm

[438] http://derstandard.at/1353206569403/Aluminium-Eine-ernsthafte-Bedrohung-fuer-die-Gesundheit

[439] www.praxisvita.de/die-gefahr-aus-dem-deo

[440] http://deutsche-wirtschafts-nachrichten.de/2013/11/12/aluminium-deodorant-kann-brustkrebs-ausloesen/comment-page-1/

[441] http://wissen.schwitzen.com/antitranspirant/irrtuemer-und-fehleinschaetzungen/item/648-antitranspirante-kristall-deo-ges%C3%BCnder?.html

[442] www.bfr.bund.de/de/fragen_und_antworten_zur_risikobewertung_von_kosmetischen_mitteln-189017.html#topic_189023

[443] wie (436)

[444] http://pronatur24.eu/sonnencreme-schutz-hautkrebs-luege/8894

[445] www.bfr.bund.de/de/ausgewaehlte_fragen_und_antworten_zu_vitamin_d-131898.html

[446] www.bfr.bund.de/de/ausgewaehlte_fragen_und_antworten_zu_vitamin_d-131898.html#topic_131906

[447] www.bund.net/fileadmin/bundnet/pdfs/meere/131119_bund_meeresschutz_mikroplastik_produktliste.pdf

[448] http://de.wiktionary.org/wiki/Kunst

[449] http://de.wikipedia.org/wiki/Kunst

[450] www.tao-goll.com/Elert_Hallo.htm

[451] www.umweltbundesamt.de/presse/presseinformationen/tonnenweise-abfall-an-falscher-stelle

452 www.independent.co.uk/environment/green-living/the-worlds-rubbish-dump-a-tip-that-stretches-from-hawaii-to-japan-778016.html

453 http://de.wikipedia.org/wiki/Plastikm%C3%BCll_in_den_Ozeanen

454 www.gtai.de/GTAI/Navigation/DE/Invest/Industrien/Chemie-materialien/kunststoff-industrie.html

455 www.aphorismen.de/suche?f_autor=2099_Heinrich+von+Kleist&seite=2

456 http://de.wikipedia.org/wiki/John_Swinton

457 www.t-online.de/

458 www.compact-online.de/ard-anstalten-gestehen-jahrelange-manipulationen-von-zuschauerumfragen-ein/

459 http://deutsche-wirtschafts-nachrichten.de/2014/05/13/gez-verfassungsgericht-koblenz-weist-klage-gegen-rundfunkbeitrag-ab/

460 www.sz-online.de/nachrichten/immer-mehr-raetsel-um-flug-mh17-2919260.html

461 www.nst.com.my/node/20925

462 www.anderweltonline.com/wissenschaft-und-technik/luftfahrt-2014/mh-017-korrekte-unfalluntersuchung-findet-nicht-statt/

463 www.anderweltonline.com/wissenschaft-und-technik/luftfahrt-2014/schockierende-analyse-zum-abschuss-der-malaysian-mh-017/

464 www.anderweltonline.com/klartext/klartext-2014/gefaelschte-nachrichten-zu-mh-17-absturz/

465 www.anderweltonline.com/wissenschaft-und-technik/luftfahrt-2014/schockierende-analyse-zum-abschuss-der-malaysian-mh-017/

466 www.deutsche-mittelstands-nachrichten.de/2014/07/64358/

467 http://info.kopp-verlag.de/hintergruende/enthuellungen/gerhard-wisnewski/ausfuehrlicher-augenzeugenbericht-passagiere-von-flug-mh-17-definitiv-dosenfleisch-.html

468 www.heute.de/separatisten-hunderte-russen-kaempfen-als-freiwillige-in-ostukraine-34715856.html

469 http://deutsche-wirtschafts-nachrichten.de/2014/09/01/osze-keine-hinweise-auf-praesenz-von-russischen-truppen-auf-ukrainischem-boden/

470 www.deutsch-tuerkische-nachrichten.de/2014/09/504153/osze-widerspricht-nato-keine-russischen-truppen-in-der-ukraine

471 http://derhonigmannsagt.wordpress.com/2011/11/25/nwo-zentralbankensystem-treibende-kraft-hinter-der-nato-kriegsserie/

472 www.aphorismen.de/suche?f_autor=2099_Heinrich+von+Kleist&seite=2

473 Buch: *Warum unsere Studenten so angepasst sind*, Christiane Florin

474 www.interessantes.at/dollartrick/dollar-symbol.htm

475 Buch: *Alternative 3 - Die Beweise*, Jim Keith

476 http://de.wikipedia.org/wiki/Georgia_Guidestones

477 http://info.kopp-verlag.de/hintergruende/enthuellungen/mike-adams/warum-besitzt-die-us-gesundheitsbehoerde-ein-patent-auf-eine-erfindung-von-ebola-.html

478 www.spiegel.de/sport/sonst/london-2012-eroeffnungsfeier-der-olympischen-sommerspiele-a-846879.html

479 www.focus.de/gesundheit/ratgeber/herz/therapie/fernangriff-auf-herzkranke-hacker-knacken-schrittmacher_aid_1134088.html

480 Buch: *Die Bibel*, Paul Pattloch Verlag Aschaffenburg 5. Auflage 1977

481 http://staseve.wordpress.com/2013/10/19/usa-senat-der-healthcare-gesetzesentwurf-hr3200-verabschiedet-und-in-kraft-gesetzt-dieses-neue-gesetz-verlangt-einen-rfid-chip-in-jeder-person-zu-implantieren/

482 http://polidics.com/news/another-hidden-secret-in-obamacare-rfid-chip-implants.html

483 www.medizin-unwahrheiten.de/zitate_weltgeschehen.html

484 www.interessantes.at/dollartrick/dollar-symbol.htm

485 https://de.finance.yahoo.com/nachrichten/Faszination-Geld-Die-geheimen-yahoofinanzen-3431614374.html

486 www.illuminaten.org/seminararbeit/weishaupts-illuminatenorden-18-jahrhundert

487 www.interessantes.at/dollartrick/dollar-symbol.htm

488 www.interessantes.at/dollartrick/dollar-symbol.htm

489 www.zeitenschrift.com/news/scull-and-bones-bruderschaft-des-todes#.VALTi6M1R7V

490 www.merkur-online.de/aktuelles/welt/videobald-kolonie-mars-983101.html

491 Buch: *Alois Irlmaier – ein Mann sagt, was er sieht*, Stephan Berndt und Interview mit Michael Vogt in www.alpenparlament.tv/mediathek/wissen-theorien-phaenomene/104-klassische-europaeische-prophetie

492 Buch: *Der Dritte Weltkrieg*, Jan van Helsing

493 www.mental-ray.de/VRIL-Intro/zukunft2.htm

494 Buch: *Alois Irlmaier – ein Mann sagt, was er sieht*, Stephan Berndt

495 www.focus.de/wissen/natur/geowissenschaft/tid-19780/magnetfeld-der-erde-der-naechste-polsprung-ist-ueberfaellig_aid_549982.html

496 Buch: *Die Prophezeiungen des Mühlhiasl*, von Andreas Zeitler

497 Buch: *Das Handbuch der Selbstversorgung – Überleben in der Krise*", Marion und Michael Grandt

498 www.nwo-rebell.de/bill-gates-bevoelkerungsreduktion-impfungen/

499 www.propagandafront.de/13880/zitate-der-eugeniker-und-umweltschutzer.html

500 www.zeitenschrift.com/news/scull-and-bones-bruderschaft-des-todes#.VAKnzaM1R7U

501 https://de.wikipedia.org/wiki/Skull_%26_Bones

502 www.zeitenschrift.com/news/scull-and-bones-bruderschaft-des-todes#.VAKnzaM1R7U

503 www.zeitenschrift.com/news/scull-and-bones-bruderschaft-des-todes#.VALTi6M1R7V

504 https://de.wikipedia.org/wiki/Illuminatenorden

505 Buch: *Was Sie nicht wissen sollen*", Michael Morris

506 wie (505)

507 www.geistigenahrung.org/ftopic69476-20.html

508 Buch: *334 Promille Lüge - Die Offenbarung des HM Stuhl*, H.M. Stuhl

509 wie (508)

510 wie (508)

511 http://de.wikipedia.org/wiki/Bilderberg-Konferenz

512 wie (505)

513 Buch: *Die Jahrhundertlüge, die nur Insider kennen*, Heiko Schrang

514 Buch: *Die Bibel*, Übersetzung von Prof. Dr. Vinzenz Hamp, Prof. Dr. Meinrad Stenzel und Prof. Dr. Josef Kürzinger

515 Buch: *Götter gaben uns die Gene – die außerirdischen Ursprünge der Menschheit*, Prof. Arthur David Horn

516 Buch: *UFOs und die Beschaffenheit von Wirklichkeit* von Ramtha, Judi Pope Koteen

517 wie (514)

518 Buch: *Die Bibel*, Einheitsübersetzung, 1980

519 Buch: *Kryon Recalibration – eine Neuausrichtung der Menschheit*, Lee Carroll

520 wie (515)

521 Buch: *Ihr seid Lichtwesen – Ursprung und Geschichte des Menschen*, Armin Risi 2013)

522 wie (521)

523 Buch: *Herrscht eine Echsenrasse über die Erde?*, Holger Kalweit 2013)

524 Buch: *Götterdämmerung – Die Rückkehr der Außerirdischen 2012 und darüber hinaus*, Erich von Däniken

525 Buch: *Die Wahrheit über die Plejaden*, Billy Meier

526 Buch: *Die Wahrheit über die Plejaden*, Billy Meier und Auszug aus dem Buch *Geheimsache UFO*, Michael Hesemann

527 Focus.de/panorama/welt/kanadischer-ex-minister-warnt-wenn-wir-ufos-abschiessen-droht-der-krieg-der-sterne_id_3517060.html

528 www.youtube.com/watch?v=lwcRTIBubU0

529 www.das-ufo-phaenomen.de/offizielle-dokumente/

530 http://german.ruvr.ru/2014_08_05/Militarexperten-befurchten-Alien-Aggression-0342/

531 www.focus.de/politik/ausland/meinen-die-das-ernst-militaers-sicher-aliens-gefaehrden-russlands-sicherheit_id_4040603.html

532 www.paranormal.de/paramirr/u.html

533 www.matrixwissen.de/index.php?option=com_content&view=article&id=665:ufo-crash-in-roswell-fact-or-fiction&catid=124&Itemid=104&lang=de

534 http://grenzwissenschaft-aktuell.blogspot.de/2009/09/brasiliens-regierung-gibt-weitere-ufo.html

535 http://www.cnes-geipan.fr/

536 www.cnes-geipan.fr/fileadmin/documents/questionnaire_standard_V3_6_imprimable.pdf

537 http://de.wikipedia.org/wiki/Starchild-Sch%C3%A4del

538 http://grenzwissenschaft-aktuell.blogspot.de/2013/11/archaologen-finden-vollstandig.html

539 www.gkr-forum.de/t2840f165-peruanische-Langschaedels.html

540 Buch: *Das größte Geheimnis*, David Icke

541 Buch: *Die TranceFormation Amerikas*, Cathy O´Brien und Mark Phillips

542 www.ichthyose.de/seiten/ichthyosen/was_ist_ichthyose.html

543 http://de.wikipedia.org/wiki/Ichthyose

544 Buch: *Pschyrembel – Klinisches Wörterbuch*, 258. Ausgabe 1998

545 http://krisenfrei.de/zitate/

546 http://wp1049905.server-he.de/www_projekt-l_de/meta/index_frame.php?id=ufo_2.php

547 www.paranormal.de/paramirr/u.html

548 www.spiegel.de/wissenschaft/technik/cia-dokument-erklaert-ufo-sichtungen-ueber-area-51-a-916978.html

549 www.kheichhorn.de/html/body_haunebu_1.html

550 www.paranormal.de/paramirr/u.html#02

551 www.paranormal.de/paramirr/local/lazar/index.html

552 www.paranormal.de/paramirr/local/area51/area51.html

553 www.uforq.asn.au/casefiles/pinegap.html

554 Quelle: Jan van Helsing

555 www.geo.de/GEO/natur/green-living/promession-gruener-sterben-74567.html

556 www.impulsderzeiten.de/alle-beitraege/blog/howto/nachhaltig-sterben-die-okobestattung/

557 www.theatlantic.com/features/archive/2014/09/why-i-hope-to-die-at-75/379329/

558 http://info.kopp-verlag.de/hintergruende/enthuellungen/michael-snyder/auch-im-sinne-der-gesellschaft-sollte-mit-75-schluss-sein-findet-obamacare-architekt.html

559 www.zitate-online.de/sprueche/wissenschaftler/265/probleme-kann-man-niemals-mit-derselben-denkweise.html

560 Buch: *Out of Body – Astralreisen: Das letzte Abenteuer der Menschheit*, William Buhlmann

561 www.mflworld.com/start.html

562 www.sueddeutsche.de/politik/ruestungsindustrie-deutschland-verdoppelt-waffenexporte-in-golfstaaten-1.1606668 vom 22.2.2013

563 Buch: *Aus Liebe zu Mutter Erde – Little Grandmothers Botschaft an die Welt*, Kiesha Crowther, S. 189

564 http://de.wikipedia.org/wiki/Vier-Quadranten-Modell_des_Gehirns

565 Buch: *Aus Liebe zu Mutter Erde – Little Grandmothers Botschaft an die Welt*, Kiesha Crowther, S. 11, 19, 59, 62, 198,

566 www.zitate.de/kategorie/Dank

567 www.spruch.de/thema/familie/?p=2

568 Buch: *Schmelzt das Eis in euren Herzen! – Aufruf zu einem geistigen Klimawandel*, Angaangaq, S. 176

569 www.sein.de/news/2012/september/encode--funktion-der-junk-dna-endlich-entschluesselt.html

570 Buch: *Kryon – Die 12 Stränge der DANN*, Lee Carroll, 2011, S.89

571 Buch: *Dein 2012 Prozess – im kollektiven Erfahrungszeitraum 2012 – 2032*, Michael Elrahim Amira, S. 86

572 Buch: *Kryon Recalibration – eine Neuausrichtung der Menschheit*, Lee Carroll, S. 51 und 52

573 Buch: *Lebe Deine Göttlichkeit – Spirituelle Impulse für das neue Bewusstsein*, Geoffrey und Linda Hope, S. 287

574 www.gutzitiert.de/zitat_autor_albert_schweitzer_thema_zufall_zitat_3560.html

575 www.spruch-archiv.com/list/?autor=George+Eliot&id=41284

576 http://de.wikipedia.org/wiki/Beruf

577 http://gutezitate.com/zitat/256047

578 www.impfrisiko.eu/

579 Buch: *Gesundheit aus der Apotheke Gottes*, Maria Treben, S. 60

580 Buch: *12 Salze - 12 Typen*, Dr. Keller von Dr. Novotny und Dr. Wiesenauer, S. 15

581 Buch: *Blüten für die Seele – Das Bachblüten Brevier für die ersten Schritte*, Julian Barnard, S. 7, S. 44

582 Karten: *Blütenbilder Seelenbilder*, Beatrice C. Müller und Siegfried Köpfer

583 www.bullrich-heilerde.de/assets/downloads/Gebrauchsanweisungen.pdf

584 www.zentrum-der-gesundheit.de/bentonit-pi.html

585 www.zeitenschrift.com/artikel/zeolith-der-grundbaustein-allen-lebens#.VB3OhVc1R7U

586 Buch: *Kräuter Stein und Gottes Segen*, Maria Nestler

587 www.zentrum-der-gesundheit.de/capsaicin-ia.html

588 Buch: *Das Kokosbuch – Natürlich heilen und genießen mit Kokosöl und Co.*, Peter Königs, S. 11, S. 59-61, S. 70ff

589 www.traubenkernextrakt-opc.de/allgemein/natuerliche-opc-lieferanten-47.html

590 http://de.wikipedia.org/wiki/Oligomere_Proanthocyanidine

591 www.zentrum-der-gesundheit.de/opc-pi.html

592 www.naturepower.ch/vitamine-und-noch-viel-mehr/kraeuter-und-flavonoide/mexican-wild-yam/

593 Buch: *Vital und gesund durch Bitterstoffe*, Dr. Nicole Schaenzler, S. 5, S. 38, S. 62 ff und S. 87 ff

594 www.strophantus.de/was-ist-strophanthin-1.html

595 http://enominepatris.com/geschichten/kost.htm

596 www.wirkstofflexikon.com/data/de/Ginkgo-Biloba.html

597 http://gesundheitsdoku.blogspot.de/2012_07_01_archive.html

598 Buch: *Die ganzheitliche Methode Dorn*, Dieter Dorn, S. 23

599 Buch: *Emotionale Freiheit*, Silvia Hartmann

600 Buch: *Quantenheilung erleben*, Dr. Frank Kinslow, S.184

601 Buch: *QCT – Quantum Consciousness Transformation*, Andrew Blake, S. 69

602 Buch: *Kinesiologie – Leben mit ganzer Kraft*, Gabriele Förder und Gabriele Neuenfeld, S. 23

603 Buch: *Heile Dich selbst und heile die Welt*, Ulrich Emil Duprée

604 Buch: *Verzeihen ist die größte Heilung*, Gerald G. Jampolsky, S. 27

605 Buch: *The Journey – Der Highway zur Seele*, Brandon Bays

606 Buch: *Der Healing Code – Die 6-Minuten-Heilmethode*, Alex Loyd und Ben Johnson

607 www.dgh-ev.de/heilerfinden.html

608 Buch: *Das Farben Energiebuch,*, Waltraud-Maria Hulke, S. 18 ff

609 Fengshui.bayern

610 Buch: *Farb-Therapie*, Christa Muths, S. 172 ff

611 Fengshui.Bayern

612 www.urlaub-rom.de/Sehenswertes_in_Rom/Antike_Bauwerke/Obelisken.html

613 Buch: *Grundlos erschöpft? – Nebennieren-Insuffizienz – das Stress-Syndrom des 21. Jahrhunderts*, Dr. med. James L. Wilson

614 www.dr-neidert.de/index.php?option=com_content&view=article&id=98

615 www.adrenal-fatigue.de/

616 http://kit-online.org/acc/KITInfo-NN-SD-Symptome.pdf

617 Fachzeitschrift: *Der Naturarzt*, Heft 12/2014 und Heft 12/2014, S. 6

618 http://deutsche-wirtschafts-nachrichten.de/2013/11/12/aluminium-deodorant-kann-brustkrebs-ausloesen/

619 www.zentrum-der-gesundheit.de/kurkuma.html

620 http://info.kopp-verlag.de/hintergruende/geostrategie/ethan-a-huff/nach-schockierenden-ergebnissen-der-krebsstudie-ueber-monsanto-und-roundup-werden-weltweit-sofortma.html

621 www.transgen.de/zulassung/gvo/60.doku.html

622 Buch: *Gesund durch Entsäuerung – Das Säure-Basen-Gleichgewicht wiederherstellen und erhalten*, Harald Hosch, S. 78

623 www.alternativheilung.eu/html/vitamin_b17.html

[624] http://info.kopp-verlag.de/medizin-und-gesundheit/gesundes-leben/samantha-davis/nigella-sativa-echter-schwarzkuemmel-ist-ein-wahrer-albtraum-fuer-den-krebs.html

[625] http://info.kopp-verlag.de/medizin-und-gesundheit/gesundes-leben/b-pierson/das-brustkrebsrisiko-ist-bei-frauen-mit-niedrigen-vitamin-d-werten-um-das-sechsfache-erhoeht.html

[626] http://info.kopp-verlag.de/medizin-und-gesundheit/gesundes-leben/b-pierson/das-brustkrebsrisiko-ist-bei-frauen-mit-niedrigen-vitamin-d-werten-um-das-sechsfache-erhoeht.html

[627] www.zentrum-der-gesundheit.de/vitamin-c-gegen-krebs-ia.html#ixzz31fQ4fves

[628] http://info.kopp-verlag.de/medizin-und-gesundheit/natuerliches-heilen/ethan-a-huff/iv-injektionen-von-hoch-dosiertem-vitamin-c-erweisen-sich-als-wirksam-bei-krebs.html

[629] www.germanische-heilkunde.at/index.php/startseite.html

[630] www.biokrebs.de/images/stories/download/impulse/2006_04_IMPULSE.pdf

[631] Buch: *Borreliose natürlich heilen*, Wolf-Dieter Storl

[632] http://tinkturen-selbstgemacht.de/rezepte/karden-tinktur.htm

[633] www.ncbi.nlm.nih.gov/pubmed/11093597

[634] http://edoc.ub.uni-muenchen.de/4420/1/krause_mario.pdf

[635] Fachzeitschrift: *Ärztezeitung*, Artikel 'Lebensmittelallergie: IgG-Test weiterhin nicht anerkannt' 2012, 20.3.2012

[636] www.zentrum-der-gesundheit.de/amalgam-entfernen-ia.html#ixzz31qt288W0

[637] www.zentrum-der-gesundheit.de/amalgam-entfernen-ia.html#ixzz318FNACmq

[638] www.zentrum-der-gesundheit.de/amalgam-entfernen-ia.html#ixzz318EjHYq8

[639] www.mpg.de/4431333/Schlaganfall_Singen

[640] Buch: *Hilf Dir Selbst zur richtigen Entscheidung! Das Human Design System*, Marie-Luise Kreisz, 2014

[641] www.zeitenschrift.com/artikel/erla-stefansdottir-wenn-man-die-welt-mit-lichten-augen-sieht#.VBUr81c1R7U

[642] http://de.wikipedia.org/wiki/Elfenbeauftragte

[643] Buch: *Elementarwesen – Begegnungen mit der Erdseele*, Marco Pogacnik 2007, S. 229 f

[644] www.welt.de/wissenschaft/article109840646/Blinde-Kuehe-im-Koma-unfaehig-zu-leiden.html

[645] www.licht-derfilm.de/

[646] www.spiegel.de/wissenschaft/mensch/zweiwoechige-untersuchung-wunder-yogi-bereitet-aerzten-weiterhin-kopfzerbrechen-a-694150.html

[647] Buch: *Sungazing – von Sonnenlicht leben*, Hira Ratan Manek, 2011

[648] http://flexikon.doccheck.com/de/Photon

[649] www.psychosoziale-gesundheit.net/seele/winterdepression.html

[650] Fachzeitschrift: *Bio* Nr. 5/2014 – Bericht *Licht – Quelle des Lebens und der Gesundheit* von Reinhard Eichelbeck, S. 40 ff

[651] Buch: *Resilienz – Das Geheimnis der psychischen Widerstandskraft*, Christina Berndt, 2013

[652] www.hjcaspar.de/gldateien/glauwizit1.htm

BILDQUELLENVERZEICHNIS

(1) www.projectcamelot.org

(2) https://ethologiepsychologie.files.wordpress.com/2011/11/festinger-big.jpg

(3) bis (21): Privatarchiv Gabriele Schuster-Haslinger

(22) https://en.wikipedia.org/wiki/Radio-frequency_identification#/media/File:
Microchip_rfid_rice.jpg

(23) https://en.wikipedia.org/wiki/File:RFID_hand_2.jpg

(24) wikipedia – 134 2khz rfid animal tag" von Reinraum - Eigenes Werk

(25) https://images.rapgenius.com/3f2b94e2f70dc28b27ef49cfbe0a5fd1.431x608x1.jpg

(26) https://images.rapgenius.com/3f2b94e2f70dc28b27ef49cfbe0a5fd1.431x608x1.jpg

(27) https://maskofreason.files.wordpress.com/2012/12/lobotomy.jpg

(28) https://de.wikipedia.org/wiki/Nikola_Tesla#/media/File:Teslathinker.jpg

(29) Schaubild Wachstum: Gabriele Schuster-Haslinger

(30) BIZ Basel, wikipedia

(31) Georgia Guidestones, wikipedia

(32) Olympia: www.pbase.com/olybob/openingceremony

(33) von einer Packung *Sonnentor-Tee* abfotografiert, Gabriele Schuster-Haslinger

(34) von einer Packung *Yogi Tea* abfotografiert, Gabriele Schuster-Haslinger

(35) Dollar-Schein, Jan van Helsing

(36) Dollar-Schein, Jan van Helsing

(37) Vorderasiatisches Museum Berlin, Archiv Stefan Erdmann

(38) Vorderasiatisches Museum Berlin, Archiv Stefan Erdmann

(39) Zecharia Sitchin, Der zwölfte Planet, München 1995

(40) Zecharia Sitchin, Der zwölfte Planet, München 1995

(41) http://thespiritscience.net/wp-content/uploads/2015/11/e4.jpg

(42) www.mysteriousworld.com

(43) Ägyptisches Museum Berlin, Archiv Stefan Erdmann

(44) http://projectavalon.net/forum4/attachment.php?attachmentid=12496&d=1325951864

(45) www.atlantisawake.com/modern-genetic-remnant-elongated-heads.jpg

(46) https://upload.wikimedia.org/wikipedia/commons/2/24/Kort-lang-skalle.gif

(47) www.bibliotecapleyades.net

(48) https://pranarupa.files.wordpress.com/2014/05/star-child-and-human-skulls-1.jpg

(49) https://i.ytimg.com/vi/xT8DwjbgBMc/hqdefault.jpg

(50) aus dem Film *Enemy Mine*, Wolfgang Petersen 1985

(51) http://2.bp.blogspot.com/-gQakp9YqmTk/U3O-3aRRQqI/
AAAAAAAAGsQ/ODkcCQ-NS9M/s1600/bob-lazar-area51-s4.png

(52) http://www.noufors.com/images/Who's%20Who%20in%20UFOlo
gy/Scientists%20and%20UFOs/Bob%20Lazar%20and%20Area%20S-4/lazar01q.jpg

(53) http://s760.photobucket.com/user/Dj_Exo/media/Other/Area51.jpg.html

(54) http://cosmicstarseeds.com/wp-content/uploads/2014/05/Grey_Alien_head.jpg

Jan van Helsing

Insider aus Politik, Wirtschaft, Medizin, Polizei, Geheimdienst, Bundeswehr und Logentum packen aus!

Edward Snowden, der US-amerikanische Whistleblower, der 2013 geheime Dokumente über verschiedene Überwachungssysteme der US-Geheimdienste veröffentlichte, ist den meisten bekannt. Sicher auch Julian Assange, der Sprecher der Whistleblower-Plattform *Wikileaks*, die es sich zum Ziel gesetzt hat, geheimgehaltene Dokumente allgemein verfügbar zu machen. Beide haben im Ausland Asyl beantragt, weil man sie juristisch wegen Verrats belangen möchte. Man will sie jedoch nicht bestrafen, weil sie Unwahrheiten oder Lügen verbreitet haben – nein: Man will sie bestrafen, weil sie den Menschen die Wahrheit gesagt haben, die Wahrheit darüber, dass wir alle von unseren Regierungen und deren Geheimdiensten überwacht und ausspioniert werden.

Ist es das, wofür wir unsere Volksvertreter gewählt haben? Eigentlich haben wir sie doch gewählt, damit sie unsere Interessen vertreten, damit sie uns beschützen und Schaden von uns abhalten. Ist es nicht viel eher so, dass sie inzwischen ganz anderen Interessen dienen?

Für dieses Buch haben *Jan van Helsing* und *Stefan Erdmann* 16 Whistleblower interviewt, die u.a. zu folgenden Themen auspacken:

- Wie geht es in deutschen Asylantenheimen wirklich zu?
- Ist Deutschland souverän? Ist die BRD ein Staat oder eine Firma?
- Was ist *Geomantische Kriegsführung*?
- Was tat die Schweizer Geheimarmee *Abteilung 322*?
- Es werden viele alternative sowie schulmedizinische Therapieformen unterdrückt!
- Gibt es das „Geheime Bankentrading" wirklich?
- Wie sparen Großunternehmen und soziale Einrichtungen über Stiftungen Steuern?
- Die Demonstranten in Hongkong 2014 waren bezahlt!
- Der Ruanda-Kongo-Krieg war wegen Rohstoffen angezettelt worden!
- Warum es bei Film und Radio nur „Linke" geben darf...
- Wie Geheimdienste bei Mobilfunkanbietern zugreifen können.
- Der Sohn eines Illuminaten enthüllt Hintergründe des Ersten und Zweiten Weltkriegs.
- Ein Schottenritus-Hochgradfreimaurer spricht über UFOs und Zeitreisen.
- Die Zeit ist reif für die Wahrheit – auch wenn sie vielen nicht schmecken mag. Aber darauf
- wollen wir keine Rücksicht nehmen. Denn auf uns nimmt auch keiner Rücksicht!

ISBN: 978-3-938656-90-7 • 23,30 Euro

BEVOR DU DICH ERSCHIEßT, LIES DIESES BUCH!

Jan van Helsing

Wie schaut's aus? Sind Sie gerade an einem Punkt angelangt, an dem Sie sich die Kugel geben wollen, weil Ihnen das Wasser bis zum Hals steht oder weil Sie keine Ahnung haben, wie Sie die aktuellen Rechnungen bezahlen sollen? Ist Ihre Ehe zerbrochen, Ihr Freund oder gar Ihr Kind gestorben, oder hat ein schwerer Unfall Ihr Leben derart verändert, dass Sie keinen Sinn mehr darin sehen? Doch halten Sie inne, Sie sind nicht alleine! Viel mehr Menschen, als Sie sich vorstellen können, sind momentan in extreme innere Prozesse verwickelt. Und es werden mehr, immer mehr – weltweit! Und das hat einen besonderen Grund! Interessiert es Sie, warum gerade jetzt so viele Menschen durch persönliche Krisen gehen? Wieso gerade jetzt in allen Ländern der Welt die Menschen auf die Straße gehen, ihren Mund aufmachen und Revolutionen anzetteln – auch in Deutschland?

ISBN 978-3-938656-48-8 • 21,00 Euro

WENN DAS DIE DEUTSCHEN WÜSSTEN...

Daniel Prinz

...dann hätten wir morgen eine (R)evolution!"

Wussten Sie, dass Ihr Personalausweis oder Ihr Reisepass nicht Ihre deutsche Staatsangehörigkeit bestätigt und fast alle Deutschen in ihrem eigenen Land staatenlos sind? Nein? Es gibt tatsächlich ein Dokument, welches die rechtmäßige Staatsangehörigkeit bescheinigt, aber es ist keines der beiden zuvor genannten. Nur wenige Deutsche sind im Besitz dieser speziellen Urkunde, z.B. viele Staatsanwälte, Notare, Bundespolizisten oder Politiker. Wussten Sie zudem, dass Gerichtsvollzieher in der BRD seit 2012 keine Beamten mehr sind oder dass die BRD selbst gar kein Staat ist – und auch nie war –, sondern eine von den Alliierten installierte Verwaltung, die großteils innerhalb einer „Firmenstruktur" operiert? War Ihnen geläufig, dass wir bald in die „Vereinigten Staaten von Europa" übergehen und die Menschen in „handelbare Waren" umfunktioniert werden? Haben Sie sich nicht auch schon gewundert, wieso aus dem Arbeitsamt eine „Agentur für Arbeit" geworden ist oder warum Sie vor Gericht als „Sache" behandelt werden und nicht als Mann oder Frau? Der Autor beantwortet nicht nur diese Fragen ausführlich, sondern zeigt zudem auf, welche höchst raffinierten und hinterhältigen Mechanismen eingesetzt werden, die uns alle versklavt haben und dafür sorgen sollen, dass wir aus dem gegenwärtigen, riesigen Hamsterrad nie ausbrechen.

ISBN 978-3938656-27-3 • 21,00 Euro